Alcatraz Island

S A N
F R A N C I S C O
B A Y

BLADZIJDE 68–77
Stratengids kaarten
3, 4

BLADZIJDE 78–93
Stratengids kaarten
4, 5, 6

Fisherman's Wharf en North Beach

Pacific Heights en Marina District

Chinatown en Nob Hill

Financial District en Union Square

Civic Center

BLADZIJDE 94–105
Stratengids kaarten
4, 5, 6

Haight Ashbury en Mission District

0 kilometer 2

BLADZIJDE 106–121
Stratengids kaarten
5, 6, 11

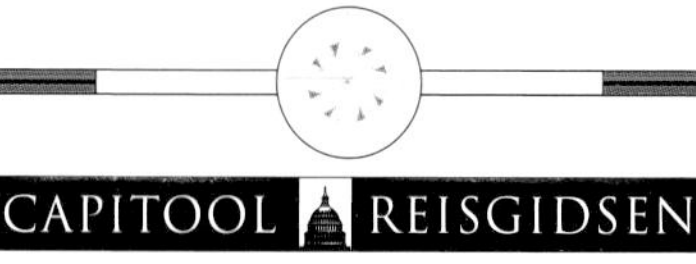

SAN FRANCISCO

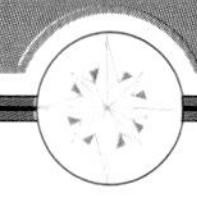

CAPITOOL REISGIDSEN

SAN FRANCISCO

VAN REEMST
UITGEVERIJ

HOUTEN

A Dorling Kindersley book
www.dk.com

Oorspronkelijke titel: Eyewitness Travel Guides – San Francisco

Postbus 97
3990 DB Houten
www.capitool.nl

5de herziene druk 2008

Auteurs: Jamie Jensen, Barry Parr, Dawn Douglas en Shirley Streshinsky
Tekstverzorging: *de Redactie*, Amsterdam
Vertaling: Esther Ottens
Bewerking: Gerard M.L. Harmans, Jacqueline Toscani
Actualisering: *Ottenhof*, Almere
Aanvullende vertaling: Corry Lagewaard
Cartografie: Lovell Johns Ltd, Oxford UK
Omslag: Teo van Gerwen-design, Waalre

Alles is in het werk gesteld om ervoor te zorgen dat de informatie in dit boek bij het ter perse gaan zoveel mogelijk is bijgewerkt. Gegevens zoals telefoonnummers, openingstijden, prijzen, exposities en reisinformatie zijn echter aan veranderingen onderhevig. De uitgever is niet aansprakelijk voor consequenties die voortvloeien uit het gebruik van dit boek.

ISBN: 978 90 410 3346 8
NUR 513

Omslag voorzijde, grote foto: Golden Gate Bridge en skyline, uitzicht vanaf Marin Headlands

◁ **Golden Gate Bridge in de mist**

INHOUD

Vroege karikatuur van een goudzoeker (1848)

INLEIDING OP SAN FRANCISCO

Ghirardelli Square, Fisherman's Wharf

Palace of Fine Arts, Presidio

Blik op Mendocino in Noord-Californië

Californische zeekrab

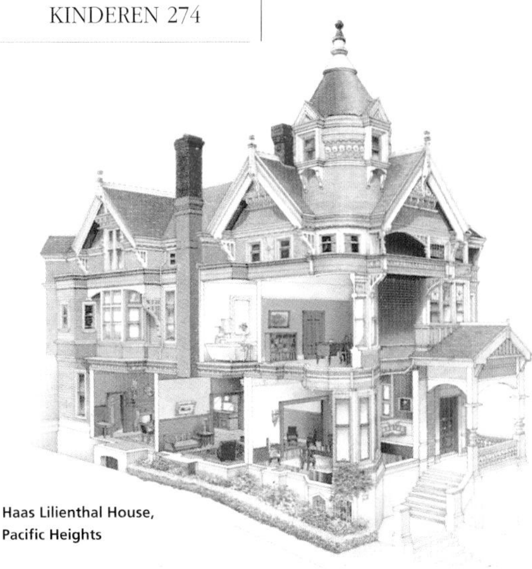

Haas Lilienthal House, Pacific Heights

HOE GEBRUIKT U DEZE GIDS

Deze gids zal u helpen uw verblijf in San Francisco met zo min mogelijk praktische problemen zo aangenaam mogelijk te maken. Het eerste deel, *Inleiding op San Francisco*, beschrijft de geografische ligging en plaatst de stad in zijn historische context. Ook leest u wat er door het jaar heen in San Francisco te doen is. *San Francisco in het kort* geeft een overzicht van de belangrijkste bezienswaardigheden. Gedetailleerde informatie vindt u in *San Francisco van buurt tot buurt*. Daar worden alle bezienswaardigheden middels kaarten, foto's en illustraties beschreven. In *Noord-Californië* vindt u aanbevolen bezienswaardigheden en twee excursies die wij u zeer aanraden. Zorgvuldig nagetrokken tips voor hotels, restaurants, winkels, amusement en sport en activiteiten voor kinderen vindt u in *Tips voor de reiziger*. *Wegwijs in San Francisco* geeft praktische informatie over alles van telefoneren tot het gebruik van het openbaar vervoer.

Wat zullen we vandaag eens gaan bekijken?

SAN FRANCISCO VAN BUURT TOT BUURT

Elke toeristische buurt heeft zijn eigen kleur. Elk hoofdstuk begint met een korte beschrijving van het karakter en de geschiedenis van het deel van San Francisco dat het behandelt en een *stratenkaart*, die u een gedetailleerde kijk gunt op het hart van de buurt. De bezienswaardigheden zijn genummerd, zodat u gemakkelijk uw weg door de buurt vindt. De belangrijkste bezienswaardigheden worden uitvoeriger besproken.

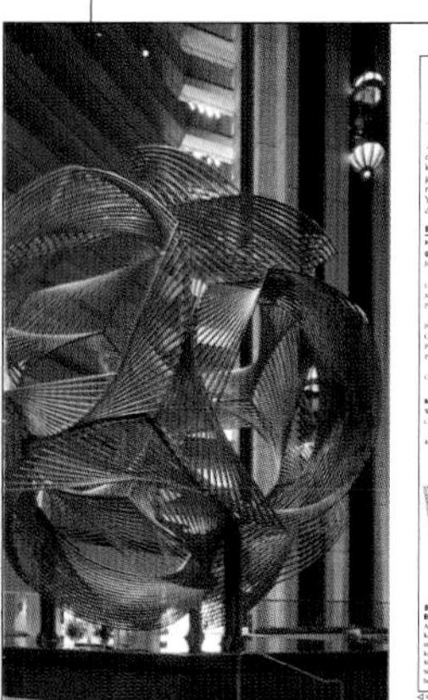

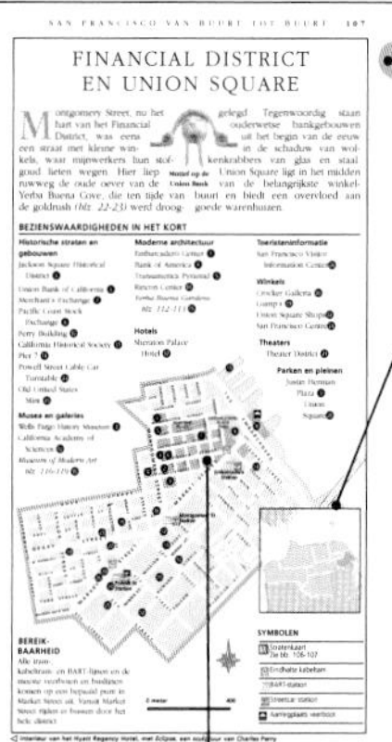

Elke buurt heeft een eigen kleurcode.

Oriëntatiekaart

De oriëntatiekaart laat zien waar u zich bevindt ten opzichte van andere buurten in het centrum.

De aanbevolen route voert door de interessantste en aantrekkelijkste straten van de buurt.

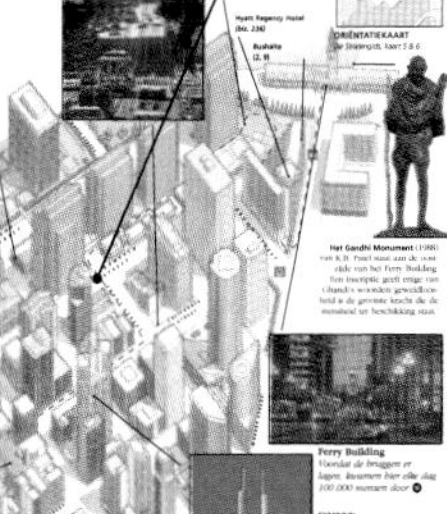

1 Bezienswaardigheden in het kort

De bezienswaardigheden zijn genummerd en op een wijkkaart aangegeven, zodat u ze gemakkelijk kunt vinden. Op deze kaart staan ook de BART-stations, de kabeltram-draaischijven en parkeerplaatsen. De bezienswaardigheden zijn naar categorie ingedeeld: kerken en tempels, musea en galeries, historische straten en gebouwen, winkelstraten, en parken en tuinen.

Het roze gekleurde gebied staat gedetailleerd weergegeven op de stratenkaart op de volgende bladzijde.

2 Stratenkaart

Deze kaart biedt een panoramische blik op het belangrijkste deel van de buurt. De nummers van de bezienswaardigheden verwijzen weer naar de wijkkaart en de uitgebreide beschrijvingen op de bladzijden die volgen.

Sterattracties zijn bezienswaardigheden die u niet mag missen.

DE KAART VAN SAN FRANCISCO

De gekleurde gebieden op deze kaart *(zie binnenkant voorflap)* stellen de acht belangrijkste toeristische buurten voor, die elk in een apart hoofdstuk worden besproken in *San Francisco van buurt tot buurt (blz. 52–181)*. Door het hele boek heen treft u steeds delen van deze kaart aan, zoals in *San Francisco in het kort (blz. 34–47)*, om u te helpen de belangrijkste bezienswaardigheden te lokaliseren. De kaart wordt ook gebruikt om belangrijke winkelgebieden *(blz. 246–247)* en uitgaansgelegenheden *(blz. 260–261)* aan te geven.

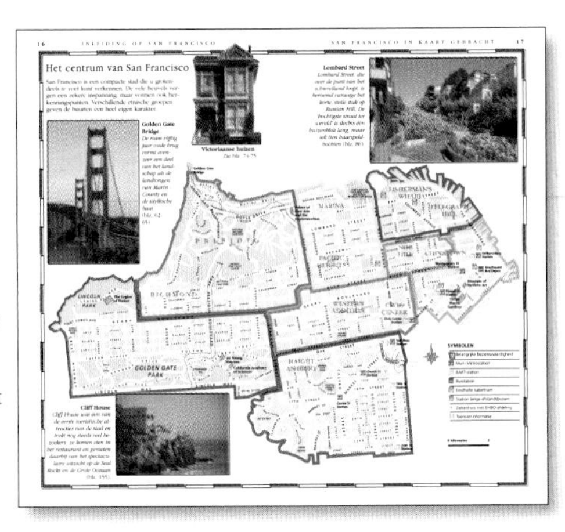

Het vooraanzicht van veel belangrijke gebouwen is afgebeeld, zodat u ze snel herkent.

Praktische informatie voorziet u van alle gegevens die u nodig hebt bij uw bezoek aan een bezienswaardigheid, waaronder een verwijzing naar de *Stratengids (blz. 302–313)*.

Nummers verwijzen naar de positie op de wijkkaart en de plaats in het hoofdstuk.

In **Tips voor de toerist** staat alle informatie die u nodig hebt om uw bezoek voor te bereiden.

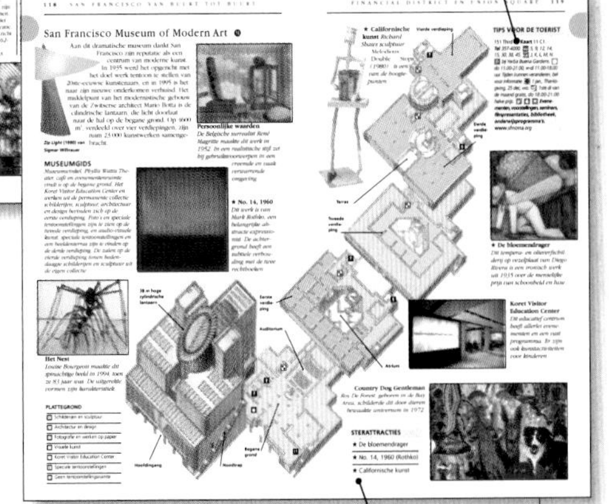

3 Gedetailleerde informatie over bezienswaardigheden

Alle belangrijke bezienswaardigheden van San Francisco worden apart behandeld, volgens de nummering op de wijkkaart. Bij elke bezienswaardigheid vindt u tevens informatie over openingstijden, telefoonnummers, toegangsprijzen en faciliteiten. De verklaring van de gebruikte symbolen staat op de achterflap.

4 De belangrijkste attracties

Musea en galeries hebben een met kleur gecodeerde plattegrond, zodat u belangrijke exposities gemakkelijk vindt. Historische gebouwen zijn opengewerkt om het interieur zichtbaar te maken.

Sterren duiden op attracties die u niet mag missen.

INLEIDING OP SAN FRANCISCO

VIER DAGEN IN SAN FRANCISCO

Gelegen op steile, beboste heuvels en bijna geheel omgeven door een enorme baai vormt deze fraaie stad een prachtig fotogeniek plaatje. Wapen uzelf met een camera, een kaart en stevige schoenen en ontdek de historische bezienswaardigheden, de culturele schatten en de levendige buurten. De vier beschreven rondleidingen geven elk een ander beeld van de stad. Meer details over de bezienswaardigheden vindt u op de aangegeven bladzijden. De prijsindicaties zijn inclusief vervoer, eten en toegangsprijzen.

Neushoornsculptuur, Asian Arts Museum

De Denker van Rodin in het Legion of Honor

KUNST, OUD EN NIEUW

- **Bekijk de meesterwerken in het Legion of Honor**
- **Moderne kunst in SFMOMA**
- **Kunstschatten en thee in het Asian Art Museum**
- **Winkelen in Hayes Valley**

TWEE VOLWASSENEN reken op minstens $122

Ochtend

Begin de dag met 4000 jaar oude en Europese kunst in het **Legion of Honor** in Lincoln Park *(blz. 156–157)*. Geniet van het uitzicht over de baai om daarna de tram te nemen naar het Latijns-Amerikaanse **Mission District** *(blz. 131)*. Hier vindt u uitbundige muurschilderingen, galeries en winkels. Ga voor een heerlijke taco naar **La Taqueria** *(blz. 236)*.

Middag

Neem de tram naar het door Mario Botta ontworpen, modernistische **SFMOMA** *(blz. 118–121)* en ontmoet onder andere Warhol en Picasso. Loop naar het Civic Center Plaza en het **Asian Art Museum** *(blz. 126)*, een van 's werelds grootste musea dat gewijd is aan Aziatische kunst. Rust even uit met een kopje thee in het café. Steek het plein over naar de **City Hall** *(blz. 127)* met zijn vergulde koepel in beaux-artsstijl. Ga richting **Hayes Valley** *(blz. 128)* en bewonder onderweg de **Davies Symphony Hall** *(blz. 126)* en het **War Memorial Opera House** *(blz. 127)*. Geniet van de trendy boetieks en boekwinkels rond Hayes Valley en besluit de dag met een aperitief in de **Absinthe Brasserie and Bar** *(blz. 235)*.

VOOR DE KINDEREN

- **Spelen in de Yerba Buena Gardens**
- **Een picknick**
- **Pret in Fisherman's Wharf**
- **Oude schepen aan de Hyde Street Pier**

GEZIN MET TWEE KINDEREN reken op minstens $111

Ochtend

Begin met pannenkoeken bij **Mel's Drive-In** *(blz. 243)*. Loop naar de **Yerba Buena Gardens** *(blz. 114–115)* en speel op het dak een ruimtespel of geniet van het uitzicht. Bekijk de schaatsers op het ijs of gooi een bal op de bowlingbaan. Tieners kunnen zich bij Zeum uitleven in diverse kunstvormen terwijl de kleintjes tollen in een draaimolen uit 1906 van Charles Looff. Gebruik uw lunch buiten in de tuin.

Middag

Loop naar het **Embarcadero Center** *(blz. 110)* en wandel langs het water of neem de tram naar **Fisherman's Wharf** *(blz. 79–81)*. Spendeer bij Pier 45 wat geld aan de 200 antieke speelautomaten in Musée Méchanique. Aanschouw de straatartiesten bij **Pier 39** *(blz. 82)*, een buurt vol winkels, eettentjes en vertier. U vindt er een carrousel, haaien in Underwater World en videospellen in de Riptide Arcade, en niet te vergeten de zeeleeuwen bij K Dock. Ga bij Hyde Street Pier aan boord van een schoener en eindig met een bezoek aan het **Maritime Historical Park** *(blz. 83)*.

Pret voor de kinderen: bungeejumping bij Fisherman's Wharf

Huizen aan Ocean Beach, een schitterend strand met prachtige vergezichten

EEN DAG IN DE BUITENLUCHT

- **Zeezichten op Ocean Beach**
- **Golden Gate Park**
- **Wandeling over Golden Gate Bridge**
- **Chocoladefestijn**
- **Kabelbaan naar Nob Hill**

TWEE VOLWASSENEN reken op minstens $100

Ochtend

Begin met ontbijt bij het Beach Chalet (1000 Great Highway) aan **Ocean Beach** *(blz. 153)*. Bekijk de muurschilderingen uit de periode van de Grote Depressie en loop dan richting het **Golden Gate Park** *(blz. 144–145)* naar het **Conservatory of Flowers** *(blz. 152)*, een victoriaanse kas met exotische planten. Wandel door de **Japanese Tea Garden** *(blz. 147)*, huur een fiets of roeiboot, of bezoek het **Strybing Arboretum** *(blz. 152)* in de Botanical Garden. Eet verse sushi in het Japanse restaurant **Ebisu** *(blz. 237)*.

Middag

Pak de tram naar de **Golden Gate Bridge** *(blz. 64–67)* voor een winderige wandeling over de brug en terug. Loop onder de brug naar **Fort Point** *(blz. 62)* en volg het pad langs het water naar **Crissy Field** *(blz. 62)*. Bij de Warming Hut Café kunt u zich opwarmen. De jongeren van geest kunnen spelen met wetenschap en technologie in het Exploratorium in het **Palace of Fine Arts** *(blz. 60–61)*. Loop naar het **Ghirardelli Square** *(blz. 83)* met zijn winkels, restaurants, een ouderwetse fristap en een chocoladefabriek. Maak een ritje met de kabelbaan naar **Nob Hill** *(blz. 101)*. Kuier op uw gemak terug naar Chinatown *(blz. 94–100)*.

LANGS HET WATER

- **Thuisbasis van de Giants**
- **Fijnproeven**
- **Een wandeling in het Levi's Plaza Park**
- **Vaar door de baai of bezoek Alcatraz**

TWEE VOLWASSENEN reken op minstens $102

Ochtend

Begin uw ontdekkingstocht met een kopje koffie bij **Caffè Roma II** *(blz. 242)* en ga daarna naar het **AT&T Park** *(blz. 272)*, thuisbasis van de San Francisco Giants. Maak een wandeling rondom het veld en geniet van het fraaie uitzicht. Ga vervolgens naar het enorme **Ferry Building** *(blz. 112)*, waar u op de overdekte markt ambachtelijke kazen, zeldzame theesoorten, gebak en lokale producten kunt kopen. Aan de overkant ligt het **Embarcadero Center** *(blz. 110)*, een torenhoog complex met winkels, restaurants en lommerrijke dakterrassen. Loop vanaf hier naar **Pier 7** *(blz. 113)* en praat met de vissers, rust uit op een bank, kijk naar de schepen en fotografeer de **Transamerica Pyramid** *(blz. 111)*. Wandel naar **Levi's Plaza** *(blz. 93)*, een groene buurt met op de achtergrond de oude huizen op Telegraph Hill en de **Coit Tower** *(blz. 93)*. Ga voor een hamburger of spare ribs met zeezicht naar **Fog City Diner** *(blz. 230)*.

Middag

Pak een oude tram of loop naar Pier 41 op **Fisherman's Wharf** *(blz. 80–81)* en boek een rondvaart van een uur door de baai met de Blue and Gold Fleet. U kunt ook deelnemen aan een excursie naar het beruchte gevangeniseiland **Alcatraz** *(blz. 84–87)*. Breng eenmaal terug in de haven een bezoek aan het **Wax Museum** *(blz. 82)*. Wandel tot slot rustig naar **Fort Mason** *(blz. 74–75)* voor een mooie zonsondergang.

Fog City Diner, een restaurant in de stijl van rond 1930

San Francisco in kaart gebracht

San Francisco is na New York de dichtst bevolkte stad van de Verenigde Staten, met 750.000 mensen op een gebied van 122 km². De ligging van de stad, op het puntje van een heuvelachtig schiereiland aan de westkust van Noord-Amerika, uitkijkend over de Grote Oceaan, is uniek. Talloze luchtvaartmaatschappijen landen op de drie luchthavens van de Bay Area. San Francisco is door snelwegen en spoorlijnen verbonden met de oostkust en andere delen van het land, en Canada.

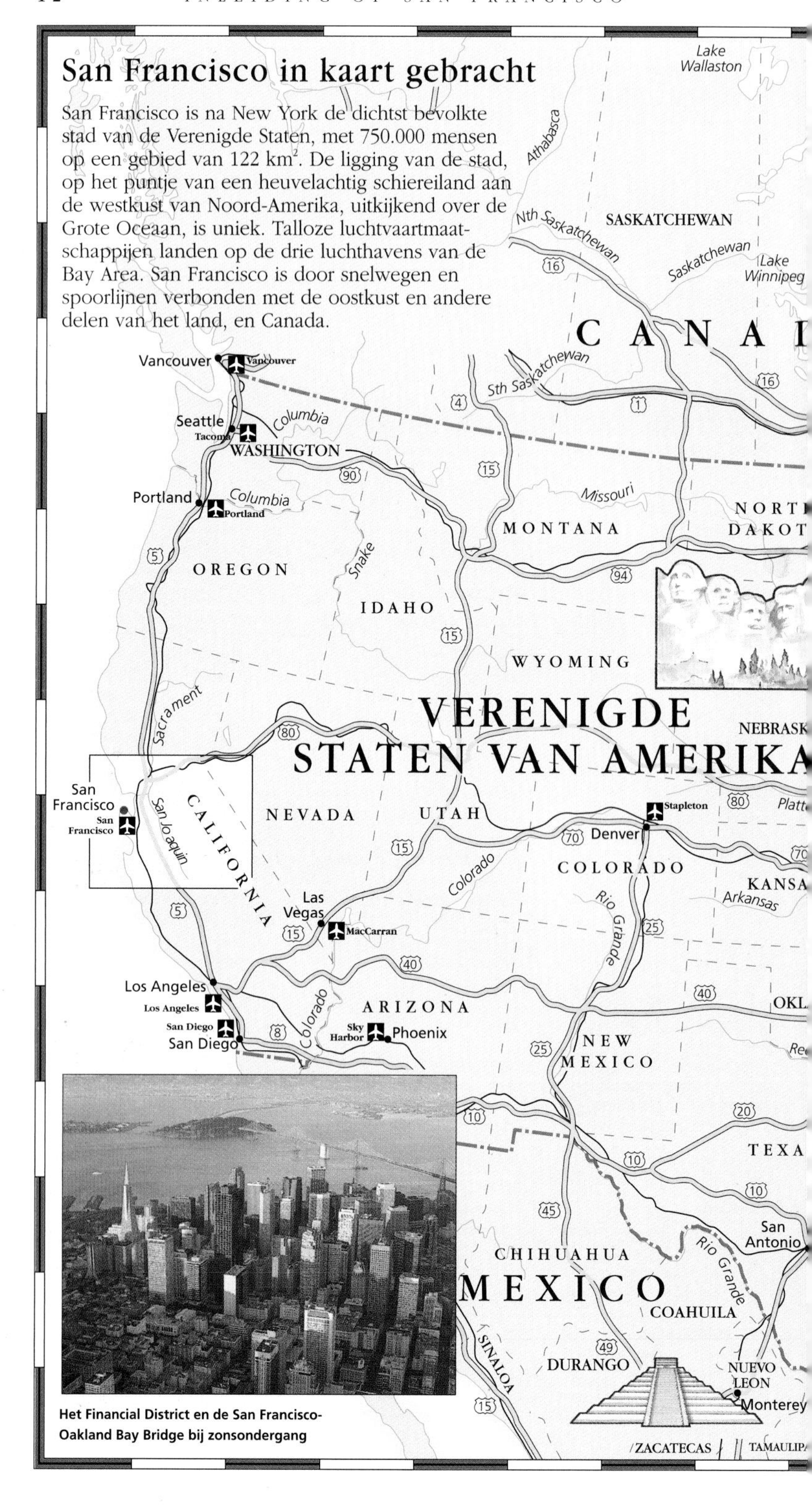

Het Financial District en de San Francisco-Oakland Bay Bridge bij zonsondergang

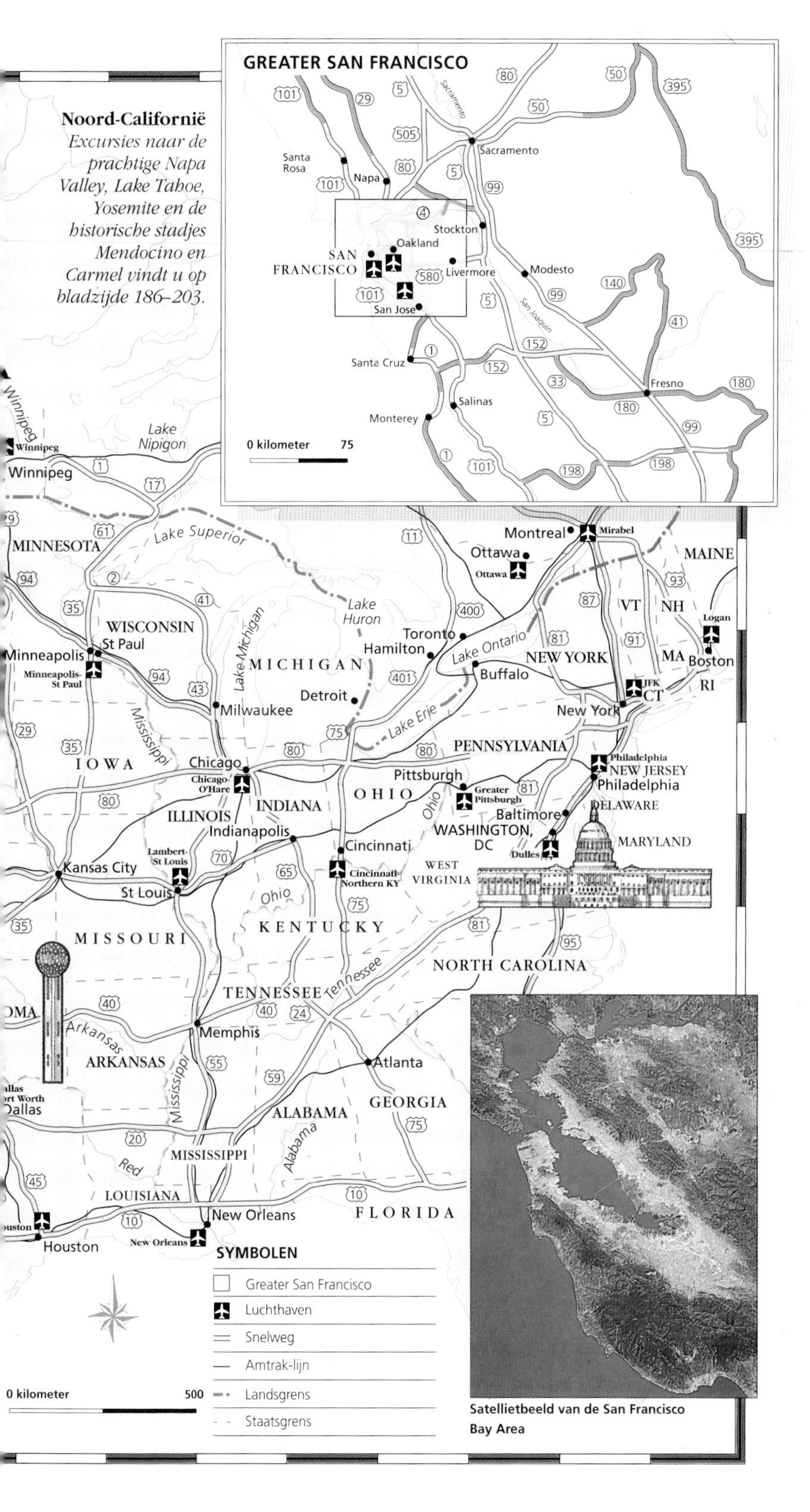

Satellietbeeld van de San Francisco Bay Area

De Bay Area

De steden Oakland en Berkeley zijn te bereiken via de Bay Bridge, terwijl de Golden Gate Bridge het schiereiland verbindt met Marin County. Deze gebieden vormen samen met de voorsteden in het zuiden de Bay Area, die wordt ontsloten door de Bay Area Rapid Transit-sneltram (BART) en snelwegen.

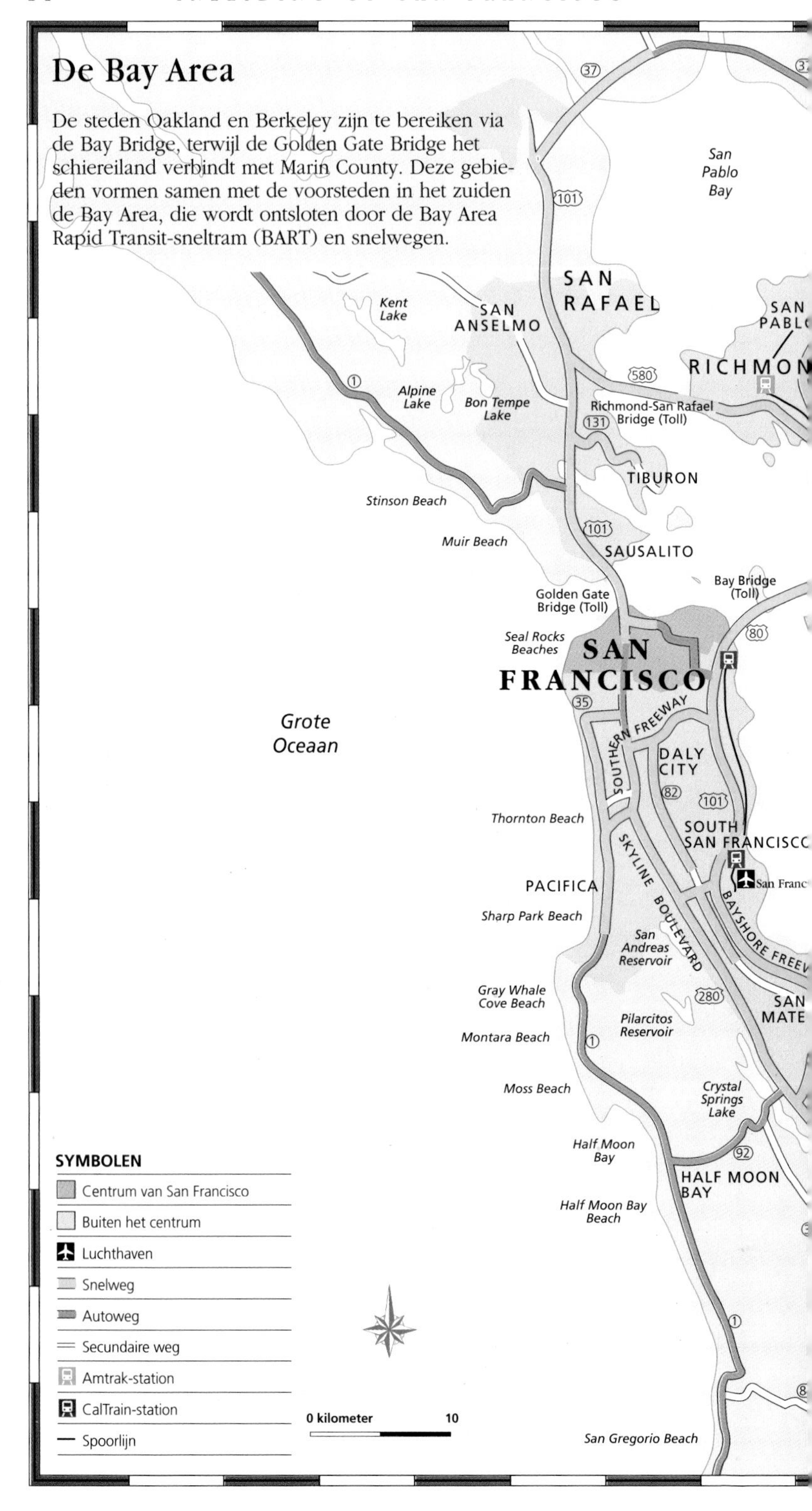

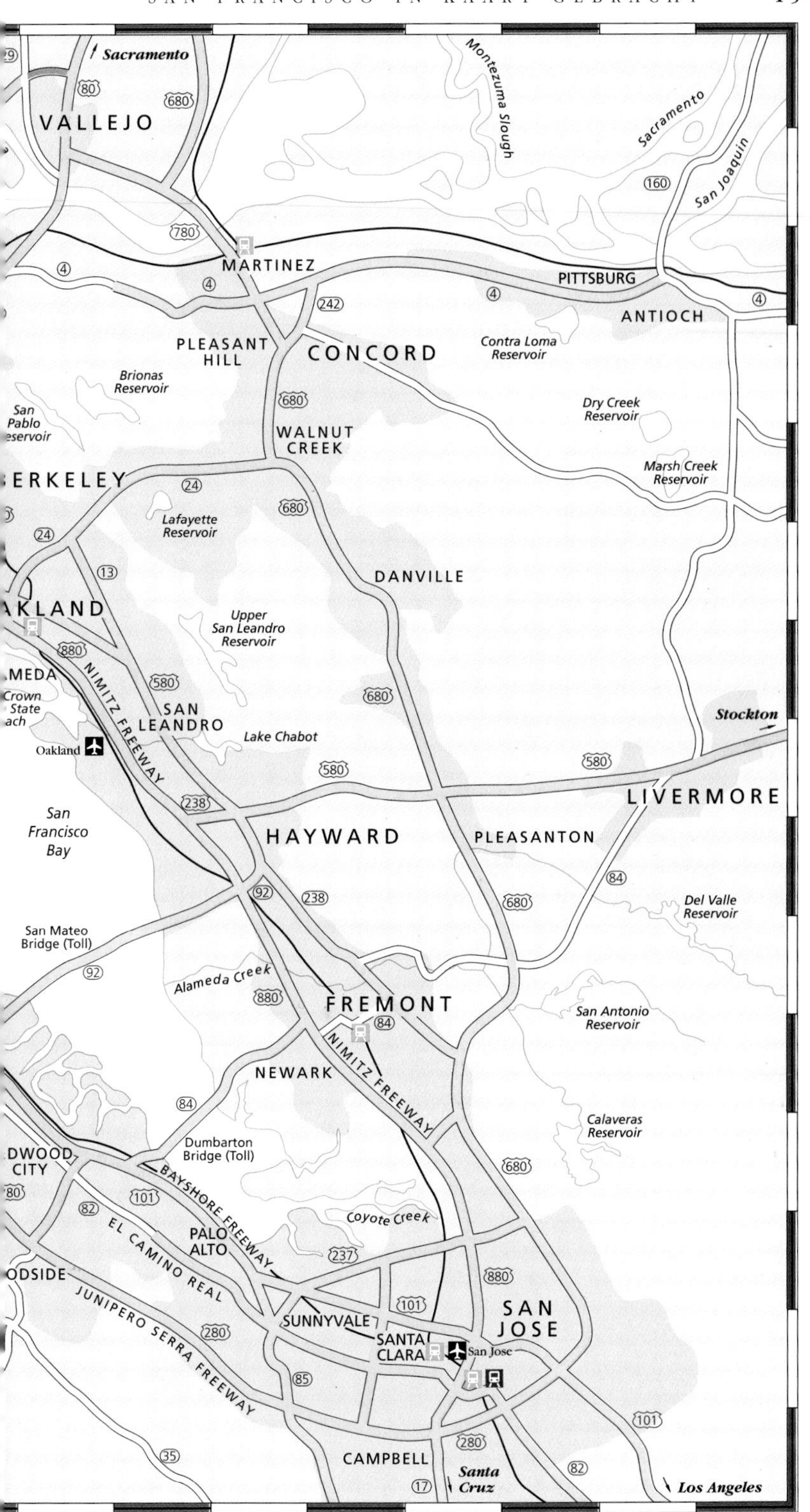
Sacramento
VALLEJO
Montezuma Slough
Sacramento
San Joaquin
MARTINEZ
PITTSBURG
ANTIOCH
PLEASANT HILL
CONCORD
Contra Loma Reservoir
Brionas Reservoir
San Pablo Reservoir
Dry Creek Reservoir
WALNUT CREEK
Marsh Creek Reservoir
BERKELEY
Lafayette Reservoir
DANVILLE
OAKLAND
Upper San Leandro Reservoir
ALAMEDA
Crown State Beach
NIMITZ FREEWAY
SAN LEANDRO
Stockton
Lake Chabot
Oakland
LIVERMORE
San Francisco Bay
HAYWARD
PLEASANTON
Del Valle Reservoir
San Mateo Bridge (Toll)
Alameda Creek
FREMONT
San Antonio Reservoir
NEWARK
NIMITZ FREEWAY
Calaveras Reservoir
Dumbarton Bridge (Toll)
REDWOOD CITY
BAYSHORE FREEWAY
EL CAMINO REAL
Coyote Creek
PALO ALTO
WOODSIDE
JUNIPERO SERRA FREEWAY
SUNNYVALE
SAN JOSE
SANTA CLARA
San Jose
CAMPBELL
Santa Cruz
Los Angeles

Het centrum van San Francisco

San Francisco is een compacte stad die u grotendeels te voet kunt verkennen. De vele heuvels vergen een zekere inspanning, maar vormen ook herkenningspunten. Verschillende etnische groepen geven de buurten een heel eigen karakter.

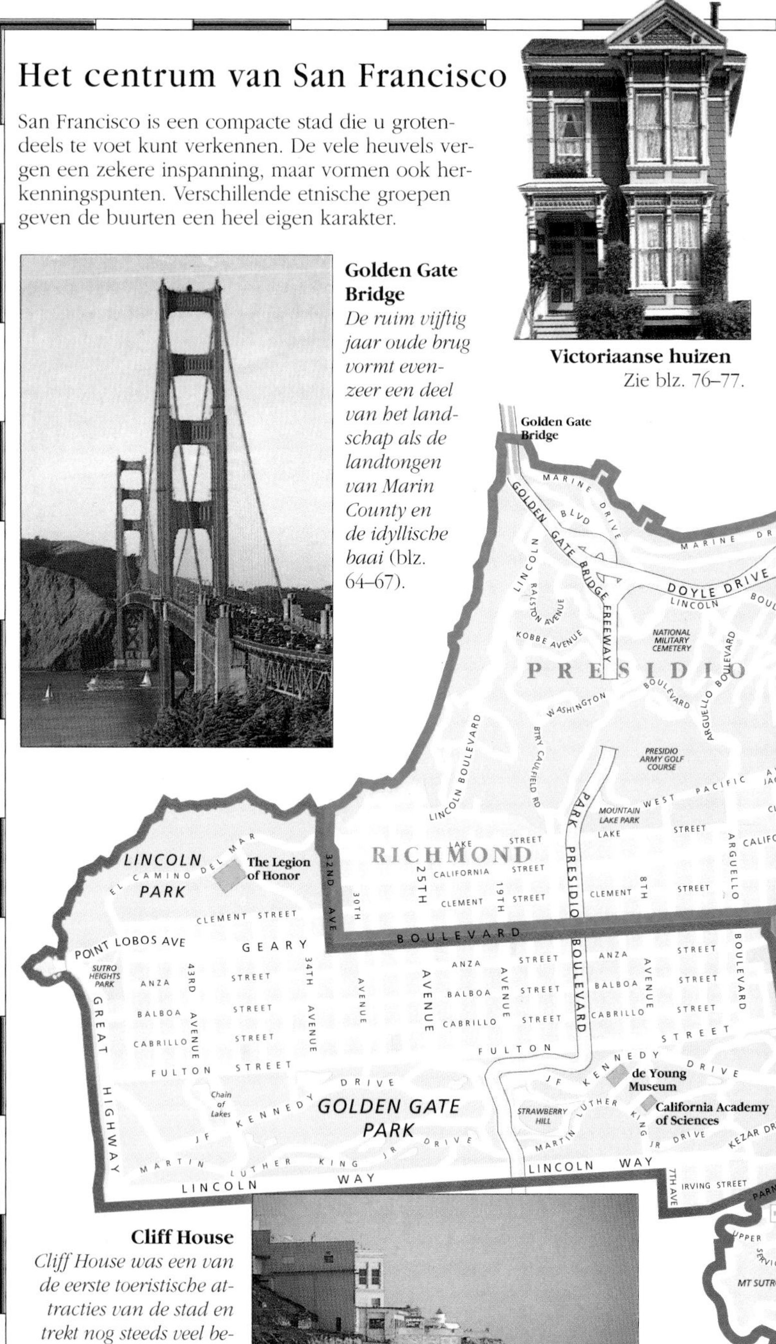

Victoriaanse huizen

Zie blz. 76–77.

Golden Gate Bridge

De ruim vijftig jaar oude brug vormt evenzeer een deel van het landschap als de landtongen van Marin County en de idyllische baai (blz. 64–67).

Cliff House

Cliff House was een van de eerste toeristische attracties van de stad en trekt nog steeds veel bezoekers: ze komen eten in het restaurant en genieten daarbij van het spectaculaire uitzicht op de Seal Rocks en de Grote Oceaan (blz. 157).

Lombard Street

Lombard Street, die over de punt van het schiereiland loopt, is beroemd vanwege het korte, steile stuk op Russian Hill. De 'bochtigste straat ter wereld' is slechts één huizenblok lang, maar telt tien haarspeldbochten (blz. 88).

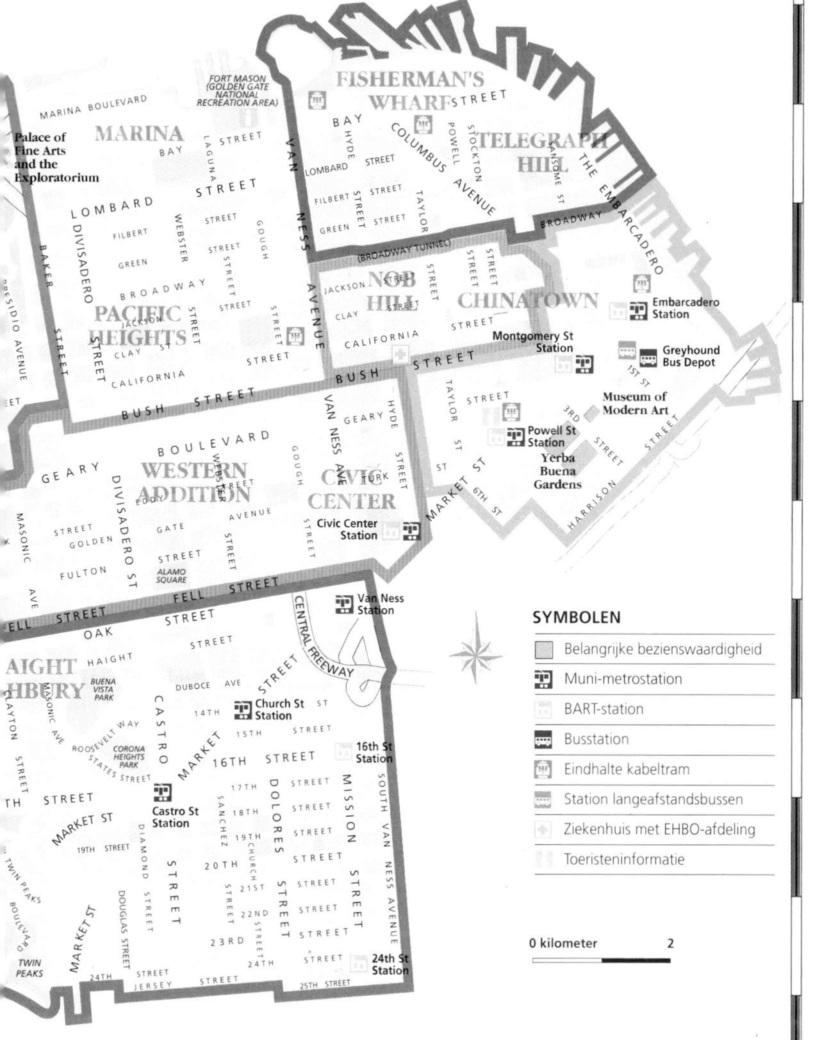

De aardbevingen van San Francisco

San Francisco ligt op de San Andreasbreuk en leeft met de constante dreiging van een aardbeving. De aardbeving van Loma Prieta op 17 oktober 1989, genoemd naar de heuvel dicht bij het epicentrum in de Santa Cruz Mountains, was de ergste in de regio sinds 1906 *(blz. 28–29)*. Veel gebouwen worden nu zó aangepast dat ze de schokken kunnen opvangen, en schuilkelders, zoals die in het Moscone Center *(blz. 114–115)* zijn ingericht voor noodopvang. Ook hotels hebben vaak een evacuatiescenario en in de telefoongids staan vier bladzijden met tips.

De aardbeving van 1989 *mat 7,1 op de schaal van Richter. Sommige huizen die waren gebouwd op nieuw gewonnen grond in het Marina District schoven van hun fundamenten.*

Berkeley

De San Andreasbreuk *is een grote scheur in de aardkorst. Hij is 965 km lang en loopt bijna over de hele lengte van Californië.*

San Francisco ligt bij het noordeinde van de breuk.

GROTE OCEAANPLAAT STUIT OP NOORD-AMERIKAPLAAT

De San Andreasbreuk is het resultaat van frictie tussen twee grote platen van de aardkorst: de Grote Oceaanplaat en de Noord-Amerikaplaat.

San Andreasbreuk

Noord-Amerikaplaat

L-golven zijn oppervlaktegolven.

S-golven gaan door de aardmantel.

P-golven gaan door de aardkern.

Oceaanplaat

Hypocentrum

Aardbevingstrillingen *verplaatsen zich als golven door de aarde. De tijd tussen de aankomst van P-golven en S-golven vormt voor wetenschappers een aanwijzing omtrent de plaats van het epicentrum.*

Epicentrum (punt aan de oppervlakte boven het centrum van een aardbeving)

Hypocentrum (het centrum van een aardbeving)

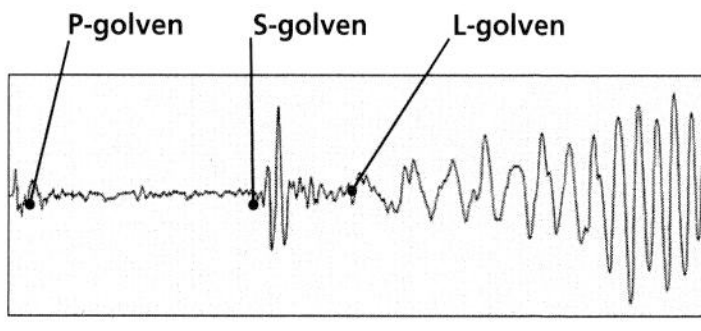

Een seismogram *geeft de intensiteit van aardbevingsgolven grafisch weer. Binnen in de seismograaf volgt een pen de P- (primaire), S- (secundaire) en L- (lange) golven op een roterende cilinder.*

Wetenschappers meten *de bewegingen van de San Andreasbreuk met behulp van laserstralen die worden weerkaatst door een netwerk van reflectoren. Het systeem registreert bewegingen van minder dan 0,6 mm over een afstand van 6 km. Op deze manier kunnen seismologen voorspellen wanneer er een aardbeving zal optreden.*

De heuvels en het kustgebergte van de Bay Area zijn gevormd door honderden bewegingen langs de breuk, die het land samenpersen en omhoogtillen.

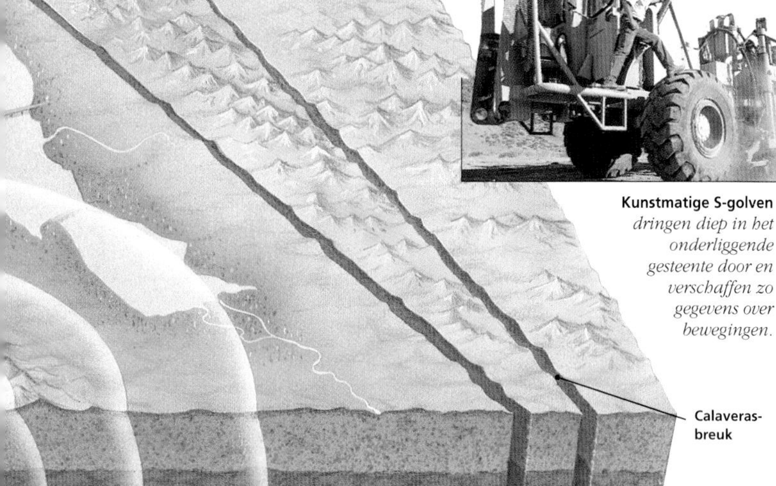

In Oakland kwamen in 1989 42 mensen om het leven toen een verhoogd deel van een weg instortte en 44 betonnen platen van elk 661 ton op de auto's eronder vielen.

Kunstmatige S-golven *dringen diep in het onderliggende gesteente door en verschaffen zo gegevens over bewegingen.*

TIJDBALK

1769 Leden van de Portolá-expeditie maken als eerste Europeanen een Californische aardbeving mee

1865 De stad krijgt op 9 oktober zijn eerste ernstige aardbeving te verduren, tweede beving volgt op 23 oktober

1872 Aardbeving verwoest het stadje Lone Pine en Sierra Nevada komt 4 m hoger te liggen

1890 Zware aardschok

1989 Aardbeving van Loma Prieta treft Bay Area en stad; 67 doden, 1800 mensen dakloos. Ergste beving sinds 1906

1750 | **1800** | **1850** | **1900** | **1950**

Don Gaspar de Portolá

1857 Zware aardschok wordt gevolgd door kleinere schokken in Bay Area

1868 Zware schok op Haywardbreuk

De schade in 1906

1957 Zware schok in Bay Area

1977 Acht aardschokken

1906 De zwaarste aardbeving ooit: na drie dagen brand zijn er 3000 doden en 250.000 daklozen. Twee dagen lang worden er nog naschokken gevoeld

DE GESCHIEDENIS VAN SAN FRANCISCO

Zegel van de stad en het district San Francisco

Zelfs voor een gebied in de Nieuwe Wereld is San Francisco verbazend lang *terra incognita* gebleven. Een aantal vroege Europese ontdekkingsreizigers, onder wie de in Portugal geboren Juan Cabrillo en de Engelsman sir Francis Drake passeerde de Golden Gate zonder de baai erachter op te merken. Pas in 1769 zagen de eerste niet-inheemsen de plek waar nu San Francisco ligt, waarna het gebied werd gekoloniseerd door de Spanjaarden, die er missieposten en *presidios* (forten) stichtten. In 1821, toen Mexico zich onafhankelijk van Spanje verklaarde, werd het Mexicaans territorium.

DE STAD WORDT GROTER

De eerste belangrijke stimulans kwam in 1848, toen er goud werd gevonden bij Sutter's Mill, in de uitlopers van de Sierra Nevada in de buurt van Sacramento. Honderdduizenden goudzoekers kwamen naar Californië, wat leidde tot de goldrush van 1849 (de goudzoekers uit deze tijd worden *'49ers* genoemd). Deze viel samen met de overname van de westkust door de VS en rond 1869 had San Francisco zich ontwikkeld tot een internationale stad die bekend was om de wilde 'Barbary Coast', die zich vanaf de waterkant naar het westen uitstrekte, én om de fortuinen die werden verdiend aan de pas ontdekte bodemschatten.

AARDBEVING EN HERSTEL

Naarmate het bevolkingsaantal groeide, breidde de stad op het smalle schiereiland zich naar het westen uit. De grote aardbeving van 1906 en de brand erna verwoestten het grootste deel van de stad, maar niet zijn temperament, en er werd snel met het herstel begonnen. San Francisco heeft zijn unieke karakter en schijnbaar onuitputtelijke energie altijd behouden. De volgende bladzijden behandelen belangrijke perioden in de geschiedenis van de stad.

Telegraph Hill en North Beach ten tijde van de goldrush

◁ Afbeelding uit 1873. Op de grens van water en land begint in het midden Market Street

Het vroege San Francisco

De eerste bewoners van het gebied rond de San Francisco Bay waren Miwokindianen in het noorden en Ohlone-indianen in het zuiden. Westerlingen maakten pas contact met de indianen toen sir Francis Drake bij Point Reyes voor anker ging en het in naam van zijn koningin Elisabeth I opeiste. De baai bleef tot 1769 onontdekt, waarna Spanje er een klein *presidio* (fort) en een missiepost stichtte, die ter ere van de stichter van de orde der franciscanen *San Francisco de Asis* werden gedoopt.

Zaadklopper van de Miwoks

OMVANG VAN DE STAD

Heden *1800*

Sinds 1800 drooggelegd land

Tcholovoni-indianen
Sommige stammen, zoals deze Tcholovoni-indianen, waren jagers en woonden in dorpjes op de oevers van de San Francisco Bay.

Drake landt bij Point Reyes *(1579)*
Aangenomen wordt dat sir Francis Drake landde in wat nu Drake's Bay heet. Hij werd begroet door Miwokindianen.

Spaanse missionarissen probeerden de indianen tot het christendom te bekeren en dwongen hen om in barakken te wonen en arbeid te verrichten.

Hoofdtooien werden versierd met veren en schelpen.

TIJDBALK

10.000 v.C. Eerste indianen trekken naar de baai

1542 n.C. Ontdekkingsreiziger Juan Cabrillo vindt de Farallon Islands voor de kust van San Francisco

1602 Sebastian Vizcaino bezoekt Point Reyes, maar ontdekt de baai evenmin. Zijn enthousiaste verslag vormt een aanmoediging voor de expeditie die de San Francisco Bay ten slotte wèl zou vinden

10.000 v.C. | **1550 n.C.** | **1600** | **16**

Juan Cabrillo (gestorven 1543)

1579 Sir Francis Drake landt bij Point Reyes voor reparaties aan zijn schip

1595 Spaans handelsschip *San Augustin* zinkt bij Point Reyes

Kaart uit 1666 waarop Californië wordt voorgesteld als een eiland

Kule Loklo-indianen
Deze vroege bewoners van de Bay Area zijn afgebeeld door Anton Refregier in zijn muurschildering in de foyer van de Rincon Annex (blz. 113).

Missieposten
Onder leiding van pater Narciso Duran werd de missiepost San Jose de grootste en rijkste van de Bay Area.

De speer speelde een grote rol in de dansen.

Mannelijke dansers verfden hun lichaam rood, zwart en wit.

WAAR VINDT U HET VROEGE SAN FRANCISCO

Indianenwerktuigen ziet u in de California Academy of Sciences *(blz. 150–151)*; de Mission Dolores *(blz. 137)* en het Oakland Museum *(blz. 166–167)* gaan over de missie.

17de-eeuwse icoon *van de heilige Petrus, afkomstig uit Mexico en nu te zien in het Oakland Museum* (blz. 166).

DANS IN MISSION DOLORES

De Russische kunstenaar Ludovic Choris (1795–1828) maakte in 1816 deze tekening van een indiaanse dans buiten de missiepost Dolores. De dansers beschilderden hun lichaam en dansten voor de missionarissen.

1701 Pater Kino steekt de rivier de Colorado over en bewijst dat Californië een schiereiland is

Expeditie Portolá in 1769

1776 Juan De Anza leidt de eerste groep kolonisten over land naar San Francisco en komt op 28 maart aan

1816 Russische handelaars arriveren op hun schip de *Rurik* en zijn geschokt door het hoge sterftecijfer onder de indianen

1700	1750	1800

1769 Don Gaspar de Portolá, aan het hoofd van een groep ontdekkingsreizigers, ontdekt de baai in november 1769

1775 Het Spaanse schip de *San Carlos* vaart, onder aanvoering van kapitein Juan Manuel de Ayala, als eerste de San Francisco Bay binnen

1797 Missiepost San Jose gesticht

Indianen aan het gokken

De goldrush

Goudklompjes

Nadat Mexico in 1821 onafhankelijk was geworden van Spanje, stelde het land Californië open voor buitenlandse handel. Walvisvaarders en handelaars gingen voor anker in de San Francisco Bay. Met de ontdekking van goud in de Sierra Nevada en de annexatie van Californië door de VS in 1848 veranderde alles. In twee jaar tijd kwamen er 100.000 goudzoekers door de Golden Gate en werd San Francisco een bruisende stad.

Vallejobokaal
Deze bokaal verraadt de elegante levensstijl van generaal Vallejo, de laatste Mexicaanse leider van Californië.

San Francisco veroverd op Mexico
Op 9 juli 1846 veroverde de USS Portsmouth *de onbeschermde baai en kwamen 70 Amerikaanse militairen aan land, die op het plein hun vlag, de Stars and Stripes, hesen.*

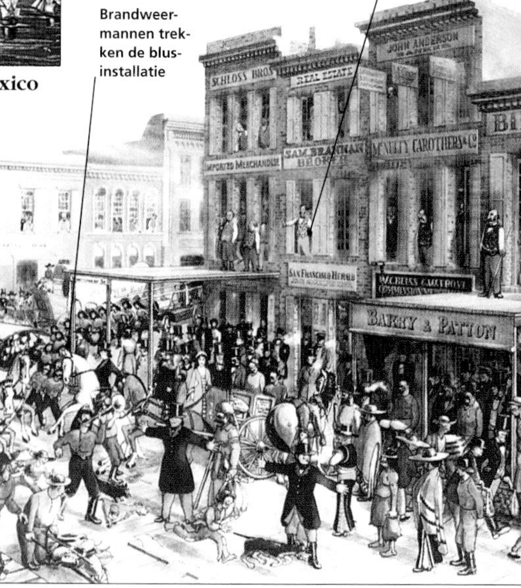

Sam Brannan begon in 1847 de eerste krant van de stad.

Brandweermannen trekken de blusinstallatie

Gokken
Mensen verbonden hun lot aan de kaarten: gokken was een manier van leven.

TIJDBALK

1820 Walvisvaarders gebruiken Sausalito als uitvalsbasis

1823 Missiepost San Francisco de Solano opgericht in Sonoma

1828 Pelsjager Jedediah Smith komt aan in Presidio nadat hij als eerste het ruige kustgebergte is overgestoken

1834 Missieposten sluiten, hun bezittingen worden verdeeld onder Mexicaanse landeigena

1820

1830

1822 De Mexicaanse Revolutie beëindigt de Spaanse rol in Californië

Richardsons met de hand getekende kaart van Yerba Buena (San Francisco) in 1835

1835 William Richardson sticht Yerba Buena, later omgedoopt tot San Francisco

Uitgeputte goudzoeker
Een goudzoeker op zijn lange tocht naar de goudvelden; velen keerden met lege handen terug.

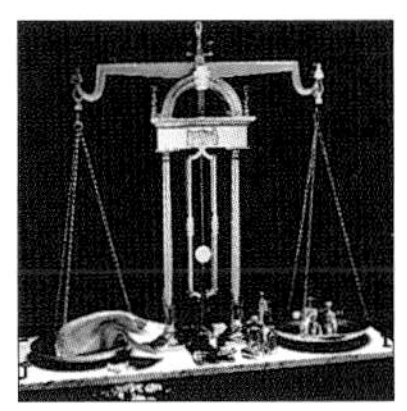

Weegschaal van Wells Fargo

WAAR VINDT U DE STAD VAN DE GOLDRUSH

U kunt de sfeer van deze periode nog enigszins proeven in het Wells Fargo History Museum *(blz. 110)*, het Bank of California's Museum of Money in the American West *(blz. 112)* of het Oakland Museum *(blz. 166–167)*.

Het nieuws bereikt New York
President Polk bevestigt het nieuws op 5 december 1848 en de trek naar het westen begint.

Variété was een populaire vorm van amusement in de groeiende stad.

Wells Fargobestuurders

Schepen brachten goudzoekers uit alle delen van de wereld.

Gouderts wassen
In 1849 waren er 90.000 '49ers *door San Francisco getrokken. Ze werkten lang en hard in de stroompjes van de Sacramentovallei en de Sierra Nevada.*

MONTGOMERY STREET IN 1852

Deze straat vormde het zakencentrum. Wells Fargo, wiens postkoetsen goederen en goud vervoerden, bouwde hier het eerste stenen gebouw van de stad.

1836 Juan Batista Alvarado trekt op naar Monterey en verklaart Californië tot 'vrije soevereine staat' binnen de Mexicaanse republiek

John Fremont 1813–1890

1846 In april leidt John Fremont de *Bear Flag Revolt*, in mei bezetten Amerikaanse troepen de hoofdstad van de staat (Monterey), in juli nemen ze Yerba Buena in

1851 De klipper *Flying Cloud* vaart in 89 dagen van New York naar San Francisco

1840

1850

1847 Yerba Buena wordt officieel omgedoopt in San Francisco. De stad telt nu 200 gebouwen en 800 inwoners

1850 California opgenomen in de Verenigde Staten

1848 John Marshall ontdekt goud in de uitlopers van de Sierra Nevada, de aanzet tot de goldrush van 1849

De victoriaanse periode

Transcontinentale trein

De bloeiperiode van de stad viel in de tweede helft van de 19de eeuw, toen een aantal inwoners enorme bedragen verdiende aan de zilvermijnen van Comstock Lode in Nevada en de transcontinentale spoorweg die in 1869 werd voltooid. Cafés en bordelen openden hun deuren aan de waterkant van de legendarische Barbary Coast, terwijl de rijken paleizen bouwden op Nob Hill. In de straten verrezen elegante victoriaanse huizen. Aan het einde van de eeuw woonden er ruim 300.000 mensen, waarmee San Francisco de grootste stad ten westen van Chicago was.

OMVANG VAN DE STAD

Heden | *1870*

Zilveren urn

Deze urn werd in 1860 geschonken aan senator Edward Baker van Californië, ter ere van toekomstige projecten, vooral de transcontinentale spoorweg.

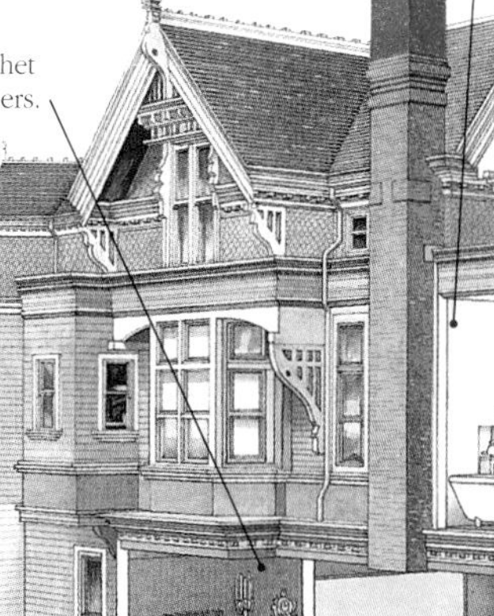

Badkamer met originele kuip en betegeling

De eetkamer diende voor maaltijden met het gezin en formele diners.

Eetzaal in de kelder

De tweede salon was de zitkamer voor het gezin.

De voorste salon werd gebruikt als er gasten waren.

Café in de Barbary Coast

Gokken en prostitutie beheersten de Barbary Coast waar dronken mannen werden geronseld voor de marine.

TIJDBALK

1856 Toenemende wetteloosheid: burgerwacht hangt vier man op

1862 Eerste telegraafverbinding tussen New York en San Francisco

1869 Transcontinentale spoorweg voltooid, wat de 'Big Four' *(blz. 102)* een fortuin oplevert

1873 Levi Strauss krijgt patent op de productiewijze voor jeans *(blz. 135)*

1850 | **1860** | **1870**

Keizer Norton (gestorven 1880)

1854 Plaatselijke excentriekeling Joshua Norton roept zichzelf uit tot keizer van de Verenigde Staten en beschermer van Mexico, en geeft zijn eigen munt uit

1863 In Sacramento wordt begonnen aan de Central Pacific Railroad, duizenden Chinezen worden aangenomen om hem aan te leggen

1873 De eerste kabeltram wordt getest in Clay Street

Union Pacific Railroad
Deze spoorlijn ontmoette in 1869 bij Promontory Point, Utah, zijn oostelijke tegenhanger: samen vormden ze de eerste transcontinentale spoorweg.

HAAS-LILIENTHAL HOUSE

Groothandelaar William Haas bouwde in 1886 dit complexe huis in Queen Anne-stijl. Tegenwoordig is het een museum dat laat zien hoe rijke gezinnen aan het eind van de 19de eeuw leefden.

WAAR VINDT U DE VICTORIAANSE STAD

Goed bewaard gebleven victoriaanse gebouwen ziet u in San Francisco overal, maar alleen het Haas-Lilienthal House *(blz. 72)* en het Octagon House *(blz. 75)* zijn regelmatig voor publiek geopend. In het Jackson Square Historical District *(blz. 110)* ziet u wat er over is van de Barbary Coast.

Neogotische vogelkooi uit de 19de eeuw in het Oakland Museum *(blz. 166–167)*

Sutro Baths
Dit openbare badhuis, in gebruik tot de jaren zestig, werd in 1896 gebouwd door filantroop en voormalig burgemeester Adolph Sutro.

De woonkamer was oorspronkelijk de grote slaapkamer.

Veranda

Hal met victoriaanse hoekbank

Comstock Lodezilver
Tussen 1859 en ongeveer 1885 werd er voor $400 miljoen gedolven in de zilvermijnen.

1886 10.000 vakbondsleden nemen deel aan de grootste arbeidersdemonstratie ooit in San Francisco gehouden

1887 De Schotse hovenier John McLaren wordt aangenomen om het Golden Gate Park te onderhouden. Hij blijft vijftig jaar *(blz. 146)*

1880

Adolph Sutro 1830–1898

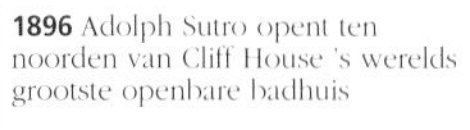

1896 Adolph Sutro opent ten noorden van Cliff House 's werelds grootste openbare badhuis

1901 De corrupte Abe Ruef is burgemeester van San Francisco

1899 Frank Norris schrijft zijn roman *McTeague: A story of San Francisco*

1900

1900 Fisherman's Wharf wordt gebouwd

Aardbeving en brand van 1906

De vreselijke aardbeving die San Francisco net na 5.00 uur op 18 april 1906 trof, veroorzaakte een van de grootste rampen in de geschiedenis van de Verenigde Staten. De beving deed onmiddellijk honderden gebouwen instorten en brand over het centrum uitslaan. Een oppervlakte van ruim 15 km² werd in de as gelegd en schattingen over het aantal doden liepen uiteen van de officiële 700 tot de meer waarschijnlijke 3000. Ongeveer 250.000 mensen werden dakloos. Omdat de meeste eigenaars van onroerend goed verzekerd waren tegen brandschade kon de stad snel worden herbouwd, en rond 1910 was alles weer bij het oude.

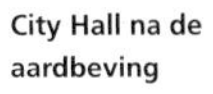

City Hall na de aardbeving

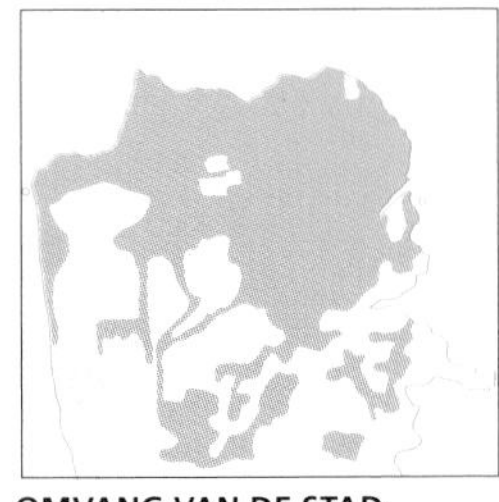

OMVANG VAN DE STAD

Heden *1906*

De kabeltrams in Powell Street reden binnen twee jaar weer. De rest van het systeem was in gereduceerde vorm in 1915 weer in gebruik.

House of Mirth

In de zomer van 1906 verbleven meer dan 100.000 inwoners van de stad in vluchtelingenkampen.

Het Ferry Building werd van de verwoesting gered door brandweerboten die het vanuit de baai nat hielden.

Chinatown brandde volledig af.

Typisch San Francisco

Cartoonisten zagen al snel de humor in van hun veranderde bestaan: het gebrek aan water lokte ironische commentaren uit.

TIJDBALK

1905 Architect Daniel Burnham legt verregaande plannen voor ter verbetering van het centrum

1907 Het Fairmont Hotel gaat precies een jaar na de ramp weer open

Fairmont Hotel

1909 De in San Francisco geboren auteur Jack London schrijft *Martin Eden*, een nauwelijks verhulde autobiografie

1905 | **1906** | **1907** | **1908** | **1909**

Plan van Burnham

1906 Aardbeving en daaropvolgende drie dagen durende brand verwoesten de stad, naschokken gaan twee dagen door

1907 Abe 'Boss' Ruef bekent afpersing

Jack London 1876–1916

Voedsel voor daklozen op Union Square
Het Amerikaanse leger verzorgde voedsel en onderdak voor de duizenden slachtoffers die familieleden, huis en bezittingen waren kwijtgeraakt.

WAAR VINDT U SPOREN VAN DE AARDBEVING

Voorwerpen die te maken hebben met de ramp vindt u overal in de stad. U kunt meer zien in de foyer van het Sheraton Palace Hotel en op www.sfmuseum.org.

Kop en schotels, *aan elkaar gesmolten door de hitte van het vuur, in het Oakland Museum* (blz. 166–167).

Het South of Market District, gebouwd op instabiele grond, was een van de ergst getroffen gebieden.

Het Fairmont Hotel brandde af, maar werd herbouwd achter de originele gevel.

Het stenen geraamte van het **Flood Mansion** doorstond de beving en is nu te zien als de Pacific-Union Club.

De houten villa's van **Nob Hill** brandden als een lier.

DE VERWOESTING

De aardbeving had een snelheid van 11.265 km/u en overviel het centrum van de stad. Vlammen schoten uit kapotte gasleidingen en verwoestten binnen drie dagen 28.000 gebouwen: de schade bedroeg $400 miljoen.

Daklozen
Veel mensen redden wat er te redden viel en vertrokken voorgoed.

Puin ruimen
Toen de vlammen waren gedoofd, werden gebouwen neergehaald om plaats te maken voor nieuwe.

Burgemeester 'Sunny Jim' Rolph 1869–1948

Plannen voor San Francisco, stad van de Exposition

1913 Laatste paardentram wordt uit de roulatie genomen

1914 Stockton Street-tunnel gaat open

1910	1911	1912	1913	1914

1911 'Sunny Jim' Rolph wordt tot burgemeester gekozen: hij blijft aan tot 1930

1912 San Francisco aangewezen als officiële locatie van de Panama-Pacific Exhibition van 1915

1913 Het Congres keurt de omstreden dam goed die de Hetch Hetchy Valley, 240 km ten oosten van de stad, onder water zet

De gouden jaren

Poster voor de Pan-Pacific Exposition

Noch de Eerste Wereldoorlog in Europa, noch de Drooglegging in de VS konden de energie temperen van de stad die na 1906 herboren leek. De jaren twintig zagen de opkomst van grote musea, theaters en andere voorzieningen. Zelfs de Depressie kwam niet zo hard aan als elders in de VS – veel van de monumenten van de stad zijn in deze tijd gebouwd. De Tweede Wereldoorlog bracht industriële investeringen in de vorm van scheepswerven in Richmond en Sausalito. Fort Mason was de belangrijkste basis voor de oorlog in de Grote Oceaan.

OMVANG VAN DE STAD

Heden | *1920*

Tower of Jewels, versierd met 102.000 stuks geslepen glas

Palace of Fine Arts, het enige gebouw dat nog resteert

Land van overvloed
De akkers van Californië werden in de jaren twintig de productiefste van de VS.

PANAMA-PACIFIC EXPOSITION VAN 1915

Ter gelegenheid van de wedergeboorte van de stad na 1906 en de voltooiing van het Panamakanaal werd deze tentoonstelling gehouden, die in tien maanden 20 miljoen bezoekers trok *(blz. 72)*.

Fountain of Energy van A. Stirling Calder, die de glorierijke jeugd verbeeldt

Palace of Horticulture met planten uit alle delen van de wereld

King Oliver's Creole Band
King Olivers jazzband wist de geest van de jaren twintig te vangen en werd dé hit van die tijd.

TIJDBALK

Herdenkingsmedaille van de Pan-Pacific Exposition

1915 Pan-Pacific Exposition duurt van 20 februari tot 4 december

1917 Vliegveld Crissy Field in Presidio gaat open

1917 In het Civic Center gaat de Main Library open

1920 Begin van de Drooglegging

1921 Het de Young Museum gaat open

1923 President Warren G. Harding sterft in het Palace Hotel

1924 Het California Palace of the Legion of Honor gaat open

1924 Eerste luchtpostvlucht landt op Crissy Field

1927 Vliegveld Mills Field, waar nu San Francisco International Airport ligt, gaat open

1929 Beurskrach op 29 oktober, waaruit de Depressie volgt

1915 | 1920 | 1925 | 1930

Over de Grote Oceaan
De San Francisco Bay is het vertrekpunt van vluchten over de Grote Oceaan.

Drooglegging getrotseerd
Hoewel de stad niet al te streng de hand hield aan de Drooglegging moesten drinkers toch discreet zijn.

WAAR VINDT U SPOREN VAN DE GOUDEN JAREN

Het enige overblijfsel van de Exposition is het Palace of Fine Arts *(blz. 60–61)*. De Old US Mint *(blz. 117)* en de Main Library *(blz. 125)* tonen voorwerpen uit deze tijd.

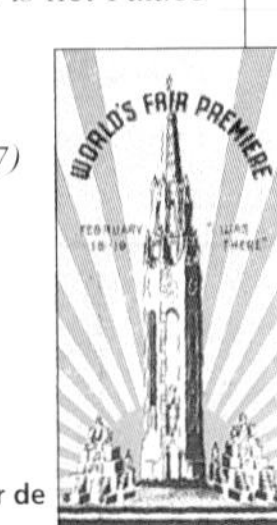

Kaartje voor de tentoonstelling op Treasure Island

Festival Hall, het muziekcentrum van de Exposition, had 3500 plaatsen.

McLaren's Hedge, een muur van gras

Staking van havenarbeiders
Op 'Bloody Thursday', 5 juli 1934, opende de politie het vuur op stakende dokwerkers; twee arbeiders kwamen om.

Scheepswerf van Sausalito
Arbeiders op deze werf maakten tijdens de Tweede Wereldoorlog een schip per dag.

Hetch Hetchy Dam

1939 Begin van W.O.II. Opening van de Wereldtentoonstelling op Treasure Island

1937 Golden Gate Bridge voltooid

1941 Japan valt bij Pearl Harbor VS aan

1942 Begin internering van Japanse Amerikanen

1945 Einde van W.O.II

1935 | **1940** | **1945**

1933 Einde van de Drooglegging

1934 Hetch Hetchy Dam voltooid. Drie dagen van staking uit solidariteit met dokwerkers

1936 Bay Bridge voltooid. Vluchten over de Grote Oceaan arriveren in de stad

Ondertekening van het Handvest van de Verenigde Naties in 1945

1945 Vredesconferentie in San Francisco van 25 april tot 25 juni ter oprichting van de Verenigde Naties

San Francisco na de oorlog

Sinds de Tweede Wereldoorlog heeft San Francisco zowel goede als slechte tijden gekend. De stad was de plaats van de oprichting van de Verenigde Naties in 1945, thuis van de beatniks van de jaren vijftig en het toneel van 'love-ins' en 'be-ins' in de jaren zestig met anti-oorlogs- en mensenrechtendemonstraties. Het welvarendste gebied van de VS werd daarna hard getroffen door aids, een stijgend aantal daklozen en een verwoestende aardbeving in 1989.

1969 American Indian Movement bezet Alcatraz om aandacht voor problemen te vragen

Neal Cassady en Jack Kerouac

Schilderijgedicht van beatnik Kenneth Patchen

1969 Janis Joplin, blueszangeres uit San Francisco, ontwikkelt drank- en drugsproblemen. Ze sterft in 1970 aan een overdosis heroïne.

Jaren vijftig Jack Kerouac, Neal Cassady, Allen Ginsberg en anderen vormen met hun ontevredenheid en creativiteit de inspiratie voor de beatniks met hun anarchistische individualisme en vrije liefde.

1945 | 1950 | 1955 | 1960 | 1965

1945 | 1950 | 1955 | 1960 | 1965

15 augustus 1945 Aan het eind van W.O.II viert San Francisco op rumoerige wijze feest. Duizenden soldaten keren naar de VS terug via de Golden Gate

1954 San Francisco International Airport gaat open op het oude vliegveld Mills Field

1958 De New York Giants verhuizen naar San Francisco en brengen zo het *major league*-honkbal naar de westkust

1965 Begin bouw van de Dragon Gateway op Grant Avenue

Stenen leeuw bij de Dragon Gateway

1951 Zes jaar na het einde van de gevechten tussen Japan en de VS wordt de vrede getekend in het San Francisco War Memorial Opera House

Willie Mays van de San Francisco Giants

1967 De Human Be-in trekt 25.000 hippies naar Golden Gate Park voor een dag van muziek en avontuur. Het Monterey Jazz Festival presenteert talenten als Jimi Hendrix, Otis Redding en The Who

Jaren zeventig Huey Newton (rechts), leider van de Black Panthers, die hun basis hebben in Oakland, krijgt in de roerige jaren zestig en zeventig veel steun onder studenten

1974 Patty Hearst, dochter van krantenmagnaat William Randolph Hearst, wordt ontvoerd door het Symbionese Liberation Army en is zelf korte tijd lid van de groep

George Moscone

1978 Burgemeester George Moscone en de homoseksueel Harvey Milk worden in City Hall vermoord door ex-politieagent Dan White

24 mei 1987 De stad viert de 50ste verjaardag van de Golden Gate Bridge. Ongeveer 800.000 mensen lopen over de brug, die een paar uur afgesloten is voor ander verkeer

1992 Branden woeden in de heuvels van Oakland: 26 mensen komen om en 3000 huizen branden af

1995 Candlestick Park wordt omgedoopt in 3Com Park

2000 Openingswedstrijd gespeeld in het nieuwe Pacific Bell Park

1970 | 1975 | 1980 | 1985 | 1990 | 1995 | 2000

1970 | 1975 | 1980 | 1985 | 1990 | 1995 | 2000

1974 BART begint dienst over de baai

1973 Transamerica Pyramid is voltooid en roept gemengde gevoelens op

1989 Zware aardbeving treft de stad tijdens een World Series-honkbalwedstrijd tussen rivalen uit de Bay Area: wegen storten in, tientallen mensen sterven

1978 Apple, dat zich ontwikkelt tot een van de grootste bedrijven in de Bay Area, ontwerpt en produceert zijn eerste personal computer

1994 Presidio Army Base wordt overgedragen aan de National Park Service

1999 Na 15 jaar voorzitter te zijn geweest van het Huis van Afgevaardigden van Californië, wordt Democraat Willie Brown ingezworen als de eerste zwarte burgemeester van San Francisco

CALIFORNIA

SAN FRANCISCO IN HET KORT

In *San Francisco van buurt tot buurt* worden meer dan 200 interessante plekken beschreven, uiteenlopend van de straten, winkels en restaurants van Chinatown tot het Golden Gate Park, en van weelderige victoriaanse huizen tot hoog oprijzende wolkenkrabbers. Op de volgende twaalf bladzijden vindt u in het kort het beste wat de stad te bieden heeft. Musea en architectuur worden apart behandeld en er is een deel over de verschillende culturen die de stad zijn unieke gezicht hebben gegeven. Hieronder staan de bezienswaardigheden die u niet mag missen.

DE GROOTSTE ATTRACTIES VAN SAN FRANCISCO

California Academy of Sciences
Blz. 148–151

Coit Tower
Blz. 93

Ghirardelli Square
Blz. 83

Golden Gate Bridge
Blz. 64–67

Golden Gate Park
Blz. 142–153

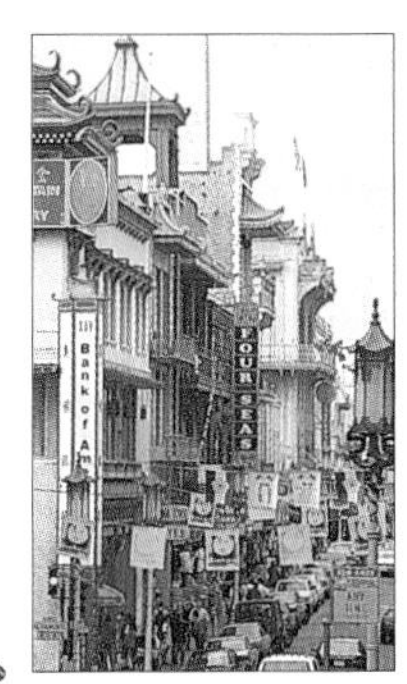

Grant Avenue
Blz. 99

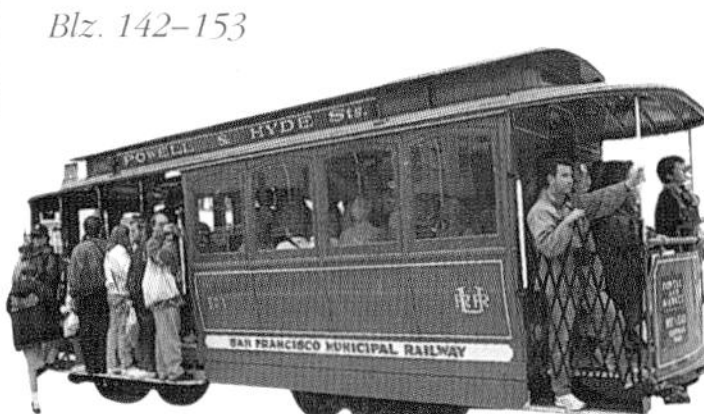

Kabeltrams
Blz. 104–105

Union Square
Blz. 116

Alcatraz
Blz. 84–87

Japan Center
Blz. 128

◁ Feestje tijdens een rondrit met een kabeltram (blz. 279)

Hoogtepunten: musea

Het aanbod van musea in de stad loopt uiteen van het Legion of Honor en het de Young Museum tot de hedendaagse kunst in het Museum of Modern Art en het Yerba Buena Center for the Arts. Ook biedt San Francisco een aantal uitstekende natuurwetenschappelijke musea, zoals het Exploratorium en de California Academy of Sciences. Andere musea behandelen de geschiedenis van San Francisco. Meer details over de verschillende musea vindt u op bladzijde 38 en 39.

Het Exploratorium
Bezoekers experimenteren met sun painting, *een festijn van licht en kleur in een van de beste wetenschapsmusea van de VS.*

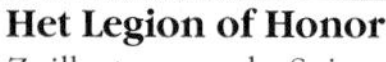

Het Legion of Honor
Zeilboten op de Seine *(ca. 1874) van Monet maakt deel uit van de Europese kunst van de middeleeuwen tot de 20ste eeuw.*

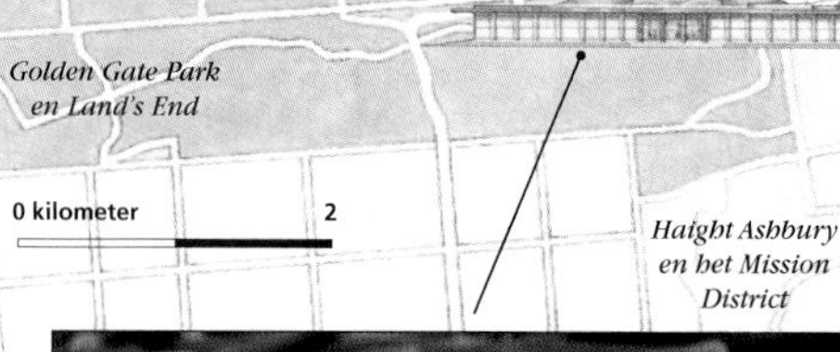

De Young Museum
Dit kunstmuseum, gevestigd in een historisch gebouw, heeft zowel collecties Amerikaanse, Afrikaanse en Pacifische kunst, als een verbazingwekkende collectie textiel, foto's en moderne en hedendaagse kunst.

California Academy of Sciences
Als de California Academy of Sciences eind 2008 wordt heropend, is deze mooier geïntegreerd met de natuurlijke omgeving van het Golden Gate Park.

Fort Mason Center
Muto *(1985) van Mimi Paladino hangt in een van de musea met etnische kunst.*

Chinese Historical Society
Deze schitterende drakenkop is in bezit van de Society, die een van de kleinste musea van de stad beheert. Binnen vertelt een unieke collectie de geschiedenis van de Chinese gemeenschap in Californië.

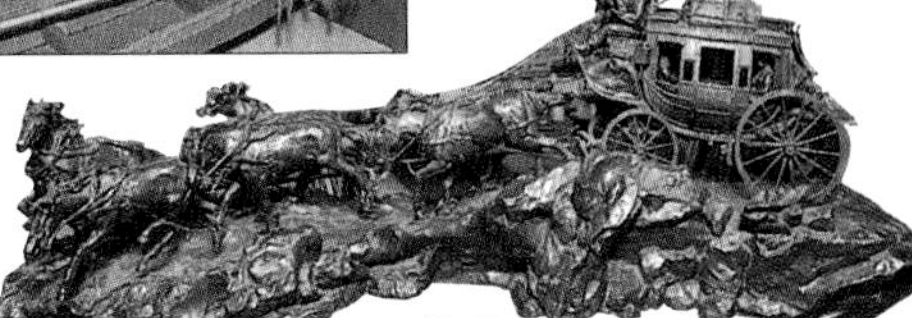

Wells Fargo History Museum
Deze bronzen postkoets (1984) is van M. Casper. De kleine galerie waarin het werk zich bevindt, behandelt de kleurrijke geschiedenis van Californië vanaf het begin van de goldrush.

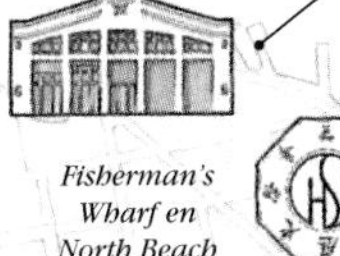

San Francisco Museum of Modern Art
Back View *(1977) van Philip Guston is een van de werken in dit zeer gewaardeerde museum. In 1995 is het verhuisd naar een gloednieuw gebouw, ontworpen door Mario Botta.*

Asian Art Museum
Dit museum is gehuisvest in het Civic Center, een prachtig beaux arts-gebouw uit 1917.

Yerba Buena Center for the Arts
Deze nieuwe galerie in de Yerba Buena Gardens stelt moderne kunst tentoon. De exposities wisselen, want men bezit geen permanente collectie.

Ontdek de musea van San Francisco

San Francisco kan bogen op een groot aantal goede collecties schilderkunst, beeldhouwkunst, fotografie, artefacten, design en toegepaste kunst. Met de uitvoering van opvallende projecten, zoals het nieuwe gebouw voor het Museum of Modern Art, geeft de stad er blijk van zijn rol als het centrum van kunst en cultuur van de westkust serieus op te vatten. De echte kracht van de Bay Area zit echter in de vele musea voor wetenschap en techniek.

Aarden pot van Clayton Bailey, Craft and Folk Art Museum

***De preek van Johannes de Doper* (ca. 1660) van Mattia Preti in het Legion of Honor**

SCHILDER- EN BEELDHOUWKUNST

Twee gerenommeerde musea, het **Legion of Honor** en het **de Young Museum** zijn in het bezit van uitgebreide en indrukwekkende collecties schilder- en beeldhouwkunst. Het Legion of Honor richt zich op Franse kunst met zowel werken van Renoir, Monet en Degas als meer dan 70 beelden van Rodin. De beroemde collectie grafische werken, eigendom van Achenback Foudation, is hier eveneens te bezichtigen.
Het **Asian Art Museum** bevindt zich nu in zijn permanente huisvesting, de Old Main Library. De collectie omvat schilderijen uit het Verre Oosten, beelden, kunstproducten en jade figuren.
Het meest dynamische van de kunstmusea van San Francisco is het **Museum of Modern Art** met zijn enorme collectie 20ste-eeuwse schilderijen en beeldhouwwerken. In het SFMOMA hangen werken van Picasso, Matisse en Paul Klee. Abstracte expressionisten, zoals Mark Rothko en Clyfford Still, en de Californische kunst van Sam Francis en Richard Diebenkorn zijn ook in de opvallende collectie opgenomen. Ook de moderne kunst van het **Yerba Buena Center for the Arts,** in de Yerba Buena Gardens, is beslist de moeite waard. Hetzelfde geldt voor de commerciële **John Berggruen Gallery**, die werken tentoonstelt van zowel beginnende als gevestigde kunstenaars.
Buiten de stadsgrenzen staat het **Stanford University Museum of Art,** met prachtig beeldhouwwerk van Rodin, en ook het **UC (University of California) Berkeley Art Museum** en het **Oakland Museum** hebben waardevolle collecties.

Het beeld 'M' van Fletcher Benton buiten het Oakland Museum

DESIGN

Veel van de grote en meer prestigieuze musea in San Francisco en omgeving bezitten bijzondere collecties op het gebied van design en toegepaste kunst. Maquettes en bouwtekeningen zijn te vinden in het nieuwe **Museum of Modern Art**.
In het **Oakland Museum** ziet u stukken in missionstijl en de *arts and crafts*stijl van rond de vorige eeuwwisseling.
Een kleine, maar interessante collectie laat-18de-eeuwse kunstvoorwerpen en meubels vindt u in het **Octagon House,** dat zelf ook een prachtig en uniek victoriaans ontwerp is *(blz. 76–77)*.
De **California Historical Society** *(blz. 113)* beschikt over een gevarieerde collectie kunstproducten en ook een grote unieke openbare verzameling 19de–eeuwse Californische drukken en foto's.

FOTOGRAFIE EN GRAFISCHE KUNST

De musea van San Francisco blinken uit op het gebied van de fotografie, met eersteklas voorbeelden van de meeste perioden en stijlen. De collectie van het **Museum of Modern Art** bestaat uit zowel vroege daguerreotypen als klassieke beelden van moderne meesters als Helen Levitt, Robert Frank en Richard Avedon.
Het **Oakland Museum** heeft roulerende tentoonstellingen met fotografen uit de Bay Area, zoals Ansel Adams en Imogen Cunningham, en documentencollecties, waaronder het werk van Dorothea Lange en het archief van de Oakland Tribune. De commerciële galeries **Vision** en **Fraenkel** zijn beide uitmuntend, en de Achenbach Foundation for Graphic Arts in het **Legion of Honor** bezit 100.000 grafische werken.

Na de aardbeving (1906), foto in het museum van Mission Dolores

GESCHIEDENIS

Geen enkel museum behandelt de hele geschiedenis van de stad, maar allerlei collecties houden zich bezig met verschillende aspecten van het verleden. Een klein museum in **Mission Dolores** geeft inzicht in de begintijd van de stad. Het **Wells Fargo History Museum** en het **Museum of Money in the American West** hebben tentoonstellingen over de goldrush, terwijl het **Presidio Museum** de militaire geschiedenis van het gebied behandelt en tevens de aardbeving van 1906.

Zeker een bezoek waard zijn het **Chinese Historical Society Museum** en het African-American Historical and Cultural Society Museum in **Fort Mason,** die respectievelijk de geschiedenis van de Chinese en de Afro-Amerikaanse gemeenschap belichten.

WETENSCHAP EN TECHNIEK

Een van de belangrijkste techniekmusea van de wereld, het **Exploratorium,** laat bezoekers zelf experimenteren en verklaart hoe alledaagse verschijnselen in elkaar zitten. Dit is een van de populairste musea van de stad en vooral voor kinderen erg leuk.

Aan de overkant van de baai wekt de Lawrence Hall of Science van **UC Berkeley** minstens zoveel belangstelling voor wetenschap. Ten zuiden van de stad vertelt het **Tech Museum of Innovation** in San Jose het verhaal van de computer, die voor een groot deel is ontwikkeld in Silicon Valley.

NATUURLIJKE HISTORIE

De **California Academy of Science** *(blz. 113)* herbergt een uitgebreide natuurhistorische collectie. Tentoonstellingen behandelen de evolutie, platentektoniek (waarbij een aardbeving wordt gesimuleerd), en edelstenen en mineralen. Ook is er een planetarium en de Fish Roundabout, waar bezoekers zich omringd zien door haaien en andere zeedieren. In het **Oakland Museum** is een hele verdieping gewijd aan de ecosystemen van Californië, die zijn weergegeven in de vorm van realistische diorama's.

Inktvis in het Oakland Museum

KUNST UIT ANDERE CULTUREN

Kunst en artefacten van de Californische indianen ziet u in het Hearst Museum of Anthropology van de **UC Berkeley**. Uit de museumcollectie worden tentoonstellingen samengesteld. In de **Albers Gallery of Inuit Art** exposeren hedendaagse Inuitkunstenaars.

Fort Mason biedt een overvloed aan kunst uit andere culturen: etnische en Afrikaanse kunst is te zien bij de African American Historical and Cultural Society en het San Francisco Craft en Folk Art Museum; 20ste-eeuws Italiaans-Amerikaans werk wordt tentoongesteld in het Museo ItaloAmericano.

Mozaïek (1940–1945) van Alfredo Ramos Martínez, Mexican Museum

BIBLIOTHEKEN

San Francisco heeft grote openbare bibliotheken, zoals de **Main Library,** die ook een aparte collectie bezit van boeken en foto's over de geschiedenis van de stad.

Naast deze bibliotheken onderhouden ook de twee grote universiteiten **UC Berkeley** en **Stanford** uitgebreide collecties.

HIER VINDT U DE MUSEA

Asian Art Museum *blz. 126* **Kaart** 4 F5.
California Academy of Sciences *blz. 148–151*
California Historical Society *blz. 113*
Chinese Historical Society Museum *blz. 100*
de Young Museum *blz. 147* **Kaart** 8 F2.
Exploratorium *blz. 60–61*
Fort Mason *blz. 74–75*
Fraenkel Gallery 49 Geary St. **Kaart** 5 C5.
John Berggruen Gallery 228 Grant Ave. **Kaart** 5 C4.
Legion of Honor *blz. 156–157*
Mission Dolores *blz. 137*
Museum of Modern Art *blz. 118–121*
Oakland Museum *blz. 166–167*
Octagon House *blz. 75*
Presidio Visitor Center *blz. 62*
Stanford University *blz. 169*
Tech Museum of Innovation *blz. 168*
UC Berkeley *blz. 162*
Vision Gallery 1155 Mission St. **Kaart** 5 C5.
Wells Fargo History Museum *blz. 110*
Yerba Buena Center for the Arts *blz. 114–115*

Ontdek de vele culturen van San Francisco

De helft van de bevolking van San Francisco is óf in het buitenland geboren óf eerstegeneratie Amerikaan. Spaanse en Mexicaanse pioniers die in de 18de en 19de eeuw aankwamen, legden de basis voor de huidige stad, en de goldrush *(blz. 24–25)* trok gelukzoekers aan uit alle delen van de wereld. Degenen die bleven, bouwden nieuwe gemeenschappen op en zijn vaak trouw gebleven aan hun eigen tradities.

Muurschildering in het Mission District, gewijd aan El Salvador

HISPANICS

In San Francisco zijn overal de sporen te vinden van het verleden van een stad die eens het noordelijkste puntje van Spaans Amerika, en later Mexico, vormde. Na de Amerikaanse overname in 1846 *(blz. 24–25)* verdreven goudzoekers en kolonisten de Mexicaanse landeigenaars, van wie de meesten dakloos werden. Toch zijn velen van hen in de Bay Area gebleven en is het percentage Hispanics (ongeveer 10 procent van de bevolking) sindsdien tamelijk stabiel.
Tussen de *taquerias* (snackbars) en *mercados* (winkels) van het Mission District waant u zich eerder in Mexico dan in San Francisco.

CHINEZEN

Sinds de tijd van de goldrush in het midden van de vorige eeuw, toen ongeveer 25.000 vluchtelingen de chaos van China voor de Californische mijnen verruilden, zijn de Chinezen in San Francisco prominent aanwezig. Een tweede golf immigranten, bijna uitsluitend uit Kanton, kwam in de jaren zestig van de vorige eeuw aan de transcontinentale spoorweg werken. Tien jaar later vormden de Chinezen de grootste minderheid in San Francisco en woonden er 40.000 mensen onder slechte omstandigheden in en om Chinatown. In die tijd was slechts 5 procent van hen vrouw. In de jaren die volgden, werd de Chinese gemeenschap kleiner als gevolg van de Exclusion Laws. In de jaren zestig versoepelde president Kennedy de immigratiewetten en kregen tegenstanders van Mao die in Hongkong woonden toestemming om te emigreren. Tegenwoordig wonen er ruim 100.000 Chinezen in de stad en vormen ze 20 procent van de bevolking.
Chinatown *(blz. 96–100)* is nog steeds het dichtstbevolkte deel van de stad en het hart van de Chinese gemeenschap. Eigen banken, scholen en kranten getuigen van autonomie, die nog even groot is als 150 jaar geleden.

Een jonge vrouw in Chinese klederdracht

IEREN

Aan het eind van de 19de eeuw kwamen duizenden Ieren naar San Francisco op zoek naar werk. Velen werkten op de enorme machines die werden gebruikt om slikgronden in de baai te dempen, terwijl anderen bij de politie of de brandweer gingen. Rond de eeuwwisseling waren Ierse vakbondsleiders een factor van betekenis geworden in de stad. Er is geen duidelijk Iers stadsdeel in San Francisco, maar in Sunset en Richmond zitten veel Ierse cafés en de jaarlijkse optocht op St. Patrick's Day *(blz. 48)* trekt nog steeds veel bezoekers.

ITALIANEN

De eerste Italianen in San Francisco leefden van de visserij. Het levendige North Beach van vandaag is bevolkt met de nakomelingen van de Zuid-Italiaanse vissers die zich hier in de late 19de eeuw vestigden. De eerste immigranten kwamen vooral uit Genua, de geboorteplaats van Columbus, naar wie de

hoofdstraat van North Beach is genoemd.
Rond de eeuwwisseling vormden de Sicilianen de grootste groep in de wijk. In de jaren veertig waren de Italianen de overheersende bevolkingsgroep van buitenlandse afkomst in de stad: alleen al in North Beach woonden en werkten 60.000 van hen. Nakomelingen van de vissers van Fisherman's Wharf begonnen hier winkels en bedrijfjes. Na de Tweede Wereldoorlog floreerden de zaken en in de jaren vijftig en zestig vertrokken veel gezinnen naar de voorsteden. Ze komen echter nog vaak naar Little Italy voor een bezoek aan de cafés en restaurants, die een bloeiend bestaan leiden.

Een Afro-Caribische straatverkoper met zoete aardappels en yammen

AFRO-AMERIKANEN

De grote Afro-Amerikaanse gemeenschap die in de stad woont, is een betrekkelijk nieuw fenomeen. In de jaren dertig woonden er minder dan 5000 zwarten in San Francisco. In de Tweede Wereldoorlog kwamen er duizenden op het werk in de fabrieken en scheepswerven af, waardoor het aantal zwarten vertienvoudigde. Sommigen vestigden zich op de plaatsen waar vóór hun internering Japanse Amerikanen hadden gewoond, anderen in speciaal gebouwde onderkomens bij Hunters Point.

RUSSEN

De eerste pelsjagers en handelaars uit Rusland deden aan het begin van de 19de eeuw de baai aan. Russian

Bord van een Russische winkel in het Richmond District

Hill is genoemd naar een groep Siberische zeelieden die hier zou zijn begraven. Korte tijd bestond er een bloeiende Russische kolonie in Fort Ross *(blz. 189)*, 160 km ten noorden van de stad. Sinds 1921 worden er vijf edities van de *Russian Times* per week uitgegeven voor de 25.000 Russen die nu in het Richmond District rond de Orthodox Holy Virgin Cathedral *(blz. 63)* wonen.

JAPANNERS

Tijdens de bouwwoede van de jaren tachtig waren Japanse bedrijven zeer actief: ze kochten en bouwden in het centrum veel kantoren en hotels. Meestal houden de 15.000 Japanners in de stad zich echter op de achtergrond. Het hart van de gemeenschap is het Japan Center *(blz. 128)*, een belangrijk winkel- en cultuurcomplex op Geary Boulevard. In de late jaren dertig woonden de Japanners verspreid over veertig straten. In de oorlog werden ze naar interneringskampen elders in het land gebracht. Na de oorlog kwamen ze terug, maar de gemeenschap neemt nu nog maar zes straten in beslag.

Een politie*koban* (hokje) in Japantown

DE SMELTKROES

Ook andere culturen zijn vertegenwoordigd in de stad, maar zij springen minder in het oog. In vergelijking met New York of Los Angeles heeft San Francisco een heel kleine joodse gemeenschap, hoewel hun invloed op de stad groot is geweest. Mensen uit het Verre Oosten hebben herkenbare gemeenschappen gevormd. Groepen Vietnamezen en Cambodjanen wonen in de arme buurt Tenderloin, en Koreanen en Thai leven verspreid over de stad. Indiërs en Pakistani hebben zich rond de stad gevestigd, vooral in Berkeley en de *Silicon Valley*, het hart van de computerindustrie van de South Bay.

Geschiedenis van de homo in San Francisco

De geschiedenis van de gemeenschap voor homo-, bi- en transseksuelen in San Francisco is in veel opzichten de geschiedenis van de homobeweging zelf. De stad was altijd al een mekka voor homoseksuelen en de sociale en politieke vooruitgang hier zijn toonaangevend geweest voor de rest van de wereld. De gemeenschap is kleurrijker dan ooit en beperkt zich niet alleen meer tot het Castro *(blz. 136)*. Overal, van het Financial District tot aan de Pacific Heights kan men hand in hand lopen met een partner van hetzelfde geslacht. Deze vrijheid is zwaar bevochten in de politieke arena van San Francisco.

Het Black Cat Café in Montgomery Street werd geopend in 1933

DE VROEGE JAREN: 1849–1960

De Californische goldrush van 1849 bracht vele avonturiers naar de Bay Area en de losbandige sfeer versterkte de reputatie van seksuele vrijheid. Aan de Barbary Coast nam men afstand van de heersende conservatieve ideeën en aan het begin van de 20ste eeuw had de stad de bijnaam 'Sodom aan zee'. Tijdens de Tweede Wereldoorlog groeide het aantal homoseksuelen in de stad aanzienlijk. In San Francisco stationeerden veel soldaten en de homoseksuele soldaten hadden volop keus uit diverse bars en andere gelegenheden. In deze tijd werden ook, voor het eerst in de militaire geschiedenis, homoseksuele soldaten verguisd en oneervol ontslagen. Velen kozen ervoor om zich in San Francisco te vestigen in plaats van het risico te lopen thuis met de nek aangekeken te worden. Rond 1950 vormde de oprichting van verschillende 'homofiele' organisaties het begin van een periode van homoseksuele sociale bewustwording. Deze organisaties benadrukten in plaats van de seksuele aspecten de emotionele kant van homoseksualiteit en drongen aan op integratie in de maatschappij. Voorlopers waren de Mattachine Society, die als eerste de homoseksuelen bestempelde als minderheidsgroep, en de Daughters of Bilitis, de eerste lesbische politieke organisatie in de Verenigde Staten.

MEN VERENIGT ZICH: ROND 1960–1970

Rond 1960 werden homobijeenkomsten vaak verstoord door de politie en de arrestanten publiekelijk tentoongesteld, hetgeen grote invloed had op hun levens. In 1961 stelde José Sarria, een travestiet met een act in het Black Cat Café, zich als eerste homoseksueel verkiesbaar voor het gemeentebestuur. Hoewel hij niet gekozen werd, bewees hij dat homoseksuelen een stem hadden, hetgeen leidde tot de oprichting van de Tavern Guild, de eerste homoseksuele handelsvereniging van de VS. In 1965 werden de gasten van een bal van de Council on Religion and the Homosexual (CRH) bestookt door de politie. De burgerrechtenorganisatie protesteerde en zorgde ervoor dat homoseksuelen wettelijke bescherming kregen. Ook de Stonewallrellen in New York in 1969 vormden een keerpunt. De homoseksuelen namen nu geen genoegen meer met louter acceptatie. 'Vrijheid' en 'trots'

De kleurrijke Gay Pride Parade toont de geschiedenis en cultuur van de homoseksuelen

TIJDBALK

1948 Alfred Kinsey publiceert het wereldschokkende boek *Het seksuele gedrag in de man*

Alfred Kinsey

1955 De Daughters of Bilitis is de eerste lesbische groepering van het land

1970 Eerste Gay Pride Parade in San Francisco, de 'Gay-In'

1974 Eerste braderie in Castro

Braderie in Castro

2002 Opening centrum homoseksuele zaken

1930 | 1940 | 1950 | 1960 | 1970 | 1980 | 1990 | 2000

Circa 1930 Opkomst van de eerste homobars, waaronder het kunstenaarscafé de Black Cat Café en Mona's, een bar voor lesbiennes

1964 Het artikel 'Homoseksualiteit in Amerika' in het tijdschrift *Life* noemt San Francisco 'de homohoofdstad'

1969 Politie-inval in de Stonewall Inn in New York. De rellen vormen het startsein van de homoseksuele vrijheidsbeweging

1981 Eerste geval van Kaposi's sarcoma (aids-gerelateerde kanker)

2004 Homohuwelijk mag van burgemeester Newsom maar niet van rechter

werd het motto. Ze wilden niet alleen een gelijke behandeling maar ook eigen bedrijven en organisaties.
De homogemeenschap in het Castro kreeg steeds meer politieke macht. In 1977 werd winkelier Harvey Milk gekozen tot lid van de gemeenteraad en was daarmee de eerste politicus die openlijk voor zijn geaardheid uitkwam. Aan zijn ambtsperiode kwam abrupt een einde toen hij en burgemeester George Moscone in 1978 werden neergeschoten door Dan White. Toen White slechts werd veroordeeld voor doodslag en hiervoor een lichte straf kreeg, ontstonden er rellen die bekend werden onder de naam 'White Night'.

DE BEPROEVING: ROND 1980

Na alle strijd om politieke erkenning werd de gemeenschap getroffen door een nieuwe tegenslag. In 1981 werd het eerste geval van een zeldzame vorm van kanker gemeld en binnen een paar maanden stond de ziekte bekend als 'homokanker'. De ziekte werd later aids genoemd (Acquired Immune Deficiency Syndrome), veroorzaakt door het hiv-virus (Human Immunodeficiency Virus). De helft van alle homoseksuele mannen in San Francisco raakte erdoor besmet. De stad kwam snel met een respons. Men zette voorlichtingscampagnes op, ontwikkelde preventiemethoden en zorgde voor de medische opvang van aidspatiënten. San Francisco was ook een koploper op het gebied van onderzoek, en richtte de San Francisco AIDS Foundation op en het Center for AIDS Prevention Studies op de UCSF Medical School.

Het San Francisco AIDS Fund, tegenwoordig het AIDS Emergency Fund (AEF), opgericht in 1982

Het recht op het homohuwelijk is een voortdurende politieke strijd

HERSTEL: 1990–HEDEN

In de jaren rond 1990 kregen homoseksuelen steeds meer invloed in de politiek. De wet geregistreerd partnerschap werd goedgekeurd, er werden meer homoseksuele politici gekozen en men zette vraagtekens bij het militaire beleid omtrent homoseksuelen.
De aidsepidemie zorgde voor nieuwe omgangsvormen binnen de homogemeenschap, wat de groep op een bepaalde manier hechter maakte.
Maar het wegvallen van veel mensen betekent dat de gemeenschap zich opnieuw moet definiëren, nu met jonge mensen wiens seksuele identiteit is gevormd door een tolerantere maatschappij.
Tegenwoordig gaan mannen en vrouwen veel soepeler met elkaar om en is er minder behoefte aan 'regels' omtrent seksualiteit.
Homoseksualiteit staat hoog op de politieke agenda en burgemeester Gavin Newsom benadrukte dit nog eens door het homohuwelijk toe te staan. Zo'n 3000 stellen werden in februari 2004 in de echt verbonden, een historisch feit dat over de hele wereld te zien was. De huwelijken werden later door het hof nietig verklaard maar het was het startschot voor een nog steeds voortdurende strijd.

MARKTEN, FESTIVALS, EN EVENEMENTEN

Aids Candlelight Vigil
mei, meestal de 3de zondag.
Tel. 415-331 1500/2437.
Aids Walk San Francisco
juli, datum wisselt.
Tel. 415-615 9255.
Castro Street Fair
oktober, meestal de eerste zondag.
Tel. 415-841 1824.
Dyke March
juni, zaterdag voor de Pride March.
Tel. 415-777 3247.
Folsom Street Fair
september, meestal laatste zondag.
Tel. 415-648 3247.
Laatste en belangrijkste evenement voor de populaire Leather Week. Niet alleen voor insiders.
Gay Pride Month
juni, diverse evenementen.
Gay Pride Parade
juni, laatste zondag van de maand.
Tel. 415-864 3733.
Halloween
31 oktober. Feest in de straten van Market en Castro. **Kaart** 10 D2.
Home for the Holidays
24 december, kerstconcert van het homoseksuele mannenkoor in het Castro Theatre *(blz. 136)*.
Pink Saturday
juni, de zaterdag voor de Pride March (mannen en vrouwen).
Alternatieve Pride-parade en feest voor vrouwen in het Castro.
SF International Lesbian and Gay Film Festival
juni, meestal 10 dagen voor de Gay Pride Day.
Tel. 415-703 8650.
Up Your Alley Fair
augustus, meestal de 1ste zondag.
Tel. 415-777 3247.
Markt SoMa's Dore Street.
Kaart 11 A2.

INFORMATIE

Betty's List
Tel. 415-861 1637.
www.bettyslist.com
Online gemeentegids.
Hiv/aidslijn
Tel. 415-863 2437.
James C. Hormel Gay and Lesbian Center
100 Larkin St. **Kaart** 11 A1.
Tel. 415-557 4400.
LGBT Historical Society
657 Mission Street. **Kaart** 6 D4.
Tel. 415-777 5455.
SF Medisch centrum
356 7th Street. **Kaart** 11 B2.
Tel. 415-487 5500.
Soa testen/begeleiding.
SF LGBT Community Center
1800 Market Street. **Kaart** 10 E1.
Tel. 415-865 5555.
Seksinformatielijn
Tel. 415-989 7374.
Ter voorkoming van zelfdoding
Tel. 415-781 0500.

Hoogtepunten: architectuur

De bouwkundige hoogtepunten in San Francisco zijn meestal niet erg grootschalig of opvallend. Een opmerkelijk aspect is de grote verscheidenheid aan huizen, van rustieke huisjes in *arts and crafts*stijl tot grootse victoriaanse villa's. Andere gebouwen vertegenwoordigen een keur aan stijlen, van beaux arts tot postmodernisme. Op deze kaart staat een aantal hoogtepunten, meer informatie vindt u op bladzijde 46–47.

Octagon House
Achthoekige huizen werden halverwege de 19de eeuw populair: ze lieten meer licht binnen dan traditionele victoriaanse bouwwerken.

Haas-Lilienthal House
Dit grote huis in Queen Annestijl is een typisch laat-19de-eeuws onderkomen voor welgestelden.

City Hall
Veel van de openbare gebouwen zijn voorbeelden van de beaux-artsstijl.

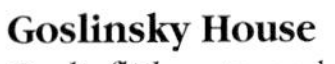

Goslinsky House
De lieflijke arts and crafts*stijl was rond de eeuwwisseling populair in San Francisco.*

Coit Tower *(1934)*
De gegroefde zuil op Telegraph Hill is een van de bekendste bouwwerken van de stad.

Hotaling Building *(1866)*
Dit gebouw aan Jackson Square was één van de goldrushbouwwerken in de buurt dat de aardbeving van 1906 doorstond.

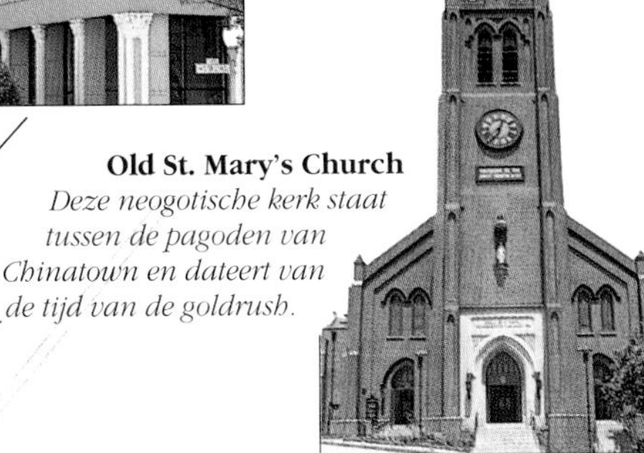

Old St. Mary's Church
Deze neogotische kerk staat tussen de pagoden van Chinatown en dateert van de tijd van de goldrush.

Hallidie Building
De productieve plaatselijke architect Willis Polk bouwde in 1917 het eerste gebouw met een glazen façade. Het is versierd met een smeedijzeren kroonlijst.

Circle Gallery
Voordat hij in 1959 in New York het beroemde Guggenheim Museum bouwde, experimenteerde Frank Lloyd Wright bij deze kleine winkel op Union Square met ronde vormen.

MOMA
De bouw van het San Francisco Museum of Modern Art in 1995 kostte $60 miljoen. Het is een van de grootste musea voor moderne kunst in de VS.

Ontdek de architectuur van San Francisco

Mission Dolores

Er zijn maar weinig gebouwen overgebleven uit de Spaans-koloniale tijd en de tijd van de goldrush, en de aardbeving van 1906 heeft veel victoriaanse bouwwerken verwoest. Bij de wederopbouw werd architectuur een erezaak en grootse bouwwerken belichaamden de wederopstanding. In de jaren dertig getuigden de kantoortorens van het Financial District van de leidende rol van de stad. Nieuwe technieken en stijgende grondprijzen hadden na de jaren zestig de bouw van enorme wolkenkrabbers tot gevolg.

MISSIONARCHITECTUUR

Tussen 1776 en 1823 lieten Spaanse missionarissen indiaanse arbeiders zeven missieposten en drie forten *(presidios)* bouwen in de Bay Area. Missionarchitectuur is herkenbaar aan dikke muren van ruwe adobe, rode dakpannen en arcaden rond schaduwrijke binnenplaatsen. **Mission Dolores** is het oudste gebouw van San Francisco. De missiepost in **Carmel** is een van de best behouden gebleven voorbeelden.

GOLDRUSHSTIJL

Op het hoogtepunt van de goldrush waren de meeste gebouwen niet-permanent, maar toen de bevolking zich had gestabiliseerd, begon men onbrandbare steen te gebruiken. De best bewaard gebleven gebouwen uit die tijd maken deel uit van **Jackson Square Historical District**. Vooral interessant zijn Hotaling's Warehouse and Distillery uit 1860, met zijn smeedijzeren pilasters, en drie gebouwen van rond 1850 in Montgomery Street.

VICTORIAANSE STIJL

Het opvallendste aspect van de architectuur van de stad zijn de victoriaanse huizen met hun weelderige versieringen *(blz. 76–77)*. Overal in de stad staan voorbeelden van deze houtskeletbouw, maar slechts twee huizen staan open voor publiek: **Haas-Lilienthal House** en **Octagon House**. Ook het bekijken waard zijn de fotogenieke huizen aan de oostzijde van **Alamo Square**, de rij arbeiderswoningen aan **Cottage Row** en **Clarke's Folly**, een met heel veel tierelantijnen uitgerust 'landhuis' uit 1892 in Queen Annestijl.

ARTS AND CRAFTS

Na de eeuwwisseling raakte een rustieker, aardser stijl in de mode, geïnspireerd op de Engelse *arts and crafts*-beweging. Architecten gebruikten sequoiahout en ruwe steen en pasten Japanse motieven toe. **Goslinsky House** van Bernard Maybeck maakt deel uit van een hele straat van dit type huizen in Pacific Heights, en in Berkeley vormt zijn **Church of Christ, Scientist** een fraai voorbeeld van deze stijl.

Victoriaanse villa op Nob Hill, gebouwd voor Mark Hopkins en verwoest in de brand die volgde op de aardbeving van 1906

KERKELIJKE ARCHITECTUUR

Hoe groot de verscheidenheid aan bouwstijlen in de stad is, kunt u het beste zien aan de kerken. Sinds de eerste eenvoudige missiekerken, met hun witte muren en rode daken, zijn er veel verschillende stijlen toegepast in de kerkbouw, van gotiek tot barok en allerlei mengstijlen. Veel belangrijke kerken zijn gebouwd in de tweede helft van de 19de eeuw, en hun stijl weerspiegelt de tradities van hun gemeenteleden.

St. Stephen's Lutheran
Duitse renaissance

First Unitarian Church
neogotiek

Het neoklassieke Palace of Fine Arts

BEAUX ARTS

De strenge neoklassieke stijl van de Parijse *Ecole des Beaux Arts* was na 1906 populair onder ontwerpers van grote gebouwen. Colonnades, beelden en frontons zijn typisch voor deze overdadige stijl, die sterk aansloeg in een stad die de wereld wilde laten zien dat zij zich van de ramp had hersteld.

Het beste voorbeeld van de beaux-artsstijl is Bernard Maybecks **Palace of Fine Arts**, gebouwd voor de Panama-Pacific Exposition van 1915 en bejubeld als het meest sprekende eerbetoon dat de stad aan de bouwkunst heeft geleverd.

Andere indrukwekkende voorbeelden staan rond Civic Center Plaza: de **City Hall** (Arthur Brown, 1915), de oude **Main Library**, nu **het Asian Art Museum** (George Kelham, 1915), het **War Memorial Opera House** en het **Veterans Building** (beide van Arthur Brown, 1932) en het oudste gebouw van het Civic Center, het **Bill Graham Civic Auditorium** (John Galen Howard, 1915).

UTILITEITSBOUW

Twee vroege kantoorgebouwen van bouwkundig belang zijn het **Hallidie Building** (1917), het eerste gebouw met een glazen façade ter wereld, en de statige **Merchant's Exchange** (1906), beide van Willis Polk.

Timothy Pfluegers gebouw op **450 Sutter Street** (1929) is een schitterend voorbeeld van art-decostijl.

Het **Union Square Frank Lloyd Wright Building** werd in 1949 ontworpen door Wright. In het interieur leidt de spiraalvorm de blik naar een tussenverdieping en de façade wordt alleen onderbroken door een boogvormige ingang. Ook de 256 m hoge **Transamerica Pyramid** (William Pereira, 1972) is opmerkelijk.

De rijk bewerkte art-decohal van 450 Sutter Street

MODERN

Het **Marriott Hotel** (Anthony Lumsden, 1989) is een impopulaire erfenis van de bouwwoede van de jaren tachtig. De opvallende projecten uit de jaren negentig worden meer gewaardeerd, vooral het **Yerba Buena Center for the Arts** uit 1993 van Fumihiko Maki en het **Museum of Modern Art** uit 1994 van Mario Botta.

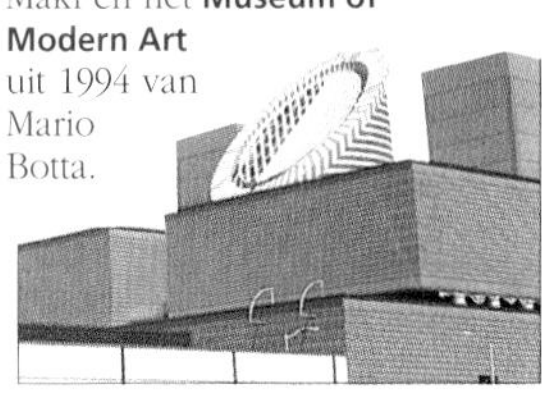

De fantasievolle façade van het Museum of Modern Art

St. Paulus
gotiek

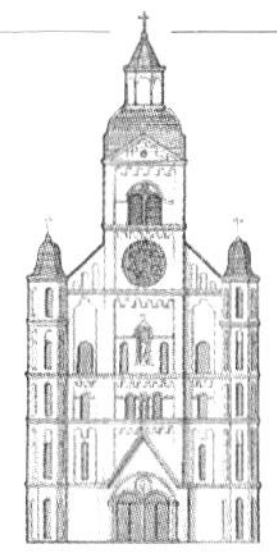

St. Boniface
Romaanse stijl

Notre Dame des Victoires
Romaans en Byzantijns

HIER VINDT U DE GEBOUWEN

Alamo Square *blz. 129*
Asian Art Museum *blz. 126*
Bill Graham Civic Auditorium *blz. 126*
Carmel Mission *blz. 187*
Center for the Arts *blz.114–115*
Church of Christ, Scientist 2619 Dwight Way, Berkeley
City Hall *blz. 127*
Clarke's Folly *blz. 139*
Cottage Row *blz. 128*
First Unitarian Church 1187 Franklin St. **Kaart** 4 F4.
450 Sutter St. **Kaart** 5 B4.
Goslinsky House 3233 Pacific Ave. **Kaart** 3 C3.
Haas-Lilienthal House *blz. 72*
Hallidie Building 130–150 Sutter St. **Kaart** 5 C4.
Jackson Sq. Historical District *blz. 110*
Marriott Hotel *blz. 216*
Merchant's Exchange *blz. 112*
Mission Dolores *blz. 137*
Museum of Modern Art *blz. 118–121*
Notre Dame des Victoires 564–566 Bush St. **Kaart** 5 C4.
Octagon House *blz. 75*
Palace of Fine Arts *blz. 60–61*
St. Boniface Church 133 Golden Gate Ave. **Kaart** 11 A1.
St. Paulus Lutheran Church 999 Eddy St. **Kaart** 4 F5.
St. Stephen's Episcopal Church 858–864 Fulton St. **Kaart** 4 E5.
Transamerica Pyramid *blz. 111*
Union Sq FL Wright Bldg *blz. 45*
Veterans Building *blz. 127*
War Memorial Opera House *blz. 127*

AGENDA VAN SAN FRANCISCO

San Francisco in de lente is een stad die ontwaakt uit zijn winterslaap terwijl de laatste grijze walvissen langs de kust naar het noorden trekken. In mei en juni zijn de eerste surfers weer te zien. In augustus komt er 's morgens vanuit zee mist op, maar in september is de zomer terug. Aan het eind van het jaar worden de nachten helder en koel en valt er op Mount Diablo af en toe sneeuw. Hieronder staan de belangrijkste evenementen van het jaar. Het San Francisco Convention and Visitors Bureau *(blz. 278)* geeft een gratis overzicht uit met actuele informatie.

LENTE

De lente is het seizoen voor lange wandelingen door San Francisco, met zijn parken en straten die 's nachts door de regen worden schoongespoeld. In april komen in parken en tuinen de bollen uit en wilde bloemen bedekken de landtongen aan beide zijden van de Golden Gate. In mei nemen duizenden mensen deel aan de Bay to Breakerswedloop.

MAART

St. Patrick's Day Parade *(zo dichtst bij 17 maart).* De optocht gaat door Market Street en in de cafés is het feest.
Bay Area Music Awards *(begin-midden maart).* Muzikanten krijgen 'Bammie'-awards van hun fans.

Kleurrijke traditionele kleding op het Japanse Cherry Blossom Festival

PASEN

Easter Sunrise Services. Duizenden gelovigen komen bij zonsopkomst samen voor het enorme kruis op Mount Davidson, de hoogste heuvel van de stad.

APRIL

Cherry Blossom Festival *(midden–eind april).* Dit eerbetoon aan Japanse kunsten en ambachten trekt dansers, slagwerkers, schilders en ambachtslieden uit de omgeving aan. De voorstellingen en de kleurrijke optocht vinden plaats in het Japan Center *(blz. 128).*
San Francisco International Film Festival *(eind april–begin mei).* Twee weken lang zijn er voorstellingen in de Kabuki *(blz. 262)* en andere bioscopen. Er worden Amerikaanse en internationale films vertoond.
Wildflower Walks. Vrijwilligers verzorgen begeleide wandelingen door de groene delen van de stad. In de Martin Headlands worden professionele rondleidingen aangeboden *(blz. 174–175).*
San Francisco Baseball Season *(eind april–begin mei).* Sportfans kunnen hun helden zien spelen in het AT&T Park en het Oakland Coliseum.

Het bruisende carnavalsfeest in het Mission District van San Francisco

MEI

Bay to Breakers *(eind mei).* Deels een serieuze wedstrijd, deels een race in grappige kostuums: deelnemers lopen van het Ferry Building naar Ocean Beach *(blz. 153).*

The Bay to Breakersloop

Cinco de Mayo *(begin mei).* Mexicaanse manifestatie, met een kermis in het Civic Center en evenementen in het Mission District.
Carnaval SF *(laatste weekeinde).* Latijns-Amerikaans festival in het Mission District, met salsa- en reggaebands.

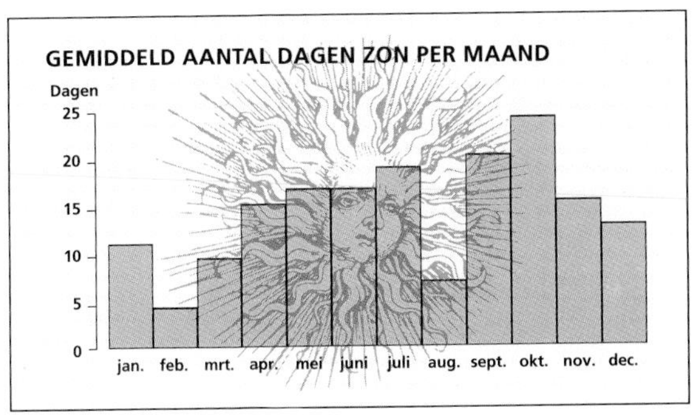

Aantal dagen zon
September en oktober zijn de zonnigste maanden in San Francisco. De zomer is bijna overal in de Bay Area warmer en zonniger dan in de stad. Napa Valley (blz. 190–193) en andere dalen in het binnenland zijn heet en droog.

ZOMER

Mark Twain schijnt te hebben gezegd dat de koudste winter die hij ooit had meegemaakt een zomer in San Francisco was. In juni en juli komen er vanuit de hele wereld toeristen naar de stad, die er vaak over klagen dat de 'kou' hun verder aangename verblijf verpest.

Golden Gate Bridge in de mist

MISTIGE DAGEN

In de zomermaanden hangt er 's middags en 's avonds vaak mist in San Francisco. De mist ontstaat op zee en trekt dan door de Golden Gate, waarbij grote delen van de stad in een koude, vochtige wolk worden gehuld. Soms is deze mist zo dik, dat de temperatuur in een tijdsbestek van enkele uren met wel 10° C daalt.

JUNI

Lesbian and Gay Pride Day *(zo eind juni).* De spectaculairste optocht in San Francisco en de grootste in zijn soort in de VS: per jaar nemen ruim 300.000 mensen deel aan de parade door Market Street en het feest in het Civic Center.
Haight Street Fair *(za of zo eind juni).* Bandjes en stalletjes in Haight Street *(blz. 134).*
North Beach Festival *(midden juni).* Kunst en ambachten, bands en eetstalletjes in de Italiaanse wijk rond Grant Avenue, Green Street en Washington Square.
Juneteenth *(eind juni).* Afro-Amerikaans cultureel feest, met jazz- en bluesbands langs Lake Merritt, Oakland *(blz. 164).*

JULI

4th of July Fireworks *(4 juli).* Aan het water bij Crissy Field *(blz. 59)*, met vuurwerkshows op de Golden Gate Bridge.
San Francisco Flower Show. County Fair Building, Golden Gate Park *(blz. 143).*
San Francisco Marathon *(eind juli).* 3500 atleten lopen door de stad, vanaf de Golden Gate Bridge.

AT&T Park is het stadion van de San Francisco Giants

AUGUSTUS

Baseball *(seizoen april–sept.).* De San Francisco Giants en Oakland Athletics spelen de hele zomer wedstrijden *(blz. 272).* Kaarten zijn te koop op de dag van de wedstrijd, maar de beste plaatsen gaan er in de voorverkoop al uit. AT&T Park ging in 2000 open.
San Francisco Playwright's Festival *(laatste week juli–eerste week aug.).* Fort Mason Center *(blz. 74–75).* Voordrachten, workshops en voorstellingen. Het publiek kan met de kunstenaars over de voorstellingen discussiëren.

De Lesbian and Gay Pride Parade op weg naar het Civic Center

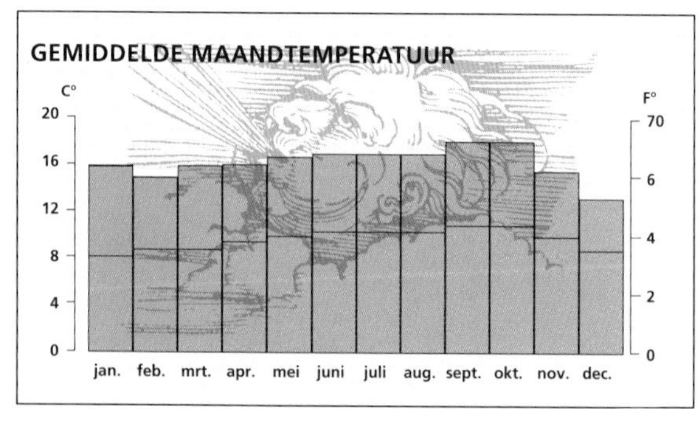

Temperatuur
De tabel laat de gemiddelde minimum- en maximumtempe-ratuur per maand zien. In San Francisco en de Bay Area is het weer het hele jaar door vrij zacht, waarbij het zelden warmer dan 21°C en zelden kouder dan 4°C is.

HERFST

In september, als de zomer in de Bay Area begint, krijgen de bewoners de stad terug van de toeristen. In de parken en op straat vinden veel festivals en evenementen plaats, en het *football*-, opera- en muziekseizoen gaat weer van start.

Het football-seizoen begint in september

SEPTEMBER

49ers Football *(seizoen begint in sept.).* Verschillende stadions. Loopt tot december of soms januari *(blz. 272).*
A La Carte, A La Park *(eerste weekeinde),* Golden Gate Park. Jaarmarkt met eten en drinken uit San Francisco.
San Francisco's Opera Opening Night. Galavoorstelling in het War Memorial Opera House, Van Ness Avenue. Seizoen sept.–dec. *(blz. 264).*
Valley of the Moon Wine Festival *(eind sept.).* Het oudste wijnfestival van Californië vindt plaats op het Sonoma Plaza, Sonoma.
San Francisco's Blues Festival *(laatste weekeinde).* Voor dit festival komen sommige van 's werelds beste bluesmuzikanten naar de Great Meadow in Fort Mason *(blz. 264).*
Folsom Street Fair *(laatste zo).* Evenement voor homo's en lesbiennes, tussen 11th en 17th Street. Muziek, comedy, dans, ambachten, biertuin. De opbrengst is voor het goede doel.

OKTOBER

Castro Street Fair *(eerste zo).* Een van de grootste en oudste straatfeesten van de stad *(blz. 136).*
Columbus Day Parade *(zo dichtst bij 12 okt.).* Historische optocht over Columbus Avenue in North Beach naar Fisherman's Wharf.
Halloween *(31 okt.).* De avond vóór Allerheiligen wordt gevierd door duizenden verklede feestneuzen die samenkomen in Market Street en Castro Street. Dit grote feest vormt een van de hoogtepunten van het jaar.
Shakespeare in the Park *(za en zo vanaf Labor Day).* Gratis voorstellingen in Golden Gate Park *(blz. 259).* Op Liberty Meadow wordt een tijdelijk openluchttheater opgericht.

Columbus Day Parade

Fleet Week *(begin okt.).* Feest ter ere van de Amerikaanse marine.
Harvest Festival en Christmas Crafts Market *(eind okt. tot midden nov.).* Markt in twee weekenden.

NOVEMBER

Dia de los Muertos/Day of the Dead *(2 nov.).* Mexicaans Halloween, met een nachtelijke processie door het Mission District. Kostuums, dans en eten.
San Francisco Jazz Festival *(eind okt.–begin nov.).* Jazzfestival op verschillende locaties in de stad *(blz. 266).*
The Big Game *(derde za).* Belangrijke *football*wedstrijd, waarin de California Golden Bears tegen Stanford Cardinal spelen, afwisselend op de campus van Stanford en UC Berkeley *(blz. 272).*
Internationale Auto Show *(eind nov.).* Autotentoonstelling in het Moscone Center *(blz. 114–115).*

Day of the Deadprocessie

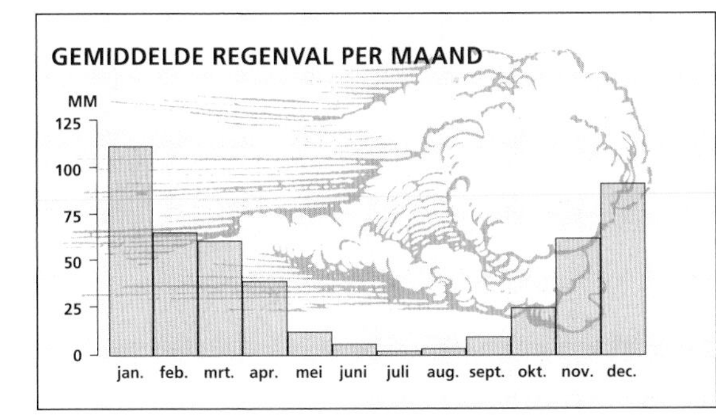

Regenval
De gemiddelde regenval per jaar bedraagt in San Francisco 122 cm. De meeste regen valt tussen november en maart, als het soms dagen achtereen doorgaat. De droogste maanden zijn die tussen mei en september.

WINTER

De kersttijd begint de dag na Thanksgiving met het aansteken van de lichtjes in de boom op Union Square, terwijl in de etalages van Gump's *(blz. 120)* aandoenlijke huisdieren verschijnen. Grijze walvissen komen voorbij op hun jaarlijkse tocht tussen Alaska en Mexico.

DECEMBER

Kerstuitstallingen in de winkeletalages: vooral rond Union Square *(blz. 116)* kijkt u uw ogen uit.
De notenkraker *(derde week)* wordt uitgevoerd door het San Francisco Ballet *(blz. 264)*.
Sing-It-Yourself Messiah *(begin dec.)* in de Louise M. Davies Symphony Hall *(blz. 126)*.
Sing for your Life *(30–31 dec.)*. Een etmaal zingen in Grace Cathedral *(blz. 103)*.

Viering van het Chinese nieuwjaar in Chinatown

JANUARI

New Year's Day Swim *(1 jan.)*. Zwemfestijn in het Aquatic Park *(blz. 172–173)*.
Russian Orthodox Christmas *(7–8 jan.)* in de Holy Virgin Cathedral *(blz. 63)*.
Grey Whale Migration *(jan.–april)*. Toekijken vanaf de kust of een boot *(blz. 272)*.

FEBRUARI

Black History Month. Afro-Amerikaanse evenementen op allerlei plaatsen in de stad.
Chinese New Year Parade *(geen vaste datum)*. Optocht door het Financial District en Chinatown, met uiteraard een kleurrijke draak *(blz. 94–100 en 107–121)*.

Kerstboom in warenhuis Nieman Marcus

NATIONALE FEESTDAGEN

New Year's Day (1 jan.)
Martin Luther King Day (3de ma, jan.)
President's Day (3de ma, feb.)
Memorial Day (laatste ma, mei)
Independence Day (4 juli)
Labor Day (1ste ma, sept.)
Columbus Day (2de ma, okt.)
Election Day (1ste di, nov.)
Veterans Day (11 nov.)
Thanksgiving Day (4de do, nov.)
Christmas Day (25 dec.)

SAN FRANCISCO VAN BUURT TOT BUURT

De 49-Mile Scenic Drive

Officieel bord

De 49-Mile Scenic Drive (79 km) verbindt de interessante buurten, belangrijke bezienswaardigheden en spectaculaire uitzichtpunten van de stad met elkaar en biedt zo een uitstekend overzicht van San Francisco. De route is goed aangegeven met blauw-witte borden. Sommige zijn aan het zicht onttrokken door overhangende struiken, dus u moet wel blijven opletten. Trek voor deze tocht een hele dag uit, zodat u ook eens kunt stoppen om foto's te maken of van het uitzicht te genieten.

Marina Green ㉗
Vanhier hebt u prachtig uitzicht op de Golden Gate Bridge.

The Palace of Fine Arts en het **Exploratorium** ㉘ liggen naast de ingang tot het beboste Presidio.

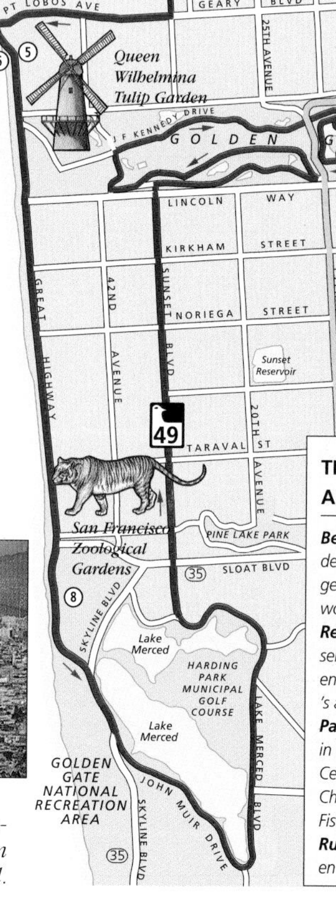

Stow Lake ⑨
Op het eiland in dit meer vindt u een waterval en een Chinees paviljoen. Er zijn boten te huur.

San Francisco Zoological Gardens ⑧ is een van de zes beste dierentuinen van de VS. Attracties zijn Gorilla World en het Primate Discovery Center.

Twin Peaks ⑬
Vanaf beide toppen is het adembenemende uitzicht op stad en baai de klim meer dan waard.

TIPS VOOR DE AUTOMOBILIST

Beginpunt: *de route moet tegen de richting van de klok in worden gevolgd en kan op elk punt worden begonnen of beëindigd.*
Reistijd: *vermijd het spitsuur tussen 7.00 en 10.00 uur en 16.00 en 19.00 uur. Het uitzicht is 's avonds net zo mooi als overdag.*
Parkeren: *er zijn parkeerterreinen in het Financial District, het Civic Center, Japantown, Nob Hill, Chinatown, North Beach en Fisherman's Wharf.*
Rustplaatsen: *er zijn talloze cafés en restaurants (blz. 222–243).*

◁ **De Transamerica Pyramid**

Civic Center ⑰, waar imposante beaux-artsgebouwen rond een centraal plein staan, vormt het bestuurlijke centrum van San Francisco.

Maritime National Historical Park Visitor Center ㉕ bezit een fraaie collectie scheepsmodellen, foto's en souvenirs. Historische schepen liggen aangemeerd bij Hyde Street Pier in de buurt.

Coit Tower ㉔
De toren, met zijn verbluffende muurschilderingen, staat boven op Telegraph Hill, die over North Beach uitkijkt.

Ferry Building ⑮
Het gebouw met de 70 m hoge toren heeft de aardbeving van 1906 ongeschonden doorstaan.

SYMBOLEN

- 49-Mile Scenic Drive
- Uitzichtpunt

Grant Avenue in Chinatown ***(blz. 99)***

BEZIENSWAARDIGHEDEN

PRESIDIO

Dit prachtige beboste hoekje van de stad kijkt uit op de ingang van de San Francisco Bay en het begin van de Golden Gate Bridge. Het werd in 1776 gesticht als voorpost van de Spaanse gebieden in de Nieuwe Wereld. In 1994 werd het eigendom van de National Park Service en het is nu een gebied met zeer verschillende attracties: u kunt geschutsopstellingen uit de Burgeroorlog en 19de-eeuwse excercitieterreinen en barakken bezichtigen, of een boswandeling maken. Er staan dennen en eucalyptussen en er houdt zich allerlei wild op. Baker Beach bereikt u via het park, en het belangrijke Palace of Fine Arts ligt in het oosten.

Kanon in Fort Point

BEZIENSWAARDIGHEDEN IN HET KORT

Historische straten en gebouwen
Clement Street 8
Golden Gate Bridge blz. 64–67 5
Palace of Fine Arts en het Exploratorium blz. 60–61 1
Presidio Officers' Club 3

Musea en galeries
Fort Point en Crissy Field 4
Presidio Visitor Center 2

Kerken en tempels
Holy Virgin Cathedral 7
Temple Emanu-El 9

Parken en tuinen
Baker Beach 6

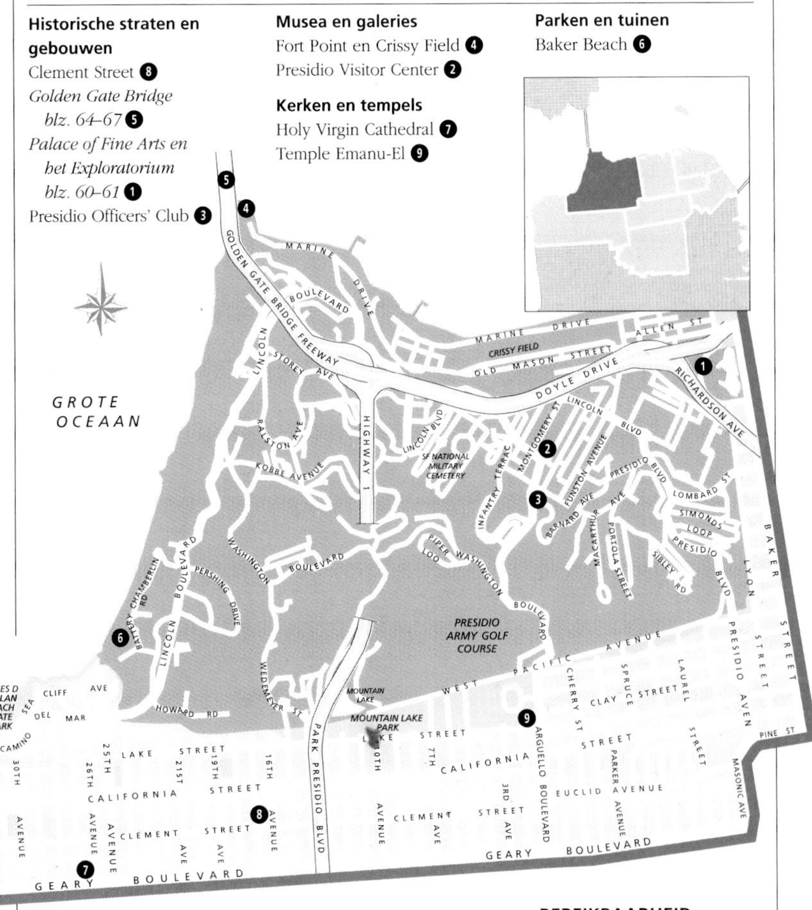

SYMBOOL
Stratenkaart *blz. 58–59*

0 meter 750

BEREIKBAARHEID

U kunt het gebied het beste per auto of fiets verkennen. Muni-bus 29 stopt bij de grote bezienswaardigheden. Bus 43 komt in het oostelijk deel, bus 28 rijdt langs de noordgrens.

◁ Golden Gate Bridge, gezien vanaf Baker Beach

Een rondleiding door Presidio

Bord van Presidio Park

De bochtige wegen en het weelderige landschap van Presidio lijken niet in overeenstemming met het militaire verleden. Deze plek heeft een belangrijke rol gespeeld in de groei van San Francisco en was als eerste bewoond. Overblijfselen uit het verleden, waaronder barakken en geschutsemplacementen, zijn overal te zien, en er zijn veel wandelpaden, fietspaden en stranden. De Golden Gate Bridge begint in de noordwesthoek van Presidio.

Fort Point
Dit stenen fort, nu een nationaal momument, bewaakte in de Burgeroorlog (1861–1865) de Golden Gate ❹

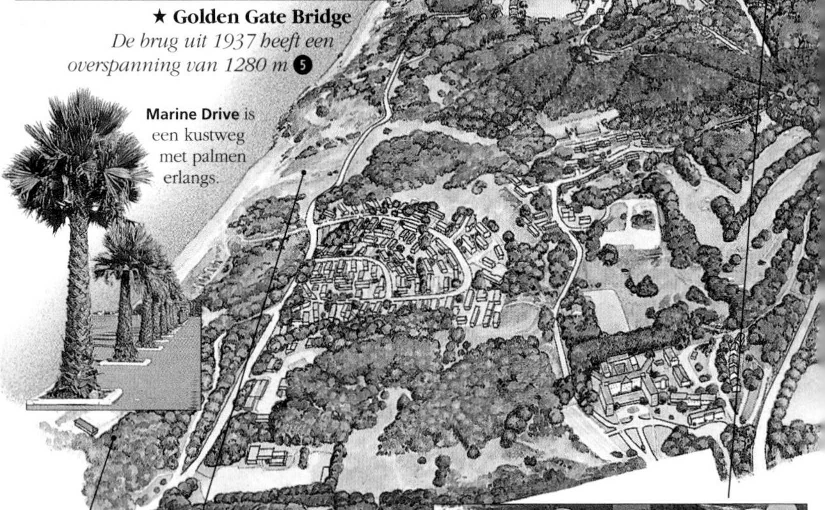

Golden Gate Bridge Visitor Gift Center

De Gorbachev Foundation stimuleert internationale samenwerking.

★ Golden Gate Bridge
De brug uit 1937 heeft een overspanning van 1280 m ❺

Marine Drive is een kustweg met palmen erlangs.

Begin Coastal-wandelroute

Lobos Creek is een kleine stroom die in Mountain Lake ontspringt en Presidio van drinkwater voorziet.

Baker Beach
Het beste strand van de stad ligt gescheiden van de rest van Presidio aan de voet van steile kliffen ❻

De Pet Cemetery was ooit een begraafplaats voor waakhonden van het leger. Sinds 1945 worden er huisdieren begraven.

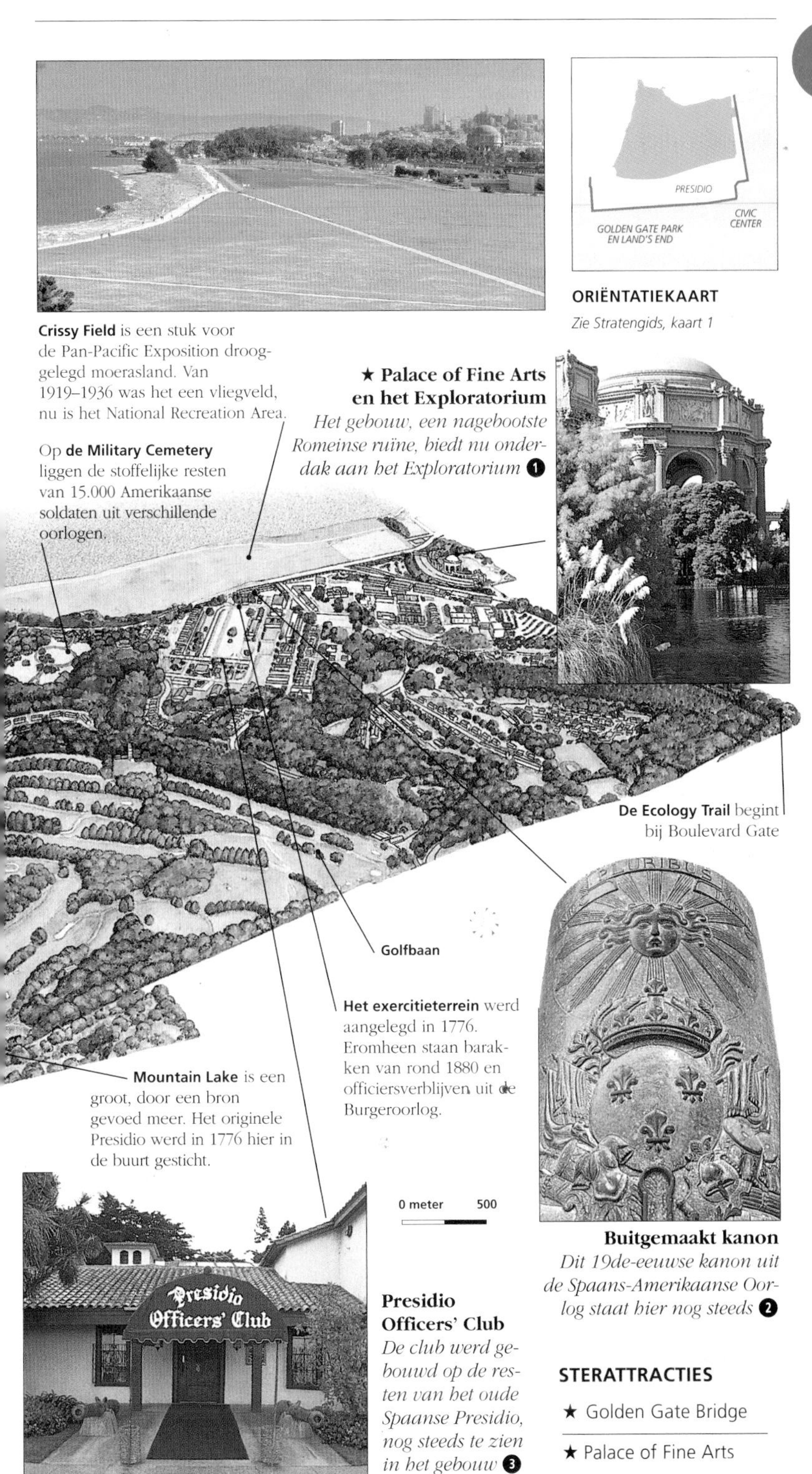

ORIËNTATIEKAART

Zie Stratengids, kaart 1

Crissy Field is een stuk voor de Pan-Pacific Exposition drooggelegd moerasland. Van 1919–1936 was het een vliegveld, nu is het National Recreation Area.

★ Palace of Fine Arts en het Exploratorium
Het gebouw, een nagebootste Romeinse ruïne, biedt nu onderdak aan het Exploratorium ❶

Op **de Military Cemetery** liggen de stoffelijke resten van 15.000 Amerikaanse soldaten uit verschillende oorlogen.

De Ecology Trail begint bij Boulevard Gate

Golfbaan

Het exercitieterrein werd aangelegd in 1776. Eromheen staan barakken van rond 1880 en officiersverblijven uit de Burgeroorlog.

Mountain Lake is een groot, door een bron gevoed meer. Het originele Presidio werd in 1776 hier in de buurt gesticht.

Buitgemaakt kanon
Dit 19de-eeuwse kanon uit de Spaans-Amerikaanse Oorlog staat hier nog steeds ❷

Presidio Officers' Club
De club werd gebouwd op de resten van het oude Spaanse Presidio, nog steeds te zien in het gebouw ❸

STERATTRACTIES

- ★ Golden Gate Bridge
- ★ Palace of Fine Arts

Palace of Fine Arts en het Exploratorium ❶

Het Palace of Fine Arts, een buitenissig neoklassiek bouwwerk, is het enig overgebleven monument van de Pan-Pacific Exposition van 1915 *(blz. 30–31)*. In het Palace biedt een fabrieksloods onderdak aan het Exploratorium, een van de boeiendste wetenschapsmusea van de VS. Het werd in 1969 gesticht door fysicus Frank Oppenheimer, de broer van Robert. Er zijn honderden interactieve tentoonstellingstukken, een webcast studio en een multimediaal leercentrum.

Detail van een voetstuk van de Rotunda

★ De Rotunda
De koepel van de Rotunda rust op een klassieke fries en een octogonale arcade.

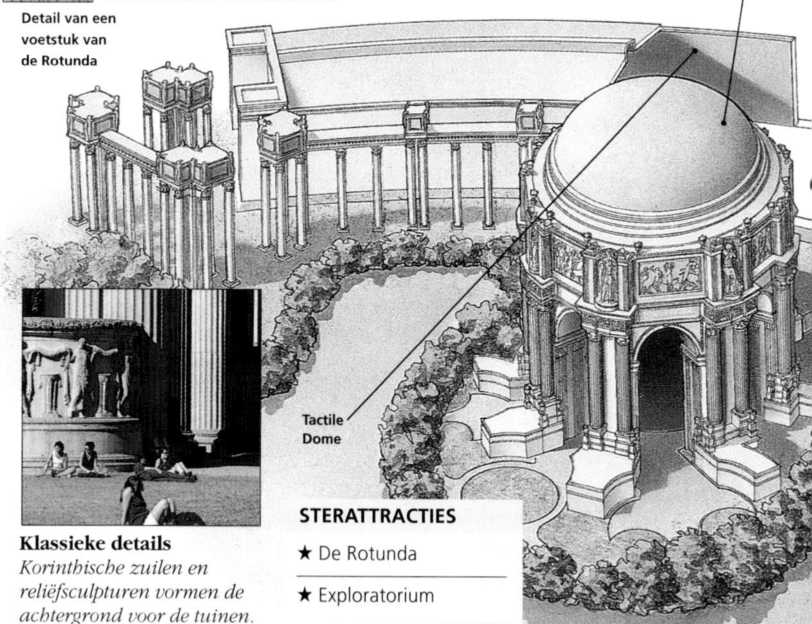

Klassieke details
Korinthische zuilen en reliëfsculpturen vormen de achtergrond voor de tuinen.

STERATTRACTIES

★ De Rotunda

★ Exploratorium

DE BOUW VAN HET PALACE OF FINE ARTS

Het mooie Palace of Fine Arts is een van de opvallendste bouwwerken van San Francisco. De beroemde architect Bernard R. Maybeck, de man achter vele gebouwen in de Bay Area, ontwierp een centrale rotonde aan de rand van een kunstmatige lagune, met aan weerszijden een open galerij van Korinthische zuilen. Het geheel was bedoeld als melancholieke herinnering aan vergane grandeur en geïnspireerd op de barokke etsen van Piranesi en op *L'Isle des morts,* een schilderij van de bekende Zwitserse kunstenaar Arnold Böcklin. Omdat het Palace na de Exposition van 1915 weer zou worden afgebroken, werd het voor $700.000 gemaakt van goedkoop hout en gips. Het gebouw bleef na de grote tentoonstelling echter staan. In 1962 was het zo ernstig vervallen dat tot herbouw van gewapend beton werd besloten.

Bernard Maybeck

Het Palace of Fine Arts in verregaande staat van verval

Zien
Leer iets over optische illusies en zie hoe het oog werkt.

TIPS VOOR DE TOERIST

3601 Lyon St., Marina District
Kaart 3 C2.
22, 29, 30, 43, 45, 47, 49.
Exploratorium *561 0360.*
Tactile Dome ***Tel.*** *561 0362.*
di–zo, ma in vakanties 10.00–17.00 uur. *Thanksgiving, 25 dec.* *1ste wo van de maand gratis.*
www.exploratorium.edu

Bewegen
Hier kunnen bezoekers een wiel kiezen in de Downhill Race of de spannende Momentum Machine proberen.

★ In het Exploratorium
Er zijn honderden voorwerpen waarmee bezoekers kennis kunnen maken met de natuurwetenschappen.

Elektriciteit en magnetisme

Warmte en temperatuur, patronen

Tactile Dome

Geluid en gehoor

Complexiteit

Sociale wetenschappen

Slingers

McBean Theater

Ingang

MUSEUMGIDS

De tentoonstelling is verdeeld in vijf breed opgezette thematische afdelingen op de begane grond en de tussenverdieping. De Tactile Dome is aardedonker en de bezoekers moeten erdoorheen kruipen.

PLATTEGROND

- Zien
- Bewegen
- Elektriciteit en magnetisme
- Warmte en temperatuur, patronen
- Sociale wetenschappen
- Geluid en gehoor
- Complexiteit
- Slingers

Gekleurde schaduwen
Als je schaduw één kleur afdekt, vormen de twee andere primaire kleuren een nieuwe kleur.

Palace of Fine Arts en het Exploratorium ❶

Zie blz. 60–61.

Exterieur van het Old Post Hospital

Presidio Visitor Center ❷

Tijdelijk verhuisd naar de Presidio Officers' Club. **Kaart** 3 A2. ***Tel.*** *561 4323.* **www**.presidiotrust.gov

Het Presidio Museum, dat ooit gehuisvest was in een gebouw uit 1860 dat diende als het postziekenhuis, is nu een onderdeel van het Mott Visitor Center. Het Center, in de bakstenen kazerne aan Infantry Row, toont stukken en voorwerpen die verbonden zijn met de lange geschiedenis van het Presidio. De nadruk ligt op ooggetuigenverslagen van de ontwikkeling van San Francisco. Er staan twee hutjes achter het Old Post Hospital, voorbeelden van de honderden tijdelijke onderkomens die in de stad neergezet werden *(blz. 28–29).*

Presidio Officers' Club ❸

50 Moraga Ave. **Kaart** 3 A2. *29.* *dag. 9.00–17.00 uur.* *sommige feestdagen.*

De Officers' Club in Spaanse missionstijl *(blz. 46)* kijkt uit op het oude exercitieterrein van Presidio. Hij dateert van rond 1930, maar de adoberesten (in de zon gedroogde steen) van het oorspronkelijke 18de-eeuwse Spaanse fort zijn nog te zien. Momenteel is het Presidio Visitor Center hier gevestigd.

Fort Point en Crissy Field ❹

Long Avenue en Marine Drive. **Kaart** 2 E1. *556 1693.* *vr–zo 10.00–17.00 uur* *gedeeltelijk.*

Het leger voltooide in 1861 dit fort, dat voor een deel was bedoeld om de baai tegen aanvallen te beschermen en voor een deel om de schepen te verdedigen die goud uit de Californische mijnen vervoerden. Het is het opvallendste van de vele versterkingen aan de kust en vormt een klassiek voorbeeld van een stenen fort van vóór de Burgeroorlog. Het gebouw raakte al snel in onbruik, omdat de 3 m dikke muren niet bestand waren tegen moderne wapens. Het werd gesloten in 1900 zonder ooit te zijn aangevallen.
De stenen gewelven zijn hoogst ongebruikelijk voor San Francisco, waar de geraamten meestal werden gemaakt van het in overvloed beschikbare hout. In de jaren dertig dreigde het fort te worden afgebroken in verband met de bouw van de Golden Gate Bridge, maar het staat nog steeds overeind en biedt nu een goed uitzicht op de brug. Opzichters zijn verkleed in kostuums uit de Burgeroorlog en verzorgen rondleidingen voor bezoekers. Ooit bedekte een getijdenmoeras het gebied dat nu Crissy Field wordt genoemd. Na twee eeuwen voor militaire doeleinden te zijn gebruikt, is Crissy Field hersteld en veranderd in een park aan de waterkant voor recreatie en educatie. Het Crissy Field Center heeft een breed aanbod aan programma's.

Kanon op het binnenhof van Fort Point

Golden Gate Bridge ❺

Zie blz. 64–67.

Golden Gate Bridge, gezien vanaf Baker Beach

Baker Beach ❻

Kaart 2 D4. *dag. zonsopkomst–zonsondergang.*

Baker Beach is het grootste en populairste strand van de stad. Door het koude water en de sterke stromingen is het hier gevaarlijk zwemmen, maar het is een mooie plek voor een wandeling. De kliffen boven het strand zijn bedekt met dennen en cipressen, waartussen Battery Chamberlin ligt, een geschutsemplacement uit 1904. In het eerste weekeinde van de maand demonstreren opzichters het 'verdwijnende geschut', een zwaar kanon dat achter een dikke muur omlaag wordt gehaald om het te beschermen tegen vijandelijk vuur, en weer omhoog wordt gehaald om te worden afgeschoten.

Holy Virgin Cathedral ❼

6210 Geary Blvd. **Kaart** 8 D1. ***Tel.*** *221 3255.* 🚌 *2, 29, 38.* ✝ *dag. 8.00 en 18.00 uur.*

Goudglanzende uidaken bekronen de Russisch-orthodoxe Holy Virgin Cathedral van de Russische kerk in ballingschap, een adembenemend monument in het Richmond District. De kerk werd begin jaren zestig gebouwd en is alleen tijdens diensten open. In tegenstelling tot die van veel andere christelijke gemeenten, worden de diensten hier gehouden terwijl de gelovigen rechtop staan.
De kathedraal en de vele Russische zaken in de buurt, zoals het levendige restaurant Russian Renaissance, bevinden zich in het hart van de Russische buurt van San Francisco *(blz. 41)*. De gemeenschap leidde vanaf 1820 al een bloeiend bestaan, maar werd na de Russische Revolutie van 1917 veel groter, en nam verder toe in de jaren vijftig en tachtig.

De Russisch-orthodoxe Holy Virgin Cathedral

Clement Street ❽

Kaart 1 C5. 🚌 *2, 28, 29, 44.*

Dit is de drukke hoofdstraat van het verder nogal slaperige Richmond District. Er zijn goedlopende boekwinkels en boetieks, en de bewoners van de buurt komen samen in de vele bars, fastfood-restaurants en etnische eetgelegenheden.
Clement Street wordt omringd door een gebied dat bekendstaat als New Chinatown, waar ruim een derde van de Chinese bevolking van San Francisco woont. Hier vindt u een aantal van de beste Chinese restaurants van de stad. Hoewel de nadruk op de Oostaziatische keuken ligt, staat de buurt bekend om de grote verscheidenheid aan restaurants en treft u hier bijvoorbeeld ook Deense, Peruaanse, Russische en Franse etablissementen aan. De straat loopt van Arguello Boulevard naar 'The Avenues', de zijstraten die van noord naar zuid lopen, en eindigt bij het het Legion of Honor *(blz. 156–157)*.

Interieur van de Temple Emanu-El

Temple Emanu-El ❾

Lake St en Arguello Blvd. **Kaart** 3 A4. ***Tel.*** *751 2535.* *uitsluitend rondleidingen; dag. 13.00–15.00 uur.* ♿

Na de Eerste Wereldoorlog trokken honderden Joden uit Rusland en Oost-Europa naar het Richmond District, waar ze religieuze centra bouwden die nog steeds tot de verbeelding spreken. Een van die bouwwerken is de Temple Emanu-El met zijn op de 6de-eeuwse Aya Sophia in Istanbul geïnspireerde koepel. De kerk werd in 1925 gebouwd voor de oudste joodse congregatie van de stad, gesticht in 1850. De architect was Arthur Brown, die ook de City Hall *(blz. 125)* van San Francisco heeft ontworpen. Met zijn rode koepel is de Emanu-El een merkwaardige kruising van stijlen, die de lokale missiestijl *(blz. 46)* combineert met byzantijnse ornamentatie en romaanse arcaden. Het interieur is bijzonder fraai als het zonlicht door de gebrandschilderde ramen naar binnen schijnt.

Golden Gate Bridge ❺

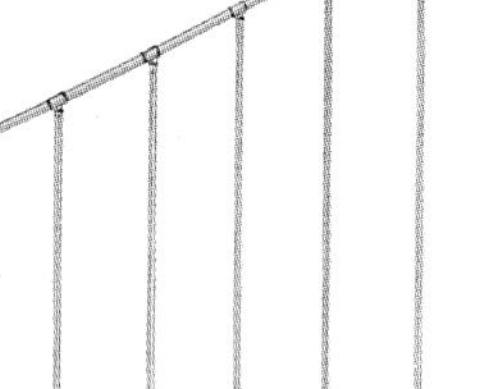

Bruggenbouwer met beschermend masker

De brug, voltooid in 1937, is genoemd naar het gedeelte van de San Francisco Bay dat John Fremont in 1844 de 'Golden Gate' doopte. Hij verbindt de stad met Marin County. Het spectaculaire en wereldberoemde bouwwerk biedt adembenemende uitzichten en bestaat uit zes rijstroken voor auto's en een voetgangerspad. De brug heeft de op twee na grootste overspanning ter wereld en was in 1937 de langste en hoogste hangbrug.

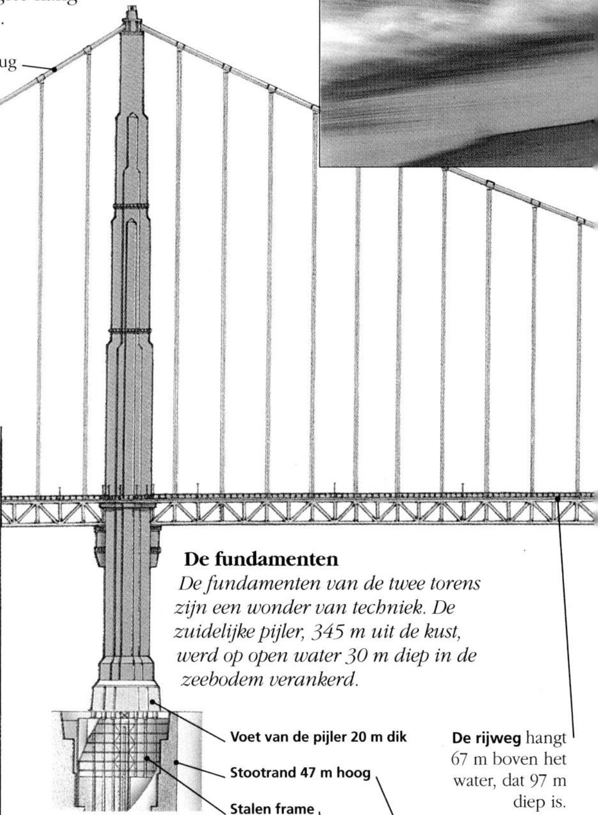

De totale lengte van de brug bedraagt 2,7 km, de overspanning 1280 m.

De fundamenten

De fundamenten van de twee torens zijn een wonder van techniek. De zuidelijke pijler, 345 m uit de kust, werd op open water 30 m diep in de zeebodem verankerd.

Voet van de pijler 20 m dik

Stootrand 47 m hoog

Stalen frame

De rijweg hangt 67 m boven het water, dat 97 m diep is.

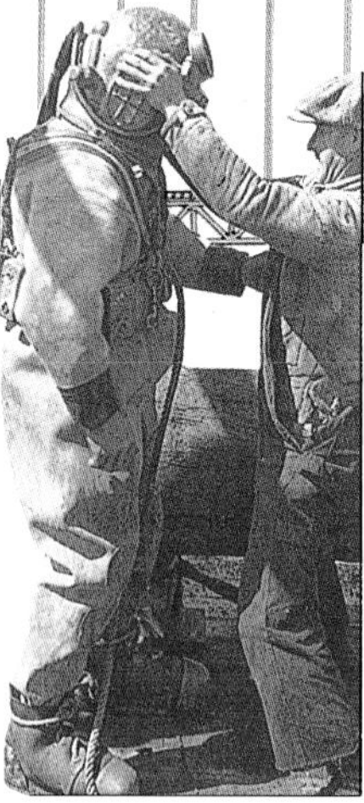

Duikers

Duikers maakten met dynamiet 6 m diepe gaten in de Oceaanbodem, teneinde vast gesteente te bereiken.

De betonnen stootrand

Bij de bouw werd de zuidelijke pijler tegen de stroming beschermd door een stootrand van beton. Het water werd weggepompt, zodat een waterdichte ruimte ontstond.

De rijweg
De oorspronkelijke betonnen rijweg werd in beide richtingen tegelijk aangelegd, zodat het gewicht gelijkelijk over de kabels was verdeeld.

TIPS VOOR DE TOERIST

Kaart 2 E1. ***Tel.*** *923 2000.* *2, 4, 20, 28, 29, 34, 70, 76.* *dag., tijden wisselen.* *Thanksg., 25 dec.* *Observatiepunt.* **Voetgangers/fietsers** *oostelijk pad dag. open, tijden wisselen.* **Tol** *alleen richting zuiden, $5 voor auto's.* **www**.goldengate.org

De bouw van de torens
De beide stalen torens rijzen 227 m hoog uit het water op. De torens zijn hol.

Verhitte klinknagels
Eén man verhitte de klinknagels en gooide ze naar de tweede, die ze in een emmer opving. Twee anderen maakten stukken staal met de verhitte klinknagels vast.

Joseph Strauss
Joseph Strauss wordt gezien als de officiële ontwerper van de brug, hoewel zijn assistent Charles Ellis aangemerkt wordt als de ontwerper van de boog. Architect Irving F. Morrow trad op als adviseur.

CHRONOLOGIE VAN DE BOUW

Januari Begin bouw verankeringen, zuidelijke pijler en schraag

Oktober Het werk aan de torens begint

December Zuidelijke pijler is voltooid

Juni Beide torens zijn voltooid

Juli Begin aanleg kabels

Juni Werk aan kabels voltooid, begin aanleg rijweg

April Rijweg is voltooid

1933 | **1934** | **1935** | **1936** | **1937**

Juni Schraag door een schip beschadigd

Februari Bouw begint officieel

Mei Noordelijke toren bereikt hoogste punt

Viering hoogste punt noordelijke toren

Juli Eerste kabel over de Golden Gate

Juni Aardbeving doet torens schudden

September Laatste ophangkabel op zijn plaats

Mei Brug gaat open

Februari Klinknagels bevestigd

De opening van de brug

De brug die volgens sommigen nooit kon worden gebouwd, werd midden in de Depressie op tijd en onder het budget voltooid. Joseph Strauss had uiteindelijk brede ondersteuning gekregen voor de brug en door de uitgifte van obligaties kon de bouw worden bekostigd. Bij de feestelijke opening weerklonken gelijktijdig alle sirenes en kerkklokken van San Francisco en Marin.

Eerste auto's steken over
Op 28 mei 1937, om 9.30 uur, ging het tolhek open en reden zwarte limousines in een officieel konvooi als eerste auto's de brug over.

Voetgangers wachten ongeduldig
Op 27 mei 1937 werd de brug alleen opengesteld voor voetgangers. De politie kon de 18.000 mensen nauwelijks bedwingen.

DE BRUG IN CIJFERS

- Per jaar rijden er ruim 40 miljoen voertuigen over de brug, per dag meer dan 120.000.
- De oorspronkelijke verflaag hoefde 27 jaar lang slechts te worden bijgestipt, maar sinds 1965 is men bezig een meer houdbare laag aan te brengen.
- De twee grote, 2332 m lange kabels zijn ruim 1 m dik en bestaan uit 128.744 km staaldraad: dat is driemaal de omtrek van de aarde.
- De hoeveelheid beton die tijdens de bouw in de verankeringen en pijlers werd gestort, is genoeg om tussen San Francisco en New York, een afstand van ruim 4000 km, een 1,5 m brede weg aan te leggen.
- De brug is bestand tegen windsnelheden van 160 km/u.
- De pijlers bieden weerstand aan stromingen van 97 km/u en dragen elk een stalen toren van 21.500 ton.

De eerste verflaag wordt aangebracht

Uitzicht vanaf Vista Point
Het beste uitzicht op de brug en San Francisco hebt u vanaf de kant van Marin County.

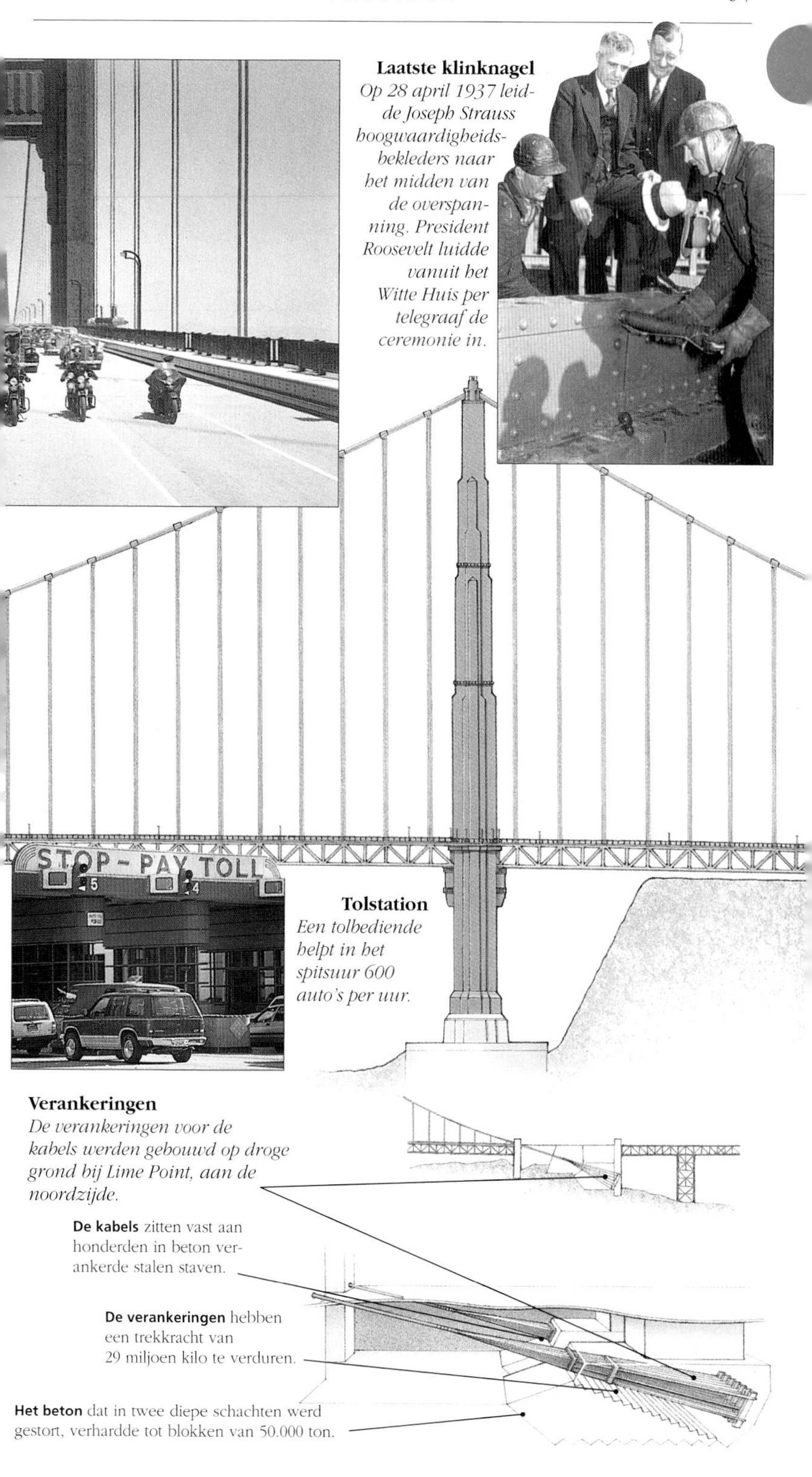

Laatste klinknagel
Op 28 april 1937 leidde Joseph Strauss hoogwaardigheidsbekleders naar het midden van de overspanning. President Roosevelt luidde vanuit het Witte Huis per telegraaf de ceremonie in.

Tolstation
Een tolbediende helpt in het spitsuur 600 auto's per uur.

Verankeringen
De verankeringen voor de kabels werden gebouwd op droge grond bij Lime Point, aan de noordzijde.

De kabels zitten vast aan honderden in beton verankerde stalen staven.

De verankeringen hebben een trekkracht van 29 miljoen kilo te verduren.

Het beton dat in twee diepe schachten werd gestort, verhardde tot blokken van 50.000 ton.

PACIFIC HEIGHTS EN MARINA DISTRICT

Pacific Heights is een exclusieve wijk op een 100 m hoge heuvel. Het gebied kwam rond 1880 tot ontwikkeling, nadat de kabeltram het met het stadscentrum had verbonden. Met zijn schitterende uitzichten werd het al snel een aantrekkelijke woonwijk en aan de lommerijke straten staan fraaie victoriaanse huizen. De meeste zijn particulier eigendom, maar het Haas-Lilienthal House is geopend voor publiek. Ten noorden van Broadway lopen de straten steil af naar het Marina District, waar ze uitkomen bij de baai. De huizen hier zijn gebouwd op moerasachtig land dat voor de Panama-Pacific Exposition *(blz. 72)* werd drooggelegd en de sfeer is die van een badplaats voor de rijken, met boetieks, levendige cafés en twee dure jachtclubs.

Embleem van Fort Mason

BEZIENSWAARDIGHEDEN IN HET KORT

Historische straten en gebouwen
Convent of the Sacred Heart 6
Cow Hollow 8
Fort Mason 15
Haas-Lilienthal House 1
Octagon House 11
Spreckels Mansion 2
Wave Organ 14

Parken en tuinen
Alta Plaza 4
Lafayette Park 3
Marina Green 13

Kerken en tempels
Church of St. Mary the Virgin 9
Trinity Episcopal Church 7
Vedanta Temple 10

Winkelstraten
Chestnut Street 12
Fillmore Street 5

SYMBOLEN
Stratenkaart *blz. 70-71*
Eindhalte kabeltram

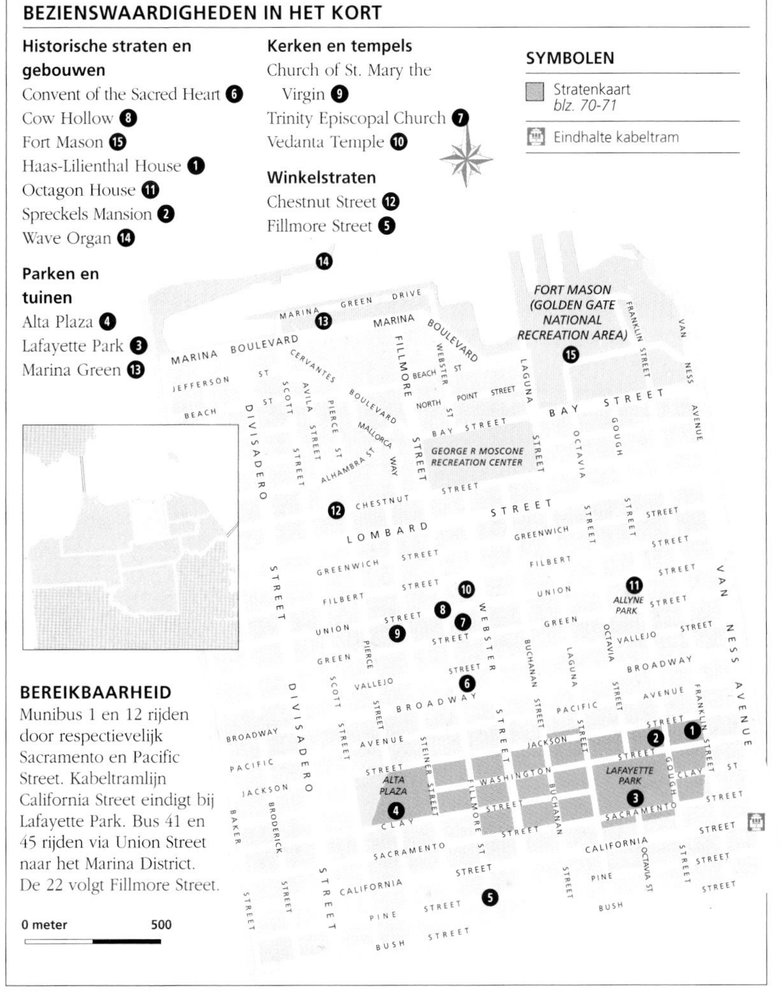

BEREIKBAARHEID
Munibus 1 en 12 rijden door respectievelijk Sacramento en Pacific Street. Kabeltramlijn California Street eindigt bij Lafayette Park. Bus 41 en 45 rijden via Union Street naar het Marina District. De 22 volgt Fillmore Street.

0 meter 500

Detail van de zuidelijke façade van Spreckels Mansion, aan de kant van Washington Street

Onder de loep: Pacific Heights

Het hart van Pacific Heights ligt tussen Alta Plaza en Lafayette Park. De straten worden omzoomd door chique appartementen en vorstelijke huizen. Sommige dateren van de late 19de eeuw, andere zijn gebouwd na de brand van 1906 *(blz. 28–29)*. Ten noorden van dit gebied lopen de straten steil af naar het Marina District en bieden ze een magnifiek uitzicht op de baai. Wandel door de twee grote parken en langs de tuinen van de huizen ertussenin, en bezoek dan een van de vele cafés en restaurants in Fillmore Street.

Speelgoedkonijn in het Haas-Lilienthal House

Het uitzicht vanaf het Alta Plaza over de heuvelachtige Pierce Street richting noorden omvat het Marina District en de baai daarachter.

★ Alta Plaza

Deze groene ruimte op een heuveltop werd halverwege de vorige eeuw aangelegd als park en heeft een speeltuin en tennisbanen ❹

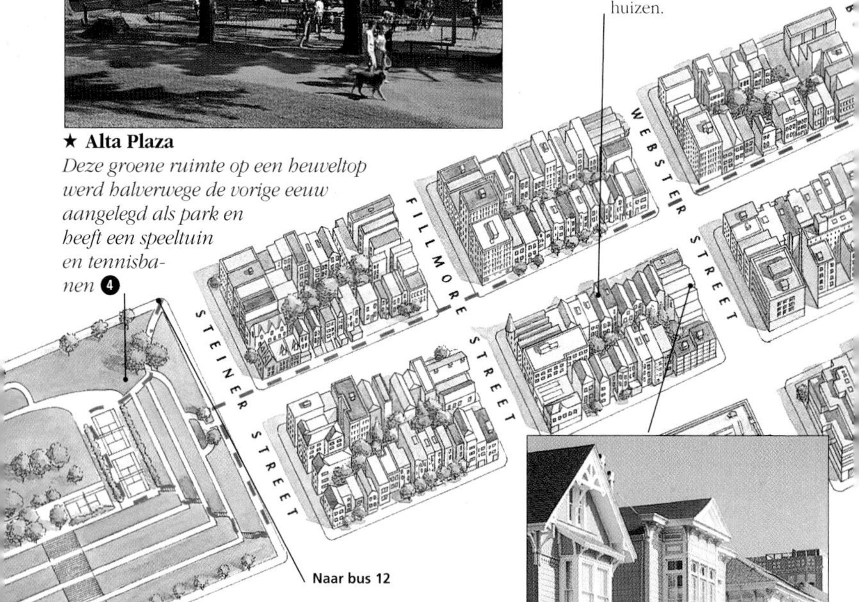

Washington Street ligt ten noorden van het Alta Plaza. Een van de blokken bestaat geheel uit victoriaanse huizen.

STEINER STREET

FILLMORE STREET

WEBSTER STREET

Naar bus 12

0 meter 100

De huizenrij aan Webster Street is uitgeroepen tot historisch monument. De huizen werden in 1878 gebouwd voor gegoede burgers en zijn sindsdien gerestaureerd.

STERATTRACTIES

★ Alta Plaza

★ Spreckels Mansion

SYMBOOL

– – – Aanbevolen route

★ Spreckels Mansion
Dit indrukwekkende kalkstenen gebouw, gebaseerd op de stijl van een Frans barokpaleis, is sinds 1990 het huis van de familie van de succesvolle schrijfster Danielle Steel ❷

ORIËNTATIEKAART
Zie Stratengids, kaart 3, 4

2004 Gough Street, een van de overdadigste victoriaanse huizen in Pacific Heights, werd gebouwd in 1889.

Lafayette Park
Dit rustige park biedt mooie uitzichten op de victoriaanse huizen eromheen ❸

2151 Sacramento Street is een sierlijke villa in Franse stijl. Een plaquette herinnert aan een bezoek van auteur sir Arthur Conan Doyle in 1923.

Haas-Lilienthal House
Deze villa in victoriaanse stijl vormt het hoofdkwartier van de Architectural Heritage Foundation ❶

Haas-Lilienthal House ❶

2007 Franklin St. **Kaart** 4 E3. ***Tel.*** *441 3004.* *1, 19, 27, 47, 49, 83.* *tijden wisselen, bel van tevoren.* www.sfheritage.org

Deze weelderige villa in Queen-Annestijl *(blz. 76–77)* werd in 1886 gebouwd voor de rijke koopman William Haas. Zijn dochter Alice Lilienthal woonde hier tot 1972, toen het huis aan de Architectural Heritage Foundation werd geschonken. Het is de enige particuliere woning uit die periode die als museum open is voor publiek, en staat vol met authentieke meubels. Met zijn bewerkte puntgevels, ronde hoektoren en rijke versieringen is het huis een mooi voorbeeld van een victoriaans huis voor de hogere klassen. Foto's in de kelder illustreren de geschiedenis van dit huis en laten zien dat het nog bescheiden was in vergelijking met sommige van de huizen die in de brand van 1906 verloren zijn gegaan *(blz. 28–29)*.

The Haas-Lilienthal House, een Queen-Annevilla uit 1886

Spreckels Mansion ❷

2080 Washington St. **Kaart** 4 E3 *1, 47, 49.* *voor het publiek.*

De imposante beaux-artsvilla *(blz. 46–47)* beheerst de noordzijde van Lafayette Park en wordt ook wel het 'Parthenon van het Westen' genoemd. Het werd in 1912 gebouwd voor de flamboyante Alma de Bretteville Spreckels en haar man Adolph, erfgenaam van suikerbaron Claus Spreckels *(blz. 134)*. Het huis is particulier eigendom en neemt in Octavia Street, die is aangelegd en geplaveid in de stijl van Lombard Street *(blz. 88)*, een heel blok in beslag. Architect van het huis was George Applegarth, die in 1916 het Legion of Honor ontwierp *(blz. 156)*. De familie Spreckels doneerde het Palace in 1924 aan de stad.

De gevel van Spreckels Mansion in Lafayette Park

Lafayette Park ❸

Kaart 4 E3. *1, 12.*

Dit is een van de mooiste op een heuvel gelegen parken van San Francisco, een groene oase van dennen en eucalyptussen waar de rust in tegenspraak lijkt met de turbulente geschiedenis. In 1855 besloot de stad dat het samen met Alta Plaza en Alamo Square onbebouwd zou blijven, maar illegale kolonisten legden beslag op het land en bouwden er huizen. Het grootste huis stond tot 1936 midden in het park, omdat de

PANAMA-PACIFIC EXPOSITION (1915)

San Francisco vierde het herstel van de aardbeving en de brand van 1906 met een grootse tentoonstelling *(blz. 30–31)*. Officieel werd de opening van het Panamakanaal gevierd en de wereldtentoonstelling moest de mooiste worden die ooit was gehouden. De zalen en paviljoens waren gebouwd op drooggelegd land in de San Francisco Bay, waar nu het Marina District ligt. Ze werden gefinancierd door de verschillende staten van de VS en 25 andere landen en omzoomden samen een promenade van 1,6 km lang. Veel gebouwen waren geïnspireerd op bestaande bouwkundige hoogstandjes, zoals een Turkse moskee en een boeddhistische tempel in Kyoto. De schitterende Tower of Jewels was bezet met glazen kralen en verlicht door schijnwerpers. In het westen stond het Palace of Fine Arts *(blz. 60–61)*, het enig overgebleven tentoonstellingsgebouw, dat te bereiken was met een gondel over een lagune.

Het Ferry Building tijdens de Exposition

Uitzicht op het terrein van de Panama-Pacific Exposition

bezetters weigerden te vertrekken. Uiteindelijk werd het gesloopt toen de stad bereid was het te ruilen tegen grond in Gough Street. Steile trappen leiden naar de top van de heuvel, waar u uitzicht hebt op de vorstelijke huizen eromheen. Let vooral op de fraaie bouwwerken in de omgeving aan Broadway, Jackson Street, Pacific Avenue (die van oost naar west lopen) en Gough, Octavia en Laguna Street (van noord naar zuid).

Alta Plaza ❹

Kaart 4 D3. *1, 3, 12, 22, 24.*

Alta Plaza is een schitterend vormgegeven stadspark in het midden van Pacific Heights en de plek waar de elite van San Francisco ontspanning zoekt. Aan de zuidkant van het park leidt vanaf Clay Street een stenen trap naar boven. Hier hebt u uitzicht op de stad en u herkent de trap misschien wel van films – Barbra Streisand reed er vanaf in *What's Up Doc?* In het park liggen tennisbanen en een speelplaats. Vanaf de noordzijde hebt u uitzicht op prachtige villa's zoals het Gibbs House, 2622 Jackson Street, in 1894 gebouwd door Willis Polk.

Ontspannen in Alta Plaza

Fillmore Street ❺

Kaart 4 D4. *1, 2, 3, 4, 22, 24.*

Fillmore Street heeft de verwoestende aardbeving van 1906 *(blz. 28–29)* bijna ongeschonden doorstaan en diende daarna een aantal jaren als het zakelijke hart van de stad. Overheidsinstellingen, maar ook particuliere bedrijven, waren ondergebracht in winkels, woningen en zelfs kerken. Tegenwoordig bevindt zich hier het commerciële centrum van Pacific Heights, van Jackson Street tot de rand van Japantown *(blz. 128)* rond Bush Street. U vindt er boekwinkels, restaurants en boetieks.

Convent of the Sacred Heart ❻

2222 Broadway. **Kaart** 4 D3.
563 2900. *22, 24.*
voor het publiek.

Deze neoklassieke villa stond vroeger bekend als de Flood Mansion. Het gebouw werd door Bliss en Faville ontworpen voor James Leary Flood, zoon van een van de magnaten van de Comstockmijnen *(blz. 102)* en werd in 1915 voltooid. Met zijn harmonieuze vormen, verfijnde details en gevel van marmer uit Tennessee is dit bouwwerk een van de meest geraffineerde villa's van Pacific Heights. Sinds 1939 is er een particuliere school in gevestigd.

Trinity Episcopal Church ❼

1668 Bush Street. **Kaart** 4 D4.
Tel. *775 1117.* *2, 3, 4, 19, 22, 49.*

Het enorme gebouw van de Trinity Episcopal Church is gebaseerd op de kathedraal van Durham in Noord-Engeland, een van de mooiste voorbeelden van Normandische architectuur. Trinity is de oudste episcopale kerk aan de westkust die in 1999 zijn 150ste verjaardag heeft gevierd. De vensters van gebrandschilderd glas zijn ontworpen door een leerling van John LaFarge, een belangrijk 19de-eeuws kunstenaar in New York. Op het hoogaltaar staat een 100 jaar oud van edelstenen voorzien triniteitskruis, een geschenk van de vrouwen van de gemeente. Het Trinity is ook de kerk van het San Francisco Bach Choir.

Cow Hollow ❽

Kaart 4 D2. *22, 41, 45.*

Cow Hollow, een winkelbuurt in de omgeving van Union Street, dankt zijn naam aan de koeien die hier tot omstreeks 1860 graasden. Daarna werd het gebied veranderd in een woonwijk. In de jaren vijftig raakte de buurt in de mode en namen chique boetieks, antiekwinkels en galeries de plaats in van de oude buurtwinkels. Veel zaken zijn gevestigd in gerestaureerde 19de-eeuwse gebouwen en verlenen de wijk een ouderwetse sfeer, die in sterk contrast staat met de mondaine koopwaar.

Uitzicht vanaf Fillmore Street op Cow Hollow

Church of St. Mary the Virgin ❾

2325 Union St. **Kaart** 4 D3. ***Tel.*** *921 3665.* *22, 41, 45.* *ma–vr 9.00 –17.00 uur.* *zo 8.00, 9.00, 11.00 en 17.30 uur.* *tijdens diensten.*

De rustieke kerk aan de westkant van het huidige winkelgebied rond Union Street herinnert aan de landelijke begintijd van Cow Hollow *(blz. 73)*. Een van de natuurlijke bronnen die de kudden van Cow Hollow van water voorzagen en die nu verborgen is onder de overdekte kerkhofingang, borrelt hier nog steeds uit de grond op. Het kleine, onopvallend geornamenteerde gebouw vormt een vroeg voorbeeld van de arts-and-craftsstijl *(blz. 46)*, later ook gebruikt voor grotere kerken in de Bay Area. Onder het schuin aflopende dak zijn de muren bedekt met *shingles*, latten van sequoiahout die in overlappende rijen op het houten geraamte van het gebouw zijn getimmerd. Een deel van de kerk is in de jaren vijftig verbouwd toen de ingang aan Steiner Street werd verplaatst naar de andere kant van het gebouw, maar de structuur is hierdoor niet aangetast.

Overdadige decoratie van de Vedanta Temple

Vedanta Temple ❿

2963 Webster St. **Kaart** 4 D2. ***Tel.*** *922 2323.* *22, 41, 45.* *voor het publiek behalve tijdens diensten.* *alleen vr 8.00 uur.* *tijdens diensten.*

Een van de ongebruikelijkste bouwwerken van de Bay Area is deze eclectische combinatie van uiteenlopende decoratieve stijlen. Het roestbruine uidak herinnert aan Russisch-orthodoxe kerken, er is een gekanteelde toren als van een Europees kasteel en een achthoekige koepel zoals hindoetempels die hebben. De tempel wordt verder gekenmerkt door decoratieve Moorse bogen, middeleeuwse borstweringen en elementen van de Queen Annestijl *(blz. 77)* en koloniale stijlen. Hij werd in 1905 gebouwd door architect Joseph A. Leonard in samenwerking met swami Trigunatitananda, van het regionale vedantagenootschap. Vedanta is de hoogste van de zes scholen van het Hindoeïsme, en het gebouw symboliseert de vedanta-idee dat elke religie een andere manier is om dezelfde god te bereiken. De tempel is nu een klooster, maar het bizarre bouwwerk is ook aan de buitenkant het bekijken waard.

Fort Mason ⓯

Kaart 4 E1. *441 3400.* *22, 28, 30, 43.* *gedeeltelijk.* **Events Line *Tel.*** *345 7544.* **www**.fortmason.org. *Zie **Vijf wandelingen** blz. 170–171.*

Fort Mason getuigt van de militaire geschiedenis van San Francisco. De oorspronkelijke gebouwen waren woonhuizen, gebouwd rond het midden van de vorige eeuw, die door de regering werden geconfisqueerd toen het leger het terrein tijdens de Burgeroorlog (1861–1865) overnam. Het fort was tot de jaren negentig van de 19de eeuw een commandopost van het leger, en bood onderdak aan slachtoffers van de aardbeving van 1906 *(blz. 28–29)*. In de Tweede Wereldoorlog vertrokken vanuit Fort Mason ongeveer 1,6 miljoen soldaten naar de gebieden in de Grote Oceaan. In 1972 kreeg het complex een vreedzame bestemming, hoewel er in sommige van de

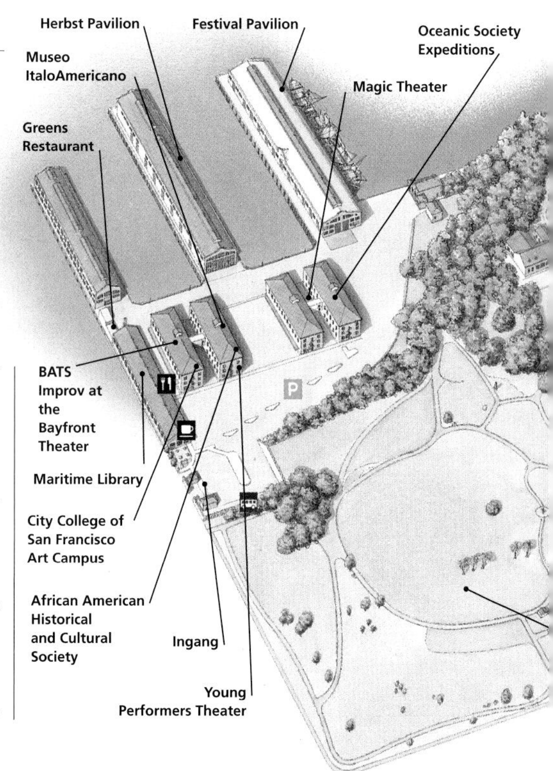

Octagon House ⓫

2645 Gough St. **Kaart** 4 E2. ***Tel.*** *441 7512.* *41, 45, 47, 49.* *tweede zo en tweede en vierde do van de maand 12.00–15.00 uur, behalve jan.* ***Donatie wordt op prijs gesteld.*** *beperkt.*

Het Octagon House uit 1861 vormt een goed bewaard gebleven voorbeeld van een bouwstijl die eens in Amerika populair was. Van de benedenverdieping is één grote zaal gemaakt. Er is een verzameling aandenkens aan de koloniale en federale geschiedenis. U ziet meubilair, schilderijen, speelkaarten en de handtekeningen van 54 van de 56 ondertekenaars van de Declaration of Independence.

Chestnut Street ⓬

Kaart 3 C2. *22, 28, 30, 43.*

De straat vormt het belangrijkste winkel- en uitgaansgebied van het Marina District en biedt een grote verscheidenheid aan bioscopen, markten en restaurants. Dit commerciële hart strekt zich van Fillmore Street uit richting westen, tot aan Divisadero Street.

Marina Green ⓭

Kaart 4 D1. *22, 28, 30.*

Op de lange, smalle grasstrook aan de kust wordt veel gevliegerd en gepicknickt, vooral op 4 juli, wanneer het grootste vuurwerk van de stad vanaf hier te zien is *(blz. 49)*. De paden langs het water worden veel bezocht door fietsers, joggers en rolschaatsers. Golden Gate Promenade leidt van de westkant van de strook naar Fort Point en ook kunt u vanaf hier naar het Wave Organ aan het eind van de pier lopen.

Wave Organ ⓮

Kaart 4 D1. *30.*

Aan het eind van de golfbreker die het Marina District tegen het water beschermt, bevindt zich het vreemdste muziekinstrument ter wereld. Het werd gebouwd door wetenschappers van het Exploratorium *(blz. 60–61)* en bestaat uit een aantal pijpen onder water, die met het veranderende getij geluid maken. In een mini-amfitheater dat uitkijkt over Pacific Heights en Presidio vindt u buizen waardoor u kunt luisteren.

Wave Organ aan de West Harbor pier

***Meta III* (1985) van Italo Scanga in het Museo ItaloAmericano**

19de-eeuwse gebouwen nog militair personeel woont. Andere gebouwen zijn echter geopend voor het publiek, zoals het oude ziekenhuis, dat dient als bezoekerscentrum en hoofdkwartier van de Golden Gate National Recreation Area (GGNRA).

Fort Mason Center

Een deel van het fort wordt nu in beslag genomen door een van de belangrijkste kunstcomplexen van de stad. Het Fort Mason Center biedt onderdak aan ongeveer 40 culturele organisaties, galleries, musea en theaters, waaronder het Cowell Theater, het BATS Improv at the Bayfront Theater, het Magic Theater en de Young Performers Theater. De SFMOMA Rental Gallery heeft werk van Noord-Californische kunstenaars te huur of te koop. Italiaanse en Italiaans-Amerikaanse kunstenaars tonen hun werk in het Museo ItaloAmericano. De Maritime Library heeft een mooie collectie boeken over de zeevaartgeschiedenis, gesproken geschiedenis en bouwtekeningen. Het Maritime Museum zelf *(blz. 83,* tot 2009 gesloten voor renovatie) bevindt zich bij Fisherman's Wharf. Greens is een van de beste maar ook een van de duurste vegetarische restaurants van de stad *(blz. 229)*. Het Conference Center maakt elke maand een evenementenoverzicht.

De *SS Balclutha*, aan de Hyde Street Pier, Maritime Museum.

Victoriaanse huizen in San Francisco

Italianate-raam

Ondanks aardbevingen, branden en de invloeden van het moderne leven staan er in de straten van San Francisco nog steeds duizenden laat-19de-eeuwse huizen. Victoriaanse huizen hebben allemaal een houten geraamte, overdadig versierd met ornamenten die fabrieksmatig zijn geproduceerd. De meeste werden gebouwd aan de hand van gelijksoortige plattegronden, maar de façade is elke keer weer anders. In de stad overheersen vier stijlen, hoewel vooral veel huizen uit de jaren tachtig en negentig van de vorige eeuw een combinatie vormen van twee of meer stijlen.

Detail van de poort in Queen-Anne-stijl bij Chateau Tivoli

NEOGOTIEK (1850–1880)

Neogotische huizen zijn het gemakkelijkst te herkennen: ze hebben altijd spitsbogen boven de ramen en soms ook boven de deur. Andere kenmerken zijn het schuine dak met puntgevel en de versierde gevellijsten (weer met spitsboogmotieven). De kleinere, eenvoudigere huizen van dit type zijn meestal wit geschilderd.

Het schuine dak loopt vaak over de lengte, zodat het gebruik van dakkapellen mogelijk is.

Een puntgevel met versierde gevellijsten is het duidelijkste kenmerk van de neogotische stijl.

Gotische veranda van 1978 Filbert Street

Een trap in het midden leidt naar de veranda.

Balustrades aan de veranda verraden de zuidelijke oorsprong van de stijl.

Nr. 1111 Oak Street *is een van de oudste neogotische gebouwen van de stad. De voortuin is enorm.*

ITALIANATE (1850–1885)

Italianatehuizen waren in San Francisco populairder dan in de rest van de VS, misschien omdat hun compacte vorm goed paste bij de hoogbouw van de stad. Het opvallendste kenmerk is de hoge kroonlijst, vaak met decoratieve consoles, die elk huis het voorkomen van een paleis geeft. Weelderige versieringen langs deuren en ramen zijn een ander typisch kenmerk.

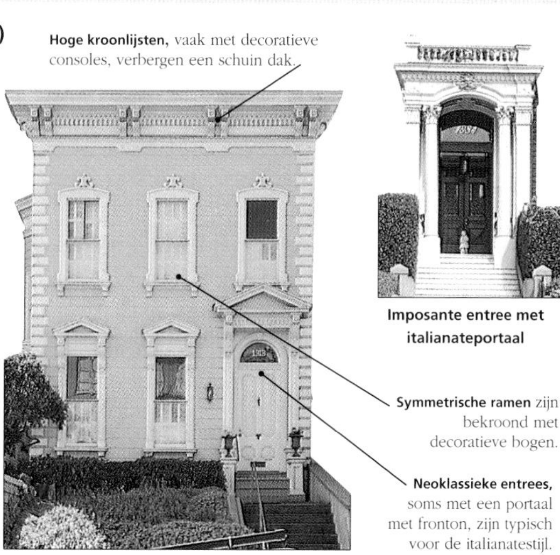

Hoge kroonlijsten, vaak met decoratieve consoles, verbergen een schuin dak.

Imposante entree met italianateportaal

Symmetrische ramen zijn bekroond met decoratieve bogen.

Neoklassieke entrees, soms met een portaal met fronton, zijn typisch voor de italianatestijl.

Nr. 1913 Sacramento Street *heeft een typische italianatefaçade, geïnspireerd op een renaissance*palazzo. *Het beschot ziet eruit als steen.*

STICK (1860–1890)

Deze bouwkundige stijl is misschien wel de meest voorkomende onder de victoriaanse huizen van de stad. De stijl wordt soms ook 'stick-eastlake' genoemd, naar de Londense meubelontwerper Charles Eastlake, en had de bedoeling in bouwkundig opzicht 'eerlijker' te zijn dan andere stijlen. De nadruk ligt op verticale lijnen, zowel in het houten geraamte als in de ornamenten.

Puntgevel met eastlakeramen aan 2931 Pierce Street

Brede sierlijsten vormen vaak een decoratief gebint dat de onderliggende structuur van stickhuizen benadrukt.

Decoratieve puntgevels versierd met zonnemotieven worden gebruikt boven portalen en ramen.

Aangrenzende voordeuren worden overkapt door één portaal.

Nr. 1715–1717 Capp Street *is een mooi voorbeeld van stickeastlakestijl, met een eenvoudige façade die levendig is versierd.*

QUEEN ANNE (1875–1905)

De naam 'Queen Anne' verwijst niet naar een tijdperk, maar is een verzinsel van de Engelse architect Richard Shaw. Queen Annehuizen vormen een onbekommerde combinatie van vele tradities, maar worden gekenmerkt door torens en grote, vaak decoratieve panelen op de muren. De meeste huizen bezitten tevens bewerkte stijlen aan balustrade, portaal en gebint.

Palladioramen werden gebruikt in puntgevels om de indruk van een extra verdieping te wekken.

Queen Annepuntgevel met decoratieve panelen aan 818 Steiner Street

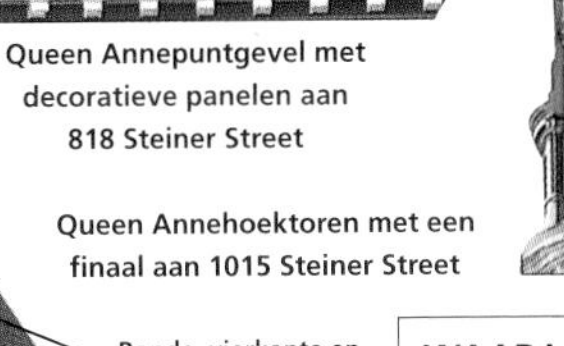

Queen Annehoektoren met een finaal aan 1015 Steiner Street

Ronde, vierkante en meerhoekige torens en hoektorens zijn typisch voor Queen Annehuizen.

Frontons zijn voorzien van ramen en decoratieve panelen.

Gebogen raamlijsten zijn op zichzelf niet karakteristiek voor de Queen Annestijl, maar veel huizen hebben elementen die aan andere stijlen zijn ontleend.

De asymmetrische façade *van 850 Steiner Street is, samen met de eclectische ornamentatie, typisch voor deze stijl. Vaak wordt er ook gebruikgemaakt van heldere kleuren.*

WAAR VINDT U VICTORIAANSE HUIZEN

1715–1717 Capp St. **Kaart** 10 F4
Chateau Tivoli, 1057 Steiner St. **Kaart** 4 D4
1978 Filbert St. **Kaart** 4 D2
1111 Oak St. **Kaart** 9 C1
2931 Pierce St. **Kaart** 4 D3
1913 Sacramento St. **Kaart** 4 E3
818 Steiner St. **Kaart** 4 D5
850 Steiner St. **Kaart** 4 D5
1015 Steiner St. **Kaart** 4 D5
2527–2531 Washington St. **Kaart** 4 D3
Alamo Square *blz. 129*
Clarke's Folly *blz. 139*
Haas-Lilienthal House *blz. 72*
Liberty St. **Kaart** 10 E3
Masonic Ave. **Kaart** 3 C4
Octagon House *blz. 75*
Sherman House *blz. 73*
Spreckels Mansion *blz. 72*

TAVERN
LUNCH
10¢
BEER
AUTO FERRY TO OAKLAND
OMS

FISHERMAN'S WHARF EN NORTH BEACH

Eind 19de eeuw vestigden de eerste vissers uit Genua en Sicilië zich in de buurt van Fisherman's Wharf en begonnen er de visindustrie van San Francisco. Sinds de jaren vijftig speelt het toerisme een steeds grotere rol, maar nog steeds vertrekken er elke morgen vissersbootjes uit de haven. Ten zuiden van Fisherman's Wharf ligt North Beach, ook 'Little Italy' genoemd. Hier vindt u een overvloed aan geurige broodjeszaken, bakkerijen en cafés, van waaruit u de menigte kunt bekijken. Hier wonen Italianen en Chinezen en een aantal schrijvers en bohemiens. Onder anderen Jack Kerouac *(blz. 32)* deed hier inspiratie op.

Bij de ingang van Fisherman's Wharf

BEZIENSWAARDIGHEDEN IN HET KORT

Historische straten en gebouwen
Alcatraz Island blz. 84-87 1
Filbert Steps 18
Greenwich Steps 19
Lombard Street 9
Pier 39 2
Upper Montgomery Street 20
Vallejo Street Stairway 11

Monumenten
Coit Tower 17

Kerken
Saints Peter and Paul Church 15

Winkelcentra
The Cannery 6
Ghirardelli Square 7

Restaurants en bars
Club Fugazi 12

Parken en tuinen
Bocce Ball Courts 16
Levi's Plaza 21
Washington Square 14

Musea en galeries
North Beach Museum 13
Ripley's Believe It Or Not! Museum 5
San Francisco Art Institute 10
San Francisco Maritime National Historical Park Visitors' Center 8
USS *Pampanito* 3
Wax Museum 4

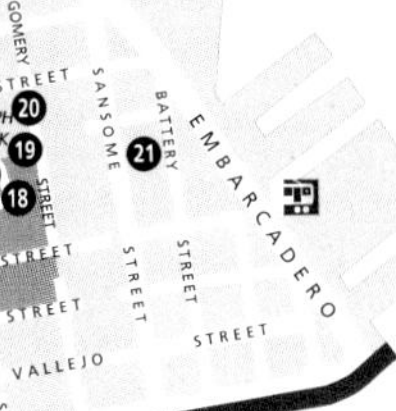

0 meter 500

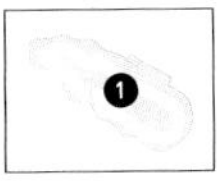

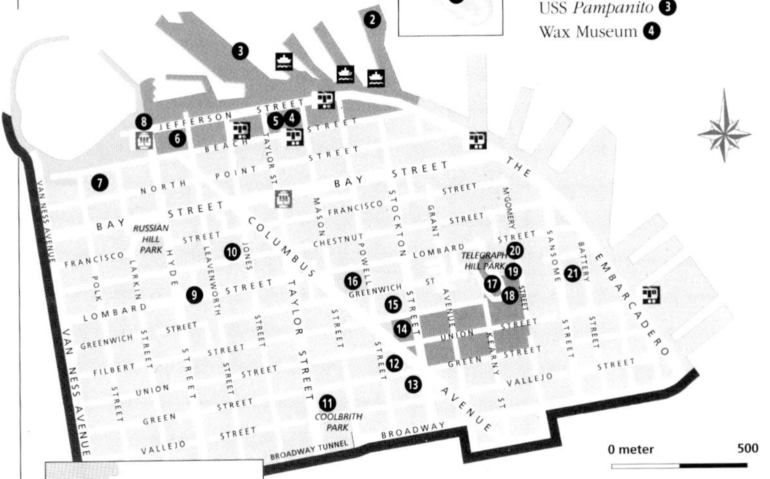

SYMBOLEN
Stratenkaart *zie blz. 80–81*
Stratenkaart *zie blz. 90–91*
Kabeltramdraaischijf
Aanlegplaats veerboot
Historische tramlijn

BEREIKBAARHEID
Kabeltramlijn Powell-Hyde gaat naar Ghirardelli Square en Russian Hill. De Powell-Masonlijn rijdt door North Beach, naar Fisherman's Wharf en Pier 39. Er rijden veel bussen door het district.

◁ **Detail van een muurschildering in Coit Tower: Fisherman's Wharf in de jaren dertig**

Onder de loep: Fisherman's Wharf

Italiaanse visrestaurants hebben de plaats ingenomen van de visserij als de belangrijkste economische pijler van Fisherman's Wharf. Restaurants en visstalletjes serveren van november tot juni de beroemde Californische zeekrab. Behalve voor het eten komen de toeristen ook voor de winkels, musea en bezienswaardigheden waar Fisherman's Wharf bekend om staat.

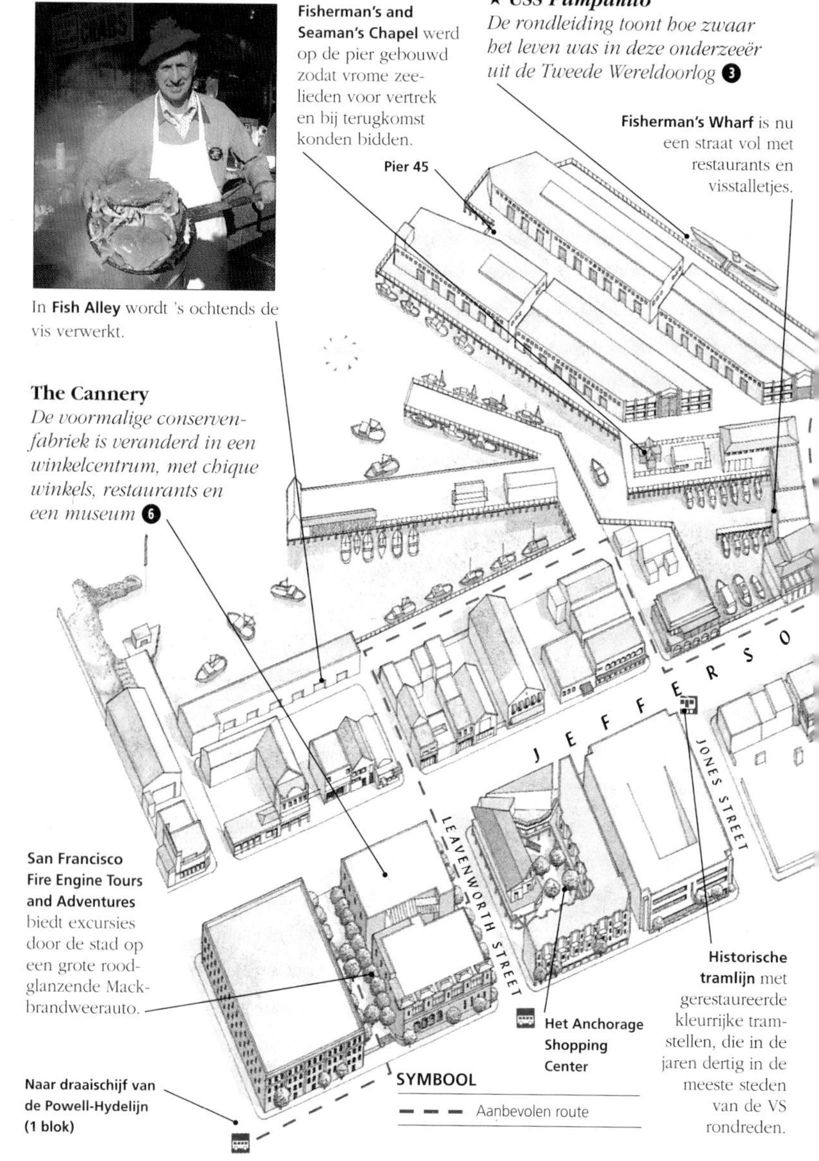

★ USS *Pampanito*
De rondleiding toont hoe zwaar het leven was in deze onderzeeër uit de Tweede Wereldoorlog ❸

Fisherman's and Seaman's Chapel werd op de pier gebouwd zodat vrome zeelieden voor vertrek en bij terugkomst konden bidden.

Pier 45

Fisherman's Wharf is nu een straat vol met restaurants en visstalletjes.

In **Fish Alley** wordt 's ochtends de vis verwerkt.

The Cannery
De voormalige conservenfabriek is veranderd in een winkelcentrum, met chique winkels, restaurants en een museum ❻

San Francisco Fire Engine Tours and Adventures biedt excursies door de stad op een grote roodglanzende Mack-brandweerauto.

Naar draaischijf van de Powell-Hydelijn (1 blok)

Het Anchorage Shopping Center

Historische tramlijn met gerestaureerde kleurrijke tramstellen, die in de jaren dertig in de meeste steden van de VS rondreden.

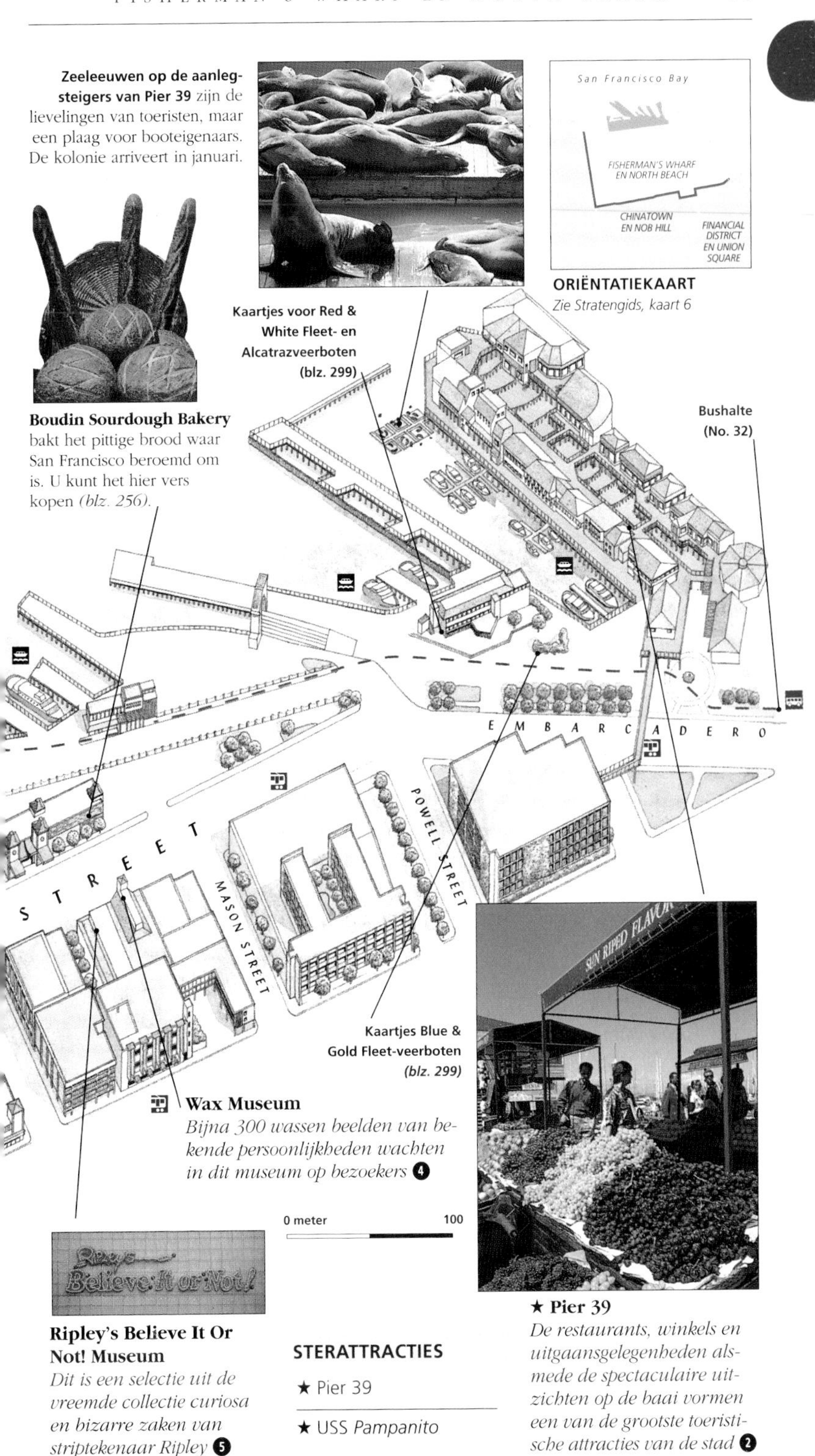

Zeeleeuwen op de aanlegsteigers van Pier 39 zijn de lievelingen van toeristen, maar een plaag voor booteigenaars. De kolonie arriveert in januari.

ORIËNTATIEKAART
Zie Stratengids, kaart 6

Kaartjes voor Red & White Fleet- en Alcatrazveerboten (blz. 299)

Boudin Sourdough Bakery bakt het pittige brood waar San Francisco beroemd om is. U kunt het hier vers kopen *(blz. 256)*.

Bushalte (No. 32)

Kaartjes Blue & Gold Fleet-veerboten *(blz. 299)*

Wax Museum
Bijna 300 wassen beelden van bekende persoonlijkheden wachten in dit museum op bezoekers ❹

Ripley's Believe It Or Not! Museum
Dit is een selectie uit de vreemde collectie curiosa en bizarre zaken van striptekenaar Ripley ❺

STERATTRACTIES

★ Pier 39

★ USS *Pampanito*

★ Pier 39
De restaurants, winkels en uitgaansgelegenheden alsmede de spectaculaire uitzichten op de baai vormen een van de grootste toeristische attracties van de stad ❷

Alcatraz Island ❶

Zie blz. 84–87.

Pier 39 ❷

Kaart 5 B1. *F. Zie* ***Winkelen in San Francisco*** *blz. 245.*

Deze aanlegplaats voor vrachtschepen dateert van 1905 en werd in 1978 aangekleed als een pittoresk vissersdorp, met souvenirwinkels en speciaalzaken. De attracties van de pier zijn vooral bij gezinnen populair. U vindt hier een twee verdiepingen hoge draaimolen en een Turbo Ride, een achtbaansimulator waarbij een film zorgt voor de illusie van snelheid en gevaar. Er zijn plannen voor een nieuw aquarium.
Een sensationele multimediashow, de San Francisco Experience, neemt bezoekers mee op een historische tocht door de stad, compleet met een Chinese nieuwjaarsviering, mist en een aardbeving.

De twee verdiepingen hoge draaimolen op Pier 39

USS *Pampanito* ❸

Pier 45. **Kaart** 4 F1. ***Tel.*** *415-775 1943.* 47. *mei–okt.: dag. 9.00–20.00, behalve wo 9.00–18.00; nov.–april: dag. 9.00–18.00; vr en za 9.00–20.00 uur.* **www**.maritime.org

Deze onderzeeër uit de Tweede Wereldoorlog heeft verschillende bloedige slagen in de Grote Oceaan doorstaan en zes vijandelijke schepen tot zinken gebracht. Helaas hadden twee daarvan Britse en Australische krijgsgevangenen aan boord. De *Pampanito* kon nog 73 man redden en in de VS in veiligheid brengen. Een uitgebreide rondleiding voert bezoekers naar de torpedokamer, de piepkleine kombuis en de officiersverblijven. De *Pampanito* had een bemanning van 10 officieren en 70 matrozen.

De torpedokamer van de USS *Pampanito*

Wax Museum ❹

145 Jefferson St. **Kaart** 5 B1. *800-439 4305.* *F.* *ma–vr 10.00–21.00, za en zo 9.00–23.00 uur.* **www**.waxmuseum.com

Hier wordt een van 's werelds grootste en intrigerendste verzamelingen van wassen beelden tentoongesteld. In een speciale tentoonstelling is de grafkamer van de Egyptische koning Toetanchamon nagemaakt, en een tableau van het Laatste Avondmaal domineert de Hall of Religions. In de Hall of Living Arts zijn portretten, zoals de *Mona Lisa*, in was weergegeven. Een horde fictionele figuren staat zij aan zij met historische beroemdheden, waaronder presidenten van de VS, leden van het Brits koninklijk huis, sir Winston Churchill en de componist Mozart. Een gruwelijke verzameling andere figuren kunt u bezichtigen in de Chamber of Horrors.

Ripley's Believe It Or Not! Museum ❺

175 Jefferson St. **Kaart** 4 F1. ***Tel.*** *771 6188.* *F.* *zo–do 10.00–22.00, vr–za 10.00–12.00; half juni–Labor Day: zo–do 9.00–23.00, vr–za 10.00–0.00 uur.* **www**.ripleysf.com

Robert L. Ripley, de Californische illustrator die merkwaardige feiten en voorwerpen verzamelde, werd rijk en beroemd met zijn krantenstrip 'Ripley's Believe It Or Not!'. Onder de 350 rariteiten ziet u een kabeltram gemaakt van 275.000 lucifers, een kalf met twee koppen, een gekrompen torso en een afbeelding op ware grootte van een man met twee pupillen in elk oog. Daarnaast zijn de strips van Ripley zelf ook te bewonderen.

De Cannery ❻

2801 Leavenworth St. **Kaart** 4 F1. *19, 30.* *Powell-Hyde. Zie* ***Winkelen in San Francisco*** *blz. 245.*

Het interieur van deze conservenfabriek uit 1909 werd in de jaren zestig verbouwd. Het is nu voorzien van voetbruggen, gangetjes en zonnige binnenplaatsen, en er zijn restaurants en winkels met kleding, poppen voor verzamelaars en Indiaans kunsthandwerk.
In de Cannery was ook het Museum of the City of San Francisco gevestigd, maar na brand moest het gesloten worden. De collectie is verplaatst naar de City Hall *(blz. 127)*, waar alle stukken weer te zien zijn. Te zien is onder andere het enorme hoofd van het beeld dat vóór de aardbeving van 1906 *(blz. 28–29)* op City Hall stond. De kroon op het hoofd is een voorbeeld van vroege elektrische verlichting. U kunt ook kijken op www.sfmuseum.org

Ghirardelli Square ❼

900 North Point St. **Kaart** 4 F1. *19, 30, 47, 49.* *Powell-Hyde. Zie* ***Winkelen in San Francisco*** *blz. 244.*

Het mooiste van alle verbouwde fabriekscomplexen van San Francisco was ooit een chocoladefabriek en wolspinnerij. Het is een combinatie van oude gebouwen van rode baksteen en nieuwe, elegante winkels en restaurants. Het winkelcentrum heeft nog steeds de klokkentoren, het beroemde handelsmerk van

Ghirardelli Square

Ghirardelli, en de originele elektrische reclame op het dak. In de Ghirardelli Chocolate Manufactory op het plaza onder de toren staan nog de oude machines en verkoopt men chocola, maar de beroemde repen worden tegenwoordig gemaakt in San Leandro, aan de overkant van de baai.

San Francisco Maritime National Historical Park Visitors' Center ❽

900 Beach St. **Kaart** 4 F1. *10, 19, 30.* *Powell-Hyde.* **Museum** ***Tel.*** *561 7100.* *gesloten voor renovatie.* **Hyde Street Pier** ***Tel.*** *447 5000* *15 mei–15 sept.: dag. 9.00–17.30; 16 sept.–14 mei dag. 9.30–17.00 uur.* *1 jan., Thanksgiving, 25 dec.* *Alleen pier.* *Alleen pier en museum.* *Zie* ***Vijf wandelingen*** *blz. 172–173.* **www**.maritime.org

Dit gebouw uit 1939 huisvestte in 1951 het maritiem museum. Hoewel het momenteel gesloten is voor renovatie, kunt u wel het moderne gebouw met de strakke lijnen van een oceaanschip bewonderen.
Niet ver hiervandaan ligt aan de Hyde Street Pier een van de grootste verzamelingen oude schepen ter wereld. Een van de spectaculairste is de *C.A. Thayer*, een schoener met drie masten uit 1895 die in 1950 uit de vaart werd genomen. Aan de pier ligt ook de raderveerboot *Eureka*, gebouwd in 1890 om dienst te doen tussen de Hyde Street Pier en het gebied ten noorden van de baai. De boot kon 2300 passagiers en 120 auto's overzetten en was de grootste passagiersveerboot van zijn tijd.

Hyde Street Pier

BALCLUTHA

Dit is het vlaggenschip van Hyde Street Pier. Het in 1886 te water gelaten schip onderhield een handelslijn tussen Californië en Groot-Brittannië.

Alcatraz Island ❶

Alcatraz is het Spaanse woord voor 'pelikaan', een verwijzing naar de eerste bewoners van het rotsachtige eiland met de steile wanden. Alcatraz ligt, strategisch maar tochtig, 5 km ten oosten van de Golden Gate. In 1859 stichtte het leger hier een fort, dat tot 1907 de baai bewaakte en daarna een militaire gevangenis werd. Van 1934 tot 1963 deed het fort dienst als zwaar bewaakte federale gevangenis. In 1969 bezetten leden van de American Indian Movement *(blz. 32)* het eiland, dat ze opeisten als hun land. De groep werd in 1971 verdreven en Alcatraz maakt nu deel uit van de Golden Gate National Recreation Area.

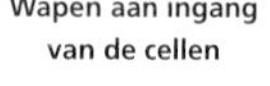

Wapen aan ingang van de cellen

★ Cellen

Het cellengebouw bevat vijf vrijstaande cellenblokken. Geen van de cellen staat in verbinding met een buitenmuur of het dak. De kerkerachtige fundering van het hoofdgebouw is voor een deel de oorspronkelijke fundering van het militaire fort.

Vuurtoren

De oorspronkelijke vuurtoren van Alcatraz, de eerste aan de westkust, werd in 1854 gebouwd en in 1909 vervangen door de huidige toren.

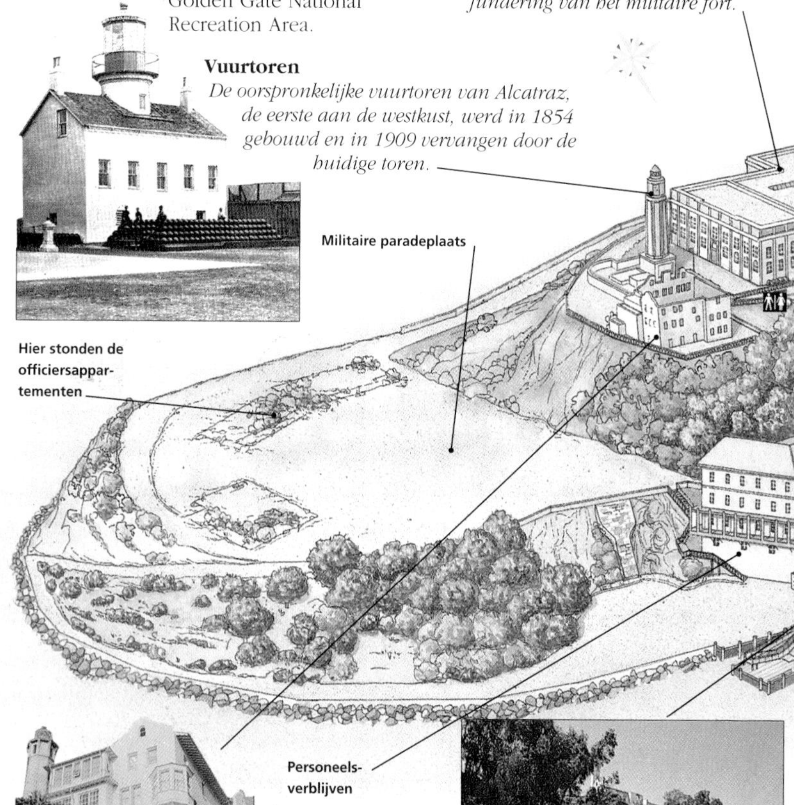

Directeurshuis

Tijdens de bezetting door de Indianen in 1969–1971 liep dit gebouw flinke brandschade op.

Aanlegpier

De meeste gevangenen werden hier aan land gezet. Nu landen de toeristen hier.

Alcatraz vanaf de veerboot
'De rots' was oorspronkelijk kaal. Voor de tuinen van de bewakers werd aarde van Angel Island aangevoerd.

TIPS VOOR DE TOERIST

Kaart 6 F1. ***Tel.*** *705 5555 voor kaartjes en dienstregeling.* ***Nachttochten Tel.*** *561 4926.* *van Pier 33.* *dag.* *1 jan., 25 dec.* *op sommige plaatsen.* ***Bezoekerscentrum.*** ***Geen restaurant of café.*** ***Film.*** *Koop kaartjes van tevoren.* **www**.nps.gov/goga

Metaaldetectors controleerden de gevangenen op weg van en naar de eetzaal en de luchtplaats. Het apparaat dat hier staat, komt uit de film *Escape from Alcatraz.*

Het militaire lijkenhuis is maar piepklein en niet voor publiek toegankelijk.

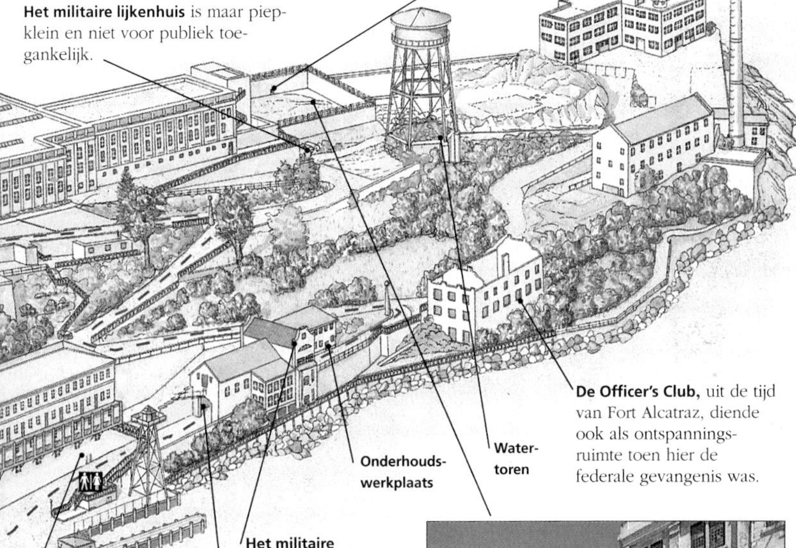

De Officer's Club, uit de tijd van Fort Alcatraz, diende ook als ontspanningsruimte toen hier de federale gevangenis was.

Watertoren

Onderhoudswerkplaats

Het militaire slaapgebouw werd in 1933 gebouwd voor de bewakers van de militaire gevangenis.

Het bezoekerscentrum bevindt zich in het oude personeelsgebouw achter de aanlegsteiger. Het biedt een boekwinkel, tentoonstellingen, een multimediashow over de geschiedenis van Alcatraz en een informatiebalie.

Sally Port dateert van 1857. Met zijn ophaalbrug en gracht beschermde het wachthuis Fort Alcatraz.

★ Luchtplaats
Maaltijden en een wandeling over de luchtplaats braken voor de gevangenen de sleur. De ommuurde plaats is veel te zien geweest in films.

SYMBOOL

— — — Aanbevolen route

0 meter 75

STERATTRACTIES

★ Cellen

★ Luchtplaats

In Alcatraz

In de zwaar bewaakte gevangenis op Alcatraz, door gevangenen 'The Rock' genoemd, zaten gemiddeld 264 van de onverbeterlijkste misdadigers van het land, die wegens wangedrag vanuit andere gevangenissen waren overgeplaatst. Discipline werd afgedwongen onder bedreiging met eenzame opsluiting in blok D en het verlies van privileges, zoals werk, tijd voor ontspanning, gebruik van de bibliotheek en het recht om bezoekers te ontvangen.

Sleutel van een cel

Blok D
In de stille, eenzame cellen van blok D brachten gevangenen lange uren van ondraaglijke verveling door.

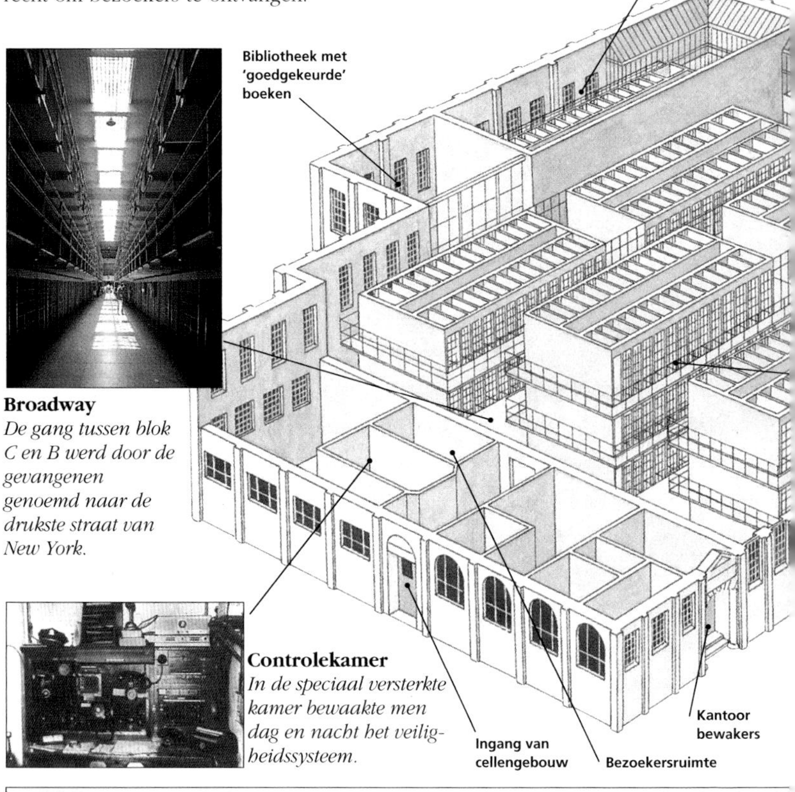

Broadway
De gang tussen blok C en B werd door de gevangenen genoemd naar de drukste straat van New York.

Controlekamer
In de speciaal versterkte kamer bewaakte men dag en nacht het veiligheidssysteem.

TIJDBALK

1750 | 1800 | 1850 | 1900 | 1950

1775 Ontdekkingsreiziger Juan Manuel de Ayala noemt Alcatraz naar de pelikanen die er leven

John Fremont

1848 John Fremont koopt Alcatraz voor de regering

1854 Eerste vuurtoren van de westkust op Alcatraz

1857 Sally Port gebouwd

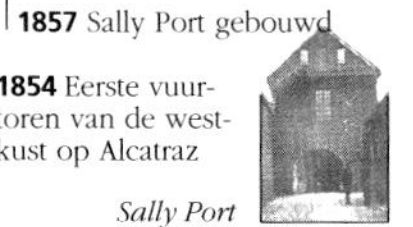

Sally Port

1859 Fort Alcatraz voltooid en uitgerust met 100 kanonnen en 300 troepen

1902–1912 Gevangenen bouwen het cellengebouw

1934 Alcatraz wordt een gewone gevangenis

1962 Frank Morris en de broers Anglin ontsnappen

1963 Gevangenis gesloten

1969–1971 Eiland bezet door Indianen

1972 Alcatraz wordt een nationaal park

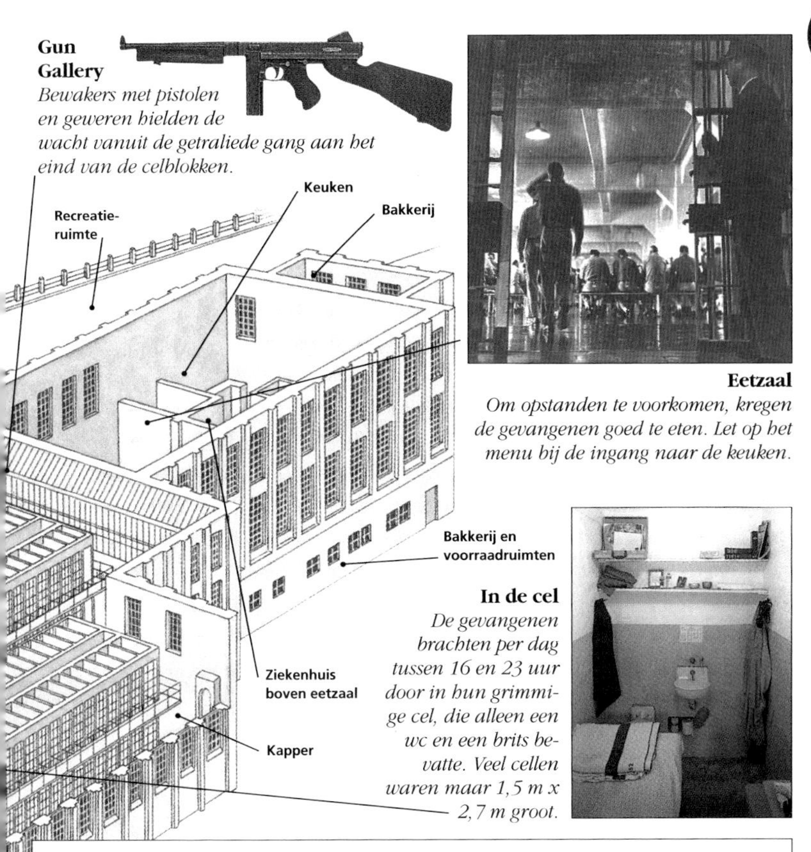

Gun Gallery
Bewakers met pistolen en geweren hielden de wacht vanuit de getraliede gang aan het eind van de celblokken.

Eetzaal
Om opstanden te voorkomen, kregen de gevangenen goed te eten. Let op het menu bij de ingang naar de keuken.

In de cel
De gevangenen brachten per dag tussen 16 en 23 uur door in hun grimmige cel, die alleen een wc en een brits bevatte. Veel cellen waren maar 1,5 m x 2,7 m groot.

BEROEMDE GEVANGENEN

Al Capone
'Scarface' Capone, de beruchte gangster uit de tijd van de Drooglegging, kon in 1934 eindelijk worden veroordeeld. Zijn vijf jaar in Alcatraz bracht hij grotendeels door in een isolatiecel op de ziekenafdeling.

Robert Stroud
Stroud bracht het grootste deel van zijn zeventien jaar op 'De rots' door in eenzame opsluiting. Hoewel in de film *The Birdman of Alcatraz* (1962) het tegendeel werd beweerd, was het Stroud verboden in zijn cel vogels te houden.

Carnes, Thompson en Shockley
In mei 1946 wist een groep gevangenen, aangevoerd door Clarence Carnes, Marion Thompson en Sam Shockley, de bewakers te overmeesteren. Ze slaagden er niet in om uit het cellengebouw te ontsnappen, maar de 'Battle of Alcatraz' kostte drie gevangenen en twee bewakers het leven. Carnes kreeg nog eens levenslang en Shockley en Thompson werden in de gevangenis San Quentin geëxecuteerd.

De broers Anglin
John en Clarence Anglin krasten zich samen met Frank Morris een weg uit hun cel en verborgen de gaten in de muur achter stukken karton. Ze legden namaakhoofden in hun bed en maakten een vlot waarop ze konden ontsnappen. Ze zijn nooit gepakt. Hun verhaal wordt verteld in de film *Escape from Alcatraz* (1979).

George Kelly
'Machine Gun' Kelly was de gevaarlijkste gevangene van Alcatraz. Hij zat zeventien jaar voor ontvoering en afpersing.

Auto's zigzaggen door het bochtige deel van Lombard Street

Lombard Street ❾

Kaart 5 A2. 45. *Powell-Hyde.*

Met een natuurlijke helling van 27° was deze heuvel te steil voor voertuigen. In de jaren twintig werden er in het deel van Lombard Street dicht bij de top van Russian Hill acht bochten aangelegd om de helling te verkleinen.
Nu staat het stuk straat bekend als de bochtigste straat ter wereld. Auto's kunnen alleen bergaf rijden en voetgangers moeten de trap nemen.

San Francisco Art Institute ❿

800 Chestnut St. **Kaart** 4 F2. ***Tel.*** *771 7020.* 30. **Diego Rivera Gallery** *dag. 8.00–21.00 uur.* *feestd.* **Walter and McBean Galleries** *di–za 11.00–18.00 uur.* *ged.*

De kunstacademie van San Francisco dateert van 1871 en had eens de houten villa in gebruik die op Nob Hill was gebouwd voor de familie van Mark Hopkins *(blz. 102)* en

Een wandeling van 30 minuten door North Beach

Immigranten uit Chili, en meer recent uit Italië, hebben hun aangename voorliefde voor het nachtleven meegenomen naar North Beach. De sfeer in de buurt heeft al vele bohemiens aangetrokken, vooral de beatniks uit de jaren vijftig *(blz. 32)*.

De buurt van de beatniks
Begin bij de zuidwesthoek van Broadway en Columbus Avenue, bij de City Lights Bookstore ①. City Lights was het bezit van de beatdichter Lawrence Ferlinghetti en de eerste boekwinkel in de VS die alleen paperbacks verkocht. Schrijver Jack Kerouac, een vriend van Ferlinghetti, verzon het woord 'beat', dat later 'beatnik' werd. Een van de populairste trefpunten van de beatniks was Vesuvio ②, ten zuiden van City Lights, aan de overkant van Jack Kerouac Alley. Dylan Thomas kwam hier vaak en nog steeds zit het vol dichters en kunstenaars. Loop vanaf Vesuvio zuidwaarts naar Pacific Avenue en steek Columbus Avenue over. Loop terug richting Broadway en stop eerst bij Tosca ③. De muren van dit café zijn beschilderd met taferelen uit landelijk Toscane en uit de jukebox komt Italiaanse opera. Iets verderop ligt Adler Alley. Specs ④, een uitbundige, gezellige bar vol met memorabilia van het beattijdperk, bevindt zich op nr. 12. Loop verder over Columbus Avenue en sla bij Broadway rechtsaf. Loop door naar Kearny Street en stort u in de drukte van Broadway.

Jack Kerouac

Columbus Café ⑩

De Strip
Dit deel van Broadway wordt de 'Strip' ⑥ genoemd en is bekend om zijn 'amusement voor volwassenen'. Op de hoek van Broadway en Grant Avenue staat de voormalige Condor Club ⑦, waar in juni 1964 de eerste toplessshow ter wereld werd opgevoerd door Carol Doda, een serveerster van de club.

die in 1906 *(blz. 28–29)* in vlammen opging. Nu zijn de studenten ondergebracht in een gebouw in Spaans-koloniale stijl dat in 1926 werd gebouwd, compleet met kloostergangen en een klokkentoren. De Diego Rivera Gallery, genoemd naar de Mexicaanse muurschilder *(blz. 140–141)*, ligt links van de hoofdingang. De Walter en McBean Galleries zijn vooral tentoonstellingsruimtes.

Vallejo Street Stairway ⓫

Mason St and Jones St. **Kaart** 5 B3. *30, 45. Powell-Mason.*

De steile klim van Little Italy naar de top van Russian Hill wordt beloond met uitzichten op Telegraph Hill, North Beach en de baai. Bij Mason Street maken de straten plaats voor trappen, die door het stille Ina Coolbrith Park voeren.

Nog hoger, boven Taylor Street, ligt een wirwar van smalle straatjes, met mooie houten villa's in victoriaanse stijl *(blz. 76–77)*. Boven op de heuvel ligt een van de zeldzame delen van de stad die niet werden verwoest door de aardbeving van 1906 *(blz. 28–29)*.

Galerie in het North Beach Museum

Club Fugazi ⓬

678 Green St. **Kaart** 5 B3. ***Tel.*** *421 4222. 30, 41, 45. wo–zo. Zie* ***Amusement*** *blz. 263.*

Het gebouw van Club Fugazi dateert van 1912. Het was oorspronkelijk een gemeenschapscentrum voor North Beach en vormt nu het toneel van het muzikale cabaret *Beach Blanket Babylon (blz. 263)*. De sprankelende show loopt al ruim twintig jaar en is een favoriet instituut geworden. Zowel bewoners als toeristen komen er graag, vooral voor de actuele liedjes en de bizarre hoeden van de spelers.

North Beach Museum ⓭

1435 Stockton St. **Kaart** 5 B3. ***Tel.*** *391 6210. 30, 41, 45. ma–do 9.00–16.00, vr 9.00–18.00 uur. feestdagen.*

Dit kleine museum op de eerste verdieping van de Eureka Bank behandelt de geschiedenis van North Beach en Chinatown aan de hand van oude foto's. Zij getuigen van de erfenis van Chilenen, Ieren, Italianen en Chinezen, die vanaf de 19de eeuw aankwamen. Andere foto's hebben de bohemiengemeenschap van North Beach als onderwerp.

Grant Avenue

Ga rechtsaf naar Grant Avenue, waar u The Saloon ⑦ ziet, met de originele bar uit 1861. Op de hoek van Vallejo Street staat Caffè Trieste ⑧, het oudste koffiehuis van San Francisco en vanaf 1956 een ontmoetingspunt van beatniks. Het speelt een belangrijke rol in de Italiaans-Amerikaanse cultuur. Volg Grant Avenue naar het noorden, langs de Lost and Found Saloon ⑨, nu een bluesclub maar vroeger de Coffee Gallery. Sla bij Green Street linksaf en kijk uit naar Columbus Café ⑩, met zijn mooi beschilderde buitenmuren. Sla bij Columbus Avenue weer linksaf en volg de hoofdstraat van North Beach langs de vele Italiaanse koffiehuizen terug naar het beginpunt.

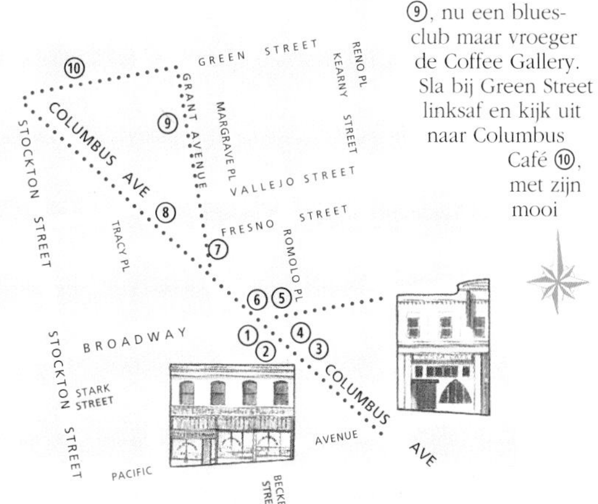

SYMBOOL

••• Wandelroute

Vesuvio, een populaire beat bar ②

WANDELTIPS

Beginpunt: *hoek van Broadway en Columbus Avenue.*
Afstand: *1,5 km.*
Bereikbaarheid: *Muni-bus 41 rijdt door Columbus Avenue.*
Rustplaatsen: *alle cafés en koffiehuizen zijn om hun sfeer een bezoek waard. Kinderen krijgen in cafés meestal geen toegang.*

Onder de loep: Telegraph Hill

Telegraph Hill is genoemd naar de semafoor die in 1850 op de top werd geplaatst om kooplieden te waarschuwen dat er schepen aankwamen. De heuvel loopt aan de oostkant steil af, omdat hij hier werd opgeblazen ten behoeve van steen voor landwinning en nieuwe wegen. De westkant loopt meer geleidelijk af naar Little Italy, het gebied rond Washington Square. In het verleden was de heuvel een buurt van immigranten en van kunstenaars die op het uitzicht afkwamen. Tegenwoordig zijn de leuke pastelkleurige huisjes heel geliefd en is dit een van de belangrijkste woonwijken van de stad.

Het Fire Department Memorial

Telegraph Hill wordt overheerst door Coit Tower. 's Avonds baadt de toren in geel licht en is hij van verre te zien.

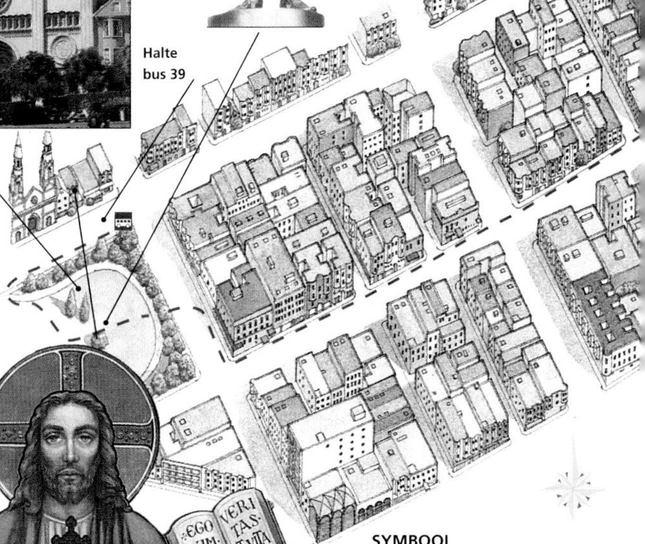

Het beeld van Christoffel Columbus werd in 1957 opgericht.

Het beeld van Benjamin Franklin staat boven een tijdcapsule uit 1979, met daarin een spijkerbroek, een gedicht en een opname van de Hoodoo Rhythm Devils.

Halte bus 39

Washington Square
In dit kleine park midden in Little Italy staat de Saints Peter and Paul Catholic Church, ook wel 'Italian Cathedral' genoemd ⓮

SYMBOOL

– – – Aanbevolen route

★ Saints Peter and Paul Church
De neogotische kerk, gewijd in 1924, heeft een overdadig interieur, met deze fraaie Christusfiguur in de apsis ⓯

★ Coit Tower
De fresco's in Coit Tower werden geschilderd in het kader van het Federal Art Project van president Roosevelt ⓱

Halte bus 39

Greenwich Steps
De trappen vormen een boeiend contrast met de rustieke Filbert Steps ⓳

ORIËNTATIEKAART
Zie Stratengids, kaart 5

Napier Lane is een klein straatje met 19de-eeuwse arbeidershuisjes. Met zijn ouderwetse uitstraling vormt het een oase van rust in de drukke stad.

Nr. 1360 Montgomery Street is versierd met een art-decofiguur van een moderne Atlas.

0 meter 100

★ Filbert Steps
Als u de trap door de bloementuinen afdaalt, hebt u een prachtig uitzicht op de haven en de East Bay ⓲

STERATTRACTIES

- ★ Coit Tower
- ★ Filbert Steps
- ★ Saints Peter and Paul Church

De façade van de Saints Peter and Paul Church

Washington Square ⓮

Kaart 5 B2. *30, 39, 41, 45.*

Het plein bestaat uit een eenvoudig grasveld, omgeven door banken en bomen, met op de achtergrond de twee torens van de Saints Peter and Paul Church. Er heerst een bijna mediterrane sfeer op het 'dorpsplein' van Little Italy, hoewel de Italiaanse gemeenschap nu niet meer zo groot is als toen het plein in 1955 werd aangelegd. Ongeveer in het midden van het plein staat een beeld van Benjamin Franklin, waaronder in 1979 een tijdcapsule werd begraven die in 2079 zal worden geopend. Er moet een spijkerbroek in zitten, een gedicht van Lawrence Ferlinghetti, de beroemde beatdichter *(blz. 88)*, en een opname van de Hoodoo Rhythm Devils.

Saints Peter and Paul Church ⓯

666 Filbert St. **Kaart** 5 B2. ***Tel.*** *421 0809. 30, 39, 41, 45. zo 11.45 uur Italiaanse mis en koor; bel voor overige diensten.*

Deze grote kerk, door velen nog steeds Italian Cathedral genoemd, staat in het centrum van North Beach en vormt voor veel Italianen bij aankomst in San Francisco een veilige haven. Dit is de plek waar honkbalheld Joe Di Maggio in 1957 werd gefotografeerd na zijn huwelijk met actrice Marilyn Monroe, hoewel de plechtigheid elders had plaatsgevonden. Het bouwwerk, ontworpen door Charles Fantoni, heeft een Italiaans aandoende façade en een complex interieur dat opvalt door de vele pilaren en het prachtige altaar. Door de gebrandschilderde ramen valt het licht op de beelden en mozaïeken. De kerk van beton en staal werd in 1924 voltooid.

Cecil B. DeMille filmde de arbeiders bij de bouw van de Saints Peter and Paul en gebruikte de beelden voor de scène over de bouw van de Tempel van Jeruzalem in zijn film *The Ten Commandments* (1923).

De kerk wordt ook wel de Fishermen's Church genoemd (veel Italianen leefden eens van de visserij), en in oktober wordt in een mis de vloot gezegend. Behalve in het Engels worden er ook diensten in het Italiaans en Chinees gehouden.

Bocce Ball Courts ⓰

Lombard St. en Mason St., North Beach Playground. **Kaart** 5 B2. ***Tel.*** *274 0201. 30, 39, 41. Day-Taylor. ma–za zonsopgang–zonsondergang.*

Sinds de grote immigratiegolf van rond de eeuwwisseling hebben Italianen altijd veel invloed gehad in North Beach. Behalve hun eetgewoonten, zeden en godsdienst brachten ze ook spelletjes mee naar hun nieuwe vaderland. Een daarvan was *bocce*, de Italiaanse versie van jeu de boules. In North Beach wordt het bijna elke middag gespeeld op de openbare baan in een hoek van de North Beach Playground. Vier spelers (of vier teams) rollen houten ballen naar een kleinere bal aan de andere kant van de baan. De bedoeling is dat de ballen elkaar 'kussen' *(bocce)*, en de meeste punten gaan naar de speler die zijn bal het dichtst bij het doel tot stilstand weet te krijgen. Toeschouwers zijn altijd welkom.

Bocce **wordt gespeeld op de North Beach Playground**

Coit Tower staat op de top van Telegraph Hill

Coit Tower 17

1 Telegraph Hill Blvd. **Kaart** 5 C2. **Tel.** 362 0808. 39. dag. 10.00–19.00 ('s zomers 19.30 uur). voor toren. alleen fresco's.

Coit Tower werd in 1933 gebouwd op de top van de 87 m hoge Telegraph Hill met geld dat de stad had geërfd van Lillie Hitchcock Coit, een excentrieke pionier en filantrope. De 63 m hoge toren van gewapend beton is door architect Arthur Brown ontworpen als een gegroefde zuil. Als hij 's avonds in de schijnwerpers staat, heeft hij de kleur van de maan en is hij vanuit bijna het hele oostelijke deel van de stad te zien. Het uitzicht vanaf het observatieplatform (met de lift bereikbaar) is bijzonder spectaculair.

De muurschilderingen in de lobby van de toren zijn nog fascinerender *(blz. 140)*. Ze werden in 1934 mogelijk gemaakt door een project dat was bedoeld om kunstenaars aan het werk te houden in de jaren van economische crisis *(blz. 30–31)*. Vijfentwintig schilders maakten samen een sprekend portret van het leven in het moderne Californië. Te zien zijn onder andere de overvolle straten van het Financial District (waar een overval aan de gang is), fabrieken, havens en de tarwevelden van de Central Valley, met boeiende details als een echte lichtknop, een auto-ongeluk, een immigrantenfamilie in een tent bij de rivier, krantenkoppen, tijdschriftomslagen en boektitels. De schilderingen ademen frustratie, maar hebben ook grappige elementen. Politieke thema's, over arbeidsverhoudingen en sociale onrechtvaardigheid, ontbreken evenmin. Veelal staan de gezichten afgebeeld van de kunstenaars en hun vrienden, maar ook van lokale figuren als kolonel William Brady, beheerder van Coit Tower.

De politieke lading van het werk had een controverse tot gevolg en vertraagde de officiële onthulling.

De trap van Filbert Street die naar Telegraph Hill leidt

Filbert Steps 18

Kaart 5 C2. 39.

Aan de oostkant loopt Telegraph Hill steil naar beneden af en gaan de straten over in trappen. Filbert Street is een grillige trap van hout, baksteen en beton, waarlangs fuchsia, rododendron, venkel, bramenstruiken en bougainvilles welig tieren.

Greenwich Steps 19

Kaart 5 C2. 39.

De trap van Greenwich Street loopt grofweg parallel aan de Filbert Steps. Aan weerszijden liggen weelderige tuinen. Als u via de ene trap naar boven gaat en via de andere naar beneden, maakt u een mooie wandeling over de oostelijke helling van Telegraph Hill.

Upper Montgomery Street 20

Kaart 5 C2. 39.

Tot het in 1931 werd geplaveid, was het deel van Montgomery Street op Telegraph Hill een echte arbeidersstraat. Er woonden ook een paar schilders en schrijvers, aangetrokken door de afzondering, de lage huren en het uitzicht. Nu is het een chique straat en kunt u in de buurt mooi wandelen.

Restaurant Julius Castle in Montgomery Street

Levi's Plaza 21

Kaart 5 C2.

Aan dit plein vindt u het hoofdkwartier van Levi Strauss, de fabrikant van spijkerbroeken *(blz. 135)*. Het plein werd in 1982 aangelegd door Lawrence Halprin, met de bedoeling om de geschiedenis van het bedrijf in Californië in herinnering te roepen. Het is voorzien van blokken graniet en stromende watertjes, die doen denken aan het landschap van de Sierra Nevada, waar de mijnwerkers als eersten spijkerbroeken droegen.

大
月
Moon Festival
美
全
美
HE ART Co
DIM
SUM
Moon Festival
Moon Festival
TOW-AWAY
NO STOPPING
ANY
TIME
COCKTAILS
ATTRACTIVE
HION
RIGHT LANE
MUST
TURN RIGHT
JACKSON

CHINATOWN EN NOB HILL

In de jaren vijftig van de 19de eeuw vestigden Chinezen zich in Stockton Street. De winkels en markten ademen de sfeer van een Zuid-Chinese stad, hoewel architectuur, gewoonten en evenementen duidelijk Amerikaanse variaties op een Kantonees thema zijn. De dichtbevolkte wijk is wel het 'Guilded Ghetto' genoemd, omdat achter de kleurrijke gevels en markten een wereld van smerige werkplaatsen en overvolle woningen schuilgaat.

Chinees symbool op de Bank of America

Nob Hill is de beroemdste heuvel van de stad, bekend om de kabeltrams, dure hotels en het uitzicht. Eind 19de eeuw waren de 'Big Four', die de eerste transcontinentale spoorlijn aanlegden, de rijkste bewoners van de heuvel. De villa's hebben de ramp van 1906 *(blz. 28–29)* niet doorstaan, maar de hotels herinneren nog steeds aan de overdaad van weleer.

BEZIENSWAARDIGHEDEN IN HET KORT

Historische straten en gebouwen
- Bank of Canton 8
- Chinatown Alleys 6
- Chinatown Gateway 1
- Golden Gate Fortune Cookies 5
- Grant Avenue 7
- The Pacific-Union Club 14

Historische hotels
- Fairmont Hotel 13
- Mark Hopkins Inter-Continental Hotel 12

Musea en galeries
- Cable Car Barn 15
- Chinese Historical Society 11
- Pacific Heritage Museum 10

Kerken en tempels
- Grace Cathedral 16
- Kong Chow Temple 3
- Old St Mary's Cathedral 2
- Tin How Temple 4

Parken en pleinen
- Portsmouth Square 9

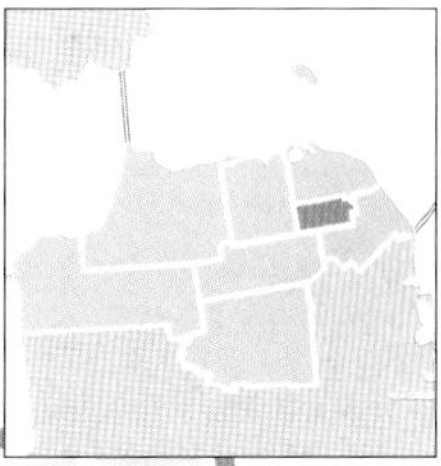

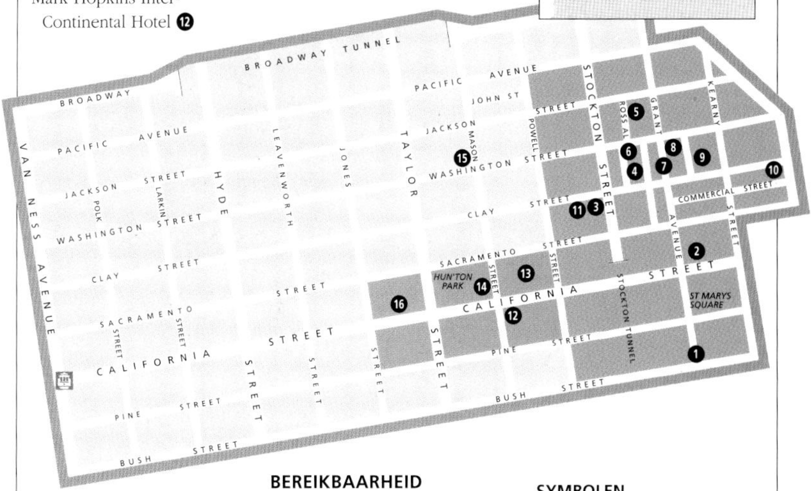

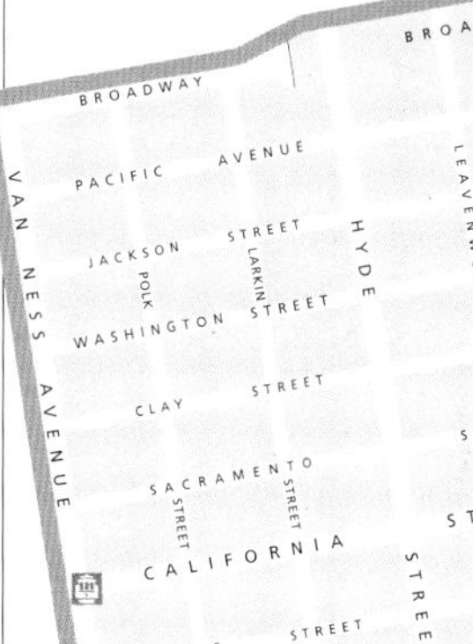

0 meter 500

BEREIKBAARHEID

Doe indien mogelijk alles te voet. Parkeren is soms mogelijk in de hotelgarages op Nob Hill, onder Portsmouth Plaza of op St. Mary's Square in Chinatown. Alle kabeltramlijnen gaan naar Nob Hill en Chinatown.

SYMBOLEN

- Stratenkaart *blz. 96–97*
- Stratenkaart *blz. 101*
- Kabeltramdraaischijf

Grant Avenue, de bruisende hoofdstraat van Chinatown

Onder de loep: Chinatown

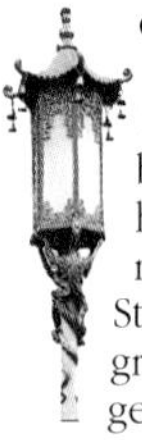

Grant Avenue is het toeristische Chinatown van straatlantaarns met drakenstaarten, pagode-achtige gebouwen en buurtwinkels tot de nok gevuld met allerhande koopwaar, van vliegers tot kookgerei. Bewoners doen hun boodschappen in Stockton Street, waar op de stoep verse groenten, vis en andere etenswaar staan uitgestald. In de stegen aan weerszijden vindt u traditionele tempels, winkels, wasserijen en restaurants.

Straatlantaarn in Chinatown

★ Chinatown Alleys
Het Verre Oosten komt tot leven in deze drukke stegen 6

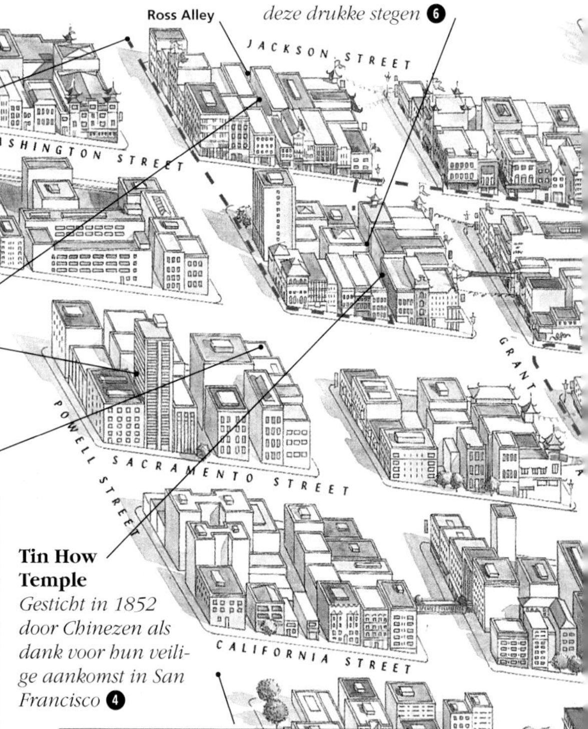

Ross Alley

JACKSON STREET

Naar bus 83

WASHINGTON STREET

Golden Gate Fortune Cookies
Hier kunt u zien hoe de koekjes worden gemaakt 5

Chinese Historical Society 11

GRANT

Kong Chow Temple
De tempel valt op door verfijnd Kantonees houtsnijwerk 3

POWELL STREET

SACRAMENTO STREET

Bank of Canton
Tussen 1909 en 1946 was hier de telefooncentrale van Chinatown gevestigd 8

Tin How Temple
Gesticht in 1852 door Chinezen als dank voor hun veilige aankomst in San Francisco 4

CALIFORNIA STREET

STOCKTON STREET

Kabeltrams rijden aan twee zijden door Chinatown en dragen veel bij aan de gezellige sfeer. U kunt elk van de drie lijnen nemen.

BUSH STR

0 meter 100

STERATTRACTIES

- ★ Chinatown Alleys
- ★ Chinatown Gateway
- ★ Grant Avenue

Portsmouth Plaza
Het sociale middelpunt van Yerba Buena werd aangelegd in 1839. Tegenwoordig is het plein een ontmoetingspunt voor kaart- en mahjongspelers ❾

★ **Grant Avenue**
Tussen 1830 en 1850 was dit de hoofdstraat van Yerba Buena. De straat vormt nu het drukke commerciële centrum van Chinatown ❼

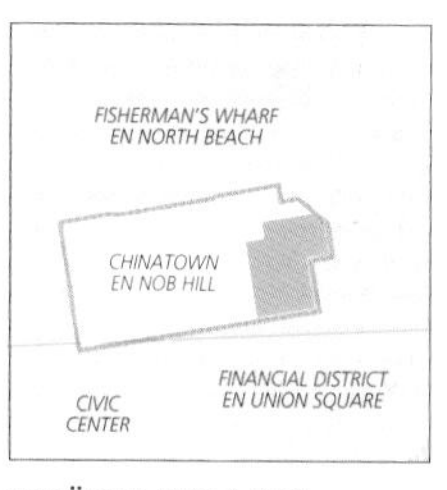

ORIËNTATIEKAART
Zie Stratengids, kaart 5

SYMBOOL

— — — Aanbevolen route

Het Chinese Cultural Center herbergt een galerie en een kleine nijverheidswinkel. Het verzorgt een rijk programma van lezingen en seminars.

Pacific Heritage Museum
In het elegante gebouw onder het hoofdkwartier van de Bank of Canton stelt dit kleine museum Aziatische kunst tentoon ❿

KEARNY STREET

CLAY STREET

PINE STREET

Old St. Mary's Cathedral
De klokkentoren van de kerk, gebouwd in de begintijd van de stad, laat een treffende inscriptie zien ❷

St. Mary's Square is een mooi plekje om te rusten.

Naar bus 31, 38

★ **Chinatown Gateway**
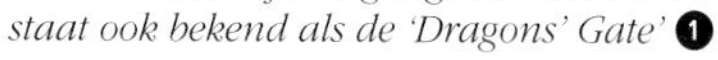
De zuidelijke ingang van Chinatown staat ook bekend als de 'Dragons' Gate' 

Chinatown Gateway ❶

Grant Ave bij Bush St. **Kaart** 5 C4.
🚌 *2, 3, 4, 30, 45.*

De rijk versierde poort uit 1970 is ontworpen door Clayton Lee en overspant het begin van Grant Avenue, de toeristische hoofdstraat van Chinatown. De poort met zijn drie bogen is geïnspireerd op de poorten van traditionele Chinese dorpen en heeft groene dakpannen, met daarboven onder andere twee draken en twee karpers rond een grote ronde parel. Dorpspoorten worden vaak gemaakt in opdracht van rijke clans teneinde hun status te verhogen, en hun naam wordt in de poort aangebracht. Dit bouwwerk werd opgericht door een wel zeer Amerikaans instituut, het Chinatown Cultural Development Committee, met materialen die waren gedoneerd door Taiwan.
De poort wordt geflankeerd door twee stenen leeuwen die hun welpen zogen met hun klauwen, zoals de overlevering wil. Eenmaal binnen de poort, bevindt u zich tussen de mooiste winkels van Chinatown. Hier kunt u antiek, zijde en edelstenen kopen, maar de prijzen zijn gericht op toeristen.

Draak op de Chinatown Gateway

Portaal en klokkentoren van de Old St. Mary's Church

Old St. Mary's Cathedral ❷

660 California St. **Kaart** 5 C4. ***Tel.*** *288 3800.* 🚌 *1, 30, 45.* 🚋 *California St.* ***Missen*** *dag. 7.30, 12.05, ook za 17.00, zo 8.30, 11.00 uur.* 🛍

Old St. Mary's was de eerste katholieke kathedraal van San Francisco en bediende van 1854 tot 1891 een grote Ierse congregatie. In dat jaar werd er op Van Ness Avenue een nieuwe St. Mary's Cathedral gebouwd. Omdat er in Californië geen geschikte bouwmaterialen voorhanden waren, werden de bakstenen voor de oude kerk geïmporteerd van de oostkust, terwijl het graniet voor de fundering uit China kwam. De klokkentoren is opgesierd met de inscriptie *Son, observe the time and fly from evil,* die naar men zegt gericht was tegen de bordelen die aan de overkant van de straat stonden. De kerk is twee keer door brand beschadigd geraakt, maar beschikt nog over de originele funderingen en muren.

Kong Chow Temple ❸

855 Stockton St., 3de verdieping **Kaart** 5 B4. ***Tel.*** *788 1339.*
🚌 *30, 45.* 🕒 *dag. 10.00–16.00 uur.*
Vrijwillige bijdrage. 🚫📷 ♿

Boven het postkantoor, op de derde verdieping, kijkt de Kong Chow Temple uit over Chinatown en het Financial District. Hoewel het gebouw zelf van 1977 dateert, zijn de altaren en beelden van de tempel waarschijnlijk de oudste Chinese religieuze kunstwerken in Noord-Amerika. Een van de altaren werd vervaardigd in Kanton en in de 19de eeuw naar San Francisco verscheept. Het hoofdaltaar is voorzien van het houten beeld van Kuan Di, ook uit de 19de eeuw. Hij is de god die in Kanton het meest bij altaren wordt aangetroffen. Ook in Chinatown is Kuan Di veel gezien: in menig restaurant kijkt zijn karakteristieke gelaat neer van een taoïstisch altaar. Hij wordt afgebeeld met een lang zwaard in de ene en een boek in de andere hand – symbolen van zijn standvastige toewijding aan zowel de martiale als de literaire kunst.

Beeld van Kuan Di in de Kong Chow Temple

De trappen naar de Tin How Temple (1852)

Tin How Temple ❹

125 Waverly Pl., bovenste verdieping. **Kaart** 5 C3. 🚌 *1, 30, 45.* ◯ *dag. 9.00–16.00 uur.* ***Gift.***

Deze ongebruikelijke tempel is gewijd aan Tin How (Tien Hau), Koningin van de Hemel en beschermer van zeelieden en bezoekers, en is de oudste Chinese tempel in de VS. Hij werd gesticht in 1852 en bevindt zich nu boven aan drie steile houten trappen. De kleine ruimte staat blauw van wierook en verbrand papier, hangt vol met gouden en rode lantaarns en wordt verlicht door rode lampjes en brandende pitten in olie. Op het bewerkte altaar ligt fruit voor het houten beeld van de godin die de tempel haar naam heeft gegeven.

Golden Gate Fortune Cookies ❺

56 Ross Alley. **Kaart** 5 C3. ***Tel.*** *781 3956.* 🚌 *30, 45.* ◯ *dag. 10.00–20.30 uur.*

In de omgeving van de San Francisco Bay staan verschillende *fortune cookie*-bakkerijen, maar Golden Gate Fortune Cookies is een van de oudste en dateert van 1962. De koekjesmachine vult bijna het hele bakkerijtje. Het deeg wordt gebakken op een lopende bakplaat en de *fortunes* (strookjes papier met een voorspelling van positief karakter erop) worden door een medewerker in de koekjes gestopt voordat het deeg wordt dichtgevouwen. Ondanks de associatie met de Chinese cultuur en eetgewoonten, is het *fortune cookie* een volslagen onbekend verschijnsel in China. In 1909 werd het koekje bedacht door de toenmalige hoofdtuinier van de Japanese Tea Garden *(blz. 147)*, Makota Hagiwara.

Chinatown Alleys ❻

Kaart 5 B3. 🚌 *1, 30, 45.*

De Chinatown Alleys liggen in de drukke buurt tussen Grant Avenue en Stockton Street. De vier smalle stegen kruisen Washington Street op korte afstand van elkaar. De breedste van de vier is Waverley Place, bekend als de 'Street of Painted Balconies'. In de stegen staan veel oude gebouwen waarin traditionele winkels en restaurants gevestigd zijn. Ook vindt u er sfeervolle, ouderwetse kruidenwinkels, met geweitakken, zeepaardjes, slangenwijn en andere exotische waren in de etalage. Eethuisjes, nu eens in kelders, dan weer op een bovenverdieping gehuisvest, serveren goedkope, maar overheerlijke gerechten.

Aan het werk in de cookie-bakkerij

De god van een lang leven op Grant Avenue

Grant Avenue ❼

Kaart 5 C4. 🚌 *1, 30, 45.* 🚋 *California St.*

De belangrijkste toeristenstraat in Chinatown, Grant Avenue, was ook de eerste straat van Yerba Buena, de plaats die hier lag voordat San Francisco werd gesticht. Een gedenkplaat op nr. 823 markeert de plek waar William A. Richardson en zijn Mexicaanse vrouw op 25 juni 1835 hun canvas tent opzetten, het eerste bouwsel van Yerba Buena. In oktober was de tent al vervangen door een houten huis, en een jaar later stond er een gebouw van adobe, Casa Grande genaamd. De straat waarin het huis van de Richardsons stond, heette Calle de la Fundacion, 'Straat van de Oprichting'. In 1885 werd hij omgedoopt tot Grant Avenue, ter herinnering aan Ulysses S. Grant, de generaal en staatsman die dat jaar was overleden.

Bank of Canton ❽

743 Washington St. **Kaart** 5 C3. ***Tel.*** *421 5215.* *1, 30, 45.* *ma–do 9.00–17.00, vr 9.00–18.00, za 9.00–16.00 uur.*

Voordat de Bank of Canton het in de jaren vijftig kocht, was dit gebouw de Chinese Telephone Exchange. Het werd in 1909 gebouwd op de plek waar Sam Brannan de eerste krant van Californië drukte. Het twee verdiepingen hoge gebouw ziet eruit als een pagode, met omhoog krullende dakranden en aardewerken dakpannen, en is het opvallendste voorbeeld van bouwkundige chinoiserie van de buurt.
De telefoonbeambten werkten op de begane grond en woonden boven. Ze spraken behalve Kantonees nog vier Chinese dialecten. Een van hun originele telefoonboeken is te zien in de Chinese Historical Society.

Ingang van de Bank of Canton

Portsmouth Square ❾

Kaart 5 C3. *1, 41.*

Het oorspronkelijke stadsplein van San Francisco, nu gelegen boven een ondergrondse parkeerplaats, werd aangelegd in 1839. Eens was het plein het sociale middelpunt van Yerba Buena. Op 9 juli 1846, minder dan een maand nadat Amerikaanse re-

Portsmouth Square

bellen in Sonoma Californiës onafhankelijkheid van Mexico hadden uitgeroepen, kwam er een groep mariniers aan land. Op het plein hesen ze de Amerikaanse vlag, waarmee ze de haven officieel innamen als deel van de VS *(blz. 24–25)*. Twee jaar later, op 12 mei 1848, maakte Sam Brannan hier bekend dat er goud was gevonden in de Sierra Nevada *(blz. 24–25)*. In de twintig jaar daarna werd het plein het centrum van de stad, maar in de jaren zestig verplaatste het zakendistrict zich naar het zuidoosten.
Nu is Portsmouth Plaza het ontmoetingspunt van Chinatown. 's Morgens oefenen mensen er *tai chi* en 's middags en 's avonds worden er spelletjes gespeeld.

Pacific Heritage Museum ❿

608 Commercial St. **Kaart** 5 C3. ***Tel.*** *399 1124.* *1, 41.* *di–za 10.00–16.00 uur, beh. feestdagen.*

Het gebouw zelf is al even stijlvol als de regelmatig wisselende collecties Aziatische kunst die in het museum te zien zijn. Het is eigenlijk een synthese van twee aparte gebouwen. William Appleton Potter bouwde tussen 1875 en 1877 een kantoor voor het ministerie van Financiën, op de plaats van de eerste munt van de stad. Door een opening in de vloer kunt u de oude kluizen zien, maar als u ze beter wilt bekijken kunt u ook de lift naar beneden nemen. In 1984 bouwden Skidmore, Owings en Merrill het zeventien verdiepingen hoge hoofdkwartier van de Bank of Canton boven op het bestaande gebouw. Het resultaat is van een grote verfijning.

Chinese Historical Society ⓫

965 Clay St. **Kaart** 5 B3. ***Tel.*** *391 1188.* *Powell-Clay.* *1, 30, 45.* *di–vr 12.00–17.00, za 11.00–16.00 uur.* *zo, ma, feestdagen.* *1ste do van de maand gratis.* **www**.chsa.org

De Chines Historical Society werd gesticht in 1963. Het is de oudste en grootste organisatie in Amerika die zich richt op de studie, documentatie en de verspreiding van Chinees-Amerikaanse geschiedenis. Onder de stukken bevinden zich de Daniel Ching-verzameling, het oorspronkelijke handgeschreven telefoonboek van Chinatown, een ceremonieel drakenkostuum en een 'tijgervork'. Met deze drietand werd gezwaaid in een van de gevechten tijdens de terreurperiode die bekendstaat als de 'Tong Wars'. Veel voorwerpen, documenten en foto's tonen het dagelijks leven van Chinese immigranten in San Francisco rond 1900. Chinezen hebben een grote bijdrage geleverd aan de ontwikkeling van Californië. Chinezen werkten aan de westelijke helft van de eerste transcontinentale spoorweg en bouwden dijken in de delta van de Sacramento.

Drakenkop in de Historical Society

Onder de loep: Nob Hill

Nob Hill is de hoogste heuvel in het centrum van de stad en steekt 103 m boven de baai uit. De steile hellingen waren moeilijk begaanbaar voor koetsen en hielden prominente burgers weg totdat in 1878 de kabeltramlijn van California Street werd geopend. Daarna bouwden de rijken nieuwe huizen op de top van de heuvel. Hoewel de villa's in 1906 in rook zijn opgegaan *(blz. 28–29)*, lokt Nob Hill nog steeds welgestelden naar zijn fraaie hotels.

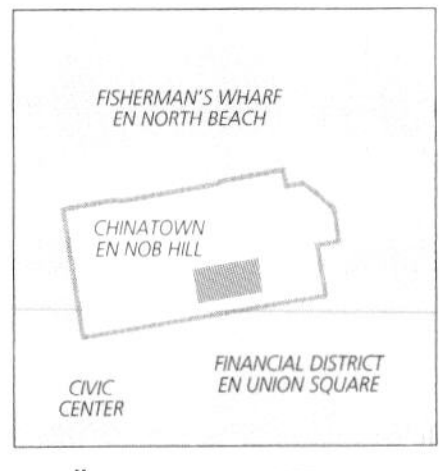

ORIËNTATIEKAART
Zie Stratengids, kaart 5

Fairmont Hotel
Dit recentelijk gerenoveerde hotel staat bekend om zijn marmeren lobby en een van de beste restaurants van de stad ⓭

The Pacific-Union Club
De voormalige villa van Comstockmiljonair James Flood is nu een exclusieve herensociëteit ⓮

★ Grace Cathedral
De kathedraal is een kopie van de Notre Dame in Parijs ⓰

Het Stouffer Stanford Court Hotel staat op de plek van Stanfords villa; de oorspronkelijke scheidsmuren staan er nog.

Huntington Park ligt op de plek van de villa van Collis P. Huntington.

Het Masonic Auditorium eert vrijmetselaars die in Amerikaanse oorlogen zijn gestorven.

Huntington Hotel
ademt met zijn Big Four Bar and Restaurant de wellevende sfeer van het victoriaanse tijdperk op Nob Hill.

0 meter 150

★ Mark Hopkins InterContinental Hotel
De penthousebar Top of the Mark staat bekend om het spectaculaire uitzicht ⓬

STERATTRACTIES

- ★ Grace Cathedral
- ★ Mark Hopkins InterContinental Hotel

Mark Hopkins InterContinental Hotel ⓬

999 California St. **Kaart** 5 B4. ***Tel.*** *392 3434. 1. California St, Powell-Mason, Powell-Hyde.*
www.markhopkins.net

Op aandringen van zijn vrouw Mary liet Mark Hopkins *(onder)* een fantastische houten villa bouwen die met zijn overdadige ornamenten elke andere villa op Nob Hill *(onder)* in de schaduw stelde. Toen Mary stierf, werd in het huis het nieuwe Art Institute ondergebracht. In 1906 *(blz. 28–29)* brandde het af, en alleen de granieten steunmuren zijn nog over.
De huidige toren, met bovenop een vlag, zichtbaar in de hele stad, werd in 1925 gebouwd. Top of the Mark, de bar met de muren van glas op de achttiende verdieping, is een van de populairste drinkgelegenheden van de stad. In de Tweede Wereldoorlog brachten soldaten hier een afscheidsdronk op de stad uit voor ze vertrokken.

Voorplein van het Mark Hopkins InterContinental Hotel

Fairmont Hotel ⓭

950 Mason St. **Kaart** 5 B4. ***Tel.*** 772 5000. *1. California St, Powell-Mason, Powell-Hyde.*
Zie ***Accommodatie*** *blz. 213.*
www.fairmont.com

Dit beaux-artsgebouw werd gebouwd door Tessie Fair Oelrichs *(onder)* en vlak voor de aardbeving van 1906 *(blz. 28–29)* voltooid. Twee dagen later brandde het af. Julia Morgan herbouwde het achter de oorspronkelijke witte terracottagevel en was precies een jaar later klaar met haar werk. Na de Tweede Wereldoorlog vonden er ontmoetingen plaats die zouden leiden tot de oprichting van de Verenigde Naties. In de glazen lift aan de buitenkant van het gebouw hebt u een adembenemend uitzicht.

The Pacific-Union Club ⓮

1000 California St. **Kaart** 5 B4. ***Tel.*** *775 1234. 1. California St, Powell-Mason, Powell-Hyde. voor publiek.*

Augustus Laver bouwde deze villa in 1885 voor de 'Bonanza King' James Flood *(onder)*. De italianategevel van bruine zandsteen doorstond als een van de weinige de brand van 1906 *(blz. 28–29)*. Het onttakelde gebouw werd gekocht en gerenoveerd door The Pacific-Union Club, een exclusieve herensociëteit die zijn wortels heeft in het San Francisco van de goldrush *(blz. 24–25)*.

DE RIJKEN VAN NOB HILL

'Nob' (hoge ome) was een van de minder onaardige benamingen voor de gewetenloze zakenlieden die een enorm fortuin hadden verdiend aan de ontwikkeling van het westen van Amerika. Veel van de rijken op Nob Hill kregen bijnamen die verwijzen naar de wilde verhalen achter hun vermogen. 'Bonanza King' James Flood en zijn compagnons James Fair, John Mackay en William O'Brien kochten in 1872 een meerderheidsbelang in een aantal zieltogende Comstockmijnen en stuitten op een *bonanza* – een rijke zilverader. Flood keerde als miljonair naar San Francisco terug en kocht een stuk land op de top van Nob Hill, tegenover het perceel van James Fair. De villa van Flood (nu de Pacific-Union Club) staat er nog. Het monument op het land van Fair, het Fairmont Hotel, werd na zijn dood door zijn dochter Tessie gebouwd *(boven)*.

Mark Hopkins 1814–1878

Bonanza Jim

De Big Four

Andere vooraanstaande bewoners van Nob Hill waren de 'Big Four', Leland Stanford, Mark Hopkins, Charles Crocker en Collis P. Huntington. Dit sluwe viertal was de belangrijkste geldschieter van de eerste transcontinentale spoorlijn. Hun grootste onderneming, de Central Pacific Railroad (later Southern Pacific genoemd), was een invloedrijke factor in het zich snel ontwikkelende westen. De rijkdom en invloed waren het gevolg van de royale landtoewijzing door het Congres, dat de aanleg van spoorlijnen stimuleerde. De corrupte vier hoorden tot de meest gehate mensen van het 19de-eeuwse Amerika. 'Robber Barons' was dan ook een van hun andere veel gehoorde bijnamen. Alle vier bouwden ze grote huizen op Nob Hill, maar deze hebben de aardbeving en brand van 1906 niet doorstaan.

Cable Car Barn ⓯

1201 Mason St. **Kaart** 5 B3. ***Tel.*** *474 1887.* *1, 12, 30, 45, 83.* *Powell-Mason, Powell-Hyde.* *1 april–30 sept.: dag. 10.00–18.00 uur; 1 okt.–31 maart: dag. 10.00–17.00 uur.* *1 jan., Thanksgiving, 25 dec.* *alleen tussenverdieping.*
www.cablecarmuseum.com

Dit is zowel een museum als de centrale van het kabeltramsysteem *(blz. 104–105)*. De motoren en raderen die de kabels door het systeem van pijpen en riemschijven onder de straten winden, staan op de begane grond aan de vloer verankerd. U kunt ze bekijken vanaf de tussenverdieping en dan naar beneden gaan om onder de straat te kijken. Het museum herbergt een vroege kabeltram en voorbeelden van mechanismen die de afzonderlijke wagens regelen.

Ingang van het Cable Car Barn Museum

Grace Cathedral ⓰

1100 California St. **Kaart** 5 B4.
Tel. *749 6300.* *1.* *California St.* *gezongen avonddienst do 17.15, zo 15.00; gezongen eucharistie zo 7.30, 8.15, 11.00, 18.00.* *zo 12.30–14.00, ma–vr 13.00–15.00, za 11.30–13.30 uur.*
www.gracecathedral.org

Grace Cathedral is het belangrijkste episcopale heiligdom van San Francisco. De kerk werd ontworpen door Lewis P. Hobart en staat op de plek van de villa van Charles Crocker *(blz. 102)*. In september 1928 werd met de bouw begonnen, maar pas in 1964 was de kerk daadwerkelijk voltooid. Ondanks de moderne constructie is het bouwwerk geïnspireerd op de Notre Dame in Parijs en zijn er veel traditionele elementen in verwerkt. De traditionele glas-in-loodramen zijn een ontwerp van Charles Connick, waarbij hij het glas in lood van de kathedraal in Chartres als inspiratiebron gebruikte. Op sommige ramen zijn moderne helden te zien, zoals Albert Einstein en John Glenn. Het roosvenster is gemaakt van 2,5 cm dik gefacetteerd glas, dat 's avonds vanuit de kerk wordt verlicht. Onder de opvallende voorwerpen in de kerk zijn een 13de-eeuwse Catalonische crucifix en een 16de-eeuwse gobelin van zijde en gouddraad. De deuren van het hoofdportaal zijn gegoten naar de beroemde *porte del paradiso* van Lorenzo Ghiberti, gemaakt voor het baptisterium in Florence.

Glas-in-lood-detail

Het New Testament Window, in 1931 gemaakt door Charles Connick, bevindt zich aan de zuidkant van de kerk.

Het roosvenster werd in 1964 in Chartres gemaakt door Gabriel Loire.

Het carillon bestaat uit 44 klokken, in 1938 in Engeland gemaakt.

De Chapel of Grace, gefinancierd door de familie Crocker, bevat een 15de-eeuws Frans altaarstuk.

De Doors of Paradise zijn versierd met bijbelse taferelen en portretten van Ghiberti en zijn tijdgenoten.

Entree

De kabeltrams van San Francisco

Het kabeltramsysteem werd in 1873 in gebruik genomen toen de bedenker ervan, Andrew Hallidie, de eerste rit maakte. Nadat hij getuige was geweest van een ongeluk met een paardentram besloot hij een betere manier te bedenken om mensen over de steile hellingen van de stad te vervoeren. Zijn systeem was een succes en in 1889 waren er acht lijnen in gebruik. Voor de aardbeving van 1906 *(blz. 28–29)* reden er 600 trams door de stad. Met de komst van de verbrandingsmotor werden kabeltrams overbodig en in 1947 werd gepoogd ze door bussen te vervangen. Onder druk van het publiek konden de huidige drie lijnen behouden blijven.

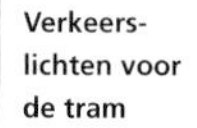

Verkeers-lichten voor de tram

De Cable Car Barn *is remise, reparatiewerkplaats, museum en centrale voor het hele kabeltramsysteem* (blz. 103).

De gripman *moet sterk zijn en goede reflexen hebben. Twee derde van de kandidaten zakt voor de training.*

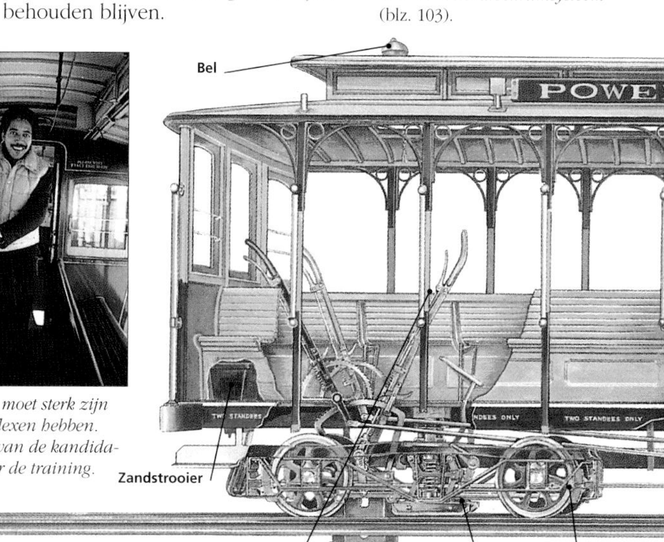

WERKING VAN DE KABELTRAM

Motoren in de centrale trekken een 'kabel zonder eind' onder de straten van de stad door, geleid door een systeem van riemschijven. Als de *gripman* de handel overhaalt, pakt de grijper door een sleuf in de straat de kabel. Deze trekt de tram voort met 15,5 km/u. Om te stoppen, laat de *gripman* de handel los en bedient hij de rem. Grote vaardigheid is vereist bij de bochten, waar de tram over een riemschijf rijdt en de *gripman* de handel moet loslaten.

Grijpmechanisme van de tram

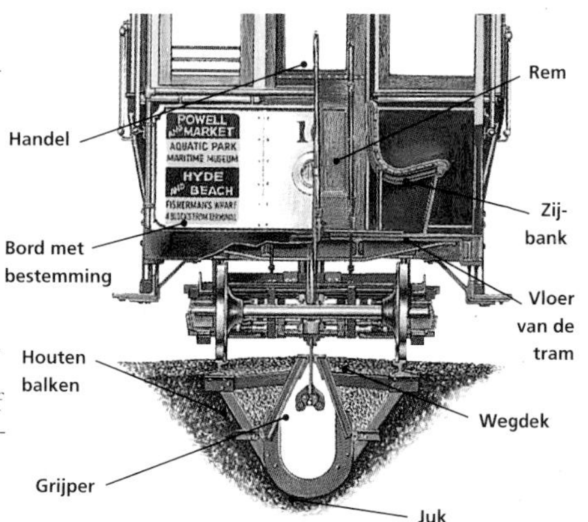

Hatch House *is een gebouw dat in 1913 in zijn geheel moest worden verplaatst. Met een systeem van takels en hefbomen manoeuvreerde Herbert Hatch het gebouw over de tramlijn heen zonder de diensten in de war te sturen.*

Na de opknapbeurt *van het systeem in 1984 werd er een feestje gegeven. De wagens waren hersteld en alle spoorlijnen versterkt. Het systeem kan nu weer 100 jaar veilig worden gebruikt.*

De kabeltrambelwedstrijd *wordt elk jaar in juli gehouden: conducteurs laten op Union Square horen hoe muzikaal ze zijn. Op straat waarschuwen ze met de bel het overige verkeer.*

De eerste kabeltram *van San Francisco, door Hallidie op 2 augustus 1873 op Clay Street getest, is te zien in de Cable Car Barn* (blz. 103). *Het systeem van de kabeltram is sindsdien niet wezenlijk veranderd.*

Het opknappen van de trams *moet met aandacht voor detail gebeuren, omdat ze officieel historische monumenten zijn.*

ANDREW SMITH HALLIDIE

Andrew Smith werd in 1836 in Londen geboren en nam later de naam van zijn oom aan. Hij verhuisde in 1852 naar San Francisco, waar hij een bedrijf opzette dat staalkabels maakte. In 1873 testte hij de eerste kabeltram, een uitvinding die al snel winstgevend werd en de heuvels van de stad ontsloot.

FINANCIAL DISTRICT EN UNION SQUARE

Montgomery Street, nu het hart van het Financial District, was eens een straat met kleine winkels, waar mijnwerkers hun stofgoud lieten wegen. Hier liep ruwweg de oude oever van de Yerba Buena Cove, die ten tijde van de goldrush *(blz. 24–25)* werd drooggelegd. Tegenwoordig staan ouderwetse bankgebouwen uit het begin van de eeuw in de schaduw van wolkenkrabbers van glas en staal. Union Square ligt in het midden van de belangrijkste winkelbuurt en biedt een overvloed aan goede warenhuizen.

Motief op de Union Bank

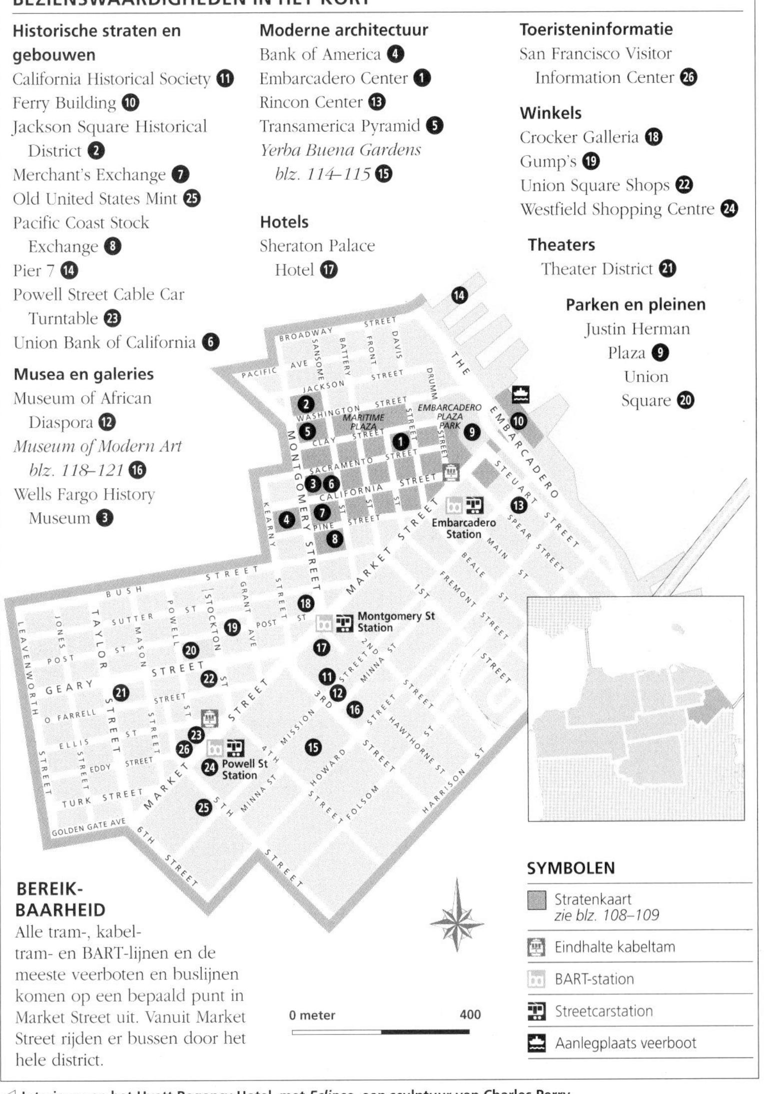

BEZIENSWAARDIGHEDEN IN HET KORT

Historische straten en gebouwen
California Historical Society 11
Ferry Building 10
Jackson Square Historical District 2
Merchant's Exchange 7
Old United States Mint 25
Pacific Coast Stock Exchange 8
Pier 7 14
Powell Street Cable Car Turntable 23
Union Bank of California 6

Musea en galeries
Museum of African Diaspora 12
Museum of Modern Art blz. 118–121 16
Wells Fargo History Museum 3

Moderne architectuur
Bank of America 4
Embarcadero Center 1
Rincon Center 13
Transamerica Pyramid 5
Yerba Buena Gardens blz. 114–115 15

Hotels
Sheraton Palace Hotel 17

Toeristeninformatie
San Francisco Visitor Information Center 26

Winkels
Crocker Galleria 18
Gump's 19
Union Square Shops 22
Westfield Shopping Centre 24

Theaters
Theater District 21

Parken en pleinen
Justin Herman Plaza 9
Union Square 20

SYMBOLEN
Stratenkaart *zie blz. 108–109*
Eindhalte kabeltam
BART-station
Streetcarstation
Aanlegplaats veerboot

BEREIKBAARHEID
Alle tram-, kabeltram- en BART-lijnen en de meeste veerboten en buslijnen komen op een bepaald punt in Market Street uit. Vanuit Market Street rijden er bussen door het hele district.

◁ Interieur van het Hyatt Regency Hotel, met *Eclipse*, een sculptuur van Charles Perry

Onder de loep: Financial District

De economische motor van San Francisco krijgt zijn brandstof vooral van het Financial District, een van de belangrijkste zakencentra van de VS. De wijk ligt tussen de imposante moderne torens en plaza's van het Embarcadero Center en de bezadigde Montgomery Street. In dit kleine gebied zijn banken, effectenmakelaars, beurzen en advocatenkantoren gevestigd. Het Jackson Square Historical District, ten noorden van Washington Street, was eens het hart van de zakenwereld.

La Chiffonière **(1978) van Jean Dubuffet, Justin Herman Plaza**

★ Embarcadero Center
Het centrum biedt onderdak aan winkels en kantoren. De eerste drie verdiepingen van de torens vormen een winkelcentrum ❶

Jackson Square Historical District
Van alle buurten herinnert deze het meest aan de goldrush ❷

Hotaling Place, een smalle steeg die naar het Jackson Square Historical District leidt, kent een aantal goede antiekwinkels.

Het Golden Era Building werd gebouwd tijdens de goldrush. Hier zat de krant de *Golden Era*, waarvoor Mark Twain schreef.

Halte bus 41

Washington Street

Battery Street

Sansome Street

Montgomery Street

★ Transamerica Pyramid
De 256 m hoge wolkenkrabber is sinds 1972 het hoogste gebouw van de stad ❺

Union Bank of California
Het bankgebouw wordt bewaakt door de stenen leeuwen van beeldhouwer Arthur Putnam ❻

Merchant's Exchange
Geschilderde scheepvaarttaferelen sieren de muren ❼

Wells Fargo History Museum
In dit transport- en bankmuseum staat onder andere een originele postkoets, overblijfsel uit de ruigere tijd van het westen ❸

Bank of America
De 51ste verdieping van dit imposante bankgebouw biedt fraaie uitzichten ❹

0 meter 100

California Street, vol met bellende kabeltrams, leidt naar de top van Nob Hill.

Justin Herman Plaza
Op zonnige dagen komen de mensen hier lunchen 9

Hyatt Regency Hotel
(blz. 236)

Bushalte
(2, 9)

ORIËNTATIEKAART
Zie Stratengids, kaart 5, 6

Het Gandhi Monument (1988) van K.B. Patel staat aan de oostzijde van het Ferry Building. Een inscriptie geeft enige van Ghandi's woorden: 'geweldloosheid is de grootste kracht die de mensheid ter beschikking staat.'

Ferry Building
Dit gebouw huisvest ruim veertig eettentjes en restaurants 10

SYMBOOL

— — — Aanbevolen route

Pacific Coast Stock Exchange
Ooit het speerpunt van de handel, nu een fitnessclub 8

De torens van het **First Interstate Center** zijn verbonden door bruggen.

STERATTRACTIES

★ Embarcadero Center

★ Transamerica Pyramid

Embarcadero Center ❶

Kaart 6 D3. *1, 32.*
J, K, L, M, N. *California St.*
Zie ***Winkelen in San Francisco*** *blz. 245 en* ***Accommodatie*** *blz. 216.*

Het grootste stadsontwikkelingsproject van de stad werd na tien jaar bouwen in 1981 voltooid en ligt tussen het Justin Herman Plaza en Battery Street. Duizenden mensen gebruiken de open ruimten om te lunchen en lekker in de zon te zitten. Vier aparte torens steken hoog de lucht in, 35 tot 45 verdiepingen boven de plaza's en verhoogde voetpaden.
Het meest spectaculaire interieur van het Embarcadero Center is de lobby van het Hyatt Regency Hotel. In het zestien verdiepingen hoge atrium staat een enorme sculptuur van Charles Perry, getiteld *Eclipse*. Glazen liften brengen bezoekers naar de Equinox, een roterend restaurant op het dak dat in 40 minuten een heel rondje maakt.

Lobby van het Hyatt Regency Hotel in het Embarcadero Center

Hotaling Place in Jackson Square

Jackson Square Historical District ❷

Kaart 5 C3. *12, 41, 83.*

De buurt werd in de jaren vijftig gerenoveerd en u ziet er nog veel historische gevels van baksteen, gietijzer en graniet uit de tijd van de goldrush. Tussen 1850 en 1910 was dit gebied berucht om zijn smerigheid en zijn onbehouwen bewoners en stond het bekend als de 'Barbary Coast' *(blz. 26–27)*. Het Hippodrome op 555 Pacific Street was vroeger een theater; de dubbelzinnige reliëfs aan de inspringende gevel herinneren aan de pikante shows die hier werden gegeven. Nu worden de gebouwen van de buurt gebruikt als kantoren, showrooms en antiekwinkels.

Wells Fargo History Museum ❸

420 Montgomery St. **Kaart** 5 C4.
Tel. *396 2619.* *1, 12, 41.*
California St. *Montgomery.*
ma–vr 9.00–17.00 uur.
feestdagen.
www.wellsfargohistory.com

Wells Fargo & Co, het grootste bank- en transportbedrijf van het westen, werd in 1852 opgericht en had veel invloed op de ontwikkeling van dit deel van de VS. Het bedrijf vervoerde goederen en mensen tussen de oost- en de westkust en tussen de mijnwerkerskampen en -stadjes van Californië. Ook ging er goud van de west- naar de oostkust en bezorgde het bedrijf post. Wells Fargo zette op gemakkelijke punten postbussen neer en de post werd onderweg gesorteerd. De Pony Express was een ander postbedrijf waarin Wells Fargo een grote rol speelde. De fraaie postkoetsen *(blz. 108)*, zoals die in het museum zijn te zien, zijn beroemd om de legendarische verhalen over heroïsche koetsiers en de bandieten die hen beroofden. De bekendste bandiet was Black Bart, die gedichten achterliet op de plaats van het misdrijf. Tussen 1875 en 1883 maakte hij de eenzame wegen tussen Calaveras County en de grens met Oregon onveilig. Bij één overval verloor hij een zakdoek met daarop een merkje van een wasserij: hij bleek Charles Boles te zijn, een mijningenieur. Bezoekers kunnen ervaren hoe het voelde om dagenlang in een hobbelende postkoets te zitten, en luisteren naar het opgenomen dagboek van de immigrant Francis Brocklehurst. Ook te zien zijn poststukken, foto's, vroege cheques, wapens, goudklompjes en de keizerlijke munt van Emperor Norton *(blz. 26)*.

Black Bart, bandiet en dichter

Bank of America ❹

555 California St. **Kaart** 5 C4.
Tel. *433 7500 (Carnelian Room).*
1, 41. California St. Zie ***Bars in San Francisco*** *blz. 270–271.*

Het met rood graniet beklede gebouw van het hoofdkwartier van de Bank of America ging in 1972 open. Met zijn 51 verdiepingen is het de hoogste wolkenkrabber van de stad en de Carnelian Room helemaal bovenin biedt uitzicht op het drukke stadsleven in de diepte. De Bank of America was van oorsprong de Bank of Italy, gesticht door A.P. Giannini. Aan het begin van de 20ste eeuw bouwde de bank een enorme klantenkring op onder immigranten en werd er in landbouw en kleine steden geïnvesteerd. Giannini redde persoonlijk het deposito uit de brand van 1906 *(blz. 28–29)*, zodat de bank geld had om in de wederopbouw van de stad te investeren.

Transcendence **van Masayuki Nagari voor de Bank of America**

Transamerica Pyramid ❺

600 Montgomery St. **Kaart** 5 C3.
Tel. *983 4100. 1, 41.*
voor het publiek.
www.tapyramid.com

De 260 m hoge piramide bestaat uit 48 verdiepingen met daarbovenop een spits. Dit is het hoogste en opvallendste gebouw van San Francisco, en hoewel de bewoners er bij de opening in 1972 een hekel aan hadden, hebben ze het inmiddels geaccepteerd als deel van het stadsbeeld. Sinds 11 september 2001 is de piramide gesloten voor het publiek. De piramide werd ontworpen door William Pereira & Associates en staat op een plek die van oudsher een van de rijkste van de stad is. In 1853 werd hier het Montgomery Block gebouwd, dat veel belangrijke kantoren bevatte en het grootste gebouw ten westen van de Mississippi was. In de kelder was de Exchange Saloon gevestigd, waar Mark Twain vaak kwam. Vanaf 1860 namen kunstenaars en schrijvers het Montgomery Block over. De Pony Expresseindhalte bevond zich in Merchant Street, tegenover de piramide.

De spits is hol, en is vanaf de bovenste verdieping 64 m hoog. 's Avonds wordt hij van binnenuit verlicht en krijgt hij een warme, gele gloed. De spits is puur decoratief.

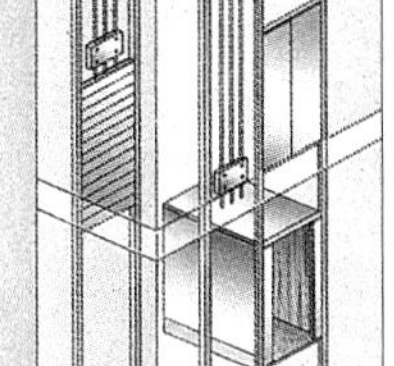

Verticale vleugels
De vleugels van het gebouw komen vanuit het midden van de benedenverdieping omhoog en steken voor een deel uit het geraamte. Door de oostvleugel lopen achttien liftschachten, de westvleugel bevat een rookkanaal en noodtrappen.

Bescherming tegen aardbevingen
De buitenkant van het gebouw is bedekt met voorgestort kwartsaggregaat, versterkt met stalen staven. De speling tussen de panelen vangt bij een aardbeving de zijwaartse beweging op.

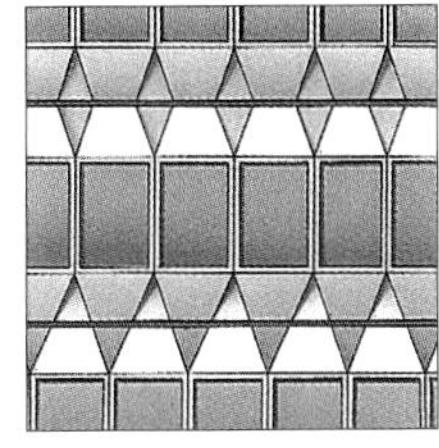

De 3678 ramen betekenen een maand werk voor de glazenwassers.

Uitzicht op de stad
Vanuit de kantoren op de bovenste verdieping is het uitzicht rondom op de stad en over de San Francisco Bay prachtig.

De vorm
Het gebouw loopt taps toe, zodat het een smallere schaduw werpt dan een conventioneel ontwerp.

De fundering rust op een blok van staal en beton, dat 15,5 m diep in de grond zit en berekend is op aardbevingen.

De klassieke façade van de Union Bank of California

Union Bank of California 6

400 California St. **Kaart** 5 C4. ***Tel.*** *765 0400.* *1, 41.* *California St.*

William Ralston en Darius Mills stichtten de bank in 1864. Ralston, bekend als 'de man die San Francisco heeft gebouwd', belegde met succes in Comstock-mijnen *(blz. 27)*. Met geld van de bank en van hemzelf financierde hij vele projecten, zoals het waterbedrijf, een theater en het Palace Hotel *(blz. 113)*. Met de economische depressie van de jaren zeventig van de vorige eeuw stortte Ralstons imperium in. Het huidige gebouw met zijn pilaren werd in 1908 voltooid. In de kelder bevindt zich een aardige galerij met winkels, restaurants en tentoongestelde kunstartikelen en foto's.

Merchant's Exchange 7

465 California St. **Kaart** 5 C4. ***Tel.*** *421 7730.* *1, 3, 4, 10, 15.* *Montgomery.* *ma–vr 8.30–18.00, za en zo 9.00–18.00 uur alleen op afspraak.* *feestdagen.* **www**.merchantsexchange.com

De beurs werd in 1903 ontworpen door Willis Polk, en doorstond de brand van 1906 *(blz. 28–29)* redelijk. Binnen sieren zeegezichten, met taferelen uit de zeil- en stoomtijd, van de Ierse schilder William Coulter de muren. Het gebouw vormde begin 20ste eeuw het speerpunt van de handel in San Francisco, toen uitkijken in de toren de aankomst van buitenlandse schepen doorgaven.

Pacific Coast Stock Exchange 8

301 Pine St. **Kaart** 5 C4. ***Tel.*** *393 400.* *3, 4, 41.* ***Niet open*** *voor publiek.* **www**.pacificex.com

Dit was ooit de grootste effectenbeurs van de VS buiten New York. Hij werd opgericht in 1882 en was gevestigd in deze gebouwen, het voormalige ministerie van Financiën, die in 1930 door Miller en Pflueger werden verbouwd. De monumentale granieten beelden bij de ingang aan Pine Street zijn van Ralph Stackpole, ook uit 1930. Als gevolg van veranderende handelsmethoden dient het gebouw niet langer als beurs; het is verbouwd tot een fitnesscentrum.

Justin Herman Plaza 9

Kaart 6 D3. *many buses.* *J, K, L, M, N.* *California St.*

Het Plaza, waar veel mensen uit het Embarcadero Center komen lunchen, is vooral bekend om de avantgardistische Vaillancourt Fountain, in 1971 gemaakt door de Canadese kunstenaar Armand Vaillancourt. De fontein is samengesteld uit enorme betonblokken, en sommige mensen vinden hem lelijk, vooral als er in tijden van droogte geen water uit komt. Als hij echter naar behoren functioneert, is hij met zijn verfrissende vijvers en zuilen van vallend water een intrigerend openbaar kunstwerk.

De Vaillancourt Fountain op het Justin Herman Plaza

De klokkentoren van het Ferry Building

Ferry Building 10

Embarcadero bij Market St. **Kaart** 6 E3. *groot aantal lijnen.* *J, K, L, M, N.* *California St.*

Het tussen 1896 en 1903 gebouwde Ferry Building doorstond de brand van 1906 *(blz. 28–29)* dankzij brandweerboten die water uit de baai pompten om het nat te houden. De klokkentoren is 71 m hoog en geïnspireerd op de Moorse toren van de kathedraal van Sevilla. Begin jaren dertig kwamen er ruim 50 miljoen mensen per jaar in het gebouw. Het werd in 2003 uitgebreid gerenoveerd en nu huisvest het Ferry Building veel delicatessenwinkels die een keur aan verse producten verkopen, evenals diverse restaurants en eettentjes.

Na de voltooiing van de Bay Bridge in 1936 was het Ferry Building niet langer de voornaamste toegangspoort tot de stad. Nu steken er nog een paar veerboten over naar Larkspur en Sausalito in Marin County *(blz. 161)* en Alameda en Oakland in de East Bay *(blz. 164–167)*.

California Historical Society ⓫

678 Mission St. **Kaart** 6 D5. ***Tel.*** *357 1848.* *5, 9, 38.* *J, K, L, M, N, T.* *Montgomery.* *wo–za 12.00–16.30 uur (za bibliotheek gesloten).* **www**.californiahistoricalsociety.org

Het genootschap omvat onderzoeksbibliotheken, tentoonstellingen en een boekwinkel. Verder zijn er een fotoverzameling, meer dan 900 schilderijen van Amerikaanse kunstenaars, een tentoonstelling over decoratieve kunst en een kledingverzameling.

Vissen vanaf Pier 7

Museum of the African Diaspora ⓬

685 Mission St. **Kaart** 5 C5. *358 7200.* *7, 9, 21, 38, 71.* *J, K, L, M, N, T.* *ma, wo, vr, za 10.00–18.00, do 10.00–21.00, zo 12.00–17.00 uur.* **www**.moadsf.org

Het museum gaat ervan uit dat we een gemeenschappelijk Afrikaans verleden hebben. De permanente tentoonstelling biedt Afrikaanse muziek, culinaire tradities, en vertelt over de slavernij. Er zijn ook interactieve exposities, lezingen en workshops.

Muurschildering over de ontdekking van San Francisco, Rincon Annex

Rincon Center ⓭

Kaart 6 B4. *14. Zie* ***Winkelen in San Francisco*** *blz. 245.*

Dit winkelcentrum, met zijn huizenhoge atrium, werd in 1989 aan het oude Rincon Annex Post Office Building gebouwd. Het Rincon Annex is bekend om de muurschilderingen van Anton Refregier, met taferelen uit de geschiedenis van de stad.

Pier 7 ⓮

Embarcadero, bij Broadway. **Kaart** 6 D3. *32.*

Hoewel Pier 7 eens was bedoeld voor vrachtschepen, zijn alle sporen van zijn vroegere functie verdwenen. In plaats daarvan is de pier helemaal gericht op recreatie.

Yerba Buena Gardens ⓯

Zie blz. 114–115.

Museum of Modern Art ⓰

Zie blz. 118–121.

Sheraton Palace Hotel ⓱

2 New Montgomery St. **Kaart** 5 C4. ***Tel.*** *512 1111.* *7, 9, 21, 31, 66, 71.* *J, K, L, M, N, T.* *Zie* ***Accommodatie*** *blz. 216.*

Het oorspronkelijke Palace Hotel werd in 1875 geopend door William Ralston, een van de bekendste financiers van de stad. Het was het meest luxueuze van de vroege hotels van San Francisco en had veel rijke en beroemde gasten, onder wie Sarah Bernhardt, Oscar Wilde en Rudyard Kipling. De gevierde tenor Enrico Caruso logeerde hier ten tijde van de aardbeving van 1906 *(blz. 28–29)*, toen het hotel in brand vloog. Het werd herbouwd onder architect George Kelham en ging in 1909 weer open. Het gebouw is verbouwd in 2002.

De Garden Court in het Sheraton Palace Hotel

Yerba Buena Gardens ⓯

De bouw van het Moscone Center, het grootste conferentiecentrum van de stad, vormde het begin van alle ambitieuze plannen voor Yerba Buena Gardens. Nieuwe huizen, hotels, musea, galeries, winkels, restaurants en tuinen verlevendigen inmiddels een vroeger vervallen buurt. Het project is bijna voltooid, op de New Moscone Conventionfaciliteit aan Fourth en Howard Street na.

★ Yerba Buena Center for the Arts
Galeries, forum en een projectiezaal met hedendaagse films en video's zijn de hoogtepunten.

Esplanade Gardens
Bezoekers wandelen over de paden of rusten uit op een bankje.

Het Martin Luther King Jr. Memorial roept in meerdere talen op tot vrede.

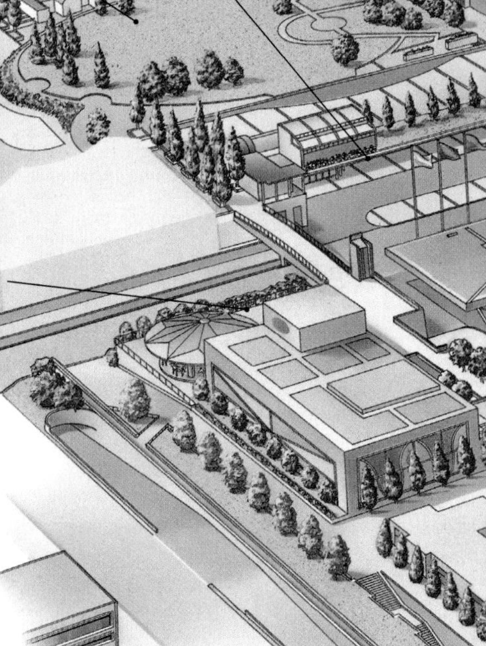

Zeum
Zeum bevindt zich op het dak van het Yerba Buena. Er vinden steeds evenementen plaats en het biedt gelegenheid aan jongeren en kunstenaars om samen te werken bij het ontwerpen en maken van allerlei dingen, van vliegtuigen, robots en futuristische gebouwen tot mozaïeken en beelden.

STERATTRACTIES

- ★ SF Museum of Modern Art
- ★ Yerba Buena Center for the Arts

MOSCONE CENTER

Ingenieur T.Y. Lin bedacht een systeem om het kindercentrum boven de enorme ondergrondse zaal te ondersteunen zonder een enkele pijler. De bases van de acht stalen bogen zijn met elkaar verbonden door kabels onder de vloer. Door de strakke kabels oefenen de bogen een enorme opwaartse druk uit.

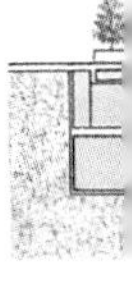

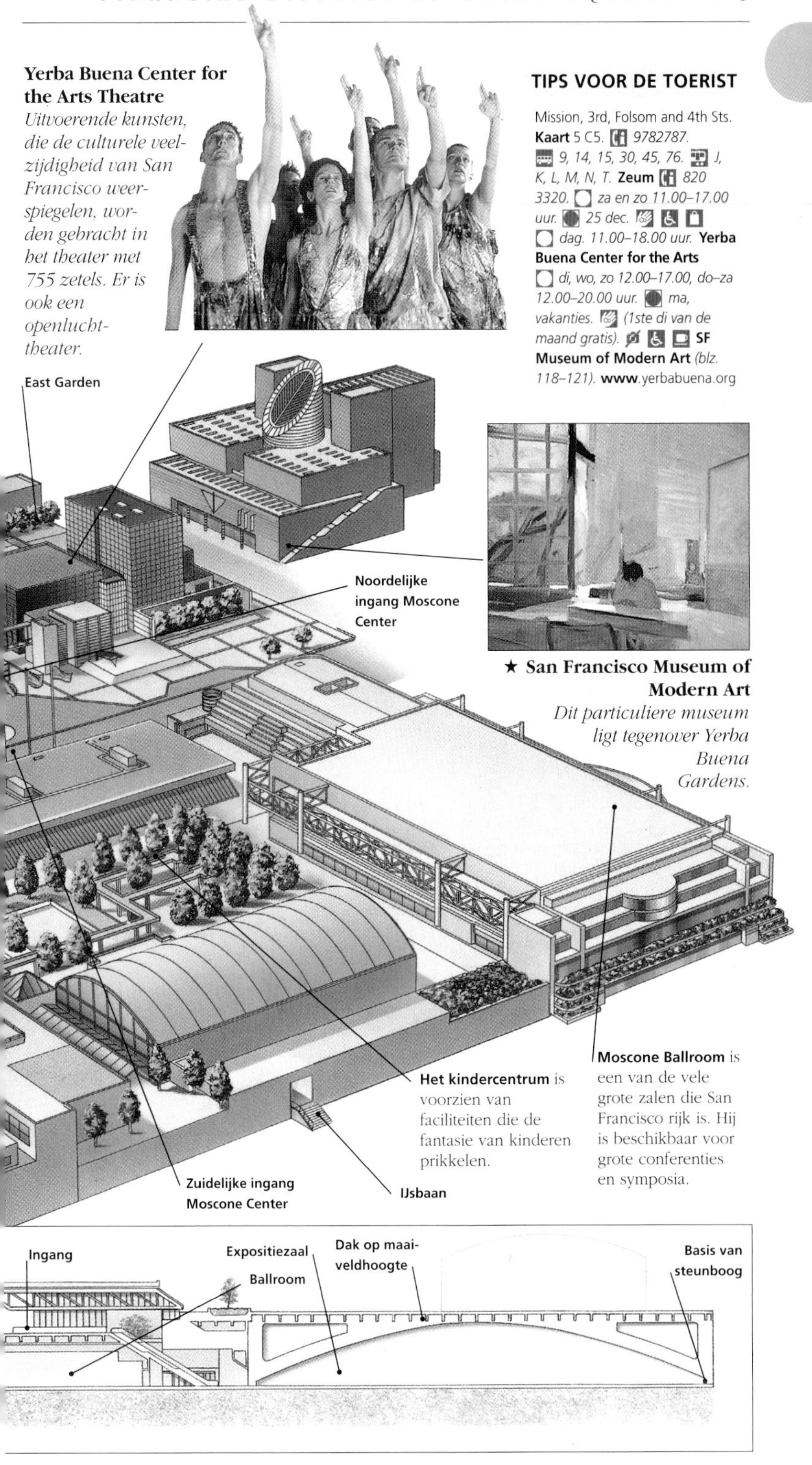

Yerba Buena Center for the Arts Theatre
Uitvoerende kunsten, die de culturele veelzijdigheid van San Francisco weerspiegelen, worden gebracht in het theater met 755 zetels. Er is ook een openluchttheater.

TIPS VOOR DE TOERIST

Mission, 3rd, Folsom and 4th Sts. **Kaart** 5 C5. *9782787.* *9, 14, 15, 30, 45, 76.* *J, K, L, M, N, T.* **Zeum** *820 3320.* *za en zo 11.00–17.00 uur.* *25 dec.* *dag. 11.00–18.00 uur.* **Yerba Buena Center for the Arts** *di, wo, zo 12.00–17.00, do–za 12.00–20.00 uur.* *ma, vakanties.* *(1ste di van de maand gratis).* **SF Museum of Modern Art** *(blz. 118–121).* **www.**yerbabuena.org

★ San Francisco Museum of Modern Art
Dit particuliere museum ligt tegenover Yerba Buena Gardens.

Het kindercentrum is voorzien van faciliteiten die de fantasie van kinderen prikkelen.

Moscone Ballroom is een van de vele grote zalen die San Francisco rijk is. Hij is beschikbaar voor grote conferenties en symposia.

Het centrale plaza van de Crocker Galleria

Crocker Galleria ⓲

Tussen Post, Kearny, Sutter, Montgomery en St. **Kaart** 5 C4. *2, 3, 4. J, K, L, M, N. Zie* ***Winkelen in San Francisco*** *blz. 245.*

De Crocker Galleria werd in 1982 gebouwd door de architecten Skidmore, Owings en Merrill. Het centrale plaza onder de glazen koepel is geïnspireerd op de Galleria Vittorio Emmanuelle in Milaan. Er zijn ruim 50 winkels en restaurants gevestigd, met tentoonstellingen van de beste Amerikaanse en Europese ontwerpers.

Gump's ⓳

135 Post St. **Kaart** 5 C4. ***Tel.*** *982 1616. 2, 3, 4, 30, 38, 45. J, K, L, M, N, T. Powell-Mason, Powell-Hyde. ma–za 10.00–18.00, zo 12.00–17.00 uur. Zie* ***Winkelen in San Francisco*** *blz. 249.*

Duitse immigranten, voormalige spiegelhandelaars, richtten in 1861 het warenhuis op dat in San Francisco een instituut zou worden. Veel paren stellen hier hun bruidslijst samen. Gumps' heeft de grootste collectie porselein en kristal van de VS, met indrukwekkende namen als Baccarat, Steuben en Lalique. De winkel staat ook bekend om zijn oosterse schatten, meubels en zeldzame kunstwerken. De Aziatische kunst is bijzonder fraai, vooral de opvallende collectie jade, die in de hele wereld een goede reputatie geniet. In 1949 importeerde Gump's een grote bronzen boeddha en schonk hem aan de Japanese Tea Garden *(blz. 147)*. Gump's is exclusief en verfijnd en wordt bezocht door de groten der aarde. Beroemd zijn de kleurrijke en extravagante etalages.

Union Square ⓴

Kaart 5 C5. *2, 3, 4, 30, 38, 45. J, K, L, M, N, T. Powell-Mason, Powell-Hyde.*

Union Square dankt zijn naam aan de demonstraties voor de *Union* (de federale regering) die hier in de Burgeroorlog werden gehouden. Ze versterkten onder de inwoners van San Francisco de sympathie voor de noordelijke staten, wat ertoe leidde dat Californië zich aan de kant van de Unie met de oorlog ging bemoeien. Het plein ligt midden in de winkelbuurt van de stad op de grens met het Theater District. Aan de westzijde staat het beroemde Westin St. Francis Hotel *(blz. 216)*, en in het midden een beeld van *Victoria*. Dit monument gedenkt de overwinning van admiraal Dewey bij Manila Bay tijdens de Spaans-Amerikaanse oorlog van 1898.

Victoriamonument op Union Square

Theater District ㉑

Kaart 5 B5. *2, 3, 4, 38. Powell-Mason, Powell-Hyde. J, K, L, M, N, T. Zie* ***Amusement*** *blz. 263.*

In de buurt van Union Square staan verschillende theaters. De twee grootste vindt u op Geary Boulevard, twee straten ten westen van het plein: het Curren Theater, gebouwd in 1922, en het Geary Theater uit 1909, nu thuishaven van het American Conservatory Theater (ACT). Sinds de goldrush *(blz. 24–25)* leidt het toneel in San Francisco een bloeiend bestaan en trekt de stad veel acteurs en operavedetten aan. Isadora Duncan, de vernieuwende, beroemde danseres uit de jaren rond 1920, werd in deze buurt geboren, op 501 Taylor Street.

De beroemde warenhuizen van San Francisco aan Union Square

Union Square Shops ㉒

Kaart 5 C5. *2, 3, 4, 30, 38, 45. Powell-Mason, Powell-Hyde. J, K, L, M, N, T. Zie* ***Winkelen in San Francisco*** *blz. 245.*

Hier zijn veel van de warenhuizen van San Francisco gevestigd, waaronder Macy's, Nordstrom's, Neiman Marcus, en Gump's *(blz. 244–245)*, en tevens hotels, boekwinkels en boetieks. Het Union Square Frank Lloyd Wright Building op 140 Maiden Lane is de voorloper van het Guggenheim Museum in New York.

Powell Street Cable Car Turntable ㉓

Hallidie Plaza, Powell St bij Market St. **Kaart** 5 C5. *veel.* *J, K, L, M, N, T.* *Powell-Mason, Powell-Hyde.*

De kabeltramlijnen Powell-Hyde en Powell-Mason vormen de spectaculairste routes door San Francisco. Ze beginnen en eindigen hun rit naar Nob Hill, Chinatown en Fisherman's Wharf op de hoek van Powell Street en Market Street. In tegenstelling tot de kabeltrams van de California Streetlijn, kunnen deze wagens maar één kant op rijden, zodat er bij elke eindhalte een draaischijf nodig is.

Nadat de passagiers zijn uitgestapt, wordt de tram op de schijf geduwd en door de conducteur en de *gripman* met de hand omgedraaid. Klanten voor de volgende rit wachten te midden van straatmuzikanten, winkelende mensen, toeristen en kantoorpersoneel tot dit klusje geklaard is.

Een kabeltram wordt omgedraaid op de draaischijf van Powell Street

Westfield Shopping Centre ㉔

Market St. en Powell St. **Kaart** 5 C5. ***Tel.*** *512 6776.* *5, 7, 9, 14, 21, 71.* *J, K, L, M, N.* *Powell-Mason, Powell-Hyde.* *ma–za 9.30–21.00, zo 10.00–19.00 uur.* **www**.westfield.com *Zie* ***Winkelen in San Francisco*** *blz. 245.*

Het winkelend publiek wordt met spiraalvormige roltrappen naar boven vervoerd. Het gebouw bestaat uit een hoog oprijzend atrium en tien verdiepingen met elegante winkels. De koepel verheft zich 45 m boven de grond. De kelderverdiepingen geven toegang tot Powell Street Station. Het warenhuis Nordstrom beslaat de bovenste vier verdiepingen.

De toegang tot het nieuwe Bloomingdale's, met zijn beroemde klassieke ronde binnenruimte, bevindt zich op de lagere verdiepingen.

Old United States Mint ㉕

Fifth St. en Mission St. **Kaart** 5 C5. *14, 14L, 26, 27.* *J, K, L, M, N, T.* *tot nader order gesloten.*

De Old Mint, een van de drie munten van San Francisco, was tussen 1973 en 1994 een museum. In 1937 werden de laatste munten geslagen. Het klassiek vormgegeven gebouw is gemaakt van graniet, vandaar de bijnaam 'Granite Lady'. A.B. Mullet bouwde de munt tussen 1869 en 1874, met stalen blinden voor de ramen en ondergrondse kluizen. Het gebouw doorstond als een van de weinige de ramp van 1906 *(blz. 28–29)*, maar wordt nu onvoldoende aardbevingbestendig geacht en is daarom in 1994 gesloten.

De ondoordringbare 'Granite Lady', de Old Mint

San Francisco Visitor Information Center ㉖

Powell St. bij Market St. onder Hallidie Plaza. **Kaart** 5 B5. ***Tel.*** *391 2000.* *391 2001.* *groot aantal lijnen.* *J, K, L, M, N, T.* *Powell-Mason, Powell-Hyde.* *ma–vr 9.00–17.00, za en zo 9.00–15.00 uur.* *beperkt.* **www**.sfvisitor.org

Informeer hier naar rondleidingen door de stad en omgeving, festivals, speciale evenementen, restaurants, accommodatie, nachtleven, sightseeing en winkels. Kaarten en andere publicaties zijn verkrijgbaar in het Engels en andere talen, en het meertalige personeel staat klaar om vragen te beantwoorden. U kunt bellen voor inlichtingen, of – 24 uur per dag – luisteren naar het bandje met informatie.

San Francisco Museum of Modern Art ⑯

Aan dit dramatische museum dankt San Francisco zijn reputatie als een centrum van moderne kunst. In 1935 werd het opgericht met het doel werk tentoon te stellen van 20ste-eeuwse kunstenaars, en in 1995 is het naar zijn nieuwe onderkomen verhuisd. Het middelpunt van het modernistische gebouw van de Zwitserse architect Mario Botta is de cilindrische lantaarn, die licht doorlaat naar de hal op de begane grond. Op 4600 m², verdeeld over vier verdiepingen, zijn ruim 23.000 kunstwerken samengebracht.

Zip Light **(1990) van Sigmar Willnauer**

Persoonlijke waarden
De Belgische surrealist René Magritte maakte dit werk in 1952. In een realistische stijl zet hij gebruiksvoorwerpen in een vreemde en vaak verwarrende omgeving.

MUSEUMGIDS

Museumwinkel, Phyllis Wattis Theater, café en evenementenruimte vindt u op de begane grond. Het Koret Visitor Education Center en werken uit de permanente collectie schilderijen, sculptuur, architectuur en design bevinden zich op de eerste verdieping. Foto's en speciale tentoonstellingen zijn te zien op de tweede verdieping, en audiovisuele kunst, speciale tentoonstellingen en een beeldenterras zijn te vinden op de derde verdieping. De zalen op de vierde verdieping tonen hedendaagse schilderijen en sculptuur uit de eigen collectie.

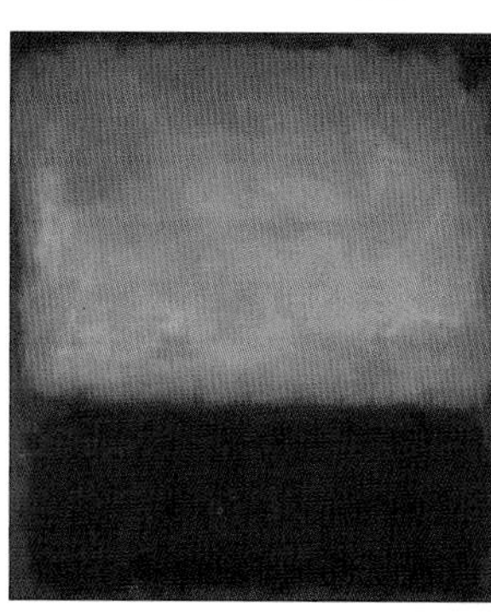

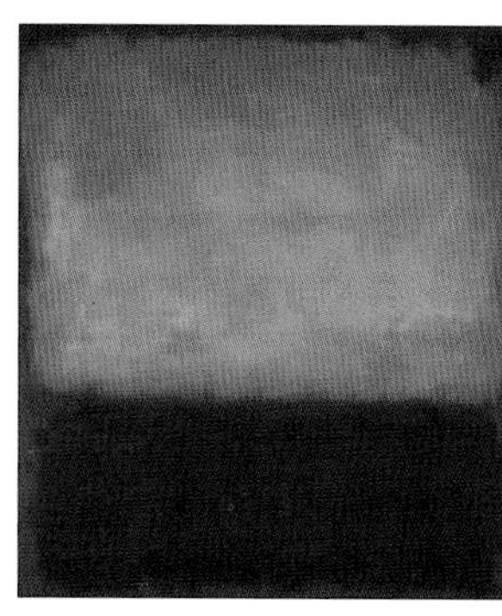

★ No. 14, 1960
Dit werk is van Mark Rothko, een belangrijke abstracte expressionist. Het is een van de mooiste en hypnotiserendste werken van de kunstenaar.

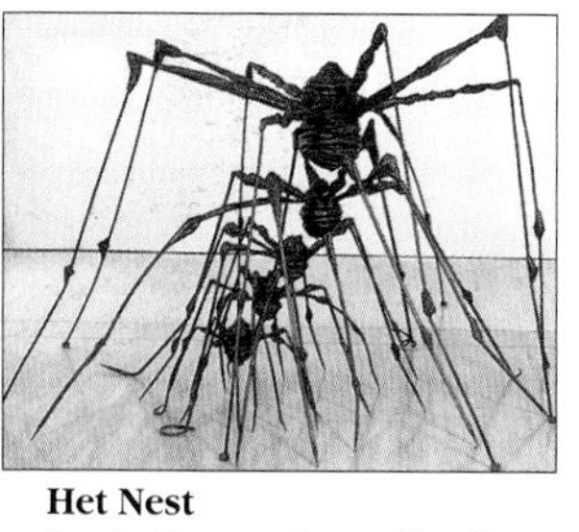

Het Nest
Louise Bourgeois maakte dit spinachtige beeld in 1994, toen ze 83 jaar was. De uitgerekte vormen zijn karakteristiek.

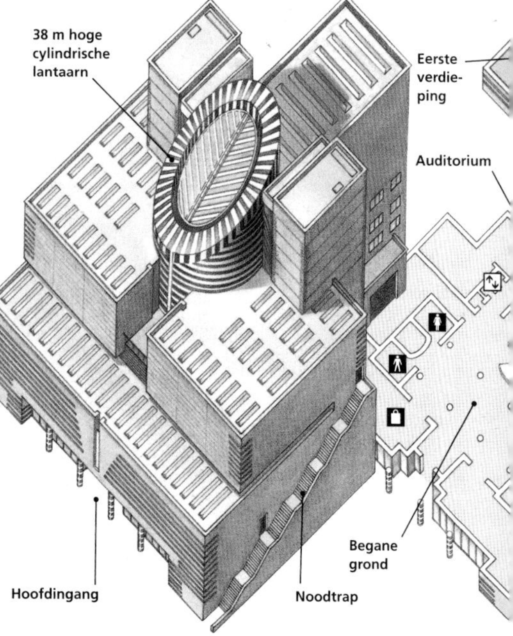

PLATTEGROND

- Schilderijen en sculptuur
- Architectur en design
- Fotografie en werken op papier
- Visuele kunst
- Koret Visitor Education Center
- Speciale tentoonstellingen
- Geen tentoonstellingsruimte

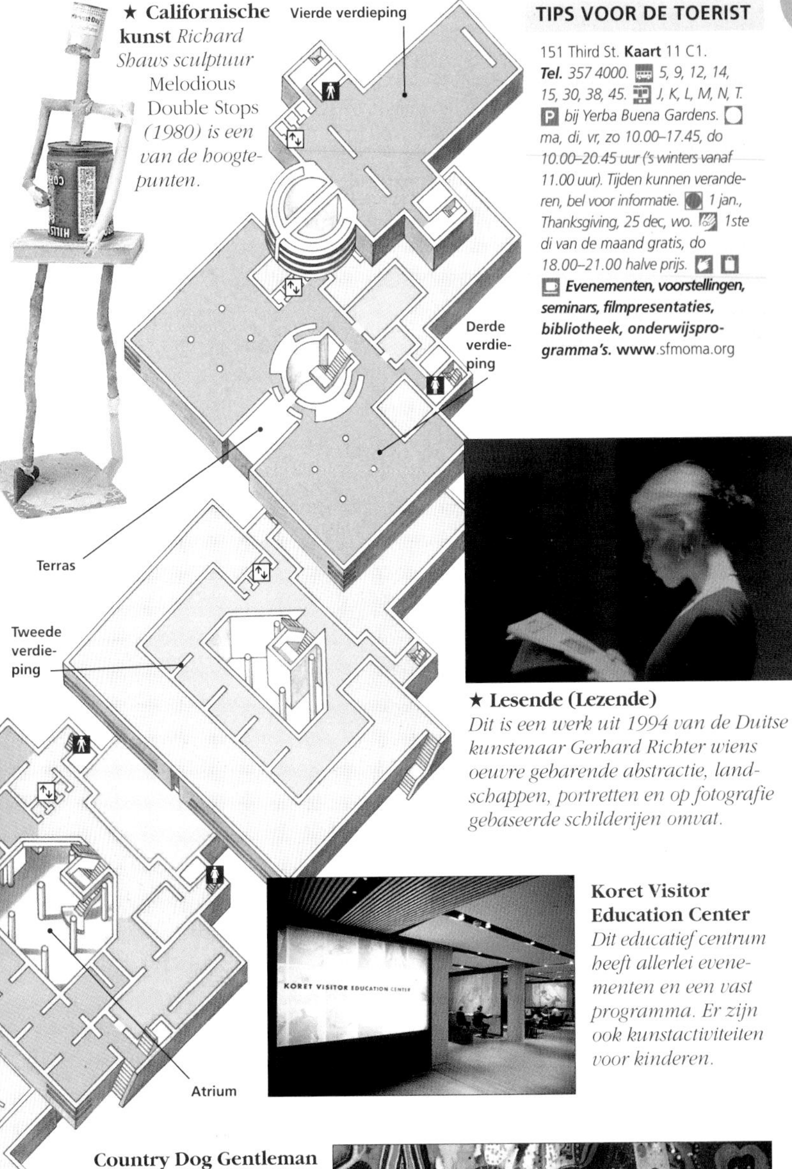

★ Californische kunst *Richard Shaws sculptuur* Melodious Double Stops *(1980) is een van de hoogtepunten.*

TIPS VOOR DE TOERIST

151 Third St. **Kaart** 11 C1. ***Tel.*** *357 4000. 5, 9, 12, 14, 15, 30, 38, 45. J, K, L, M, N, T.* P *bij Yerba Buena Gardens. ma, di, vr, zo 10.00–17.45, do 10.00–20.45 uur ('s winters vanaf 11.00 uur). Tijden kunnen veranderen, bel voor informatie. 1 jan., Thanksgiving, 25 dec, wo. 1ste di van de maand gratis, do 18.00–21.00 halve prijs.* ***Evenementen, voorstellingen, seminars, filmpresentaties, bibliotheek, onderwijsprogramma's.*** **www**.sfmoma.org

★ Lesende (Lezende)
Dit is een werk uit 1994 van de Duitse kunstenaar Gerhard Richter wiens oeuvre gebarende abstractie, landschappen, portretten en op fotografie gebaseerde schilderijen omvat.

Koret Visitor Education Center
Dit educatief centrum heeft allerlei evenementen en een vast programma. Er zijn ook kunstactiviteiten voor kinderen.

Country Dog Gentleman
Roy De Forest, geboren in de Bay Area, schilderde dit door dieren bewaakte universum in 1972.

STERATTRACTIES

- ★ Californische kunst
- ★ Lesende (Lezende)
- ★ No. 14, 1960 (Rothko)

Ontdek het San Francisco Museum of Modern Art

Het Museum of Modern Art is niet alleen een schatkamer van moderne en hedendaagse kunst, maar ook een machtige bron van inspiratie voor de plaatselijke kunstwereld. De kracht van het museum, met zijn duizenden werken van Amerikaanse kunstenaars, ligt in het abstract expressionisme, Californische kunst en kunst uit de Bay Area. Toch is het ook befaamd om zijn internationale collectie, vooral op het gebied van Mexicaanse kunst, fauvisme en Duits expressionisme.

***Vrouwen van Algiers* (1955) van Pablo Picasso**

SCHILDER- EN BEELDHOUWKUNST

Tot de permanente collectie van het museum horen meer dan 6000 schilderwerken, sculpturen en werken op papier. Vertegenwoordigd zijn belangrijke kunstenaars en scholen uit Europa, Noord-Amerika en Latijns-Amerika. Schilderwerken en sculpturen vanaf 1900 tot de jaren zestig vindt u in de zalen op de eerste verdieping, op de vierde verdieping vindt u hedendaagse schilderijen van na de jaren zestig en werken op papier.
Het abstract expressionisme is vertegenwoordigd door Philip Guston, Willem de Kooning, Franz Kline, Joan Mitchell en Jackson Pollock, wiens *Guardians of the Secret* een hoogtepunt van het genre vormt.
Er zijn aparte galeries gewijd aan het werk van Clyfford Still, die tussen 1946 en 1950 les gaf aan de California School of Fine Arts, nu het San Francisco Art Institute *(blz. 88)*. In 1978 schonk Still het museum 28 van zijn schilderijen.
Andere prominente kunstenaars uit de VS en Latijns-Amerika die hier worden tentoongesteld, zijn Stuart Davis, Marsden Hartley, Frida Kahlo, Wilfredo Lam, Georgia O'Keeffe, Rufino Tamayo en Joaquin Torres-Garcia. Een van de sprekendste werken in het museum is *De bloemendrager*, een olieverfschilderij uit 1935 van de Mexicaan Diego Rivera, bekend om zijn muurschilderingen *(blz. 140)*.
In een van de ruimten hangen permanent werken van onder anderen Jasper Johns, Robert Rauschenberg en Andy Warhol uit de Anderson Collection of American Pop Art.
Het museum bezit een goede verzameling Europese modernisten, met werk van Jean Arp, Max Beckmann, Constantin Brancusi, Georges Braque, Andre Derain, Franz Marc en Pablo Picasso.
Grote collecties werken van Paul Klee en Henri Matisse, de beroemde Franse vertegenwoordiger van het fauvisme, zijn in aparte galeries ondergebracht. *Vrouw met hoed* van Matisse is wellicht het beroemdste werk in het museum.
Het overzicht van 20ste-eeuwse kunst omvat ook het surrealisme, met werk van Salvador Dali, Max Ernst en Yves Tanguy.

ARCHITECTUUR EN DESIGN

De afdeling voor architectuur en design werd in 1983 opgericht. Het doel is een collectie van historische en hedendaagse bouwkundige tekeningen, maquettes en designobjecten aan te leggen

***92 Chaise* (1992) van Holt Hinshaw Pfau Jones**

en te onderhouden, en te onderzoeken wat hun invloed is op de moderne kunst. De 4000 stukken belichten architectuur, meubelontwerp en industriële en grafische vormgeving.
Op de eerste verdieping zijn maquettes, tekeningen, ontwerpen en prototypes te zien van de hand van bekende en opkomende ontwerpers. Een van hen is de beroemde architect Bernard Maybeck, die verantwoordelijk is voor een aantal van de mooiste gebouwen in de Bay Area, zoals het Palace of Fine Arts *(blz. 60–61)*. Andere bekende architecten uit de Bay Area die hier zijn vertegenwoordigd, zijn Timothy Pflueger, William Wurster, William Turnbull en Willis Polk, bekend van het Hallidie Building *(blz. 45)*.
Het werk van de Californische vormgevers Charles en Ray Eames is ook te bewonderen. Werken van Fumihiko Maki, Frank Lloyd Wright en Frank Gehry maken deel uit van de permanente collectie. Het museum sponsort lezingen over architectuur en design, die regelmatig worden gehouden.

Graphite to Taste **(1989) van Gail Fredell**

VISUELE KUNST

De afdeling visuele kunst op de derde verdieping dateert van 1987 en verzamelt, conserveert en documenteert kunst van het bewegende beeld, waaronder video, film, geprojecteerde beelden en elektronische kunst. De galeries beschikken over de modernste apparatuur voor de vertoning van onder andere multimediawerken, film, video en uitgebreide programma's van interactieve visuele kunst. De groeiende permanente collectie visuele kunst van het museum omvat werk van gewaardeerde kunstenaars als Nam June Paik, Dan Graham, Peter Campus, Joan Jonas, Bill Viola, Doug Hall en Mary Lucier.

Michael Jackson en Bubbles **(1988) van Jeff Koons**

FOTOGRAFIE

Met zijn permanente collectie van meer dan 12.000 foto's geeft het museum een historisch overzicht van de fotografie. In de galeries op de tweede verdieping is een wisselende tentoonstelling ondergebracht. De Amerikaanse collectie bevat werk van Berenice Abbott, Walker Evans, Edward Steichen en Alfred Stieglitz, en schenkt aandacht aan de Californische fotografen Edward Weston, John Gutmann, Imogen Cunningham en Ansel Adams. Tevens zijn er collecties uit Japan, Latijns-Amerika en Europa te zien, met avant-garde uit de jaren twintig en surrealisme uit de jaren dertig.

CALIFORNISCHE KUNST

Op de eerste en vierde verdieping bevindt zich werk van Californische kunstenaars. Deze schilders en beeldhouwers laten zich inspireren door plaatselijke materialen en thema's, en creëren zo een uniek soort kunst.
Onder de belangrijke figuratieve schilders uit de Bay Area zijn Elmer Bishoff, Joan Brown en David Park, en er is een omvangrijke collectie te zien van Richard Diebenkorn.
De collage- en assemblagecollectie van het museum bevat werk van onder anderen Bruce Connor, William T. Wiley en Jess. Het gebruik van materialen als viltstiften, schroot en oude schilderijen heeft kunst opgeleverd die typisch is voor de westkust.

MODERNE KUNST EN SPECIALE TENTOONSTELLINGEN

De zalen op de tweede en derde verdieping zijn gereserveerd voor speciale tentoonstellingen. Te zien zijn bijvoorbeeld nieuwe aanwinsten van de collectie en ongeveer tien reizende tentoonstellingen per jaar. Wisselende exposities van moderne kunst vullen de historische collectie van het museum aan en vormen een stimulans voor de huidige kunstwereld.

Cave, Tsankawee, Mexico **(1988) gefotografeerd door Linda Connor**

CIVIC CENTER

Het bestuurlijke en culturele hart van San Francisco heeft als middelpunt het Civic Center Plaza. Hier vindt u een aantal van de fraaiste bouwwerken: de grootse overheidsgebouwen en het vorstelijke complex voor de uitvoerende kunsten zijn de trots van de stad. Het vroegere stadhuis werd verwoest door de aardbeving van 1906 *(blz. 28–29)*, waardoor de mogelijkheid ontstond om een bestuurscentrum te bouwen dat beter paste bij de nieuwe rol van San Francisco als belangrijke haven. Nadat hij in 1911 burgemeester was geworden, nam 'Sunny Jim' Rolph *(blz. 29)* de uitdaging aan. Het nieuwe Civic Center werd een van zijn prioriteiten en in 1912 was de financiering rond. De gebouwen zijn prachtige voorbeelden van de beaux-artsstijl *(blz. 47)*. Het ambitieuze complex werd in 1987 uitgeroepen tot historisch monument. De schaduwzijde van San Francisco is in het Civic Center ook duidelijk te zien: in de buurt van City Hall bivakkeren de daklozen van de stad.

***Reclining Nudes* van Henry Moore bij de Louise M. Davies Symphony Hall**

BEZIENSWAARDIGHEDEN IN HET KORT

Historische straten en gebouwen

Alamo Square 13
Bill Graham Civic Auditorium 2
City Hall 7
Cottage Row 11
University of San Francisco 14
Veterans Building 6

Winkelgebieden

Hayes Valley 12

Moderne architectuur

Japan Center 10

Theaters en concertgebouwen

Great American Music Hall 8
Louise M. Davies Symphony Hall 4
War Memorial Opera House 5

Musea

Asian Art Museum 1
San Francisco Arts Commission Gallery 3

Kerken

St. Mary's Cathedral 9

SYMBOLEN

Stratenkaart Zie blz. 124–125
BART-station
Tramhalte

0 meter 500

BEREIKBAARHEID

Het BART/Munistation Civic Center op Market Street ligt twee straten ten oosten van City Hall. Bus 5, 19, 47 en 49 rijden allemaal naar deze buurt. Het Civic Center zelf kunt u het beste te voet verkennen.

Uitzicht van Alamo Square op het Civic Center en het centrum van de stad verderop

Onder de loep: Civic Center

Beeld van Simon Bolivar in het UN Plaza

Het bestuurlijke en culturele centrum van San Francisco is een triomf van ruimtelijke ordening en vormgeving. De beaux-artsarchitectuur *(blz. 47)*, vormt een eerbetoon aan de energie die de stad na de ramp van 1906 *(blz. 28–29)* tentoonspreidde. Het bouwen begon met het Civic Auditorium, in 1915 voltooid voor de Pan-American Exposition *(blz. 72)*. Later volgden City Hall, de Library en het War Memorialkunstcomplex.

Het State Building, voltooid in 1986, werd ontworpen door Skidmore, Owings en Merrill. Het gebouw vormt een echo van de Davies Symphony Hall twee straten verderop.

Veterans Building
Vestiging van het Herbst Theatre en een aantal veteranenorganisaties 6
Ook vindt u hier de **San Francisco Art Commission Gallery** 3

★ **War Memorial Opera House**
De opera- en balletgezelschappen van de stad verzorgen voorstellingen in deze elegante zaal 5

Louise M. Davies Symphony Hall
Dit is de thuishaven van het San Francisco Symphony Orchestra, opgericht in 1911. Het ontwerp voor het gebouw uit 1981 was van Skidmore, Owings en Merrill 4

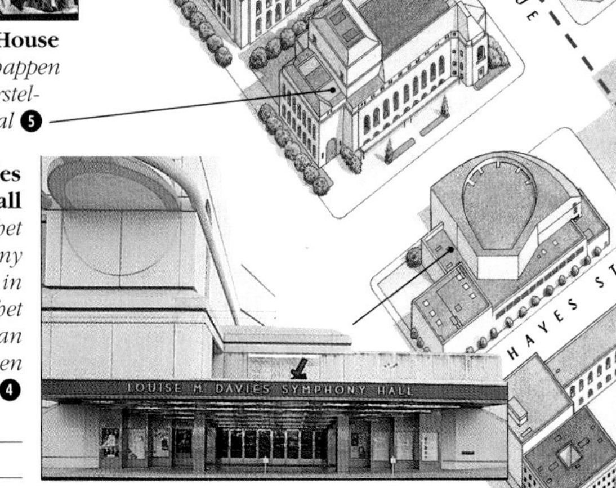

MCALLISTER STREET
VAN NESS AVENUE
HAYES STR

SYMBOOL

– – – Aanbevolen route

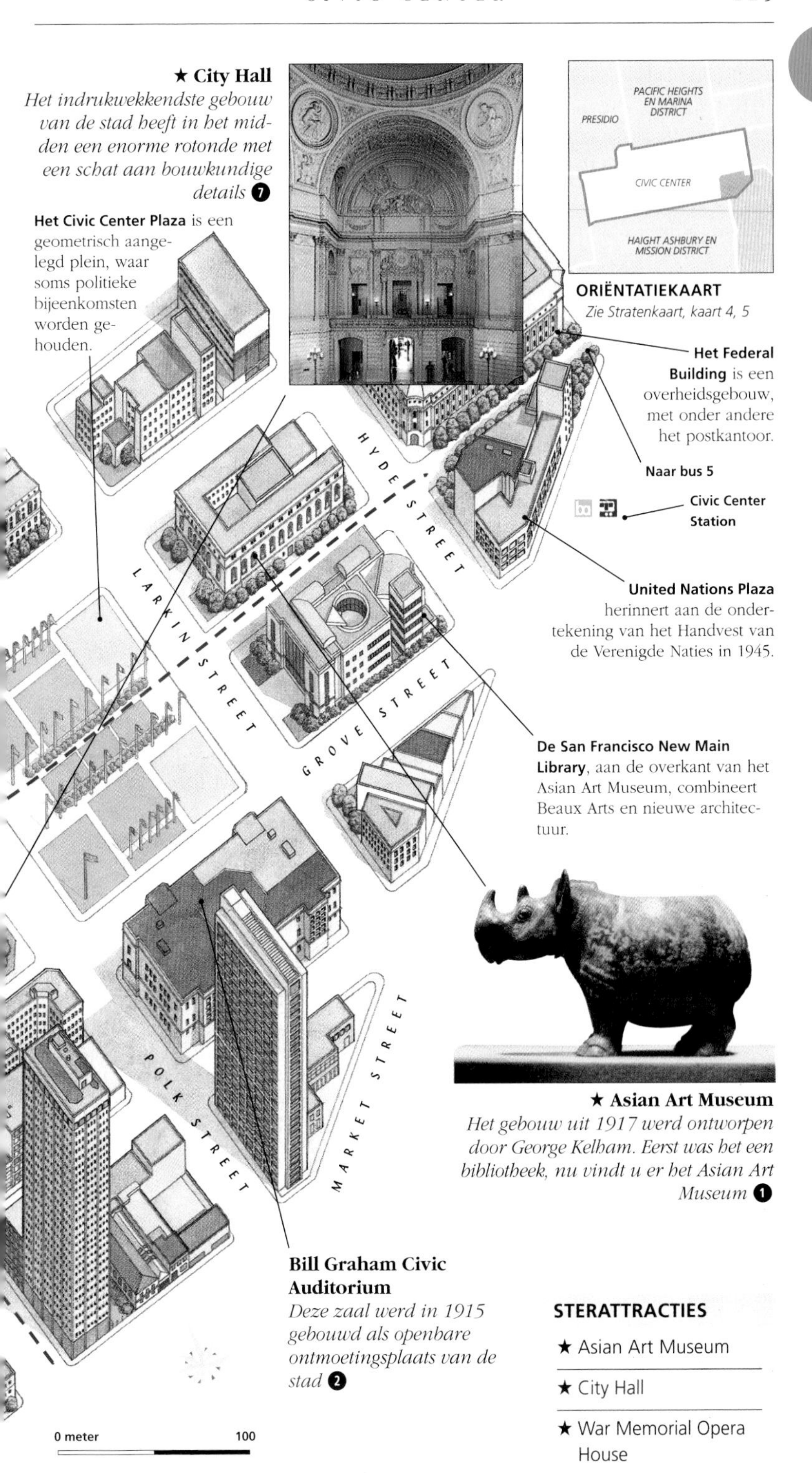

★ City Hall
Het indrukwekkendste gebouw van de stad heeft in het midden een enorme rotonde met een schat aan bouwkundige details ❼

Het Civic Center Plaza is een geometrisch aangelegd plein, waar soms politieke bijeenkomsten worden gehouden.

ORIËNTATIEKAART
Zie Stratenkaart, kaart 4, 5

Het Federal Building is een overheidsgebouw, met onder andere het postkantoor.

Naar bus 5

Civic Center Station

United Nations Plaza herinnert aan de ondertekening van het Handvest van de Verenigde Naties in 1945.

De San Francisco New Main Library, aan de overkant van het Asian Art Museum, combineert Beaux Arts en nieuwe architectuur.

★ Asian Art Museum
Het gebouw uit 1917 werd ontworpen door George Kelham. Eerst was het een bibliotheek, nu vindt u er het Asian Art Museum ❶

Bill Graham Civic Auditorium
Deze zaal werd in 1915 gebouwd als openbare ontmoetingsplaats van de stad ❷

STERATTRACTIES

- ★ Asian Art Museum
- ★ City Hall
- ★ War Memorial Opera House

Asian Art Museum ❶

200 Larkin St. **Kaart** 4 F5. ***Tel.*** *581 3500.* *5, 19, 21, 26, 47, 49.* *F, J, K, L, M, N, T.* *zo–wo 10.00–17.00 (do 10.00–21.00) uur.* *feestdagen.* *1ste di van de maand gratis.* **www**.asianart.org

Het nieuwe Asian Art Museum bevindt zich aan het Civic Center Plaza, aan de overkant van de City Hall, in een gebouw dat ooit de parel aan de kroon van de beaux-artsbeweging was. De voormalige Main Library uit 1917 werd in 2001 versterkt met het oog op aardbevingen en verbouwd om onderdak te bieden aan het grootste museum voor Aziatische kunst buiten Azië. Het museum is bijna twee keer zo groot als het oude museum en het heeft meer dan 14.000 kunstvoorwerpen die 6000 jaar geschiedenis omvatten en die afkomstig zijn uit culturen en landen in Azië. Verder zijn er ruimtes voor optredens en festivals, een bibliotheek, een aanraakontdekkingscentrum waar gezinnen Aziatische kunst en cultuur kunnen ontdekken, en klaslokalen voor educatieve programma's. Het prachtige terras van het café kijkt uit op het Civic Center en het winkelcentrum van Fulton Street.

Het trappenhuis in het Asian Art Museum

Interieur van de San Francisco Art Commission Gallery

Bill Graham Civic Auditorium ❷

99 Grove St. **Kaart** 4 F5. ***Tel.*** *974 4060.* *5, 7, 19, 21, 26, 47, 49, 71.* *J, K, L, M, N.* *voor voorstellingen.*

Het Civic Auditorium, door John Galen in beaux-artsstijl *(blz. 46–47)* ontworpen, ging in 1915 open en is sindsdien een van de belangrijkste zalen van San Francisco. De Franse pianist en componist Camille Saint-Saëns wijdde het gebouw in. Het Auditorium werd gelijk met City Hall voltooid, tijdens de bouwkoorts die volgde op de aardbeving van 1906 *(blz. 28–29)*. Samen met de aangrenzende Brooks Exhibit Hall staat het gebouw aan de voet van het Civic Center Plaza. Tegenwoordig is het het belangrijkste congrescentrum. In 1992 werd de naam veranderd ter ere van rockimpresario Bill Graham *(blz. 129)*. In mei 1994 werd het gebouw gesloten omdat het zodanig moest worden aangepast dat het in de toekomst aardbevingen kan doorstaan. Het werd in 1996 weer geopend en de San Francisco Opera, waarvan het gebouw ook moet worden opgeknapt, zal er een tijdelijk onderkomen vinden.

San Francisco Art Commission Gallery ❸

401 Van Ness Ave. **Kaart** 4 F5. *554 6080.* *5, 19, 21, 26, 47, 49.* *J, K, L, M, N, T.* *wo–za 12.00–17.00 uur.* **www**.sfacgallery.org

In deze galerie in de Veterans Building *(blz. 127)* ziet u schilderijen, sculpturen en multimedia-kunstwerken, gemaakt door plaatselijke kunstenaars, meestal aan het begin van hun carrière. De vorige locatie is nu View 155, een galerie die ten zuidoosten van de hoofdgalerie ligt, aan 155 Grove Street tussen Polk en Van Ness.

Louise M. Davies Symphony Hall

Louise M. Davies Symphony Hall ❹

201 Van Ness Ave. **Kaart** 4 F5. ***Tel.*** *552 8000.* *21, 26, 47, 49.* *J, K, L, M, N, T.* *552 8338.* **www**.sfsymphony.org
*Zie **Amusement** blz. 264.*

Het gewelfde concertgebouw met zijn glazen gevel, een ontwerp van Skidmore, Owings en Merrill uit 1980, wordt door de bewoners van de stad in ongeveer gelijke mate gewaardeerd en gehaat. Het is genoemd naar de filantrope die $5 miljoen bijdroeg aan de bouw. De Hall is de thuishaven van het San Francisco Symphony Orchestra en verwelkomt het hele jaar door ook bezoekende kunstenaars. De akoestiek van het gebouw viel bij de opening nogal tegen, maar na tien jaar onderhandelen is er nu een nieuw systeem voor de geluidsweergave geïnstalleerd. Het interieur is verbouwd en de muren zijn aangepast om het geluid beter te kunnen reflecteren.

Vooringang van het War Memorial Opera House uit 1932

War Memorial Opera House ❺

301 Van Ness Ave. **Kaart** 4 F5.
Tel. *621 6600.* *5, 21, 47, 49.* *J, K, L, M, N, T.* *behalve tijdens voorstellingen.* *bel 552 8338.* **www**.sfwmpac.org

Het War Memorial Opera House werd in 1932 geopend en is opgedragen aan de soldaten die in de Eerste Wereldoorlog vochten. In 1951 tekenden de VS en Japan hier hun vredesverdrag, wat het formele einde van de Tweede Wereldoorlog betekende. Het gebouw huisvest nu de San Francisco Opera *(blz. 264)*.

Veterans Building ❻

401 Van Ness Ave. **Kaart** 4 F5.
Tel. *621 6600;* **Herbst Theatre** *392 4400.* *5, 19, 21, 47, 49.* *J, K, L, M, N, T.* *ma–vr 8.00–17.00 uur.* *behalve tijdens voorstellingen.* *beperkt.* *bel 552 8338.* **www**.sfwmpac.org

Net zoals het War Memorial Opera House werd het Veteran's Building in 1932 gebouwd naar een ontwerp van Arthur Brown ter ere van soldaten uit de Eerste Wereldoorlog. Naast collecties historische wapens zijn er ook militaire memorabilia tentoongesteld. Het gebouw biedt ook onderdak aan het Herbst Theatre, een concertzaal en theater met 928 stoelen. Om de goede akoestiek wordt hier veel klassieke muziek gespeeld. Hier werd het Handvest van de Verenigde Naties in 1945 ondertekend.

City Hall ❼

400 Van Ness Ave. **Kaart** 4 F5.
Tel. *554 4000.* *5, 8, 19, 21, 26, 47, 49.* *J, K, L, M, N, T.* *ma–vr 8.00–20.00 uur.* *bel 554 6023.* **www**.sfgov.org

Op het hoogtepunt van zijn carrière ontwierp architect Arthur Brown City Hall, in 1915 net op tijd voltooid voor de Pan-Pacific Exposition *(blz. 30–31)*. Brown zat op het hoogtepunt van zijn loopbaan. Het oorspronkelijke gebouw werd bij de aardbeving van 1906 compleet verwoest. De barokke koepel is geïnspireerd op die van de Sint-Pieter in Rome en is hoger dan het Capitool in Washington D.C. De bovenste etages van de koepel zijn open voor het publiek.

Het gebouw staat in het midden van het Civic Centercomplex en is een fraai voorbeeld van de beaux-artsstijl *(blz. 47)*. Allegorische figuren, die de tijd van de goldrush in herinnering roepen, verlevendigen het fronton boven de hoofdingang aan Polk Street. Deze ingang leidt naar een rotonde met marmeren vloer.

Great American Music Hall ❽

859 O'Farrell St. **Kaart** 4 F4.
Tel. *885 0750.* *19, 38.*
www.musichallsf.com

De Great American Music Hall werd in 1907 gebouwd als toneel voor dubbelzinnige blijspelen, maar veranderde al snel in een bordeel. Nu is het een uitstekend theater, met een rijk interieur van marmeren pilaren en bewerkte balkons, versierd met verguld pleisterwerk. Hoewel de zaal groot is, kan de voorstelling aan elke tafel goed worden gevolgd.

Bord boven de Great American Music Hall

De Music Hall staat in het hele land bekend als een stijlvol theater, en beroemde artiesten als Carmen McCrae, B.B. King en Tom Paxton hebben hier alle denkbare soorten muziek gespeeld, van blues, jazz en folk tot rock-'n-roll.

De imposante façade in beaux-artsstijl van de City Hall in het centrum van het Civic Center van San Francisco

Het altaar in St. Mary's Cathedral

St. Mary's Cathedral ❾

1111 Gough St. **Kaart** 4 E4. ***Tel.*** *567 2020.* *38.* *ma–vr 8.30–16.30, za, zo 9.00–18.30 uur.* *ma–za 5.30 (alleen za), 6.45, 8.00, 12.10 uur; zo 7.30, 9.00, 11.00, 13.00 uur.* *tijdens diensten.*
www.stmarycathedralsf.org

De ultramoderne St. Mary's, gelegen op Cathedral Hill, is een van de bouwkundige hoogtepunten van San Francisco. De kerk werd ontworpen door architect Pietro Belluschi en ingenieur Luigi Nervi en voltooid in 1971. De vier delen van het welvende, parabolische dak staan erbij als de witte zeilen van een schip aan de horizon. Het 60 m hoge betonnen gevaarte, met zijn kruisvormige plafond met gebrandschilderde ramen die de vier elementen symboliseren, lijkt het schip helemaal vanzelf te overspannen. Het schip biedt plaats aan 2500 gelovigen. De altaarhemel bestaat uit aluminium staven die boven het stenen altaar schitteren als zonnestralen.

Japan Center ❿

Post St en Buchanan St. **Kaart** 4 E4. ***Tel.*** *922 6776.* *2, 3, 4, 38.* *dag. 10.00–18.00 uur.*

Het Japan Center werd gebouwd als onderdeel van een ambitieus plan om het Fillmore District nieuw leven in te blazen. De oude victoriaanse huizen werden gesloopt en vervangen door de Geary Expressway en het winkelcomplex van het Japan Center. Het nieuw ingerichte Peace Pagoda Plaza vormt het hart van het complex, met in het midden een 22 m en vijf verdiepingen hoge pagode. Op het jaarlijkse Cherry Blossomfestival in april *(blz. 48)* treden hier taikodrummers en andere artiesten op. Aan weerszijden van de tuin zijn Japanse restaurants en winkels gevestigd en de acht zalen grote bioscoop AMC Kabuki *(blz. 262)*. Deze buurt vormt al 75 jaar het hart van de Japanse gemeenschap. Meer authentieke Japanse winkels vindt u aan de overkant van Post Street.

Cottage Row ⓫

Kaart 4 D4. *2, 3, 4, 22, 38.*

Een van de weinige overblijfselen uit het San Francisco van de laat-19de-eeuwse arbeidersklasse is dit rijtje woningen uit 1882, het eind van de bouwexplosie in Pacific Heights. Twee arbeidershuisjes delen één tussenmuur, zoals bij rijtjeshuizen in Europa of aan de oostkust van de VS wel gebruikelijk is, maar in San Francisco niet vaak voorkomt. Het totale gebrek aan versieringen en de ligging in wat eens een donkere en drukke steeg was, benadrukt de lage status van de huizen. Ze werden in de jaren zestig van de sloop gered dankzij een project van Justin Herman, dat mensen door middel van subsidies in staat stelde hun huis te renoveren. Op één na zijn de huizen nu allemaal gerenoveerd en ze kijken uit op een klein, maar groen stadspark.

Het Japan Center bij nacht

Cottage Row

Hayes Valley ⓬

Kaart 4 E5. *21, 22.*

Dit deel van Hayes Street, ten westen van City Hall, veranderde in een trendy winkelgebied nadat snelweg US 101 bij de aardbeving van 1989 *(blz. 18)* beschadigd was geraakt en moest worden afgebroken. Voorheen sloot de weg Hayes Valley af voor de rijken en machtigen van het Civic Center. Een aantal plaatselijke cafés en restaurants, zoals Hayes Street Grill en Mad Magda's Russian Tea Room, had zich al voor de aardbeving gemengd tussen de tweedehandswinkels van Hayes Street, maar de komst van dure galeries, designwinkels en kleine boetieks heeft de buurt een chiquer aanzien gegeven.

Alamo Square ⓭

Kaart 4 D5. 🚌 *21, 22.*

De meest gefotografeerde rij victoriaanse huizen van San Francisco siert de oostzijde van dit glooiende groene plein, dat ongeveer 68 m hoger ligt dan het Civic Center en een groots uitzicht biedt op City Hall, met op de achtergrond de wolkenkrabbers van het Financial District. Het plein werd aangelegd in dezelfde tijd als de twee pleinen in Pacific Heights *(blz. 72–73)*, maar kwam later en veel sneller tot ontwikkeling, toen speculanten grote hoeveelheden bijna identieke huizen bouwden. De 'Six Sisters' in Queen Anne-stijl *(blz. 77)*, die in 1895 op 710–720 Steiner Street werden gebouwd, vormen hier een goed voorbeeld van. De kleurrijke huizen staan op veel ansichtkaarten in San Francisco.

St. Ignatius Church op de campus van de University of San Francisco

University of San Francisco ⓮

2130 Fulton St. **Kaart** 3 B5. ***Tel.*** *422 5555.* 🚌 *5, 31, 33, 38, 43.*
www.usfca.edu

De University of San Francisco (USF) werd in 1855 gesticht als het St. Ignatius College en wordt nog steeds door jezuïeten gerund, hoewel het onderwijs gemengd en niet-kerkelijk is. Het opvallendste bouwwerk op de campus is St. Ignatius Church, voltooid in 1914. De vaalgele torens zijn overal in het westelijk deel van de stad te zien, en zien er vooral mooi uit wanneer ze 's avonds verlicht zijn. De campus en de wijk eromheen liggen op land dat ooit de grootste begraafplaats van San Francisco vormde, op en rond Lone Mountain.

DE JAREN ZESTIG IN SAN FRANCISCO

In de *flowerpower*tijd van de late jaren zestig, en vooral tijdens de 'Summer of Love' van 1967 *(blz. 32)*, kwamen jongeren uit het hele land samen in San Francisco. Ze kwamen niet alleen *to turn on, tune in and drop out*, maar ook om naar muziek te luisteren. Bands als Janis Joplins Big Brother & the Holding Company, Jefferson Airplane en de Grateful Dead kwamen voort uit een bloeiende muziekwereld. Ze werden gevormd in clubs als de Avalon Ballroom en het Fillmore Auditorium, die allebei nog bestaan.

Janis Joplin (1943–1970), rauwe blueszangeres

Hippies luieren op een psychedelische bus

Belangrijke podia
De Avalon Ballroom, nu het Regency II op Van Ness Avenue, was het eerste en belangrijkste poppodium. Het door Chet Helms en het Family Dogcollectief gerunde Avalon was een pionier in het gebruik van kleurrijke psychedelische posters van ontwerpers als Stanley Mouse en Alton Kelly.
Het Fillmore Auditorium, tegenover het Japan Center *(blz. 128)*, was ooit een kerk. In 1965 nam Bill Graham, naar wie het Civic Auditorium *(blz. 126)* is genoemd, het over. Hij boekte voor zijn programma's onwaarschijnlijke combinaties als Miles Davis en de Grateful Dead, en haalde grote artiesten binnen van Jimi Hendrix tot The Who.
Graham opende nadien ook het Winterland en het Fillmore East, en toen hij in 1992 stierf was hij de succesvolste promotor van popmuziek in de VS.

SITIVELY HAIGHT STRE
Kawasaki

HAIGHT ASHBURY EN MISSION DISTRICT

Ten noorden van Twin Peaks – twee winderige heuvels die 274 m hoog boven de stad oprijzen – ligt Haight Ashbury. De buurt wordt met zijn rijen laatvictoriaanse huizen *(blz. 76–77)* vooral door de rijken bewoond, hoewel er in de jaren zestig duizenden hippies *(blz. 129)* hun intrek namen. Het Castro District is het centrum van de homogemeenschap. De buurt is bekend om het hedonisme van de jaren zeventig, maar is de laatste jaren rustiger geworden. Het Mission District werd gesticht door Spaanse monniken *(blz. 22)* en heeft veel bewoners van Latijns-Amerikaanse afkomst.

Beeld in de Mission Dolores

BEZIENSWAARDIGHEDEN IN HET KORT

Historische straten en gebouwen
Castro Street 8
Clarke's Folly 15
Dolores Street 10
Haight Ashbury 2
Lower Haight Neighborhood 5
Noe Valley 14
(Richard) Spreckels Mansion 3

Kerken
Mission Dolores 9

Torens
Sutro Tower 18

Parken en tuinen
Buena Vista Park 4
Corona Heights Park 6
Dolores Park 11
Golden Gate Park Panhandle 1
Twin Peaks 16
Vulcan Street Steps 17

Musea
Carnaval Mural 13
Mission Cultural Center for the Latino Arts 12

Theaters
Castro Theatre 7

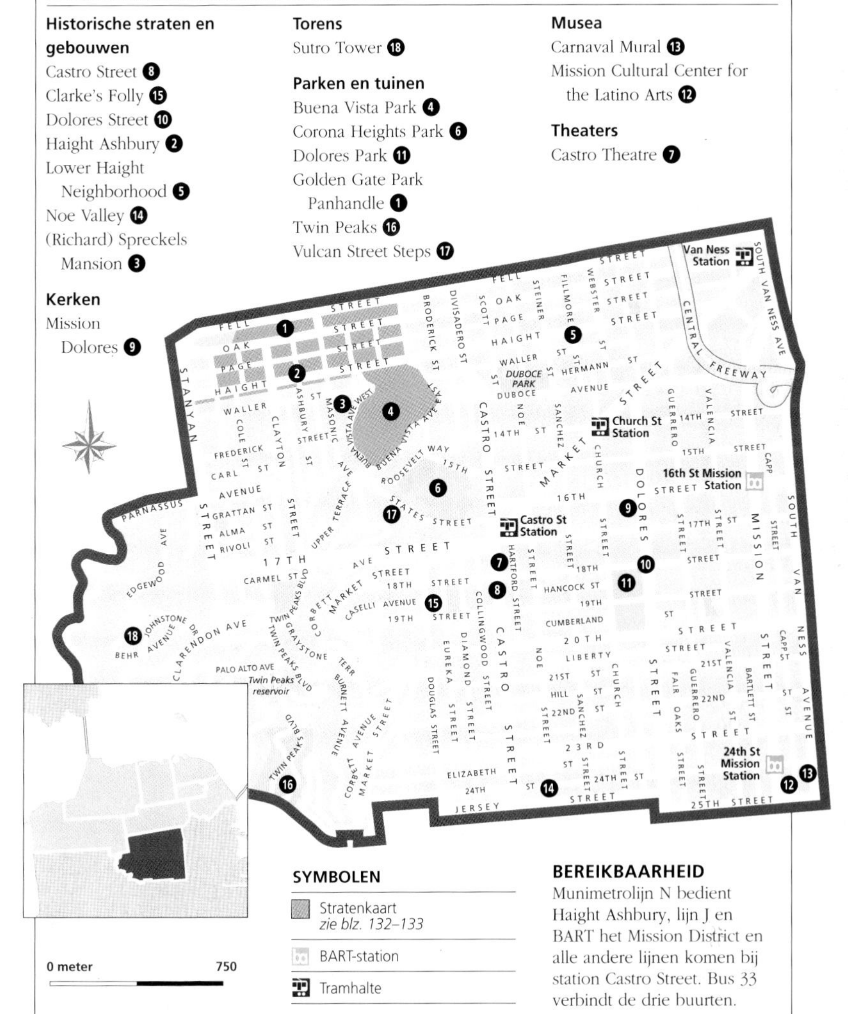

SYMBOLEN

Stratenkaart *zie blz. 132–133*

BART-station

Tramhalte

BEREIKBAARHEID

Munimetrolijn N bedient Haight Ashbury, lijn J en BART het Mission District en alle andere lijnen komen bij station Castro Street. Bus 33 verbindt de drie buurten.

◁ **Straattafereel in Haight Ashbury**

Onder de loep: Haight Ashbury

In de jaren tachtig van de 19de eeuw was Haight Ashbury, tussen het Buena Vista Park en het enorme Golden Gate Park, een plek om aan het centrum te ontsnappen. Het ontwikkelde zich tot woonwijk, maar maakte tussen 1930 en 1970 een dramatische verandering door van kalme voorstad tot centrum van de *flowerpower*, met een gratis ziekenhuis voor hippies. Nu is het een van de levendigste buurten van de stad, met uitstekende boek- en platenwinkels en goede cafés.

Bord aan de Free Clinic

Haight Ashbury
In de jaren zestig kwamen hippies bijeen op dit kruispunt, dat de buurt zijn naam gaf ❷

Wasteland, 1660 Haight Street, is een enigszins chaotisch aandoende tweedehandswinkel die is gevestigd in een bont gekleurd artnouveaugebouw. Wie mooie koopjes zoekt, kan in deze onconventionele winkel ongetwijfeld iets vinden.

Golden Gate Panhandle
Deze smalle groene strook is in het westen verbonden met het Golden Gate Park ❶

Naar bus 7, 33

0 meter 100

Cha Cha Cha is een van de leukste restaurants van San Francisco, met Latijns-Amerikaans eten in de vorm van kleine gerechten *(blz. 236)*.

Het Red Victorian Bed and Breakfast herinnert aan de jaren zestig. Nu komt er een New Agecliëntèle af op de kamers met transcendentale thema's *(blz. 218)*.

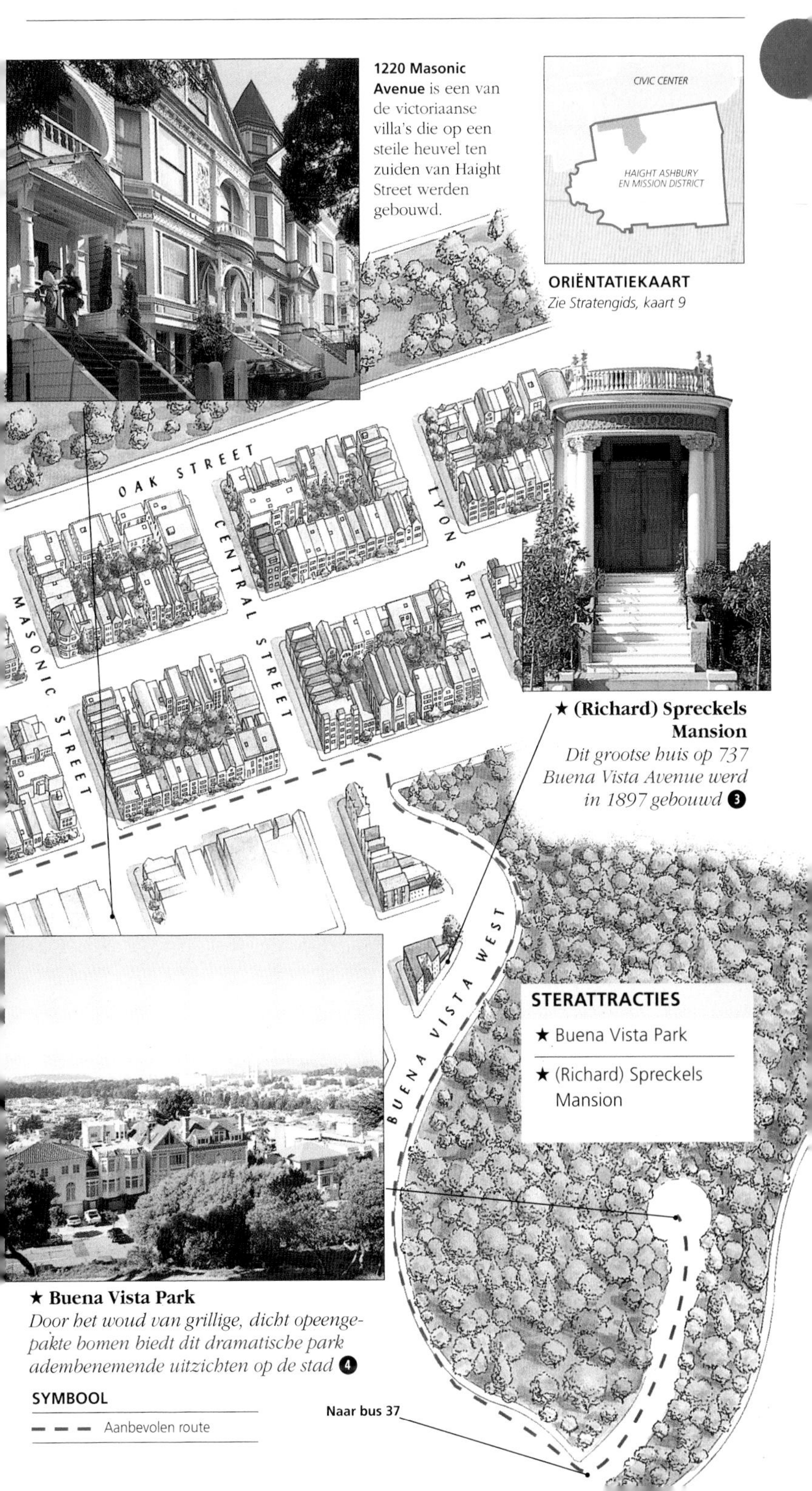

1220 Masonic Avenue is een van de victoriaanse villa's die op een steile heuvel ten zuiden van Haight Street werden gebouwd.

ORIËNTATIEKAART

Zie Stratengids, kaart 9

★ (Richard) Spreckels Mansion

Dit grootse huis op 737 Buena Vista Avenue werd in 1897 gebouwd ❸

STERATTRACTIES

- ★ Buena Vista Park
- ★ (Richard) Spreckels Mansion

★ Buena Vista Park

Door het woud van grillige, dicht opeengepakte bomen biedt dit dramatische park adembenemende uitzichten op de stad ❹

SYMBOOL

– – – Aanbevolen route

Golden Gate Park Panhandle ❶

Kaart 9 C1. *6, 7, 21, 43, 66, 71. N.*

Deze groenstrook van één huizenblok breed en acht huizenblokken lang vormt de smalle steel van de gigantische pan die door het Golden Gate Park wordt gevormd *(blz. 142–155)*. Dit was het eerste stuk park dat werd aangelegd op de zandduinen die zich in het westen van de stad uitstrekten, en de statige eucalyptussen horen tot de oudste en grootste van San Francisco. De slingerende wandelwegen en ruiterpaden van de Panhandle werden in 1870 aangelegd, en de hogere klassen kwamen hier om te wandelen en paard te rijden. Aan de rand van het park bouwden ze grote villa's: vele staan er nog. In 1906 vormde de Panhandle een toevluchtsoord voor mensen die door de aardbeving *(blz. 28–29)* dakloos waren geworden. De oude paden worden nu gebruikt door fietsers en joggers. In de dagen van de flowerpower *(blz. 129)* gaven bands hier veel gratis concerten.

Gitaarheld Jimi Hendrix in actie

Haight Ashbury ❷

Kaart 9 C1. *6, 7, 33, 37, 43, 66, 71. N.*

De buurt, die zijn naam ontleent aan het kruispunt van twee grote wegen, kent veel alternatieve boekwinkels, victoriaanse huizen en talloze cafés. Na de aanleg van het Golden Gate Park *(blz. 146)* en de opening van het grote amusementspark The Chutes ontwikkelde het gebied zich aan het eind van de vorige eeuw tot een voorstad voor de middenklasse – vandaar de tientallen huizen in Queen Annestijl *(blz. 77)*. De buurt overleefde de aardbeving en brand van 1906 *(blz. 28–29)* en maakte een korte bloeitijd door, gevolgd door een lange periode van verval. Nadat in 1928 de metrotunnel onder Buena Vista Park was voltooid, begon de middenklasse aan zijn uittocht naar de voorsteden. Het dieptepunt voor de buurt kwam na de Tweede Wereldoorlog. De victoriaanse huizen werden verdeeld in appartementen en de lage huren trokken een bonte stoet mensen aan. Tegen 1960 was Haight Ashbury het thuis van een bohemienachtige gemeenschap die een broedplaats van anarchie was. Een aspect van deze 'hippiescene' was de muziek van rockbands als de Grateful Dead. De 'Summer of Love' *(blz. 129)* lokte 75.000 jongeren op zoek naar vrije liefde, muziek en drugs naar de stad, en de buurt werd het middelpunt van een wereldwijde jeugdcultuur. De buurt heeft zijn prettige radicale sfeer behouden, maar kent ook problemen met criminelen, verslaafden en daklozen. Als u van café naar tweedehandswinkel slentert, doet u in deze straten echter een ervaring op die alleen in San Francisco mogelijk is.

De villa van Richard Spreckels

Restaurant Cha Cha Cha in Haight Street

(Richard) Spreckels Mansion ❸

737 Buena Vista West. **Kaart** 9 C2. *6, 7, 37, 43, 66, 71. voor publiek.*

Dit huis moet niet worden verward met het grotere en luisterrijkere Spreckels Mansion in Washington Street *(blz. 72)*, al werd ook dit huis door miljonair 'Sugar King' Claus Spreckels voor een van zijn vele kinderen gebouwd. Het weelderige Queen Annebouwwerk *(blz. 77)* uit 1897 is een voor Haight Ashbury typisch laatvictoriaans huis. Het is opnamestudio geweest, en later pension, maar nu is het in particuliere handen. Onder de gasten waren de cynische journalist en schrijver van griezelverhalen Ambrose Bierce en auteur Jack London, die hier in 1906 *White Fang* schreef. De villa ligt op een heuvel nabij Buena Vista Park. In de buurt staan rijen victoriaanse huizen, waarvan vele nog in goede staat. Het huis op 1450 Masonic Street heeft een uidak en is een van de opvallendste van de vele excentrieke villa's die vanaf 1890 in Haight Ashbury werden gebouwd.

Buena Vista Park ❹

Kaart 9 C1. *6, 7, 37, 43, 66, 71.*

Het steile Buena Vista Park steekt 180 m boven het geografische centrum van San Francisco uit. Het werd in 1894 aangelegd en heeft een netwerk van paden die van Haight Street naar de top leiden, waar een dichte beplanting het uitzicht over de Bay Area omlijst. Veel paden zijn overwoekerd en in slechte staat, maar vanaf Buena Vista Avenue loopt een geplaveide weg naar de top. 's Nachts kunt u het park beter mijden.

Lower Haight Neighbourhood ❺

Kaart 10 D1. *6, 7, 22, 66, 71.* *K, L, M, N.*

Halverwege City Hall en Haight Ashbury, aan de zuidelijke grens van het overwegend Afro-Amerikaanse Fillmore District, vormt de Lower Haight een overgangsgebied. Midden jaren tachtig vestigden ongewone galeries en boetieks – waaronder Used Rubber USA, met kleding en accessoires gemaakt van gerecycled rubber – zich naast de goedkope cafés en restaurants die er al waren. Door deze combinatie is een van de levendigste buurten van San Francisco ontstaan. Net zoals op het nabij gelegen Alamo Square *(blz. 129)* staan er in de Lower Haight tientallen tussen 1850 en 1910 gebouwde victoriaanse huizen *(blz. 76–77)*, waaronder het pittoreske uit ongeveer 1880 daterende Nightingale House op 201 Buchanan Street. Goedkope woningbouwprojecten uit de jaren vijftig hebben dit deel van de stad echter weinig goed gedaan. Overdag is de buurt veilig voor bezoekers, maar net als in het Buena Vista Park kan er als het donker is een dreigende sfeer hangen.

DE SPIJKERBROEKEN VAN LEVI STRAUSS

Spijkerbroeken werden voor het eerst gemaakt in San Francisco in de tijd van de goldrush *(blz. 24–25)* en hebben een grote invloed gehad op de populaire cultuur. Een van de grootste producenten is Levi Strauss & Co, opgericht in de jaren zestig van de 19de eeuw. In 1853 had Levi Strauss New York verlaten om in San Francisco een filiaal van het stoffenbedrijf van zijn familie op te zetten. Aanvankelijk maakte hij werkmansbroeken van duurzaam blauw canvas, die hij direct aan mijnwerkers verkocht. In de jaren zeventig ging het bedrijf de stof met klinknagels versterken, en de vraag steeg. Het bedrijf werd groter en verhuisde begin vorige eeuw naar Valencia Street in het Mission District, waar het nog steeds zit. Levis worden nu overal ter wereld gemaakt en gedragen en het bedrijf dat Levi Strauss oprichtte is nog steeds eigendom van zijn erfgenamen.

Levi Strauss

Twee mijnwerkers met hun Levis in de Last Chance Mine in 1882

Corona Heights en Randall Museum ❻

Kaart 9 D2. ***Tel****. 554 9600. 24, 37.* ***Randall Museum Animal Room*** *199 Museum Way. di–zo 10.00–18.00 uur. feestdagen. beperkt.* **www**.randallmuseum.org

Het Corona Heights Park is een stoffige en onontwikkelde rotsachtige piek. In het park staat een ongewoon museum voor kinderen. Het Randall Museum Animal Room heeft een uitgebreide verzameling geiten, lammetjes, wasberen, uilen, slangen en andere dieren. De nadruk ligt op meedoen en het museum verzorgt dan ook tentoonstellingen en workshops waarbij de kinderen zelf actief zijn. Kinderen vinden het ook leuk om het grillige terrein van het park te beklimmen. Corona Heights is in de 19de eeuw ontstaan als gevolg van de steenmakerij. Het is nooit beplant, zodat de kale rode rots een weids uitzicht biedt op de stad en de East Bay.

Uitzicht op het Mission District vanaf Corona Heights

Castro Theatre ❼

429 Castro St. **Kaart** 10 D2. ***Tel.*** *621 6120.* 🚌 *24, 33, 35, 37.* 🚋 *F, K, L, M, T.* *Zie* ***Amusement*** *blz. 240.*
www.thecastrotheatre.com

Dit bouwwerk, voltooid in 1922, met zijn felle neonverlichting vormt een herkenningspunt in Castro Street. Het is het overdadigste en best bewaard gebleven filmpaleis van de stad, en een van de eerste opdrachten die architect Timothy Pflueger kreeg. Met zijn weelderige interieur uit Duizend-en-één-nacht en het glorieuze Wurlitzerorgel, dat tussen de voorstellingen door uit de vloer omhoogkomt, is het de toegangsprijs zeker waard. Het schitterend gestucte plafond van de grote zaal lijkt op het interieur van een grote tent met rijke stoffen, koorden en kwasten. De bioscoop heeft 1500 stoelen en vertoont vooral klassieken. In juni wordt hier het Gay and Lesbian Film Festival gehouden *(blz. 49).*

Het historische Castro Theatre

Castro Street ❽

Kaart 10 D2. 🚌 *24, 33, 35, 37.* 🚋 *F, K, L, M, T.*

De heuvelachtige buurt rond Castro Street tussen Twin Peaks en het Mission District vormt het hart van de zeer aanwezige homogemeenschap van San Francisco. In de jaren zeventig ontwikkelden de 'Gayest Four Corners of the World', op het kruispunt van Castro Street en 18th Street, zich tot een Mekka voor homoseksuelen. Homo's van de *flowerpower*generatie vestigden zich in deze arbeidersbuurt en begonnen oude huizen te restaureren en zaakjes op te zetten, zoals de boekwinkel A Different Light, op 489 Castro Street. Ook openden ze homobars, waaronder de Twin Peaks op de hoek van Castro Street en 17th Street. In tegenstelling tot oudere homobars, die de mensen wegstopten in donkere hoekjes, liet de Twin Peaks grote ramen zetten. Hoewel de vele goede winkels en restaurants allerlei mensen aantrekken, is Castro Street met zijn openlijk homoseksuele identiteit nog steeds een bedevaartsoord voor homo's en lesbiennes. De eerste politicus van de stad die voor zijn homoseksualiteit uitkwam was Harvey Milk, die bekendstond als de burgemeester van Castro Street en in 1978 werd vermoord. Hij en burgemeester George Moscone werden gedood door een ex-politieman, wiens lichte straf in de stad tot rellen leidde. Milk wordt nu herdacht op een plaquette bij het Munistation op Market Street en met een jaarlijkse optocht met kaarslicht van Castro Street naar City Hall.

Uitzicht op Castro Street

De *AIDS Memorial Quilt* in Washington in 1992

HET NAMES PROJECT

De AIDS Memorial Quilt van het NAMES Project werd bedacht door de homorechtenactivist Cleve Jones uit San Francisco, die in 1985 de eerste kaarsenoptocht voor Harvey Milk organiseerde in Castro Street. Jones en de andere protesteerders schreven de namen van al hun vrienden die overleden waren aan aids op panelen, die ze vervolgens met plakband tegen het San Francisco Federal Building plakten. Deze 'lappendeken' inspireerde Jones tot het maken van het eerste paneel van de AIDS Memorial Quilt in 1987. De quilt kreeg direct veel bijval vanuit de VS en de rest van de wereld. Hij bestaat nu uit meer dan 60.000 panelen, sommige vervaardigd door individuen en andere door 'quilting bees', vrienden en familieleden die samen iemand die gestorven is aan aids willen herdenken. Alle panelen hebben dezelfde afmetingen – 90 bij 180 cm – maar ze zijn allemaal anders: ontwerp, kleuren en materialen geven het karakter van de te herdenken persoon weer. In 2002 verhuisde de Memorial Quilt van San Francisco naar het vaste hoofdkwartier in Atlanta, Georgia.

Mission Dolores ❾

16th St en Dolores St. **Kaart** 10 E2. *621 8203.* *22.* *J.* *dag. 8.00–12.00, ma–vr 13.00–16.00, za 10.00–15.00, zo 9.00–15.00 uur.* *Thanksgiving.*

Mission Dolores, gebouwd in 1791, is het oudste gebouw van San Francisco en de belichaming van het Spaanskoloniale verleden van de stad *(blz. 22–23)*. De missiepost heet formeel Mission of San Francisco de Asis. De naam Dolores verwijst naar de Laguna de los Dolores (meer van Onze-Lieve-Vrouw van smarten), een van insecten wemelend moeras dat hier vroeger in de buurt lag. De 1,2 m dikke muren van het bescheiden gebouw hebben de tijd zonder ernstige schade doorstaan. Het gerestaureerde plafond is versierd met fresco's van indianen. In het kleine museum *(blz. 39)* ziet u het fraaie barokke altaar en altaarstuk en een expositie van historische documenten. De meeste diensten worden gehouden in de basiliek, die in 1918 naast de oorspronkelijke post werd gebouwd. Op de ommuurde begraafplaats liggen de graven van vooraanstaande bewoners uit de begintijd van de stad. Ooit gaf een beeld de plaats aan van het massagraf van 5000 indianen, de meesten slachtoffers van de mazelenepidemieën van 1804 en 1826. Het beeld werd gestolen en alleen het voetstuk met inscriptie is nog over. De beroemde kerkhofscène in *Vertigo* van Hitchcock werd hier opgenomen.

Heiligenbeeld in Mission Dolores

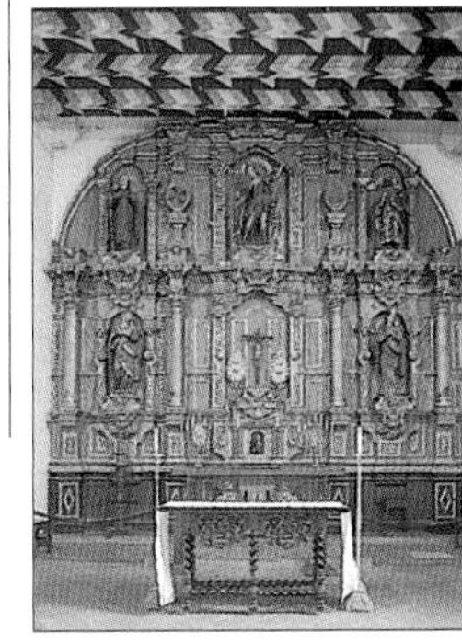

Het geschilderde en vergulde altaarstuk werd in 1780 uit Mexico gehaald.

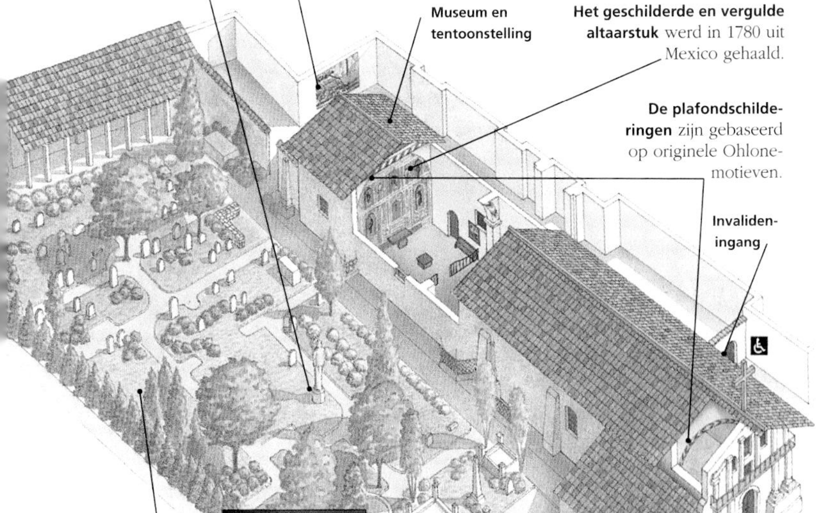

Het beeld van pater Junipero Serra, stichter van de post, is een kopie van een werk van beeldhouwer Arthur Putnam.

Het muurmozaïek werd gemaakt door Guillermo Granizo, een plaatselijke kunstenaar.

Museum en tentoonstelling

De plafondschilderingen zijn gebaseerd op originele Ohlone-motieven.

Invalideningang

De begraafplaats strekte zich oorspronkelijk over een veel groter oppervlak uit. De eerste, houten zerken zijn vergaan, maar de Lourdes Grotto gedenkt de vergeten doden.

Beeld van Our Lady of Mount Carmel

Ingang en souvenierwinkel

De façade heeft vier pilaren met daarboven nissen voor drie klokken. In de klokken staan hun namen en data gegraveerd.

Beeld ter nagedachtenis van de soldaten in de Spaans-Amerikaanse Oorlog

Dolores Street ⑩

Kaart 10 E2. *22, 33, 48.* *J.*

Dolores Street is met zijn goed onderhouden laatvictoriaanse huizen *(blz. 76–77)* en zijn eiland van palmen in het midden een van de mooiste plekjes van de stad. De brede boulevard is 24 huizenblokken lang en loopt parallel aan Mission Street langs de westelijke grens van het Mission District. Aan het begin, bij Market Street, overschaduwt de kolossale US Mint het beeld ter ere van soldaten uit de Spaans-Amerikaanse oorlog. In Dolores Street staat de Mission High School, met zijn voor missionarchitectuur karakteristieke witte muren en rode dakpannen, evenals de Mission Dolores *(blz. 137)*. De straat komt uit bij Noe Valley.

Dolores Park ⑪

Kaart 10 E3. *22, 33.* *J.*

Op de plek van Dolores Park lag eens de joodse begraafplaats van de stad, maar in 1905 werd er een van de weinige grote open ruimten van het Mission District aangelegd. Het park ligt tussen Dolores, Church, 18th en 20th Streets op een heuvel en biedt uitzicht op het centrum. Overdag komen hier veel tennissers, zonaanbidders en mensen met honden, maar 's avonds is het een toevluchtsoord voor drugdealers. Ten zuiden en westen van het park worden de straten zo steil, dat vele alleen voor voetgangers toegankelijk zijn. Hier ziet u een aantal van de mooiste victoriaanse huizen, vooral in Liberty Street.

Mission Cultural Center for the Latino Arts ⑫

2868 Mission St. **Kaart** 10 F4. ***Tel.*** *821 1155.* *14, 26, 48, 49.* *J.* ***Gallery*** *di–za 10.00–16.00 uur.*
www.missionculturalcenter.org

Dit dynamische kunstcentrum dient met name de Midden- en Zuid-Amerikaanse inwoners van San Francisco. Het opvallendst zijn de optocht en voorstellingen die in november worden gehouden ter ere van de Day of the Dead *(blz. 50)*.

Carnaval Mural ⑬

24th St. en South Van Ness Ave. **Kaart** 10 F4. *12, 14, 48, 49, 67.* *J.*

De *Carnaval Mural*, een van de vele kleurrijke muurschilderingen die er in het Mission District te zien zijn, is een afbeelding van al die verschillende mensen die bij elkaar komen voor het Carnavalfestival *(blz. 48)*. Gemeentelijke organisaties verzorgen rondleidingen langs andere muurschilderingen *(blz. 257)*. In Balmy Alley, bij Treat en Harrison Street, vindt u een openluchtgalerie met muurschilderingen *(blz. 140–141)*.

Noe Valley Ministry

Noe Valley ⑭

24, 35, 48. *J.*

Noe Valley wordt door zijn bewoners wel 'Noewhere Valley' genoemd: zij zijn vastbesloten hun buurt buiten de toeristische route te houden. Het gebied is genoemd naar José Noe, de laatste *alcalde* (burgemeester) van het Mexicaanse Yerba Buena, en kwam eind vorige eeuw tot ontwikkeling, na de voltooiing van een kabeltramlijn over de steile heuvel van Castro Street. Zoals zo veel buurten in San Francisco, trok de voormalige arbeidersbuurt in de jaren zeventig nieuwe en rijkere bewoners aan, wat heeft geleid tot de huidige opwindende mengeling van boetieks, cafés en restaurants. De Noe Valley Ministry, 1021 Sanchez Street, is een presbyteriaanse kerk in stickstijl *(blz. 77)*, met een nadruk op verticale lijnen. In de jaren zeventig werd het een gemeenschapscentrum.

Detail van *Carnaval Mural*

Clarke's Folly ⓯

250 Douglass St. **Kaart** 10 D3.
33, 35, 37, 48. *voor publiek.*

Het luisterrijke witte herenhuis stond aanvankelijk op een uitgestrekt terrein. Het werd in 1892 gebouwd door Alfred Clarke, die ten tijde van de burgerwachten *(blz. 26–27)* bij de politie van San Francisco werkte. Men zegt dat het huis $100.000 heeft gekost, een enorm bedrag in die tijd. Hoewel het huis omgeven is door andere gebouwen, is het met zijn vele torentjes nog steeds een mooi voorbeeld van victoriaanse huizenbouw. Het is nu verdeeld in appartementen.

Uitzicht op de stad en Twin Peaks Boulevard vanaf Twin Peaks

Twin Peaks ⓰

Kaart 9 C4. *33, 36, 37.*

De twee heuvels heetten in het Spaans El Pecho de la Chola, de 'Borsten van het indianenmeisje'. Op de top ligt open grasland met steile hellingen, waar u kunt genieten van onvergelijkbare uitzichten op heel San Francisco. Twin Peaks Boulevard loopt rond beide heuvels en er is een parkeer- en uitzichtplaats waarvandaan u over de stad uit kunt kijken. Wie bereid is om het steile voetpad helemaal tot aan de top te volgen, laat de menigte achter zich en heeft rondom een onbelemmerd uitzicht. Door de woonwijken op de lager gelegen delen slingeren bochtige straten zich om de hellingen: een heel verschil met de meer gebruikelijke symmetrische plattegrond in de rest van de stad.

Vulcan Street Steps ⓱

Vulcan St. **Kaart** 9 C2. *37.*

Behalve het piepkleine beeld van Spock op een brievenbus, bestaat er geen enkel verband tussen de televisieserie *Star Trek* en dit bijna landelijke huizenblok tussen Ord Street en Levant Street. Net zoals de Filbert Steps op Telegraph Hill *(blz. 93)* lijken de Vulcan Steps echter wel lichtjaren verwijderd van de drukke straten van het Castro District beneden. Kleine tuinen sieren de randen van de trap en een haag van pijnbomen dempt de geluiden van de stad. U hebt hier een fraai uitzicht op het Mission District en de industriële zuidelijke waterkant.

Nobby Clarke's Folly

Sutro Tower ⓲

Kaart 9 B3. *36, 37.* *voor publiek.*

Als een gigantische robot steekt de 290 m hoge Sutro Tower tegen de lucht af. De toren is genoemd naar de plaatselijke filantroop en landeigenaar Adolph Sutro, en draagt antennes voor de signalen van de meeste televisie- en radiostations van San Francisco. Ondanks de opkomst van kabeltelevisie wordt de toren uit 1973 nog steeds veel gebruikt. Hij is vanuit de hele Bay Area zichtbaar en lijkt soms boven de mist te zweven die 's zomers vanuit zee komt. Aan de noordzijde liggen dichte eucalyptusbosjes, tussen 1880 en 1890 geplant door Adolph Sutro. Ze lopen af naar het medisch centrum van de universiteit, een van de beste academische ziekenhuizen van de VS.

Sutro Tower

De muurschilderingen van San Francisco

San Francisco is trots op zijn reputatie van cultureel rijke en kosmopolitische stad, kwaliteiten die naar voren komen in de schilderingen op muren en omheiningen. Ze zijn gemaakt in de jaren dertig en zeventig, waarbij sommige spontaan en andere in opdracht werden uitgevoerd. Een van de beste is de *Carnaval Mural* in 24th Street in het Mission District *(blz. 138)*; op deze bladzijden ziet u meer voorbeelden.

Werk in Balmy Alley

503 Law Office, hoek Dolores en 18th Street

HISTORISCHE TAFERELEN

In de Coit Tower ziet u de mooiste voorbeelden van schilderingen die de geschiedenis behandelen. Een serie panelen die in de jaren dertig dankzij president Roosevelts New Deal tot stand kwam, is typerend voor die periode. Veel plaatselijke kunstenaars hebben meegewerkt aan thema's als het harde bestaan van de arbeiders en de natuurlijke rijkdommen van Californië. De stad kan bogen op drie werken van Diego Rivera, de Mexicaan die de frescokunst in de jaren dertig en veertig een nieuw aanzien gaf.

Het werk aan een muurschildering afgebeeld door Rivera, San Francisco Art Institute

Detail in Coit Tower: de natuurlijke rijkdommen van Californië

Werk in Coit Tower over het leven tijdens de Depressie

Architect Frank Lloyd Wright

Emmy Lou Packard, Rivera's assistent bij het werk

Otto Diechman, architect

Mussolini, zoals neergezet door Jack Oakie in *The great dictator*

Adolf Hitler

Benito Mussolini

Edward G. Robinson

Joseph Stalin

Charlie Chaplin in *The great dictatc* een film uit de jaren veertig die c draak steekt met het fascism Chaplin speelde zowel de rol va joodse kapper als van Hitle

Het werk van Diego Rivera uit 1940 *in het City College heeft als een van de thema's de Pan-Amerikaanse eenheid. Het hier afgebeelde gedeelte gaat vooral over de rol van Amerikaanse kunstenaars en hun creatieve inspanningen in de strijd tegen het fascisme.*

HET LEVEN VAN VANDAAG

Het leven in de moderne metropool is een belangrijk thema van de muurschilderkunst in de stad, nu zowel als in de jaren dertig. Vooral in het Mission District staat elk denkbaar aspect van het dagelijks leven afgebeeld op de muren van banken, scholen en restaurants. In het Mission District vindt u ongeveer 200 werken. Veel daarvan ontstonden in de jaren zeventig, toen het stadsbestuur van de gemeenschap vervreemde jonge mensen betaalde om op openbare plaatsen kunst te maken. Nu stimuleert de San Francisco Art Commission dit werk.

Dit werk in Balmy Alley *vormt een blik op de stad zoals toeristen die zien. De steeg in het Mission District is verfraaid met talloze levendige schilderingen, in de jaren zeventig gemaakt door kinderen, kunstenaars en buurtwerkers. Ze vormen nu een grote attractie.*

De Learning Wall, Franklin St., over onderwijs en kunst

***Positively Fourth Street*, een verweerde schildering in Fort Mason**

DE MULTICULTURELE STAD

De erfenis van diversiteit en tolerantie komt tot uitdrukking op de schilderingen in de etnische buurten van de stad. In Chinatown roepen Chinees-Amerikaanse kunstenaars herinneringen op aan het land van hun voorvaderen. In het Mission District vormt de kunst een eerbetoon aan de Mexicaanse en Latijns-Amerikaanse bewoners.

Een Chinese schildering in Washington Street, Chinatown

De etnische diversiteit *van de stad wordt uitgebeeld bij Park Branch Library, Haight Ashbury.*

WAAR VINDT U MUURSCHILDERINGEN

Balmy Alley. **Kaart** 11 A5
City College of San Francisco 50 Phelan Ave.
Coit Tower *blz. 93*
Dolores en 18th St. **Kaart** 10 E3
Fort Mason *blz. 74–75*
Franklin St. **Kaart** 4 E1
Park Branch Library 1833 Page St. **Kaart** 9 B1
San Francisco Art Institute *blz. 88–89*
Washington St. **Kaart** 11 A2

GOLDEN GATE PARK EN LAND'S END

Ten zuiden van het Richmond District ligt het spectaculaire Golden Gate Park, een meesterwerk van parkarchitectuur dat eind vorige eeuw werd aangelegd. Er groeit hier weinig vanzelf en de bomen zijn telkens zorgvuldig op de beste plek geplant. Planten en struiken zijn zo gekozen dat er het hele jaar door kleur is. Het park biedt wandelpaden, sportfaciliteiten en drie grote musea. Ten noorden en ten westen van het Richmond District liggen nog meer stukjes natuur, verbonden door de Coastal Trail. Het ruige Land's End, waarvoor zo veel schepen zijn gezonken, grenst hier aan de zee. Lincoln Park maakt met zijn verzorgde golfbaan weer een geheel andere indruk.

Rodins *De drie schimmen*, het Legion of Honor

BEZIENSWAARDIGHEDEN IN HET KORT

Musea en galeries

California Academy of Sciences blz. 150–151 2
De Young Museum 4
Legion of Honor 16

Parken en tuinen

Buffalo Paddock 12
Children's Playground 6
Conservatory of Flowers 8
Japanese Tea Garden 3
Ocean Beach 14
Polo Fields 11
Queen Wilhelmina Tulip Garden 13
Shakespeare Garden 1
Stow Lake 10
Strybing Arboretum 9
Seal Rocks 15
Lincoln Park 17
Land's End 18

Historische gebouwen

Cliff House 19
Columbarium 7
McLaren Lodge 5

SYMBOOL

Stratenkaart *zie blz. 144–145*

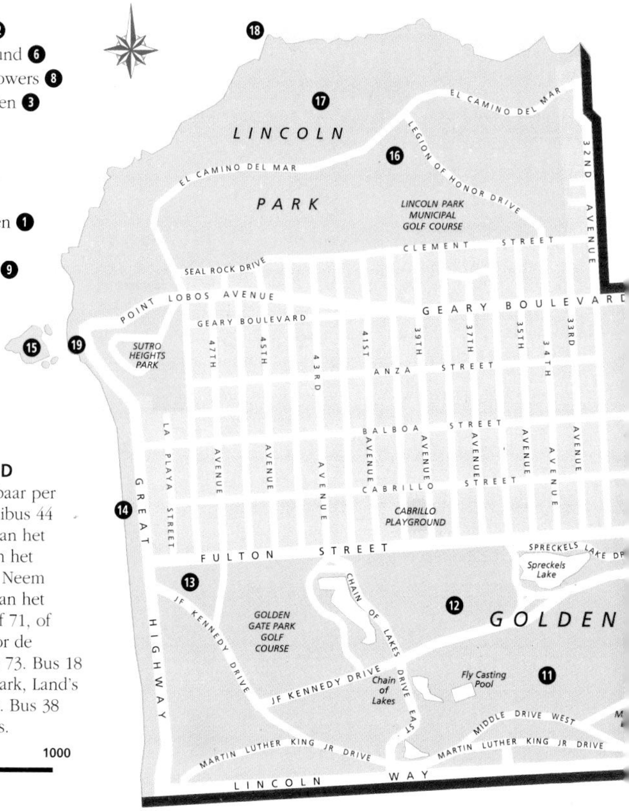

BEREIKBAARHEID

De buurt is bereikbaar per metro en bus. Munibus 44 komt in de buurt van het Music Concourse in het Golden Gate Park. Neem voor de oostkant van het park bus 5, 7, 21 of 71, of metrolijn N, en voor de zuidelijke rand bus 73. Bus 18 rijdt naar Lincoln Park, Land's End en Cliff House. Bus 38 rijdt tot Point Lobos.

0 meter 1000

Kenmerkende architectuur van het De Young Museum in Golden Gate Park

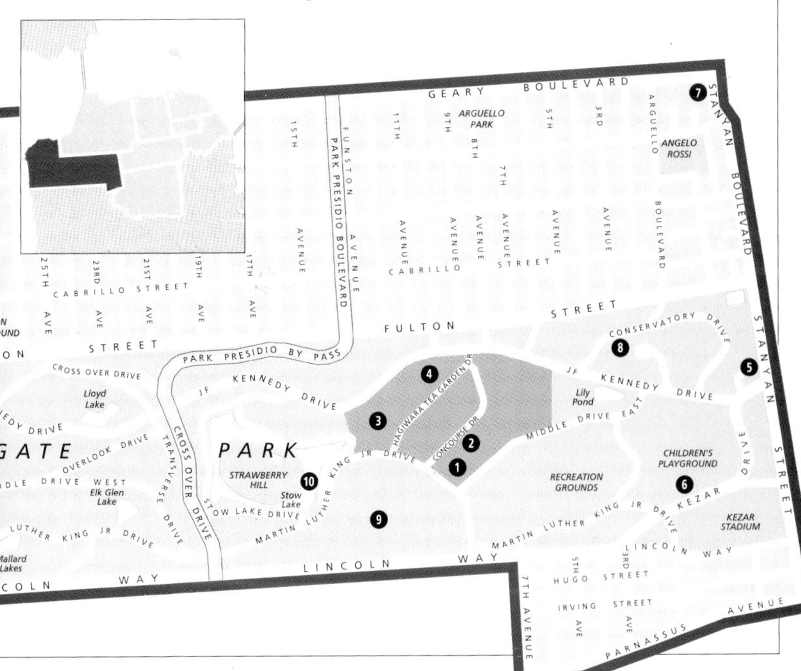

Onder de loep: Golden Gate Park

Het Golden Gate Park is een van de grootste stadsparken ter wereld. Het strekt zich uit van de Grote Oceaan tot het centrum van San Francisco, en vormt daar een groene oase van rust in de drukke stad. In het park valt verbazingwekkend veel te doen, zowel op sportief als op cultureel gebied. Het gebied rond het Music Concourse is het populairste en meest ontwikkelde gedeelte. Hier kunt u 's zondags in de Spreckels Temple of Music gratis van concerten genieten. Aan weerszijden van het Concourse staan twee musea, en de Japanese en Shakespeare Garden liggen binnen loopafstand.

Lamp in de Japanese Tea Garden

★ de Young Museum
Dit in een historisch gebouw gevestigde, ultramoderne museum heeft collecties uit de hele wereld. Een van de voorwerpen is deze mahonie ladekast ❹

De Great Buddha, bijna 3 m hoog, is wellicht het grootste boeddhabeeld buiten Azië.

Japanese Tea Garden
Deze heerlijke tuin is met zijn goed verzorgde planten een van de mooiste delen van het park ❸

De brug in de Japanese Tea Garden staat bekend als Moon Bridge. De steile boog vormt weerspiegeld in het water een perfecte cirkel.

De buste van Verdi getuigt van de liefde van de stad voor opera.

De Spreckels Temple of Music is een sierlijke muziektent, sinds 1899 de plek voor gratis zondagse concerten.

STERATTRACTIES

★ California Academy of Sciences

★ de Young Museum

0 meter 80

De buste van Miguel de Cervantes, de Spaanse auteur, werd gemaakt door Jo Mora. Hij is afgebeeld met zijn twee creaties Don Quichot en Sancho Panza.

ORIËNTATIEKAART
Zie Stratengids, kaart 8

Het beeld *Appelciderpers*, van beeldhouwer Thomas Shields-Clarke, is een van de weinig overgebleven monumenten van de California Midwinter Fair van 1894.

De John McLaren Rhododendron Dell vormt een herinnering aan de opzichter *(blz. 146)* van Golden Gate Park.

★ California Academy of Sciences
Dit complex heeft een voortreffelijke natuurhistorische collectie, een antropologieafdeling, een aquarium en een planetarium (blz. 150–151) ❷

Het Music Concourse, een symmetrisch aangelegd terrein met fonteinen, banken en bomen, vormt 's zomers het toneel van operavoorstellingen *(blz. 264)*.

Shakespeare Garden
In deze kleine tuin staan ruim 150 plantensoorten, allemaal genoemd in een van Shakespeares werken ❶

SYMBOOL

– – – Aanbevolen route

De aanleg van Golden Gate Park

In het San Francisco van de jaren zestig van de 19de eeuw eisten de bewoners dezelfde voorzieningen als andere grote steden bezaten. Een daarvan was een groot stadspark, waarvoor ze in 1865 een verzoek indienden. In New York was net Central Park voltooid, grotendeels ontworpen door Frederick Law Olmsted. H.P. Coon, de burgemeester van San Francisco, vroeg Olmsted advies omtrent een stuk land dat de stad had bestemd voor een park. Dit gebied ten westen van de stad bij de Grote Oceaan stond bekend als de 'Outside Lands'.

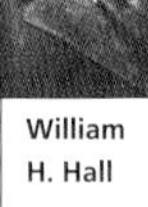

William H. Hall

John McLaren

Ontginning

De stad nam ingenieur William Hammond Hall in de arm. Hij had ervaring met de ontginning van duingebied in de Outside Lands en paste zijn methode in 1870 toe op het Golden Gate Park. In 1871 werd hij de eerste opzichter van het park. Hall begon zijn werk aan de oostzijde: hij legde wegen aan en probeerde een natuurlijk landschap te creëren. Het park in wording was al snel populair. Gezinnen kwamen er picknicken en jonge dandy's hielden wedstrijden met hun rijtuigen.

Het plan uitgevoerd

Ondanks de populariteit van het park kon het als gevolg van slecht beleid bijna niet worden voltooid. In de jaren zeventig waren ambtenaren voortdurend bezig fondsen over te hevelen en werd er meermalen bezuinigd. In 1876 werd Hall valselijk van corruptie beschuldigd en nam hij ontslag. Het park raakte in verval, en na tien jaar werd Hall gevraagd zijn oude taak weer op zich te nemen. De bijzondere man die hij in 1890 als opzichter aanstelde, was de Schot John McLaren, die net als Hall vond dat een park een natuurlijke omgeving moest vormen. Hij plantte duizenden bomen, bloemen en struiken en koos ze zo uit dat er elke maand wel iets bloeide. Ook importeerde hij exotische planten uit alle delen van de wereld. Ondanks de arme grond en het vochtige klimaat van San Francisco deden ze het in zijn handen goed. McLaren wijdde zijn hele leven aan het park en stelde zich persoonlijk teweer tegen oprukkende projectontwikkelaars. Hij stierf 93 jaar oud, na 53 jaar dienst.

Fietsers in Golden Gate Park

Het park verandert

Het park weerspiegelt nog steeds de visie van McLaren en Hall, hoewel McLarens belangrijkste nederlaag een populaire attractie is geworden. In wat nu het Music Concourse is, ging in 1894 ondanks zijn protesten de California Midwinter Fair open. In de 20ste eeuw is de bebouwing steeds verder richting park opgerukt, maar voor de meeste mensen is het nog steeds een plek om aan het leven in de stad te ontsnappen.

De California Midwinter Fair in 1894

De Shakespeare Garden

Shakespeare Garden ❶

Music Concourse, Golden Gate Park. **Kaart** 8 F2. *44.*

Tuiniers hebben geprobeerd om alle planten te kweken die voorkomen in het werk van Shakespeare. De betreffende citaten staan op bordjes in een muur achter in de tuin.

California Academy of Sciences ❷

Zie blz. 150-151.

Japanese Tea Garden ❸

Music Concourse, Golden Gate Park. **Kaart** 8 F2. ***Tel.*** *752 4227.* *44.* *maart–okt.: dag. 8.30–18.00; nov.–feb.: dag. 9.00–18.00 uur.*

De tuin werd aangelegd door kunsthandelaar George Turner Marsh voor de California Midwinter Fair van 1894 *(blz. 146)* en is populair. De beste tijd voor een bezoek is april, als de kersenbomen bloeien. Door de tuin lopen paden, omzoomd door zorgvuldig gesnoeide Japanse bomen, struiken en bloemen. De sterk gekromde Moon Bridge vormt een indrukwekkende, perfect cirkelvormige reflectie in de vijver eronder. De grootste bronzen boeddha buiten Azië, in 1790 in Japan gegoten, bevindt zich boven aan de trappen.

de Young Museum ❹

50 Tea Garden Drive, Golden Gate Park. **Kaart** 8 F2. ***Tel.*** *863 3330.* *5, 21, 44.* *N.* *dag. 9.30–17.15 (vr tot 20.45) uur.* *eerste di van de maand gratis.* **www**.thinker.org

Het de Young Museum, gesticht in 1895, heeft een van de mooiste kunstcollecties van de stad. In 1989 is het gebouw door een aardbeving te veel beschadigd om in stand te blijven. Een fonkelnieuw gebouw werd in 2005 geopend. Het museum heeft zowel een brede collectie Amerikaanse kunst, als veel pre-Columbiaanse-Amerikaanse, Afrikaanse en Oceanische werken. De Amerikaanse collectie omvat meer dan 1000 schilderijen.

McLaren Lodge ❺

Bij kruising Stanyan St. en Fell St. aan de oostzijde van het park. **Kaart** 9 B1. ***Tel.*** *831 2700.* *ma–vr 8.00–17.00 uur.* *7, 21.*

De zandstenen villa, ontworpen door Edward Swain, werd in 1896 gebouwd. Als opzichter van het park woonde John McLaren hier met zijn gezin, tot aan zijn dood in 1943. Zijn portret hangt aan de muur en elk jaar wordt in december de hoge cipres voor het huis in zijn nagedachtenis verlicht. Het huis is nu een kantoor, dat ook kaarten en informatie verstrekt.

Poort in de Japanese Tea Garden

Children's Playground ❻

Kezar Drive, bij 1st Ave. **Kaart** 9 A1. *5, 7, 71.* *N. Volwassenen alleen in gezelschap van kinderen.*

Dit is de oudste openbare speelplaats van de VS en hij heeft vele andere tot voorbeeld gediend. In 1978 is het terrein heringericht, met zandbak, schommels, flinke glijbanen en een 'klimfort'. Op de draaimolen, in een op de Grieken geïnspireerd gebouw uit 1892, rijden de kinderen op dieren met vrolijke kleuren.

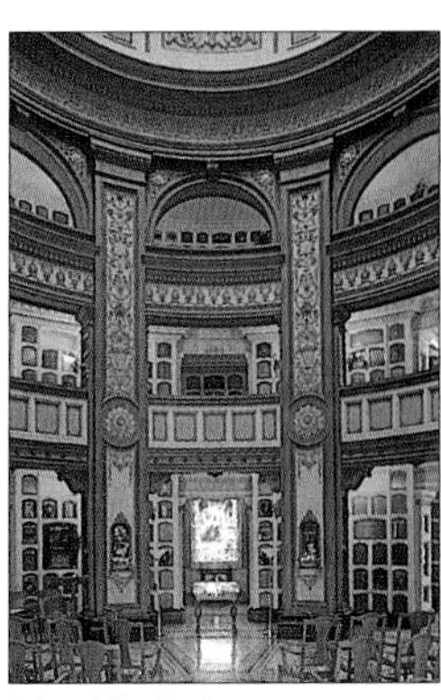
In het Columbarium

Columbarium ❼

1 Loraine Court. **Kaart** 3 B5. ***Tel.*** *752 7891.* *33, 38.* *ma–vr 9.00–17.00, za–zo 10.00–15.00 uur.* *1 jan., Thanksgiving, 25 dec.* *alleen begane grond.*

Het Columbarium is het enige overblijfsel van het oude Lone Mountain Cemetery, de begraafplaats die eens een groot deel van het Richmond District in beslag nam. In deze neo-klassieke rotonde staan rijkversierde urnen met de resten van 6000 mensen. Na tientallen jaren ongebruikt te zijn geweest, werd de begraafplaats in 1979 door de Neptune Society gerenoveerd. In het weelderige interieur onder de koepel valt het licht door gebrandschilderde ramen. Rondom lopen smalle galerijen die bekendstaan om hun fantastische akoestiek.

Draaimolen in de Childrens' Playground in Golden Gate Park ▷

California Academy of Sciences ❷

De California Academy of Sciences, die tijdelijk is gehuisvest aan 875 Howard St. bij Fifth St., verhuist eind 2008 terug naar zijn permanente adres in het Golden Gate Park. Het nieuwe gebouw, met daarin het Steinhart Aquarium, het Morrison Planetarium en het Kimball Natural History Museum, is een mengeling van innovatieve, groene architectuur en flexibele tentoonstellingsruimten. In het midden van het gebouw ligt een nieuwe piazza, van waar u een prachtig uitzicht hebt op het Golden Gate Park.

Pinguïn in de African Hall

Medewerker en kind oog in oog met een alligator

Het moeras

Koraalrifbassin

Haaien

MUSEUMGIDS

Door het hele museum ziet u materiaal uit het Steinhart Aquarium, maar de meeste bassins vindt u in de kelder onder de Piazza. Zowel reizende tentoonstellingen als speciale optredens en programma's vinden plaats in het auditorium boven het café. Achter in het gebouw treft u meer dan 20 miljoen wetenschappelijke specimens, kantoren en onderzoekslaboratoria.

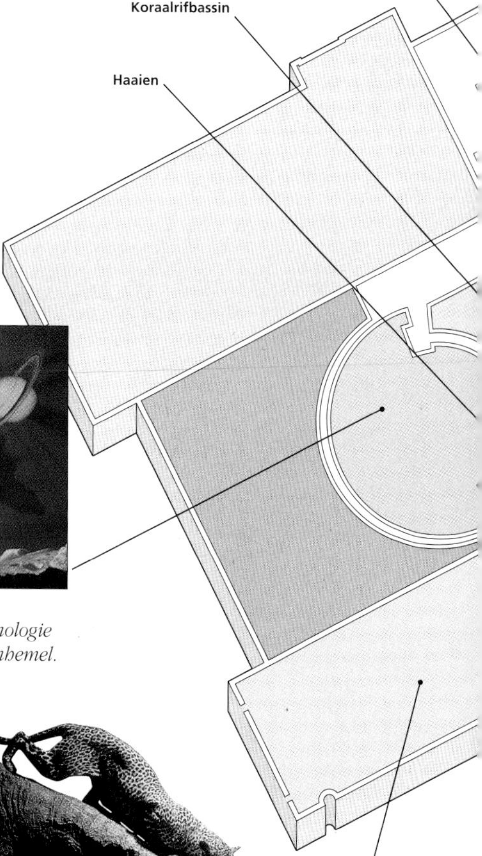

Morrison Planetarium
Toptentoonstellingen en digitale technologie veranderen het plafond in een sterrenhemel.

PLATTEGROND

- African Hall
- Kimball Natural History Museum
- Morrison Planetarium
- Regenwouden
- Steinhart Aquarium
- Aquariumbassins
- Geen tentoonstellingsruimte

African Hall
Nagebootste dieren uit de Afrikaanse jungle en savannes worden hier in realistische diorama's getoond.

★ Steinhart Aquarium
De diepste tentoonstelling over levend koraal ter wereld. Een moeras, een getijdebassin en honderden prachtige bassins tonen alle facetten van het zeeleven.

TIPS VOOR DE TOERIST

55 Concourse Dr. **Kaart** 8 F2. *tot oktober 2008 voor renovatie van het nieuwe gebouw.* ***Tel.*** *415–321 8000. Bel voor openingstijden.* Meer informatie op **www**.calacademy.org

azza (meer tentoonellingen van het teinhart Aquarium ën verdieping lager)

California Coast Tank
Beesten uit het kustgebied voor Californië, zoals de heremietkreeft, vindt u in dit deel van het museum.

Restaurant

Opslagruimte

Ingang

Skelet Tyrannosaurus Rex
Dit enorme roofdier was de krachtigste vleeseter die ooit op aarde heeft bestaan.

★ Regenwouden
Deze tentoonstelling, over vier verdiepingen verdeeld, biedt u een verticale blik op het leven in de diverse regenwouden van de wereld. Hier leven echte ara's en andere exotische vogels.

STERATTRACTIES

- ★ Regenwouden
- ★ Steinhart Aquarium

De Conservatory of Flowers voordat hij door een orkaan vernield werd

Conservatory of Flowers ❽

John F Kennedy Drive, Golden Gate Park. **Kaart** 9 A1. ***Tel.*** *666 7001.* *33, 44.* *di–zo 9.00–16.30 uur.* *(1ste di van de maand gratis)* **www**.conservatoryofflowers.org

Dit weelderige glazen gebouw is het oudste van Golden Gate Park. In de vochtige kas gedijden varens, palmbomen en orchideeën, maar in 1995 vernielde een orkaan het gebouw. Er is actie gevoerd voor het herstel van de kas en in het voorjaar van 2003 is hij heropend.

Strybing Arboretum ❾

9th Ave bij Lincoln Way, Golden Gate Park. **Kaart** 8 F2. ***Tel.*** *661 1316.* *44, 71.* *N.* *ma–vr 8.00–16.30, weekeinde en feestdagen 10.00–17.00 uur.* **www**.strybing.org

In het Strybing Arboretum ziet u 7500 soorten planten, bomen en heesters. Er zijn Mexicaanse, Afrikaanse, Zuid-Amerikaanse en Australische tuinen, met een tuin gewijd aan inheemse Californische planten.
De Moon-Viewing Garden is een bezoek meer dan waard. Hier vindt u Oost-Aziatische planten in een omgeving die in tegenstelling tot die van de Japanese Garden *(blz. 147)* eerder natuurlijk dan formeel is. In de Garden of Fragrance, die speciaal is ontworpen voor blinde tuinliefhebbers, groeien zowel medicinale als culinaire planten. De nadruk ligt op aanraken, ruiken en proeven, en de planten worden in braille beschreven. Een deel van het Arboretum is beplant met Californische sequoia's rond een klein riviertje en roept de sfeer op van een Noord-Californisch kustwoud. Ook ligt er een New World Cloud Forest, met flora uit de bergen van Midden-Amerika. Verrassend genoeg gedijen al deze tuinen goed in de mist van San Francisco. Het Arboretum beschikt over een winkel met zaden en boeken en huisvest tevens de Helen Crocker Russell Library, die geopend is voor publiek. 's Zomers wordt er een kleurrijke bloemenshow gehouden *(blz. 49)*.

Stow Lake ❿

Stow Lake Drive, Golden Gate Park. **Kaart** 8 E2. *28, 29, 44.* ***Botenverhuur*** *752 0347.*

In 1895 werd dit meer aangelegd rondom Strawberry Hill, zodat de top van de heuvel nu een eiland in het meer vormt, verbonden met het vasteland door twee bruggen. Vanaf het botenhuis kunt u rondjes roeien om het eiland, maar alleen maar een beetje dobberen is hier eigenlijk leuker. Er staat een Chinees paviljoen aan de waterkant op het eiland, een geschenk van de zusterstad van San Francisco in Taiwan, Taipei. Het rood-groene paviljoen werd in 6000 onderdelen naar de stad vervoerd en vervolgens op het eiland in elkaar gezet. Miljonair Collis P. Huntington *(blz. 102)* stelde geld beschikbaar voor het reservoir en de waterval die in Stow Lake uitkomt. Deze Huntington Falls vormen een van de mooiste attracties van het park.

Het Chinese paviljoen in Stow Lake

De Queen Wilhelmina Tulip Garden met de windmolen

Polo Fields ⓫

John F Kennedy Drive, Golden Gate Park. **Kaart** 7 C2. *5, 29.*

In het stadion in het westelijke gedeelte van Golden Gate Park lopen steeds meer joggers rond en steeds minder polopaarden. Bij de rijstallen kunt u echter wel een paard huren, waarop u de ruiterpaden en het Bercut Equitation Field kunt verkennen. Voor sportvissers is er in de buurt een rustig watertje.
Ten oosten van het stadion, op de Old Speedway Meadows, vonden in de late jaren zestig vele evenementen plaats, waaronder geruchtmakende popconcerten. Onder andere de Greatful Dead en Jefferson Airplane hebben hier opgetreden. In de lente van 1967 kwamen duizenden mensen naar een enorme 'Be-in', een van de vele gebeurtenissen die leidden tot de 'Summer of Love' *(blz. 32–33)*.

Buffalo Paddock ⓬

John F Kennedy Drive, Golden Gate Park. **Kaart** 7 C2. *5, 29.*

De ruigbehaarde bizons die in deze wei staan te grazen, zijn de grootste landdieren van Noord-Amerika. De bizon, die in de VS meestal 'buffel' wordt genoemd, is hét symbool van de Amerikaanse vlakten. Deze omheinde wei ging in 1892 open, op een moment dat de bizon op het punt stond uit te sterven. In 1902 ruilde William Cody, alias 'Buffalo Bill', een van zijn dieren voor een exemplaar uit de kudde van het Golden Gate Park. Beide partijen dachten van een agressief beest te zijn verlost, maar de nieuwe bizon van Cody sprong bij eerste gelegenheid over het hek van zijn kamp en ontsnapte. Volgens het dagblad de *San Francisco Call* waren er 80 man voor nodig om hem te vangen.

Queen Wilhelmina Tulip Garden ⓭

Kaart 7 A2. *5, 18.* **Windmolen**

De Nederlandse windmolen in de noordwesthoek van Golden Gate Park werd in 1903 gebouwd. Zijn oorspronkelijke functie was water voor de irrigatie van het park uit een ondergrondse bron te pompen, maar hij wordt niet meer gebruikt. In de zuidwesthoek van het park staat de Murphy Windmill uit 1905. De tuin is genoemd naar koningin Wilhelmina en elk jaar schenken de Nederlandse bloembollentelers nieuwe tulpenbollen.

Ocean Beach ⓮

Kaart 7 A1-5. *5, 18, 31, 38, 71.* *L, N.*

De brede strook zand vormt het grootste deel van de westgrens van San Francisco. Het strand ziet er schitterend uit vanuit Cliff House of Sutro Heights, maar door het ijskoude water en de sterke onderstroom is het er gevaarlijk zwemmen. Er staat vaak een stevige wind of er hangt mist. Op de zeldzame hete dagen trekt het strand ook zonaanbidders en picknickers aan.

Seal Rocks ⓯

Kaart 7 A1. ***Niet toegankelijk*** *voor bezoekers. Te zien vanaf Ocean Beach, Cliff House of Sutro Heights Park.* *18, 38.*

U hebt een verrekijker nodig om de zeeleeuwen en vogels in hun natuurlijke omgeving goed te kunnen zien.
's Avonds, op het strand of de promenade van Cliff House, klinkt het blaffen van de zeeleeuwen soms geruststellend en soms onheilspellend, vooral als het mistig is. Op heldere dagen kunt u op 40 km van de kust de Farallon Islands zien liggen.

Uitzicht op de Seal Rocks vanaf Ocean Beach

Golden Gate Bridge gezien vanaf Lincoln Park Golfbaan ▷

17

Legion of Honor ⓰

Alma de Bretteville Spreckels bouwde in de jaren twintig dit museum ter bevordering van de Franse kunst in Californië en ter herinnering aan de slachtoffers uit de Eerste Wereldoorlog, geïnspireerd op het Palais de la Légion d'Honneur in Parijs. Het door George Applegarth ontworpen gebouw bevat Europese kunst van de laatste acht eeuwen van Monet, Rubens, Rembrandt en meer dan 70 beelden van Rodin. De Achenback Foundation, een beroemde collectie grafische werken, is hier ook ondergebracht.

Buste van Camille Claudel door Rodin

★ De denker
Dit bronzen afgietsel van Le Penseur *(1904) van Rodin staat in de Court of Honor.*

★ Waterlelies
Dit werk van Monet (ca. 1914–1917) is één van een serie van zijn lelievijver.

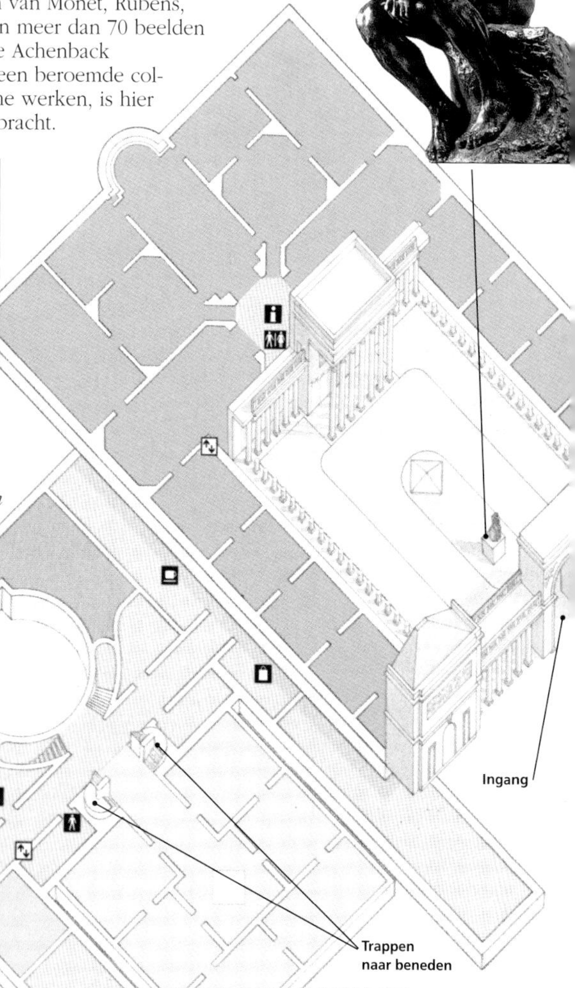

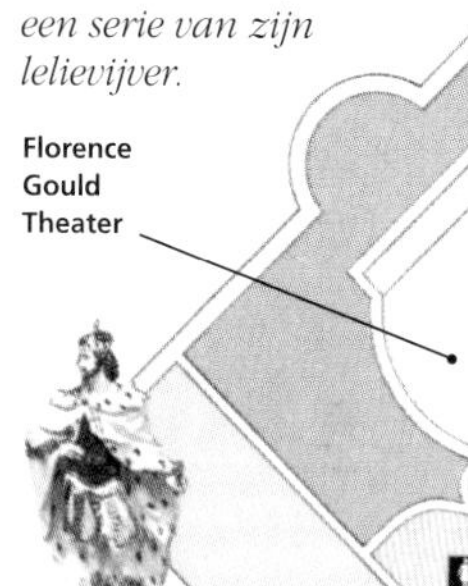

St. Wenceslaus
Beeldje (ca. 1732) naar een voorbeeld van Johann Gottlieb Kirchner.

PLATTEGROND

- Permanente tentoonstelling
- Achenbach Foundation Library
- Porseleingalerie
- Opslagruimte van het theater
- Tijdelijke tentoonstellingen
- Geen tentoonstellingsruimte

MUSEUMGIDS

De permanente collectie van het museum vindt u in de 19 galeries op de begane grond. De werken zijn chronologisch gerangschikt, van de middeleeuwen, links van de ingang, tot de 20ste eeuw. Tijdelijke tentoonstellingen zijn een niveau lager te zien.

TIPS VOOR DE TOERIST

Lincoln Park, 34th Ave and Clement St. **Kaart** 1 B5. ***Tel.*** *750 3600.* *863 3330.* *18.* *di–zo 9.30–17.00 uur.* *ma. U moet een afspraak maken om de Achenbach Collection te bezichtigen, bel voor inlichtingen.* *elke di gratis.* ***Lezingen, films.*** **www**.thinker.org

Oude vrouw
Georges de la Tour schilderde deze studie omstreeks 1618.

De impresario
Op dit portret (ca. 1877) benadrukt Edgar Degas het gewicht van zijn onderwerp door het te groot te maken voor het doek.

STERATTRACTIES

★ De denker

★ Waterlelies

Golden Gate Bridge gezien vanaf de golfbaan in Lincoln Park

Lincoln Park ⓱

Kaart 1 B5. *18.*

Dit schitterende park boven de Golden Gate vormt het decor voor het Legion of Honor. Het terrein was oorspronkelijk van het Golden Gate Cemetery, waar de graven naar nationaliteit van de doden van elkaar waren gescheiden. Nadat de graven begin deze eeuw waren geruimd, legde John McLaren *(blz. 146)* het park aan. Het park kan bogen op een openbare golfbaan en prachtige wandelpaden, en wordt nog het meest gewaardeerd als pittoreske achtergrond voor het Palace.

Land's End ⓲

Kaart 1 B5. *18, 38.*

Land's End, een woest kustlandschap van rotsen, kliffen en cipresbossen, is het ruigste deel van San Francisco. U bereikt het vanaf het Legion of Honor, of vanaf de Point Lobosparkeerplaats bij Sutro Heights Park, te voet via de Coastal Trail. Voordat u het pad verlaat en naar een van de strandjes in de diepte afdaalt, moet u zich ervan vergewissen dat het veilig is, zodat u niet wordt verrast door opkomend tij. Bel voor informatie over het tij het National Parks Service Visitors Center: 556 8642. De rood-witte vuurtoren in de mond van de Golden Gate staat bekend als Mile Rock.

Cliff House ⓳

1090 Point Lobos. **Kaart** 7 A1. ***Tel.*** *386 3330 (bezoekerscentrum).* *18, 38.* *dag.* *Camera Obscura (dag. 9.00–23.00 uur).* **www**.cliffhouse.com

Dit gebouw uit 1909, dat in 2004 is gerenoveerd, is het derde op deze plek. Zijn voorganger, een acht verdiepingen hoog 'kasteel' dat in 1907 afbrandde, werd door Adolf Sutro gebouwd op de heuvel die uitkijkt op Cliff House. Zijn landgoed werd Sutro Heights Park. Er zijn diverse restaurants op de bovenste verdiepingen, en drie observatiedekken met panoramisch uitzicht. Camera Obscura vindt u op de onderste verdieping.

Gezicht op de vuurtoren van Mile Rock vanaf Land's End

BUITEN HET CENTRUM

San Francisco is de kleinste van de negen *counties* die om de baai heen liggen. De plaatsjes die eens zomerverblijven waren, zijn nu uitgestrekte voorsteden of zelfstandige steden. Ten noorden van de Golden Gate Bridge ligt Marin County, met zijn woeste kust, sequoiawouden en Mount Tamalpais, die adembenemende uitzichten biedt op de Bay Area. De plaatsen in Marin vormen een welkome afwisseling voor bezoekers die even aan de stad willen ontsnappen. De populairste bestemmingen in de East Bay zijn het museum en de haven van Oakland, en de tuinen en universiteit van Berkeley. In het zuiden heeft de San Francisco Zoo volop plezier te bieden aan jonge bezoekers.

Detail van Sather Gate, universiteit in Berkeley

BEZIENSWAARDIGHEDEN IN HET KORT

Musea en galeries
Judah L. Magnes Museum 16
Lawrence Hall of Science 13
Oakland Museum of California blz. 166–167 23

Parken en tuinen
Angel Island 8
Mount Tamalpais 5
Muir Woods 4
San Francisco Zoo 1
Tilden Park 9
University Botanical Gardens 14

Kerken en tempels
Mormon Temple 19

Winkels, markten en restaurants
Fourth Street 10
Gourmet Ghetto 11
Jack London Square 22
Oakland Chinatown 25
Rockridge 18
Telegraph Avenue 15

Historische straten en gebouwen
Bay Bridge 20
Claremont Resort and Spa 17
Old Oakland 24
University of California at Berkeley 12

Historische steden
Sausalito 6
Tiburon 7

Meren
Lake Merritt 21

Stranden
Point Reyes National Seashore 2
Stinson Beach 3

SYMBOLEN
Belangrijke bezienswaardigheden
Bebouwde gebieden
Luchthaven
Amtrakstation
Snelweg
Autoweg
Secundaire weg

15 km = 10 mijl

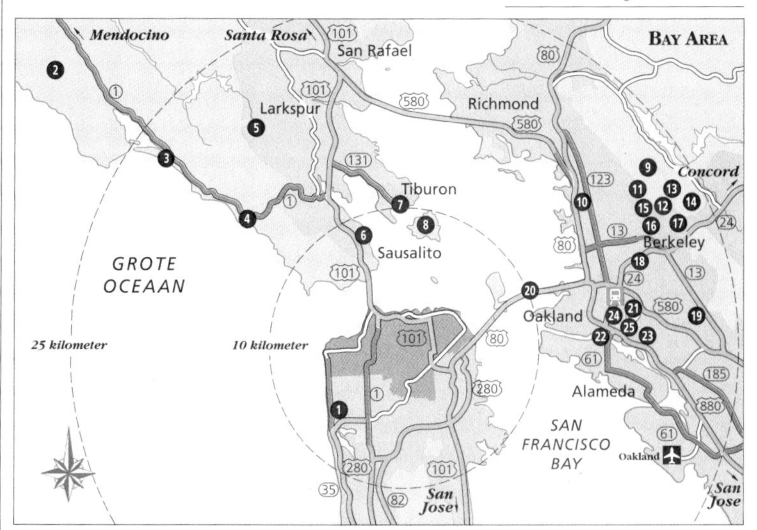

De Bay Bridge tussen San Francisco en Oakland, gezien vanaf Treasure Island

Orang-oetan in de dierentuin van San Francisco

San Francisco Zoo ❶

Sloat Blvd. en 45th Ave. **Tel.** *753 7080.* 🚌 *18, 23.* 🚋 *L.* ◯ *dag. 10.00–17.00 uur.* 🎫 *1ste wo van de maand gratis.* **www**.sfzoo.com

De dierentuin van San Francisco ligt in de zuid-westelijke hoek, tussen de Grote Oceaan en Lake Merced. Er zijn ruim 1000 soorten vogels en zoogdieren, waarvan 30 bedreigde soorten, zoals sneeuwluipaarden, een bengaalse tijger en een jaguar. In het Primate Discovery Center bevinden zich 15 verschillende soorten primaten, waaronder apen, slankapen en makaken. Een van de hoogtepunten is de Koala Crossing, ontworpen als een nederzetting in de Australische *outback*.
De Otter River heeft watervallen en doen Noord-Amerikaanse rivierotters zich tegoed aan levende vis. Gorilla World is één van de grootste nagebootste leefmilieus ter wereld.
Elke dag, behalve maandag, worden om 14.00 uur de dieren in het Lion House gevoerd. Ernaast ligt de Children's Zoo, waar je dieren kunt aaien.

Point Reyes National Seashore ❷

US Highway 1 naar Olema; volg na het stadje borden naar de National Seashore. 🚌 *Golden Gate Transit bus 50 of 80 naar San Rafael Center, dan bus 65 (za, zo en feestdagen).*

Het woeste en door wind geteisterde schiereiland Point Reyes vormt een toevluchtsoord voor dieren, waaronder een kudde elanden. U treft er grote boerderijen aan en drie stadjes: Olema, Point Reyes Station en Inverness.
Het schiereiland ligt pal ten westen van de San Andreasbreuk, die de aardbeving van 1906 veroorzaakte *(blz. 18–19)*. Een ontwricht hek aan de Earthquake Trail bij het Bear Valley Visitor Center laat zien dat het schiereiland ten opzichte van het vasteland 6 m naar het noorden is geschoven.
De Britse ontdekkingsreiziger sir Francis Drake zou in 1597 in Drake's Bay *(blz. 24–25)* voor anker zijn gegaan, het Nova Albion hebben genoemd en hebben opgeëist voor Engeland.

Zuivelboerderij op Point Reyes

Stinson Beach ❸

US 101 N naar Highway 1, verder naar Stinson Beach. **Tel.** *Stinson Beach Park 868 9828.* 🚌 *Golden Gate Transit bus 20, dan bus 63 (za, zo en feestdagen).* ◯ *dag. 7.00–een uur na zonsondergang.*

Sinds het begin van de 20ste eeuw is dit een populaire vakantiebestemming: de eerste bezoekers kwamen met de veerboot en werden opgewacht door koetsen. Stinson is nog steeds het favoriete badstrand voor heel San Francisco en omgeving. De lange strook zand is in trek bij zwemmers, surfers en zonaanbidders. In het nabij gelegen dorp vindt u goede boekwinkels, restaurants en een supermarkt.

Enorme sequoia's in Muir Woods

Muir Woods en Muir Beach ❹

US 101 N, afslag voor Highway 1; neem dan de Panoramic Highway en volg de borden naar Muir Woods, of blijf op Highway 1 tot de afslag Muir Beach. *Geen openbaar vervoer.* **Tel.** *Gray Line Tours 558 9400.*

Aan de voet van Mount Tamalpais ligt het Muir Woods National Monument, een van de weinige overgebleven oerbossen met sequoia's. Eens bedekten deze enorme bomen (de oudste is ten minste 1000 jaar oud) de hele kust van Californië. Het bos is genoemd naar John Muir, een 19de-eeuwse na-

De fraaie hoofdstraat van Tiburon

tuurliefhebber die als eerste de Amerikanen wist te overtuigen van de noodzaak van natuurbehoud.
Redwood Creek ontspringt in Muir Woods en komt in zee uit bij Muir Beach, een uitgestrekte zandvlakte die geliefd is bij strandjutters en picknickers. De weg naar het strand voert langs de Pelican Inn. De Engelse herberg in 16de-eeuwse stijl is bijzonder trots op het Engelse menu, en geeft u een warm onthaal.
In het weekeinde is het strand vaak overvol, maar als u 1 à 2 km loopt, wordt u beloond met rust en stilte.

Mount Tamalpais ❺

US 101 N, afslag voor Highway 1, neem de Panoramic Highway. ***Tel.*** *Mount Tamalpais State Park 388 2070.* *Golden Gate Transit bus 20 naar Marin City, dan bus 63 (za, zo en feestdagen).* **Mountain Theater** *East Ridgecrest.* ***Voorstellingen*** *mei–juni: zo behalve Memorial Day.* ***Reserveren Tel.*** *383 1100.* **www**.mountainplay.org

Het natuurreservaat Mount Tamalpais State Park biedt stadsbewoners een net van wandelpaden door sequoiabosjes en langs beken. Er zijn picknickplaatsen, kampeerterreinen en weiden waar u kunt vliegeren. Mount Tamalpais is met 784 m de hoogste top in de Bay Area: de steile, ruige sporen vormden de aanleiding voor de uitvinding van de mountainbike. Het Mountain Theater is een amfitheater met stenen zitplaatsen en biedt musicals en toneelstukken.

Sausalito ❻

US 101 N, 1ste afslag na Golden Gate Bridge, naar Bridgeway. *Golden Gate Transit bus 10, 50.* *vanaf Ferry Building or Pier 43½.* **Bay Model Visitor Center** ***Tel.*** *332 3871.* *april–sept.: di–vr 9.00–16.00, za, zo en feestdagen 10.00–18.00; okt.–maart: di–za 9.00–16.00 uur.* **www**.baymodel.org

In dit stadje, dat eens een vissersdorp was, staan victoriaanse bungalows op de steile heuvels die vanuit de baai oprijzen. Parallel aan de kustlijn loopt Bridgeway Avenue, een promenade voor de bezoekers die naar de restaurants en boetieks komen. De Village Fair is een verzameling winkels in een oud pakhuis. Op 2100 Bridgeway simuleert het Bay Model de bewegingen van tij en stromingen in de baai.

Uitzicht op San Francisco vanuit Sausalito

Tiburon ❼

US 101 N, afslag Tiburon Blvd. *Golden Gate Transit bus 10.* *vanaf Pier 43½.*

Aan de hoofdstraat van dit chique kustplaatsje zijn winkels en restaurants gevestigd in 'arken': woonboten van rond de eeuwwisseling, die aan land zijn gebracht en opgeknapt. Ze liggen nu in wat bekend staat als 'Ark Row'.
Tiburon is minder druk dan Sausalito en met zijn parken aan de waterkant zeer geschikt voor het maken van wandelingen.

Angel Island gezien vanuit het kuststadje Tiburon

Angel Island ❽

vanaf Pier 43½ en Tiburon. *State Park 435 1915.*

Vanuit Tiburon en San Francisco bereikt u per boot Angel Island. De boot legt aan bij Ayala Cove, waar u een grasveld vindt met picknicktafels. Het eiland ligt 237 m boven de zeespiegel. Wandelpaden slingeren zich rond het beboste eiland, langs een verlaten militair garnizoen waar eens Aziatische immigranten in ondergebracht waren. In de Tweede Wereldoorlog werden hier krijgsgevangenen vastgehouden. Op het eiland zijn geen auto's toegestaan.

Berkeley

Draaimolen in Tilden Park

Tilden Park 9

Tel. 510-525 2233. Berkeley, dan AC Transit bus 67. **Park open** dag. 5.00–22.00 uur. **Stoomtreinen rijden** za en zo 11.00–17.00 uur, 's zomers dag. **Draaimolen open** za & zo 11.00–17.00, 's zomers dag. 10.00–17.00 uur. **Ponyrijden open** za en zo 11.00–17.00 uur, 's zomers en feestdagen dag. **Botanische tuin open** dag. 8.30–17.00 uur. *beperkt.* **www**.ebparks.org

Hoewel Tilden Park grotendeels een heel natuurlijke aanblik biedt, is er ook een scala aan attracties te vinden. Het park staat bekend om de botanische tuin, die gespecialiseerd is in Californische planten. Bezoekers lopen van alpenweiden via een vallei met sequoia's naar woestijnachtige cactustuinen. Ook wandelingen met gids zijn mogelijk. Als u kinderen hebt, mag u de draaimolen, de kinderboerderij en het stoomtreintje niet missen.

Fourth Street 10

AC Transit Z. Berkeley, dan AC Transit bus 9, 51, 65.

De enclave ten noorden van University Avenue getuigt van Berkeleys karakteristieke klimaat van exclusieve smaak. Alles is er te koop, van handgeschept papier, gebrandschilderde ramen en meubels tot biologisch geteelde sla en designtuingereedschap. Ook staat er een handvol gerenommeerde restaurants *(blz. 238–239).*

Gourmet Ghetto 11

Upper Shattuck Ave. *Berkeley, dan AC Transit bus 7, 9, 43.*

De buurt in het noorden van Berkeley werd beroemd als fijnproeversparadijs nadat Alice Waters er in 1971 Chez Panisse *(blz. 239)* had geopend. Het restaurant gebruikt verse, lokale ingrediënten in een op de Franse keuken geïnspireerde stijl die bekendstaat als de *California cuisine*. Chez Panisse heeft inmiddels een groot aantal waardige navolgers gekregen – vandaar de luisterrijke bijnaam. In de buurt vindt u tevens veel gespecialiseerde markten en koffiehuizen.

University of California at Berkeley 12

Tel. 510-642 6000. Berkeley. AC Transit 9, 15, 40, 43, 51, 52, 65. **Hearst Museum of Anthropology** *Tel 510-643 7648.* wo–za 10.00–16.30, zo 12.00–16.00 uur. feestdagen. **University Art Museum** *Tel. 510-642 0808.* wo–zo 11.00–17.00 (do tot 19.00 uur). feestdagen. **www**.berkeley.edu

Er wordt wel gezegd dat de universiteit meer bekendheid geniet door de alternatieve bewegingen die er zijn ontstaan dan door de academische prestaties die er worden geleverd. Toch is Berkeley nog steeds een van de grootste en beste universiteiten ter wereld. Berkeley werd in 1868 gesticht als een utopisch 'Athene van de Pacific' en heeft meer dan tien Nobelprijswinnaars voortgebracht. De campus *(blz. 176–177)* werd door Frederick Law Olmsted aangelegd in de vertakking van Strawberry Creek; architect David Farquharson bracht later veranderingen aan. Nu zijn er ruim 30.000 studenten, en musea, culturele faciliteiten en historische gebouwen, waaronder het University Art Museum *(blz. 38)*, het Hearst Museum en de Sather Tower, ook bekend als de Campanile.

De Sather Tower uit 1914

Lawrence Hall of Science 13

Centennial Drive, Berkeley. *Tel. 510-642 5132.* Berkeley, dan AC Transit bus 8, 65. vanaf Mining Circle, UC Berkeley (behalve za en zo). dag. 10.00–17.00 uur. **www**.lawrencehallofscience.org

In dit fascinerende wetenschapsmuseum maken workshops en lessen van wetenschap iets leuks. Jonge bezoekers kunnen zelf het effect van spiegels op laserstralen onderzoeken, of met een hologram aan de slag gaan. Ook mogen ze een dinosaurusskelet bouwen, een slang voeren, sterren in kaart brengen en kansrekenen met behulp van dobbelstenen. De tentoonstelling van mechanische dieren is populair en wisselt regelmatig. Het uitzicht vanaf het plaza omvat een groot deel van de noordelijke Bay Area; 's avonds bieden de lichtjes om de baai een buitengewone aanblik.

Model van DNA bij de Lawrence Hall of Science

University Botanical Garden ⓮

Centennial Drive, Berkeley. *510-643 2755.* *vanaf Mining Circle, UC Berkeley Hills (behalve za, zo en feestdagen).* *dag. 9.00–17.00 uur* *feestdagen en de 1ste di van de maand.* *beperkt.*

In het mediterrane klimaat van Strawberry Canyon gedijen ruim 12.000 plantensoorten. De collecties zijn verdeeld over thematische tuinen. Vooral fraai zijn de Aziatische, Afrikaanse, Zuid-Amerikaanse, Europese en Californische tuin. De Chinese kruidentuin, orchideeëntentoonstelling, cactustuin en vleesetende planten zijn ook een bezoek waard.

Telegraph Avenue ⓯

Berkeley. *AC Transit U.*

De meest inspirerende en fascinerende straat van Berkeley is Telegraph Avenue, tussen Dwight Way en de universiteit. Hier vindt u een van de hoogste concentraties boekwinkels van het land, en een overvloed aan koffie- en eethuisjes. Deze buurt was het centrum van het studentenprotest in de jaren zestig. Nu nog wemelt het er van de studenten, straatverkopers, muzikanten, demonstranten en allerlei excentriekelingen.

Judah L. Magnes Museum ⓰

2911 Russell St., Berkeley. ***Tel.*** *510-549 6950.* *415-591 8800* *Rockridge, dan AC Transit bus 51.* *Ashby, dan AC Transit bus 6.* *zo–wo 11.00–16.00, do 11.00–20.00 uur.* *joodse en federale feestdagen.* *vooraf regelen.* *op afspraak.* **www**.magnes.org

In een vervallen villa bevindt zich de grootste collectie in Californië van historische voorwerpen uit de joodse cultuur. Er zijn kunstschatten uit Europa, India en Turkije te zien, schilderijen van Marc Chagall

19de-eeuws joods officieel tenue, Judah L. Magnes Museum

en Max Liebermann, maar ook herinneringen aan nazi-Duitsland, zoals een geblakerde thorarol uit een synagoge. Nu en dan worden er in de zalen ook lezingen, filmvoorstellingen en tijdelijke tentoonstellingen gehouden. De Blumenthal Library vormt een onuitputtelijke bron voor wetenschappers.

Claremont Resort and Spa ⓱

41 Tunnel Road (Ashby en Domingo Ave., Oakland). ***Tel.*** *510-843 3000.* *Rockridge, dan AC Transit bus 7.* **www**.claremontresort.com

De heuvels van Berkeley vormen de achtergrond van dit sprookjesachtige vakwerkkasteel. De bouw begon in 1906 en werd in 1915 voltooid. De eerste jaren had het hotel het moeilijk, voor een deel omdat een wet de verkoop van alcohol binnen een straal van 1,6 km om de universiteitscampus verbood. Een ondernemende student besloot in 1937 de afstand maar eens te meten en ontdekte dat de grens dwars door het gebouw liep. Deze openbaring leidde tot de opening van de Terrace Bar aan de andere kant van de grens, op de plek waar hij nu nog is. Het Claremont Resort is een uitstekende plek om van het uitzicht te genieten.

Claremont Resort and Spa in Berkeley

Winkels in de Rockridge Market Hall

Oakland

Rockridge ⓲

Rockridge.

Rockridge is een woonwijk met grote huizen en bloementuinen, maar trekt met de commerciële College Avenue ook winkelpubliek. Er is een groot aantal winkels en restaurants en veel caféterrassen.

Mormon Temple ⓳

4770 Lincoln Ave., Oakland. **Tel.** *510-531 1475 (Visitors' Center).*
Fruitvale, dan AC Transit bus 46.
dag. 9.00–21.00 uur. **Tempel** *Bel Visitors' Center voor openingstijden.* *(behalve Visitors' Center.)*
in Visitors' Center.

De enige mormonentempel van Noord-Californië dateert uit 1963. De volledige naam luidt Oakland Temple of the Church of Jesus Christ of Latter Day Saints. 's Avonds staat de tempel in de schijnwerpers en is hij in Oakland en San Francisco te zien. De immense centrale ziggurat is omgeven door vier kleinere torens, allemaal met muren van wit graniet en een glinsterend gouden piramide op het dak. Van de tempel kunt u over de hele Bay Area uitkijken. Het Visitors' Center biedt rondleidingen door missionarissen, die aan de hand van multimediavoorstellingen uitleggen wat hun geloof inhoudt.

Lake Merritt ㉑

12th of 19th Street, dan AC Transit bus 12, 13, 57, 58.

Lake Merritt en het park eromheen werden gevormd toen de mond van een getijdenrivier werd uitgebaggerd en ingedijkt. In 1870 werd Lake Merritt aangewezen als het eerste officiële wildreservaat van de VS en nog steeds komen er jaarlijks vele trekvogels naar het gebied. Boten zijn te huur bij twee boothuizen, op de west- en op de noordoever, en fietsers en joggers kunnen terecht op het 5 km lange pad om het meer. Op de noordoever bij Lakeside Park vindt u bloementuinen, een vogelhuis

Centrale ziggurat van de Mormon Temple

Bay Bridge ⓴

Kaart 6 E4.

De San Francisco-Oakland Bay Bridge werd ontworpen door Charles H. Purcell. De brug bestaat uit twee delen, die elkaar in het midden van de baai bij Yerba Buena Island ontmoeten, en is in totaal 7,2 km lang. De voltooiing in 1936 betekende het einde van de veerboten op de San Francisco Bay. De stad was nu bij Rincon Hill door wegen en spoorwegen verbonden met Oakland. In de jaren vijftig werd het spoor verwijderd, zodat 250.000 auto's per dag de baai konden oversteken.

Deel van de brug over de East Bay

De brug is vijf rijbanen breed en heeft twee dekken. Verkeer richting San Francisco maakt gebruik van het bovenste, verkeer richting Oakland van het onderste dek.
De overspanning aan de oostkant rust op meer dan twintig pijlers. Hij stijgt vanaf het tolstation in Oakland tot een hoogte van 58 m boven de baai bij Yerba Buena Island.

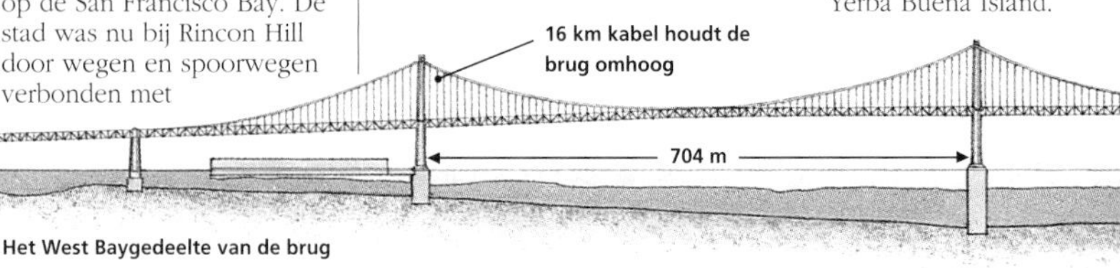

Het West Baygedeelte van de brug

en het Children's Fairyland, waar kinderen kunnen genieten van een ritje op een pony en poppenkastvoorstellingen.

Jack London Square ㉒

naar Oakland.
12th Street, dan AC Transit bus 58, 72, 88.

Jack London, auteur van *The call of the wild* en *White fang* groeide in de jaren tachtig van de 19de eeuw op in Oakland en bezocht regelmatig de waterkant van de Oakland Estuary. Per auto of per veerboot bereikt u de promenade met de gezellige winkels en restaurants met terrassen bij mooi weer. U kunt er ook rondvaarten maken door het gebied. De waterkant is wel veranderd sinds de tijd van Jack London, maar u vindt zijn sporen terug in Heinold's First and Last Saloon. Bij het dok is de hut opgebouwd waarin London zou hebben gewoond toen hij in de rivier de Klondike op zoek was naar goud.

Oakland Museum ㉓

Zie blz. 166–167.

Uitzicht vanuit Oakland over Lake Merritt

Old Oakland ㉔

12th Street.
Farmers' Market ***Tel.*** *510-745 7100.* *vr 8.00–14.00 uur.*

De twee vierkante blokken van houten en bakstenen gebouwen werden neergezet tussen 1860 en 1890, maar ze werden grondig gerenoveerd in de jaren tachtig van de vorige eeuw. Er zijn nu winkels, restaurants en kunstgaleries. Op vrijdag komen de mensen naar de Outdoor Market, waar verse producten en kant-en-klaar eten te koop zijn. 's Avonds trekken de mensen naar de Pacific Coast Brewing Company in Washington Street. Vergeet niet een bezoek te brengen aan Rattos, 827 Washington Street, een Italiaans restaurant dat beroemd is om zijn 'Pasta Operas' op vrijdag- en zaterdagavond: personeel en professionele zangers brengen een serenade aan de gasten.

Oakland Chinatown ㉕

12th Street of Lake Merritt.

Het op een na grootste Chinatown van de Bay Area zou misschien 'Asiatown' moeten heten. Naast Kantonezen wonen er immigranten uit Korea, Vietnam en andere delen van Zuidoost-Azië. De buurt trekt veel minder toeristen dan Chinatown in San Francisco. Het resultaat is dat in de restaurants nog pittige, authentieke gerechten worden geserveerd.

In 1989 werd de brug na de aardbeving van Loma Prieta *(blz. 19)* voor een maand gesloten, omdat op het punt waar de oostelijke overspanning en de oprit vanuit Oakland samenkomen een 15 m lang segment was losgeraakt. Er zijn plannen om de oversteek van East Bay van Yerba Buena Island naar Oakland geheel te herbouwen. De rijweg loopt in een 23 m hoge en 17 m brede tunnel door het eiland en komt te voorschijn bij het spectaculaire West Baygedeelte van de brug. De Wereldtentoonstelling (1939–1940) werd gehouden op Treasure Island, een deel van Yerba Buena Island, om de voltooiing van de brug te vieren *(blz. 31)*. Dit kleine eiland wordt nu bezet door parkjes en chique buitenhuizen.

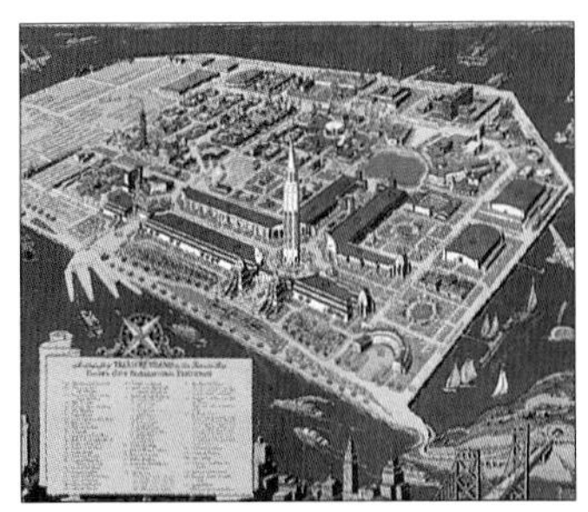

Kaart van de Wereldtentoonstelling van 1939–1940 op Treasure Island

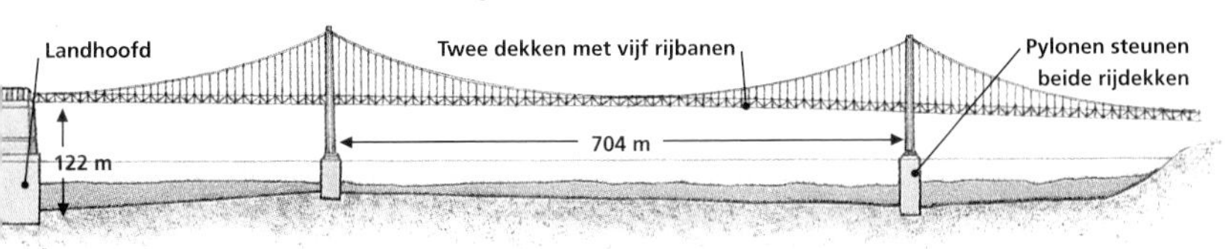

Oakland Museum of California ㉓

Het enige museum in Californië dat zich toelegt op de documentatie van kunst, geschiedenis en milieu van de staat opende in 1969 zijn deuren. Het gebouw met de terrassen, binnenplaatsen en tuinen werd ontworpen door de architect Kevin Roche en biedt onderdak aan drie disciplines: kunst, geschiedenis en ecologie van Californië. De diorama's in de Natural Sciences Gallery horen tot de mooiste van het land. De Cowell Hall of California History bezit een van de grootste collecties Californische voorwerpen van de staat, en de Gallery of California Art kan bogen op vroege olieverfschilderijen van Yosemite en San Francisco.

Banjo van een Californische mijnwerker

Welcome to California
Deze tentoonstelling behandelt het leven van vroeger en nu in Californië.

Dak en tuinen

De Great Hall is voor speciale exposities en evenementen.

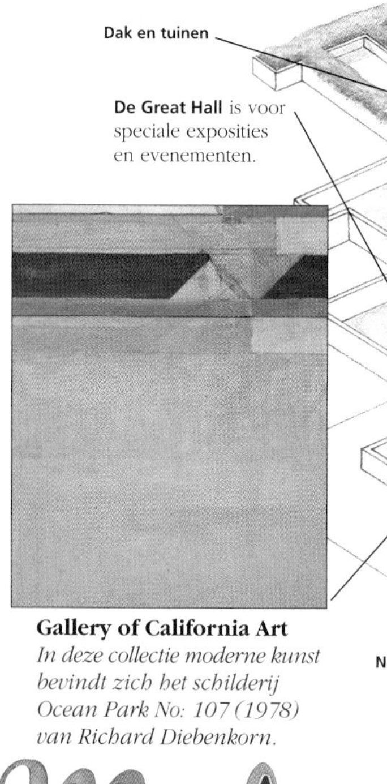

Gallery of California Art
In deze collectie moderne kunst bevindt zich het schilderij Ocean Park No: 107 (1978) van Richard Diebenkorn.

Niveau 3

Niveau 2

Ingang aan 10th Street

★ Dream on Wheels
De neonletters en jukebox van een drive-inrestaurant geven in het diorama over 1951 de sfeer van naoorlogs Californië weer.

DOORSNEE VAN HET OAKLAND MUSEUM

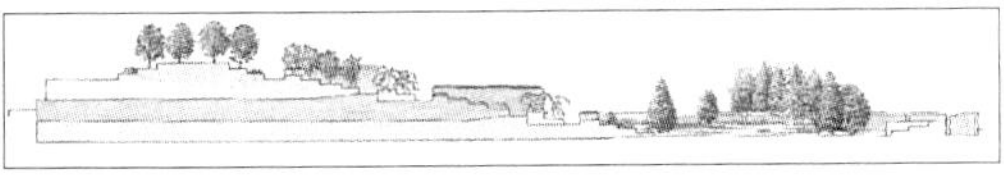

☐ Kunst ☐ Geschiedenis ☐ Wetenschap

TIPS VOOR DE TOERIST

1000 Oak St, Oakland. 510-238 2200. Lake Merritt. wo–za 10.00–17.00, zo 12.00–17.00 (1ste vr van de maand tot 21.00) uur. 1 jan., 4 juli, Thanksgiving, 25 dec., ma–di. 2de zo gratis. www.museumca.org

Californische modderwagen
Dit multifunctionele voertuig, midden 19de eeuw ontwikkeld voor het leven op het land, kon gemakkelijk van een modderwagen in een stijlvolle koets worden veranderd.

★ Food Chain Diorama
Dit diorama toont een poema met zijn prooi en laat zien hoe dieren in het wild overleven.

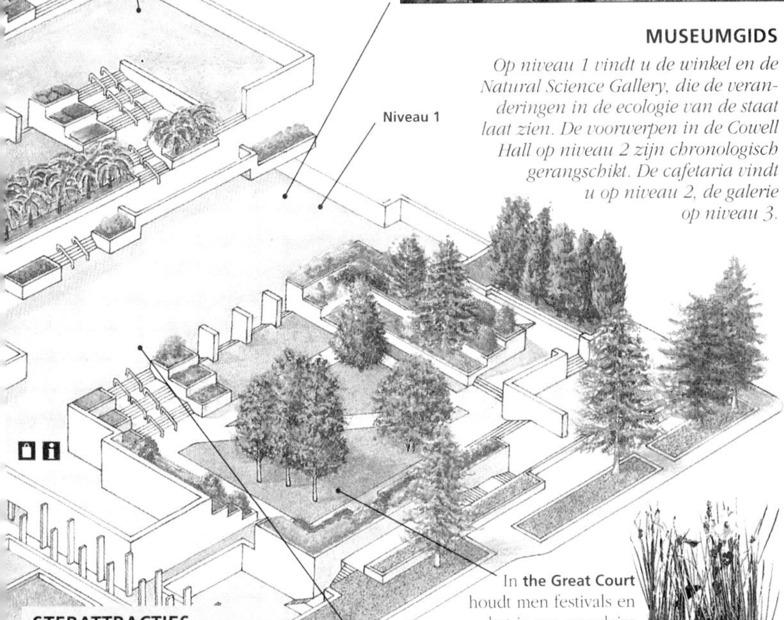

MUSEUMGIDS

Op niveau 1 vindt u de winkel en de Natural Science Gallery, die de veranderingen in de ecologie van de staat laat zien. De voorwerpen in de Cowell Hall op niveau 2 zijn chronologisch gerangschikt. De cafetaria vindt u op niveau 2, de galerie op niveau 3.

Niveau 1

In **the Great Court** houdt men festivals en het is een populaire picknickplaats.

★ Delta Waters Diorama
Dit diorama van een moeras in de Sacramentodelta, met vissen, vogels en insecten, getuigt van de kwaliteit van de Aquatic California Gallery.

STERATTRACTIES

- ★ Dream on Wheels
- ★ Natuurhistorische diorama's

Dagtochten ten zuiden van de stad

Santa Clara County, ten zuiden van de San Francisco Bay, kreeg in de jaren zestig bekendheid met Silicon Valley. San Jose biedt fascinerende musea, en het landgoed Filoli verzorgt een rondleiding door het huis en de tuin. Stanford University en Pescadero zijn interessant vanwege de geschiedenis en fraaie architectuur.

Het Winchester Mystery House

BEZIENSWAARDIGHEDEN IN HET KORT

Musea

Children's Discovery Museum ❹
Egyptian Museum and Planetarium ❷
History Museum of San Jose ❺
Stanford University ❽
Tech Museum of Innovation ❸
Winchester Mystery House ❶

Historische plaatsen

Filoli ❻ Pescadero ❼

Symbolen

- Centrum San Francisco
- Greater San Francisco
- Luchthaven
- Snelweg
- Autoweg
- Secundaire weg
- Spoorweg

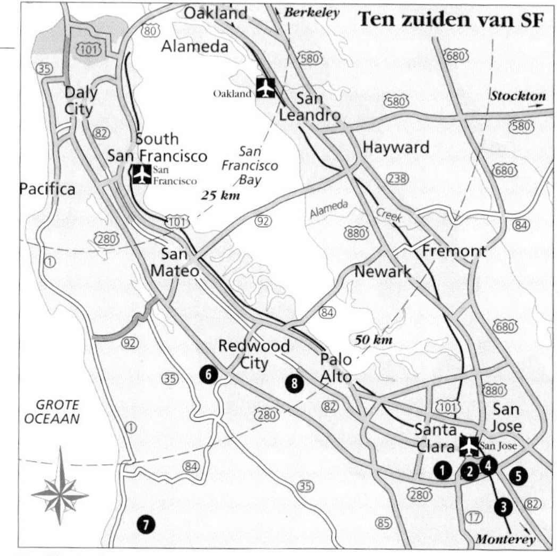

20 mijl = 32 km

The Winchester Mystery House ❶

525 S Winchester Blvd., tussen Stevens Creek Blvd. en I-280, San Jose. *408-247 2101.* *Santa Clara, dan Santa Clara Transportation Agency bus 32 of 34 naar Franklin St. en Monroe St., dan bus 60.* *dag. 9.00–17.00 uur.* *25 dec.* **www**.winchestermysteryhouse.com

Toen Sarah Winchester, de erfgename van de grote wapenfabrikant, in 1884 aan de bouw van haar huis begon, kreeg ze van een medium te horen dat ze zou sterven als ze ermee ophield. Ze hield daarom de timmerlieden 38 jaar lang aan het werk, tot ze op 82-jarige leeftijd stierf. Het resultaat is een bizar complex van 160 kamers, vol met ongewone schatten, te midden van prachtige tuinen. In het huis is ook een fraaie collectie Winchestergeweren te zien.

Voorhof van het Egyptian Museum

Egyptian Museum and Planetarium ❷

Naglee en Park Ave., San Jose. *408-947 3600.* *Santa Clara, dan Santa Clara Transportation Agency bus 32 of 34 naar Franklin St., dan bus 81.* *ma–vr 10.00–17.00, za en zo 11.00–18.00 uur (museum).* *1 jan., Eerste Paasdag, Thanksgiving, 24, 25, 31 dec.* **www**.egyptianmuseum.org

Het museum, geïnspireerd op de tempel van Amon in het Egyptische Karnak, bezit uitgebreide collecties Egyptische, Babylonische, Assyrische en Sumerische artefacten. Er zijn lijkboten te zien, menselijke en dierlijke mummies, Koptisch textiel, aardewerk en sieraden. Er zijn er ook een planetarium en een graftombe.

The Tech Museum of Innovation ❸

201 South Market St (bij Park Ave), San Jose. *408-294 8324.* *San Jose, dan Light Rail naar Convention Center.* *di–zo 10.00–17.00 uur.* **www**.thetech.org

Dit kleurige technologische museum is voor vele miljoenen verbouwd. De Techafdeling is verdeeld in vier thematentoonstellingen, waaronder Innovation en Exploration. Er zijn veel onderdelen waar de bezoeker aan kan deelnemen, zoals zelf een film of animatie maken. Er is ook een nieuwe Imax® Dome-bioscoop met voorstellingen op vrijdag- en zaterdagavonden.

Children's Discovery Museum ❹

180 Woz Way, San Jose. **Tel.** *408-298 5437.* *Arena of naar Tamien, dan Light Rail naar Technology.* *di–za 10.00–17.00 uur, zo 12.00–17.00 uur.* **www**.cmd.org

Vanaf het San Jose Convention Center is het een klein stukje lopen naar dit museum, waar kinderen kunnen spelen in een echte brandweerwagen of in een ambulance met zwaailichten. De avonturiers onder hen kunnen door een doolhof van verschillende verdiepingen kruipen en de driedimensionale ruimte ontdekken. In 'Doodad Dump' kunnen kinderen van gerecycled materiaal van bedrijven uit Silicon Valley hun eigen juwelen en andere versierselen maken.

Een populair attribuut in het Children's Discovery Museum

History Museum of San Jose ❺

1650 Senter Rd., San Jose. **Tel.** *408-287 2290.* *Cahill, dan bus 64 naar 1st en Santa Clara St., dan bus 73 van 2nd St.* *di–zo 12.00–17.00 uur.* **www**.historysanjose.com

Dit charmante museum in Kelley Park vormt een reconstructie van San Jose zoals het begin deze eeuw was. Meer dan twintig authentieke huizen en winkels zijn gerestaureerd en rond een dorpsplein geplaatst. U ziet een brandweerkazerne, een ijssalon met een werkende fristapinstallatie, een benzinestation en een treintje dat over het terrein rijdt.

Filoli ❻

Canada Rd. bij Edgewood Rd., Woodside. **Tel.** *650-364 2880.* *feb.–nov. op afspraak.* *di–za 10.00–15.30, zo 11.00–15.30 (laatste toegang om 14.30) uur.* *federale feestdagen.*

Het 43 kamers grote landhuis Filoli werd in 1915 gebouwd voor William Bourne II, eigenaar van de Empire Gold Mine. Het elegante huis is omgeven door een grote tuin en een landgoed waarover u met gids een wandeling kunt maken. 'Filoli' is een acroniem voor *fight, love, live,* een verwijzing naar de voorliefde van Bourne voor de Ieren en hun strijd.

Pescadero ❼

Daly City, dan SamTranslijn IC of IL naar Half Moon Bay, dan 96C (alleen werkdagen).

Dit dorp met zijn vele houten gebouwen heeft antiekwinkels te bieden en een van de beste restaurants van het zuiden van het schiereiland, Duarte's Tavern. Gezinnen gaan graag naar Phipps Ranch, een boerderij waar u zelf fruit mag plukken. Pidgeon Point Lighthouse ligt 5 km naar het zuiden.

Stanford University ❽

Palo Alto. **Tel.** *650-723 2053.* *Palo Alto, dan Santa Clara Transit bus 35.* *bel 650-723 2560 voor inlichtingen.* **www**.stanford.edu

Ter nagedachtenis aan zijn zoon bouwde spoorwegmagnaat Leland Stanford *(blz. 102)* deze particuliere universiteit, die in 1891 openging en nu bevolkt wordt door 13.000 studenten. Het centrum van de campus wordt gevormd door de Main Quad, gebouwd in romaanse stijl met missionelementen. Belangrijk zijn de Memorial Church, de Hoover Tower en het Leland Stanford Jr. Museum, waar u de gouden klinknagel kunt zien waarmee in 1869 de transcontinentale spoorweg werd voltooid. Het Museum of Art bezit een indrukwekkende collectie Rodins, waaronder *De hellepoort* en *Adam en Eva*.

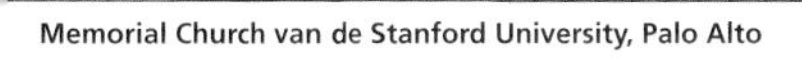

Memorial Church van de Stanford University, Palo Alto

VIJF WANDELINGEN

De vijf wandelingen in dit boek bieden een intrigerende kijk op de culturele en geografische diversiteit van de Bay Area, en bovendien adembenemende uitzichten. De Aquatic Parkwandeling langs de noordelijke waterkant van de stad beslaat het gebied tussen de Hyde Street Pier *(blz. 83)* en Fort Mason *(blz. 74–75)*, dat een schat aan musea huisvest. De Marin Headlands zijn maar een half uur rijden, maar vormen een heel andere wereld: een uitgestrekt, ongerept gebied met glooiende heuvels en kliffen die dramatisch uit de zee oprijzen. De derde wandeling voert door de academische wereld van Berkeley *(blz. 162)* in de East Bay. De wandeling door Russian Hill leidt u door een doolhof van parken en tuinen. Maak tijdens een wandeling door het SoMa District kennis met de trendy galeries, winkels, cafés en opvallende hotels. Op de *Stratenkaarten* in het gedeelte *Van buurt tot buurt* staan bovendien wandelingen door de acht stadsdelen aangegeven.

Boegbeeld van Davy Crockett in het Maritime Museum *(blz. 83)*

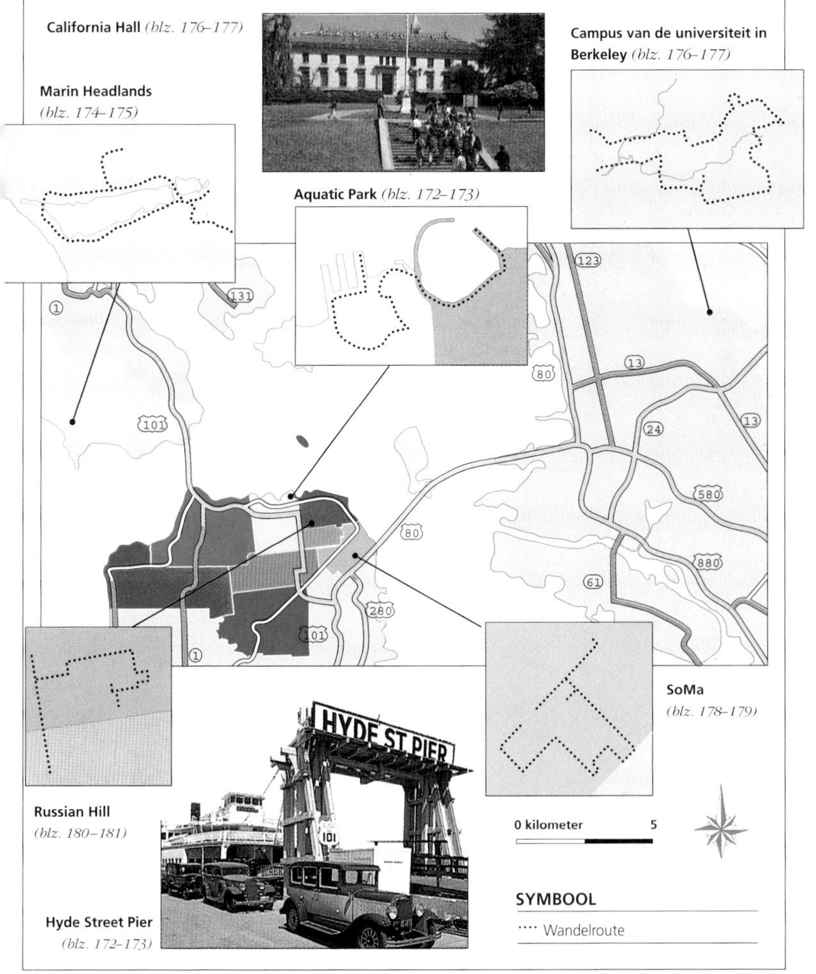

California Hall *(blz. 176–177)*

Campus van de universiteit in Berkeley *(blz. 176–177)*

Marin Headlands *(blz. 174–175)*

Aquatic Park *(blz. 172–173)*

SoMa *(blz. 178–179)*

Russian Hill *(blz. 180–181)*

Hyde Street Pier *(blz. 172–173)*

◁ **Uitzicht op de Point Bonita Lighthouse op de zuidwestelijke punt van de Marin Headlands**

Een wandeling door Aquatic Park

Naast elkaar aan de noordelijke waterkant van San Francisco gelegen, bieden het Aquatic Park en Fort Mason een fascinerende kijk op de geschiedenis van de stad, vooral op zijn verleden als haven. Er rijden hier geen auto's: op de lommerrijke paden ziet u alleen wandelaars, joggers en fietsers. De route voert langs historische schepen in de baai, badhuizen uit de tijd van de Depressie, huisjes uit de periode van de goldrush en militaire installaties uit de Spaanskoloniale tijd tot de Tweede Wereldoorlog. U kunt gaan zwemmen in de baai, op krab vissen, van het uitzicht genieten of picknicken. Zie voor meer informatie bladzijde 74–75 en 80–83.

Werk van Bufano in het Fort Mason Center

Marina Green en Fort Mason

Hyde Street Pier

Begin aan het uiteinde van Hyde Street Pier ①. Tot 1938, toen de opening van de Golden Gate Bridge hem overbodig maakte, was de pier het

Historische schepen in Aquatic Park

centrum van bedrijvigheid. Hij maakt nu deel uit van het National Maritime Museum en is een ankerplaats voor historische schepen *(blz. 83)*. Een daarvan is een stoomveerboot, de *Eureka* ②, gebouwd in 1890 en recentelijk opgeknapt. De boot staat vol oude auto's en herinneringen aan 1941, het laatste jaar dat hij werd gebruikt. Loop vanaf het begin van de pier, waar een boekwinkel ③ van de National Park Service staat, in westelijke richting langs het water, langs de draaischijf van de kabeltram aan uw linkerhand. In het Victorian Park ④ treden straatmuzikanten op. Op het strand rechts staan twee wit geschilderde houten gebouwen ⑤, met daarin de zwem- en roeiverenigingen South End en Dolphin.

Aquatic Park

Loop verder naar de brede Golden Gate Promenade, populair bij joggers, rolschaatsers en fietsers. Deze weg volgt de oude Belt Linespoorweg, die eens van de werven en pakhuizen van China Basin en Potrero Hill langs de Embarcadero naar Fort Mason en Presidio liep. Links staat een groot gebouw, het Casino ⑥, in 1939 gebouwd als openbaar badhuis. Sinds 1951 is hier het Maritime National Historical Park Visitors' Center *(blz. 83)* gevestigd, dat tot 2009 gerenoveerd wordt. U kunt momenteel niet naar binnen maar u kunt wel het schitterende gebouw van buitenaf bewonderen.

Ten westen van het Casino zijn in struiken de letters van 'Aquatic Park' gesnoeid. Daarachter ziet u het rood-witte dak van

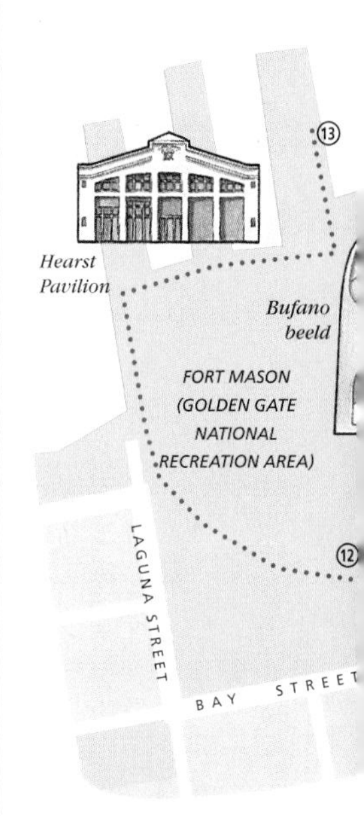

Boot in aanbouw op Hyde St. Pier ①

de *bocce*banen. Het oude dok en het boothuis ⑦ aan uw rechterhand worden in het weekeinde gebruikt door zeeverkenners die het vak leren. Loop verder langs het water naar de kromme pier ⑧ die de westkant van Aquatic Park markeert. Het gebouw in missionstijl aan de voet van de pier is een noodpompstation.

Het boothuis van de zeeverkenners ⑦

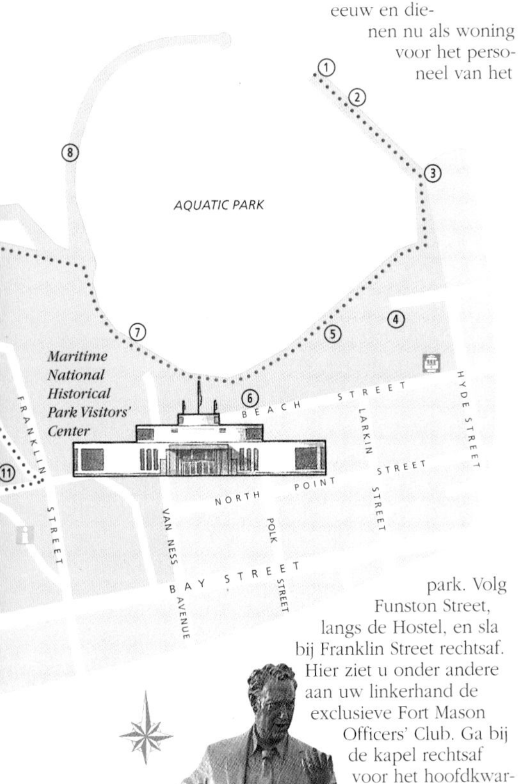

0 meter 250

SYMBOLEN

- Wandelroute
- Kabeltramdraaischijf
- Informatiecentrum

Fort Mason

Ten westen van Aquatic Park stijgt de Golden Gate Promenade, loopt om Black Point heen en biedt schitterende uitzichten op Alcatraz en Angel Island. Boven de weg bedekken cipressen de land-tong, en op een reeks terrassen ⑨ vindt u de resten van geschutsemplacementen uit de late 19de eeuw. Volg de Golden Gate Promenade tot de top van de heuvel, sla dan linksaf en loop om naar de voorkant van de Youth Hostel ⑩. Dit is een van de weinige houten huizen die open zijn voor publiek. De meeste huizen dateren van midden vorige eeuw en dienen nu als woning voor het personeel van het park. Volg Funston Street, langs de Hostel, en sla bij Franklin Street rechtsaf. Hier ziet u onder andere aan uw linkerhand de exclusieve Fort Mason Officers' Club. Ga bij de kapel rechtsaf voor het hoofdkwartier van de Golden Gate National Recreation Area (GGNRA) ⑪. Naar het westen strekken de groene glooiingen van de Great Meadow ⑫ zich uit. In 1906 hebben hier na de aardbeving mensen gekampeerd. In het midden van het veld staat een stand-beeld van congreslid Phillip Burton, de inspirator van de GGNRA. Neem vanaf de Great Meadow de smalle trap naar Fort Mason Center *(blz. 74–75)*. Wandel in noorde-lijke richting naar de baai. Pier 3 is de thuishaven van de *SS Jeremiah O'Brien*, de laatste van de ooit 2700 'Liberty Ships'. Deze werden in de Tweede Wereldoorlog gebruikt om de manschappen naar het front te vervoeren. De *SS Jeremiah O'Brien* nam deel aan de D-Day-landing in 1944 en de herdenking daarvan in 1994. Tegenwoordig vaart het schip van pier naar pier in de baai.

Phillip Burton op Great Meadow ⑫

WANDELTIPS

Beginpunt: *het uiteinde van de Hyde Street Pier.*
Afstand: *2,5 km*
Bereikbaarheid: *de noordelijke draaischijf van de Powell-Hyde-kabeltram in Beach Street is niet ver van de Hyde Street Pier. Munibus 32 gaat naar Jefferson en Hyde Street.*
Rustplaatsen: *het Buena Vista Café tegenover de draaischijf van de kabeltram zit altijd vol met klanten die komen voor het goede ontbijt en de sterke koffie (of een heerlijke Irish Coffee). Restaurant Greens* (blz. 229) *in Building A van het Fort Mason Center, dat wordt beschouwd als het beste vegetarische restaurant van de stad, wordt geleid door aanhangers van het Zenboeddhisme. Er worden zowel volledige maaltijden als snacks geserveerd.*

Een wandeling door de Marin Headlands

De noordkant van de Golden Gate Bridge staat stevig verankerd in de Marin Headlands. Dit is een gebied met door wind geteisterde heuvelruggen, beschutte dalen en verlaten stranden. Ooit werd het gebruikt als militaire verdedigingspost, maar nu hoort het bij de uitgestrekte Golden Gate National Recreation Area. Op verschillende punten hebt u een spectaculair uitzicht op San Francisco en de zee. Op herfstdagen ziet u adelaars en visarenden langs Hawk Hill zweven.

Schoolkinderen op excursie in de Headlands

Rodeo Beach ③

Van het Visitor Center naar Rodeo Beach

Stop voordat u aan deze wandeling begint even bij het Visitor Center ①, dat vroeger de interkerkelijke kapel voor Fort Cronkhite was. Inmiddels is het gebouw opgeknapt en veranderd in een museum en informatiecentrum, met een boekwinkel die gespecialiseerd is in vogelboeken. Hier kunt u leren over de geschiedenis van de Marin Headlands en een onderkomen van Miwok-indianen bekijken. De wandeling, die rond de Rodeo Lagoon ② voert, begint bij het hek ten westen, aan de kant van de oceaan, van het parkeerterrein. Neem het linkerpad, dat naar zee leidt. Er staan veel bomen en struiken langs dit deel van de route, waaronder de gifsumak, waarvoor u uit moet kijken. De lucht is vol van vogelgezang en aan de rand van de lagune ziet u bruine pelikanen, kleine zilverreigers en wilde eenden. Een wandeling van een kwartier brengt u

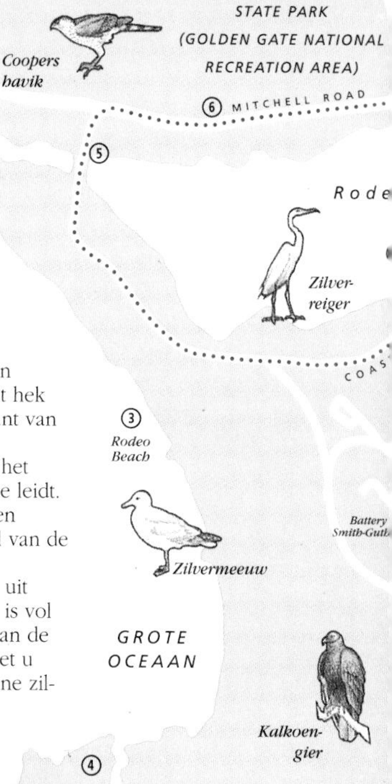

Rodeo Lagoon ②

SYMBOLEN

• • • Wandelroute

Uitkijkpunt

P Parkeerplaats

Zeehond in het Marine Mammal Center ⑦

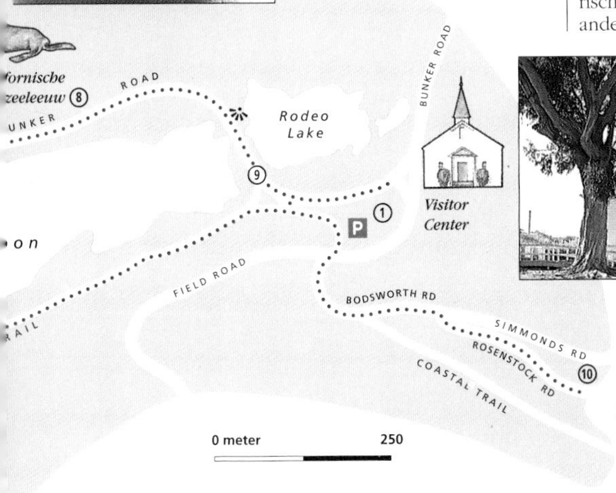

naar het winderige Rodeo Beach ③, waarvandaan u in het zuiden Bird Island ④ kunt zien liggen. Op zee varen misschien een paar vissersboten, maar het strand zelf is meestal verlaten, hoewel schoolkinderen er wel eens ecologielessen krijgen. Deze worden verzorgd door het Headlands Institute, gevestigd in de nabij gelegen vroegere legerbarakken.

Van de barakken naar het California Marine Mammal Center

Loop vanaf het strand naar de punt van de lagune en steek de houten voetbrug over ⑤. Hier vindt u toiletten en de barakken ⑥, waarin onder andere het Headlands District Office, het Raptor Observatory en een energie- en hulpbronnencentrum zijn gehuisvest. Loop verder over het pad, langs de barakken, en ga linksaf de weg op die heuvelopwaarts naar het California Marine Mammal Center ⑦ leidt. In de Koude Oorlog was dit militair terrein, maar nu redden en verzorgen vrijwilligers er zieke en gewonde zeezoogdieren. Zeeleeuwen, zeehonden en zeeolifanten worden hier onderzocht en behandeld, waarna ze teruggaan naar zee. U kunt de dierenartsen aan het werk zien en de dieren van dichtbij bekijken. Ook is er een tentoonstelling over het ecosysteem van de zee.

Horse Trail

Bike Trail

Borden bij de paden

Van de lagune naar de Golden Gate Hostel

Loop de heuvel weer af en ga terug naar de geplaveide weg langs de lagune ⑧. Naast de weg loopt een wandelpad, maar u moet over een reling klimmen om daar te komen. Net voor de weg over een brug gaat, komt u bij een bank waarvandaan u de watervogels kunt zien. Het brakke water, waarin veel riet- en grassoorten groeien, is voor deze dieren een prima leefmilieu. Steek via het wandelpad de brug over. Voor het einde van de reling verdwijnt er rechts een pad ⑨ in het dikke struikgewas. Loop hiervandaan weer verder heuvelopwaarts, over een trap die terug leidt naar het pad bij het parkeerterrein van het Visitor Center. Steek de parkeerplaats over en loop de heuvel op naar een drie verdiepingen hoog gebouw uit omstreeks 1900. Dit historische monument is onder andere militair hoofdkwartier en ziekenhuis geweest. Nu is het het Golden Gate Hostel ⑩ waar reizigers onderdak vinden. In de Marine Headlands kunt u ook langere wandelingen over lastiger begaanbare paden maken: Wolf Ridge en Bobcat Trail zijn populaire routes die u wellicht wilt proberen.

Visitor Center ①

WANDELTIPS

Beginpunt: *het Visitor Center bij Fort Cronkhite.*
Afstand: *3 km.*
Bereikbaarheid: *Munibus 76 uit San Francisco vertrekt alleen op zondagen van het kruispunt van Fourth Street en Townsend Street.* ***Tel.*** *415-673 6864 (Muni).*
Met de auto steekt u de Golden Gate Bridge over en neemt u de afslag Alexander Avenue. Rijd onder de snelweg door en volg de borden Headlands, Fort Cronkhite en Fort Barry.
Rustplaatsen: *water is er genoeg, maar er zijn verder geen faciliteiten in de Marin Headlands. U moet zelf uw lunch meenemen, die u op kunt eten op een van de vele bankjes die langs de paden en op de stranden staan.*

Een wandeling over de campus van de University of California, Berkeley

Deze wandeling blijft beperkt tot een bepaald gedeelte van Berkeley, de campus van de University of California, en biedt een inspirerende kijk op het leven in deze bruisende universiteitsstad *(blz. 162–163)*.

Studenten voor Wheeler Hall

Van de West Entrance naar de Sather Tower

Van University Avenue ① steekt u Oxford Street over en volgt u de University Drive langs het Valley Life Sciences Building ②. Wellman Hall ziet u liggen aan de noordelijke splitsing van Strawberry Creek. Volg de weg naar rechts, met de California Hall ③ aan uw rechterhand. Ga bij Cross Campus Road ④ naar links. Wheeler Hall ligt aan de rechterkant en recht vooruit ziet u de 94 m hoge Sather Tower ⑤. De op de campanile op het Piazza San Marco in Venetië geïnspireerde toren werd in 1914 door John Galen Howard gebouwd. Bezoek eerst nog de Doe Library ⑥ en de A.F. Morrison Memorial Library ⑦. Ga nu naar Sather Tower, die van maandag tot zaterdag van 10.00 tot 15.30 uur geopend is en waarvandaan u een mooi uitzicht hebt. Aan de overkant ligt South Hall ⑧, het oudste gebouw van de campus.

Esplanade in de buurt van Sather Tower ⑤

Van het Hearst Mining Building naar het Greek Theater

Loop verder naar het noorden, voorbij LeConte Hall, en steek University Drive over naar de Mining Circle. Hier staat het Hearst Mining Building ⑨, in 1907 door Howard gebouwd. Ga terug naar University Drive, sla linksaf en loop via het East Gate naar het Hearst Greek Theater ⑩.

Van de Faculty Club naar de Eucalyptus Grove

Volg Gayley Road en ga bij het eerste pad voorbij Lewis Hall en Hildebrand Hall naar rechts, en dan naar links over een voetbrug. Het pad voert langs de

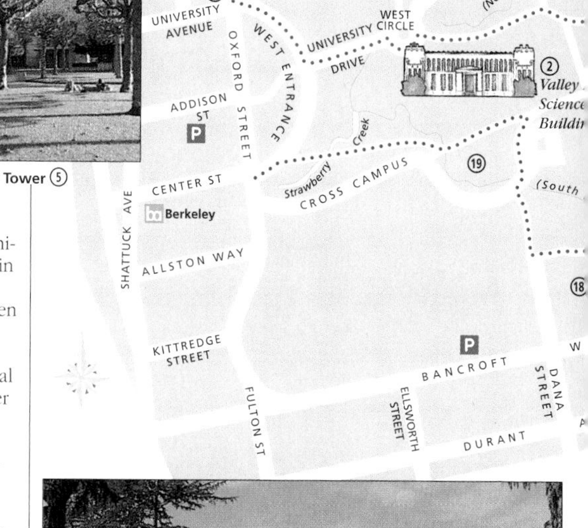

Wellman Hall op de campus van de University of California

Muzikanten op lower Sproul Plaza (17)

Hearst Avenue
Cyclotron Road
Hearst Mining Building (9)
Gayley Rd
Mining Circle
University Drive
(10) Hearst Greek Theater
Stadium Ringway
(6) (5) (8) (12) (11) (13)
Sather Gate
Piedmont Avenue
Barrow Lane
Sproul Hall
Bancroft Way
(17) (14) (15) (16)
College Avenue
Bowditch Street
Telegraph Avenue
Durant Avenue

Faculty Club (11), die in 1903 door onder andere Bernard Maybeck werd ontworpen en nu een bouwval is. Faculty Glade (12), voor de club gelegen, is een populaire picknickplaats. Het pad gaat nu naar rechts en maakt vervolgens een scherpe bocht naar links. Werp een blik op Hertz Hall (13), en loop dan langs Wurster Hall in de richting van Kroeber Hall. Daar kunt u een bezoek brengen aan het Hearst Museum of Anthropology. Steek Bancroft Way over naar Caffè Strada (14) en loop dan verder naar het supermoderne University Art Museum (15). Volg Bancroft Way naar Telegraph Avenue (16), bekend van het studentenprotest in de jaren zestig en zeventig. De ingang van de universiteit tegenover Telegraph Avenue komt uit op Sproul Plaza (17). Aan het lager gelegen deel van het plein staat de moderne Zellerbach Hall (18). Loop langs het Alumni House en sla rechtsaf. Steek bij Bay Tree Bridge de zuidelijke vertakking van Strawberry Creek over, waarna u links enkele van de hoogste eucalyptusbomen ter wereld ziet staan (19). Het pad eindigt nabij het beginpunt van de wandeling.

Within (1969) van A. Lieberman in het UCB Art Museum (15)

Sather Tower (5)

0 meter 250

SYMBOLEN

- • • • Wandelroute
- BART-station
- P Parkeerplaats

WANDELTIPS

Beginpunt: *de West Gate bij University Avenue en Oxford Street.*
Afstand: *4 km.*
Bereikbaarheid: *San Francisco-Oakland Bay Bridge, Highway 80 naar het noorden, afslag University Avenue. Met BART, halte Berkeley.*
Rustplaatsen: *Caffè Strada op Bancroft Way zit altijd vol studenten die cappucino drinken en bagels of gebak eten. Iets verderop, in het University Art Museum, kijkt Café Grace uit op de beeldentuin. Misschien wilt u snuffelen in de boekwinkels op Telegraph Avenue, of een van de etenskarretjes proberen die zich bij de ingang van Sproul Plaza verdringen. Hier kunt u een 'smoothie' (gepureerd fruit en ijs) proberen, of Mexicaans eten. Tussen de muzikanten op Sproul Plaza zelf vindt u verschillende cafés.*

Een wandeling rond South of Market

Ooit stond SoMa vol groezelige pakhuizen, maar nu is het een toonbeeld van stadsvernieuwing. Het acroniem SoMa stamt van een oude bijnaam die verwijst naar de 'verkeerde kant' van het kabelspoor van Market Street, in de tijd dat de goudzoekers hier werkzaam waren. Nu staat de buurt rondom het Moscone Convention Center bomvol kunst- en geschiedenismusea, hotels, trendy galeries en winkels. Tijdens de wandeling ziet u restanten van het onstuimige verleden van de stad in combinatie met de oogverblindende architectuur van de 21ste eeuw, evenals trendy cafés en bars.

Skyline van SoMa met zowel oude als moderne architectuur

Mission Street

Begin bij St.-Patrick's Church ①, een torenhoge stenen blikvanger uit 1851. Let op de groene Yerba Buena Gardens aan de overkant van de straat en de verschillende oude en moderne gebouwen die dit district karakteriseren. Loop een stukje richting het noordoosten naar de California Historical Society ② *(blz. 113)*, waar kunst en fotografie het kleurrijke verhaal vertellen van de Gouden Staat. Misschien komt u hier nog eens terug om in de manuscripten te duiken in de bibliotheek of deel te nemen aan een wandeling door de geschiedenis. Ga naar het Cartoon Art Museum ③ en bewonder de superhelden, belangrijke vrouwelijke cartoonisten of het werk van Charles Schultz, schepper van Peanuts, afhankelijk van wat er op dat moment getoond wordt. FotoGraphix Books, in hetzelfde gebouw, heeft boeken over fotografie en grafische kunst, evenals een prachtige collectie van de beroemde Californische fotograaf Ansel Adams. Hier zijn ook posters verkrijgbaar van San Francisco. Wandel naar Second Street en sla linksaf naar de Alexander Book Company ④, met zijn bescheiden voorkomen maar met drie verdiepingen vol schatten.

SFMOMA

Keer terug naar Mission Street en loop zuidwaarts naar Third Street. Bewonder tegenover de Yerba Buena Gardens het San Francisco Museum of Modern Art ⑤ *(blz. 118–121)*, een van de wonderen der architectuur van de stad. De architect, Mario Botta, omschreef het schuine dakvenster als het 'oog voor de stad'. Neus in de museumwinkel tussen kunstboeken, sieraden en kinderspelletjes en plan alvast wanneer u het gehele museum komt bekijken. Aan weerszijden van het SFMOMA staan moderne hotels, de St.-Regis Museum Tower en de W San Francisco. Aan de voet van het St.-Regis vindt u in een oud gebouw het nieuwe Museum of the African Diaspora (MOAD), waar onderwerpen worden belicht zoals feesten, slavernij, kunst en oorsprong. Neem in het chique W-hotel een kijkje in de 'Living Room', een achthoekige lobby met drie verdiepingen met veel glas en golvende gordijnen. Hier kunt u uitrusten met een kopje koffie.

SF Museum of Modern Art, een prachtig staaltje architectuur ⑤

Yerba Buena Gardens tot aan de Old United States Mint

Steek Third Street over en ga de Yerba Buena Gardens in ⑥ *(blz. 114–115)*. Wandel onder de platanen en door de bloementuinen, en lees bij de Martin Luther King Memorial Waterfall enkele passages uit

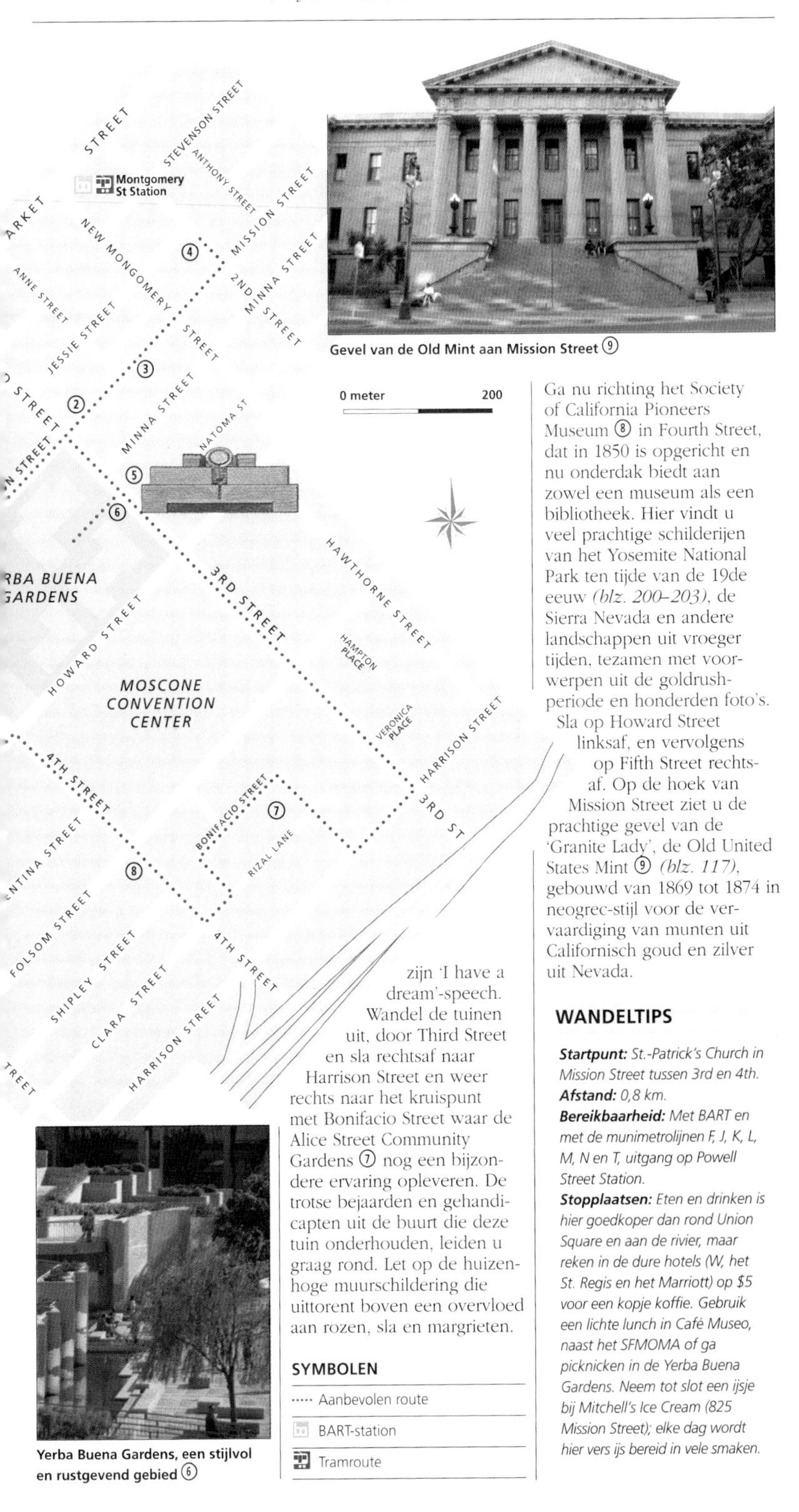

Gevel van de Old Mint aan Mission Street ⑨

Yerba Buena Gardens, een stijlvol en rustgevend gebied ⑥

zijn 'I have a dream'-speech. Wandel de tuinen uit, door Third Street en sla rechtsaf naar Harrison Street en weer rechts naar het kruispunt met Bonifacio Street waar de Alice Street Community Gardens ⑦ nog een bijzondere ervaring opleveren. De trotse bejaarden en gehandicapten uit de buurt die deze tuin onderhouden, leiden u graag rond. Let op de huizenhoge muurschildering die uittorent boven een overvloed aan rozen, sla en margrieten.

Ga nu richting het Society of California Pioneers Museum ⑧ in Fourth Street, dat in 1850 is opgericht en nu onderdak biedt aan zowel een museum als een bibliotheek. Hier vindt u veel prachtige schilderijen van het Yosemite National Park ten tijde van de 19de eeuw *(blz. 200–203)*, de Sierra Nevada en andere landschappen uit vroeger tijden, tezamen met voorwerpen uit de goldrush-periode en honderden foto's.

Sla op Howard Street linksaf, en vervolgens op Fifth Street rechtsaf. Op de hoek van Mission Street ziet u de prachtige gevel van de 'Granite Lady', de Old United States Mint ⑨ *(blz. 117)*, gebouwd van 1869 tot 1874 in neogrec-stijl voor de vervaardiging van munten uit Californisch goud en zilver uit Nevada.

SYMBOLEN

···· Aanbevolen route

BART-station

Tramroute

WANDELTIPS

Startpunt: *St.-Patrick's Church in Mission Street tussen 3rd en 4th.*
Afstand: *0,8 km.*
Bereikbaarheid: *Met BART en met de munimetrolijnen F, J, K, L, M, N en T, uitgang op Powell Street Station.*
Stopplaatsen: *Eten en drinken is hier goedkoper dan rond Union Square en aan de rivier, maar reken in de dure hotels (W, het St. Regis en het Marriott) op $5 voor een kopje koffie. Gebruik een lichte lunch in Café Museo, naast het SFMOMA of ga picknicken in de Yerba Buena Gardens. Neem tot slot een ijsje bij Mitchell's Ice Cream (825 Mission Street); elke dag wordt hier vers ijs bereid in vele smaken.*

Een wandeling rond Russian Hill

Een heuvel vol parken en bebouwd met zeldzame aardbevingsbestendige huizen is uw beloning voor het beklimmen van de steile trappen en schaduwrijke steegjes van Russian Hill. Hier zult u weinig auto's tegenkomen en het is heerlijk wandelen tussen de zorgvuldig gerestaureerde huizen uit het opwindende en beruchte verleden van de stad. Geniet van het adembenemende uitzicht, de vogels en de weelderige tuinen, de trots van de buurt. Na de wandeling kunt u zich aan de voet van de heuvel laven aan talloze cafés en boetieks.

Russian Hill, prachtige uitzichten en aardbevingsbestendige huizen

Russian Hill Place

Begin de wandeling vanaf de hoek van Jones Street en Vallejo Street bij de grilliggevormde balustrade in beaux-artsstijl ①, in 1915 ontworpen door Willis Polk, een van de architecten die meehielp aan de wederopbouw na de aardbeving van 1906 *(blz. 28–29)*. Let voordat u de stenen trap oploopt eens op de huizen in neomission-stijl met Spaanse dakpannen, fantasievolle balkons en boogramen. Loop dan de trap op en het korte steegje in van Russian Hill Place ② en bekijk de achterkant van deze huizen en hun tuinen. Nummer 6 is een eeuw oud en gebouwd in de traditionele stijl van de Bay Area. In Vallejo Street staan diverse huizen die gebouwd zijn tussen 1888 en 1950.

Florence Street

Sla rechtsaf naar Florence Street ③. Aan het eind ziet u Nob Hill liggen, ooit Snob Hill genoemd. De heuvel is bezaaid met 19de-eeuwse herenhuizen en luxe hotels. Let op de torens van Grace Cathedral. Nummer 40 is een van de oudste huizen op de heuvel, gebouwd in 1850 en bijna onvindbaar tussen de vele aanbouwen uit latere perioden. Gluur even door het hek naar een metershoog konijn en een modern sculptuur. Let op de Spaanse huizen in neomission-stijl. De parels van Russian Hill vindt u in Vallejo Street, twee huizen met schuine daken en puntgevels in de traditionele stijl van de Bay Area ④. Hier week Polk af van de victoriaanse bouwstijl en ontwierp in 1892 het huis op nummer 1019 voor een rijke klant (die onder andere Robert Louis Stevenson en Laura Ingalls Wilder te gast had) en daarnaast zijn eigen huis (op nummer 1013), een huis met dakspanen en vijf verdiepingen dat doet denken aan de Engelse Arts and Crafts-beweging. In 1915 werd Polk aangesteld als supervisor over de Panama Pacific International Exposition, een wereldtentoonstelling ter ere van de aanleg van het Panamakanaal en de wederopbouw van San Francisco *(blz. 72)*. Vanaf zijn huis bouwde hij de zigzagtrappen van Vallejo Street, beter bekend als 'the ramps'.

Deel van de ongelijke trappen van Vallejo Street ④

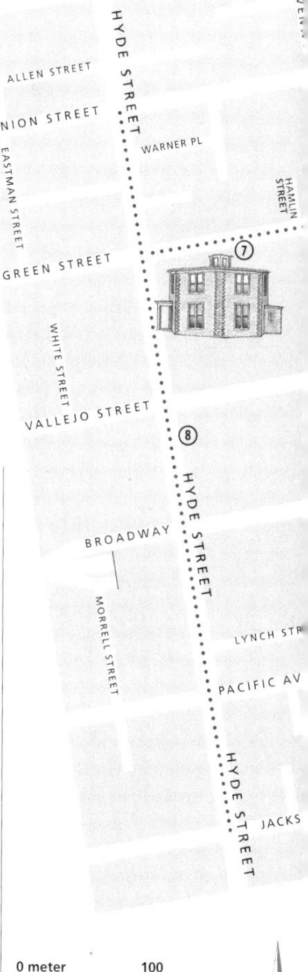

SYMBOOL

..... Aanbevolen route

Langs de gehele trap, die bestaat uit drie gedeelten, liggen tuinen vol blauwe hortensia's, azalea's, palmen, magnolia's en overhangende pijnbomen en cypressen. Er staat ook een bank voor de vermoeide wandelaar. Steek onderaan de trap de straat over en geniet van de zon in het kleine Coolbrith Park ⑤. Hier kijkt u uit op de kleine eilanden in de baai, op North Beach, de Bay Bridge en het Financial District. Op

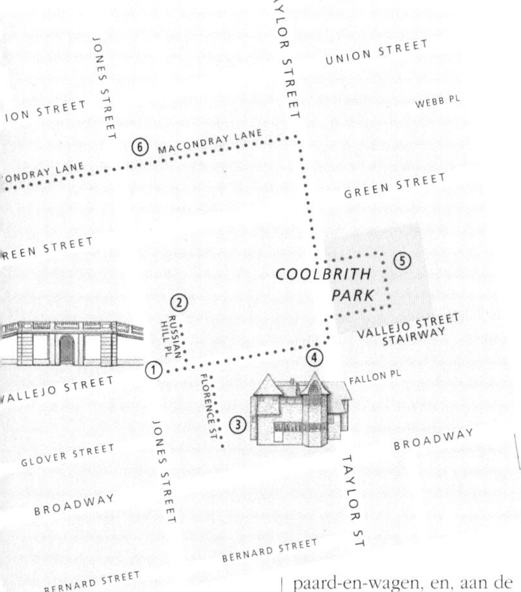

4 juli komt iedereen hier naar het vuurwerk kijken.

Macondray Lane

Loop verder noordwaarts door Taylor Street naar Macondray Lane ⑥ aan uw linkerhand, bereikbaar via een oude houten trap die u door dichte begroeiing leidt. Langs het pad ziet u edwardiaanse huizen net dakspanen, er liggen stenen lie als ballast dienden op zeilschepen, en er staan rustieke uizen, omgeven door bloeiende inen. De laan vormde de locatie oor Barbary Lane in de televisieerie 'Tales of the city'. De huizen p nummer 5 tot en met 17, die vonderlijk genoeg de aardbeving ebben doorstaan, zijn versierd met uitbundig pleisterwerk. Sla op Leavenworth Street linksaf. Het huizenblok tussen Hyde Street en Leavenworth Street wordt het 'Paris Block' genoemd ⑦, een verwijzing naar het appartementencomplex op nummer 1050, dat lijkt op die in Parijs. Een aantal gebouwen in dit blok staat op de monumentenlijst, waaronder het laatste brandweerstation voor paard-en-wagen, en, aan de overkant, het Freusier Octagon House uit 1857, met zijn mansardedak en koepel.

Hyde Street

Ga op Green Street westwaarts richting Hyde Street waar u talloze cafés en winkels treft tussen Jackson Street en Union Street ⑧. Liefhebbers van alles wat Frans is kunnen hun hart ophalen bij de Hyde Street Bistro (op 1521), de boetieks en de gezellige antiekwinkels. De Brown Dirt Cowboy is een buurtwinkel en Brownie's Hardware een familiebedrijf.

Relaxen in Macondray Lane, decor van de tv-serie 'Tales of the City' ⑥

WANDELTIPS

Startpunt: *De stenen trap op Jones Street en Vallejo Street.*
Afstand: *1,2 km.*
Bereikbaarheid: *Neem de kabelbaan van Hyde-Powell of metrolijn 45 naar Vallejo Street en loop een stukje richting het oosten.*
Stopplaatsen: *Op Hyde Street bereidt Frascati (op 1901) Europese eenpansgerechten zoals* paella, cassoulet *en* coq-au-vin *in een gezellige ambiance. Jonge, hippe mensen hangen lui op de leren banken in het raam van Bacchus Wine & Sake Bar (op 1954).*

Hyde Street, met zijn Franse boetieks, cafés en antiekwinkels

Yosemite Valley ▷

NOORD-CALIFORNIË

Noord-Californië verkennen

San Francisco ligt aan de rand van een prachtig, gevarieerd en historisch gedeelte van Californië. In de beschutte dalen van de Coastal Ranges kunt u een groot aantal voortreffelijke wijnmakerijen bezoeken, en aan de uitgestrekte kust kunt u vogels observeren of zich ontspannen op onbedorven stranden. U vindt hier oude, fascinerende stadjes, en in de Sierra Nevada kunt u wandelen en skiën: allemaal binnen een paar uur rijden van de stad. De excursies op bladzijde 186–203 geven een beeld van het beste dat de omgeving van San Francisco te bieden heeft.

Lake Tahoe in de winter

BEZIENSWAARDIGHEDEN

- Carmel 1
- Lake Tahoe 8
- Lassen Volcanic National Park 5
- Mendocino 2
- Napa Wine Country 3
- Redwood National Park 4
- Sacramento 7
- Sonoma Valley 6
- Yosemite National Park 9

Herfstkleuren in Yosemite National Park

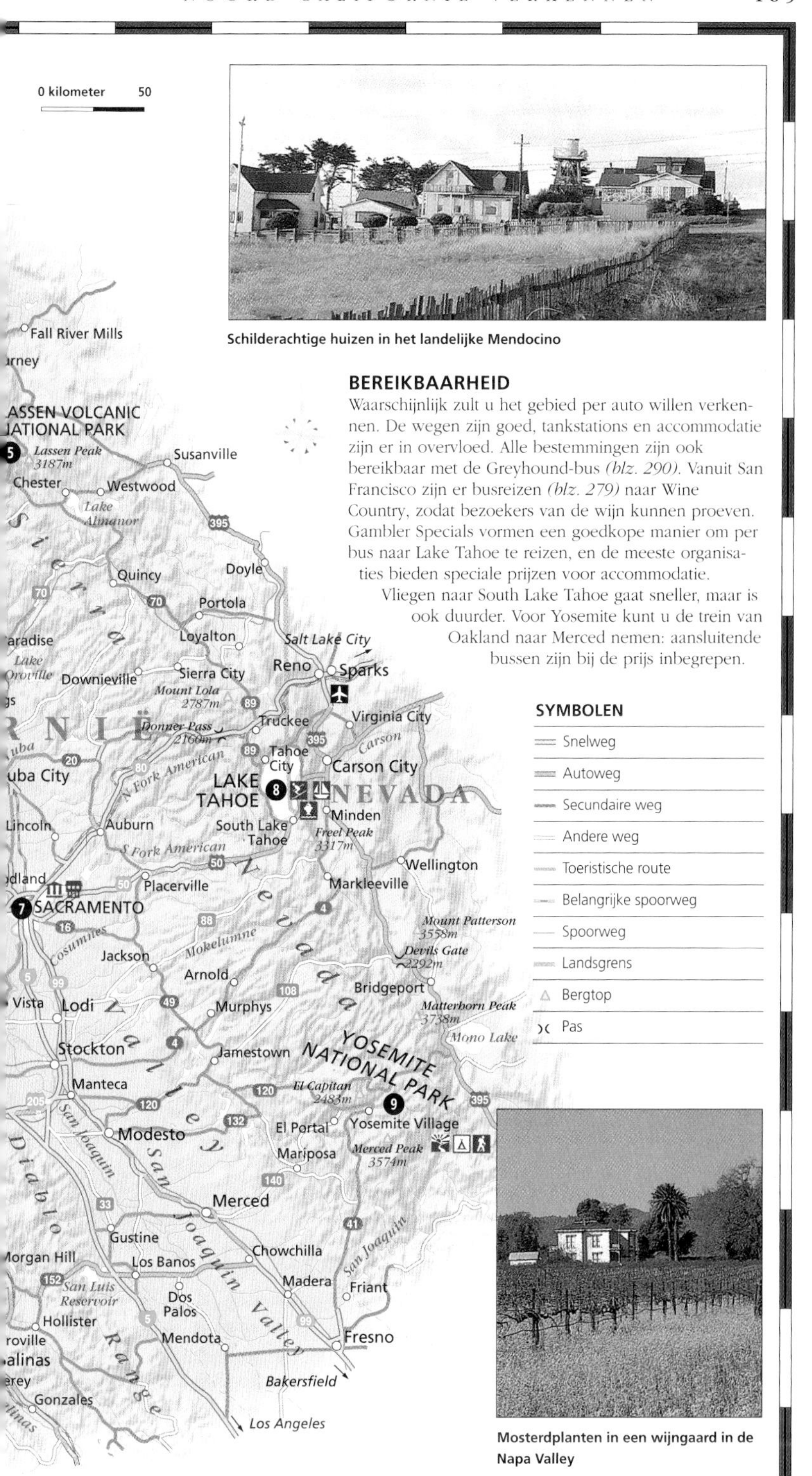

Schilderachtige huizen in het landelijke Mendocino

BEREIKBAARHEID

Waarschijnlijk zult u het gebied per auto willen verkennen. De wegen zijn goed, tankstations en accommodatie zijn er in overvloed. Alle bestemmingen zijn ook bereikbaar met de Greyhound-bus *(blz. 290)*. Vanuit San Francisco zijn er busreizen *(blz. 279)* naar Wine Country, zodat bezoekers van de wijn kunnen proeven. Gambler Specials vormen een goedkope manier om per bus naar Lake Tahoe te reizen, en de meeste organisaties bieden speciale prijzen voor accommodatie.

Vliegen naar South Lake Tahoe gaat sneller, maar is ook duurder. Voor Yosemite kunt u de trein van Oakland naar Merced nemen: aansluitende bussen zijn bij de prijs inbegrepen.

SYMBOLEN

- Snelweg
- Autoweg
- Secundaire weg
- Andere weg
- Toeristische route
- Belangrijke spoorweg
- Spoorweg
- Landsgrens
- Bergtop
- Pas

Mosterdplanten in een wijngaard in de Napa Valley

In twee dagen naar Carmel ❶

Achtbaan in Santa Cruz

Kliffen, kleine baaien, beschutte stranden, vuurtorens, parken en historische stadjes, aan Hwy 1 van San Francisco naar Carmel vindt u het allemaal. Het gebied kent een kleurrijke geschiedenis, vooral in het oude Monterey, de oorspronkelijke hoofdstad van Spaans Californië. Carmel is sinds het begin van de eeuw een toevluchtsoord voor kunstenaars. Hier kunt u de Mission Carmel bezoeken, begraafplaats van Junipero Serra *(blz. 137)*.

Van San Francisco naar Santa Cruz

Verlaat de stad bij Pacifica, waar Hwy 1 een tweebaansweg wordt. Vanaf Sharp Park kunt u naar Sweeney Ridge ① lopen, een afstand van 2 km. Hiervandaan zagen Gaspar de Portolá en zijn gezelschap in 1769 als eerste Europeanen de San Francisco Bay *(blz. 24–25)*.

De sterke stroming en het koude water weerhouden de meeste mensen ervan om bij de stranden Gray Whale Cove ② en Montara een duik in zee te nemen. Bij laag water komen de rotspoelen bloot te liggen die van het Fitzgerald Marine Preserve naar Pillar Point lopen.

In Princeton ③ lopen nog steeds vissersboten de haven binnen, en in Half Moon Bay ④ is het Pumpkin Festival in oktober het evenement van het jaar. In de hoofdstraat van Princeton hangt de sfeer van een oude kustplaats. Richting zuiden wordt het land steeds dunner bevolkt. Bij Pigeon Point ⑤, ten zuiden van Pescadero *(blz. 169)*, staat een vuurtoren uit 1872. Deze is voor renovatie gesloten, maar u mag wel het terrein op. Vanhieruit lopen zijwegen de Santa Cruz Mountains in. Het prachtige Ano Nuevo State Park ⑥ ligt 32 km ten noorden van Santa Cruz, aan Hwy 1. U kunt afspreken om samen met een parkwachter een 5 km lange wandeling te maken naar het strand om een kolonie zeeolifanten te zien.

Kind op het Pumpkin Festival in Half Moon Bay ④

Van Santa Cruz naar Monterey

Aan de noordkant van Monterey Bay bezit Santa Cruz een aantal prima stranden. Hoewel de zandstenen brug van het Natural Bridges State Beach ⑦ lang geleden in de golven is verdwenen, is het strand hier goed beschermd en is het veilig om te zwemmen.

Santa Cruz is beroemd om de Boardwalk ⑧, een amusementspark dat zich 1 km lang aan het strand uitstrekt. De achtbaan Big Dipper staat er al sinds 1923.

Van Santa Cruz loopt de weg om de baai naar Monterey, 45 km verderop. Halverwege staat bij Moss Landing ⑨ het centrum voor zeewetenschappen van de University of California.

Van Monterey naar Pacific Grove

Monterey ⑩ werd in 1770 door de Spanjaarden gesticht en was de eerste hoofdstad van Californië. In het centrum

0 kilometer 20

De vuurtoren bij Pigeon Point ⑤

Fisherman's Wharf, Monterey ⑩

TIPS VOOR REIZIGERS

Afstand tot San Francisco: *220 km.*
Duur van de reis: *ongeveer vier uur, exclusief onderbrekingen.*
Terugreis: *Monterey Peninsula is verbonden met de US 101. Via San Jose doet u er tweeënhalf uur over naar San Francisco.*
Reistijd: *de zomer is het toeristenseizoen, als de zeelucht fris is. De winter is vaak nat, soms met stortregens.*
Accommodatie: *Santa Cruz, Monterey, Carmel, Pacific Grove en Pebble Beach hebben een groot aanbod van hotels, motels en herbergen. Municipal Wharf in Santa Cruz heeft snackbars voor een kleine maaltijd onderweg. In Monterey vindt u aan Cannery Row en Fisherman's Wharf restaurants en eethuizen in overvloed. Carmel biedt alles van Franse bistro's tot Engelse theehuizen.*
Bezoekersinformatie:
Monterey Peninsula Chamber of Commerce and Visitors Bureau, 380 Alvarado Street, Monterey.
Tel. *831-648 5360. Carmel Tourist Information Center, Mission Patio, Carmel.*
Tel. *831-624 1711.*
www.montereyinfo.org

staan nog steeds veel Spaanse, Mexicaanse en vroeg-Amerikaanse gebouwen. De Chamber of Commerce geeft een gratis plattegrond uit, waarop u bezienswaardigheden vindt als het huis van Robert Louis Stevenson en Colton Hall, waar de eerste grondwet van Californië werd geschreven.
In de jaren veertig beschreef John Steinbeck, auteur van *Cannery Row* en *Tortilla Flat*, Monterey als een verzameling conservenfabrieken en hoerenkasten. Het spectaculaire Aquarium van Monterey Bay staat op het 8 ha grote terrein van de grootste van de oude conservenfabrieken. De ruimten en de tentoonstellingen in het Aquarium benutten de unieke habitat van de Bay zelf. Aan de rand van het Monterey Peninsula ligt Pacific Grove ⑪. Hier begint de 17-Mile Drive, een fraaie route langs de wereldberoemde golfbanen van Pebble Beach en Spyglass Hill.
De rit eindigt in Carmel ⑬, met zijn schilderachtige straten en buitenissige huizen. Dit mooie stadje werd begin deze eeuw gesticht als kunstenaarskolonie, en u kunt er dan ook verschillende galeries bezoeken. Veel van de merkwaardige huizen in het stadje zijn door kunstenaars ontworpen, wellicht geïnspireerd door romantische voorstellingen van het oude Frankrijk. Pater Junipero Serra, stichter van de missieposten, is begraven in Mission Carmel, volgens velen de mooiste kerk van Californië.

SYMBOLEN

	Route
	Autoweg
	Rivier
	Uitkijkpunt

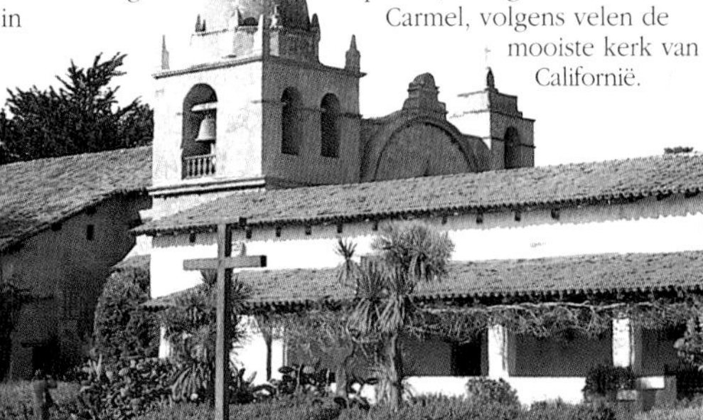

De missiepost van Carmel uit 1793 ⑬

In twee dagen naar Mendocino ❷

Russisch-orthodoxe kapel in Fort Ross

De reis naar Mendocino voert u langs de ruige kust van Noord-Californië naar een schilderachtig stadje dat eens een houthakkersdorp was. In de jaren vijftig werd het een toevluchtsoord voor kunstenaars en kreeg het zo'n geslaagde opknapbeurt dat het nu een historisch monument is. In het binnenland liggen dalen met sequoiabossen, het beste te zien vanuit de 'Skunk Train' uit Fort Bragg, 16 km ten noorden van Mendocino.

Van het westen van Marin naar Bodega Bay

Steek de Golden Gate Bridge over en rijd over de US 101 door het zuiden van Marin County *(blz. 160–161)*. Bij Mill Valley neemt u Highway 1, die tegen de 450 m hoge kustheuvels op loopt en dan dicht onder de kust door Stinson Beach gaat. In Point Reyes Station ① kunt u een omweg maken en de weg nemen die naar Point Reyes National Seashore *(blz. 160)* voert, een rit van ongeveer twee uur. Hwy 1 gaat verder langs Tomales Bay ②, een van de belangrijkste oesterkweekplaatsen in Californië. Na de baai loopt de weg 48 km lang landinwaarts, langs de boerderijen van het westen van Marin County, en keert naar de kust terug bij Bodega Bay ③, waar Hitchcock in 1962 *The birds* opnam.

Russian River en Fort Ross

Ten noorden van Bodega Bay loopt Hwy 1 verder langs de kust en bereikt bij Jenner ④ de wijde monding van Russian River, waar u tevens een breed strand vindt. Stroomopwaarts ligt Guerneville. Boven op de Jenner Grade kunt u stoppen om van het uitzicht te genieten. Op een winderige landtong 19 km ten noorden van Jenner vindt u het Fort Ross State Historic Park ⑤, een gerestaureerd Russisch pelsjagersstation uit 1812. Het

Sequoia's

SYMBOLEN

Route

Andere weg

Rivier

Uitkijkpunt

Johnson's Beach bij Guerneville aan Russian River

Een 'Skunk Train' op zijn route door het sequoiabos

oorspronkelijke huis van de laatste beheerder van het fort, Alexander Rotchev, is nog intact. Hoogtepunt is de Russisch-orthodoxe kapel, in 1824 gebouwd van sequoiahout. Het park heeft een bezoekerscentrum en is van 10.00 tot 16.30 uur geopend. Voorbij Fort Ross kronkelt Hwy 1 zich langs de kust en komt door verschillende staatsparken, waaronder het Kruse Rhododendron Reserve ⑥. De beste tijd voor een bezoek is in april en mei, als de bloemen bloeien. Dit woeste stuk kust is schitterend, met onbeschutte landtongen en verborgen inhammen.

Point Arena en Manchester State Beach

De rit gaat verder door open grasland en cipresbosjes naar Point Arena ⑦. Hier kunt u de 147 treden van de oude vuurtoren beklimmen en van het spectaculaire uitzicht op de kust genieten. Manchester State Beach ⑧ neemt de volgende 8 km van de kust in beslag; hiervandaan kunt u een omweg van ongeveer drie uur maken om de Noord-Californische brouwerijen te bezoeken, die de laatste jaren een goede reputatie hebben opgebouwd. De beste bieren zijn Red Tail Ale van Mendocino Brewing in Hopland ⑨ aan de US 101, en Boont Amber uit Boonville ⑩, midden in de Anderson Valley. Bij beide bedrijven treft u op het terrein een café aan. Vijf km ten zuiden van Mendocino vindt u aan Hwy 1 het Van Damme State Park ⑪, een sequoiabos met een aantal goede wandelpaden. Mendocino Headlands State Park ⑫ ligt verderop aan de Hwy 1 en vormt een groene zone die moet voorkomen dat het stadje verder groeit. Mendocino ⑬ zelf ligt ten westen van de weg, op een rotsachtig uitsteeksel boven de Grote Oceaan. Het stadje heeft dezelfde charme als in de tijd van de houthakkers en is, ondanks het toerisme, nog niet bedorven door de commercie. Het is een bloeiend kunstenaarscentrum, waar u de antiekwinkels en galeries kunt bezoeken of kunt genieten van de adembenemende schoonheid van de omgeving.

TIPS VOOR REIZIGERS

Afstand vanaf San Francisco: *Mendocino ligt ongeveer 200 km van San Francisco, de lengte van de rit hangt af van de route.*
Duur van de reis: *reken op tien tot elf uur voor de heenreis zoals beschreven. Dit is inclusief omwegen, maar exclusief rustpauzes.*
Terugreis: *neem Hwy 1 naar het zuiden, naar de Navarro, dan Hwy 128 naar Cloverdale. Volg dan de US 101 naar het zuiden.*
Reistijd: *de zomer is het toeristenseizoen, maar in de herfst is het weer mooier, met zonnige dagen en schitterende zonsondergangen. De winter is nat en zacht. Er zijn dan grijze walvissen te zien voor de kust.*
Accommodatie: *langs de route vindt u verschillende vormen van accommodatie, waaronder campings. Fort Bragg, Little River, Manchester, Jenner, Hopland en Boonville zijn heel geschikt voor een onderbreking van uw reis, en Mendocino zelf heeft leuke bed-and-breakfastgelegenheden.*
Bezoekersinformatie: *de Mendocino Coast Chamber of Commerce vindt u op 332 North Main Street, Fort Bragg.*
Tel. *707-961 6300.*
www.mendocinocoast.com

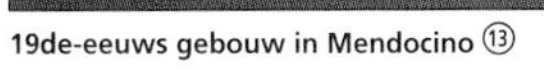

19de-eeuws gebouw in Mendocino ⑬

The Napa Wine Country ❸

De smalle Napa Valley vormt met zijn glooiende hellingen en vruchtbare bodem het hart en de ziel van de Californische wijnindustrie. De vallei telt 273 wijnmakerijen, waarvan sommige nog uit de 19de eeuw, en aan elke landweg vindt u er wel een of twee. In veel ervan kunt u rondkijken en proeven, en elk deel van de vallei heeft zijn eigen herkenbare wijnen *(blz. 226–227)*. De landelijke schoonheid van de vallei bekoort in elk seizoen en kan worden bewonderd vanuit een heteluchtballon, de trein of op de fiets.

Ballonvaren in Napa Valley

Bord van Napa Valley
Bij de ingang van de vallei verwelkomt dit bord bezoekers van de weelderige wijngaarden.

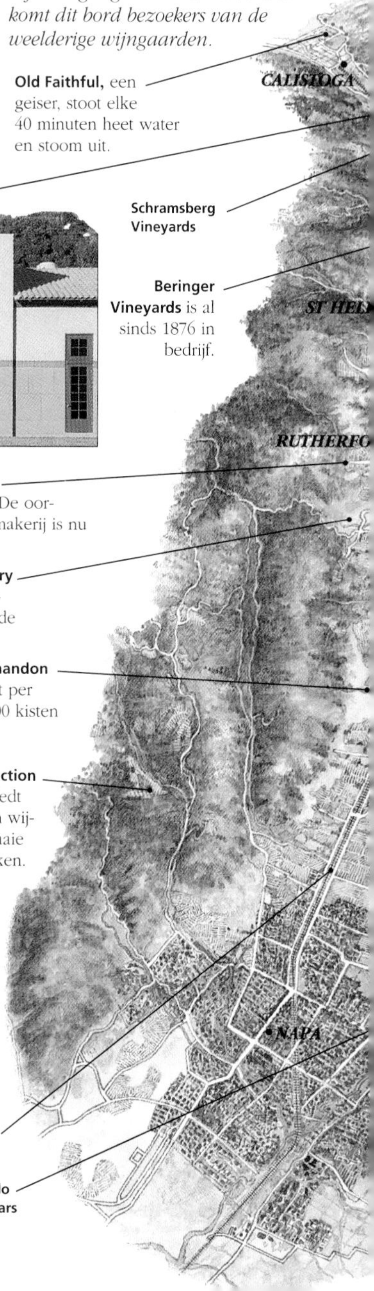

Old Faithful, een geiser, stoot elke 40 minuten heet water en stoom uit.

Schramsberg Vineyards

Beringer Vineyards is al sinds 1876 in bedrijf.

Clos Pegase Winery
Deze wijnmakerij, in een onderscheiden postmodern gebouw, trekt bezoekers met gratis rondleidingen en een eigen kunstcollectie.

SYMBOLEN

- Weg
- Rivier
- Wijngaard
- Spoorlijn
- Silverado Trail

Nelbaum-Coppola dateert van 1879. De oorspronkelijke wijnmakerij is nu proefruimte.

Robert Mondavi Winery maakt in zijn missiongebouw gebruik van de nieuwste technieken.

Domain Chandon produceert per jaar 500.000 kisten wijn.

Hess Collection Winery biedt uitgelezen wijnen en fraaie kunstwerken.

Napa Valley Wine Trail
Terwijl de trein zijn tocht van drie uur door de vallei maakt, worden er uitstekende maaltijden en wijnen geserveerd. U kunt echter ook alleen meerijden.

Trefethen Vineyards

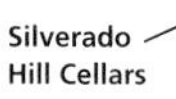

Silverado Hill Cellars

Sterling Vineyard
Deze wijnmakerij in ongewone Griekse stijl, gelegen op een heuvel met uitzicht op de wijngaarden, bereikt u via een hoge hangstelling. De tocht is met bordjes gemarkeerd, zodat u uw eigen tempo kunt bepalen.

V. Sattui Vineyard
In sommige bedrijven rijpt de wijn in Franse eiken vaten.

Frog's Leap Winery

Duckhorn Vineyards

Beaulieu Vineyard ligt rond een kasteelachtig gebouw.

Joseph Phelps Vineyard
Druivenplukkers halen de oogst binnen in een van de vooraanstaande wijnmakerijen van Californië.

Mumm Napa Valley staat bekend om zijn mousserende wijnen.

Clos du Val is weliswaar klein, maar maakt wijn van hoge kwaliteit.

De Silverado Trail is een stille weg met schitterende uitzichten op de wijngaarden.

TIPS VOOR REIZIGERS

Afstand tot San Francisco: *120 km.*
Duur van de reis: *ongeveer een uur naar Napa.*
Bereikbaarheid: *neem US 101 naar het noorden, dan Hwy 37 naar Vallejo, dan Hwy 29 naar Napa. Hwy 29 loopt langs de vallei naar Calistoga. Sommige busbedrijven bieden dagtochten aan.*
Reistijd: *in de vroege lente zijn de velden bedekt met heldergele mosterdplanten. De druiven rijpen in de zomer en worden in september en oktober geoogst en geperst. De wijnbladeren worden geel en rood. De winter is het regenseizoen, wanneer de wijnstokken worden gesnoeid en de nieuwe wijn gebotteld.*
Accommodatie: *neem contact op met het Visitors Bureau.*
Bezoekersinformatie: *Napa Valley Visitors Bureau, 1310 Napa Town Center.* ***Tel.*** *707-226 7459.*
www.napavalley.com

HET GEVECHT TEGEN DRUIFLUIS

In de late 19de eeuw viel de Napa Valley ten prooi aan de druifluis, wat bijna het einde van de wijnindustrie had betekend. Men ontdekte echter dat nieuwe druiven konden gedijen als ze werden geënt op een resistente wortelstok. In 1980 dook de luis weer op en moesten geïnfecteerde planten worden vernietigd.

Zieke druiven moeten wijken voor resistente wortelstokken

De wijnstreek van Napa Valley verkennen

De Napa Valley is een droom voor hedonisten, gekenmerkt door rijke, volle wijnen, bijzondere gebouwen, moderne kunstcollecties, kuuroorden en handwerk. Met een paar wijnproeverijen, een picknick en wat winkelen is een dag zo om. De volgende dag kan dan besteed worden aan een ballonvaart, een modderbad en een bezoek aan de kunstgaleries. Voor 1976 werden de wijnmakers hier geplaagd door de *phylloxera*-luis, de Drooglegging, en weinig overtuigende wijnen. In dat jaar wonnen Chateau Montelena Chardonnay en Stag's Leap Cabernet Sauvignon een wedstrijd in Parijs, en met het marketingbeleid van Robert Mondavi groeide de Napa Valley uit tot een belangrijk wijngebied.

Wijnproeven in een van de vele wijnmakerijen van de Napa Valley

WIJNPROEVEN

www.napavalley.com/wineries

Bij veel wijnmakerijen in de Napa Valley kunt u de laatste botteling komen proeven. De mensen in de proeverij kennen hun product, de prijzen en de *terroir*, de kenmerken van de wijngaard, die elke wijn zijn smaak geven. Het bezoekersaantal en de populariteit van de wijnproeverijen hebben ervoor gezorgd dat u er soms voor moet betalen. De Robert Mondavi Winery verzorgt proeverijen, presentaties, rondleidingen en kookdemonstraties. Grgich Hills Cellars, Chateau Montelena Winery, Heitz Wine Cellars, Duckhorn Vineyards, Rutherford Hills, Franciscan Oakville Estates, V. Sattui Winery, Beaulieu Vineyard en Stag's Leap hebben allemaal wijnen met een bijzondere smaak. Liefhebbers van mousserende wijnen vinden het bij Mumm Cuvée Napa, Domaine Chandon en Domaine Carneros.

KUNSTMUSEA EN GALERIES

Wijnmakerijen vormen een perfecte locatie voor kunstgaleries en musea, waardoor het wijnproeven een cultureel cachet krijgt. Filmregisseur Francis Ford Coppola verbouwde de Inglenook Winery uit 1879 tot zijn Niebaum-Coppola Estate Winery, waar zijn eigen filmmemorabilia te zien zijn. De Hess Collection toont de persoonlijke verzameling Europese en Amerikaanse schilderijen en beelden van eigenaar Donald Hess, waaronder werk van kunstenaars als Robert Motherwell en Frank Stella. Het bezoekerscentrum van de Artesa Winery toont de kunstwerken van glas, metaal en canvas van Gordon Huether. Clos Pegase heeft een moderne beeldentuin en de moderne kunstcollectie van Peju Province is te zien in de Liana Gallery. De fotogaleries van Mumm Cuvée Napa's Fine Art tonen wisselende exposities. In de Private Collection Gallery ziet u werk van beroemde fotografen zoals Ansel Adams. Di Rosa Preserve is meer dan een wijnmakerij en omvat een gebied van 88 ha met een meer, een voormalige wijnmakerij, een glazen kapel, tuinen en 2000 kunstobjecten van kunstenaars uit de omgeving.

ARCHITECTUUR

In het dal staan diverse gebouwen met een bijzondere architectuur. Bij St.-Helena's Beringer Vineyards, de oudste wijnmakerij van het gebied, vindt u het Rhine House, daterend uit 1883, met houten panelen, een lange bar en glas-in-loodramen.
De Grieksaandoende, witte gebouwen van de Sterling Vineyards rusten lieflijk tegen een heuvel, terwijl de Robert Mondavi Winery is gebouwd in de Californische missionstijl, met beelden van dieren en de heilige Franciscus, gemaakt door Beniamino Bufano. Architect Michael Graves ontwierp de Clos Pegase Winery, met zijn strakke vormgeving. Sommige wijnmakerijen, zoals Domaine Carneros by Taittinger, geven hun Franse wijnranken een heus kasteel als achtergrond. In 2004 bouwde Darioush Khaledi, als ode aan zijn afkomst, aan de Silverado Trail een lange rij zuilen die leiden naar zijn gouden Darioushwijnmakerij, gebouwd naar het voorbeeld van Persepolis, de hoofdstad van het oude Perzië.

Het Rhine House in de Beringer Vineyards

Ballonvaren over de wijngaarden van de Napa Valley

BALLONVAART, FIETSEN EN TREINVERVOER

Napa Valley Wine Train 1275 McKinstry Street, Napa, CA 94559 **Reserveren** ***Tel.*** *707–253 2111.* **www.**winetrain.com

Ballonvaren boven een wijngaard? Bij het ochtendgloren verschijnen er boven de Napa Valley kleurige ballonnen die soms ver boven de wijnranken zweven of dan weer bijna de toppen van de bomen raken. De noordelijke wind uit de baai van San Francisco zorgt voor een vroege landing. De ochtendmist maakt de reis onwerkelijk en koud, maar de vlam van de ballon is aangenaam warm. U zweeft boven de wijnranken en velden vol lentebloemen en weer op de grond krijgt u de traditionele champagne, vaak met een heerlijk ontbijt.

Voor fietsers is de lange, over het algemeen vrij vlakke vallei een verademing. De Silverado Trail aan de oostzijde van de vallei loopt langs ruim 30 wijnmakerijen tussen Napa en Calistoga. De zomerzon is 's middags erg warm. Verstandige mensen beginnen vroeg om het soms drukke autoverkeer te vermijden.

De Napa Valley Wine Train rijdt van Napa naar St.-Helena en een retour duurt drie uur. De rit is inclusief brunch, lunch of diner, die geserveerd worden in een gerenoveerde Pullman Dining and Lounge Car uit 1915–1917. Er zijn speciale stops voor de Domaine Chandon of de Grgich Hills Winery. Op het McKinstry-station kunt u wijn proeven voor u aan boord gaat van de Napa Valley Wine Train.

De Champagne Vista Dome uit 1947 is een wagon met een glazen dak en biedt een prachtig uitzicht. Bij volle maan organiseert men het Moonlight Escapade Dinner, en tijdens het Murder Mystery Theatre Gourmet Dinner herleeft u het jaar 1915.

KUUROORDEN

Zie **www.**napavalley.com voor informatie over de beste baden

Modderbad in Calistoga

Calistoga, in het noorden van de Napa Valley, is letterlijk een warm bad. Warmwaterbronnen en vulkanische modder uit een oude uitbarsting van de St.-Helenaberg vormen een moderne weldaad die duizenden jaren geleden al is ontstaan. De meeste baden zijn gevestigd aan de hoofdstraten van Calistoga: Lincoln Avenue en Washington Street. Van oudsher zorgt een modderbad voor een natuurlijke vorm van ontspanning, en voor sommigen zelfs ontgifting en verjonging. Het lichaam wordt tot aan de nek ondergedompeld in bruine modder, gemaakt van turf, klei en mineraalwater uit plaatselijke bronnen. Hierna kunt u heerlijk zwemmen in het warmwaterbad. De laatste jaren hebben veel oorspronkelijke en dus sobere modderbaden hun faciliteiten uitgebreid naar de Europese standaard. De meeste baden bieden ook eenvoudige accommodatie.

WINKELEN

Een wijnproeverij is misschien de enige plek waar u een wijn met een gelimiteerde productie kunt proeven en meteen kunt kopen. Wijnmakerijen houden rekening met de wettelijke invoerbeperkingen voor Europa. De souvenirwinkels van de wijnmakerijen verkopen alles, van kookboeken tot kurkentrekkers, voorzien van de naam van de wijnmakerij. Ook verkoopt men vaak producten van het land, heerlijk voor bij een picknick. De Oakville Grocery aan de Highway 29 is een begrip. U kunt er wijnen kopen uit de streek, kruiden en olijfoliën. Ook maakt men er broodjes, rijk belegd met kaas en vleeswaren uit de streek. De New Yorkse Dean & DeLuca heeft een zaak in St.-Helena met verse producten uit de Napa Valley en 1400 Californische wijnen. Bij Vintage 1870, gevestigd in een historisch gebouw van de Groezinger Winery in Yountville, vindt u kledingwinkels, cadeautjes voor uw huisdier, een wijnwinkel en -proeverij, en vijf kunstgaleries. Artists of the Valley, een galerie van de Napa Valley Art Association, is een van de vele winkels van St.-Helena.

De luxe Napa Valley Wine Train

Redwood National Park ❹

Bezoekerscentrum *1111 Second St., Crescent City.* ***Tel.*** *707–465 7306.* Arcata naar Crescent City is 125 km. Beste route is US Hwy 101. **www**.redwood.national-park.com

In dit nationaal park vindt u een paar van de grootste oorspronkelijke sequoiabossen ter wereld. Het park ligt helemaal langs de kust en heeft een oppervlakte van 23.500 ha. Het omvat meerdere kleinere staatsparken en u kunt in een dag heel veel zien. Echter, wanneer u twee dagen uittrekt voor een bezoek, heeft u tijd om het bos in te trekken en zo de rust te ervaren van de statige bomen, of misschien ziet u wel een zeldzame eland.
Het hoofdgebouw van het park staat in **Crescent City**. Een paar kilometer verderop ligt het 3720 ha grote Jedediah Smith Redwoods State Park, met indrukwekkende sequoiabomen en uitstekende kampeermogelijkheden. Het park is genoemd naar Jedediah Smith, een pelsjager die als eerste blanke de VS doorkruiste. Ten zuiden van Crescent City staan de **Trees of Mystery**, enorme beelden van fiberglas.
In de **Tall Trees Grove** vindt u de grootste attractie van het park, een 112 meter hoge boom, daarmee de grootste ter wereld. Verder zuidwaarts liggen Big Lagoon, een 5 km lang zoetwatermeer, en twee riviermondingen. Samen vormen die het **Humboldt Lagoons State Park**. Op de kaap in Patrick's Point State Park, in het zuiden, kunt u in de winter de walvistrek waarnemen. In het water tussen de rotsen ziet u kleiner zeeleven.

Sequoiabomen

Lassen Volcanic National Park

Lassen Volcanic National Park ❺

Chester, Red Bluff. **Bezoekerscentrum** ***Tel.*** *530–595 4444.* *dag.*

Voordat de St.-Helenaberg in Washington tot uitbarsting kwam in 1980, was de 3187 meter hoge Lassen Peak de laatste levende vulkaan in de VS. Na bijna 300 uitbarstingen tussen 1914 en 1917 was de berg omgeven door 40.500 ha braakliggend land.
Lassen Peak wordt nog steeds als actief beschouwd. Bewijs van dit geologische proces is op talloze plekken op de flanken te zien. De Bumpass Hell-route (genoemd naar een gids die in 1865 zijn been verloor doordat hij in een kokende modderpoel stapte) loopt langs een aantal stomende zwavelpoelen vol kokend water. Deze worden verhit door gesmolten steen ergens diep in de aarde. In de zomer kunt u via een lange weg omhoog naar Summit Lake, een meer dat op 2590 meter hoogte ligt. De weg kronkelt door de zogenoemde Devastated Area, een naargeestig, grijs landschap met ruw vulkanisch gesteente en verharde modderstromen, die doorlopen tot Manzanita Lake, en het **Loomis Museum**.

Loomis Museum
Lassen Park Rd, noordingang. ***Tel.*** *530–595 4444.* *alleen eind mei–eind sept. Bel voor tijden.*

Sonoma Valley ❻

8600. 90 Broadway St. & W Napa St., Sonoma Plaza. *453 1st St. E, 707–996 1090.* *Valley of the Moon Vintage Festival (eind sept.).*

In de rondingen van de Sonoma Valley ligt 2400 ha wijngaard genesteld. Aan de voet van de vallei vindt u Sonoma, een kleine stad met een kleurrijk verleden. Op 14 juni 1846 overvielen 30 gewapende boeren de Mexicaanse generaal Mariano Vallejo, uit protest tegen het feit dat alleen Mexicaanse inwoners land mochten bezitten. Ze namen bezit van Sonoma, riepen Californië uit tot onafhankelijke staat en hesen hun eigen vlag, met een ruwe tekening van een grizzlybeer. Hoewel Californië 25 dagen later geannexeerd werd door de Verenigde Staten, werd de berenvlag in 1911 aangenomen als officiële staatsvlag.
Sonoma staat bekend om de wereldberoemde wijnmakerijen en de uiterst zorgvuldig gerestaureerde historische gebouwen rond het plein in Spaanse stijl. Veel gebouwen huisvesten wijnwinkels, boetieks en restaurants, waar plaatselijke specialiteiten worden geserveerd. Aan de oostkant van het plein ziet u de **Mission San Francisco Solano de Sonoma**, de laatste van de 21 franciscaner missieposten van Californië, in 1823 gesticht door pater José Altimira van Spanje. Van het oorspronkelijke gebouw is alleen de gang nog over. De kapel werd in 1840 door

generaal Vallejo gebouwd. Een kort ritje naar het noorden leidt u naar het 325 ha grote **Jack London State Historic Park**. Begin 1900 zei de auteur London, schrijver van *De roep van de wildernis*, zijn hectische leven vaarwel en trok zich hier terug temidden van eikenbomen, aardbeibomen en sequoia's. U vindt er de ruïnes van zijn droomhuis, Wolf House, dat op mysterieuze wijze door brand werd verwoest, vlak voor het werd voltooid. Na zijn dood bouwde zijn weduwe, Charmian Kittredge, een prachtig huis, House of Happy Walls. Het is nu een museum vol memorabilia van Jack London.

Mission San Francisco Solano de Sonoma
E Spain St. ***Tel.*** *707-938 9560.*
dag. 10.00–17.00 uur. *1 jan., Thanksgiving, 25 dec.*

Jack London State Historic Park
London Ranch Rd, Glen Ellen. ***Tel.*** *707-938 5216.* **Park & Museum**
dag. 10.00–17.00 uur. *1 jan., Thanksgiving, 25 dec.* *alleen museum.*

WIJNMAKERIJEN IN DE SONOMA VALLEY

Het wapenschild van Sebastiani Vineyards

De Sonoma Valley kent een zeldzame combinatie van grondsoort, zon en regen, perfect voor de teelt van goede wijndruiven. In 1824 plantte pater José Altimira de eerste wijnranken voor de productie van miswijn voor de Mission San Francisco Solano de Sonoma. In 1834 herplantte generaal Vallejo de ranken en verkocht de wijn aan handelaren uit San Francisco. In 1857 plantte de Hongaarse graaf Agoston Haraszthy de eerste Europese soorten in de Buena Vista Winery in Sonoma, nu de oudste wijnmakerij van de staat.
Onder de Sonoma Valley vallen de wijnstreken Sonoma Valley, Carneros en Sonoma Mountain. Het klimaat varieert licht en zorgt voor verschillende omstandigheden waaronder bepaalde soorten goed gedijen, zoals de Cabernet Sauvignon en de Chardonnay. Sonoma omvat 35 wijnmakerijen, met een totale productie van 5,4 miljoen kisten per jaar. De belangrijkste wijnhuizen zijn de Sebastiani Vineyards, de Glen Ellen Winery, de Gundlach-Bundschu Winery, en Château St.-Jean. De meeste verzorgen rondleidingen en u kunt er gratis wijnproeven.

Wijngaarden in de Sonoma Valley

Sacramento ❼

30, 31, 32. *916-442 7644.* **www**.oldsacramento.com

De hoofdstad van Californië werd in 1839 gesticht door John Sutter en u vindt er veel historische gebouwen langs het water in Old Sacramento. De meeste dateren van rond 1860, toen de stad foeragepunt werd voor de mijnwerkers. Zowel de transcontinentale spoorlijn als de Pony Express hadden hier hun eindstation, en er liep een bootverbinding naar San Francisco. In het **California State Railroad Museum**, in het noorden van de stad, ziet u een paar fraai gerestaureerde locomotieven. Een eindje buiten de stad vindt u het State Capitol. In het oosten ligt Sutter's Fort, een replica van het oorspronkelijke Sacramento.

California State Railroad Museum
111 I St. ***Tel.*** *916-445 6645.*
dag. 10.00–17.00 uur. *1 jan., Thanksgiving, 25 dec.*

CALIFORNIA STATE CAPITOL

Dit gebouw werd in 1860 ontworpen in een uitbundige neorenaissancestijl en voltooid in 1874. De gouverneur en de senaat hebben er hun kantoren, maar het is tevens een museum dat de politieke en culturele geschiedenis van de staat belicht.

De Koepel van het Capitol werd in 1975 in zijn 19de-eeuwse glorie hersteld.

Origineel beeldhouwwerk uit 1860

Ingang

Onder **de Historic Offices** op de begane grond vallen een paar regeringskantoren die teruggebracht zijn in hun vroegere staat.

Lake Tahoe ❽

Lake Tahoe ligt in een bergkom op de grens tussen Nevada en Californië en is een van de mooiste waterpartijen ter wereld. De oever van het door beboste pieken omgeven meer is 114 km lang. Geïnspireerd door het kristalheldere water en de spectaculaire omgeving noemde Mark Twain, die hier ooit een zomer doorbracht, het meer 'het mooiste plaatje dat de aarde te bieden heeft'. Ondanks de duizenden vakantiehuisjes, de grote skioorden en het enorme gokcentrum van tegenwoordig, is het meer nog steeds de moeite van een uitstapje waard.

Skilift in skioord Homewood

Ehrman Mansion and Visitor Center
Dit statige zomerverblijf werd in 1902 gebouwd. 's Zomers is het geopend voor rondleidingen.

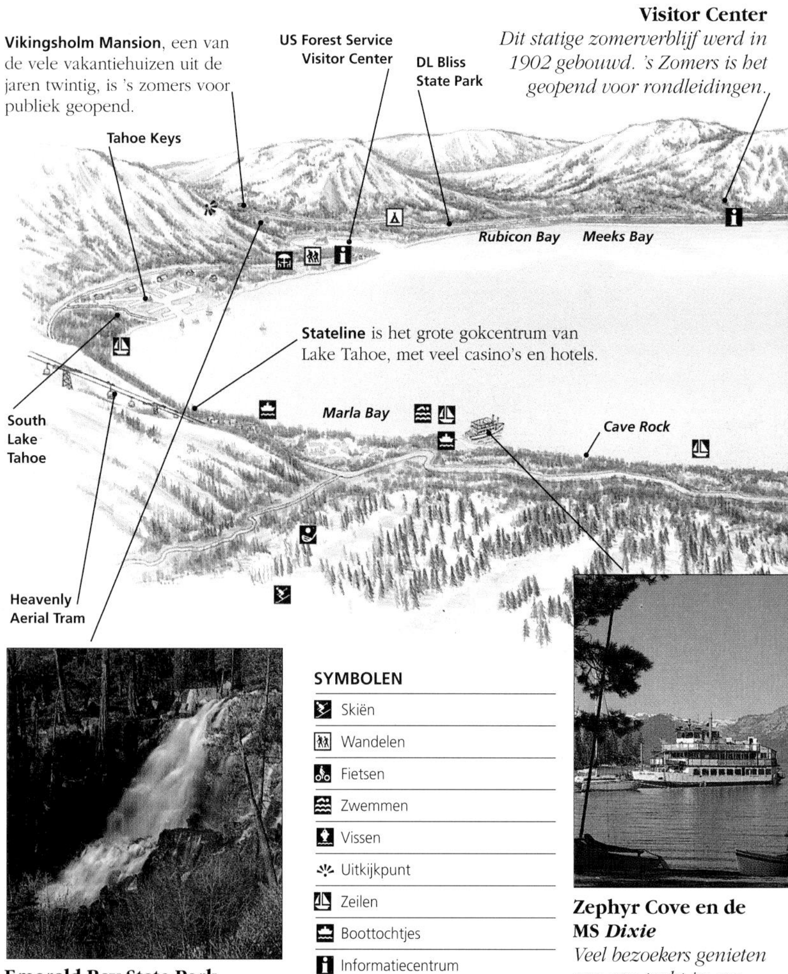

Vikingsholm Mansion, een van de vele vakantiehuizen uit de jaren twintig, is 's zomers voor publiek geopend.

Stateline is het grote gokcentrum van Lake Tahoe, met veel casino's en hotels.

Emerald Bay State Park
Dit beboste, geïsoleerde gebied, met zijn granietrotsen en watervallen, is een van de wonderen van de Californische natuur.

SYMBOLEN

- Skiën
- Wandelen
- Fietsen
- Zwemmen
- Vissen
- Uitkijkpunt
- Zeilen
- Boottochtjes
- Informatiecentrum
- Camping
- Picknickplaats
- Golfbaan

Zephyr Cove en de MS *Dixie*
Veel bezoekers genieten van een tocht in een hekwielboot. De MS Dixie *vertrekt regelmatig vanaf Zephyr Cove.*

SKIËN AAN LAKE TAHOE

De bergen rond Lake Tahoe, vooral die aan de Californische kant, staan bekend om hun vele skioorden, waaronder de beroemde Alpine Meadows en Squaw Valley, waar in 1960 de Winterspelen werden gehouden. Het gebied is zeer geschikt voor zowel afdalingen als langlaufen, met kilometerslange trajecten door dennenbossen en open land, en hellingen met schitterend uitzicht op het meer. Er zijn gebieden met poedersneeuw, prikkelende pistes voor experts en zachtglooiende kommen voor beginners. In het weekeinde is het aan de kant van Nevada het rustigst.

Uitzicht over het skigebied rond Lake Tahoe

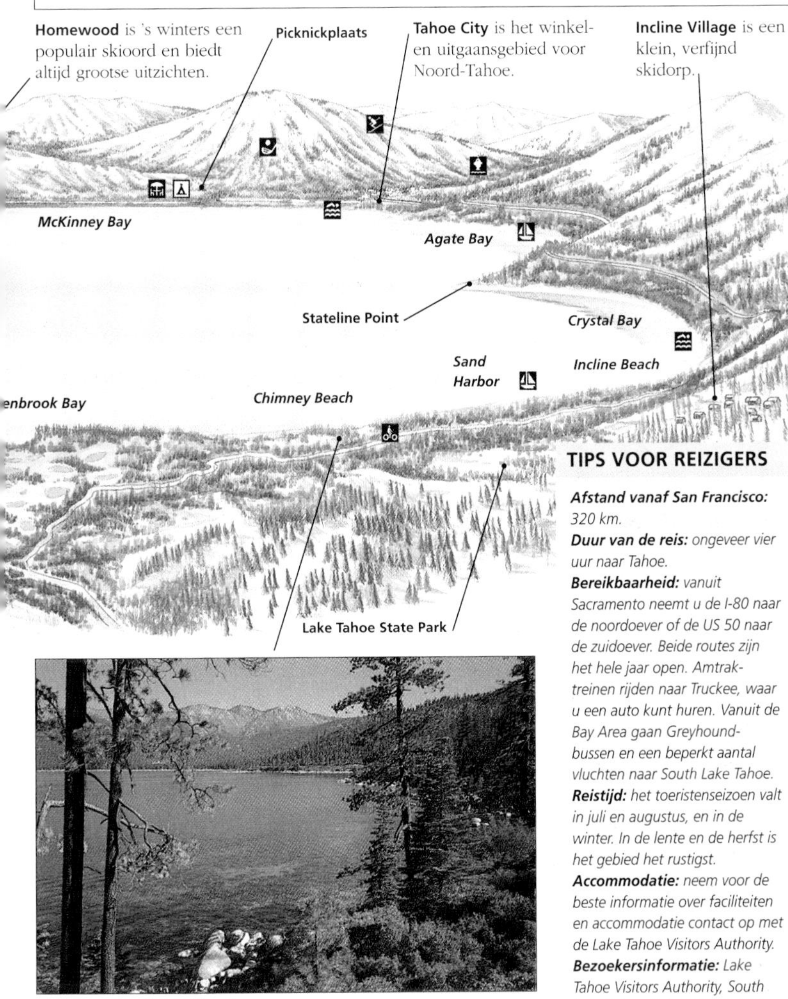

De Nevada Shore in de zomer
De wilde en ongerepte kust aan de kant van Nevada is populair bij wandelaars en fietsers en heeft mooie stranden.

TIPS VOOR REIZIGERS

Afstand vanaf San Francisco: *320 km.*
Duur van de reis: *ongeveer vier uur naar Tahoe.*
Bereikbaarheid: *vanuit Sacramento neemt u de I-80 naar de noordoever of de US 50 naar de zuidoever. Beide routes zijn het hele jaar open. Amtrak-treinen rijden naar Truckee, waar u een auto kunt huren. Vanuit de Bay Area gaan Greyhound-bussen en een beperkt aantal vluchten naar South Lake Tahoe.*
Reistijd: *het toeristenseizoen valt in juli en augustus, en in de winter. In de lente en de herfst is het gebied het rustigst.*
Accommodatie: *neem voor de beste informatie over faciliteiten en accommodatie contact op met de Lake Tahoe Visitors Authority.*
Bezoekersinformatie: *Lake Tahoe Visitors Authority, South Lake Tahoe.* ***Tel.*** *800-288 2463 interlokaal gratis.*

Lake Tahoe

Lake Tahoe onderscheidt zich van alle andere meren in de VS door schoonheid, omvang en een unieke bergachtige omgeving. Ondanks alle bebouwing langs de oever vergelijkt men het wel eens met het Russische Baikalmeer. Rondom het meer loopt een weg (de aanleg ervan duurde 20 jaar) waar vanaf diverse voet- en wandelpaden lopen. Ook zijn er vele watersportmogelijkheden. U vindt er zowel historische herenhuizen als dure zomeronderkomens. Vanuit het casino in Stateline hebt u een prachtig uitzicht op Californië of Nevada.

Wandelen op een van de vele paden bij Lake Tahoe

TAHOE RIM TRAIL

Tel. *530–583 6985.*
www.tahoerimtrail.org

De Tahoe Rim Trail (TRT) is een pad van 266 km lang en bestaat uit acht delen. De route is geschikt voor wandelaars, ruiters en mountainbikers. Als de laatste sneeuw gesmolten is, meestal in juni, gaat de TRT open, tot aan de eerste sneeuwval, meestal in oktober. Het goedonderhouden pad voert u door fraaie pijnboom- en espenbossen, langs enorme granieten rotsen, velden met weidebloemen en beken. De bergpieken variëren in hoogte van 1920 tot 3150 meter. Het pad geeft toegang tot de mooiste plekken van Lake Tahoe.
De routes, met hellingen van gemiddeld zo'n 10 procent, worden aangegeven met lichtblauwe, driehoekige bordjes, maar u kunt bijna overal zo'n route beginnen. De 2 km lange Tahoe Meadows Interpretive Trail, in het noorden, is een snelle manier om kennis te maken met de TRT. Het stuk aan de westkant van het meer is het ruigst.

WATERSPORTEN

Vissen is een populaire sport op Lake Tahoe. Het is een uitdaging om de Mackinawforel te pakken te krijgen die op wel 122 meter diepte kan zwemmen, of u kunt proberen een regenboogforel, een bruine forel of een Kokanee-zalm te vangen. Motorboten, soms met een skiër of een wakeboarder erachter, snellen over het water en wanneer u een nog grotere adrenalinestoot wilt, kunt u een waverunner huren. De wind die van de toppen van de Sierra komt, prikkelt zeilers en vliegeraars. Deltavliegers en zweefparachutisten hebben een prachtig uitzicht over het blauwe water en met een kano of kajak kunt u stilletjes de inhammen van het meer ontdekken. Duikers zullen zich verbazen over de onderwaterwereld van het meer dat een zicht heeft van wel 30 meter.

Olympische Winterspelen, Squaw Valley, 1960

SQUAW VALLEY

13 km ten noordwesten van Tahoe City. ***Tel.*** *530–583 6985.*
www.squaw.com

Squaw Valley belandde op de internationale skikaart toen er in 1960 de VIII Olympische Winterspelen werden gehouden. Voor het eerst werden de Spelen op televisie uitgezonden en tijdens de openingsceremonie sneeuwde het zodat er ook in het dal geskied kon worden.
De toorts van het Olympisch vuur en de originele Tower of Nations staan er nog steeds. Het resort is het hele jaar open en u vindt er 30 skiliften, winkels, restaurants en accommodatie. 's Winters valt er gemiddeld ruim een meter sneeuw. High Camp, op 4500 meter hoogte, biedt een prachtig uitzicht over Lake Tahoe. U kunt ook een bezoek brengen aan het Olympisch museum, de schaatsbaan, de indoor klimmuur of het zwembad. Of u kunt zich laten rondleiden over de hellingen vol bloemen of genieten van een nachtwandeling tijdens volle maan.

Kajakken op het heldere water van Lake Tahoe

Emerald Bay en de Eagle Falls

STATELINE

Stateline ligt op de grens van Californië en het vrijere Nevada en is de belangrijkste gokstad van de regio. Rond 1860 reisden goudzoekers uit Comstock City via Lakeside en Edgewood naar Virginia City en de ruiters van de Pony Express hielden hier hun laatste stop in Nevada. In 1873 trok men de officiële staatsgrens langs de zuidkant van Lake Tahoe.
In sommige hotelkamers kunt u met een voet in Californië staan en met de andere in Nevada. Het uitzicht over beide staten is prachtig, maar naar het westen kijkt u uit over het meer, de kust, de bossen en de bergen.

EMERALD BAY

35 km ten zuiden van Tahoe City. ***Tel.*** *530–541 3030.*

Het diepe, blauwgroene water van Emerald Bay, met in het midden het kleine Fannette Island, vormt een van de mooiste en bekendste plaatjes van Lake Tahoe. Men denkt dat het graniet van Fannette Island ooit het gletsjerijs heeft weerstaan en de steenresten hier vormden vroeger een theehuis. Emerald Bay is 4,8 km lang en is het visitekaartje van het gelijknamige staatspark. De drievoudige Eagle Falls klatert 152 meter naar beneden naar Vikingsholm, en er loopt een pad dat u kunt bewandelen.
De gletsjervormige baai werd in 1969 uitgeroepen tot natuurmonument en trekt vele kajakkers, die geruisloos over het kalme water glijden. Emerald Bay is ook een beschermd onderwaterpark. Duikers kunnen op ontdekkingsreis naar de oude oerbossen onder water of de wrakken van sloepen en schuiten.

VIKINGSHOLM CASTLE

Emerald Bay State Park. ***Tel.*** *530–541 3030.* *half juni–Labor Day*

Het zomerverblijf van Lora Josephine Knight werd voltooid in 1929 en is een mooi voorbeeld van 11de-eeuwse Scandinavische architectuur, met torentjes, graszoden op het dak en gebeeldhouwde draken. Mevrouw Knight bezocht Scandinavië in 1928, samen met haar architect, om ideeën op te doen, waarna tweehonderd ambachtslieden het kasteel vorm gaven. Ook het heldergekleurde interieur is Scandinavisch, evenals de smeedijzeren scharnieren.

EHRMAN MANSION

Sugar Point Pine State Park. ***Tel.*** *530–525 7982.* *juli–Labor Day.* *juli–begin sept.: dag. 11.00–16.00 uur (gratis).*

Bankier Isaias W. Hellman deed in 1903 wat veel welgestelden deden: hij bouwde een zomerverblijf bij Lake Tahoe. Hellman nam architect William Danforth Bliss in de arm om een stijlvol en rustiek huis te ontwerpen in Queen-Annestijl. De Hellman-Erhman Mansion telt twee verdiepingen en heeft houten lambrizeringen en grote ramen die voor veel lichtinval zorgen. Een prachtige veranda met heerlijke schommelstoelen kijkt uit over het meer. Een houtgestookte stoomgenerator, de nieuwste technologie in die tijd, zorgde voor elektriciteit, totdat er in 1927 door de gemeente stroom werd geleverd. Ook was er een modern rioleringssysteem aangelegd.

FEITEN OMTRENT LAKE TAHOE

Meer dan twee miljoen jaar geleden werd er aan de zuidkant van dit dal door regen en sneeuw een meer gevormd, tussen twee parallelle delen van de aardkorst in. Oeroude gletsjers creëerden een ronde kom met een gemiddelde diepte van 300 meter, en op een bepaald punt zelfs 515 meter diep. Lake Tahoe is een van de diepste meren van Noord-Amerika en heeft een lengte van 35 km lang en 19 km breed. Het ligt 1920 meter boven de zeespiegel en heeft een oppervlakte van 99 vierkante km. Het diepe, koude en heldere water met de kleur van smaragd en saffier is 99,7 procent puur en heeft dus de kwaliteit van gedistilleerd water.

Uitzicht vanaf de bergtoppen

Yosemite National Park ❾

Zwarte beren

Het grootste deel van Yosemite National Park, met zijn altijdgroene wouden, bergweiden en eindeloze granietwanden, is alleen te voet of te paard toegankelijk. Naar de spectaculaire Yosemite Valley loopt echter een 320 km lange geplaveide weg. Hoog oprijzende kliffen, klaterende watervallen, gigantische bomen, ravijnen, bergen en valleien verlenen Yosemite zijn onvergelijkbare schoonheid.

Upper Yosemite Fall
In twee machtige sprongen, verbonden door een cascade, valt Yosemite Creek 739 m diep.

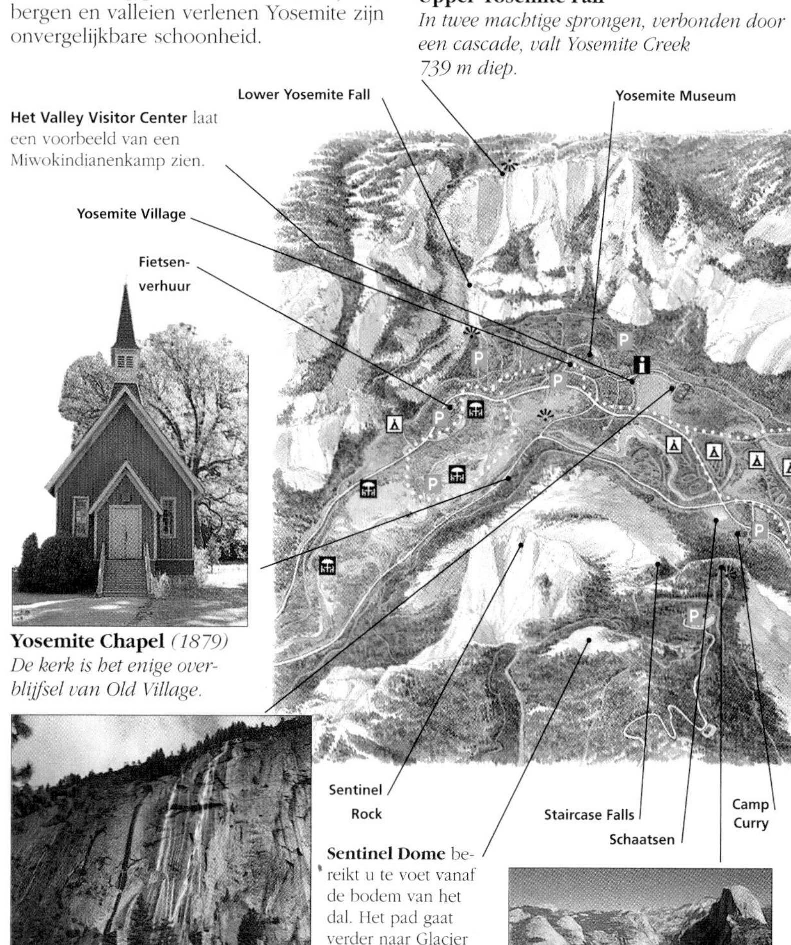

Het Valley Visitor Center laat een voorbeeld van een Miwokindianenkamp zien.

Yosemite Chapel *(1879)*
De kerk is het enige overblijfsel van Old Village.

Sentinel Dome bereikt u te voet vanaf de bodem van het dal. Het pad gaat verder naar Glacier Point.

Ahwahnee Hotel
Een rustieke bouw, elegant interieur en prachtig uitzicht maken dit hotel tot een van de mooiste van Californië.

Uitzicht van Glacier Point
Glacier Point biedt een ongeëvenaard uitzicht op Tenaya Canyon.

BUITEN DE VALLEI

Tussen mei en oktober brengen shuttlebussen bezoekers naar Mariposa Grove, 56 km ten zuiden van Yosemite Valley, waar de Grizzly Giant de oudste sequoia in het park is. Tuolumne Meadows in het noordoosten is een enorme bergwei, waar herten en beren te zien zijn.

Reusachtige sequoia

Half Dome in de herfst
Een pad leidt naar de top van de klif die met zijn gladde oppervlak boven de bossen oprijst.

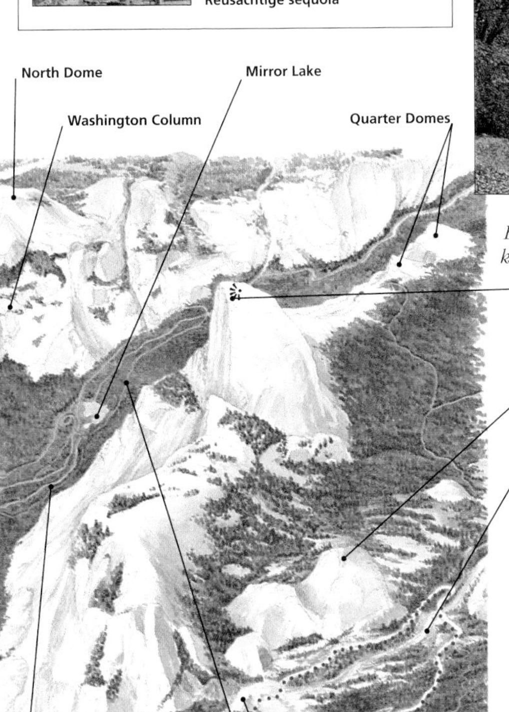

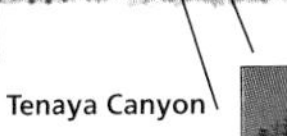

SYMBOLEN

- Weg
- Fietsroute
- Wandelroute
- Pad
- Rivier
- Parkeerplaats
- Camping
- Uitkijkpunt
- Picknickplaats

Vernal Fall
De Merced stort via een 97 m hoge waterval in het ravijn.

TIPS VOOR REIZIGERS

Afstand tot San Francisco: *312 km.*
Duur van de reis: *ongeveer vijf uur naar Yosemite.*
Bereikbaarheid: *vanaf Stockton is de Hwy 120 de mooiste route, maar in de winter is de Hwy 140 gemakkelijker en veiliger. Er rijden bussen naar Yosemite Valley (zie blz. 279), maar voor andere delen is een huurauto aan te raden.*
Reistijd: *de watervallen van de vallei zijn het volst tussen maart en juni, het toeristenseizoen loopt van juni tot en met augustus. In september en oktober daalt de temperatuur en wordt het minder druk. Tussen november en april maakt sneeuwval veel wegen onbegaanbaar.*
Accommodatie: *allerlei soorten onderdak.*
Bezoekersinformatie: *Valley Visitor Center, Yosemite Village.*
Tel. *209-372 0299.*
www.nps.gov/yose

Yosemite National Park verkennen

Een van de mooiste berggebieden ter wereld ligt beschut door het 3030 vierkante km grote Yosemite National Park. Honderdduizenden mensen bezoeken jaarlijks het park en vergapen zich aan de adembenemende uitzichten, gevormd door ijstijden van miljoenen jaren geleden. Elk seizoen is weer anders: vanaf de aanzwellende watervallen in de lente tot de rustgevende kleuren in de herfst. De meeste mensen komen in de zomermaanden. In de winter zijn diverse wegen ontoegankelijk door hevige sneeuwval. Busexcursies, goed onderhouden fietspaden, wandelroutes en autowegen zijn er op gericht om u van het ene panorama naar het volgende te leiden.

Upper Yosemite Falls, in de lente aangezwollen door sneeuwwater

Half Dome

Oostkant van de Yosemite Valley.

dag.

Hoog uittorenend boven de vallei ziet u het silhouet van de Half Dome, het symbool van Yosemite. De kromming aan de ene kant van de berg loopt vanaf de top steil naar beneden. Geologen menen dat de Half Dome niet de helft maar een derde van zijn oorspronkelijke omvang heeft. Men denkt dat nog maar 15.000 jaar geleden er ijslagen van de Sierra door het dal bewogen, die hele stukken rots op hun pad meenamen. Vanaf de 2695 meter hoge top heeft u een geweldig uitzicht over de vallei. Het 14 km lange pad vanaf Happy Isles naar de top is lang en inspannend en kost zeker 10 tot 12 uur.

Yosemite Falls

Noordkant van de Yosemite Valley.

dag.

De Yosemite Falls zijn de hoogste watervallen van Noord-Amerika en storten vanaf 740 meter in twee delen neer, de Upper Yosemite Falls en de Lower Yosemite Falls. Ze zijn vanuit de hele vallei te zien en vormen daarmee de blikvanger van het park. De top van de Upper Yosemite Falls, verreweg de fraaiste van de twee, is bereikbaar via een zware, 11 km lange wandelroute. De Lower Falls zijn te bereiken via een korte route die begint naast de Yosemite Lodge en een onvergetelijk uitzicht biedt op beide watervallen.

Zoals met alle watervallen in het park zijn de Yosemite Falls in mei en juni op hun mooist, wanneer de kreken zich vullen met sneeuwwater. In september vallen ze vaak droog, en zijn ze alleen herkenbaar aan de donkere vlekken op de rotsen.

De steile hellingen van El Capitán

Vernal en Nevada Falls

Oostkant van de Yosemite Valley.

dag.

Een populaire wandelroute in het park is de Mist Trail, waarmee u in een halve dag deze beide watervallen ziet. De eerste waterval op deze 11 km lange route is de Vernal Fall, die vanaf 95 meter naar beneden stort en zijn waterdruppels over het pad strooit (draag in de lente een poncho of regenjas). De 3 km naar de top van de 180 meter hoge Nevada Fall is vrij zwaar. Hier valt de Mist Trail samen met de John Muir Trail, die langs de achterkant van de Half Dome loopt en daarna naar het zuiden naar de top van Mount Whitney.

Glacier Point

Glacier Point Rd. mei–okt.: dag.

Een prachtig panorama over Yosemite Valley ontvouwt zich vanaf Glacier Point, een rotspunt op zo'n 980 meter boven de grond. Vanaf hier hebt u zicht op bijna alle watervallen en op vele andere schoonheden van de Yosemite Valley, met als blikvanger de Half Dome. Het panorama omvat ook het omliggende landschap, een prachtig gebied met hoge bergtoppen en graslanden. Glacier Point is alleen in de zomer bereikbaar. In de winter kunt u niet verder dan de Badger Pass, aangelegd in 1935 en daarmee het eerste skioord van Californië. Ook een zomerroute is de Four-Mile Trail, die begint aan de westkant van de vallei. In de zomer kunt u met de bus naar Glacier Point en vanaf de top naar beneden lopen.

Mariposa Grove

Bezoekerscentrum Hwy 41, zuidingang. half mei–okt.: dag.

Aan de zuidkant van Yosemite ligt dit mooie bos, een van de belangrijkste redenen waarom het park is opgericht. Hier vindt u ruim 500 reusachtige sequoiabomen. Sommige exemplaren zijn meer dan 3000 jaar oud, 75 meter hoog en hebben een doorsnee van 9 meter. Er kronkelen een aantal wandelroutes door het bos en er rijdt een open tram over het 8 km lange pad dat aangelegd is toen het toerisme in Yosemite net op gang kwam.

Tunnel View biedt uitzicht over de Yosemite Valley

Tunnel View

Hwy 41 Uitzicht over de Yosemite Valley. dag.

Een van de meest gefotografeerde plaatjes is te zien vanaf dit uitzichtpunt aan de Highway 41 aan de westkant van de vallei. Ondanks de naam, afgeleid van de tunnel die naar Glacier Point Road loopt, is het uitzicht fenomenaal, met links El Capitán, rechts de Bridalveil Fall en in het midden de Half Dome.

El Capitán

Noordwestkant van de Yosemite Valley. dag.

Als een poortwachter aan de westkant van de Yosemite Valley verrijst de 1370 meter hoge, granieten muur van El Capitán. Het is de grootste kale rots ter wereld en trekt veel bergbeklimmers die dagen aan de steile wand hangen voor ze de top bereiken. Anderen nestelen zich aan de voet van de berg en bekijken de verrichtingen van de klimmers door hun verrekijker. De berg dankt zijn naam aan Amerikaanse soldaten die in 1851 als eerste blanken de vallei betraden.

Reusachtige sequoiabomen in Mariposa Grove

Tuolumne Meadows

Hwy 120, Tioga Rd. juni–sept.: dag.

In de zomer, wanneer de sneeuw is gesmolten en de wilde bloemen bloeien, ervaart u de verpletterende schoonheid van Yosemite het best vanaf deze graslanden langs de Tuolumne River. De Tuolumne Meadows liggen 88 km vanaf de Yosemite Valley en zijn bereikbaar via de Tioga Pass Road. Ze vormen een basis voor wandelaars die vanaf hier de vele bergtoppen en paden willen verkennen.

Zwartstaartherten grazen op de weidegronden van Yosemite

Ahwahnee Hotel

Yosemite Valley. 209–372 1407. dag.

Een gebouw dat prachtig aansluit bij de natuurlijke schoonheid van Yosemite is het Ahwahnee Hotel, gebouwd in 1927 voor de prijs van $1,5 miljoen. Het werd ontworpen door Gilbert Stanley Underwood, die reusachtige granietblokken en massief hout gebruikte om het gebouw in te passen in zijn omgeving. Het interieur, in indianenstijl, verhoogt het gevoel van natuurlijkheid. In de lobby vindt u allerlei indiaanse kunstvoorwerpen. Het hotel staat ook bekend om zijn eersteklas restaurant, de Ahwahnee Dining Room.

TIPS VOOR DE REIZIGER

ACCOMMODATIE

San Francisco biedt een uitgebreide keuze aan overnachtingsmogelijkheden, van spartaanse jeugdherbergen tot verfijnde en luxueuze hotels. Er zijn 31.000 kamers beschikbaar, in elke prijsklasse en voor elke smaak. De topklassehotels zijn in vergelijking met die in andere landen redelijk voordelig en golden lange tijd als de beste ter wereld. Voor reizigers met een klein budget zijn er veel goedkope en comfortabele jeugdherbergen en motels.

Bord boven klein hotel

Een andere mogelijkheid is een van de vele *bed-and-breakfast*gelegenheden, waarvan sommige in prachtig gerestaureerde 19de-eeuwse villa's zijn gevestigd. Ze zijn meestal kleiner dan hotels maar soms wel weelderig ingericht. Wij hebben een aantal gelegenheden uitgekozen, van verschillende prijsklassen en allemaal de beste in hun soort. Bekijk voor meer informatie over de accommodaties het overzicht op blz. 210–221.

WAAR U MOET ZOEKEN

De meeste hotels van San Francisco staan in en rond bruisend Union Square, op loopafstand van het Financial District en het Moscone Convention Center. Nob Hill, waar veel zeer luxueuze hotels zijn gevestigd, is rustiger. In de buurt van Fisherman's Wharf vindt u hotels en motels die geschikt zijn voor gezinnen.
Buiten het centrum, aan de rand van het Financial District en aan Lombard Street in het Marina District, ligt een enorm aantal redelijk geprijsde motels. *Bed-and-breakfast*kamers vindt u overal in de stad, vooral in rustige buurten.

HOTELPRIJZEN

Gezien het comfort en de service zijn de hotelprijzen in San Francisco in het algemeen heel beschaafd. De prijs van een kamer bedraagt gemiddeld $160 per nacht, maar is natuurlijk afhankelijk van het hotel en het seizoen. Zie *Speciale aanbiedingen (blz. 208)* voor kortingen en arrangementen.
Mensen die alleen reizen krijgen weinig of geen korting, en de meeste hotels berekenen $10 tot $15 per nacht voor elke extra gast (als u met meer dan twee personen komt) in dezelfde kamer. Zie voor informatie over reizen met kinderen blz. 209.

BED AND BREAKFAST

Een goed alternatief voor de grote hotels in het stadscentrum zijn de vele uitstekende gelegenheden die *bed-and-breakfast*accommodatie bieden. U vindt ze vaak in een van de vele goed bewaard gebleven 19de-eeuwse huizen. In San Francisco worden dergelijke gelegenheden vaak *inns* genoemd en ze zijn ondergebracht in alles,

Westin St. Francis Hotel *(blz. 216)*

van pittoreske huisjes tot verbouwde villa's op heuveltoppen. Ze moeten niet worden verward met de Engelse *bed-and-breakfast*kamer, die u huurt bij een particulier en waarbij u ook ontbijt krijgt. Sommige *inns* steken in comfort de beste hotels naar de kroon. Het aantal kamers loopt uiteen van slechts een paar tot maximaal 30, en de meeste zijn gezelliger dan die in een hotel. Ontbijt is altijd bij de prijs inbegrepen en 's middags krijgt u soms een glas wijn aangeboden.

BIJKOMENDE KOSTEN

De prijs van een hotelkamer wordt meestal aangegeven exclusief *room tax*, die 14 procent bedraagt. U hoeft geen omzetbelasting te betalen, maar wel worden er vaak enorme bedragen berekend voor telefoongesprekken. Voor een lokaal gesprek betaalt u tot $1, wat ook geldt als u een van de

De Room of the Dons in het Mark Hopkins Hotel *(blz. 213)*

◁ The Garden Court in het Sheraton Palace Hotel

gratis informatienummers draait. Interlokale gesprekken kosten soms wel vijfmaal zo veel als normaal, vanwege de hoge toeslagen. Het gebruik van een openbare telefoon in de lobby is een stuk voordeliger. Een fax sturen of ontvangen kost $2 à $3 per bladzijde, plus telefoonkosten. Als u in de parkeergarage van een hotel parkeert, betaalt u $20 per dag, exclusief fooi voor de bewaker. De kosten van een drankje of een hapje uit de minibar op uw kamer kunnen, met $5 voor een blikje bier, behoorlijk oplopen en ook de *pay-as-you-view-*films op tv zijn niet goedkoop. De prijzen van dergelijke voorzieningen zijn echter duidelijk aangegeven.
Voor dragers die uw bagage van en naar de kamer brengen is een fooi van $1 per koffer gebruikelijk. Voor bediening op de kamer wordt een fooi van 15 procent van de rekening verwacht. Bezoekers die langer dan een dag of twee blijven, kunnen naast het bed $5 tot $10 voor het personeel achterlaten.

De luxueuze lobby van het Fairmont Hotel *(blz. 213)*

FACILITEITEN

Als u de lobby van een hotel binnenstapt, krijgt u al een aardige indruk van de sfeer. Sommige luxe hotels, zoals het Hyatt Regency met zijn twintig verdiepingen hoge atrium of het rijk met pluche ingerichte Fairmont *(blz. 213)*, zijn beroemde etablissementen, wat bijdraagt aan de charme van een overnachting. De meeste betere hotels hebben een uitstekend restaurant, waar gasten een voorkeursbehandeling krijgen. Soms is er ook een pianobar of een nachtclub, zodat de gasten een avondje uit kunnen zonder een voet buiten de deur te hoeven zetten. Zie voor meer informatie *Amusement* op bladzijde 268–269. Conferenties vormen een belangrijke bron van inkomsten voor de hotels van San Francisco, en vele bieden faciliteiten voor zakenbesprekingen en politieke bijeenkomsten. In sommige oudere hotels vindt u grote balzalen, die beschikbaar zijn voor feesten. In de meeste hotels kunnen de gasten rekenen op toiletartikelen, een ochtendkrant van het huis en kabeltelevisie op de kamer.

RESERVEREN

Voor een verblijf in juli tot oktober moet u ten minste een maand van tevoren een kamer reserveren. Telefonische reserveringen met een creditcard worden geaccepteerd, maar u moet wel één nacht aanbetalen. Meld het van tevoren als u na 18.00 uur aankomt. Er bestaat geen officieel reserveringsbureau maar u kunt via de website (www.sfvisitor.org) van het Visitor Information Center *(blz. 278)* een kamer reserveren. Veel hotels staan in hun gratis *Visitor Planning Guide*. Sommige reisbureaus reserveren kamers voor bezoekers. Ze vragen hier geen geld voor en kunnen vaak een korting voor u regelen.

Marriott Hotel *(blz. 216)*

SPECIALE AANBIEDINGEN

Het is altijd de moeite waard om uw reisagent naar eventuele kortingen te vragen, vooral in het laagseizoen, tussen november en maart. Het is ook de moeite waard naar korting te vragen als u voor een weekeinde boekt, want de hotels die zijn ingesteld op zakenlieden verlagen hun prijzen vaak voor gezinnen. Sommige hebben ook speciale aanbiedingen, zoals een gratis fles champagne of goedkope maaltijden, met het doel ook onder toeristen een clientèle op te bouwen. Reserveringsbureaus bieden hun diensten meestal gratis aan als ze commissie krijgen van de hotels en sommige kunnen speciale tarieven regelen. Een goede agent bespaart zijn klanten 10 tot 20 procent van het normale tarief van het bewuste hotel. Kijk ook eens naar georganiseerde reizen want dit kan ook veel geld schelen. Veel luchtvaartmaatschappijen bieden kortingen en extraatjes als u via hen een kamer reserveert. Als u lid bent van een frequentflyerprogramma kunt u soms tot wel 50 procent besparen op de normale tarieven als u een aangesloten hotel reserveert.

GEHANDICAPTE REIZIGERS

In de Verenigde Staten zijn alle hotels volgens de wet, de Americans with Disabilities Act van 1992, verplicht om gehandicapten accommodatie aan te bieden. Oudere etablissementen zijn hier niet aan gehouden, maar de meeste hotels in San Francisco voldoen aan de eisen en hebben ten minste één kamer die geschikt is voor mensen in een rolstoel. In de meeste hotels zal het personeel alles doen om gehandicapte gasten terzijde te staan, maar als u speciale wensen of behoeften hebt, kunt u de manager van het hotel daarvan het beste bij reservering op de hoogte stellen. In alle hotels in *Een hotel kiezen* op bladzijde 210–221 zijn blindengeleidehonden toegestaan. Meer informatie voor gehandicapte reizigers vindt u op bladzijde 280, onder *Praktische informatie*.

Badeend van Hotel Triton

Het Huntington Hotel *(blz. 213)*

ACCOMMODATIE VOOR HOMO'S EN LESBIENNES

Hoewel homo's en lesbiennes in alle hotels van San Francisco van harte welkom zijn, treft u in de stad ook een aantal gelegenheden aan die er vooral, zo niet exclusief, zijn voor homoseksuele paren. De meeste

ADRESSEN

RESERVERINGSBUREAUS

Hotel Locators
919 Garnet Ave, Suite 216, San Diego, CA 92109.
Tel. *858-581 1315.*
www.hotellocators.com

Hotels.Com
Suite 203, 8140 Walnut Hill Lane Dallas, TX 75231.
Tel. *214-361 7311 of 1-800-964 6835.*
www.hotels.com

San Francisco Reservations
360 22nd St, Suite 300, Oakland, CA 94612.
Tel. *510-628 4450 of 1-800-677 1500.*
www.hotelres.com

JONGEREN- EN BUDGETACCOMMODATIE

Hosteling International: City Center
685 Ellis St, SF, CA 94109.
Kaart 5 A5. **Tel.** *474 5721.*

Downtown
312 Mason St, SF, CA 94102. **Kaart** 5 B5.
Tel. *788 5604.*

Fisherman's Wharf
Bldg 240, Upper Fort Mason, SF, CA 94123.
Kaart 4 E1. **Tel.** *771 7277.*

European Guest House
761 Minna St, SF, CA 94103.
Kaart 11 A1. **Tel.** *861 6634.*

Hotel Herbert
161 Powell St, SF, CA 94102.
Kaart 5 B5. **Tel.** *362 1600.*

ACCOMMODATIE VOOR HOMO'S EN LESBIENNES

Inn on Castro
321 Castro St, SF, CA 94114.
Kaart 10 D2. **Tel.** *861 0321.*
www.innoncastro.com

Chateau Tivoli
1057 Steiner St, SF, CA 94115.
Kaart 10 D1. **Tel.** *776 5462.*
www.chateautivoli.com

The Willows Inn
710 14th St, SF, CA 94114.
Kaart 10 E2. **Tel.** *431 4770.*
www.willowsf.com

APPARTEMENTEN

AMSI
2800 Van Ness, SF, CA 94109. **Tel.** *415-447 2000 of 1-800-747 7784.*
www.amsires.com

Executive Suites
1388 Sutter St, #800, SF, CA 94109. **Tel.** *776 5151.*
www.executivesuites-sf.com

Grosvenor Suites
899 Pine St, SF, CA 94108.
Tel. *421 1899 of 1-800-999 9189.*
www.grosvenorsuites.sf.com

KAMERS BIJ PARTICULIEREN

Bed and Breakfast San Francisco
PO Box 420009, SF, CA 94142. **Tel.** *415-931 3083 of 1-800-452 8249.*
www.bsf.com

California Association of Bed and Breakfast Inns
2715 Porter St, Soquel, CA, 95073. **Tel** *831-462 9191.*
www.cabbi.com

zijn maar klein en u vindt ze vooral in en rond het Castro District. Hieronder staan een paar opties vermeld; in homoboekwinkels kunt u hierover meer informatie verkrijgen.

REIZEN MET KINDEREN

Kinderen zijn in alle hotels van San Francisco welkom en meestal hoeft er voor een of twee kinderen onder de 12 jaar die in de kamer van hun ouders slapen niets te worden betaald. Het is echter wel verstandig om het hotel van tevoren te laten weten dat u met kinderen komt, omdat niet alle kamers geschikt zijn voor extra bedden. Sommige hotels zetten een slaapbank in de kamer, of geven u als alternatief voor $10 tot $15 per nacht een kinder- of opklapbed. Veel gezinnen geven de voorkeur aan een hotel dat uitsluitend over suites beschikt of huren een appartement voor meer ruimte.

JONGEREN- EN BUDGETACCOMMODATIE

San Francisco beschikt over veel jeugdherbergen. Hier kunnen reizigers een bed in een slaapzaal krijgen, of een eigen kamer, tegen betaalbare prijzen voor reizigers met een kleiner budget. Een van de beste in de stad is de **Hosteling International, Fisherman's Warf**, gevestigd in de oude legerkazerne in Fort Mason. Er zijn andere jeugdherbergen in de buurt van Union Square en van Ellis Street. Ze worden beheerd door de non-profitorganisatie **Hosteling International** en een bed kost rond $25 per nacht. Ook vindt u in de stad een aantal particuliere jeugdherbergen. Budgethotels zijn onder andere het **European Guest House** en **Hotel Herbert**.

APPARTEMENTEN

Het huren van een gemeubileerd appartement kan een goed alternatief zijn voor een verblijf in een hotel vooral voor families die wat meer ruimte zoeken of bezoekers die langer dan een paar dagen in de stad willen doorbrengen. Het nadeel van het huren van een appartement is dat de weinige appartementen die de stad rijk is, vaak alleen per hele week worden verhuurd. De kosten bedragen ongeveer $500 tot $800 per week. Organisaties zoals **AMSI, Executive Suites** en **Grosvenor House** bemiddelen bij de verhuur van appartementen.

Gasten in het Campton Place Hotel *(blz. 201)*

KAMERS BIJ PARTICULIEREN

Misschien geeft u de voorkeur aan de Europese *bed-and-breakfast*traditie. Particulieren verhuren in hun eigen huis een kamer en zorgen ook altijd voor ontbijt. Er kan een aanbetaling worden gevraagd en een vergoeding voor het annuleren van uw boeking. Informeer hiernaar bij het reserveren. Voor meer informatie kunt u contact opnemen met de gespecialiseerde bemiddelingsbureaus als **Bed and Breakfast San Francisco** of de **Californian Association of Bed and Breakfast Inns.**

GEBRUIK VAN HET OVERZICHT

De hotels staan vermeld op blz. 210–221. Ze zijn gerangschikt naar gebied en prijscategorie. De tekens achter het adres geven aan over welke faciliteiten het hotel beschikt.

- fitnessruimte beschikbaar in hotel
- zwembad in hotel
- voorzieningen voor kinderen: kinderbedjes, oppasservice
- lift
- parkeergelegenheid
- restaurant

Prijscategorieën voor een standaard tweepersoonskamer per nacht inclusief ontbijt, inclusief bediening en belasting:

- $ minder dan $100
- $$ $100–$150
- $$$ $150–$200
- $$$$ meer dan $200

Een hotel kiezen

De keuze van de hotels in deze gids is gebaseerd op zowel de kwaliteit en de service van de accommodatie als de ligging. Ze staan per streek gerangschikt en daarin op volgorde van prijs, zowel voor de stad San Francisco als voor de omliggende gebieden. De kaartverwijzingen refereren naar de Stratengids, op blz. 302–312.

PRIJSCATEGORIEËN
Voor een standaard tweepersoonskamer per nacht, inclusief ontbijt, bediening en belastingen.

$ tot $100
$$ $100–$150
$$$ $150–$200
$$$$ vanaf $200

PACIFIC HEIGHTS EN DE HAVEN

Broadway Manor Inn $

2201 Van Ness Ave., 94109 ***Tel.*** *415–776 7900* ***Fax*** *415–928 7460* ***Kamers*** *56* ***Kaart*** *4 F3*

De Broadway Manor Inn ligt op loopafstand van het Marina District en de Fisherman's Wharf en is zeer geschikt voor budgetreizigers. De kamers zijn sober maar schoon en enkele hebben een internetaansluiting, welke ook in de lobby aanwezig is. De suites zijn voorzien van een magnetron en een koelkast. **www.staysf.com/broadwaymanor**

Heritage Marina Hotel $

2550 Van Ness Ave., 94109 ***Tel.*** *415–776 7500* ***Fax*** *415–351 1336* ***Kamers*** *134* ***Kaart*** *4 E2*

Dit hotel uit ca. 1950 is in 2003 verbouwd. Het is gunstig gelegen nabij de haven en alle toeristische plekjes. Het is ideaal voor de budgetreiziger die geen poespas hoeft. In elke kamer staat een magnetron. De prijs is inclusief een uitgebreid ontbijt. Er is een Italiaans restaurant bij het hotel. **www.heritagemarinahotel.com**

De Greenwich Inn $

3201 Steiner, 94123 ***Tel.*** *415–921 5162* ***Fax*** *415–921 3602* ***Kamers*** *32* ***Kaart*** *4 D2*

De Greenwich Inn is sober en is een betaalbare keus voor mensen die in de buurt van het Marina District en het Presidio Park willen logeren. De comfortabele kamers zijn onlangs gerenoveerd en het personeel is vriendelijk. Talloze restaurants en winkels op loopafstand. **www.greenwichinn.com**

Cow Hollow Motor Inn $$

2190 Lombard St., 94123 ***Tel.*** *415–921 5800* ***Fax*** *415–922 8515* ***Kamers*** *129* ***Kaart*** *4 D2*

Dit hotel ligt tussen het trendy Cow Hollow en het Marina District van San Francisco in, beroemd om hun toprestaurants en vele winkels. De kamers zijn eenvoudig en misschien een beetje ouderwets. Er zijn 12 suites, ideaal voor gezinnen met kinderen. **www.cowhollowmotorinn.com**

Marina Inn $$

3110 Octavia St., 94123 ***Tel.*** *415–928 100* ***Fax*** *415–928 5909* ***Kamers*** *40* ***Kaart*** *4 E2*

Dit goedkope hotel ligt twee blokken verwijderd van Fort Mason met zijn groene grasvelden en biedt een prachtig uitzicht op de baai. Het is er schoon en het personeel is vriendelijk, hoewel het straatlawaai van Lombard Street hinderlijk kan zijn. Vlakbij de winkels en restaurants van Union Street. **www.marinainn.com**

Motel Capri $$

2015 Greenwich St., 94123 ***Tel.*** *415–346 4667* ***Fax*** *415–346 3256* ***Kamers*** *46* ***Kaart*** *4 D2*

Dit schone en comfortabele familiemotel is een prima keus voor mensen met een smalle beurs. Het ligt in een rustige woonwijk in het centrum van het Marina District. Er zijn twee kitchenettes beschikbaar. Dit hotel is vlak bij het openbaar vervoer en heeft een gratis eigen parkeerplaats. **www.motelcaprica.com**

Pacific Heights Inn $$

1555 Union St., 94123 ***Tel.*** *415–776 3310* ***Fax*** *415–776 8176* ***Kamers*** *40* ***Kaart*** *4 E2*

Dit aardige motel uit ca. 1960 staat in een rustige buurt van Union Street, even ten westen van Van Ness Avenue. Het is gemakkelijk bereikbaar met het openbaar vervoer en er is een gratis parkeerplaats voor gasten met een eigen auto. De restaurants, winkels en bars van het bruisende Cow Hollow zijn vlakbij. **www.pacificheightsinn.com**

Chateau Tivoli Bed-and-Breakfast $$$

1057 Steiner St., 94115 ***Tel.*** *415–776 5462* ***Fax*** *415–776 0505* ***Kamers*** *9* ***Kaart*** *4 D4*

Dit 100 jaar oude, victoriaanse huis is een van de 'painted ladies' van San Francisco. Het diende rond 1970 als centrum van de newagebeweging, gekenmerkt door rebirthing, reiki en naaktzwemmen. Daarna werd het weer in oude glorie hersteld, met fresco's, glas-in-loodramen en antiek. **www.chateautivoli.com**

Edward II Inn and Suites $$$

3155 Scott St., 94123 ***Tel.*** *415–922 3000* ***Fax*** *415–931 5784* ***Kamers*** *32* ***Kaart*** *3 C2*

Edward II Inn and Suites is een ware ontdekking voor degenen die een rustig onderkomen zoeken op een mooie locatie. Het huis, gebouwd in 1914, heeft twee verdiepingen en ligt vlak bij de jachthaven. Enkele suites zijn voorzien van een jacuzzi, en er zijn twee kleine vergaderruimtes. **www.edwardii.com**

Verklaring van de symbolen *zie achterflap*

Hotel del Sol $$$

3100 Webster St., 94123 ***Tel.*** *415–921 552* ***Fax*** *415–931 4137* ***Kamers*** *57* ***Kaart*** *4 D2*

Dit hotel heeft een speels ontwerp met palmbomen, hangmatten, mozaïeken en een zwembad. De kamers zijn licht en ruim met kleurige spreien. Ook zijn er 10 suites, ingericht volgens een bepaald thema. De gezinssuite is voorzien van stapelbedden, spelletjes, speelgoed en kindvriendelijk meubilair. **www.hoteldelsol.com**

Laurel Inn $$$

444 Presidio Ave., 94115 ***Tel.*** *415–567 8467* ***Fax*** *415–928 1866* ***Kamers*** *59* ***Kaart*** *3 C4*

Dit rustige, stijlvolle hotel heeft de sfeer van de jaren 1920-1930. De comfortabele, heldergekleurde suites zijn voorzien van cd-speler, videorecorder en een schrijftafel. Men serveert gratis ontbijt en er is een gratis parkeerplaats bij het hotel. De trendy G Bar is erg leuk om voor het eten nog een drankje te drinken. **www.laurelinn.com**

Queen Anne Hotel $$$

1590 Sutter St., 94109 ***Tel.*** *415–441 2828* ***Fax*** *415–775 5212* ***Kamers*** *48* ***Kaart*** *4 E4*

Dit pas gerestaureerde victoriaanse hotel is gebouwd in 1890. Elke kamer is verschillend ingericht met antiek meubilair en authentieke decoraties. Prijzen zijn inclusief ontbijt, wijn bij het diner en doordeweeks vervoer naar de luchthaven. **www.queenanne.com**

The Hotel Majestic $$$

1500 Sutter St., 94109 ***Tel.*** *415–441 1100* ***Fax*** *415–673 7331* ***Kamers*** *57* ***Kaart*** *4 E4*

The Majestic is een van de weinige eersteklas hotels die de aardbeving van 1906 heeft doorstaan. Het is een prachtig 20ste-eeuws gebouw in een rustige buurt tussen de Pacific Heights en het Civic Center. Antiek meubilair siert de kamers die voorzien zijn van hemelbedden en open haarden. **www.thehotelmajestic.com**

Travelodge By the Bay $$$

1450 Lombard St., 94123 ***Tel.*** *415–673 0691* ***Fax*** *415–673 3232* ***Kamers*** *72* ***Kaart*** *4 E2*

Het eenvoudige maar gezellige Travelodge By the Bay is een van de betere keuzes voor budgetreizigers. Het baliepersoneel spreekt meerdere talen en is zeer behulpzaam. Vraag om een kamer aan de achterzijde van het hotel omdat het verkeer op Lombard Street behoorlijk lawaaiig kan zijn. **www.travelodgebythebay.com**

Hotel Drisco $$$$

2901 Pacific Ave., 94115 ***Tel.*** *415–346 2880* ***Fax*** *415–567 5537* ***Kamers*** *48* ***Kaart*** *3 C3*

Hotel Drisco ligt mooi hoog in de charmante Pacific Heights en biedt stijlvolle accommodatie, ideaal voor zakenmensen en toeristen. Veel suites hebben een prachtig uitzicht op de baai en de Golden Gate Bridge. Gratis wijn bij het diner en ontbijt. **www.hoteldrisco.com**

Jackson Court $$$$

2198 Jackson St., 94115 ***Tel.*** *415–929 7670* ***Fax*** *415–929 1405* ***Kamers*** *10* ***Kaart*** *4 E3*

In het prachtige, 100 jaar oude Jackson Court voelt u zich als een 19de-eeuwse koning of koningin vanwege de ligging in een van de mooiste buurten van San Francisco. De eenvoudige en elegante kamers, enkele met open haard, zijn voorzien van een televisie en videorecorder, een föhn en een telefoon. **www.jdvhospitality.com**

Marina Motel $$$$

2576 Lombard St., 94123 ***Tel.*** *415–921 9406* ***Fax*** *415–921 0364* ***Kamers*** *30* ***Kaart*** *3 C2*

Dit hotel ligt verstopt op een rustige locatie aan een mediterrane binnenplaats vol bloemen, vlak bij de markt, restaurants en openbaar vervoer. Het gebouw heeft een Spaanse stijl en stamt uit 1939. De lichte en heldere kamers hebben allemaal een eigen badkamer. **www.marinahotel.com**

Union Street Inn $$$$

2229 Union St., 94123 ***Tel.*** *415–346 0424* ***Fax*** *415–922 8046* ***Kamers*** *6* ***Kaart*** *4 D3*

Als u dit hotel binnenkomt, zou u willen dat u hier woonde. Elke suite is smaakvol ingericht en na een lange dag in de stad is het in de idyllische achtertuin heerlijk genieten van het gratis glas wijn. In het weekend is een minimum verblijf van twee nachten verplicht. **www.unionstreetinn.com**

FISHERMAN'S WHARF EN NORTH BEACH

Best Inn Fisherman's Wharf $

2850 Van Ness Ave., 94109 ***Tel.*** *415–776 3220* ***Fax*** *415–921 7451* ***Kamers*** *42* ***Kaart*** *4 E2*

Dit motel van twee verdiepingen is geen wonder der architectuur, maar het ligt vlak bij een aantal belangrijke bezienswaardigheden: Fisherman's Wharf, North Beach en Chinatown. De schone kamers, met een internet-aansluiting, een magnetron en een koelkast maken dat de Best Inn een goede keus is voor budgetreizigers.

San Remo Hotel $

2237 Mason St., 94133 ***Tel.*** *415–776 8688* ***Fax*** *415–776 2811* ***Kamers*** *62* ***Kaart*** *5 B2*

Dit hotel van twee verdiepingen is het enige budgethotel in de buurt. Het is een goed onderhouden, Italiaansachtig gebouw en een van de eerste bouwwerken na de aardbeving en de brand van 1906. Alle kamers in dit niet-roken-hotel hebben de badkamer op de gang, met uitzondering van de Honeymoon Suite. **www.sanremohotel.com**

Best Western Tuscan Inn $$$

425 Northpoint St., 94133 **Tel.** *415–561 1100* **Fax** *415–561 1199* **Kamers** *220* **Kaart** *5 B1*

De Tuscan Inn is een ruim en stijlvol hotel midden in Fisherman's Wharf. Het is populair bij zakenmensen en film- en televisieploegen. Kinderen onder de 18 verblijven gratis, mits vergezeld door een volwassene. Elke avond wordt er gratis wijn geserveerd. **www.tuscaninn.com**

Hotel Boheme $$$

444 Columbus Ave., 94133 **Tel.** *415–433 9111* **Fax** *415–362 6292* **Kamers** *15* **Kaart** *5 B3*

Dit hippe hotel is een hommage aan de Beat-generatie, gelegen in het hart van waar het allemaal begon. Felle kleuren en grillige accenten versterken de poëtische sfeer. De kamers zijn gezellig en het personeel is geweldig. Het ligt midden in de drukte van North Beach, vlak bij veel goede restaurants en bars. **www.hotelboheme.com**

The Wharf Inn $$$

2601 Mason St., 94133 **Tel.** *415–673 7411* **Fax** *415–776 2181* **Kamers** *51* **Kaart** *5 B1*

Dit motel in de stijl van de jaren 1960-1970 is licht, gezellig en schoon. Elke kamer is ingericht met felle kleuren, banken en kleine zitjes. Het motel ligt direct boven de drukke Fisherman's Wharf en biedt gratis parkeergelegenheid, zeldzaam in San Francisco. **www.wharfinn.com**

Courtyard by Marriott Fisherman's Wharf $$$$

580 Beach St., 94133 **Tel.** *415–775 3800* **Fax** *415–441 7307* **Kamers** *127* **Kaart** *4 F1*

Dit hotel ligt vlak bij de Fisherman's Wharf en is zeer betaalbaar gezien de ligging en de faciliteiten. De schone moderne kamers zijn voorzien van een snelle internetaansluiting en zijn ideaal voor zowel gezinnen als zakenmensen. Het hotel beschikt over een vergaderruimte. **www.marriott.com**

Hilton Fisherman's Wharf $$$$

2620 Jones St., 94133 **Tel.** *415–885 4700* **Fax** *415–771 8945* **Kamers** *234* **Kaart** *4 F1*

In dit Hilton-hotel in de Fisherman's Wharf betaalt u voor een onweerstaanbare locatie in het hart van toeristisch San Francisco. De lobby is ruim en modern, terwijl de kamers traditioneel zijn ingericht. Pier 39, de veerboot naar Alcatraz en Fisherman's Wharf liggen op loopafstand. **www.hilton.com**

Hyatt at Fisherman's Wharf $$$$

555 North Point, 94133 **Tel.** *415–563 1234* **Fax** *415–749 6122* **Kamers** *313* **Kaart** *5 A1*

Dit Hyatt is meer gericht op gezinnen dan de andere Hyatt-hotels in San Francisco, ofschoon de service van dezelfde kwaliteit is. Gezinnen krijgen korting op de prijs van een tweede kamer en er is een verwarmd zwembad. Als u een bezoek wilt brengen aan Alcatraz is dit een gunstige locatie. **www.fishermanswharf.hyatt.com**

Marriott Fisherman's Wharf $$$$

1250 Columbus Ave., 94133 **Tel.** *415–775 7555* **Fax** *415–474 2099* **Kamers** *285* **Kaart** *4 F1*

Het Marriott ligt precies tussen Fisherman's Wharf en North Beach in en biedt een bovengemiddelde accommodatie op een centrale locatie. Veel kamers zijn toegespitst op zakenmensen en er rijdt elke dag een gratis limousine naar het Financial District. **www.marriott.com**

Sheraton at Fisherman's Wharf $$$$

2500 Mason St., 94133 **Tel.** *415–362 5500* **Fax** *415–956 5275* **Kamers** *525* **Kaart** *5 B1*

Het Sheraton is in de eerste plaats een gezinshotel voor toeristen. Het is gevestigd in een groot gebouw uit rond 1970, voorzien van al het verwachte comfort. Het is gunstig gelegen ten opzichte van Fisherman's Wharf en de veerboot naar Alcatraz. Het is ook een populair hotel bij zakenmensen. **www.sheratonatthewharf.com**

The Suites at Fisherman's Wharf $$$$

2655 Hyde St., 94109 **Tel.** *415–771 0200* **Fax** *415–346 8058* **Kamers** *24* **Kaart** *5 A2*

Veel gezinnen en groepen willen hier wel blijven. Dit is het enige hotel van de stad met alleen suites. Ook komen er regelmatig zakenmensen logeren. Elke suite, met ruimte voor vier mensen, heeft een eigen keuken en eetgelegenheid. Het hotel is een paar stappen lopen van de tram. **www.thesuitesatfishermanswharf.com**

Washington Square Inn $$$$

1660 Stockton St., 94133 **Tel.** *415–981 4220* **Fax** *415–397 7242* **Kamers** *15* **Kaart** *5 B2*

Een van de weinige hotels in de buurt North Beach en dit is het enige dat uitkijkt op het Washington Square Park, waar u mensen tai chi ziet beoefenen of in het park ziet wandelen. De prijzen zijn inclusief ontbijt, hoewel u beter naar het beroemde Mamma's Restaurant kunt gaan, aan de overkant van de straat. **www.wsisf.com**

CHINATOWN EN NOB HILL

Hotel Astoria $$

510 Bush St., 94108 **Tel.** *415–434 8889* **Fax** *415–434 8919* **Kamers** *80* **Kaart** *5 C4*

Alleenreizenden kunnen een goede deal sluiten in het bescheiden Hotel Astoria, waar men betaalbare eenpersoonskamers beschikbaar heeft. Het hotel is gunstig gelegen tussen Chinatown en Union Square, dicht bij de indrukwekkende poorten van Chinatown. **www.hotelastoria-sf.com**

Voor prijzen *zie blz. 210* **Verklaring van de symbolen** *zie achterflap*

Holiday Inn, Financial District/Chinatown $$$

750 Kearny St., 94108 ***Tel.*** *415–433 6600* ***Fax*** *415–765 7891* ***Kamers*** *565* ***Kaart*** *5 C3*

Er zijn vijf Holiday Inns in San Francisco, allemaal enorme betonnen torens met identieke kamers. Deze ligt op een mooie locatie vlak bij Chinatown en Portsmouth Plaza. Overdag is het kuurbad in de lobby open. De tramhalte is vlakbij. Kinderen onder de 19 verblijven gratis, mits ze vergezeld worden door een volwassene. **www.hiselect.com**

Hotel Triton $$$

342 Grant Ave., 94108 ***Tel.*** *415–394 0500* ***Fax*** *415–394 0555* ***Kamers*** *140* ***Kaart*** *5 C4*

Ontwerpers en mediamensen zijn regelmatig te gast in dit kleine maar stijlvolle hotel, waar een vriendelijke en gezellige sfeer heerst. Het ligt tegenover Chinatown en midden tussen de vele kunstgaleries. In het Café de la Presse liggen altijd buitenlandse kranten. **www.hoteltriton.com**

Fairmont Hotel $$$$

950 Mason St., 94108 ***Tel.*** *415–772 5000* ***Fax*** *415–781 3929* ***Kamers*** *596* ***Kaart*** *5 B4*

Dit hotel is beroemd om zijn schitterende lobby en overdadig ingerichte openbare ruimten en is het stijlvolst van alle luxe hotels van Nob Hill. Het werd heropend in 1907, een jaar nadat het door de aardbeving en de brand was verwoest, en het wordt sinds die tijd geadoreerd. Het uitzicht is fenomenaal. **www.fairmont.com**

Huntington Hotel and Nob Hill Spa $$$$

1075 California St., 94108 ***Tel.*** *415–474 5400* ***Fax*** *415–474 6227* ***Kamers*** *140* ***Kaart*** *5 B4*

Dit hotel is in 1922 gebouwd als luxe appartementencomplex en werd in 1945 verbouwd tot eersteklas hotel. De ruime kamers zijn allemaal verschillend ingericht. Vele zijn voorzien van een wastafel en sommige hebben een keuken. Verwen uzelf met een bezoek aan de wereldberoemde Nob Hill Spa. **www.huntingtonhotel.com**

Mark Hopkins Inter-Continental Hotel $$$$

Number One Nob Hill, 94108 ***Tel.*** *415–392 3434* ***Fax*** *415–421 3302* ***Kamers*** *380* ***Kaart*** *5 B4*

Het Mark Hopkins (1926) ligt bovenop Nob Hill en is een architectonische blikvanger. Het is in 2000 volledig gerenoveerd en het is een van de beste hotels van San Francisco, stijlvol en weelderig. De Top of the Mark skylounge, op de 18de verdieping, biedt een fraai uitzicht over de stad. **www.markhopkins.net**

Nob Hill Lambourne $$$$

725 Pine, 94108 ***Tel.*** *415–433 2287* ***Fax*** *415–433 0975* ***Kamers*** *20* ***Kaart*** *5 C4*

Het Lambourne is een van de chicste hotels van San Francisco. Het stijlvolle interieur weerspiegelt modern Frans design. Elke kamer is bijzonder fraai ingericht en de badkamers zijn voorzien van een groot bad dat u mag vullen met een van de luxe badlotions. De suites zijn voorzien van fitnessapparatuur. **www.jdvhospitality.com**

The Ritz-Carlton San Francisco $$$$

600 Stockton, 94108 ***Tel.*** *415–296 7465* ***Fax*** *415–291 0288* ***Kamers*** *336* ***Kaart*** *5 C4*

The Ritz-Carlton wordt sinds de opening in 1991 gerekend tot een van de beste hotels van San Francisco. Het is gevestigd in een groot historisch beaux-artsgebouw in California Street, vlak bij de top van Nob Hill. De service is uitstekend. Er is een viersterrenrestaurant, een overdekt zwembad en een fitnessruimte. **www.ritzcarlton.com**

FINANCIAL DISTRICT EN UNION SQUARE

Sheehan Hotel $

620 Sutter St., 94102 ***Tel.*** *415–775 6500* ***Fax*** *415–775 3271* ***Kamers*** *69* ***Kaart*** *5 B4*

Ooit was de YMCA in dit hotel gevestigd, wat een verklaring is voor de aanwezigheid van het grootste overdekte hotelzwembad van San Francisco. Het personeel is Iers, vriendelijk en behulpzaam. De kamers zijn sober met fluorescerend licht, maar u kunt geen kritiek hebben op de prijs. Gratis ontbijt. **www.sheehanhotel.com**

Andrews Hotel $$

624 Post St., 94109 ***Tel.*** *415–563 6877* ***Fax*** *415–928 6919* ***Kamers*** *48* ***Kaart*** *5 B5*

Schone en comfortabele kamers zijn standaard in dit kleine familiehotel, vlak bij Union Square. De prijzen zijn gemiddeld en zijn inclusief ontbijt. Net naast de lobby vindt u een Italiaans restaurant waar u een gratis glas wijn aangeboden wordt. **www.andrewshotel.com**

Hotel Bijou $$

111 Mason St., 94102 ***Tel.*** *415–771 1200* ***Fax*** *415–346 3196* ***Kamers*** *62* ***Kaart*** *5 B5*

Filmliefhebbers zullen dit hotel kunnen waarderen, dat is ingericht volgens thema's uit de filmgeschiedenis van San Francisco. Zelfs de gordijnen zijn van dieppaars fluweel en in de kleine bioscoop wordt twee maal daags een film vertoond. De gunstige locatie nabij Union Square en het gratis ontbijt verhogen de charme. **www.hotelbijou.com**

Hotel des Arts $$

447 Bush St., 94108 ***Tel.*** *415–956 3232* ***Fax*** *415–956 0399* ***Kamers*** *51* ***Kaart*** *5 C4*

Hotel des Arts is evenzeer een kunstgalerie als een hotel. Een aantal kamers is geschilderd en ingericht door diverse plaatselijke kunstenaars, wat dit hotel zeer bijzonder maakt. Deze kamers kunt u alleen telefonisch reserveren. Union Square, Chinatown en het Financial District zijn vlakbij. **www.sfhoteldesarts.com**

Hotel Union Square $$

114 Powell St., 94102 ***Tel.*** *415–202 8787* ***Fax*** *415–399 1874* ***Kamers*** *131* ***Kaart*** *5 C5*

Dit hotel ligt gunstig ten opzichte van Union Square, en ideaal voor degenen die een betaalbare slaapplaats zoeken in het hart van het winkelcentrum van San Francisco. De kamers zijn klein en zonder poespas. In de lobby kunt u tegen vergoeding draadloos internetten en er is een geldwisselkantoor. **www.hotelunionsquare.com**

Maxwell Hotel $$

386 Geary St., 94102 ***Tel.*** *415–986 2000* ***Fax.*** *415–397 2447* ***Kamers*** *153* ***Kaart*** *5 B5*

Het Maxwell is gebouwd in 1908 en ligt in het hart van het Theatre District. De lobby is onlangs gerenoveerd en alle kamers zijn voorzien van een internetaansluiting en kluisjes. De grotere suites hebben een gratis draadloze internetaansluiting en cd-speler. **www.jdvhospitality.com**

Touchstone Hotel $$

480 Geary St., 94102 ***Tel.*** *415–771 1600* ***Fax*** *415–931 5442* ***Kamers*** *62* ***Kaart*** *5 B5*

Dit hotel is een paar stappen verwijderd van Union Square en is een mix van oude glorie en modern comfort. Het is een kleine en intieme bed-and-breakfast, al 50 jaar in handen van dezelfde familie. De prijzen zijn inclusief ontbijt en er is gratis vervoer vanaf de luchthaven naar het hotel. **www.thetouchstone.com**

Crowne Plaza Union Square $$$

480 Sutter St., 94108 ***Tel.*** *415–398 8900* ***Fax*** *415–989 8823* ***Kamers*** *401* ***Kaart*** *5 C4*

Direct bij de tramhalte op Powell Street ligt dit pas gerenoveerde hotel. Elke kamer is voorzien van een snelle internetaansluiting en een koffiezetapparaat. Huisdieren zijn in dit hotel toegestaan en het is zeer geschikt voor zakenreizigers en gezinnen. Bij het hotel behoren twee restaurants en een cocktail lounge. **www.crowneplaza.com**

Harbor Court Hotel $$$

165 Steuart St., 94105 ***Tel.*** *415–882 1300* ***Fax*** *415–882 1313* ***Kamers*** *131* ***Kaart*** *6 E4*

Dit hotel is gehuisvest in een voormalig YMCA-gebouw en is het enige hotel in San Francisco dat direct aan het water staat. De kamers zijn aan de kleine kant, hoewel sommige een mooi uitzicht hebben op de Bay Bridge. Gasten kunnen gratis gebruikmaken van de fitnessruimte van de naastgelegen Y gym. **www.harborcourthotel.com**

Hotel California $$$

580 Geary St., 94102 ***Tel.*** *415–441 2700* ***Fax*** *415–621 3811* ***Kamers*** *83* ***Kaart*** *5 B5*

De accommodatie in het vroegere Savoy Hotel biedt donzen dekbedden, heerlijke kussens en cd-spelers. Enkele kamers hebben een mooi uitzicht en het interieur varieert van weelderig tot eenvoudig. Een paar blokken verwijderd van hartje centrum. **www.thesavoyhotel.com**

Hotel Diva $$$

440 Geary St., 94102 ***Tel.*** *415–202 8787* ***Fax*** *415–346 6613* ***Kamers*** *114* ***Kaart*** *5 B5*

Wanneer u Hotel Diva binnenkomt, krijgt u het gevoel dat u een bezoek brengt aan het museum voor moderne kunst. De lobby en de kamers zijn ingericht met opvallende kleuren en hebben veel aparte architectonische accenten. De sfeer is hip en luxe en zelfs de meest verwende reiziger zal niet teleurgesteld zijn. **www.hoteldiva.com**

Kensington Park Hotel $$$

450 Post St., 94109 ***Tel.*** *415–788 6400* ***Fax*** *415–399 9484* ***Kamers*** *86* ***Kaart*** *5 B5*

Dit hotel is gevestigd in de Elks Lodge in Spaanse revivalstijl, dat dateert van ca. 1920. Dit comfortabele, middelgrote hotel staat vlak bij Union Square. De lobby is fantastisch en de mooi ingerichte kamers zijn ruim. De betaalbare prijs is inclusief ontbijt en 's middags een glas wijn. **www.kensingtonparkhotel.com**

Nob Hill Motor Inn $$$

1630 Pacific Ave., 94109 ***Tel.*** *415–775 8160* ***Fax*** *415–673 8842* ***Kamers*** *29* ***Kaart*** *4 F3*

Dit is een modern standaardmotel; het is er schoon en het management is efficiënt. De ligging is vlak bij talloze interessante winkels en eetgelegenheden, en op redelijke loopafstand van Fisherman's Wharf en North Beach. **www.staysf.com**

Renaissance Parc Fifty Five Hotel $$$

55 Cyril Magnin St., 94102 ***Tel.*** *415–392 8000* ***Fax*** *415–403 6002* ***Kamers*** *1009* ***Kaart*** *5 C5*

Het enorme Parc Fifty Five is een pas gerenoveerd hotel net buiten Market Street en Powell Street en is geschikt voor conferenties en grote groepen. Vanaf de bovenste verdiepingen heeft u een mooi uitzicht. De prijzen zijn hoog, maar de speciale aanbiedingen zijn het overwegen waard. **www.parc55hotel.com**

San Francisco Hilton $$$

333 O'Farrell St., 94102 ***Tel.*** *415–771 1400* ***Fax*** *415–771 6807* ***Kamers*** *2044* ***Kaart*** *5 B5*

Dit hotel, even ten westen van Union Square, is het grootste van de stad en biedt prachtige uitzichten vanuit de 45 verdiepingen tellende toren. De service past volledig bij de stijlvolle ambiance. Er zijn talloze faciliteiten zoals een buitenzwembad, vijf restaurants, twee bars, een kapper en een Turks stoombad. **www.hilton.com**

Serrano Hotel $$$

405 Taylor St., 94102 ***Tel.*** *415–885 2500* ***Fax*** *415–474 4879* ***Kamers*** *236* ***Kaart*** *5 B5*

Dit 16 verdiepingen tellende hotel in Spaanse revivalstijl ligt gunstig ten opzichte van zowel Union Square als het Theatre District. De kamers hebben hoge plafonds en een warme uitstraling, benadrukt door karakteristieke Spaanse en Marokkaanse meubels. Het aantrekkelijke restaurant Ponzu vindt u bij de lobby. **www.serranohotel.com**

Voor prijzen *zie blz. 210* **Verklaring van de symbolen** *zie achterflap*

Sir Francis Drake Hotel

$$$

450 Powell St., 94102 **Tel.** *800–392 7755* **Fax** *415–392 8559* **Kamers** *417* **Kaart** *5 B4*

Het Sir Francis Drake is een gerenommeerd hotel met een prachtige art-deco-uitstraling. Het staat bekend om de geüniformeerde portiers en de Harry Denton's Starlight Room, een fraaie bar op de bovenste verdieping. Het ligt vlak bij de tramhalte en zeer gunstig ten opzichte van het Financial District en North Beach. **www.sirfrancisdrake.com**

The Inn at Union Square

$$$

440 Post St., 94102 **Tel.** *415–397 3510* **Fax** *415–989 0529* **Kamers** *30* **Kaart** *5 B4*

Dit hotel in het hart van Union Square voelt als een privéappartement. Veel kamers zijn onlangs opnieuw ingericht. Elke morgen wordt er een gratis ontbijt en een krant op uw kamer gebracht. 's Avonds worden er bij de open haard in de lobby wijn en hors-d'oeuvres geserveerd. **www.unionsquare.com**

White Swan Inn

$$$

845 Bush St., 94108 **Tel.** *415–775 1755* **Fax** *415–775 5717* **Kamers** *26* **Kaart** *5 B4*

Dit hotel is klein en heeft een landelijke uitstraling. De kamers zijn ingericht in een vrolijk bloemenpatroon en hebben zeer comfortabele bedden. Er is een open haard waarin een gezellig, maar op gas brandend vuur brandt. Elke morgen is er een gratis ontbijt en 's middags wordt er wijn geschonken. **www.whiteswaninnsf.com**

York Hotel

$$$

940 Sutter St., 94109 **Tel.** *415–885 6800* **Fax** *415–885 2115* **Kamers** *96* **Kaart** *5 A4*

Dit centraal gelegen hotel heeft de afgelopen jaren een facelift ondergaan. Het biedt comfortabele, rustige kamers, vooral die aan de achterzijde van het hotel. Elke avond is er in de Plush Room een cabaretoptreden. Een leuk weetje is dat de trappen in dit hotel gebruikt werden in de film *Vertigo* van Alfred Hitchcock. **www.yorkhotel.com**

Argent Hotel

$$$$

50 Third St., 94103 **Tel.** *415–974 6400* **Fax** *415–543 8268* **Kamers** *667* **Kaart** *5 C5*

Het uitzicht door de hoge ramen van dit luxe hotel is adembenemend. U kijkt uit over het Yerba Buena-complex en het San Francisco Museum of Modern Art. Het hotel ligt op loopafstand van het Moscone Convention Center, en is daarom ideaal voor zakenmensen. **www.argenthotel.com**

Campton Place Hotel

$$$$

340 Stockton St., 94108 **Tel.** *415–781 5555* **Fax** *415–955 5536* **Kamers** *110* **Kaart** *5 C4*

Het kleine en stijlvolle Campton Place ligt net buiten Union Square. Het heeft luxueuze, goed ingerichte kamers, een prima service en weelderige openbare ruimtes. Bijzonder aantrekkelijk is de intieme bar net naast de lobby. U kunt 's avonds dineren op het dakterras of in het luxe Campton Place Restaurant. **www.camptonplace.com**

Clift Hotel

$$$$

495 Geary St., 94108 **Tel.** *415–775 4700* **Fax** *415–931 7417* **Kamers** *363* **Kaart** *5 B5*

Dit hotel is een treffend voorbeeld van modern design, met een lobby die ontworpen is door Philippe Starck. De kamers zijn stijlvol gemeubileerd met alle faciliteiten die u mag verwachten van een hotel van dit kaliber. De Redwood Room en het bekroonde Asia de Cuba Restaurant zijn betoverend. **www.morganshotelgroup.com**

Four Seasons

$$$$

757 Market St., 94103 **Tel.** *415–633 3000* **Fax** *415–633 3001* **Kamers** *277* **Kaart** *5 C5*

Het Four Seasons is een van de chicste hotels van San Francisco. De kamers zijn ruim en bijzonder stijlvol ingericht, met een gezellig zitje. Gasten mogen gebruikmaken van de hippe Sports Club/LA. Dit hotel ligt gunstig ten opzichte van Union Square, het San Francisco Museum of Modern Art en het Yerba Buena Center. **www.fourseasons.com**

Grand Hyatt San Francisco

$$$$

345 Stockton St., 94108 **Tel.** *415–398 1234* **Fax** *415–391 1780* **Kamers** *686* **Kaart** *5 C4*

Het Grand Hyatt torent uit boven de noordzijde van Union Square en biedt een fraai uitzicht vanuit elke kamer. In het Grand View-restaurant op de bovenste verdieping speelt men op vrijdag- en zaterdagavond pianomuziek. De locatie is gunstig ten opzichte van het Financial District en de winkels en theaters. **www.grandsanfrancisco.hyatt.com**

Hotel Monaco

$$$$

501 Geary St., 94102 **Tel.** *866–622 5284* **Fax** *415–292 0111* **Kamers** *201* **Kaart** *5 B5*

Dit hippe en charmante hotel ligt even ten westen van Union Square. De kamers, ingericht volgens aparte patronen, zijn voorzien van vele extra's, zoals een Frette-kast, veren kussens en een fax. Het Grand Café is gevestigd in een spectaculaire, 100 jaar oude balzaal. **www.monaco-sf.com**

Hotel Nikko

$$$$

222 Mason St., 94102 **Tel.** *415–394 1111* **Fax** *415–394 1106* **Kamers** *534* **Kaart** *5 B5*

Het ultramoderne Nikko is vooral gericht op zakenmensen, vooral uit Japan. Het uitstekende fitnesscentrum met zijn zwembad en een keur aan fitnessapparaten, is een van de beste van de stad. Het Anzu-restaurant is perfect om een drankje te drinken of te dineren. **www.hotelnikkosf.com**

Hotel Rex

$$$$

562 Sutter St., 94102 **Tel.** *415–433 4434* **Fax** *415–433 3695* **Kamers** *94* **Kaart** *5 B4*

Dit prettige hotel is onlangs gerenoveerd. De kamers zijn geschilderd in rijke kleuren en aan de muren hangt het werk van plaatselijke kunstenaars. De trots van dit hotel is de schemerige en gezellige bibliotheek. In de bar in de lobby worden vaak literaire evenementen en kleine shows georganiseerd. **www.jdvhospitality.com**

Hotel Vitale $$$$

8 Mission St., 94105 ***Tel.*** *415–278 3700* ***Fax*** *415–278 3150* ***Kamers*** *199* ***Kaart*** *6 E4*

Dit flamboyante hotel is begin 2005 gebouwd en is de nieuwste aanwinst, en misschien wel de meest luxe, van de JDV Hospitality Group. Het is gelegen aan de Embarcadero en geniet alle voordelen van deze locatie midden in de stad. De kamers zijn van alle gemakken voorzien en Spa Vitale biedt een fraai uitzicht. **www.jdvhospitality.com**

Hyatt Regency San Francisco $$$$

5 Embarcadero Center, 94111 ***Tel.*** *415–788 1234* ***Fax*** *415–398 2567* ***Kamers*** *803* ***Kaart*** *6 D3*

Het Hyatt werd gebouwd in 1973 rond een 14 verdiepingen tellend atrium. Het is onlangs gerenoveerd en de kamers zijn volledig gemoderniseerd. De Regency Club is speciaal voor zakenreizigers, en daar is altijd een hotelbediende beschikbaar. Het gebouw ligt naast een klein winkelcentrum en theater. **www.sanfranciscoregency.hyatt.com**

Mandarin Oriental $$$$

222 Sansome St., 94104 ***Tel.*** *415–276 9888* ***Fax*** *415–433 0289* ***Kamers*** *158* ***Kaart*** *6 D3*

Dit hotel richt zich in het bijzonder op zakenmensen en is in elk opzicht topklasse. De kamers zijn voorzien van hoge ramen die een prachtig uitzicht bieden op de baai van San Francisco en de Golden Gate Bridge. Nog een pluspunt is het uitstekende restaurant, Silks, op de eerste verdieping. **www.mandarinoriental.com**

Pan Pacific $$$$

500 Post St., 94102 ***Tel.*** *415–771 8600* ***Fax*** *415–398 0267* ***Kamers*** *338* ***Kaart*** *5 B5*

John Portman was de architect van dit mooi ingerichte hotel met een gedurfd modern ontwerp. Het heeft een atriumlobby van 16 verdiepingen met bovenin een groot dakvenster. De openbare ruimtes en de kamers zijn elegant en stijlvol. Zakenreizigers zullen het personeel erg behulpzaam vinden. **www.panpacific.com**

Park Hyatt San Francisco $$$$

333 Battery St., 94111 ***Tel.*** *415–392 1234* ***Fax*** *415–421 2433* ***Kamers*** *360* ***Kaart*** *6 D3*

Van alle Hyatt-hotels in San Francisco is het Park het kleinst en het meest luxe. Het ligt naast het Embarcadero Center en het is geliefd bij zakenmensen. Gasten kunnen profiteren van de speciale weekendaanbiedingen. Gezinnen krijgen korting op de prijs van de tweede kamer. **www.sanfranciscoparkhyatt.com**

Prescott Hotel $$$$

545 Post St., 94102 ***Tel.*** *415–563 0303* ***Fax*** *415–563 6831* ***Kamers*** *166* ***Kaart*** *5 B5*

Zakenmensen vormen de boventoon in dit weelderige hotel dat lijkt op een herensociëteit, met donkere houten wanden en een grote open haard. 's Middags worden er gratis drankjes geserveerd. Het Postrio Restaurant is wat over zijn hoogtepunt heen, maar biedt nog steeds goed eten in een stijlvolle ambiance. **www.prescotthotel.com**

San Francisco Marriott $$$$

55 Fourth St., 94103 ***Tel.*** *415–896 1600* ***Fax*** *415–486 8101* ***Kamers*** *1500* ***Kaart*** *5 C5*

Misschien dat iemand de futuristische uitstraling van deze toren mooi vindt, maar niemand durft het hardop te zeggen. Toch blijkt dit hotel een populaire keus voor het houden van conferenties. Gezinnen gaan voor het binnenzwembad en voor het feit dat hun kinderen onder de 18 gratis mogen verblijven. **www.sfmarriott.com**

Sheraton Palace Hotel $$$$

2 New Montgomery St., 94105 ***Tel.*** *415–512 1111* ***Fax*** *415–543 0671* ***Kamers*** *550* ***Kaart*** *5 C4*

Aan het begin van de 20ste eeuw was het Palace een van de beroemdste hotels ter wereld, waar koningen en staatshoofden logeerden, waaronder president Harding, die hier in 1923 in zijn slaap overleed. Rond 1988 werd het hotel gerenoveerd en staat nu bekend om de Garden Court, waar thee wordt geschonken. **www.sfpalace.com**

Westin St.-Francis $$$$

335 Powell St., 94102 ***Tel.*** *415–397 7000* ***Fax*** *415–774 0124* ***Kamers*** *1200* ***Kaart*** *5 B4*

Sinds 1904 wordt de skyline van Union Square gedomineerd door de drie torens van Westin St.-Francis. Na de aardbeving van 1906 werd het gerestaureerd en vergroot. Rond 1970 werd er een 31 verdiepingen tellende toren bijgebouwd. De beste kamers hebben uitzicht op Union Square. **www.westinstfrancis.com**

CIVIC CENTER

Monarch Hotel $

1015 Geary St., 94109 ***Tel.*** *415–673 5232* ***Fax*** *415–885 2802* ***Kamers*** *101* ***Kaart*** *4 F4*

Het Monarch is populair bij budgetreizigers die geen poespas hoeven maar wel een centrale ligging willen. De kamers zijn voorzien van kabeltelevisie en een kluisje. De gehele dag door wordt er koffie geserveerd in de lobby. U kunt uw auto tegen een kleine vergoeding bij het hotel parkeren. **www.themonarchhotel.com**

Albion House Inn $$

135 Gough St., 94102 ***Tel.*** *415–621 0896* ***Fax*** *415–621 3811* ***Kamers*** *9* ***Kaart*** *10 F1*

Deze inn is centraal gelegen vlak bij het Financial District en Union Square en is favoriet bij zakenreizigers. Alle kamers zijn voorzien van extra's zoals badjassen, bureaus en zes kussens op het bed. Inclusief een Amerikaans driegangenontbijt. **www.albionhouse.com**

Voor prijzen *zie blz. 210* **Verklaring van de symbolen** *zie achterflap*

Best Western Americania $$

121 7th St., 94105 ***Tel.*** *415–626 0200* ***Fax*** *415–863 2529* ***Kamers*** *143* ***Kaart*** *11 A1*

Hoewel het feitelijk in de trendy South of Market-buurt staat, ligt dit hotel op loopafstand van Union Square. De moderne, ruime en comfortabele faciliteiten vormen een verademing na de drukte van de stad. Men biedt gratis internet en parkeergelegenheid. **www.theamericania.com**

Best Western Carriage Inn $$

140 7th St., 94103 ***Tel.*** *415–552 8600* ***Fax*** *415–626 3973* ***Kamers*** *48* ***Kaart*** *11 A1*

Dit hotel in de South of Market-buurt van San Francisco is zeer betaalbaar, ook gezien de grootte van de kamers, die zeer ruim zijn. Een uitstekende keus voor gezinnen, daar kinderen onder de 17 gratis verblijven. Op de patio vindt u een jacuzzi en daarnaast is het restaurant en de bar. **www.bestwestern.com**

Best Western Miyako Inn $$

1800 Sutter St., 94115 ***Tel.*** *415–921 4000* ***Fax*** *415–923 1064* ***Kamers*** *125* ***Kaart*** *4 E4*

Het volledig gerenoveerde Hotel Miyako is ideaal voor reizigers die op zoek zijn naar kwaliteit, bovengemiddelde accommodatie en toprestaurants in de buurt. Het ligt in het hart van Japan Town en vlak bij vele goede sushi-restaurants. De kamers zijn perfect. **www.bestwestern.com**

Grove Inn $$

890 Grove St., 94117 ***Tel.*** *415–929 078* ***Fax*** *415–929 1037* ***Kamers*** *18* ***Kaart*** *4 E5*

Grove Inn, een bed-and-breakfast in Italiaans-victoriaanse stijl, dateert uit het eind van de 19de eeuw en ligt op een goede locatie naast het Civic Center. De managers runnen het hotel al meer dan 20 jaar en spreken meerdere talen. In de zonnige kamers staat een groot bed en er zijn telefoons. Prijzen inclusief ontbijt. **www.grovinn.com**

Holiday Inn Civic Center $$

50 8th St., 94103 ***Tel.*** *415–626 6203* ***Fax*** *415–552 0184* ***Kamers*** *389* ***Kaart*** *11 A1*

Ondanks de wat saaie uitstraling blijft het Holiday Inn Civic Center een goede keus voor gezinnen. De kamers zijn schoon en zonder veel extra's. Bij het hotel is een zwembad, een fitnessruimte, een parkeerplaats en er zijn wasmachines. Kinderen onder de 12 eten gratis mee in het restaurant. **www.holiday-inn.com**

Inn at the Opera $$

333 Fulton St., 94102 ***Tel.*** *415–863 8400* ***Fax*** *415–861 0821* ***Kamers*** *46* ***Kaart*** *4 F5*

Zoals de naam al doet vermoeden ligt het gezellige Inn at the Opera een paar stappen verwijderd van het beroemde War Memorial Opera House. De kamers zijn voorzien van grote bedden en er zijn kinderbedjes beschikbaar. Het enige nadeel is dat de meeste kamers niet meer dan twee personen kunnen bevatten. **www.innattheopera.com**

Phoenix Hotel $$

601 Eddy St., 94109 ***Tel.*** *415–776 1380* ***Fax*** *415–885 3109* ***Kamers*** *44* ***Kaart*** *4 F4*

Dit hippe hotel, in het hart van het Tenderloin District, roept visioenen op van Route 66. Neem een drankje in bar Bambuddah en ga bij het zwembad op de binnenplaats sterren kijken (Dave Navarro en Linda Ronstadt hebben hier gelogeerd). De kamers zijn sober maar gezien de locatie zeer betaalbaar. **www.jdvhospitality.com**

Radisson Miyako Hotel $$

1625 Post St., 94115 ***Tel.*** *415–922 3200* ***Fax*** *415–921 0417* ***Kamers*** *218* ***Kaart*** *4 E4*

Dit stijlvolle hotel in de buurt van het Japan Center is in trek bij zowel zakenmensen als gewone toeristen. Vraag naar een kamer met een Japans stoombad. Ook zijn er kamers ingericht met een *tatami*, een Japanse mat. Het restaurant Dot vindt u beneden. Kinderen onder de 12 verblijven gratis. **www.miyakohotel.com**

Ramada Plaza Downtown $$

1231 Market St., 94103 ***Tel.*** *415–626 8000* ***Fax*** *415–861 1460* ***Kamers*** *458* ***Kaart*** *11 A1*

Dit onderdeel van de Ramada-keten is een goede keus wanneer u de faciliteiten wilt van een groot gezinshotel maar minder wilt betalen dan wat u op Union Square kwijt zou zijn voor een vergelijkbare accommodatie. Het Ramada ligt op loopafstand van de winkels op Union Square, het Civic Center en het Opera Plaza. **www.ramadaplazasf.com**

Renoir Hotel $$

45 McAllister St., 94102 ***Tel.*** *415–626 5200* ***Fax*** *415–626 0916* ***Kamers*** *135* ***Kaart*** *11 A1*

Het weelderig gedecoreerde Renoir is een historisch monument. Het interieur is in 2001 geheel vernieuwd en de kamers zijn voorzien van alle moderne faciliteiten, zoals een internetaansluiting. Café do Brazil, het Braziliaanse restaurant beneden, verzorgt de roomservice. **www.renoirhotel.com**

Cathedral Hill Hotel $$$

1101 Van Ness, 94109 ***Tel.*** *415–776 8200* ***Fax*** *415–441 2841* ***Kamers*** *400* ***Kaart*** *4 F4*

Het wijdvertakte Cathedral Hill ligt net buiten de drukke Van Ness Street en lijkt zelf wel een kleine stad. Hoewel het niet echt op loopafstand ligt van de meeste bezienswaardigheden, heeft het een centrale ligging, vlak bij het openbaar vervoer. Er is een zwembad, een fitnessruimte, een restaurant en een bar. **www.cathedralhillhotel.com**

Hotel Metropolis $$$

25 Mason St., 94102 ***Tel.*** *415–775 4600* ***Fax*** *415–775 7606* ***Kamers*** *110* ***Kaart*** *5 B5*

Het Metropolis is een hip hotel en ingericht volgens de thema's van de natuur. Elke verdieping symboliseert een natuurelement. De holistische ruimte is ideaal om bij te komen van de drukte van Union Square. De kamers zijn voorzien van een bar, een telefoon, Nintendo en een internetaansluiting. **www.hotelmetropolis.com**

La Quinta Inn $$$

1050 Van Ness, 94109 ***Tel.*** *415–673 6400* ***Fax*** *415–673 9362* ***Kamers*** *160* ***Kaart*** *4 F4*

De La Quinta Inn mag dan geen glamour uitstralen, het efficiënte interieur en de ontelbare winkels, restaurants en theaters in de buurt maken het tot een prima logeerplek. Gasten mogen gebruikmaken van de naastgelegen fitnessruimte en de eigen parkeerplaats vlakbij. **www.lqsf.com**

Archbishop's Mansion Inn $$$$

1000 Fulton St., 94117 ***Tel.*** *415–563 7872* ***Fax*** *415–885 3193* ***Kamers*** *15* ***Kaart*** *4 D5*

Dit indrukwekkende gebouw, ontworpen in de stijl uit het Franse Koninkrijk, is gebouwd in 1904 en is onlangs zorgvuldig gerestaureerd. Binnen ziet u een enorme trap met aan het eind een glas-in-lood dakvenster. De kamers zijn luxe ingericht volgens diverse operathema's. **www.jdvhospitality.com**

HAIGHT ASHBURY EN THE MISSION

24 Henry $

24 Henry St., 94114 ***Tel.*** *415–864 5686* ***Fax*** *415–864 0406* ***Kamers*** *5* ***Kaart*** *9 D2*

In het hart van het Castro District ligt deze charmante bed-and-breakfast die voornamelijk gericht is op een homoseksuele clientèle. Het is sereen gelegen in een lommerrijke straat. Er is gratis internet, ontbijt en in elke kamer staat een telefoon. De prijzen zijn redelijk. **www.24henry.com**

Beck's Motor Lodge $

2222 Market St., 94114 ***Tel.*** *415–621 8212* ***Fax*** *415–241 0435* ***Kamers*** *57* ***Kaart*** *10 E1*

Beck's is een standaard motel van rond 1960, gunstig gelegen ten opzichte van de restaurants en het nachtleven van het Castro, Lower Haight en de Mission Districts. Pluspunten zijn de gratis parkeergelegenheid, kabeltelevisie en de rustige locatie. Ook is er een zonnig dakterras, heerlijk om daar voor het uitgaan nog een glas wijn te drinken.

Element's Hostel $

2524 Mission St., 94110 ***Tel.*** *415–647 4100* ***Fax*** *415–550 9005* ***Kamers*** *26* ***Kaart*** *9 F3*

Dit spiksplinternieuwe, Europeesachtige hostel biedt zowel slaapzalen als privékamers, midden in het hart van het Mission District. Beneden vindt u een restaurant en een bar, maar het meest verlokkelijke aspect van het Element's is het dakterras, compleet met ligstoelen en een telescoop. **www.elements-sf.com**

Carl Hotel $$

198 Carl St., 94117 ***Tel.*** *415–661 5679* ***Kamers*** *28* ***Kaart*** *9 B2*

Ideaal gelegen in een ontspannen en rustige omgeving, ver van de drukte van het stadscentrum. Dit is een onberispelijk onderhouden hotel dat uitgebreid is gerenoveerd. Er is zelfs een kleine, maar fraaie binnenplaats met een tuin. **www.carlhotel.citysearch.com**

Inn 1890 $$

1890 Page St., 94117 ***Tel.*** *415–386 0486* ***Fax*** *415–386 3626* ***Kamers*** *12* ***Kaart*** *9 B1*

Dit hotel in Queen-Annestijl uit 1897 is een van de vele indrukwekkende gebouwen die u vindt bij het Golden Gate Park. In 1984 werd het verbouwd tot een comfortabele bed-and-breakfast. Het behang in de kamers is ontworpen door William Morris. Elke morgen wordt er een goed ontbijt geserveerd. **www.inn1890.com**

Inn on Castro $$

321 Castro St., 94114 ***Tel.*** *415–861 0321* ***Kamers*** *12* ***Kaart*** *10 D2*

De Inn on Castro is een volledig gerestaureerd, edwardiaans hotel met een mix van oud en nieuw. De uitbundige bloemboeketten en moderne kunst sieren het traditionele interieur. Het is prachtig gelegen in het hart van het Castro District en biedt zowel kamers als appartementen. Elke morgen staat er een gratis ontbijt. **www.innoncastro2.com**

Red Victorian Bed-and-Breakfast $$

1665 Haight St., 94117 ***Tel.*** *415–864 1978* ***Fax*** *415–863 3293* ***Kamers*** *18* ***Kaart*** *9 B1*

De opvallende Red Victorian in Haight Street is perfect voor reizigers die terug willen naar de 'Summer of Love'. De kamers zijn allemaal verschillend ingericht volgens een bepaald thema, met namen als Redwood Forest en Flower Child. Er is geen radio of tv, maar wel een meditatieruimte. **www.redvic.com**

Tenth Avenue Inn $$

579 10th Ave., 94118 ***Tel.*** *415–751 6220* ***Fax*** *415–751 6220* ***Kamers*** *3* ***Kaart*** *8 F1*

De Tenth Avenue Inn ligt vlak bij het Golden Gate Park. Het heeft maar twee kamers en een studio, maar de warme, intieme sfeer is uitnodigend voor een toerist in een vreemde stad. Elke morgen is er ontbijt, en 's avonds wordt er wijn en kaas geserveerd. Een verblijf van minimaal twee nachten is verplicht. **www.tenthaveinn.com**

Willows Bed-and-Breakfast $$

710 14th St., 94114 ***Tel.*** *415–431 4770* ***Fax*** *415–431 5295* ***Kamers*** *12* ***Kaart*** *10 E2*

De Willows in het Castro District is gebouwd in 1903 in Europese stijl. De kamers zijn voorzien van een gootsteen, een tv en videorecorder en een draadloze internetaansluiting. Ook liggen er kimono's en luxe zeepjes. De eigen wc ligt naast de kamer. Het personeel is uiterst vriendelijk. **www.willowssf.com**

Voor prijzen *zie blz. 210* **Verklaring van de symbolen** *zie achterflap*

Stanyan Park Hotel $$$

750 Stanyan St., 94117 ***Tel.*** *415–751 1000* ***Fax*** *415–668 5454* ***Kamers*** *36* ***Kaart*** *9 B2*

Artsen, patiënten en hun familie komen regelmatig naar dit leuke hotel in Queen-Annestijl dat in de buurt ligt van het ziekenhuis van San Francisco. Het werd in 1983 na een intensieve renovatie geopend en kijkt uit over het Golden Gate Park. De kamers zijn gezellig en vele hebben een open haard. **www.stanyanpark.com**

BERKELEY

Berkeley Travelodge $

1820 University Ave., Berkeley, 94703 ***Tel.*** *510–843 4262* ***Fax*** *510–848 1480* ***Kamers*** *30*

Berkeley Travelodge is een schoon, comfortabel en betaalbaar motel voor zowel zakenmensen als toeristen. Het ligt vlak bij de campus van de universiteit van Berkeley en de toprestaurants op University Avenue. Ook ligt het gunstig ten opzichte van alle openbaar vervoer. **www.travelodge.com**

Bancroft Hotel $$

2680 Bancroft Way, Berkeley, 94704 ***Tel.*** *510–549 1000* ***Fax*** *510–579 1070* ***Kamers*** *22*

Het Bancroft ligt tegenover de universiteit van Berkeley en vlak bij de hippe Telegraph Avenue. Het hotel werd in 1928 gebouwd in de stijl van Arts and Crafts en biedt stijlvolle kamers en ruime openbare vertrekken. Er worden ook ruimtes verhuurd voor feesten en evenementen. **www.bancrofthotel.com**

The French Hotel $$

1538 Shattuck, Berkeley, 94709 ***Tel.*** *510–548 9930* ***Fax*** *510–548 9930* ***Kamers*** *18*

Dit aparte en gezellige hotel in Europese stijl heeft een vriendelijke en ontspannen sfeer. De kamers zijn klein en comfortabel, en hebben allemaal een tv. Sommige hebben een mooi uitzicht. Het French Hotel Café beneden is een drukke gelegenheid, perfect voor een kopje koffie, een maaltijd en een goed gesprek.

Rose Garden Inn $$$

2740 Telegraph Ave., Berkeley, 94705 ***Tel.*** *510–549 2145* ***Fax*** *510–549 1085* ***Kamers*** *40*

De 100 jaar oude Rose Garden Inn doet zijn naam eer aan want het vormt een ware oase in het hart van het drukke Berkeley. Het bekoorlijke hotel is groot: het omvat vier gebouwen en speels aangelegde tuinen. Op warme zomerochtenden is het heerlijk om buiten op de patio te ontbijten. **www.rosegardeninn.com**

Claremont Resort, Spa and Tennis Club $$$$

41 Tunnel Road, Oakland, 94705 ***Tel.*** *510–843 3000* ***Fax*** *510–848 6208* ***Kamers*** *279*

Dit prachtige hotel ligt aan de voet van de Berkeley Hills en kijkt uit over een groot deel van de baai en de stad. Op het terrein vindt u tennisbanen, mooi aangelegde tuinen en een prachtig kuurbad. Zelfs als u niet komt logeren, kunt u hier een kopje koffie drinken en van het uitzicht genieten. **www.ksiresorts.com**

NOORD-CALIFORNIË

CARMEL San Carlos Days Inn $$

850 Abrego St., Monterey, 93940 ***Tel.*** *831–649 6332* ***Fax*** *831–649 6353* ***Kamers*** *55*

Vanaf dit schone en sobere motel is het een korte wandeling naar de winkels van Monterey en maar anderhalve kilometer naar het beroemde Cannery Row en het Monterey Bay Aquarium. Het is een perfecte locatie om van hieruit het gehele schiereiland te ontdekken. **www.montereydaysinn.com**

CARMEL Carmel Wayfarer Inn $$$

4th en Mission St., Carmel-by-the-Sea, 93921 ***Tel.*** *831–624 2711* ***Fax*** *831–625 1210* ***Kamers*** *15*

In het hart van Carmel-by-the-Sea ligt het uiterst betaalbare Carmel Wayfarer. De eenvoudige maar smaakvol ingerichte kamers en openbare ruimten vormen een goede keus voor reizigers die op loopafstand willen zitten van de belangrijkste bezienswaardigheden van deze buurt. Elke dag is er een luxe ontbijt. **www.carmelwayfarerinn.com**

CARMEL Highlands Inn $$$$

120 Highlands Drive, Carmel, 93923 ***Tel.*** *831–620 1234* ***Fax*** *831–626 1574* ***Kamers*** *142*

De hooggelegen Highlands Inn kijkt uit over de Grote Oceaan en is helemaal gericht op de overweldigende natuur van het Montereyschiereiland. Twee derde van alle kamers zijn suites, bijna allemaal met hun eigen patio of balkon. Pluspunten zijn het verwarmde buitenzwembad en de vergezichten op de kust. **www.highlandsinn.hyatt.com**

CARMEL La Playa Hotel $$$$

Camino Real at Eigth, Carmel, 93921 ***Tel.*** *831–624 6476* ***Fax*** *831–624 7966* ***Kamers*** *75*

Het La Playa voelt eerder als een mediterraan landgoed dan als een standaard hotel. De ruime kamers en de zomerhuisjes liggen rond een mooie tuin met gazons en een zwembad. Het is zeer geschikt voor gezinnen met kinderen en groepjes omdat sommige huisjes wel acht mensen kunnen herbergen. **www.laplayahotel.com**

LAKE TAHOE La Porte Cabins P $

La Porte, CA, 95981 ***Tel.*** *530–675 0850* ***Kamers*** *15*

Deze schilderachtige, rustieke huisjes liggen in het hart van La Porte en doen denken aan de periode van de goudkoorts. Ooit was dit een bloeiend mijnstadje met 900 inwoners; nu rest alleen nog de saloon, het postkantoor en een kleine supermarkt. Elk huisje stamt uit die periode en is mooi gerenoveerd. **www.laportecabins.com**

LAKE TAHOE 3 Peaks Resort and Beach Club $$

931 Park Ave., Tahoe, 96150 ***Tel.*** *800–331 3951* ***Kamers*** *54*

De 3 Peaks is een van de betere keuzes aan de Californische kant van Lake Tahoe. Het heeft kleine huisjes en suites, waarvan vele met een volledig uitgeruste keuken, perfect voor groepen. Dit hotel ligt vlak bij het Heavenly Skigebied. **www.3peakshotel.com**

LAKE TAHOE Christy Inn $$$

1650 Squaw Valley Rd., Olympic Valley, 96146 ***Tel.*** *530–581 0454* ***Fax*** *530–581 5631* ***Kamers*** *6*

Christy Inn ligt in de uitgestrekte Squaw Valley, waar in 1960 de Olympische Winterspelen werden gehouden. De eenvoudige kamers hebben een eigen bad en bieden een spectaculair uitzicht op de omliggende bergen. Ook in de zomer is het een populaire bestemming en veel mensen komen hier hun wittebroodsweken doorbrengen.

LAKE TAHOE Harrah's Lake Tahoe $$$$

Highway 50 bij staatsgrens Nevada, 89449 ***Tel.*** *775–588 6611* ***Kamers*** *525*

Hoewel ze feitelijk in Nevada liggen, is een bezoek aan Lake Tahoe niet compleet zonder een snel (of minder snel) bezoek aan de casino's. Het hotel biedt hetzelfde comfort als een hotel in de stad, dus reden genoeg om tijdens uw vakantie hier Harrah's als thuishaven te kiezen. **www.harrahs.com**

LAKE TAHOE Lake Tahoe Cottages $$$$

7030 Highway 89, Tahoma, 96142 ***Tel.*** *530–525 4411* ***Fax*** *530–525 0824*

Deze groep huisjes aan de noordoever van Lake Tahoe is het perfecte oord voor mensen die westelijke charme en redelijke prijzen zoeken. U kunt het hele jaar door gebruikmaken van een heet bubbelbad (heerlijk voor na het skiën) en in de zomer is het zwembad open. Geschikt voor groepen tot 60 personen. **www.tahoelakecottages.com**

LASSEN VOLCANIC NATIONAL PARK La Quinta Redding $

2180 Hilltop Drive, Redding, 96002 ***Tel.*** *530–221 8200* ***Fax*** *530–223 4727* ***Kamers*** *144*

De La Quinta Redding is een prima uitvalsbasis voor het verkennen van het Mount Lassen Volcanic National Park, en het Shasta Lake en de dam. Dit hotel ligt even vanaf de snelweg en biedt een zwembad, een fitnessruimte, een shuttle van en naar de luchthaven en gratis ontbijt. De kamers zijn schoon en de service is altijd goed. **www.lq.com**

LASSEN VOLCANIC NATIONAL PARK Cornelius Daly Inn $$$

1125 H Street, Eureka, 95501 ***Tel.*** *707–445 3638* ***Kamers*** *5*

Dit statige victoriaanse gebouw ligt in het mooie gebied Eureka. De kamers zijn onlangs gerenoveerd maar de eigenaars hebben ervoor gezorgd dat het oorspronkelijke karakter van het huis intact bleef. Het is ingericht met antiek meubilair. In de Annie Murphy's Room brandt de open haard. **www.dalyinn.com**

MENDOCINO/ REDWOOD NATIONAL PARK Riverbar Farm $$

355 Riverbar Rd., Fortuna, 95540 ***Tel.*** *707–768 9272* ***Fax*** *707–768 9273* ***Kamers*** *3*

Als u een kamer wilt op deze bed-and-breakfast-boerderij moet u vroeg boeken want er zijn er maar drie. De kamers zijn schoon en gezellig, en het 's ochtends wakker worden van boerderijgeluiden is een bijzondere vakantie-ervaring. In oktober is er een pompoenveld en mogen kinderen verdwalen in het maïsveld. **www.riverbarfarm.com**

MENDOCINO/ REDWOOD NATIONAL PARK Victorian Inn $$$

400 Ocean Ave., Ferndale, 95536 ***Tel.*** *707–786 4949* ***Fax*** *707–786 4558* ***Kamers*** *12*

De indrukwekkende Victorian Inn neemt een prominente plaats in in Ferndale. 's Nachts is het hotel prachtig verlicht en de kamers zijn een mix van victoriaanse charme en modern comfort. Bij Curley's, op de begane grond, hangt een vrolijke sfeer en u kunt er na een dag sightseeing lekker eten en drinken. **www.avictorianinn.com**

NAPA WIJNSTREEK River Terrace Inn $$$

1600 Soscol Ave., Napa, 94559 ***Tel.*** *707–320 9000* ***Fax*** *707–258 1236* ***Kamers*** *106*

De River Terrace Inn is een betaalbare optie voor bezoekers aan de wijnstreek van Napa. Hoewel het niet zulke spectaculaire uitzichten biedt als andere hotels in de buurt, is het een prima keus. Het hotel heeft een snelle internetverbinding, een fitnessruimte en een buitenzwembad. **www.riverterraceinn.com**

NAPA WIJNSTREEK Auberge du Soleil $$$$

180 Rutherford Hill Rd., Rutherford ***Tel.*** *707–963 1211* ***Fax*** *707–963 8764* ***Kamers*** *50*

Er is geen betere logeerplek in de hele wijnstreek (of zelfs in heel Noord-Californië) dan de Auberge du Soleil. De kamers zijn gevestigd in kleine huisjes en kijken uit over de hele Napa Valley. Dit resort heeft alle faciliteiten die u maar bedenken kunt en straalt de rust uit van een landgoed in Frankrijk. **www.aubergedusoleil.com**

NAPA WIJNSTREEK Casa Madrona $$$$

801 Bridgeway, Sausalito, 94965 ***Tel.*** *415–332 0502* ***Fax*** *415–332 2537* ***Kamers*** *63*

Het prachtige Casa Madrona, aan de andere kant van de baai van San Francisco, was lange tijd een geliefde bestemming voor mensen uit de stad die rust en ontspanning zochten. Het is ook perfect voor een romantisch samenzijn. Het restaurant en het kuurbad vechten om uw aandacht. **www.casamadrona.com**

Voor prijzen *zie blz. 210* **Verklaring van de symbolen** *zie achterflap*

NAPA WIJNSTREEK Harvest Inn P $$$$

1 Main Street, St.-Helena, 94574 ***Tel.*** *707–963 9463* ***Fax*** *707–963 4402* ***Kamers*** *54*

De Harvest Inn ligt op ruim 3 hectare grond en biedt verschillende soorten accommodatie, van kamers en suites tot eigen huisjes. Privacy en afzondering staan hoog in het vaandel. Het ontbijt is gratis, evenals een tweemaal daagse schoonmaak. De ligging is perfect, net buiten de gezellige hoofdstraat van St.-Helena. **www.harvestinn.com**

NAPA WIJNSTREEK Hotel Sausalito P $$$$

16 El Portal, Sausalito, 94965 ***Tel.*** *415–332 0700* ***Fax*** *415–332 8788* ***Kamers*** *16*

Omdat dit hotel niet direct aan het water ligt, is het zeer betaalbaar voor de kwaliteit die geboden wordt. De faciliteiten en de service zijn uitstekend. De kamers zijn allemaal verschillend ingericht en zijn voorzien van een faxapparaat. Er is gratis ontbijt en draadloos internet. **www.hotelsausalito.com**

NAPA WIJNSTREEK Hotel St.-Helena P $$$$

1309 Main Street, St.-Helena, 94574 ***Tel.*** *707–963 4388* ***Fax*** *707–963 5402* ***Kamers*** *18*

Dit charmante victoriaanse hotel stamt uit 1890 en vormt een prima basis om de wijnstreek te verkennen. Elke kamer is weer anders ingericht en ze zijn voorzien van een hemelbed. In de stijlvolle lobby vol bloemen kunt u onder het genot van een glas wijn bedenken waar en wat u eens zult gaan eten. **www.hotelsthelena.com**

NAPA WIJNSTREEK Inn Above Tide P $$$$

30 El Portal, Sausalito, 94965 ***Tel.*** *415–332 9535* ***Fax*** *415–332 6714* ***Kamers*** *29*

De Inn Above Tide staat hoog op palen in de baai van San Francisco en elke kamer heeft een fraai uitzicht over de zee. De kamers zijn uitgerust met een eigen patio en een bubbelbad, wat het heerlijk romantisch maakt. Het hotel ligt in het hart van Sausalito, vlak bij restaurants en winkels. **www.innabovetide.com**

SACRAMENTO Clarion Mansion Inn $$

700 16th St., Sacramento, 95814 ***Tel.*** *916–444 8000* ***Fax*** *916–442 8129* ***Kamers*** *125*

Hoewel het interieur de bonte kenmerken vertoont van rond 1980 die men zo vaak aantreft in middenklassenhotels, heeft dit hotel een eigen charme. Het ligt precies tegenover het huis van de gouverneur (geweldig voor de fans van Schwarzenegger) en er is veel vergader- en conferentieruimte. **www.sacramentoclarion.com**

SACRAMENTO Sheraton Grand Sacramento Hotel $$$

1230 J St., Sacramento, 95814 ***Tel.*** *916–447 1700* ***Fax*** *916–447 1701* ***Kamers*** *503*

Dit hotel ligt op loopafstand van het Convention Center en het State Capitol Complex en is favoriet bij zakenmensen. Er is draadloos internet, een fitnessruimte, een verwarmd zwembad en twee restaurants. Het hele complex is voorzien van airco, erg noodzakelijk tijdens de hete zomers van Sacramento. **www.starwoodhotels.com**

SACRAMENTO Inn at Parkside $$$$

2116 6th St., Sacramento, 95818 ***Tel.*** *916–658 1818* ***Fax*** *916–658 1809* ***Kamers*** *7*

De Inn at Parkside combineert de holistische waarden van Azië met het comfort van een huis op het Californische platteland. Om het hotel ligt een wilde tuin en u vindt er de pas geopende Spa Bloom. Dit unieke hotel loopt snel vol dus reserveer vooraf. **www.innatparkside.com**

SONOMA Best Western Dry Creek Inn $$

198 Dry Creek Rd., Healdsburg, 95448 ***Tel.*** *707–433 0300* ***Fax*** *707–433 1129* ***Kamers*** *103*

Dit hotel biedt een prima kwaliteit tegen een betaalbare prijs en is daarmee een van de betere hotels in de Sonoma Valley. De kamers zijn sober zonder poespas. U krijgt bij het inchecken een gratis fles wijn en enkele kamers hebben een gratis internetaansluiting. Het zwembad en de fitnessruimte zijn ideaal voor gezinnen. **www.bestwestern.com**

SONOMA The Raford House Bed-and-Breakfast Inn P $$

10630 Wohler Rd., Healdsburg, 95448 ***Tel.*** *707–887 9573* ***Fax*** *707–887 9597* ***Kamers*** *6*

Deze gezellige bed-and-breakfast lag ooit op ruim 500 hectare grond. Tegenwoordig ligt het Raford House knus op de laatst overgebleven twee hectare. De natuurlijke schoonheid van de locatie is werkelijk adembenemend. Elke kamer is voorzien van een groot bed en een bad. **www.rafordhouse.com**

YOSEMITE NATIONAL PARK Curry Village $

Yosemite National Park ***Tel.*** *559–253 5635* ***Kamers*** *628*

Het uitgestrekte Curry Village biedt een ruime keus aan de budgetreiziger en is geweldig voor gezinnen. Avonturiers kunnen slapen in een canvas tent met gedeelde faciliteiten. Voor degenen die een minder rustiek onderkomen prefereren zijn er standaard motelkamers. **www.yosemitepark.com**

YOSEMITE NATIONAL PARK Yosemite Lodge at the Falls $$

Yosemite National Park ***Tel.*** *209–372 1274* ***Fax*** *209–372 1444* ***Kamers*** *245*

De Yosemite Lodge ligt aan de voet van de Yosemite Falls en vormt een perfecte uitvalsbasis om het park te verkennen. De kamers zijn eenvoudig, maar het hotel biedt veel faciliteiten, zoals een draadloze internetaansluiting, een zwembad en fietsverhuur. In het amfitheater buiten speelt een natuurprogramma. **www.yosemitepark.com**

YOSEMITE NATIONAL PARK Ahwahnee Hotel $$$$

Yosemite National Park ***Tel.*** *209–372 1407* ***Fax*** *209–372 1403* ***Kamers*** *123*

Het Ahwahnee is een van de mooiste logeeradressen van heel Californië. Het is gebouwd in 1927 en valt onder monumentenzorg. Het is beroemd om de geweldige ligging in het Yosemite National Park. Voor het vijfsterrenrestaurant, de fraaie openbare ruimten en de vlekkeloze bediening wilt u graag blijven. **www.yosemitepark.com**

RESTAURANTS EN CAFÉS

Er zijn meer dan 5000 eet- en drinkgelegenheden in San Francisco, en omdat de concurrentie tussen restaurants groot is, kunt u voor een redelijke prijs uitstekend eten. Door de beschikbaarheid van verse producten loopt de stad voorop op het gebied van de 'California Cuisine'.

Etiket van Anchor beer

Dankzij de vele immigranten (*blz. 40–43*) heeft de stad ook kennisgemaakt met allerlei etnische tradities. In *Een restaurant kiezen* op bladzijde 228–241 vindt u een keuze van representatieve restaurants; gelegenheden voor lichte maaltijden en snacks staan op bladzijde 243. De cafés staan op bladzijde 242.

DE RESTAURANTS VAN SAN FRANCISCO

In San Francisco zijn gerechten en specialiteiten uit alle delen van de wereld te krijgen. De populairste restaurants vindt u in het centrum van de stad en in het gebied dat South of Market wordt genoemd. Ook Chestnut Street, in het Marina District, en het stuk van Fillmore Street tussen Bush Street en Jackson Street zijn de moeite van een bezoek waard. Italiaans eten kunt u overal in North Beach en Latijns-Amerikaanse gerechten worden geserveerd in het Mission District. In Chinatown staan Cambodjaanse, Vietnamese, Thaise en natuurlijk veel Chinese restaurants. Chinezen zijn er ook genoeg aan Geary Boulevard en Clement Street, in het Richmond District.

ALIOTO'S

Bord van Alioto's Restaurant *(blz. 231)*

ANDERE GELEGENHEDEN

San Francisco heeft behalve restaurants nog veel meer eetgelegenheden te bieden. Veel hotels beschikken over een uitstekende eetzaal die voor iedereen toegankelijk is. Sommige, zoals Campton Place of het Ritz-Carlton, horen tot de beste etablissementen van de stad. Andere hotels verzorgen informele buffetten voor lunch en diner. In de meeste vindt u ook een koffieshop waar u 's nachts en 's ochtends iets kunt eten. *Deli's*, waar salades en sandwiches worden verkocht, zijn in San Francisco niet zo gebruikelijk, maar in het Financial District zijn er wel een paar. Fastfoodrestaurants vindt u overal in de stad, en straatverkopers verkopen Mexicaans eten.

TIJDEN EN PRIJZEN

De prijzen zijn heel verschillend en hangen ook af van de tijd waarop u gaat eten. Het ontbijt is meestal van 7.00 tot 11.00 uur en kost tussen $7 en $15. De brunch wordt op zaterdag en zondag tussen 10.00 en 14.00 uur geserveerd en kost ongeveer $7 tot $20. Tussen 11.00 en 14.30 uur kunt u als lunch een lichte maaltijd bestellen. In de beste restaurants van de stad liggen de prijzen 's middags lager dan 's avonds, maar dat betekent niet dat de lunch goedkoop is. Het diner wordt meestal geserveerd vanaf 18.00 uur en veel keukens gaan rond 22.00 uur dicht. Salades en voorgerechten kosten tussen $5 en $8 per portie, en voor een hoofdgerecht betaalt u tussen $10 en $25. In een chic restaurant kost een maaltijd echter gemakkelijk $75, plus $30 tot $50 voor een fles wijn. Een aantal restaurants is ook 's nachts geopend.

Een ober aan het werk met het koffieapparaat in Tosco *(blz. 243)*

Weelderige eetzaal in een chic restaurant

GOEDKOOP ETEN

U kunt geld besparen door laat op de morgen een groot ontbijt te bestellen, wat in San Francisco altijd redelijk voordelig is. Koop 's middags wat van het fruit dat hier zo overvloedig voorhanden is. In een restaurant kunt u het hoofdgerecht met z'n tweeën delen: het kost u misschien iets meer, maar de porties zijn hier altijd enorm groot. Maak gebruik van de gratis hapjes die veel cafés tussen 16.00 en 18.00 uur aanbieden. Soms krijgt u delicatessen als *wan ton*, allemaal voor de prijs van een drankje. In *Bars* op bladzijde 270 leest u welke bars speciaal worden aanbevolen. Veel gelegenheden bieden uitstekende dagmenu's tegen een vaste prijs. Chez Panisse, bijvoorbeeld, biedt op dinsdag een viergangenmaaltijd aan voor de helft van de gewone prijs.

BELASTING EN FOOI

In San Francisco wordt bij elke rekening 8,5 procent omzetbelasting opgeteld, maar de bediening is meestal niet inbegrepen, tenzij u met meer dan zes personen bent. Overal verwacht men een fooi van u. Gebruikelijk is ongeveer 15 procent van de rekening en de meeste mensen nemen tweemaal de omzetbelasting en ronden het bedrag naar beneden of naar boven af.

KLEDING-VOORSCHRIFTEN

Zoals in de meeste Californische restaurants doet men in de restaurants van San Francisco niet al te moeilijk over kleding en is het geen probleem als u in T-shirt en spijkerbroek komt. In de trendy etablissementen, waar van het meubilair tot de theelepeltjes alles in een ontwerp past, is stijl echter van het grootste belang en wordt u geacht uw steentje bij te dragen.

RESERVERINGEN

De populairste restaurants zijn voor vrijdag- en zaterdagavond vaak al een week van tevoren volgeboekt. Op werkdagen moet u echter een dag van tevoren nog wel een tafel kunnen krijgen. Als u niet hebt gereserveerd, en vaak ook als u dat wél hebt gedaan, moet u wachten op een tafel. Neem intussen een cocktail of proef een van de vele interessante biermerken van de stad. De meeste restaurants hebben een bar speciaal voor wachtenden.

Klanten geven een fooi na de maaltijd

ROKEN

In heel San Francisco wordt roken in het openbaar maar matig gewaardeerd en binnen roken is in heel Californië verboden, tenzij er een apart luchtcirculatiesysteem is dat de mogelijkheid van passief roken zeer gering maakt. Sommige restaurants hebben een aparte bar of eetgelegenheid buiten waar u wel mag roken.

KINDEREN

In de meeste restaurants van de stad zijn kinderen van harte welkom, hoewel u zich in een aantal trendy gelegenheden misschien slecht op uw gemak zult voelen met de kinderen erbij. In meer op gezinnen gerichte etablissementen, zoals de Italiaanse restaurants van North Beach of de *dim-sum*restaurants in Chinatown, zal dat zeker niet het geval zijn. De meeste restaurants hebben kinderstoelen of stoelverhogers en een kindermenu.
Wie jonger is dan 21 jaar mag van de wet geen alcohol drinken en aan deze regel wordt u overal in de stad gehouden. Kinderen mogen niet in bars komen, maar als er eten wordt geserveerd is het hen toegestaan er met hun ouders de maaltijd te gebruiken.

ROLSTOELEN

Sinds 1992 zijn alle restaurants in San Francisco verplicht om toegang te bieden aan rolstoelgebruikers: Dat houdt in, geen hinderlijke traptreden en toiletdeuren met voldoende breedte. De meeste restaurants voldoen ruimschoots aan de eisen en nieuwe gelegenheden worden meestal ontworpen met deze regels voor ogen. Een enkele keer zult u misschien een aparte ingang moeten nemen. Als u twijfelt over de toegankelijkheid van een bepaald restaurant, kunt u hier van tevoren telefonisch naar informeren.

GEBRUIK VAN HET OVERZICHT

De restaurants staan vermeld op blz. 228–241. Ze zijn gerangschikt naar gebied en prijscategorie. De tekens achter het adres geven aan over welke faciliteiten het restaurant beschikt.

- Geen creditcards
- Toegankelijk voor rolstoelen
- Voorzieningen voor kinderen.
- Avondkleding
- Mogelijkheid buiten te eten.

Prijscategorieën voor een driegangenmenu voor een persoon met een glas huiswijn, inclusief bediening en en belasting:

- $ minder dan $25
- $$ $25–$35
- $$$ $35–$50
- $$$$ $50–$70
- $$$$$ meer dan $70

Het voorplein van Mel's drive-in ***(blz. 228)***

De smaken van San Francisco

Als verandering van spijs doet eten, bent u in het culinaire San Francisco wel even bezig, onder andere met het proeven van de pittige salsa in de Mexicaanse *taquerias*. U kunt in San Francisco gewoon uw neus volgen: de scherpe espressogeur vermengt zich met het aroma van marinarapastasaus in het Italiaanse North Beach, sissende *sabor de México* spettert in de pannen van het Missiondistrict en in het levendige Chinatown verspreiden zich de geuren van dim sum en gebakken eend. Ook kunt u naar hartenlust genieten van de chocolade van Ghirardelli, die al meer dan 150 jaar in de Bay Area geproduceerd wordt.

Avocado's

Topkok Yoshi Kojima maakt een karper schoon

CULINAIR CALIFORNIË

De Bay Area is de bakermat van culinair Californië. De eindeloze variatie in verse producten in Noord-Californië leidt tot een culinaire stijl die meer het accent legt op de ingrediënten dan op speciale gerechten, en hiermee is er alle ruimte voor creativiteit. Veel topkoks in San Francisco hebben een goede relatie opgebouwd met telers uit de regio, dus wat op tafel komt, werd misschien pas een paar uur daarvoor geoogst, zoals verse arugulasla, en tomaten die zo sappig zijn dat u een extra servet nodig heeft. Met zoveel rijkdom aan groente worden de topkoks uitgedaagd tot het verrichten van culinaire wonderen, en bereiden ware kunstwerken die smeken om gegeten te worden, van artisjokken omringd door geurige citroenschijfjes tot flinterdun gesneden plakjes rauwe ahi-tonijn op een bedje van gegrilde groenten.

AZIATISCH ETEN

Ervaar de bedrijvigheid en scherpe geuren van Chinatown en u zult ontdekken

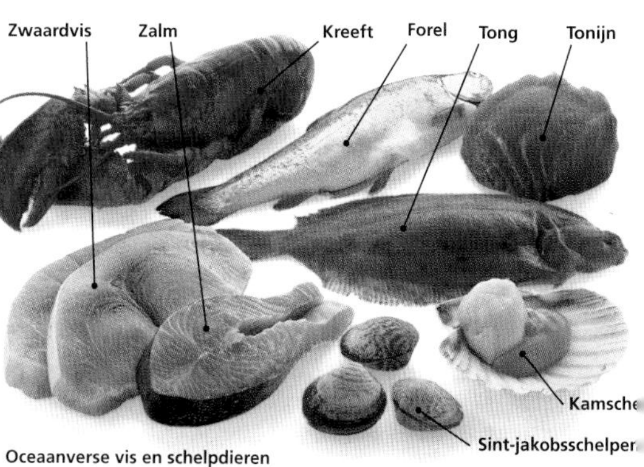

Oceaanverse vis en schelpdieren

SPECIALITEITEN VAN SAN FRANCISCO

San Francisco is een ware smeltkroes; niet alleen vindt u er Mexicaans, Italiaans en oriëntaals eten, maar ook een creatieve mengeling van alles. Elke keuken inspireert de volgende, en dat leidt tot heerlijke gerechten die van de stad een waar voedselparadijs maken. Proef de variaties, van roergebakken groenten tot gebakken zeebanket met gembersalsa, of babygroenten met Vietnamese mint. Laat uw maaltijd vergezellen van een stuk warm zuurdesembrood, beschouwd als het beste ter wereld. De unieke smaak en structuur worden verkregen door de gist van wilde micro-organismen, een eeuw geleden bij toeval ontdekt door goudzoekers, die alleen in het unieke klimaat van de Bay Area kunnen gedijen.

Dim sum

Vissoep *Restaurants op Fisherman's Wharf serveren deze romige soep in een uitgehold zuurdesembrood.*

Kleurrijk interieur van een bedrijvige Mexicaanse *taqueria*

dat de restaurants hier overheerlijk Aziatisch eten bereiden, een keizer waardig. Enorme aquaria vormen het (tijdelijke) thuis voor reusachtige karpers, die traag door het water glijden, en er kronkelen dikke palingen rond het waaierend zeewier. Grote balen vol met geurige kruiden staan naast houten kratten die overladen zijn met vochtige paksoi en sjalotjes (lente-uitjes). Neem een stiekem kijkje in een open keuken om de ervaren koks met hun vlijmscherpe messen hele eenden in flinterdunne plakjes te zien snijden, die smelten op de tong. Het geheim van al deze culinaire bekwaamheid is dat de koks hier moeten koken voor een kritisch publiek: hun eigen volk. Buiten China woont de grootste populatie Aziaten in San Francisco.

MEXICAANS ETEN

Een belangrijke voedselbron voor de stedeling hier, en een van de voordeligste, is het snelle, maagvullende en heerlijke eten van de Mexicaan. Zet uw tanden in een burrito, tjokvol bonen, rijst en rundvlees, en u heeft voor de hele dag genoeg. In de alomtegenwoordige *taquerias* eet u gerechten als saffraangele rijst, pintobonen en handgerolde tortilla's, gevuld met spinazie en zongedroogde tomaten, bereid met een zuidelijke bravoure.

Krab en *clams* (sint-jakobsschelpen) in een kraam bij de haven

DUNGENESSKRAB

De Dungenesskrab staat bekend om zijn zachte vlees. In het seizoen, van half november tot juni, eet men het gerecht in alle mogelijke variaties, of gewoon alleen met boter en knapperig zuurdesembrood.

OP HET MENU

Cioppino Een stoofschotel met tomaten, stukjes vis en schaaldieren.

Dim sum Deze Chinese meelballetjes, gestoomd of gebakken, zijn gevuld met vis, vlees of groenten.

Hangtown fry Een rijkgevulde omelet met gepaneerde oesters en bacon.

Petrale sole Deze delicate vis wordt meestal heel licht gebakken.

Tortilla Dit Mexicaanse ronde, platte en ongedesemde brood, gemaakt van mais of tarwe, vormt de basis van vele gerechten zoals burrito's, quesadilla's en taco's.

Pittige steak *De Italiaan in North Beach serveert zijn steak vaak met knoflook, ansjovis en citroenboter.*

Gedroogde ahitonijn met Aziatische salsa *De salsa is gemaakt van shiitake en Szechuan peperkorrels.*

Ghirardellitiramisu *Een favoriet van mascarpone, Ghirardellichocolade, slagroom en koffielikeur.*

Wat drinkt u in San Francisco

Californië is tegenwoordig een van de grootste wijnproducerende gebieden van de wereld en de beste wijnen komen uit de streek ten noorden van San Francisco. De meeste Californische wijnen worden gemaakt van de klassieke Europese druivensoorten. De wijnen worden genoemd naar de druif en niet, zoals Europese wijnen, naar de streek. In Californië wordt tevens bier gebrouwen en er is het gebruikelijke aanbod van cocktails, mineraalwater en koffie.

Wijngaarden in Noord-Sonoma, de ideale plek voor de gevoelige Pinot Noirdruif

Pinot Noir **Cabernet Sauvignon**

RODE WIJN

Druiven gedijen goed in het milde klimaat van Noord-Californië, mede dankzij de koele mist. De belangrijkste rode wijnen die in het gebied worden geproduceerd, zijn Cabernet Sauvignon, Pinot Noir, Merlot en Zinfandel. Cabernet Sauvignon is nog steeds de beste druivensoort, waarvan in alle wijnproducerende streken uitstekende wijn wordt gemaakt. Sinds de wijnmakerijen zijn karakter hebben doorgrond en de vochtige Anderson Valley in Sonoma en de Carneros in Napa Valley de belangrijkste productiegebieden zijn geworden, wordt de Pinot Noir, bekend van de Bourgogne, steeds populairder. Merlot, bestanddeel van veel Bordeauxwijnen, en Zinfandel, een volle druif die alleen in Californië voorkomt, worden overal in de staat verbouwd.

Rode Zinfandelwijnen kunnen licht en fruitig zijn, maar ook zwaar, donker en krachtig.

Cabernet Sauvignonwijnen smaken naar zwarte bessen en zijn ietsje wrang.

Merlot, vaak toegevoegd om de fruitige smaak, levert op zichzelf een zachte wijn op.

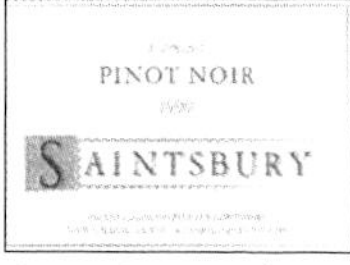

Pinot Noir op zijn best is een elegante wijn met een fruitige smaak.

WIJNSOORT	GOEDE JAREN	GOEDE PRODUCENTEN
Rode wijn		
Cabernet Sauvignon	04, 03, 02, 97, 96, 94, 93, 91, 90	Caymus Vineyards, Chateau Montelana, Jordan, Kistler Vineyards, Ridge, Robert Mondavi, Stags Leap, Swanson
Pinot Noir	03, 02, 01, 99, 97, 96, 95, 93, 92, 91	Au Bon Climat, Byron, Calera, Cuvaison, De Loach, Etude, Sanford, Saintsbury
Merlot	04, 02, 01, 99, 96, 95, 91, 90	Chateau St Jean, Duckhorn Vineyards, Newton, Pine Ridge, Robert Sinskey, Whitehall Lane Reserve
Zinfandel	03, 01, 96, 95, 91, 90	Clos du Val, Farrell, Fetzer, Frog's Leap, Kunde, Rabbit Ridge, Ravenswood, Ridge, Turley
Witte wijn		
Chardonnay	04, 03, 02, 01, 97, 96, 95, 94, 91, 90	Au Bon Climat, Beringer, Forman, De Loach, Far Niente, Kent Rasmussen, Kitzler, Peter Michael, Robert Sinskey, Sterling Vineyards
Semillon	06, 05, 03, 02, 96, 95, 94, 91, 90	Alban, Calera, Cline Cellars, Joseph Phelps, Niebaum-Coppola, Wild Horse
Sauvignon Blanc	06, 05, 03, 02, 99, 97, 96, 95, 94, 91, 90	Cakebread, De Loach, Frogs Leap, Joseph Phelps, Robert Mondavi Winery, Spottswoode

Chardonnay Organische Chardonnay

WITTE WIJN

Net zoals de rode, worden witte Californische wijnen genoemd naar de druivensoort. Chardonnay is de grote favoriet van de afgelopen jaren. De druif, die overal aan de westkust wordt verbouwd, levert wijnen op die variëren van droge, lichte, naar citroen en vanille geurende soorten tot zware en robuuste. Er zijn nog dertien andere wittewijnsoorten die u kunt proberen, en verschillende organisch verbouwde wijnen.

Sauvignon Blanc-wijnen variëren van helder en fris tot zacht en fluwelig.

Chardonnay gist en rijpt vaak in Franse eiken vaten, wat een vleugje vanille aan de wijn verleent.

Witte Zinfandelwijnen, vaak iets roze van kleur, zijn licht en zoetig.

Chenin Blanc, vaak vermengd met andere druiven, levert een iets droge, kalme wijn op.

DE BLINDPROEVERIJ VAN 1976

Op 24 mei 1976, op een bijeenkomst waar grote wijnkenners blind proefden, kregen een rode (Stag's Leap Cabernet Sauvignon 1973, Napa Valley) en een witte wijn (Château Montelana Chardonnay 1973, Napa Valley) uit Californië van de Franse jury de hoogste prijzen. Zes van de tien beste wijnen in elke categorie kwamen uit Californië, een resultaat dat de wijnwereld schokte. Binnen tien jaar zouden illustere Franse wijnproducenten, zoals baron de Rothschild, hun eigen Californische wijnmakerijen opzetten.

MOUSSERENDE WIJN

Als iemand wil aantonen dat er in Californië eersteklas mousserende wijnen kunnen worden geproduceerd, hoeft hij slechts te wijzen op de investeringen van grote Franse wijnmakers in dit wijngebied. Onder andere Moët & Chandon en Mumm hebben er wijnmakerijen opgezet. Samen met plaatselijke producenten als Schramsberg en Korbel hebben zij de westkust een internationale naam bezorgd op het gebied van uitstekende, betaalbare 'champagne'.

Mousserende wijn

BIER

De recente opleving van kleine brouwerijen in de Verenigde Staten is een direct gevolg van het succes van Anchor in San Francisco, dat met zijn Steam Beer, Liberty Ale en andere merken aantoont dat Amerikaans bier niet altijd laf en smakeloos hoeft te zijn. Andere regionale merken zijn het rijke Boont Amber en Red Tail Ale uit Mendocino County.

Red Tail Ale

Liberty Ale

Anchor Steam Beer

ANDERE DRANKEN

Koffie is overal in de stad te krijgen bij kiosken, in koffiehuizen en restaurants; er zijn ook vele soorten kruidenthee verkrijgbaar.

Espresso Cappuccino Verkeerd

WATER

Inwoners van San Francisco houden van alles wat gezond is en drinken veel van het plaatselijke mineraalwater. Het beste komt uit Calistoga in de Napa Valley. De meeste waters hebben een fruitsmaakje en bevatten koolzuur. Kraanwater is schoon en fris.

Mineraalwater uit Calistoga

Een restaurant kiezen

Deze restaurants in diverse prijscategorieën zijn geselecteerd vanwege hun prima maaltijden, prijs-kwaliteitverhouding en mooie locatie. Ze staan per streek gerangschikt en daarin op volgorde van prijs, zowel voor de stad San Francisco als voor de omliggende gebieden. De kaartverwijzingen refereren aan de Stratengids, op blz. 302–312.

PRIJSCATEGORIEËN
Voor een driegangenmenu voor één persoon, met een glas huiswijn en alle bijkomende kosten, inclusief belasting.

Ⓢ tot $25
ⓈⓈ $25–$35
ⓈⓈⓈ $35–$50
ⓈⓈⓈⓈ $50–$70
ⓈⓈⓈⓈⓈ vanaf $70

PRESIDIO

Angkor Wat — Ⓢ

4217 Geary, 94118 ***Tel.*** *415–221 7887* ***Kaart*** *3 5A*

Een authentieke en mooi gepresenteerde Oost-Aziatische keuken, kaarslicht en een vriendelijke bediening maken van Angkor Wat een restaurant voor een bijzondere gelegenheid. De gasten worden in het weekend uitgenodigd op de dansvloer. U zult zich er het meest thuis voelen in stijlvolle vrijetijdskleding.

Fountain Court — Ⓢ

354 Clement St., 94118 ***Tel.*** *415–668 1100* ***Kaart*** *3 5A*

Fountain Court staat eerder bekend vanwege zijn smakelijke dim sum en milde Shanghaigerechten, een combinatie van vlees, groente en rijst, dan om het utilitaire interieur. U kunt er dineren, maar ook afhalen. Op de kaart staan diverse vegetarische gerechten en de meeste schotels kunnen zonder vlees bereid worden.

Good Luck Dim Sum — Ⓢ

736 Clement St., 94118 ***Tel.*** *415–386 3388* ***Kaart*** *3 5A*

Dit eettentje is favoriet bij de plaatselijke bevolking en staat bekend om de spotgoedkope en superverse dim sum. De lange rij staat meestal te wachten bij het afhaalgedeelte. Achterin staan formicatafels waaraan u kunt eten, maar veel meer is er ook niet. Good Luck is aan het begin van de avond volledig uitverkocht, dus kom in de ochtend.

King of Thai — Ⓢ

639 Clement St., 94118 ***Tel.*** *415–752 5198* ***Kaart*** *3 A5*

King of Thai is tot 's avonds laat geopend. Dit gegeven en de spotgoedkope noedelgerechten maken dit restaurant tot een regelrechte hit. Veel filialen van deze wijdverbreide keten zijn tot laat open en geen van allen accepteert creditcards of cheques. U kunt zelf bepalen hoe pittig u het gerecht wilt hebben. Ook vegetarische maaltijden.

PACIFIC HEIGHTS EN DE HAVEN

Fresca — Ⓢ

2114 Fillmore, 94115 ***Tel.*** *415–447 2668* ***Kaart*** *4 D4*

Dit Peruaanse restaurant heeft een landelijk interieur met een open keuken. Er is een ruime keus aan traditionele vlees- en visgerechten. De specialiteiten zijn de cevichegerechten, gebaseerd op heilbot met gember en *amarillo aji* (gele Peruaanse chili), en de zeebaars met limoen en koriander. De ontspannen sfeer maakt het extra gezellig.

La Mediterranée — Ⓢ

2210 Fillmore St., 94115 ***Tel.*** *415–921 2956* ***Kaart*** *4 D4*

La Mediterranée is klein, maar serveert heerlijke mediterrane specialiteiten, zoals kikkererwtenpaté en falafel, samen met een betaalbare huiswijn. In dit oude, vertrouwde buurtrestaurant staat nog steeds een vliegende duif tentoongesteld en de naam van de voormalige huurders vindt u in het glas-in-loodraam boven de deur.

Liverpool Lil's — Ⓢ

2942 Lyon St., 94123 ***Tel.*** *415–921 6664* ***Kaart*** *3 C3*

Liverpool Lil's faam als favoriete lunch- en dinerplek is gebaseerd op het drankenassortiment, de vriendelijke bediening en de vertrouwde maaltijden met grote salades en een overheerlijke hamburger. Als het lekker weer is. kunt u buiten zitten en uitkijken over de westgrens van het Presidio. De keuken is tot na middernacht open.

Mel's Drive-In — Ⓢ

2165 Lombard St., 94123 ***Tel.*** *415–921 2867* ***Kaart*** *3 C3*

Deze eetgelegenheid in de stijl van 1950–1960 is weliswaar namaak, maar komt aardig dicht in de buurt met zijn interieur uit die tijd, jukeboxen en kleurig uitgedoste serveersters. Perfect voor een hamburger met patat en een milkshake, een hapje 's avonds laat of een ontbijt.

Verklaring van de symbolen *zie achterflap*

Zao Noodle Bar $

2406 California St., 94115 ***Tel.*** *415–345 8088* ***Kaart*** *4 D4*

Betrouwbaar, snel, goedkoop en grote porties gezonde noedelgerechten vormen de ingrediënten van het perfecte alternatief voor het vette fastfood. Hoewel de manier van bereiden eerder traditioneel is dan *haute cuisine*, is het een van de betere zaken van San Francisco. Er zijn verschillende filialen in de stad en daarbuiten.

Balboa Café $$

319 Fillmore St., 94123 ***Tel.*** *415–921 3944* ***Kaart*** *4 D2*

De betrouwbare lunches en brunches zijn het visitekaartje van het Balboa Café, een oudgediende in het gebied dat bekendstaat als 'The Triangle' en waar talloze trendy bars zitten. De hamburgers zijn onnavolgbaar. Na etenstijd verandert het restaurant in een populaire ontmoetingsplek voor dertigplussers.

Betelnut $$

2030 Union St., 94123 ***Tel.*** *415–929 8855* ***Kaart*** *4 E2*

Betelnut heeft een moderne Aziatische keuken en wordt omschreven in bewoordingen als 'landelijk Aziatisch' tot 'spannend achteraf'. De menukaart biedt een ruime keus aan salades, meelballetjes, noedels en grotere schotels met zeebanket, varkensvlees, rundvlees en kip.

Brazen Head $$

3166 Buchanan St., 94123 ***Tel.*** *415–921 7600* ***Kaart*** *4 D2*

Deze donkere, pubachtige eetgelegenheid (waar u alleen contant kunt betalen) is favoriet bij mensen die hunkeren naar een traditioneel gegrilde steak, een whisky met ijs en een rustig gesprek nadat alle andere restaurants gesloten zijn. Het restaurant wordt niet met bordjes aangegeven; zoek gewoon naar het adres.

Elite Café $$

2049 Fillmore St., 94115 ***Tel.*** *415–346 8668* ***Kaart*** *4 D4*

Het Elite Café ligt midden in het winkelgebied van Fillmore en is een instituut op zich, met intieme alkoven en een uitgebreide bar die een stevige borrel serveert met verse oesters. De okra en de jambalaya's zoals die ooit in New Orleans werden gemaakt, staan in het weekend ook op het brunchmenu.

Pane e Vino $$

1715 Union St., 94123 ***Tel.*** *415–346 2111* ***Kaart*** *4 E2*

Pane e Vino in het winkelgebied van Union Street is een goede plek om te lunchen of te dineren. Bij mooi weer kunt u buiten zitten op een prachtig versierde patio en genieten van pastagerechten en gegrilde Italiaanse specialiteiten, vergezeld van heerlijk versgebakken brood.

Rose's Café $$

2298 Union St., 94123 ***Tel.*** *415–775 2200* ***Kaart*** *4 D3*

De tafels buiten bij Rose's Café kijken uit over het rustige gedeelte van Union Street, terwijl het binnen gezellig is met lichtgele kleuren en hoge ramen. Vooral de doordeweekse lunches (met goede salades en pasta's) en de brunches in het weekend zijn erg in trek. De specialiteiten zijn de heerlijke toast en de ontbijtpizza's.

Clementine $$$

126 Clement St., 94118 ***Tel.*** *415–387 0408* ***Kaart*** *3 5A*

U kunt het beste vroeg komen bij Clementine, een schemerig hoekje Parijs in het centrum van Richmond. Het goedkope menu trekt veel mensen naar het kleine etablissement, vooral in het weekend. U vindt er geliefde Franse klassiekers zoals *cassoulet,* en lamsschenkel met witte bonen.

Eastside West $$$

3154 Fillmore St., 94123 ***Tel.*** *415–885 4000* ***Kaart*** *4 D2*

Centraal gelegen aan de voet van de historische wijk Pacific Heights. Het hoogtepunt van het heerlijke Amerikaanse regionale menu is het uitgebreide schaaldierenbuffet. 's Avonds maken muzikanten en dj's het restaurant tot een van de hipste clubs van de stad. U kunt ook op de patio dineren.

Greens $$$

Building A, Fort Mason Center, 94123 ***Tel.*** *415–771 6222* ***Kaart*** *4 E1*

Greens wordt door velen beschouwd als hét vegetarische restaurant. Het is elegant, en vormt met zijn lichte muren en uitzicht op de Golden Gate Bridge een perfecte achtergrond voor de creatieve vleesloze heerlijkheden die zelfs een vleeseter zal waarderen. Het broodmandje zit altijd boordevol vers, eigengebakken brood.

Izzy's Steak and Chop House $$$

3345 Steiner St., 94123 ***Tel.*** *415–563 0487* ***Kaart*** *4 D2*

Izzy's is alleen maar vlees. Het varkensvlees, de steak en de kip worden op een traditionele wijze klaargemaakt, met bijgerechten zoals gegratineerde aardappels en romige spinazie. Men heeft een paar visspecialiteiten, vooral zalm, en de salades zijn overheerlijk. Het interieur met houten panelen doet denken aan een donkere herensociëteit van toen.

PlumpJack Cafe $$$

3127 Fillmore St., 94123 ***Tel.*** *415–563 4755* ***Kaart*** *4 D2*

Het PlumpJack Café is een klein, hip eettentje en is al sinds de oprichting in 1993 een topper. De mediterrane keuken krijgt een extra stempel door het gebruik van verse producten, en de goed geselecteerde wijnkaart is betaalbaar. U moet wel vooraf reserveren.

FISHERMAN'S WHARF EN NORTH BEACH

Brandy Hos
$

217 Columbus Ave., 94133 ***Tel.*** *415–788 7527* ***Kaart*** *5 C3*

Dit piepkleine restaurant verdient zijn vlammende reputatie aan de heerlijke, authentieke gerechten uit de Chinese Hunanstreek. Wees gewaarschuwd: 'medium gekruid' betekent pittig, terwijl 'pittig' alarmerend heet is. Slimme mensen blussen het vuur met rijst, niet met water. Bestel een 'mild' gerecht en geniet.

Caffe Greco
$

423 Columbus Ave., 94133 ***Tel.*** *415–397 6261* ***Kaart*** *5 B3*

Als het tijd is voor een pauze, stop dan bij dit cafébegrip in North Beach en bestel een kop koffie met eigengemaakte tiramisu, of een lekker ijsje. Het terras langs het trottoir en de ontspannen houding waarmee iedereen zijn tafeltje deelt, maken dit tot een plek waar u heerlijk mensen kunt kijken.

Capp's Corner
$

1600 Powell St., 94133 ***Tel.*** *415–989 2589* ***Kaart*** *5 B3*

Het betaalbare Capp's Corner is populair bij gezinnen en serveert een veramerikaniseerde versie van de Italiaanse keuken. Verwacht geen culinaire hoogstandjes, maar ruime porties van de traditionele, favoriete gerechten. Het restaurant werd geopend in 1960 en heeft een portrettengalerij met beroemde gasten die hier ooit aten.

Gira Polli
$

659 Union St., 94133 ***Tel.*** *415–434 4472* ***Kaart*** *6 B2*

De specialiteit van dit kleine, pretentieloze restaurant is heerlijke kip van het spit met een keur aan bijgerechten. Het interieur is wat saai, maar het eten en de prijzen zijn voor dit gedeelte van Nort Beach ongekend. Het zit er meestal vol met mensen uit de buurt.

Caffe Macaroni
$$

59 Columbus, 94111 ***Tel.*** *415–956 9737* ***Kaart*** *5 C3*

Deze overvolle, twee lagen tellende eetgelegenheid serveert betrouwbare pasta's (de romige Alfredo is zeer populair) en vleesgerechten voor zowel toeristen als mensen uit de buurt. Het drukke café staat bekend om zijn vriendelijke en enthousiaste obers en de ruime porties stillen zelfs de grootste trek.

Caffe Sport
$$

574 Green St., 94133 ***Tel.*** *415–981 1251* ***Kaart*** *5 C3*

Grote borden vol groenten met knoflook, spaghetti Bolognese en andere Italiaanse favorieten, zoals de uitstekende *ziti*pasta in marinarasaus, worden opgediend door obers die bekendstaan om hun bazige houding in dit luidruchtige, drukke restaurant. Ze vertellen u graag wat u moet bestellen, u hoeft het alleen maar te vragen.

Fog City Diner
$$

1300 Battery St., 94111 ***Tel.*** *415–982 2000* ***Kaart*** *5 C2*

Volprezen gerechten als knoflook-, prei- en basilicumbrood, kaaskoekjes en varkensvleesburrito's staan gebroederlijk naast hamburgers en patat op het menu van dit kleine restaurant vol accenten van chroom. De brunch in het weekend geeft een creatieve draai aan oude favorieten als gerookte kip en eieren.

Helmand
$$

430 Broadway St., 94133 ***Tel.*** *415–362 0641* ***Kaart*** *5 C3*

De koks van Helmand zijn ware kunstenaars met pompoen, spinazie en koriander. De verrassende combinaties van kruiden en eenvoudige ingrediënten hebben dit restaurant zeer populair gemaakt. Zelfs de rijst heeft hier een bijzondere smaak. Het lunchbuffet is zeer voordelig geprijsd.

Il Fornaio
$$

1265 Battery St., 94111 ***Tel.*** *415–986 0100* ***Kaart*** *5 C2*

Il Fornaio is onderdeel van een keten die zijn reputatie heeft gebouwd op voortreffelijk gebak, en ze lokken nog steeds klanten met hun verse brood, heerlijke pasta's en gegrilde vlees- en visgerechten. De uitstekende pompoenravioli in botersaus is als voorgerecht te bestellen maar ook als tussengerecht.

Tablespoon
$$

2209 Polk St., 94109 ***Tel.*** *415–268 0140* ***Kaart*** *5 A3*

Een van de meest trendy plekken van Russian Hill, met retro houten panelen, een lange, gezellige bar en modieuze lampen die een warme gloed uitstralen. Bijna elk gerecht is onvergetelijk in deze stijlvolle bistro, vooral de malse, sappige varkenshaas en de romige macaroni met kaas en bacon.

The Stinking Rose
$$

325 Columbus Ave., 94133 ***Tel.*** *415–781 7673* ***Kaart*** *5 C3*

The Stinking Rose doet zijn naam eer aan en gebruikt in elk gerecht knoflook, zelfs in het dessert. Dit Noord-Italiaanse pasta- en pizzarestaurant zit vaak vol mensen die nieuwsgierig zijn naar de herkomst van de ongebruikelijke naam. De kwaliteit en de bediening is niet altijd even goed.

Voor prijzen *zie blz. 228* **Verklaring van de symbolen** *zie achterflap*

Tre Fratelli $$

2801 Leavenworth St., 94133 ***Tel.*** *415–474 8240* ***Kaart*** *5 A2*

Sinds de verhuizing van de voormalige locatie op Hyde Street heeft dit gerenommeerde restaurant (geopend in 1980) verse vis toegevoegd aan de kaart met uitstekende pasta's en vleesgerechten. De Alfredo (pasta met witte saus) is bijzonder romig en lekker, en de bediening is vriendelijk en efficiënt.

Zarzuela $$

2000 Hyde St., 94109 ***Tel.*** *415–346 0800* ***Kaart*** *5 A3*

Een variatie aan smakelijke tapas en sterke, fruitige sangria, gecombineerd met zorgzaam personeel en een charmante eetruimte, maken Zarzuela geliefd voor een lichte maaltijd of meer. Volgens degenen die zweren bij de paella, hebben ze hier het beste Spaanse eten van de stad. 's Avonds kunt u op een tafel moeten wachten.

1550 Hyde Café $$$

1550 Hyde St., 94109 ***Tel.*** *415–775 1550* ***Kaart*** *5 A3*

De kale en sobere uitstraling van dit buurtcafé is in volledige tegenspraak met de rijke, biologische, duurzaam gekweekte ingrediënten die men gebruikt in de mediterrane gerechten. Ook is er een bijzonder goede wijnkaart. Dit café staat direct bij de metrohalte van Hyde Street.

Alioto's $$$

8 Fisherman's Wharf, 94133 ***Tel.*** *415–673 0183* ***Kaart*** *5 A1*

Alioto's wordt bij zonsondergang verlicht door de laatste zonnestralen, gefilterd door de Golden Gate. Het restaurant serveert al sinds 1925 lekker Siciliaans zeebanket. Het eten is goed, vooral de royale garnalen of de krab Louies (sappig zeebanket op een bedje van knapperig verse bindsla).

Moose's $$$

1652 Stockton St., 94133 ***Tel.*** *415–989 7800* ***Kaart*** *5 B2*

Moose's is al sinds jaar en dag populair en het zit er vol hippe mensen die 's avonds aan de bar naar de live jazzmuziek luisteren en genieten van stevige gerechten als zalm, gehaktbrood en andere favorieten. De vaste clientèle noemt het hier 'stijlvol zonder gedoe'.

Scoma's $$$

Pier 47, 1 Al Scoma Way, 94133 ***Tel.*** *415–771 4383* ***Kaart*** *5 A1*

Als er al een straat naar je vernoemd wordt, betekent het dat je al een tijdje meegaat. Scoma's startte in 1965 als koffiehuis voor de plaatselijke vissers. Het is een vertrouwd adres voor smakelijke, grote porties verse vis en biedt bovendien een mooi uitzicht op de baai.

Julius' Castle $$$$

1541 Montgomery St., 94133 ***Tel.*** *415–392 2222* ***Kaart*** *5 C2*

Julius' Castle ligt in een romantische omgeving, met een fraai uitzicht op Alcatraz en de Bay Bridge. Het is gehuisvest in een historisch gebouw uit 1922. Aangebraden tonijn en lamscarré zijn vertrouwde gerechten op de kaart. De bediening is ouderwets goed.

Gary Danko $$$$$

800 North Point St., 94109 ***Tel.*** *415–749 2060* ***Kaart*** *5 1A*

Ondanks de exorbitant hoge rekeningen blijft Gary Danko een van de populairste restaurants van de stad, mede dankzij de vaste menuprijzen. De drie-, vier- of vijfgangenmenu's vullen uren met hun zorgvuldig gerangschikte gerechten. De bediening is efficiënt en de omgeving stijlvol. Het kaasplateau is niet te versmaden.

CHINATOWN EN NOB HILL

Golden Star Vietnamees restaurant $

11 Walter U. Lum Place, 94108 ***Tel.*** *415–398 1215* ***Kaart*** *5 C3*

Tegenover de Transamerica Pyramid vindt u het smalle en overvolle Golden Star, met zijn interieur dat net zo sober is als een schoolkantine. Desalniettemin krijgt u hier grote porties rijst en vlees voor erg weinig geld. De lunchspecialiteiten zijn betaalbaar en goed.

House of Nanking $

919 Kearny, 94133 ***Tel.*** *415–421 1429* ***Kaart*** *5 C3*

Het goede en traditionele menu in het piepkleine House of Nanking lokt een steeds terugkerend publiek. Zelfs al zijn de obers ietwat nors, de porties zijn royaal en de prijzen redelijk laag. Het menu biedt ook een ruime keus aan vegetarische gerechten. Meestal moet u even wachten, maar het is de moeite waard.

Hunan $

674 Sacramento St., 94111 ***Tel.*** *415–788 2234* ***Kaart*** *5 C4*

Deze plaatselijke keten gebruikt vrijelijk grote stukken gedroogde, rode peper in zijn pittige gerechten, en doet daarmee zijn naam eer aan. Hoewel het interieur sober is, formica is erg geliefd hier, zijn de gerechten authentiek en smaakvol, ondanks de pittigheid. Het personeel houdt er rekening mee als u het vraagt. In het weekend gesloten.

Yuet Lee $

1300 Stockton St., 94133 ***Tel.*** *415–982 6020* ***Kaart*** *5 B3*

Het uitstekende zeebanket en de lage prijzen zijn de voornaamste redenen dat het hier zo druk is. De vis zwemt in een groot aquarium en de kok bereidt de vis of krab die u aanwijst. Specialiteiten zijn gestoomde vis en zeebanket, inktvis en een keur aan groenten zoals bonen, paksoi en asperges. Het restaurant is tot 3.00 uur geopend.

Great Eastern $$

649 Jackson St., 94133 ***Tel.*** *415–986 2500* ***Kaart*** *5 C3*

Dit is al sinds lange tijd een populair restaurant in Chinatown en serveert vertrouwde, zo niet wat saaie Mandarijnse gerechten. Trekpleister is de verse vis die in het aquarium zwemt. Vraag de ober naar de dagspecialiteiten om het beste te proeven wat men te bieden heeft.

Nob Hill Café $$

1152 Taylor St., 94108 ***Tel.*** *415–776 6500* ***Kaart*** *5 B4*

Het Nob Hill Café is een populair buurtcafé, regelmatig tot de nok toe gevuld met mensen die zich de Italiaanse gerechten goed laten smaken. Heel vaak komen 'the twins', de aardige gezusters Brown, hier dineren. De identieke tweeling is al net zo'n begrip in San Francisco als Nob Hill zelf.

R&G Lounge $$

631 Kearny St., 94108 ***Tel.*** *415–982 7877* ***Kaart*** *5 C4*

De R&G Lounge is groot genoeg om zelfs langere tijd in de eetruimte te verblijven. De meeste mensen komen echter alleen maar voor de authentieke Kantonese gerechten en het zeebanket. Het interieur is vrij bescheiden, maar het eten is altijd goed en de prijzen zijn redelijk. Vraag altijd naar de specialiteit van de dag voor bijzondere gerechten.

Street $$

2141 Polk St., 94109 ***Tel.*** *415–775 1055* ***Kaart*** *5 A3*

Gemakkelijk eten op zijn best is wat dit restaurant populair maakt. De straat is lawaaiig en druk, maar de porties zijn ruim. Probeer een van de beste zeebanketgerechten: grote, sappige garnalen in een met saffraan gekruide kreeftenbouillon en eigengemaakte pasta. Neem als toetje de niet-zoete broodpudding met pecannoten.

C & L $$$

1250 Jones St., 94109 ***Tel.*** *415–771 5400* ***Kaart*** *5 B4*

C & L wordt gerund door de eigenaars van Aqua, en is een vertrouwde eetgelegenheid. Het accent ligt op rood vlees. Het biologische vlees van runderen uit Oregon wordt op acht verschillende manieren bereid, elk vernoemd naar een Amerikaanse stad, bijvoorbeeld de Denverribeye. De bijgerechten zijn een perfecte aanvulling op het vlees.

Jai Yun $$$

923 Pacific Ave., 94133 ***Tel.*** *415–981 7438* ***Kaart*** *5 B3*

Jai Yun is klein en eenvoudig ingericht en zit vol verrassingen. Het dagelijkse menu wisselt regelmatig en bestaat uit kleine hoofdgerechten, bereid met verse ingrediënten die dezelfde morgen op de markt zijn gekocht. Op het uitstekende zeebanketmenu staan abalone-, inktvis- en garnaalschotels.

Venticello $$$

1257 Taylor St., 94108 ***Tel.*** *415–922 2545* ***Kaart*** *5 B3*

Bij Venticello, een *trattoria* met een Noord-Italiaanse fijne keuken, verstaan ze onder romantiek niet het vasthouden van elkaars hand bij de open haard, het staat op het menu. De ontspannen sfeer laat u lui achterover zitten met een décafeïné espresso en een glas port na het genot van een bord perfect gekruide scampi's.

Acquerello $$$$

1722 Sacramento St., 94109 ***Tel.*** *415–567 5432* ***Kaart*** *5 A4*

Een uitstekende wijnkaart, personeel met verstand van zaken en dat u graag adviseert omtrent het eten en welke wijn daarbij past, geslepen wijnkaraffen en fijn linnen vormen het decor voor een memorabele ervaring in deze voormalige kapel. Een gevarieerd menu, met Venetiaanse thema's, zorgen voor een overvloedige maaltijd.

Big Four $$$$

1075 California St., 94108 ***Tel.*** *415–771 1140* ***Kaart*** *5 B4*

De Big Four is vernoemd naar de puissant rijke spoorwegbaronnen en is dé plek voor de elite van Nob Hill om bij te praten. De donkere lambrizering en formele bediening vormen een ideale achtergrond voor zakenmensen en financiers in het bijzonder. Het menu is traditioneel en van topkwaliteit.

Ritz-Carlton Terrace $$$$

600 Stockton St., 94108 ***Tel.*** *415–773 6198* ***Kaart*** *5 C4*

De tuin van de Ritz-Carlton Terrace, het 'arme' zusje van de Dining Room, puilt tijdens lunchtijd uit van de rijken en de schonen der aarde. De zondagse jazzbrunches zijn al even populair en daarvoor moet u reserveren. Het prima eten uit de geweldige keuken van de Ritz wordt geserveerd door een professionele bediening.

Fleur de Lys $$$$$

777 Sutter St., 94109 ***Tel.*** *415–673 7779* ***Kaart*** *5 B4*

Het Franse *nouvelle cuisine*-menu is het neusje van de zalm voor de fijnproever, en het personeel begeleidt de gasten op onberispelijke wijze van het ene gerecht naar het volgende in een mooie ruimte. Fleur de Lys heeft tevens een spectaculair vegetarisch menu.

Voor prijzen *zie blz. 228* **Verklaring van de symbolen** *zie achterflap*

Masa's $$$$$

648 Bush St., 94108 ***Tel.*** *415–989 7154* ***Kaart*** *5 B4*

In Masa's stijlvolle, beschaafde omgeving wordt u onthaald als een koning en kunt u genieten van een exquise *nouvelle cuisine*. De topkok werkt hier al jaren en Masa weet de gasten steeds weer te verleiden met een dagelijks variërend menu, gebaseerd op wat men vers op de markt heeft gekocht.

Ritz-Carlton Dining Room $$$$$

600 Stockton St., 94108 ***Tel.*** *415–773 6198* ***Kaart*** *5 C4*

De stijlvolle Dining Room staat in veel steden en reisgidstesten op nummer één en is het perfecte voorbeeld van eersteklas service volgens een voorname Europese traditie. Het volprezen menu vertoont Aziatische invloeden, daarbij gebruik makend van ingrediënten die men op de plaatselijke markt koopt.

FINANCIAL DISTRICT EN UNION SQUARE

Café Bastille $$

22 Belden Place, 94104 ***Tel.*** *415–986 5673* ***Kaart*** *5 C4*

Dit mini-Parijs, in een verkeersvrije straat, is vaak druk met mensen die overdag buiten van het mooie weer genieten of 's avonds binnen naar de jazzmuziek luisteren. Eenvoudige bistrosoepen, salades, bier en wijn vindt u naast Franse specialiteiten zoals *moules marinière* met harissasaus (rode pepersaus) en worst met gekaramelliseerde uien.

Delancey Street Restaurant $$

600 Embarcadero, 94107 ***Tel.*** *415–512 5179* ***Kaart*** *6 E5*

Het Delancey Street Restaurant is een heerlijke plek om te dineren en serveert lekker eten, zoals het uitstekende gehaktbrood en ribstuk en andere Amerikaanse gerechten. De bediening is meer dan goed. Het restaurant steunt een rehabilitatieprogramma voor alcohol- en drugsgebruikers.

Gaylord India $$

1 Embarcadero Center, 94111 ***Tel.*** *415–397 7775* ***Kaart*** *6 D3*

Gaylord maakt Indiase standaardgerechten, zoals lamscurry, biriyanis en vegetarische schotels, in een prettige omgeving. Dit is de betere van de twee in de stad en het is er tijdens lunchtijd druk met zakenmensen uit de buurt. Het andere filiaal is gevestigd op 900 Northpoint.

Sanraku at Metreon $$

101 Fourth St., 94103 ***Tel.*** *415–369 6166* ***Kaart*** *5 C5*

Sanraku ligt midden in het drukke lawaai van de Metreon, met zijn vele theaters, kinderattracties en videogames, en bereidt betrouwbare lunches en diners. De Japanse gerechten, zoals de knapperige *gyoza* en noedels met of zonder saus, zijn niet duur.

Yank Sing $$

101 Spear St., 94105 ***Tel.*** *415–957 9300* ***Kaart*** *6 E4*

Yank Sing wordt gewaardeerd om zijn heerlijke dim sum en u kunt kiezen uit wel 100 verschillende. Deze worden op ronddraaiende plateaus tentoongesteld. De trendy omgeving maakt dat dit restaurant net iets meer heeft dan de gewone dim-sumtentjes. Reserveren is aanbevolen.

Kokkari Estiatorio $$$

200 Jackson St., 94111 ***Tel.*** *415–981 0983* ***Kaart*** *6 D3*

De Kokkari serveert stijlvol Grieks eten in een grote, comfortabele eetruimte met donkerhouten vloeren en een enorme, gezellige open haard. Het visitekaartje is moussaka en ook het perfect gegrilde lamsvlees is een topper. Het restaurant heeft een uitgebreide Griekse-wijnkaart. Het personeel kan u adviseren bij uw keuzes.

Kuleto's $$$

221 Powell St., 94102 ***Tel.*** *415–397 7720* ***Kaart*** *5 B3*

Het bijzonder mooie Kuleto's wordt vooral bezocht door mensen die mensen willen kijken. Het interieur is ooit gered uit een oud en elegant hotel in San Francisco. Op het menu staan weinig spectaculaire, Noord-Italiaanse gerechten. Neem het voorgerecht aan de bar en geniet van het mooie uitzicht.

La Scene Café & Bar $$$

490 Geary St., 94102 ***Tel.*** *415–292 6430* ***Kaart*** *5 B5*

Eenvoudig Frans bistro-eten, zoals *cassoulet* en lamsschenkel, maken dit bescheiden restaurant populair bij theatergangers. De vaste menuprijzen zijn heel voordelig. De bediening is snel en het personeel zorgt er gegarandeerd voor dat u op tijd weggaat.

MacArthur Park $$$

607 Front St., 94111 ***Tel.*** *415–398 5700* ***Kaart*** *6 D3*

Dit restaurant in het centrum is groot en warm, en er hangt een modern clubhuisgevoel. Men serveert standaard Amerikaans eten in grote porties. De kleine gerookte lenderibstukken met een flinke toef aardappelpuree met knoflook verdient een pluim. De bediening verloopt soms wat stroef, maar het eten is altijd goed.

One Market $$$

1 Market St., 94105 ***Tel.*** *415–777 5577* ***Kaart*** *6 D3*

Zakenmensen voeren tijdens de lunch de boventoon in dit lichte restaurant, terwijl er 's avonds een goedgekleed gezelschap aanschuift. U eet verse vis, vlees met creatieve bijgerechten, en knapperige salades. Aan de 'chef's table' kunnen vier tot zeven personen zitten die een speciaal menu voorgeschoteld krijgen voor $85–$95 per persoon.

Palio d'Asti $$$

640 Sacramento St., 94111 ***Tel.*** *415–395 9800* ***Kaart*** *5 C4*

Palio d'Asti is nog een favoriet restaurant voor de lunch. U krijgt hier authentiek Noord-Italiaanse pasta's en kalfsvlees. Tijdens het 'happy hour' komt iedereen terug voor een gratis houtovenpizza bij minimaal twee drankjes. Muurschilderingen van de middeleeuwse Paliopaardenrace sieren de wanden.

Palomino $$$

345 Spear St., 94105 ***Tel.*** *415–512 7400* ***Kaart*** *6 E4*

Palomino is een geliefde plek voor een zakenlunch. Het restaurant is weliswaar onderdeel van een keten, maar het heeft een heel uitgebreide kaart met Italiaanse, Franse en Amerikaanse favorieten. De gunstige locatie biedt vanaf het terras een prachtig uitzicht op de Bay Bridge.

Sam's Grill and Seafood Restaurant $$$

374 Bush St., 94104 ***Tel.*** *415–421 0594* ***Kaart*** *5 C4*

Sam's Grill stamt uit 1866 en is daarmee het oudste visrestaurant van de stad. Het serveert zijn gasten al generaties lang de beste scharren en andere verse vis. Tijdens de lunch hoort men het geroezemoes van de zakenmensen die in de alkoven zaken doen. In het weekend is het restaurant gesloten.

Tadich Grill $$$

240 California St., 94111 ***Tel.*** *415–391 1849* ***Kaart*** *6 D4*

De Tadich Grill opende zijn deuren in de periode van de goudkoorts en is het oudste, steeds in bedrijf zijnde restaurant van Californië. De *cioppino* is overheerlijk en de versgegrilde vis is een traditie voor visliefhebbers. 's Avonds kan het lang duren voor u een tafel krijgt, maar met de lunch zit u altijd goed.

Bix $$$$

56 Gold St., 94133 ***Tel.*** *415–433 6300* ***Kaart*** *5 C3*

Het strakke art-deco-interieur van deze elegante club, genoemd naar de grote jazzmuzikant Bix Beiderbecke, vormt een stijlvolle achtergrond voor de Frans-Amerikaanse gerechten, die op onberispelijke wijze geserveerd worden, begeleid door tingelende pianomuziek. Heerlijke martini's en een publiek dat ziet en gezien wil worden.

Boulevard $$$$

1 Mission St., 94105 ***Tel.*** *415–543 6084* ***Kaart*** *6 E4*

De artistieke creaties van kok Nancy Oakes hebben hun sporen verdiend voor Boulevard, een begrip in de Bay Area. Het menu is een mix van gemakkelijk Amerikaans eten en Franse favorieten. Probeer een tafel achterin te krijgen zodat u kunt genieten van het prachtige uitzicht op de Bay Bridge.

Campton Place $$$$

340 Stockton St., 94108 ***Tel.*** *415–955 5555* ***Kaart*** *5 C4*

Campton Place is een serene ruimte in een klassieke stijl met de subtiele kleuren van een Italiaanse villa. De Provençaals-mediterrane fusiongerechten vallen onder de betere in de buurt en worden vergezeld door een eersteklas wijn. Bovendien verloopt de bediening erg soepel. Redenen genoeg voor een bijzondere avond.

Globe $$$$

200 Pacific Ave., 94111 ***Tel.*** *415–391 4132* ***Kaart*** *5 C3*

Deze strakke, moderne bistro ligt vlak bij de Transamerica Pyramid en biedt tot 's avonds laat smakelijke gerechten en een gezellig café. De stalen bar naast de entree wordt opgevrolijkt met verse bloemen en de gedeeltelijk open keuken laat de gasten meekijken hoe hun eten wordt bereid.

Rubicon $$$$

558 Sacramento St., 94111 ***Tel.*** *415–434 4100* ***Kaart*** *5 C4*

De indrukwekkende wijnkelder met 1400 wijnen, samen met de uitstekende Franse *nouvelle cuisine*, laat gasten steeds weer terugkomen. Laat uw wijnkennis uitbreiden door de goedgeïnformeerde sommelier. De stenen muren, aardetinten en het gebruik van hout en steen geven het interieur een ambachtelijke sfeer.

Silks $$$$

222 Sansome St., 94104 ***Tel.*** *415–986 2020* ***Kaart*** *5 C4*

Silks hangt vol met zijden gordijnen, handbeschilderde zijden kroonluchters en er liggen overal tapijten. Het is een prima plek voor een intiem gesprek of om beroemdheden te zien. De efficiënte bediening onderstreept de creatieve nieuw-Aziatische keuken, met bijvoorbeeld loempia's met kip en enokipaddenstoelen, en pittig gegrilde garnalen.

Tommy Toy's $$$$

655 Montgomery St., 94111 ***Tel.*** *415–397 4888* ***Kaart*** *5 C3*

Bij Tommy Toy's kunt u een menu bestellen waarbij u op een prima manier kennismaakt met de Chinese viersterrengerechten die hier geserveerd worden. Andere gerechten, bereid met de verste ingrediënten, zijn geïnspireerd door de *nouvelle cuisine*. De wandtapijten, antieke spiegels en het lamplicht zorgen voor een intieme sfeer.

Voor prijzen *zie blz. 228* **Verklaring van de symbolen** *zie achterflap*

Aqua
$$$$$

252 California St., 94111 ***Tel.*** *415–956 9662* ***Kaart*** *6 D4*

Aqua is licht en chic en er staan overal prachtige bloemdecoraties. Velen vinden dit het beste visrestaurant in de stad. De kok geeft het zeebanket een Frans accent mee, zoals verse zalm met *foie gras*, en verdient zo zijn reputatie. Ook de gerookte zwaardvis is heel bijzonder.

Michael Minna
$$$$$

335 Powell St., 94102 ***Tel.*** *415–397 9222* ***Kaart*** *5 B4*

Dit luxe restaurant vervangt de eerbiedwaardige Oak Room in het St.-Francis Hotel en serveert een nieuw menu dat gebaseerd is op een enkel ingrediënt dat op drie verschillende manieren bereid wordt. De kok, die zijn naam aan het restaurant heeft gegeven, werkte eerst in Aqua, maakt ook Amerikaanse klassiekers. U heeft keuze uit 2000 wijnen.

CIVIC CENTER

Mifune
$

1737 Post St., 94115 ***Tel.*** *415–922 0337* ***Kaart*** *4 E4*

Een paar minuten nadat u uw bestelling hebt opgegeven, verschijnen er al enorme kommen dampende Japanse noedelsoep aan uw tafel. Populair bij liefhebbers van verse producten en mensen met weinig tijd. Mifune heeft ook maaltijdmenu's en andere gerechten.

Straits Café
$$

3300 Geary Blvd., 94118 ***Tel.*** *415–668 1783* ***Kaart*** *3 B5*

De mix van Singaporese, Indonesische, Indische en andere smaken en bereidingswijzen bepalen het menu in dit populaire fusionrestaurant. U kunt uzelf tegoed doen aan een keur van smaakvolle, pittige of milde gerechten, onder het genot van een drankje aan de goedgevulde bar.

Absinthe Brasserie and Bar
$$$

398 Hayes Street, 94102 ***Tel.*** *415–551 1590* ***Kaart*** *3 B5*

Dit donkere, romantische restaurant van rond 1940 is een van de beste Europese brasserieën van de stad. Op het menu staan oude cabaretmuziek en cocktails, plus een portie oesters, de beste Franse uiensoep en stevige bistrogerechten zoals *cassoulet*, gerookte zalm en ribeye steak. De wijn is uitstekend.

Hayes St.-Grill
$$$

320 Hayes St., 94102 ***Tel.*** *415–863 5545* ***Kaart*** *4 F5*

Een vertrouwd adres voor mensen die later op de avond een symfonie, opera of ballet gaan bezoeken in het gebouw ernaast. Hayes St.-Grill combineert uw verse vis onder andere met knapperige patat. De bediening is efficiënt en zorgt ervoor dat u op tijd bent voor de voorstelling.

Indigo
$$$

687 McAllister St., 94102 ***Tel.*** *415–673 9353* ***Kaart*** *4 F5*

Indigo doet zijn naam eer aan met zijn koele, blauwe interieur. Het restaurant wordt geroemd om zijn fenomenale wijnkaart en nieuw-Amerikaanse menu. Het voordeligst is het 'wine dinner' na 20.00 uur, waarbij speciaal geselecteerde wijnen en champagnes de specialiteiten van de kok vergezellen en onderstrepen.

Jardinière
$$$$$

300 Grove St., 94102 ***Tel.*** *415–861 5555* ***Kaart*** *4 5F*

Jardinière heeft een doordachte en efficiënte bediening, een stijlvolle sfeer en heerlijke Franse gerechten, geïnspireerd op Californië, en is de juiste keus voor een speciale gelegenheid. Het jazzduo speelt zachtjes op de achtergrond, terwijl u geniet van uw uien*tarte* en een Dubonnet aan de mahoniehouten en marmeren bar.

HAIGHT ASHBURY EN THE MISSION

Axum Café
$

698 Haight St., 94117 ***Tel.*** *415–252 7912* ***Kaart*** *10 D1*

Het Axum Café wordt beschouwd als dé plek voor het proeven van Ethiopische gerechten. Het is ook populair vanwege de lage prijzen. Het restaurant is piepklein en serveert pittige en overdadige porties vlees en groente, vergezeld door *injera,* een platte broodsoort.

Burger Joint
$

700 Haight St., 94117 ***Tel.*** *415–864 3833* ***Kaart*** *10 D1*

Dit buurtrestaurant staat bekend om zijn natuurlijke producten, en de sappige, 'biologisch verantwoorde' biefburgers en gezonde groenteburgers doen u anders naar fastfood kijken. Burger Joint heeft ook filialen in 807 Valencia Street en op de luchthaven van San Francisco.

Cha Cha Cha $

2727 Mission St., 94110 ***Tel.*** *415–648 0504* ***Kaart*** *10 F3*

Cha Cha Cha is een restaurant, maar kent ook een bruisend nachtleven. Men serveert kleine porties en uitstekende sangria met op de achtergrond opzwepende Latijns-Amerikaanse muziek. Reserveren is aanbevolen, vooral op vrijdag- en zaterdagavond.

Kan Zaman $

1790 Haight St., 94117 ***Tel.*** *415–751 9656* ***Kaart*** *9 B1*

Bij Kan Zaman vindt u een waterpijp, gevuld met abrikozentabak, en van woensdag tot zondag dansen er buikdanseressen. Het menu bevat combinatiegerechten van *dolma* (gevulde wijnbladeren), hummus (kikkererwtenpaté), falafel (vegetarische 'gehaktballen') en andere klassiekers uit het Midden-Oosten.

La Taqueria $

2889 Mission St., 94110 ***Tel.*** *415–285 7117* ***Kaart*** *10 F4*

Het smaakvol gemarineerde rundvlees, varkensvlees of kippenvlees, bedolven onder stevige bonen (rijst op verzoek), verse sla en tomaten, zorgen voor een perfecte burrito, tegen een prima prijs. Nog een specialiteit van La Taqueria is de guacamole. De rij voor het buffet gaat snel. De tafels zijn tijdens lunchtijd vaak bezet, maar het verloop is snel.

Massawa $

1538 Haight St., 94117 ***Tel.*** *415–621 4129* ***Kaart*** *9 C1*

Het Ethiopische interieur van Massawa en de bediening zijn authentiek: eenvoudig, charmant en ietwat luidruchtig, vooral als er een voetbalwedstrijd op tv is. Het is een goed restaurant volgens Ethiopische traditie, met heerlijk gekruide, bijzondere stoofschotels, vergezeld door *injera* (zacht brood).

Memphis Minnie's BBQ Joint $

576 Haight St., 94117 ***Tel.*** *415–864 7675* ***Kaart*** *10 E1*

De Memphis Minnie is een restaurant waar u kunt afhalen, maar waar u ook kunt zitten Het accent ligt volledig op de gerookte, zuidelijke vleesgerechten met worst, kip, rundvlees, spare ribs of varkensvlees, druipend van de barbecuesaus. Mis ook de patat en de gerookte chili niet. Volgens San-Franciscotraditie schenkt men sake bij het eten.

Pork Store Café $

3122 16th St., 94103 ***Tel.*** *415–626 5523* ***Kaart*** *10 E2*

De gratis koffie verzacht het lange wachten in het weekend en fleurt de gasten een beetje op. Het enorme traditioneel Amerikaanse ontbijt weegt zwaar op tegen de standaard eieren met spek. Deze populaire eettent heeft nog een filiaal op 1451 Haight Street.

Rosamunde Sausage Grill $

545 Haight St., 94117 ***Tel.*** *415–437 6851* ***Kaart*** *10 E1*

Op het menu van Rosamunde staat maar één gerecht, maar wel in alle mogelijke variaties. Bestel worst, op z'n Duits, Italiaans of Californisch bereid, en bepaal zelf wat u toevoegt. Eet aan de balie, neem uw bestelling mee naar de bar ernaast of laat Rosamunde het daar serveren.

Ti Couz $

3108 16th St., 94103 ***Tel.*** *415–252 7373* ***Kaart*** *10 F2*

Ti Couz geeft u de mogelijkheid zelf uw pannenkoek samen te stellen, gevuld met een keur aan vlees en/of groenten, of zoete dessertsauzen. Als een pannenkoek u niet kan bekoren, probeer dan de grote, knapperige salades, en laat die vergezellen van een stevig Keltisch bier.

Zazie $

941 Cole St., 94117 ***Tel.*** *415–564 5332* ***Kaart*** *9 B2*

Zazie is in het weekend een populair brunchrestaurant, maar serveert ook doordeweeks bistroachtige lunches en diners. De royale porties worden geserveerd door vriendelijk personeel, en op de heerlijke patio kunt u een rustig gesprek voeren.

Andalu $$

3198 16th St., 94103 ***Tel.*** *415–621 2211* ***Kaart*** *10 E2*

In dit populaire restaurant serveert men de internationale versie van kleine porties (het Spaanse tapasconcept), en gebruikt men hiervoor verse, Aziatische ingrediënten. Andalu is trots op zijn uitstekende sangria en uitgebreide wijnkaart. U kunt het best met openbaar vervoer komen.

Indian Oven $$

233 Fillmore, 94117 ***Tel.*** *415–626 1628* ***Kaart*** *10 E1*

Indian Oven is een hippe versie in een buurt vol Indiase eetgelegenheden en valt op door zijn uitstekende rode en gele curry's, het versgebakken *naan* en de smaakvolle vegetarische gerechten. De vriendelijke bediening in Indiase kledij verhoogt de sfeer.

Pomelo $$

1793 Church St., 94131 ***Tel.*** *415–285 2257* ***Kaart*** *10 E5*

Op het steeds wisselende menu van Pomelo staan noedel- en rijstgerechten uit de hele wereld: China, Japan, India, Afrika en Europa. Er komen hier veel buurtbewoners. De prijzen zijn goed en men creëert een interessante mix aan smaken. In 92 Judah Street zit nog een filiaal, maar zonder buitenterras.

Thep Phanom Thai Cuisine

$$

400 Waller St., 94117 ***Tel.*** *415–431 2526* ***Kaart*** *10 E1*

Voor het diner moet u bij dit populaire restaurant van tevoren reserveren, maar voor de lunch kunt u zo aanschuiven. Hulpvaardig personeel serveert lekker gekruide Thaise gerechten, zoals *yum pla muk* (een pittige, knapperige, koude inktvissalade), in een ontspannen, huiselijke sfeer.

Delfina

$$$

3621 18th St., 94110 ***Tel.*** *415–552 4055* ***Kaart*** *10 E3*

Een eigen parkeergelegenheid in een buurt waar u niet gemakkelijk uw auto kwijt kunt, is een groot pluspunt voor dit restaurant met zijn eenvoudige, perfect gekruide Noord-Italiaanse keuken. De ingrediënten zijn 's ochtends supervers op de markt gekocht. Delfina is populair en de ruimte is beperkt, dus kom vroeg.

Zuni Café

$$$

1658 Market St., 94102 ***Tel.*** *415–552 2522* ***Kaart*** *10 F1*

Perfecte hamburgers en sappige, gegrilde kip, bereid boven een open vuur, vormen een bekroning op het menu vol verschillende mediterrane gerechten. Door de glazen wand kijkt u uit over Market Street, en ziet u in de loop van de avond de drukte langzaam wegebben.

GOLDEN GATE PARK EN LAND'S END

Eldos

$

1329 Ninth Ave., 94122 ***Tel.*** *415–564 0425* ***Kaart*** *8 F3*

Dit is een kruising van een bierpub en een taqueria, en dé plek om onder het genot van een tapbiertje te genieten van een kom overheerlijke *posole* (pittige soep met kip en maïs). Eldos serveert ook enkele Mexicaanse en Amerikaanse standaardgerechten, zoals burrito's and taco's.

Marnee Thai

$

2225 Irving St., 94122 ***Tel.*** *415–665 9500* ***Kaart*** *8 E3*

De grote porties van altijd goed Thais eten maken dit restaurant tot een goede keus. De groene curry's van Marnee Thai zijn lekker. De beperkte zitruimte en de soms lange wachttijden voor een tafel weerhouden de loyale fans niet. De andere locatie op 1243 Ninth Avenue heeft een wat uitgebreidere kaart.

Beach Chalet Brewery

$$

1000 Great Highway, 94122 ***Tel.*** *415–386 8439* ***Kaart*** *7 A2*

De Beach Chalet Brewery is met zijn eigengebrouwen bier, grote hamburgers met knapperige patat en een spectaculair uitzicht op de oceaan, een veelbelovende eindbestemming na een lange dag in het Golden Gate Park. De muurschilderingen op de eerste verdieping en de gebeeldhouwde trapleuning mag u niet missen.

Cliff House

$$

1090 Point Lobos Ave., 94121 ***Tel.*** *415–386 3330* ***Kaart*** *7 A1*

In het oorspronkelijke Cliff House, gebouwd in 1863, brunchten ooit de rijken van San Francisco. Het visrestaurant is twee keer door brand verwoest en biedt een fraai uitzicht op de zeehonden op Seal Rocks. Geniet van een cocktail in de Zinc Bar. In het formele restaurant kunt u lunchen en dineren, en de informele bistro serveert alle maaltijden.

Kabuto Sushi A & S

$$

5121 Geary Blvd., 94118 ***Tel.*** *415–752 5652* ***Kaart*** *8 F1*

De soms lange wachttijden voor een tafel is het enige minpuntje van deze innovatieve sushibar die artistieke, ongewone en smakelijke combinaties maakt van verse vis en kleefrijst. Elke dag bedenkt men weer een nieuwe combinatie, dus laat u verrassen.

Khan Toke

$$

5937 Geary Blvd., 94118 ***Tel.*** *415–668 6654* ***Kaart*** *8 E1*

Het tempelachtige interieur en het kleurrijk geklede personeel nemen u mee naar Thailand. U kunt zowel aan een tafel zitten als op de grond. Dit gerenommeerde restaurant serveert Thaise gerechten, zoals pittige inktvissalade met citroen en gegrilde saté met pindasaus.

La Vie

$$

5830 Geary Blvd., 94121 ***Tel.*** *415–668 8080* ***Kaart*** *8 E1*

La Vie is een heerlijk buurtrestaurant aan de buitenkant van Richmond, en een prima plek om voor of na een bezoek aan het Golden Gate Park even te stoppen. Het Vietnamese menu wordt bereid en geserveerd met een Frans accent, en krijgt altijd goede recensies. Het vlammendhete rundvlees en de garnalen zijn een topper.

Pacific Café

$$

7000 Geary Blvd., 94121 ***Tel.*** *415–387 7091* ***Kaart*** *7 C1*

Het Pacific Café werd geopend rond 1970 en alles doet denken aan deze periode, tot aan de glas-in-loodramen toe. Goed en betrouwbaar zeebanket wordt naar believen bereid. Gasten die op een tafel moeten wachten, krijgen vaak alvast een glas wijn. Er zijn filialen in de hele Bay Area, dit was echter de eerste.

Park Chalet $$

1000 Great Hwy., 94122 **Tel.** *415–386 8439* **Kaart** *7 A1*

Het uitzicht is weliswaar op een tuin in plaats van op zee, maar de grote open haard en openslaande glazen wanden van dit zusje van het Beach Chalet zorgen ervoor dat u zelfs op koele dagen buiten kunt dineren. Het Park Chalet serveert dezelfde heerlijke bieren uit de brouwerij als het Beach Chalet, plus *cioppino* en lekkere pubgerechten.

Ton Kiang $$

5821 Geary Blvd., 94121 **Tel.** *415–387 8273* **Kaart** *8 E1*

Ton Kiang is een van de beste en populairste dim-sumrestaurants van de stad; schrik in het weekend niet van de lange rij mensen buiten. Er is een enorme variatie aan gerechten en alles is vers. Plateau na plateau komen ze allemaal voorbij. Men serveert ook complete maaltijden.

Aziza $$$

5800 Geary Blvd., 94121 **Tel.** *415–752 2222* **Kaart** *8 E1*

De gasten bij Aziza krijgen bij binnenkomst een scheutje rozenwater over hun handen. Exotische Marokkaanse specialiteiten worden op tafel gezet terwijl u op grote, zachte kussens zit. De maaltijd wordt afgesloten met zoete muntthee. In het weekeinde komen buikdanseressen een show opvoeren.

Ebisu $$$

1283 Ninth Ave., 94122 **Tel.** *415–566 1770* **Kaart** *8 F3*

In dit sushirestaurant is het vaak druk en mensen staan in de rij voor de, wat men zegt, beste en verste sushi in de stad, geserveerd door lachende, messenflitsende koks. Ebisu biedt zowel zeebanket als vermaak, en een rij wachtenden voor een tafel is geen uitzondering.

SOUTH OF MARKET

Caffe Centro $

102 South Park, 94107 **Tel.** *415–882 1500* **Kaart** *11 C1*

De eenvoudige, versgemaakte sandwiches, met of zonder vlees, de verschillende soorten koffie, eigengemaakte soep en salades zijn redenen genoeg voor een snelle stop. U kunt binnen eten, maar ook uw bestelling meenemen en die lekker buiten opeten in het nabijgelegen park.

Manora's Thai $

1600 Folsom St., 94103 **Tel.** *415–861 6224* **Kaart** *11 A2*

Hier krijgt u waar voor uw geld want Manora's Thai serveert genereuze porties heerlijk gekruide soep, zoals een combinatie van citroengarnalen met enokipaddenstoelen, zeebanket en rijstgerechten. De lunchkaart biedt zeer betaalbare specialiteiten.

Circolo $$

500 Florida St., 94110 **Tel.** *415–553 8560* **Kaart** *11 A3*

Circolo is een restaurant c.q. lounge en heeft een waterval en metalen 'gordijnen'. Circolo staat bekend om zijn creatieve mix van fusiongerechten en inventieve cocktails. De lamscarré is ingewreven met *adobo* (een pittige mix van chilipeper, venkel, mosterd, komijn en rode peper). Van zondag tot en met woensdag kunt u dansen in de lounge.

South Park Café $$

108 South Park, 94107 **Tel.** *415–495 7275* **Kaart** *11 C1*

Hoewel het South Park Café iets van zijn vroegere glans heeft verloren, blijven de bistrogerechten in dit eenvoudig ingerichte café overheerlijk. Op het menu staan soepen en sandwiches, maar ook wat ingewikkelder schotels als lamsragout. Op zonnige dagen kunt u buiten op het terras zitten en uitkijken over South Park.

AsiaSF $$$

201 Ninth St., 94103 **Tel.** *415–255 2742* **Kaart** *11 A2*

De kleine Aziatische gerechten zijn ondergeschikt aan de toneelvoorstelling, waarbij mannen, verkleed als vrouw, voor een waar feest zorgen, vol liedjes en sketches. Tussen de gangen door moet u geduld hebben, want misschien staat uw ober wel op het toneel een uitvoering te geven van een Judy Garland-nummer.

Bizou $$$

598 Fourth St., 94107 **Tel.** *415–543 2222* **Kaart** *11 C1*

In de warme, lichte eetruimte van Bizou serveert men stevige gerechten in een Franse bistrosfeer. Specialiteiten zijn biefstuk Sainte-Menehould met mosterd, waterkers en nieuwe aardappels. De salades, zoals friséesla met peer, zijn toppers. De vaste lunch- en dinermenu's zijn erg voordelig.

Fringale $$$

570 Fourth St., 94107 **Tel.** *415–543 0573* **Kaart** *11 C1*

Klein, lawaaiig en feestelijk; deze levendige bistro blijft een populaire keus vanwege de goede Frans-Baskische keuken en het vriendelijke personeel. Op het traditionele menu staat gegrild vlees, waaronder malse lamsgerechten, geserveerd met vers brood. Men heeft een paar visschotels.

Bacar $$$$

448 Brannan St., 94107 ***Tel.*** *415–904 4100* ***Kaart*** *11 C1*

Het sobere interieur en de hippe jazzmuziek op de achtergrond zorgen voor een strakke sfeer in deze restaurant-lounge. Men serveert Amerikaanse fusiongerechten met als specialiteit zeebanket. De wijnkelder beslaat drie etages en is net zo lang als het hele restaurant. De kelder bevat de grootste internationale collectie wijnen van de stad.

BUITEN HET CENTRUM

Ajanta $

1888 Solano Ave., 94706 ***Tel.*** *510–526 4373*

Ajanta lokt zijn klanten voornamelijk met de fantastische curry's en vleesgerechten uit de oven, voor u naar eigen wens gekruid. De authentieke Indiase gerechten zijn zeer betaalbaar en worden door vriendelijk personeel rondgebracht. In de eetruimte ziet u op de muren kopieën van de rotstekeningen van Ajanta.

Dipsea Café $

200 Shoreline Hwy., 94941 ***Tel.*** *415–381 0298*

Voor wie zoekt naar een hoge stapel pannenkoeken met bosbessen en kip-appel-worstjes, of een grote sappige hamburger, is bij het Dipsea Café aan het goede adres. Het restaurant is prachtig gelegen aan Richardson Bay en kijkt uit over een drassig natuurgebied. Het is alleen open voor het ontbijt en de lunch.

Fenton's Creamery $

4226 Piedmont Ave., 94611 ***Tel.*** *510–658 7000*

Grote bollen eigengemaakt ijs in een kaleidoscoop van kleuren en smaken, van pepermunt tot vanille met fudgesaus en pinda's, vinden de weg naar een hoorntje. U ziet bananasplits zo groot als uw hoofd en nog veel meer lekkers. Fenton's Creamery maakt ook eenvoudige sandwiches, met bijvoorbeeld tonijn en eiersalade.

Jz Cool Eatery $

827 Santa Cruz Ave., 94025 ***Tel.*** *650–325 3665*

Deze delicatessenzaak met simpele stoelen en een interieur zonder franje heeft een speciaal kenmerk: de ingrediënten van de soepen, sandwiches en lichte desserts zijn allemaal biologisch. Op de kaart staan vegetarische specialiteiten. U kunt uw bestelling ook meenemen.

Amber India $$

377 Santana Row, Ste 1140, 95128 ***Tel.*** *408–248 5400*

De gemarineerde kip van Amber India, een populair restaurant in een strak nieuw jasje, is om bij te watertanden, evenals het overheerlijke, en drukbezochte, lunch- en weekendbuffet. De tafels zijn gedekt met teer porcelein en de snelle en geruisloze bediening maken het plaatje compleet.

O Chame $$

1830 Fourth St., 94710 ***Tel.*** *510–841 8783*

O Chame is een van de restaurants aan de trendy winkelstraat Fourth Street, en serveert zorgvuldig bereide, kunstig opgemaakte traditionele Japanse schotels zoals zalmteriyaki en misosoep. Het interieur is eenvoudig, en creëert op doordachte wijze een rustpunt na alle drukte op straat.

Olema Inn $$

10,000 Sir Francis Drake Blvd., 94950 ***Tel.*** *415–663 9559*

Olema Inn stamt uit 1876 en fungeerde vroeger als halte voor de postkoets. Het interieur vormt een indrukwekkende achtergrond voor eenvoudige en stijlvolle maaltijden, gemaakt met verse ingrediënten. Specialiteiten zoals oesters uit de Tomales Bay verschijnen vaak op het menu. Ideaal na een bezoek aan Point Reyes National Seashore.

The Pelican Inn $$$

10 Pacific Way, 94965 ***Tel.*** *415–383 6000*

In een omgeving die zo uit de Cotswolds lijkt te komen, staat deze restaurantherberg, opgetrokken uit hout en steen. Men serveert heerlijk Engels eten, zoals een geweldige shepherd's pie, vergezeld van een glas lauwe Guinness van de tap. In de zomer wordt er dagelijks een lunch en een diner verzorgd. 's Winters is het restaurant gesloten.

Lark Creek Inn $$$$

234 Magnolia Ave., 94939 ***Tel.*** *415–924 7766*

Topkok Bradley Ogdens eersteklas restaurant ligt verscholen in een lieflijk sequoiabos in het aardige stadje Larkspur. Het menu is een eerbetoon aan plaatselijke producten zoals vlees en verse groenten, en geeft de term 'eigengemaakt' een paar extra waardepunten.

Chez Panisse $$$$$

1517 Shattuck Ave., 94709 ***Tel.*** *510–548 5525*

Alice Waters, de ster van de Californische keuken, heeft vanuit dit restaurant een groot aantal koks opgeleid. De gerechten worden nog steeds gekenmerkt door haar overtuiging dat de kwaliteit van het product het belangrijkst is. U zult hier geen scherpe sauzen aantreffen; alleen heel veel smaak. Het is nodig om ver van tevoren te reserveren.

NOORD-CALIFORNIË

CARMEL Duarte Tavern $

202 Stage Rd. (Pescadero Rd.), 94060 ***Tel.*** *650–879 0464*

Een autorit langs de zuidelijke kustweg Route 1 is niet compleet zonder te stoppen bij de Duarte Tavern, een wegrestaurant dat bekendstaat om zijn typisch Amerikaanse keuken, waaronder eigengemaakte soepen. De specialiteit van het huis is een pastei, gemaakt van de zogenaamde 'olallieberry', een plaatselijke bessensoort.

CARMEL Flying Fish Grill $$$

Carmel Plaza, Mission St. ***Tel.*** *831–625 1962*

Ondanks de ligging in het hart van een druk winkelgebied, blijft de Flying Fish Grill favoriet bij degenen die in een informele sfeer verse vis willen eten. Het kleine restaurant, met veel onderwaterthema's, wordt gerund door vriendelijke eigenaars en grilt het zeebanket op Japanse wijze.

CARMEL Anton & Michel $$$$

Mission St. tussen Ocean & Sevent ***Tel.*** *831–624 2406*

Dit is sinds 1980 de 'grand dame' van Carmel. Het restaurant heeft een klassiek, continentaal menu en een uitstekende wijnkaart. De specialiteiten zijn steaks, lamscarré en paella van zeebanket. U kunt bij een loeiend haardvuur zitten of, in de zomer, rond een fontein op de pittoreske binnenplaats.

CARMEL Marinus $$$$$

415 Carmel Valley Rd. ***Tel.*** *831–658 3500*

De Bernardus Lodge is elegant en rustiek tegelijk, en de eetruimte ligt in het dal, een eindje verwijderd van de oceaan. Het lokt mensen die willen dineren of even weg willen uit alle drukte. De heerlijke, Californisch-Franse *nouvelle cuisine* wordt gesteund door een wijnkaart met onder andere wijnen uit de Bernardus Winery.

LAKE TAHOE Alexander's $

High Camp, Squaw Valley, Olympic Valley, 96146 ***Tel.*** *530–581 7278*

Alexander's bereiken is al een plezier op zich: de Squaw Valley-tram beweegt zich op een hoogte van 610 meter boven de vallei, op weg naar dit hooggelegen restaurant. Het eten is niet heel bijzonder, maar er is een speciaal kindermenu. Dit is een perfecte plek om bij te komen na een dag hard skiën.

LAKE TAHOE Fire Sign Cafe $

1785 West Lake Blvd., 96145 ***Tel.*** *530–583 0871*

Dit vrolijke café heeft de naam dat het het beste ontbijt van heel Lake Tahoe serveert. Het is zeven dagen per week open voor ontbijt en lunch. U vindt er dagelijks een grote sortering verse muffins, en de dikke soep en verse sandwiches lokken veel klanten.

LAKE TAHOE Dory's Oar Restaurant $$

1041 Fremont Ave., 96150 ***Tel.*** *530–541 6603* ***Fax*** *530–541 5332*

Dory's is gevestigd in een charmant, wit houten huis en in de formele eetruimte komen vers zeebanket en steaks op tafel, zoals rode snapper en gegrilde, Nieuw-Zeelandse lamslende. Boven serveert men in de informele Tudor Pub een glas Guinness en een aantal andere tapbieren, plus goedkope pubgerechten.

LAKE TAHOE Bacchi's Inn $$$

2905 Lake Forest Rd., 96145 ***Tel.*** *530–583 3324*

Bacchi's Inn werd geopend in 1935 en is het oudste restaurant van Lake Tahoe. Op het menu staan Italiaanse klassiekers, zoals kalfsvlees met parmigiana, nog maar een onderdeel van een overdadig diner, met soep, salade, antipasti en een bijgerecht van ravioli, spaghetti of tortellini. De wijn komt er wel extra bij.

MENDOCINO Mendo Bistro $$

301 N Main St., 95437 ***Tel.*** *707–964 4974*

De populaire Mendo Bistro heeft een menu dat wisselt per seizoen, en gebruikt daarvoor veel plaatselijke producten. Een van de specialiteiten is een salade met warme walnoten-geitenkaas en citrus. Op de wijnkaart vindt u alleen wijnen uit deze streek, die goed samengaan met de bekroonde krabkoekjes en vleesgerechten, naar eigen wens bereid.

MENDOCINO Sharon's by the Sea $$

32096 N Harbor Dr., 95437 ***Tel.*** *707–962 0680*

Sharon's wordt aan de noordkust beschouwd als het beste voor het minste geld en het restaurant serveert supervers zeebanket. U kunt uw maaltijd gevangen zien worden vanaf een houten vlonder, buiten onder de brug. Het kleine houten gebouw staat wat verscholen op een pier. U kunt er ook terecht voor een ontbijt.

MENDOCINO Albion River Inn $$$

3790 North Hwy. 1, 95410 ***Tel.*** *707–937 1919*

De zonsondergang in zee is een spectaculair gezicht vanaf uw tafel in de Albion River Inn. De restaurantherberg serveert verse en eenvoudige gerechten en u kunt er ook blijven slapen, zeker als u zich tegoed hebt gedaan aan de grote collectie whisky's. 's Winters kunt u vanaf deze hoogte de walvissen voorbij zien trekken.

Voor prijzen *zie blz. 228* **Verklaring van de symbolen** *zie achterflap*

MENDOCINO Café Beaujolais $$$$

961 Ukiah St., 95460 ***Tel.*** *707–937 5614*

De Franse *nouvelle cuisine* van Café Beaujolais is eenvoudig en overheerlijk. Begin met de pompoensoep met tomaten, ui, gruyèrekaas, gehakte prosciutto en roggecroutons. De verleidelijke geuren van versgebakken brood uit de naastgelegen bakkerij maakt hongerig. U kunt buiten zitten in de lieflijke tuin of binnen in de gezellige bungalow.

MENDOCINO Victorian Gardens $$$$$

14409 North Hwy. 1, 95459 ***Tel.*** *707–882 3606*

Deze exclusive bed-and-breakfast op 37 hectare grond lijkt zo uit een sprookje te komen. Het is een minikasteel met een mooie, verfijnde inrichting van vroeger. Het menu, bestaande uit louter verse producten, wordt elke avond geserveerd in de elegante eetzaal van de Victorian Gardens, met ruimte voor 16 personen.

NAPA WIJNSTREEK Cook St.-Helena $$

1310 Main St., 94574 ***Tel.*** *707–963 7088*

Cook St.-Helena is een informele eetgelegenheid en serveert knapperige en verse salades, pasta's en vleesgerechten. Het goede eten, de redelijke prijzen (zeker voor dit gebied), en de vriendelijke bediening trekken ook de plaatselijke bevolking. De eigengemaakte lasagna en aubergine met parmigiana zijn toppers.

NAPA WIJNSTREEK Willow Wood Market Café $$

9020 Graton Rd., 95444 ***Tel.*** *707–522 8372*

Dit hippiecafé in het kleine stadje Graton is een combinatie van café en winkel, en is het volslagen tegenbeeld van de moderne restaurants in deze streek. Men serveert een stevig ontbijt, eigengemaakte soepen, innovatieve sandwiches en gebak dat geenszins een gat in uw budget zal slaan.

NAPA WIJNSTREEK Tra Vigne $$$

1050 Charter Oak Ave., 94574 ***Tel.*** *707–963 4444*

Deze eetgelegenheid lijkt op een Toscaanse villa en is typisch voor deze wijnstreek. Het restaurant is befaamd om zijn goddelijke interpretatie van Italiaanse specialiteiten en de creatieve wijnkaart. De bar is een ontmoetingsplaats voor de plaatselijke wijnhandelaren. Bij de oude olijvenfabriek aan het eind van de straat kunt u een picknickmand halen.

NAPA WIJNSTREEK French Laundry $$$$$

6640 Washington St., 94599 ***Tel.*** *707–944 2380*

French Laundry is de crème-de-la-crème onder de restaurants van deze wijnstreek en als u niet ver van tevoren gereserveerd hebt, komt u moeilijk binnen. De weergaloze interpretatie van de Franse *nouvelle cuisine*, de vlekkeloze bediening, prachtige tuinen en het schitterende interieur zorgen ervoor dat u voorlopig niet weg wilt.

NAPA WIJNSTREEK Meadowood Grill $$$$$

900 Meadowood Ln., 94574 ***Tel.*** *707–963 3646*

De Grill ligt in het mondaine Meadowood Resort, en heeft een buitenterras met uitzicht op de pasgemaaide gazons. Men serveert heerlijk verse, Amerikaanse gerechten, aangevuld met een wijnkaart met wijnen uit deze streek. De groente komt uit eigen tuin en de hamburger wordt gemaakt van scharrelvlees en ligt op een eigengemaakt broodje.

YOSEMITE Yosemite Lodge Food Court $

Rte 140, Yosemite Village, 95389 ***Tel.*** *559–253 5635*

Dit is een goedkoop alternatief voor de dure restaurants in de vallei en u kunt hier terecht voor ontbijt, gebak, pasta's en pizza's. Ook is er een grill met hamburgers, hot dogs, patat en sandwiches. Op het menu staan tevens vegetarische schotels en vleesgerechten, plus een aantal desserts. Het hele jaar geopend voor alle maaltijden.

YOSEMITE Columbia City Hotel $$

Columbia State Historic Park, 95310 ***Tel.*** *800–532 1479*

Sinds 1986 wordt dit hotel elk jaar bekroond met de Wine Spectator Restaurant-award. Het historische hotel is een opleidingsinstituut voor toekomstige koks. Speciale tweegangendiners kosten $14 per persoon; ook zijn er maaltijden uit het studentenkookboek. Het is geopend van half september tot half november, op woensdag en donderdag.

YOSEMITE Ahwahnee $$$

One Ahwahnee Rd., Yosemite Village, 95389 ***Tel.*** *209–372 1489*

Ahwahnee is de koningin onder de hotels in het National Park, met een adembenemend uitzicht, hoge balkenplafonds en een stijlvol menu. Als lunch kunt u een kipsandwich nemen, besmeerd met chili. Probeer voor het diner de biologische varkensmedaillon met pecannotenkorst. Voor ontbijt en lunch hoeft u zich niet speciaal te kleden.

YOSEMITE Wawona Lodge $$$

Route 41, South Park, 95389 ***Tel.*** *209–375 1425*

Dit is een victoriaans hotel met een charmante, rustieke sfeer. Men serveert ontbijt, lunch en diner. Op het menu staan biefstuk en hartige gerookte-forelsoep. 's Zomers verzamelt men zich elke zaterdag om de houtgestookte barbecue voor het diner. Het hotel is zeven dagen per week geopend.

YOSEMITE Erna's Elderberry House $$$$$

48688 Victoria Ln. (Hwy. 41), 93644 ***Tel.*** *559–683 6800*

Erna's Elderberry House is onderdeel van de herberg van het Chateau de Sureau, maar is een bestemming op zich. De extravagante menukaart met verfijnde gerechten uit de Europese keuken bevat een zesgangendiner, van een *amuse bouche* (zoals de terrine met hert en cantharellen) tot een *délice du pâtissier*. Het menu verandert dagelijks.

De cafés van San Francisco

In San Francisco hoeft u nooit lang te zoeken naar een plek om uw dorst te lessen. De stad staat bekend als een paradijs voor koffieliefhebbers en er zijn cafés te over. Echte kenners zijn in North Beach en het Missiondistrict aan het juiste adres, want daar zit er een aantal bij elkaar. Hier kunt u naar hartenlust proeven en genieten van diverse lekkernijen.

CAFÉS

Met zoveel cafés kunt u de hele dag overal koffiedrinken zonder een keer in dezelfde gelegenheid te komen. **Peet's Coffee & Tea** schenkt al vier decennia lang donkere, sterke koffie. Het **Emporio Rulli Il Caffè** is genesteld op Union Square. Het **Caffè Trieste**, in North Beach, is een bohemienachtig tentje met lekkere koffie. Er staat ook een jukebox met muziek uit Italiaanse opera's, en soms komen er op middagen in het weekend familieleden zingen en muziek spelen. **Caffè Greco, Caffè Puccini** en **Caffè Roma** zijn ook zeker de moeite waard. Zowel hier als in het SoMadistrict staan veel koffiehuizen.
In **Mario's Bohemian Cigar Store Café**, met uitzicht op Washington Square, komen regelmatig beatniks; proef de koffie verkeerd met een foccaciabroodje. **Vesuvio** *(blz. 270)* serveert een heerlijke espresso. Bestel bij het **Stella Pasticceria e Caffè** een cappuccino met de specialiteit *Sacripantina*, een cake gemaakt met rum, marsala, sherry en zabaglione.
In het Mission District vindt u **Café La Bohème**, regelmatig bezocht door de literaire bevolking van San Francisco. Het **Café Flore** in Market Street is erg stijlvol, en **Firenze**, naast het Civic Center, heeft uitstekende koffie en gebak. Francofielen zullen zeker waardering hebben voor **Café Claude**, een aantrekkelijk Frans café met oud meubilair uit een Parijse bar, verscholen in een steegje nabij Union Square. In **Café de la Presse**, tegenover de Chinatown Gateway, kunt u uw hart ophalen aan allerlei buitenlandse tijdschriften. De koffiehuizen in SoMa variëren van het **Caffè Museo** en **Natamo Café** van het SFMOMA, tot een café als **Brainwash**, een combinatie van café, vermaak en wasserette. Het **Blue Danube Coffee House** en het **Toy Boat Café** vindt u op Clement Street. **Mobi Tobi's Revolution Café & Art Bar** combineert Hayes Valley-koffie met kunst. Bij **Fritz** geven de pannenkoeken een Belgisch accent aan de koffie. Bij **The Canvas** ontdekt u kunst en entertainment uit de Inner Sunset District en heerlijke aroma's lokken u naar **Beanery**.

ADRESSEN

CAFÉS

Beanery
1307 9th Ave.
Kaart 8 F3.
Tel. *661 1255.*

Blue Danube Coffee House
306 Clement St.
Kaart 3 A5.
Tel. *221 9041.*

Brainwash
1122 Folsom St.
Kaart 11 A1.
Tel. *861 3663.*

Café La Bohème
3318 24th St.
Kaart 10 F4.
Tel. *643 0481.*

Café Claude
7 Claude La.
Kaart 5 C4.
Tel. *392 3505.*

Café Flore
2298 Market St.
Kaart 10 D2.
Tel. *621 8579.*

Caffè Greco
423 Columbus Ave.
Kaart 5 B3.
Tel. *397 6261.*

Caffè Museo
151 3rd St.
Kaart 6 D5.
Tel. *357 4500.*

Café de la Presse
352 Grant Ave.
Kaart 5 C4.
Tel. *398 2680.*

Caffè Puccini
411 Columbus Ave.
Kaart 5 B3.
Tel. *989 7033.*

Caffè Roma
526 Columbus Ave.
Kaart 5 B3.
ook: 885 Bryant St.
Kaart 11 B2.
Tel. *296 7662.*

Caffè Trieste
601 Vallejo St.
Kaart 5 C3.
Tel. *392 6739.*

The Canvas
1200 9th Ave.
Kaart 8 F3.
Tel. *504 0060.*

Emporio Rulli Il Caffè
op Union Square.
Kaart 5 C5.
Tel. *433 1122.*

Firenze
601 Van Ness Ave.
Kaart 4 F5.
Tel. *771 5454.*

Frjtz
579 Hayes St.
Kaart 4 E5.
Tel. *864 7654.*

Mario's Bohemian Cigar Store Café
566 Columbus Ave.
Kaart 5 B2.
Tel. *362 0536.*

Momi Tobi's Revolution Café & Art Bar
528 Laguna St.
Kaart 10 E1.
Tel. *626 1508.*

Natoma Café
145 Natoma St.
Kaart 6 D5.
Tel. *495 3289.*

Peet's Coffee & Tea
22 Battery St.
Kaart 6 D4.
Tel. *981 4550.*

Stella Pasticceria e Caffè
446 Columbus Ave.
Kaart 5 B3.
Tel. *986 2914.*

Toy Boat Dessert Café
401 Clement St.
Kaart 3 A5.
Tel. *751 7505.*

Vesuvio
255 Columbus Ave.
Kaart 5 C3.
Tel. *362 3370.*

Lichte maaltijden en snacks

Als u geen tijd hebt om uitgebreid te gaan eten, kunt u overal in San Francisco een snelle maaltijd krijgen. Er zijn veel gelegenheden die goede fastfoodgerechten serveren, maar het is de moeite waard om uit te kijken naar restaurants die iets bijzonders bieden.

ONTBIJT

Koffie en broodjes, of eieren met spek, vindt u overal in San Francisco, maar op een Amerikaans ontbijt kunt u de hele dag vooruit. **Sears Fine Foods** aan Union Square is een begrip. **Le Petit Café** verzorgt in het weekeinde een uitstekende brunch. Hotels bieden vaak een goed ontbijt, net als een aantal restaurants *(blz. 228–241)*.

DELI'S

Voor het perfecte roggebrood met corned beef moet u bij **David's** zijn, de grootste en meest centraal gelegen delicatessenzaak in San Francisco. **Tommy's Joynt** in het Civic Center, **Pat O'Shea's Mad Hatter** in het Richmond District en **Molinari's** in North Beach zijn eveneens een bezoek waard. De **Real Food Deli/ Grocery** in Russian Hill verkoopt biologische producten.

HAMBURGERTENTEN

Een cheese- of hamburger kunt u natuurlijk op alle gebruikelijke adressen krijgen, maar het is leuker om een van de oorspronkelijke hamburgertenten van San Francisco te bezoeken. De **Grubstake**, gevestigd in een oude metrowagon, is tot laat open, **Mel's Drive-In** is een café in de stijl van de jaren 50, en **Louis'** biedt een onovertroffen uitzicht op de resten van de Sutro Baths *(blz. 157)*. **Bill's Place** in het Richmond District serveert ongeveer twintig verschillende burgers die allemaal naar beroemdheden zijn vernoemd.

PIZZERIA'S

San Francisco telt veel goede pizzeria's, de meeste in North Beach. Kies tussen het traditionele **Tommaso's**, de populaire **North Beach Pizza** en de chaotische **Golden Boy**. Voor exotische pizza's gaat u naar **Pauline's** in het Mission District of de pizzaketen **Extreme Pizza** in Pacific Heights.

MEXICAANS ETEN

Lekker en goedkoop Mexicaans eten kunt u kopen bij stalletjes in de hele stad. **El Balazo**, **Pancho Villa**, de **Roosevelt's Tamale Parlor** en **Left Turn at Albuquerque** hebben heerlijke snacks. Ga naar **El Super Burrito** voor een hapje voor of na de film, lage prijzen en grote porties.

ADRESSEN

ONTBIJT

Le Petit Café
2164 Larkin St.
Kaart 5 A3.
Tel. *951 8514.*

Pork Store Café
1451 Haight St.
Kaart 9 B1.
Tel. *864 6981.*

Sears Fine Foods
493 Powell St.
Kaart 5 B4.
Tel. *986 1160.*

DELI'S

David's
474 Geary St.
Kaart 5 B5. ***Tel.*** *276 5950.*

Molinari's
373 Columbus Ave.
Kaart 5 C3.
Tel. *421 2337.*

Pat O'Shea's Mad Hatter
3848 Geary Blvd.
Kaart 3 A5.
Tel. *752 3148.*

Real Food Deli/Grocery
2140 Polk St.
Kaart 5 A3.
Tel. *673 7420.*

Tommy's Joint
1101 Geary Blvd.
Kaart 5 A5.
Tel. *775 4216.*

HAMBURGERTENTEN

Bill's Place
2315 Clement St.
Kaart 2 D5.
Tel. *221 5262.*

Grubstake
1525 Pine St.
Kaart 4 F4.
Tel. *673 8268.*

Louis'
902 Point Lobos Ave.
Kaart 7 A1.
Tel. *387 6330.*

Mel's Drive-In
3355 Geary Blvd.
Kaart 3 B5.
Tel. *387 2244.*

PIZZERIA'S

Extreme Pizza
1908 Union St.
Kaart 4 D3.
Tel. *929 8234.*

Golden Boy
542 Green St.
Kaart 5 B3.
Tel. *982 9738.*

North Beach Pizza
1310 Grant Ave.
Kaart 5 B1.
Tel. *433 1818.*
ook: 1499 Grant Ave.
Kaart 5 C2.
Tel. *433 2444.*

Pauline's
260 Valencia St.
Kaart 10 F2.
Tel. *552 2050.*

Tommaso's
1042 Kearny St at Broadway.
Kaart 5 C3.
Tel. *398 9696.*

MEXICAANS ETEN

El Balazo
1654 Haight St.
Kaart 9 B1.
Tel. *864 6981.*

El Super Burrito
1200 Polk St.
Kaart 5 A5.
Tel. *771 9700.*

Left Turn at Albuquerque
2140 Union St.
Kaart 4 D3.
Tel. *749 6700.*

Pancho Villa
3071 16th St.
Kaart 10 F2.
Tel. *864 8840.*

Roosevelt Tamale Parlor
2817 24th St.
Kaart 10 F4.
Tel. *550 9213.*

WINKELEN IN SAN FRANCISCO

Winkelen in San Francisco is veel meer dan gewoon iets kopen, het is een ervaring die u een blik gunt op de cultuur van de stad. Alles is hier te koop, van praktische zaken tot buitenissige snufjes. U kunt rustig de tijd nemen, want snuffelen wordt over het algemeen uitstekend gevonden, vooral in de vele kleine gespecialiseerde winkeltjes en boetieks van het centrum. Wie er vooral op gericht is snel boodschappen te doen, kan terecht in winkelcentra en warenhuizen, en wie *couleur locale* zoekt, vindt in elke buurt weer een andere sfeer.

Klok boven de ingang van Tiffany's

Emporio Armani *(blz. 251)*

OPENINGSTIJDEN

De meeste winkels zijn van maandag tot en met zaterdag open van 10.00 tot 18.00 uur. Veel winkelcentra en warenhuizen zijn ook 's avonds en op zondag open. 's Morgens is het meestal rustig, maar rond lunchtijd (12.00–14.00 uur), op zaterdagen, feestdagen en met de uitverkoop is het vaak hectisch.

BETALEN

In de meeste winkels worden creditcards geaccepteerd, hoewel er vaak wel een minimumbedrag geldt. Als u travellercheques gebruikt, moet u zich legitimeren. Buitenlands geld of cheques worden zelden aangenomen. In kleine winkels moet u soms contant betalen.

CONSUMENTENBELANGEN

Bewaar het bonnetje als u iets hebt gekocht. Elke winkel hanteert eigen regels op het gebied van ruilen en teruggave. Winkels mogen geen hogere prijs berekenen als u met een creditcard betaalt, maar kunnen wel korting geven bij contant betalen. Bij problemen kan de Consumer Protection Unit of het California Department of Consumer Affairs u misschien helpen.

Telefoonnummers Consumer Protection Unit ***Tel.*** *551 9575.* California Department of Consumer Affairs ***Tel.*** *916-445 0660.*

UITVERKOOP

In veel winkels wordt er aan het eind van de maand, rond feestdagen en aan het begin van het seizoen uitverkoop gehouden. Kijk op woensdag of op zondag in een plaatselijke krant voor meer informatie. Kijk uit voor bordjes met 'Going out of business' (Wij gaan sluiten), want die hangen er soms al jaren. Vraag in de buurt of het hier om een echte uitverkoop gaat.

BELASTING

De btw bedraagt in San Francisco 8,5 procent en wordt bij aankoop bij de prijs opgeteld. Toeristen kunnen dit bedrag niet terugkrijgen, maar zijn vrijgesteld als de aankoop wordt verzonden naar een bestemming buiten Californië. Bij thuiskomst moet u misschien invoerrechten betalen.

WINKELEXCURSIES

Als u naar de beste winkels in een bepaald gebied wilt worden gebracht, kunt u meegaan op een speciale winkelexcursie. Deze worden georganiseerd door bedrijven als A Simple Elegance Shopping Tour en Shopper Stopper Shopping Tours. Een gids brengt u van winkel naar winkel en weet allerlei ongewone artikelen te vinden.

Telefoonnummers A Simple Elegance Shopping Tour ***Tel.*** *661 0110.* Shopper Stopper Shopping Tours ***Tel.*** *707-829 1597.*

WINKELCENTRA

In tegenstelling tot de winkelcentra van de Amerikaanse voorsteden hebben die van San Francisco karakter. Een klein aantal is zelfs van bouwkundig belang. Het Embarcadero Center *(blz. 110)* telt ruim 125 winkels op een

Vlaggen en pagode in het Japan Center

Bloemenstalletje op Union Square

oppervlak van acht huizenblokken. Ghirardelli Square *(blz. 83)* was van 1893 tot het begin van de jaren zestig een chocoladefabriek en biedt nu onderdak aan ruim zeventig restaurants en winkels.
De meer dan vijfenzestig winkels van The Westfield Shopping Centre *(blz. 117)* liggen verspreid over negen niveaus. Pier 39 *(blz. 82)* is een marktplein aan het water, met restaurants, een jachthaven en veel gespecialiseerde winkels. In de Cannery *(blz. 83)*, aan Fisherman's Wharf, vindt u allerlei gezellige winkeltjes, en de spectaculaire Crocker Galleria *(blz. 116)* biedt onder een hoge glazen koepel drie verdiepingen met winkels rond een plaza.
In het Japan Center *(blz. 128)*, compleet met pagode, Japans hotel en traditionele baden, worden exotisch eten, artikelen en kunst uit het Oosten verkocht. Het Rincon Center *(blz. 113)*, met zijn 27 m hoge waterzuil in het midden, is een art-decogebouw met winkels en restaurants.

WARENHUIZEN

De meeste grote warenhuizen van San Francisco bevinden zich aan of in de omgeving van Union Square. Het zijn enorme magazijnen die hun klanten een grote keuze bieden aan artikelen en diensten. De uitverkoop verloopt vaak zeer hectisch, als inwoners van de stad en toeristen zich verdringen bij de koopjes. Er zijn allerlei extra voorzieningen aanwezig, zoals een garderobe waar u uw bezittingen kunt achterlaten, rondleidingen door het warenhuis, gratis inpakservice of ontspannende behandelingen in een schoonheidssalon.
Macy's neemt twee huizenblokken in beslag. Het warenhuis biedt een enorm aantal artikelen, allemaal aantrekkelijk uitgestald en verkocht door enthousiast personeel. Vooral de herenafdeling is uitgebreid.
Neiman Marcus is stijlvol gehuisvest in een modern gebouw dat bij de opening in 1982 voor nogal wat opwinding zorgde. Het kwam in de plaats van een populaire winkel uit de jaren negentig van de 18de eeuw. De enorme koepel in het Rotunda Restaurant maakte deel uit van het oude gebouw.
Nordstrom, voor mode en schoenen, staat in de stad bekend als de 'store-in-the-sky': het is gevestigd in The Westfield Shopping Centre.
Bloomingdales biedt een gigantische keus aan verleidelijke topmerken, luxe handtassen, accessoires, cosmetica en schoenen.
Mensen met een wat smallere beurs hoeven niet verder te gaan dan het warenhuis **Mervyn's**. U vindt er kleding voor vrouwen, mannen en kinderen, en er is een keuze aan accessoires. Maar u vindt er ook huishoudelijke artikelen en bed- en badmode. Er is voor iedereen wel iets, waaronder cosmetica, schoenen en lingerie.

DE BESTE KOOPJES

Fijnproevers gaan op zoek naar vis, een van de specialiteiten van de stad. Californische wijn is ook een goede aankoop, vooral in de Napa Valley (blz. 190–191). Spijkerbroeken, tweedehands kleding, etnische kunst, boeken en platen zijn relatief goedkoop.

City Lights Bookstore *(blz. 254)*, aan Columbus Avenue

ADRESSEN

Bloomingdales
865 Market St. **Kaart** 5 C5.
Tel. *856 5300.*

Macy's
Stockton and O'Farrell Sts.
Kaart 5 C5.
Tel. *397 3333.*

Mervyn's
2675 Geary St.
Kaart 5 C5.
Tel. *921 0888.*

Neiman Marcus
150 Stockton St. **Kaart** 5 C5.
Tel. *362 3900.*

Nordstrom
Westfield Shopping Centre,
865 Market St. **Kaart** 5 C5.
Tel. *243 8500.*

Uitstalling van artikelen in warenhuis Gump's *(blz. 249)*

Hoogtepunten: winkelen

Het is de verscheidenheid die winkelen in San Francisco tot zo'n avontuur maakt. De beste winkelwijken worden hier beschreven – elk vertegenwoordigt een ander aspect van de stad. Etalages kijken kunt u het beste in Union Square, terwijl koopjesjagers terecht kunnen in de discountwinkels van South of Market.

Markten
Kunst, kunstnijverheid en delicatessen worden verkocht in stalletjes op buurtmarkten zoals deze op Union Street die in juni wordt gehouden.

Union Street
In deze winkelstraat, waar meer dan 300 boetieks zijn, kunt u vooral antiek, boeken en kleding kopen (blz. 254).

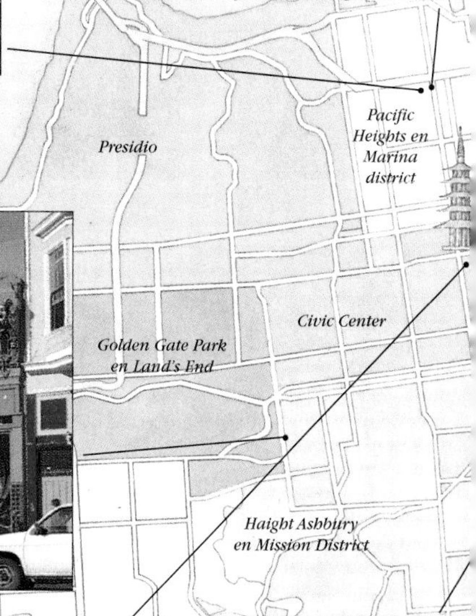

Presidio

Pacific Heights en Marina district

Civic Center

Golden Gate Park en Land's End

Haight Ashbury en Mission District

Haight Street
Dit is de beste plek in San Francisco voor tweedehands kleding, platen en boeken (blz. 254).

Antiekwinkels aan Jackson Square
Liefhebbers van antiek kunnen snuffelen in de winkels van Jackson Square (blz. 254).

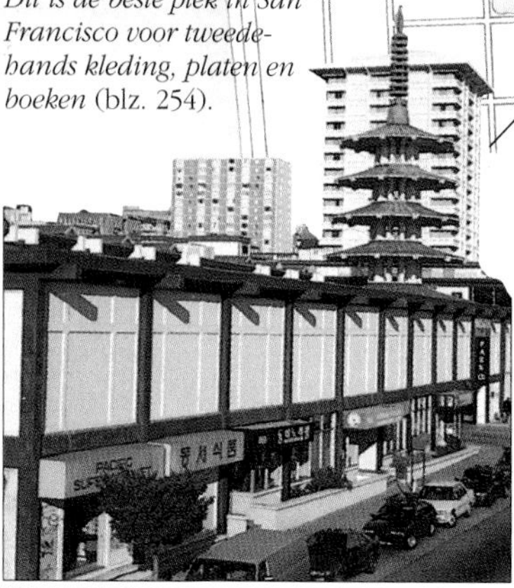

Japan Center
Hier kunt u echt Japanse artikelen en etenswaren kopen en Japanse cafés, galeries of hotels bezoeken (blz. 245).

0 kilometer 2

UN Plaza
Tweewekelijkse boerenmarkt op het plein genoemd naar de ondertekening van het United Nations Charter (blz. 256).

Grant Avenue
Met zijn geschilderde balkons, souvenirwinkels en cafés is dit de hoofdstraat van Chinatown (blz. 256).

Crocker Galleria
De drie verdiepingen van dit moderne winkelcentrum, waar door het glazen dak daglicht binnen valt, bieden onderdak aan elegante winkels. Op zonnige dagen kunt u in de daktuinen picknicken (blz. 245).

Fisherman's Wharf en North Beach

Financial District en Union Square

Chinatown en Nob Hill

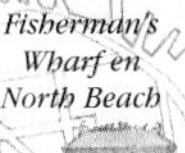

Saks Fifth Avenue
Warenhuis dat synoniem is aan exclusieve stijl en elegantie (blz. 245).

WINKELEN ROND UNION SQUARE

Wie eens een dagje wil winkelen, kan heel goed terecht in het gebied tussen Geary, Powell en Post Street, en in de straten eromheen tussen Market en Sutter Street. Luxe winkels en goedkope boetieks verkopen alles van chic beddengoed en rashonden tot souvenirs. Grote hotels, verfijnde restaurants en kleurrijke bloemenstalletjes dragen bij aan de goede sfeer.

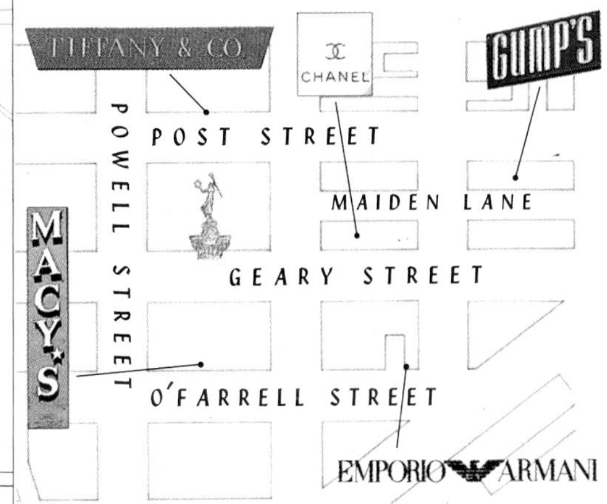

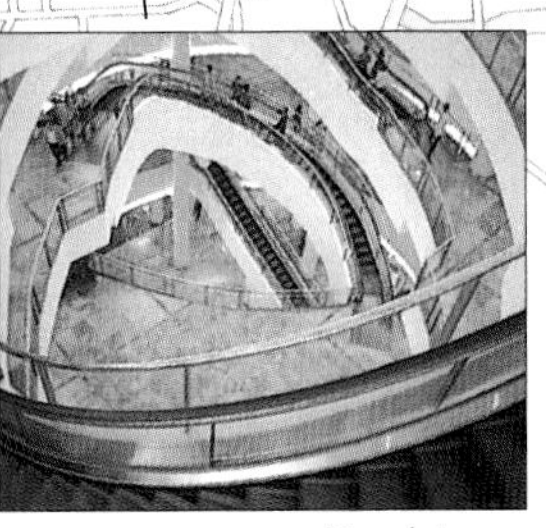

Nordstrom
Dit modehuis is gevestigd in het blinkende Westfield Shopping Center, met 400 winkels op negen verdiepingen (blz. 245).

Alleen in San Francisco

De ondernemingslust in San Francisco is groot en vernieuwend. De eigenaars van kleine winkels, ontwerpers en inkopers stellen er eer in om hun klanten ongewone en met de hand gemaakte artikelen aan te bieden en vertellen ook graag over de herkomst van deze voorwerpen. Van grappige ansichtkaarten tot fijn handgeschept papier, van Chinese kruidenthee tot hightechsnufjes: alles is hier te koop. Deze speciaalzaakjes, verstopt in verborgen hoeken van de stad of deel van een grotere groep winkeltjes, maken winkelen in San Francisco tot een opwindende ervaring.

SPECIAALZAKEN

Als u wilt lachen, moet u naar **Smile-A Gallery with Tongue in Chic** gaan, waar grappige kunst op kleding en andere voorwerpen wordt verkocht.
Malm Luggage, een familiebedrijf in koffers, diplomatentassen en kleine lederwaren, geniet sinds de dagen van de goldrush een uitstekende reputatie.
Bij **Comix Experience** vindt u stripboeken en strippparafernalia van net uitgekomen werk tot antieke, zeer dure oude werken.
Verfijnd Italiaans aardewerk (majolica) staat tentoongesteld bij **Biordi Art Imports** in North Beach, waar met de hand beschilderd vaatwerk, vazen en schalen worden verkocht.
Wie de sfeer van het echte Chinatown wil proeven, gaat naar **Ten Ren's Tea Company of San Fransisco**.
Bij **Golden Gate Fortune Cookies** laten afstammelingen van Chinese immigranten de bezoekers proeven van de *fortune cookies*, een uitvinding van Chinatown.
Het zestig jaar oude **Flax Art and Design** heeft een grote keuze aan handgeschept papier, schrijfartikelen en kunstenaarsbenodigdheden.
Tiffany & Co. en **Bulgari** verkopen kostbare edelstenen, glanzend goud en horloges van enkele van de beste juweliers van de wereld. **Jeanine Payer** maakt sieraden die bij jong en oud in de smaak vallen, waarbij ze ouderwets vakmanschap combineert met een hedendaags ontwerp.

BENEFIETWINKELS

De inwoners van San Francisco zijn dol op winkelen voor een goed doel. Hieronder vindt u winkels die de bewuste consument een bezoek waard kunnen zijn. De **Planetweavers Treasure Store** is de officiële Unicef-winkel, waar nijverheidsproducten en kleren uit ontwikkelingslanden worden verkocht, evenals pedagogisch speelgoed uit alle delen van de wereld. Unicef krijgt 25 procent van de netto winst. Het **Golden Gate National Park** is een winkel zonder winstoogmerk met allerlei parkmemorabilia, ansichtkaarten, kaarten en boeken. Alle winst die wordt gemaakt in **Under One Roof** gaat naar een van de organisaties voor aidsbestrijding.

SOUVENIRS

Only in San Francisco en de **Cable Car Store** verkopen allerlei souvenirs, zoals T-shirts, sleutelhangers, mokken en kerstversieringen, met motieven erop die de stad symboliseren. Petjes in alle soorten en maten zijn te koop bij **Krazy Kaps**, en bij de ingangen van winkels aan Grant Avenue en Fisherman's Wharf staan manden vol met goedkope souvenirs.

ANTIEK

In het meest vooruitstrevende winkelgebied van San Francisco bevindt zich de **Sacramento Street Antique Dealer's Association**, een aantal winkels die een scala aan waren biedt, van meubilair tot huishoudelijke artikelen. Dit winkelparadijs is zeer geschikt om rond te snuffelen. Liefhebbers van art deco moeten **Decorum** in Market Street aandoen. Hier vindt u een indrukwekkende collectie elegante huishoudelijke voorwerpen en ornamenten. Een grote hoeveelheid antieke Japanse 'Tansu'-kasten vindt u bij **Genji**, en ook andere stukken, gemaakt van bijzondere houtsoorten, uit de Edoperiode.

SPEELGOED EN SPELLETJES

Een van de belangrijkste speelgoedwinkels van de stad, **Toys R Us**, verkoopt alles wat een kind maar wenst. U vindt er een enorm aanbod aan speelgoed, videospelletjes en verzamelspeelgoed, even-als een afdeling met benodigdheden/geschenken voor babies. De **Academy Store** en de **Exploratorium Store** verkopen boeken, pakketten en spelletjes die van leren iets leuks maken. In **Puppets on the Pier** krijgen klanten les in het poppenspelen. **Gamescape** verkoopt alle soorten niet-elektrisch speelgoed, zoals bordspelen, verzamelkaarten en role playing games.
De **Chinatown Kite Shop** geeft met zijn buitengewone assortiment vliegende voorwerpen een nieuwe betekenis aan het begrip winkelen. Er zijn traditionele vliegers en stuntvliegers te koop, die stuk voor stuk een leuk souvenir vormen. In het **Sharper Image** raakt zelfs de volwassene die alles al heeft onder de indruk van technische snufjes en elektronische artikelen. Zie voor leuke winkels voor kinderen bladzijde 275.

MUSEUMWINKELS

Museumwinkelen is ook een mogelijkheid in San Francisco. De winkels bieden schitterende en exclusieve geschenken, uiteenlopend van scheikundedozen tot reproducties van sieraden en beeldhouwwerk. Bezoek in het Golden Gate Park van San Francisco de **Academy Store** in de California Academy of Sciences

(blz. 150–151), een van de belangrijkste natuurwetenschappelijke en natuurhistorische musea van Amerika. Hier kunnen natuurliefhebbers dinosaurusmodellen, realistische rubberdieren en milieuvriendelijke geschenken kopen. Te koop zijn ook artikelen gebaseerd op de Far Side of Science Gallery, de afdeling met werk van cartoonist Gary Larsen. Vlakbij heeft de **de Young Museum Shop** een mooie collectie voorwerpen. De **Legion of Honor Museum Store** *(blz. 156–157)* in het Lincoln Park heeft vele mooie voorwerpen naar aanleiding van lopende tentoonstellingen. De nieuwe **Asian Art Museum Shop** in het Civic Center is goed voorzien van boeken en voorwerpen op het gebied van Aziatische kunst.
Buiten het park heeft de **Exploratorium Store** *(blz. 60–61)* jonge wetenschappers van alles te bieden. Zij vinden hier alles wat ze nodig hebben voor wetenschappelijke experimenten, spelletjes op het gebied van onder andere astronomie en dierkunde, en leerzame boeken en speelgoed. In het Museum of Modern Art *(blz. 118–121)* verkoopt de onlangs uitgebreide **San Francisco MOMA Museum Store** prachtig uitgevoerde kunstboeken, posters, wenskaarten en kleurrijke T-shirts.
Een van de winkels van de stad, **Gump's** *(blz. 116)*, is zo betoverend dat hij wel een museum lijkt. Veel van de artikelen zijn antiek, beperkt verkrijgbaar of uniek in hun soort. Rijke inwoners en toeristen kopen hier meubels, kunst, porselein, kristal en sieraden.

ADRESSEN

SPECIAALZAKEN

Biordi Art Imports
412 Columbus Ave.
Kaart 5 C3.
Tel. *392 8096.*

Bulgari
237 Post St.
Kaart 5 C5.
Tel. *399 9141*

Comix Experience
305 Divisadero St.
Kaart 10 D1.
Tel. *863 9258.*

Flax Art and Design
1699 Market St.
Kaart 10 F1.
Tel. *552 2355.*

Golden Gate Fortune Cookies
56 Ross Alley.
Kaart 5 C3.
Tel. *781 3956.*

Jeanine Payer
672 Market St.
Kaart 5 C5.
Tel. *788 2417.*

Malm Luggage
222 Grant Ave.
Kaart 5 B1.
Tel. *392 0417.*

Smile–A Gallery with Tongue in Chic
500 Sutter St.
Kaart 5 B4.
Tel. *362 3437.*

Ten Ren Tea Company of San Francisco
949 Grant Ave.
Kaart 5 C3.
Tel. *362 0656.*

Tiffany & Co
350 Post St.
Kaart 5 C4.
Tel. *781 7000.*

BENEFIETWINKELS

Golden Gate National Park Store
Embarcadero Center.
Kaart 6 D3.
Tel. *984 0640.*

Planetweavers Treasure Store
1573 Haight St.
Kaart 9 C1.
Tel. *864 4415.*

Under One Roof
549 Castro St.
Kaart 10 D1.
Tel. *252 9430.*

SOUVENIRS

Boudins Bakery
4 Embarcadero Center.
Kaart 6 D3.
Tel. *362 3330.*
Meerdere filialen.

Cable Car Store
Pier 39.
Kaart 5 B1.
Tel. *989 2040.*

Krazy Kaps
Pier 39.
Kaart 5 B1.
Tel. *296 8930.*

Only in San Francisco
Pier 39.
Kaart 5 B1.
Tel. *397 0122.*

ANTIEK

Decorum
1400 Vallejo St.
Kaart 5 B3.
Tel. *474 6886.*

Genji Antiques Inc.
22 Peace Plaza.
Japan Town
Kaart 4 E4.
Tel. *931 1616.*

Sacramento Street Antique Dealers Association
3419 Sacramento St.
Kaart 3 C4.
Tel. *567 4094.*

SPEELGOED EN SPELLETJES

Chinatown Kite Shop
717 Grant Ave.
Kaart 5 C3.
Tel. *391 8217.*

Gamescape
333 Divisadero St.
Kaart 10 D1.
Tel. *621 4263.*

Puppets on the Pier
Pier 39. **Kaart** 5 B1.
Tel. *781 4435.*

Sharper Image
680 Davis St. **Kaart** 6 D3.
Tel. *445 6100.*

Toys R Us
2675 Geary Blvd.
Kaart 3 C5.
Tel. *931 8896.*

MUSEUMWINKELS

Academy Store
California Academy of Sciences, 875 Howard St. (tot 2008). **Kaart** 6 D5.
Tel. *750 7330.*

Asian Art Museum
200 Larkin St.
Kaart 4 F5.
www.asianart.org

de Young Museum
50 Tea Garden Dr., Golden Gate Park. **Kaart** 8 F2.
Tel. *863 3330.*

Exploratorium Store
Marina Blvd. en Lyon St.
Kaart 3 C2.
Tel. *561 0390.*

Gump's
135 Post St. **Kaart** 5 C4.
Tel. *982 1616.*

Legion of Honor Museum Store
Lincoln Park.
Kaart 1 B5.
Tel. *750 3600.*

San Francisco MOMA MuseumStore
Museum of Modern Art.
Kaart 6 D5.
Tel. *357 4035.*

Kleding en accessoires

San Francisco heeft de naam dat het stijlvol is en dat is, kijkend naar de kledingwinkels, zeer verdiend. Het maakt niet uit voor welke gelegenheid u iets zoekt, of u nu designkleding wilt voor een formele bijeenkomst, of een spijkerbroek, u vindt het in San Francisco.
In de August Fashion Week tonen opkomende ontwerpers uit de Bay Area van San Francisco, de westkust en New York hun modellen. De meeste warenhuizen *(blz. 245)* hebben een breed assortiment, terwijl de winkels die hieronder worden genoemd klein zijn of van gemiddelde grootte, en gericht zijn op maar een of twee kledinglijnen. Neem de tijd om deze parels te ontdekken.

DESIGNERS UIT SAN FRANCISCO EN DE VS

Amerikaanse ontwerpers verkopen hun kledinglijn meestal in een boetiek die onderdeel is van een warenhuis of onder hun eigen naam in exclusieve winkels. Winkels zoals **Wilkes Bashford** hebben beginnende designers in hun collectie die conservatieve kleding ontwerpen die perfect past bij de zakenmensen van het Financial District.
Designwinkels die u zeker niet mag missen zijn **Diana Slavin** met een klassieke Italiaanse stijl, **Betsey Johnson** met extravagante dameskleding en accessoires, en **Joanie Char's** met chique sportkleding. De **Emporio Armani Boutique** heeft een indrukwekkende collectie kleding en accessoires en de **Jessica McClintock Boutique** is befaamd om haar trouwjurken. Moderne gebreide dameskleding vindt u voor een spotprijs bij **Weston Wear**. Designer **Sunhee Moon** vernoemt elk kledingstuk, geïnspireerd op de jaren 50, naar een van haar vrienden. **MAC,** of Modern Appealing Clothing, betrekt een derde van hun herenkleding plus alle dameskleding van ontwerpers uit San Francisco.

GOEDKOPE DESIGNKLEDING

Voor betaalbare designkleding moet u naar SoMa (South of Market). Op Yerba Buena Square vindt u vele winkels met goedkope kleding van plaatselijke ontwerpers, waaronder de **Burlington Coat Factory**, met meer dan 12.000 jassen op voorraad. De klassieke kleding bij **Georgiou Outlet** is gemaakt van natuurlijk materiaal. **Jeremy's** in South Park, maakt formele dames- en herenkleding betaalbaar.

WINKELS IN DE BAY AREA

In de winkels van Bay Area treft u vele koopjes of u kunt met flinke kortingen merkkleding aanschaffen. Hoewel SoMa een uur rijden is van San Francisco, maakt het grote kledingassortiment een bezoek tot een waar feest. Bekijk de modewinkels van Liz Claiborne, Off 5th Saks Fifth Avenue en Brooks Brothers, of ga naar OshKosh en Gap voor kinderkleding, en naar Bass en Nine West voor schoenen, allemaal te vinden in de **Petaluma Village Premium Outlets**, 74 km ten noorden van de stad.
De winkels in de **Great Mall**, 80 km ten zuidoosten van San Francisco in Milpitas, hebben de beste merken op voorraad. U vindt ook grote namen als Tommy Hilfiger, Eddie Bauer, Polo Jeans Factory Store, St.-John Knits en Chico's vrijetijdskleding voor dames.

CASTRO DISTRICT

Kleding en accessoires benadrukken de soms uitbundige levensstijl van de homoseksuele, lesbische en transseksuele bewoners van deze buurt, wat

KLEDINGMATEN

Kinderkleding									
Amerikaans	2-3	4-5	6-6x	7-8	10	12	14	16 (maat)	
Brits	2-3	4-5	6-7	8-9	10-11	12	14	14+ (leeftijd)	
Europees	2-3	4-5	6-7	8-9	10-11	12	14	14+ (leeftijd)	
Kinderschoenen									
Amerikaans	8½	9½	10½	11½	12½	13	1½	2½	2½
Brits	7	8	9	10	11	12	13	1	2
Europees	24	25½	27	28	29	30	32	33	34
Damesjurken, jassen en rokken									
Amerikaans	4	6	8	10	12	14	16	18	
Brits	6	8	10	12	14	16	18	20	
Europees	38	40	42	44	46	48	50	52	
Damesblouses en truien									
Amerikaans	6	8	10	12	14	16	18		
Brits	30	32	34	36	38	40	42		
Europees	40	42	44	46	48	50	52		
Damesschoenen									
Amerikaans	5	6	7	8	9	10	11		
Brits	3	4	5	6	7	8	9		
Europees	36	37	38	39	40	41	42		
Herenkostuums									
Amerikaans	34	36	38	40	42	44	46	48	
Brits	34	36	38	40	42	44	46	48	
Europees	44	46	48	50	52	54	56	58	
Herenoverhemden									
Amerikaans	14	15	15½	16	16½	17	17½	18	
Brits	14	15	15½	16	16½	17	17½	18	
Europees	36	38	39	41	42	43	44	45	
Herenschoenen									
Amerikaans	7	7½	8	8½	9½	10½	11	11½	
Brits	6	7	7½	8	9	10	11	12	
Europees	39	40	41	42	43	44	45	46	

winkelen hier erg leuk maakt. Als u niet precies snapt waar een kledingstuk voor dient, vraag gerust. Winkelnamen als **InJeanious** zijn ingenieus, evenals hun assortiment.

CHESTNUT STREET

Mooie kleding die perfect past bij de levensstijl van de moderne vrouw, is te vinden bij boetiek **Rabat**, in deze winkelstraat in het Marina District. De schoenen zijn stijlvol en comfortabel en de fraai ontworpen handtassen volgen de laatste mode.

FILLMORE

De victoriaanse gebouwen in Fillmore Street en het bestaan van het Jazz Preservation District, geven deze winkelroute een historische en hippe sfeer. **Mrs. Dewson's Hats** maakte naam als hoedenmaker van de voormalige burgemeester Willie Brown.

HAIGHT-ASHBURY

In Haight Street ziet u overal geverfde T-shirts en tweedehandskledingwinkels. De gigantische benen in netkousen van **Piedmont Boutique** wijzen u een van de winkels waar de kleding nog met de hand gesneden wordt.

HAYES VALLEY

Winkelketens en grote merknamen zijn taboe in de omgeving van de Hayes Valley. De naam en onafhankelijke houding van **Manifesto** weerspiegelen de lokale voorkeur voor handgemaakte ontwerpen, zoals de dames- en herenkleding in de boetieks.

SOUTH OF MARKET

In het gebied rond SoMa stonden ooit pakhuizen en goedkope logementen, maar nu staat het vol dure appartementen. Er hangt nog wel steeds een no-nonsenssfeer die een jong publiek trekt en die 's avonds het uitgaansleven doet opbloeien. **Isda & Co** geeft de voorkeur aan een sobere en eenvoudige unisex kledingstijl.

UNION SQUARE

Europese ontwerpers en importeurs hebben met hun klassieke kledinglijnen en grote merken postgevat in boetieks rond Union Square. **David Stephen** verkoopt op het dure Maiden Lane, recht tegenover Union Square, handgemaakte Italiaanse overhemden.

UNION STREET

In deze gezellige straat vindt u volop kleine boetieks. De kledingstukken van **Mimi's on Union** zijn ware kunstwerken, zoals de handbeschilderde kimono's, sjaals en jasjes.

Adressen

DESIGNERS UIT SAN FRANCISCO EN DE VS

Betsey Johnson
2031 Fillmore St.
Kaart 4 D4.
Tel. *567 2726.*

Diana Slavin
3 Claude Lane.
Kaart 5 C4.
Tel. *677 9939.*

Emporio Armani Boutique
1 Grant Ave.
Kaart 5 C5.
Tel. *677 9400.*

Jessica McClintock Boutique
180 Geary St.
Kaart 5 C5.
Tel. *398 9008.*

Joanie Char
527 Sutter St.
Kaart 5 B4.
Tel. *399 9867.*

MAC
387 Grove St.
Kaart 4 F5.
Tel. *863 3011.*

Sunhee Moon
3167 16th St.
Kaart 10 E2.
Tel. *355 1800.*

Weston Wear
584 Valencia St.
Kaart 10 F2.
Tel. *621 1480.*

Wilkes Bashford
375 Sutter St.
Kaart 5 C4.
Tel. *986 4380.*

GOEDKOPE DESIGNKLEDING

Burlington Coat Factory
899 Howard St.
Kaart 11 B2.
Tel. *495 7234.*

Georgiou Outlet
925 Bryant St.
Kaart 11 B2.
Tel. *554 0150.*

Jeremy's
2 South Park St.
Kaart 11 C1.
Tel. *882 4929.*

WINKELS IN DE BAY AREA

Great Mall
447 Great Mall Dr.
Milpitas.
Tel. *408–945 4022.*

Petaluma Village Premium Outlets
2220 Petaluma Blvd.
Noord-Petaluma
Tel. *707–778 9300.*

CASTRO DISTRICT

InJeanious
432 Castro St.
Kaart 10 D3.
Tel. *864 1863.*

CHESTNUT STREET

Rabat
2331 Chestnut St.
Kaart 3 C2.
Tel. *929 8868.*

FILLMORE

Mrs Dewson's Hats
2050 Fillmore St.
Kaart 4 D4.
Tel. *346 1600.*

HAIGHT-ASHBURY

Piedmont Boutique
1452 Haight St.
Kaart 9 C1.
Tel. *864 8075.*

HAYES VALLEY

Manifesto
514 Octavia St.
Kaart 4 E5.
Tel. *431 4778.*

SOUTH OF MARKET

Isda & Co
19 South Park St.
Kaart 11 C1.
Tel. *344 4891.*

UNION SQUARE

David Stephen
50 Maiden Lane.
Kaart 5 C4.
Tel. *982 1611.*

UNION STREET

Mimi's on Union
2133 Union St.
Kaart 4 D3.
Tel. *923 0454.*

HERENKLEDING

Voor merknamen, sportkleding, schoenen en accessoires met een Europees accent gaat u naar **Rolo**. **Brooks Brothers** was de eerste winkel die herenconfectie verkocht in de VS. Ze staan nu bekend om hun strakke pakken en overhemden.
Stoere en moderne buitenkleding is verkrijgbaar bij **Eddie Bauer**. **The Gap** en **Old Navy** voegen hip en betaalbaar samen. Voor de grotere maten reiskleding, truien en kostuums bent u bij **Rochester Big and Tall** aan het juiste adres. **All American Boy**, op Castro Street, is het mekka voor nauw sluitende T-shirts, tops en ondergoed.

DAMESKLEDING

In San Francisco ziet u veel bekende namen uit de modewereld, zoals **Chanel** en **Gucci**. **Gianni Versace** vindt u in de Crocker Galleria. **Prada** is beroemd om zijn wollen en kasjmier kleding. **Jorja** heeft diverse ontwerpers in huis, maar is gespecialiseerd in Nicole Miller. **Guess** en **Banana Republic** staan bekend om hun stijlvolle en draagbare kleding.
De handgemaakte truien van **Three Bags Full** hebben een exclusief patroon en prachtige kleuren. **Loehmann's** geeft korting op designkleding uit New York en Europa. **Ann Taylor** verkoopt mooie pakken, blouses, avondjurken en truien. **Bebe** is voor de chique en tengere vrouw en **Harper Greer** geeft de grotere maten een modebewuste en strakke vorm. **Urban Outfitters** verkoopt stijlvolle kleding, zowel nieuw als tweedehands, evenals **American Rag.**

KINDERKLEDING

Kleurige katoenen kleding, waaronder geverfde en etnische stijlen, plus een groot assortiment hoeden vindt u bij **Kids Only**. De katoenen outfits van **Small Frys** zijn favoriet bij de plaatselijke bevolking. **Gap Kids** en **Baby Gap** hebben veel keus, veel maten en veel kleuren.

SCHOENEN

Schoenen van topkwaliteit vindt u bij **Kenneth Cole**. **Ria's** verkoopt comfortabele merken als Clarks, Birkenstock, Timberland, Sebago en Rockport. **Nike Town** is een enorme winkel met sportschoenen, en **DSW Shoe Warehouse** geeft flinke kortingen.
Shoe Biz II, een van de drie filialen in Haight Street, is te herkennen aan de dinosaurus voor de deur. De muziek en gemakkelijke stoelen maken het passen bijzonder aangenaam. **Shoe Biz I** verkoopt modieuze, betaalbare en gemakkelijke schoenen en **Super Shoe Biz** is gericht op de wat meer bemiddelde klant.
Foot Worship heeft schoenen in alle maten en helpt de clientèle die schoenen met een gevaarlijke stilettohak uitkiest.

LINGERIE

De spannende kant van San Francisco krijgt ook alle aandacht. **Alla Prima Fine Lingerie** heeft prachtig merkondergoed, zijden peignoirs en babydolls. **Victoria's Secret** is gevestigd rond Union Square. **Carol Doda's Champagne & Lace Lingerie** is de winkel van Amerika's eerste topless danseres.

LEREN KLEDING

In San Francisco is leren kleding zowel gunstig voor het mistige klimaat als een uiting van een bepaalde levensstijl. **Fog City Leather** maakt krokodillenleren jasjes en heeft veel kledingstukken in leer. **Image Leather**, in het Castro District, heeft een ruim assortiment motorjassen en chaps. **A Taste of Leather**, in SoMa, is dé plek waar mannen hun uitrusting kunnen kopen, van kilts en vestjes tot strings.

BUITENKLEDING

Er zijn veel toegankelijke natuurgebieden rond de stad en in Noord-Californië, en voor avonturiers zijn er volop winkels met buitensportkleding en sportuitrustingen. **REI** geeft op de eerste zaterdag van de maand korting en in de uitverkoop vindt u naast reiskleding ook goedkope sportuitrustingen om te skiën, snowboarden, fietsen of roeien.
De **North Face** begon in 1966 in North Beach en heeft buitenkleding voor zeer lage temperaturen.
De klimervaring van **Patagonia** resulteert in de verkoop van vocht- en hittebestendige kleding voor buitenactiviteiten als bergbeklimmen, surfen, hardlopen en mountainbiken.

SPORTKLEDING

Toegewijde honkbalfans gaan voor een pet met logo naar de **SF Giants Dugout**-winkels. Een breed assortiment authentieke trainingspakken van de teams van NFL en NBA is te koop bij de **NFL Shop** op Pier 39. Truien en ploegenjasjes van de San Francisco 49-ers vindt u bij **Champs**.
Lombardi Sports verheft sportkleding tot een levensstijl. De **Adidas Store** heeft een grote keus in klassieke schoenen, sportieve outfits en sportkleding voor zowel dames als heren en **Don Sherwood Golf & Tennis World** is een gespecialiseerde sportwinkel met concurrerende prijzen. **KinderSport** verkoopt het hele jaar door kinderskikleding.
Voor degene die zoekt naar T-shirts, hoofddeksels of nachtkleding met de naam San Francisco erop, slaagt gegarandeerd bij **I Heart SF** op Fisherman's Wharf.

TWEEDEHANDSKLEDING

Buffalo Exchange en **Crossroads Trading** verkopen tweedehandskleding met een verleden. **Wasteland** in het Haight-Ashbury District staat bekend om zijn tweedehands kleding. De hippe outfits van **Guys and Dolls Vintage** voldoet aan de vraag van menig danser en danseres. **Clothes Contact** verkoopt tweedehands kleding per pond.

Adressen

HERENKLEDING

All American Boy
463 Castro St.
Kaart 10 D3.
Tel. *861 0444.*

Brooks Brothers
150 Post St.
Kaart 5 C4.
Tel. *397 4500.*

Eddie Bauer
3521 20th Ave.
Kaart ten Z. van 8 E5.
Tel. *664 9262.*

The Gap
100 Post St.
Kaart 5 C4.
Tel. *421–2314.*
Ook: 890 Market St.
Kaart 5 C5.
Tel. *788 5909.*

Old Navy
801 Market St.
Kaart 5 C5.
Tel. *344 0375.*

Rochester Big and Tall
700 Mission St.
Kaart 5 C5.
Tel. *982 6455.*

Rolo
2351 Market St.
Kaart 10 D2.
Tel. *431 4545.*

DAMESKLEDING

American Rag
1305 Van Ness Ave.
Kaart 5 A5.
Tel. *474 5214.*

Ann Taylor
240 Post St.
Kaart 5 C4.
Tel. *788 0716.*

Banana Republic
256 Grant Ave.
Kaart 5 C4.
Tel. *777 3087.*

Bebe
San Francisco Centre
Kaart 5 C5.
Tel. *543 2323.*

Chanel
155 Maiden Lane.
Kaart 5 C4.
Tel. *981 1550.*

Gianni Versace
60 Post St.
Kaart 5 C4.
Tel. *616 0604.*

Gucci
200 Stockton St.
Kaart 5 C5.
Tel. *392 2808.*

Guess
90 Grant Ave.
Kaart 5 C5.
Tel. *781 1589.*

Harper Greer
580 4th St.
Kaart 11 C1.
Tel. *543 4066.*

Jorja
2015 Chestnut St.
Kaart 4 D2.
Tel. *674 1131.*

Loehmann's
222 Sutter St.
Kaart 5 C4.
Tel. *982 3215.*

Prada
140 Geary St.
Kaart 5 C5.
Tel. *391 8844.*

Three Bags Full
2181 Union St.
Kaart 4 D3.
Tel. *567 5753.*

Urban Outfitters
80 Powell St.
Kaart 5 B5.
Tel. *989 1515.*

KINDERKLEDING

Gap Kids/Baby Gap
100 Post St.
Kaart 5 C4.
Tel. *421 4906.*

Kids Only
1608 Haight St.
Kaart 9 B1.
Tel. *552 5445.*

Small Frys
4066 24th St.
Kaart 10 D4.
Tel. *648 3954.*

SCHOENEN

DSW Shoe Warehouse
111 Powell St.
Kaart 5 B5.
Tel. *445 9511.*

Foot Worship
1214 Sutter St.
Kaart 5 A5.
Tel. *921 3668.*

Kenneth Cole
865 Market St.
Kaart 5 C5.
Tel. *227 4536.*

Nike Town
278 Post St.
Kaart 5 C4.
Tel. *392 6453.*

Ria's
301 Grant Ave.
Kaart 5 C4.
Tel. *834 1420.*

Shoe Biz I
1446 Haight St.
Kaart 9 C1.
Tel. *864 0990.*

Shoe Biz II
1553 Haight St.
Kaart 9 C1.
Tel. *861 3933.*

Super Shoe Biz
1420 Haight St.
Kaart 9 C1.
Tel. *861 0313.*

LINGERIE

Alla Prima Fine Lingerie
1420 Grant Ave.
Kaart 5 C2.
Tel. *397 4077.*

Carol Doda's Champagne & Lace Lingerie
1850 Union St.
Kaart 4 E2.
Tel. *776 6900.*

Victoria's Secret
335 Powell St.
Kaart 5 B5.
Tel. *433 9671.*

LEREN KLEDING

A Taste of Leather
1285 Folsom St.
Kaart 11 A2.
Tel. *252 9166.*

Fog City Leather
2060 Union St.
Kaart 4 D2.
Tel. *567 1996.*

Image Leather
2199 Market St.
Kaart 10 E2.
Tel. *621 7551.*

BUITENKLEDING

North Face
180 Post St.
Kaart 5 C4.
Tel. *433 3223.*

Patagonia
770 North Point St.
Kaart 5 A2. ***Tel.*** *771 2050.*

REI
840 Brannan St. **Kaart** π11 B2. ***Tel.*** *934 1938.*

SPORTKLEDING

Adidas Store
865 Market St., Suite 211.
Kaart 5 CF. ***Tel.*** *975 0934.*

Champs
San Francisco Centre
Kaart 5 C5. ***Tel.*** *975 0883.*

Don Sherwood Golf & Tennis World
320 Grant Ave.
Kaart 5 C4. ***Tel.*** *989 5000.*

I Heart SF
2545 Powell St.
Kaart 5 B1. ***Tel.*** *392 2001.*

KinderSport
3655 Sacramento St.
Kaart 3 B4. ***Tel.*** *563 7778.*

Lombardi Sports
1600 Jackson St.
Kaart 4 F3. ***Tel.*** *771 0600.*

NFL Shop
Pier 39.
Kaart 5 B1. ***Tel.*** *397 2027.*

SF Giants Dugout
SBC Park. **Kaart** 11 C1.
Tel. *972 2453.*

TWEEDEHANDS KLEDING

Buffalo Exchange
1555 Haight St. **Kaart** 9 C1. ***Tel.*** *431 7733.*
1210 Valencia St.
Kaart 10 F4.
Tel. *647 8332.*

Clothes Contact
473 Valencia St.
Kaart 10 F2.
Tel. *621 3212.*

Crossroads Trading
1901 Fillmore.
Kaart 4 D4.
Tel. *771 8885.*

Guys and Dolls Vintage
3789 24th St.
Kaart 10 E4.
Tel. *285 7174.*

Wasteland
1660 Haight St.
Kaart 9 B1.
Tel. *863 3150.*

Boeken, muziek, kunst en antiek

Honderden winkels voorzien in de behoeften van de vele schrijvers, kunstenaars en verzamelaars die in San Francisco wonen of de stad bezoeken. Bezoekers die graag op zoek gaan naar mooie en zeldzame voorwerpen – van een uniek stuk antiek tot moderne etnische kunst – zullen in een van de vele winkels van San Francisco zeker iets van hun gading vinden.

ALGEMENE BOEKWINKELS

Limelight Books is de oudste boekwinkel van de westkust voor toneelstukken, scenario's en boeken over schrijven en regisseren. In de **City Lights Bookstore** *(blz. 88)*, een instituut in San Francisco, kwamen eens de beatniks bij elkaar om te praten over de sociale revolutie van de jaren zestig. **Green Apple Books** verkoopt nieuwe en oude boeken en is tot 22.00 uur geopend, op vrijdag en zaterdag tot middernacht. **Borders Books & Music** heeft ongeveer alles in huis, terwijl **The Booksmith**, in Haight Ashbury, een grote voorraad buitenlandse en politieke periodieken heeft. **Cover to Cover** is een buurtboekwinkel met een uitstekende kinderboekenafdelingen en vriendelijk personeel, en zowel **Stacy's of San Francisco** als **Alexander Books** hebben een goede keus aan kinderboeken en algemene boeken.

GESPECIALISEERDE BOEKWINKELS

Boeken over Afrikaans-Amerikaanse zaken zijn verkrijgbaar bij **Marcus Books**. **The Complete Traveler en Rand McNally Map & Travel Store** verkopen kaarten en reisgidsen over alle delen van de wereld. **Get Lost Travel Books, Maps & Gear** heeft ook een ruime keuze aan reisliteratuur en kaarten.

PLATEN, CASSETTES EN CD'S

Filialen van **Wherehouse Music** hebben een bijzonder uitgebreid aanbod. Een andere keten, **Virgin**, heeft alle platen die er toe doen, van Prince tot Prokovjev en van Blondie tot Big Joe Turner. Obscure muziek is te vinden bij **Recycled Records** in Haight Street, waar nieuwe en oude platen worden ge- en verkocht. **Open Mind Music** heeft veel oude en nieuwe platen, andere artikelen die te maken hebben met muziek. **Amoeba Music** heeft de grootste collectie cd's en cassettes van het land. Er zijn 500.000 titels beschikbaar, zowel nieuw als tweedehands, met jazz, blues en rock. Het is een paradijs voor de verzamelaar; ga hier heen voor zeldzame exemplaren en een lage prijs.

BLADMUZIEK

Voor de grootste collectie klassieke muziek moet u bij **Byron Hoyt Sheet Music Service** zijn. Alle soorten muziek en catalogi zijn verkrijgbaar bij het **Music Center of San Francisco**.

GALERIES

Zowel beginnende enthousiastelingen als serieuze kunstminnaars vinden iets van hun gading in een van de honderden galeries. De **John Berggruen Gallery** *(blz. 38)* heeft de grootste collectie in San Francisco van beginnende en gerenommeerde kunstenaars. **The Simmon's Gallery** verkoopt grafisch werk in een beperkte oplage van kunstenaars als Picasso, Matisse en Miró. De **Fraenkel Gallery** is gespecialiseerd in 19de- en 20ste-eeuwse fotografie. De **Haines Gallery** in hetzelfde gebouw heeft drie afdelingen voor schilderijen en tekeningen, beeldhouwwerk en foto's.

Compositions Gallery is het adres voor kunstwerken van glas en hout. Nieuw werk en werk van Amerikaanse kunstenaars hangt bij **Gallery Paule Anglim**. Realisme is het thema in de **John Pence Gallery** en **Kertesz International Fine Art** is bekend om zijn 19de- en 20ste-eeuwse Europese olieverfschilderijen. Voor plaatselijke kunst uit de Bay Area gaat u naar galerie **Hang**. In **Vista Point Studios Gallery** kunt u de mooiste foto's kopen of bekijken van de Bay Area.

ETNISCHE EN AMERIKAANSE VOLKSKUNST

Verschillende galeries hebben een goede collectie etnische kunst. **Folk Art International, Xanadu, & Boretti** in het gerenoveerde Lloyd Building heeft maskers, textiel, beelden en sieraden. Cultuur en tradities van de Inuits komen aan de orde in de tentoonstellingen van **Albers Gallery of Inuit art**. Zeer verleidelijk zijn de maskers en het aardewerk uit Japan bij **Ma-Shi'-Ko Folk Craft**. Traditionele en hedendaagse kunstwerken van plaatselijke kunstenaars kunt u vinden bij **Galaria de la Raza**.

INTERNATIONAAL ANTIEK

Wat vroeger de beruchte Barbary Coast was *(blz. 26–27)*, is nu een winkelwijk voor antiek en heet **Jackson Square** *(blz. 110)*. Ook aan **Baker Hamilton Square** vindt u antiekwinkels. **Ed Hardy San Francisco** biedt zowel Engels als Frans antiek. **Lang Antiques** verkoopt van alles uit de late 19de- en de vroege 20ste eeuw. **Dragon House** verkoopt oosters antiek en kunstwerken, terwijl u allerlei antiquarische boeken, prenten en kaarten vindt bij **Prints Old & Rare**, maar u zult er wel een afspraak voor moeten maken.

ADRESSEN

ALGEMENE BOEKHANDELS

Alexander Books
50 Second St.
Kaart 6 D4.
Tel. *495 2992.*

Borders
400 Post St.
Kaart 5 B4.
Tel. *399 1633.*

The Booksmith
1644 Haight St.
Kaart 9 B1.
Tel. *863 8688.*

City Lights Bookstore
261 Columbus Ave.
Kaart 5 C3.
Tel. *362 8193.*

Cover to Cover
3812 24th St.
Kaart 10 E4.
Tel. *282 8080.*

Green Apple Books
506 Clement St.
Kaart 3 A5.
Tel. *387 2272.*

Limelight Books
1803 Market St.
Kaart 10 E1.
Tel. *864 2265*

Stacy's of San Francisco
581 Market St.
Kaart 5 C4.
Tel. *421 4687.*

GESPECIALISEERDE BOEKHANDELS

The Complete Traveler
3207 Fillmore St.
Kaart 4 D2.
Tel. *923 1511.*

Get Lost Travel Books, Maps & Gear
1825 Market St.
Kaart 10 E1.
Tel. *437 0529.*

Marcus Books
1712 Fillmore St.
Kaart 4 D4.
Tel. *346 4222.*

Rand McNally Map & Travel Store
595 Market St.
Kaart 5 C4.
Tel. *777 3131.*

PLATEN, CASSETTES EN CD'S

Amoeba Music
1855 Haight St.
Kaart 9 B1.
Tel. *831 1200.*

Open Mind Music
342 Divisadero St.
Kaart 10 D1.
Tel. *621 2244.*

Recycled Records
1377 Haight St.
Kaart 9 C1.
Tel. *626 4075.*

Virgin Megastore
Stockton St and Market St.
Kaart 5 C5.
Tel. *397 4525.*
Meerdere filialen.

Wherehouse Music
1303 Van Ness Ave.
Kaart 5 A4.
Tel. *346 1978.*

BLADMUZIEK

Byron Hoyt Sheet Music Service
360 Florida St.
Kaart 11 A3.
Tel. *431 8055.*

Music Center of San Francisco
207 Powell St.
Kaart 5 B1.
Tel. *781 6023.*

GALERIES

Compositions Gallery
317 Sutter St.
Kaart 5 C4.
Tel. *885 0402.*

Fraenkel Gallery
49 Geary St.
Kaart 5 C5.
Tel. *981 2661.*

Gallery Paule Anglim
14 Geary St.
Kaart 5 C5.
Tel. *433 2710.*

Haines Gallery
5th Floor, 49 Geary St.
Kaart 5 C5.
Tel. *397 8114.*

Hang
556 Sutter St.
Kaart 3 C4.
Tel. *434 4264.*

John Berggruen Gallery
228 Grant Ave.
Kaart 5 C4.
Tel. *781 4629.*

John Pence Gallery
750 Post St.
Kaart 5 B5.
Tel. *441 1138.*

Kertesz International Fine Art
535 Sutter St.
Kaart 5 B4.
Tel. *626 0376.*

The Simmon's Gallery
565 Sutter St.
Kaart 5 B4.
Tel. *986 2244.*

Vista Point Studios Gallery
405 Florida St.
Kaart 11 A3.
Tel. *215 9073.*

ETNISCHE EN AMERIKAANSE VOLKSKUNST

African Outlet
524 Octavia St.
Kaart 4 E5.
Tel. *864 3576.*

Albers Gallery of Inuit Art
760 Market St.
Kaart 5 C5.
Tel. *391 2111.*

Folk Art International, Xanadu, & Boretti
Frank Lloyd Wright Bldg, 140 Maiden Lane
Kaart 5 B5.
Tel. *392 9999.*

Galaria de la Raza
Studio 24, 2857 24th St.
Kaart 10 F4.
Tel. *826 8009.*

Images of the North
2036 Union St.
Kaart 4 E2.
Tel. *673 1273.*

Instinctiv Designs
3529 Mission St.
Tel. *647 2131.*

Japonesque
824 Montgomery St.
Kaart 5 C3.
Tel. *391 8860.*

Ma-Shi'-Ko Folk Craft
1581 Webster St, Japan Center. **Kaart** 4 E4.
Tel. *346 0748.*

INTERNATIONAAL ANTIEK

Dragon House
455 Grant Ave.
Kaart 6 C4.
Tel. *421 3693.*

Ed Hardy San Francisco
188 Henry Adams St.
Kaart 10 D2.
Tel. *626 6300.*

Jackson Square Art & Antique Dealers Association
463 Jackson St (op Jackson Square.)
Kaart 5 C3.
Tel. *397 6999.*

Lang Antiques
323 Sutter St. **Kaart** 5 C4.
Tel. *982 2213.*

Prints Old & Rare
580 Mount Crespi Drive, Pacifica, California.
Tel. *650-355 6325.*

Levensmiddelen en huishoudelijke artikelen

De fijnproevers van San Francisco vormen een verfijnd slag mensen, dat geniet van de reputatie van de stad op het gebied van lekker eten. Als ze niet in een restaurant eten, hebben ze thuis altijd nog een gevulde provisiekast en een goed geoutilleerde keuken. Goede wijnen, delicatessen en alles wat koken tot een kunst maakt, kunt u hier gemakkelijk vinden. Tientallen winkels verkopen de modernste huishoudelijke artikelen, computers, fotoapparatuur en elektronica.

DELICATESSEN

Delicatessenwinkels zoals **Whole Foods** verkopen een uitgebreid assortiment, van zeeoor tot courgettes en van vers Californisch fruit tot buitenlandse specialiteiten. Bij **Williams-Sonoma** koopt u jam, mosterd en allerlei bijzondere dingen. **David's** is bekend om zijn gerookte zalm, *bagels* en Newyorkse *cheesecake*. Voor een snelle meeneemlunch of prachtig verpakte etenswaren kunt u de levensmiddelenafdeling van een van de grote warenhuizen proberen, zoals **Macy's Cellar**.
Behalve verse meeneemmaaltijden bieden Italiaanse delicatessenwinkels olijfolie, kaas en pasta's uit Italië. **Molinari Delicatessen** verkoopt heerlijke ravioli en tortellini. Het vriendelijke personeel van **Lucca Ravioli** maakt de pasta's ter plekke. **Pasta Gina** voorziet het jonge en modieuze volk van pasta, pesto en andere sauzen.
Het is de moeite waard om een bezoek te brengen aan de Chinese buurten – Chinatown *(blz. 94–99)* en Clement Street *(blz. 63)* – voor Aziatische producten. Bij **Casa Lucas Market** koopt u Spaanse en Latijns-Amerikaanse specialiteiten.

SPECIAALZAKEN IN LEVENSMIDDELEN EN WIJNEN

Een baguette van vers zuurdesembrood van **Boudins Bakery** vormt een verslaving onder bewoners en een traditie onder toeristen. **Boulangerie** brengt Parijs naar San Francisco met enige van de beste broodsoorten van de stad. Meer Italiaanse specialiteiten vindt u bij **Il Fornaio Bakery**, een populair filiaal van het restaurant *(blz. 230)*. **La Nouvelle Patisserie** verkoopt lekkere en kleurrijke desserts. De pasteitjes van **Bepple's Pie Shop** zijn verrukkelijk.
Caffè Trieste heeft allerlei koffie en koffiezetapparaten. De **Caffè Roma Coffee Roasting Company** en de **Graffeo Coffee Roasting Company** verkopen beide uitstekende bonen. Ook **Peet's Coffee & Tea** en **Tully's Coffee** zijn zeer populair.
Chocolade-adepten kunnen terecht bij **See's Candies, Confetti Le Chocolatier** en natuurlijk **Ghirardelli. Joseph Schmidts** maakt onovertroffen truffels. Voor ijs kunt u het beste naar **Ben & Jerry's** en **Hot Cookie Double Rainbow** gaan. Ga voor geïmporteerde Indiase specerijen naar **Bombay Bazaar**.
Het personeel van de **California Wine Merchant** geeft goede adviezen en is zeer deskundig. **Napa Valley Wine Exchange** biedt een selectie uit de wijnmakerijen van Californië.

BOERENMARKTEN EN VLOOIENMARKTEN

In de omgeving geteelde groente en fruit komt met vrachtwagens tegelijk op de markten van de stad terecht. De kraampjes worden voor een dag opgezet en de boeren verkopen hun waren direct aan het publiek. **Heart of the City** is op woensdag open van 7.00 tot 17.30 uur en op zondag tot 17.00 uur. **Ferry Plaza** is op zaterdag van 9.00 tot 14.00 uur geopend. De levensmiddelenwinkels van Chinatown ademen de sfeer van een exotische boerenmarkt en zijn elke dag open.
Op vlooienmarkten is van alles te koop. De vlooienmarkt in Berkeley is makkelijk te bereiken. Wees bereid om te onderhandelen en om contant te betalen. Er kan een kleine toegangsprijs gevraagd worden.

HUISHOUDELIJKE ARTIKELEN

Enthousiaste koks dromen van de vele keukenspullen bij **Williams-Sonoma**. **Crate & Barrel** verkoopt redelijk geprijsde artikelen voor keuken en patio, van praktische potten en pannen tot prachtige dienbladen.
Chinees keukengerei is de specialiteit van **The Wok Shop. Bed, Bath & Beyond** heeft beddengoed, handdoeken, tafellinnen en huishoudelijke artikelen.
Sue Fisher King verkoopt elegante en modieuze huis- en badartikelen. Voor een grote keuze aan stoffen en accessoires, van zijde, wol en katoen tot knopen, linten en kant, en zelfs stoffering, kunt u terecht bij **Britex Fabrics**.

COMPUTERS, ELEKTRONICA EN FOTOAPPARATUUR

Een van de beste adressen voor computers is **CompUSA**. Voor software en andere elektronica gaat u naar **Fry's Electronics** in Palo Alto. Elektronicaspecialisten **Video Only** en **Circuit City** beconcurreren elkaar met redelijke prijzen en een groot assortiment.
Voor nieuwe en tweedehands fotoapparatuur en films moet u bij **Adolph Gasser** of **Brooks Camera** zijn, die ook reparaties uitvoeren.
Sommige goedkope fotowinkels in Market Street hebben een schimmige reputatie, dus informeer eerst bij het Visitor Information Center *(blz. 117)* naar de betrouwbare zaken.
Photographer's Supply biedt lage prijzen en goed advies op het gebied van films en andere benodigdheden.

ADRESSEN

DELICATESSEN

Casa Lucas Market
2934 24th St.
Kaart 9 C3.
Tel. *826 4334.*

David's
474 Geary St.
Kaart 5 A5.
Tel. *276 5950.*

Lucca Ravioli
1100 Valencia St.
Kaart 10 F3.
Tel. *647 5581.*

Macy's Cellar
Stockton St en O'Farrell St.
Kaart 5 C1.
Tel. *296 4436.*

Molinari Delicatessen
373 Columbus Ave.
Kaart 5 C3.
Tel. *421 2337.*

Pasta Gina
741 Diamond St.
Kaart 10 D4.
Tel. *282 0738.*

Whole Foods
1765 California St.
Kaart 4 F4.
Tel. *674 0500.*

Williams-Sonoma
340 Post St. **Kaart** 5 C4.
Tel. *362 9450.* **www.**williams-sonoma.com
Meerdere filialen.

SPECIAALZAKEN IN LEVENSMIDDELEN EN WIJNEN

Ben & Jerry's Ice Cream
1480 Haight St. **Kaart** 9 C1. ***Tel.*** *626 4143.*
www.ben&jerrys.com

Bombay Bazaar
548 Valencia St.
Kaart 10 F2.
Tel. *621 1717.*

Boudins Bakery
4 Embarcadero Center.
Kaart 6 D3.
Tel. *362 3330.*
Meerdere filialen.

Boulangerie
2325 Pine St. **Kaart** 4 D4.
Tel. *440 0356.*

Caffè Roma Coffee Roasting Company
526 Columbus Ave.
Kaart 5 B2.
Tel. *296 7942.*

Caffè Trieste
601 Vallejo St. **Kaart** 5 C3.
Tel. *982 2605.*

California Wine Merchant
3237 Pierce St.
Kaart 4 D2.
Tel. *567 0646.*

Confetti Le Chocolatier
525 Market St.
Kaart 5 D3.
Tel. *543 2885.*

Ghirardelli's
Ghirardelli Square.
Kaart 4 F1.
Tel. *474 3938.*
44 Stockton St.
Kaart 5 C1.
Tel. *397 3030.*

Graffeo Coffee Roasting Company
735 Columbus Ave.
Kaart 5 B2.
Tel. *986 2420.*

Hot Cookie Double Rainbow
407 Castro St.
Kaart 10 D2.
Tel. *621 2350.*
Meerdere filialen.

Il Fornaio Bakery
1265 Battery St.
Kaart 5 C2.
Tel. *986 0646.*

Joseph Schmidt
3489 16th St.
Kaart 10 E2.
Tel. *861 8682.*

La Nouvelle Patisserie
2184 Union St.
Kaart 4 D2.
Tel. *931 7655.*

Napa Valley Winery Exchange
415 Taylor St. **Kaart** 5 B5.
Tel. *771 2887.* **www.**napavalleywineryex.com

Peasant Pies
4108 24th St.
Kaart 10 D4.
Tel. *642 1316.*

Peet's Coffee & Tea
2156 Chestnut St.
Kaart 4 D2.
Tel. *931 8302.*
Meerdere filialen.

See's Candies
3 Embarcadero Center.
Kaart 6 D3.
Tel. *391 1622.*
Meerdere filialen.

Tango Gelato
2015 Fillmore St.
Kaart 4 D4.
Tel. *346 3692.*

The Stinking Rose
325 Columbus Ave.
Kaart 5 C3.
Tel. *781 7673.* **www.**
thestinkingrose.com

Tully's Coffee
2 Embarcadero Center.
Kaart 6 D3.
Tel. *391 9447.*
Meerdere filialen.

BOERENMARKTEN EN VLOOIENMARKTEN

Berkeley Flea Market
1837 Ashby Ave, Berkeley, CA 94703.
Tel. *510-644 0744.*

Ferry Plaza Farmers' Market
Begin van de markt bij de Embarcadero. **Kaart** 6 D3.
Tel. *291 3276.*
www.ferry plazafarmersmarket.com

Heart of the City Farmers' Market
United Nations Plaza.
Kaart 11 A1.
Tel. *558 9455.*

HUISHOUDELIJKE ARTIKELEN

Bed, Bath & Beyond
555 9th St. **Kaart** 11 A4.
Tel. *252 0490.*

Britex Fabrics
146 Geary St.
Kaart 5 C5.
Tel. *392 2910.*

Crate & Barrel
55 Stockton St. **Kaart** 5 C5.
Tel. *982 5200.*
www.crateandbarrel.com

Sue Fisher King
3067 Sacramento St.
Kaart 3 C4.
Tel. *922 7276.*

The Wok Shop
718 Grant Ave.
Kaart 5 C4.
Tel. *989 3797.*

Williams-Sonoma
340 Post St.
Kaart 5 C4.
Tel. *362 9450.* **www.**williams-sonoma.com
Meerdere filialen.

COMPUTERS, ELEKTRONICA EN FOTOAPPARATUUR

Adolph Gasser, Inc
181 Second St.
Kaart 6 D5.
Tel. *495 3852.*

Brooks Camera
125 Kearny St.
Kaart 5 C4.
Tel. *362 4708.*

Circuit City
1200 Van Ness Ave.
Kaart 4 F4.
Tel. *441 1300.*
www.circuitcity.com
Meerdere filialen.

CompUSA
750 Market St.
Kaart 5 C4.
Tel. *391 9778.*
Gratis toegang tot internet.

Fry's Electronics
340 Portage Ave, Palo Alto, CA 94306.
Tel. *650-496 6000.*
1077 East Arques, Sunnyvale, CA.
Tel. *408-617 1300.*

Photographer's Supply
436 Bryant St.
Kaart 11 C1.
Tel. *495 8640.*

Video Only
1199 Van Ness Ave.
Kaart 4 F4.
Tel. *563 5200.*

AMUSEMENT

San Francisco koestert sinds de eerste bloeiperiode van de stad in de jaren vijftig van de 19de eeuw zijn naam als de culturele hoofdstad van de westkust, en het amusement dat er wordt geboden is doorgaans nog steeds van hoge kwaliteit. Het complex voor de uitvoerende kunsten in het Civic Center (tegenover City Hall) is het belangrijkste podium voor klassieke muziek, opera en ballet. De laatste aanwinst voor de cultuur in de stad is het gewaardeerde Center for the Arts Theater in Yerba Buena Gardens. Hier zijn veel buitenlandse gezelschappen te zien. Er is een aantal repertoirebioscopen *(blz. 262–263)* met een zeer gevarieerd aanbod, maar toneel is, op een paar producties in 'alternatieve' zalen na, niet het sterkste punt van de stad. San Francisco blinkt daarentegen uit op het gebied van jazz en blues, en voor de prijs van een drankje hoort u goede bands in intieme gelegenheden of op de festivals die in de zomer worden gehouden *(blz. 48–51)*. In de stad vindt u ook faciliteiten voor allerlei takken van sport, van fietsen tot golfen of zeilen.

Beach Blanket Babylon ***(blz. 263)***

INFORMATIE

In de *San Francisco Chronicle* en de *Examiner (blz. 281)* leest u wat er te doen is en waar. De zondagseditie van de *Chronicle* is bijzonder nuttig, met de Datebookpagina waarop u elke week informatie over honderden evenementen vindt. De weekbladen de *San Francisco Bay Guardian* en de *San Francisco Weekly* (te krijgen in cafés) zijn ook handige informatiebronnen. Beide publiceren een agenda en recensies, vooral van concerten, films en nachtclubs.

Het *San Francisco Book* is handig als u langer van tevoren wilt plannen. Het wordt twee keer per jaar uitgegeven door het San Francisco Convention and Visitors Bureau en bevat een agenda van zowel kort- als langlopende culturele evenementen. Het boek is gratis verkrijgbaar bij het Visitors Information Center aan Hallidie Plaza, en kost $6,10 als u het op laat sturen. Als u de Events Line van het bureau belt, hoort u een bandje met informatie. Er zijn verschillende gratis bladen en agenda's voor toeristen verkrijgbaar, zoals *Key This Week San Francisco* en *Where San Francisco*.

Vlag van het Jazz Festival (blz. 266)

KAARTEN

Kaarten voor concerten, theater en sportevenementen zijn te krijgen bij **Ticketmaster**. Dit bedrijf heeft praktisch een monopolie op de verkoop van kaarten. U bestelt ze telefonisch en kunt ze ophalen in de platenzaak van Tower Record, die overal in Noord-Californië filialen heeft. Er wordt $7 reserveringskosten in rekening gebracht. Behalve bij Ticketmaster kunt u kaarten verder alleen aan de kassa kopen, maar de meeste gaan pas net voor de voorstelling open.

Veel producties van het symfonieorkest, het ballet en de opera zijn uitverkocht. Als u dus een voorstelling wilt bijwonen, moet u dat van tevoren regelen. Alledrie de gezelschappen bieden abonnementen, zodat u altijd kaarten voor het seizoen kunt kopen, wat handig is als u lang in de stad blijft.

Gevel van een kaartverkooppunt in San Francisco

Schaken in de openlucht op Portsmouth Plaza, Chinatown

Er zijn maar een paar reserveringsbureaus in San Francisco, die meestal gespecialiseerd zijn in dure, moeilijk te krijgen plaatsen. Ze staan allemaal in het gele gedeelte van het telefoonboek. Bij de meeste uitverkochte evenementen hangen mensen rond die zwart kaarten verkopen. Als u bereid bent om te onderhandelen (en het begin van wedstrijd of voorstelling te missen), kan u dat veel geld schelen.

Muzikant op het Blues Festival *(blz. 267)*

GOEDKOPE KAARTEN

Goedkope kaarten voor bepaalde concerten, dans- en toneelvoorstellingen zijn verkrijgbaar bij **TIX Bay Area**, dat in een kiosk aan Union Square kaartjes tegen halve prijs aanbiedt. De verkoop begint om 11.00 uur op de dag van de voorstelling en er moet contant of met traveller's cheques worden betaald. In weekeindes zijn er goedkope kaarten beschikbaar voor de zondag of maandag erna.
TIX Bay Area is tevens een kaartverkooppunt dat creditcards accepteert. Het is van di tot en met do van 11.00 tot 18.00 uur geopend, op vr en za van 11.00 tot 19.00 uur en zo van 11.00 tot 15.00 uur.

GRATIS EVENEMENTEN

Regelmatig worden er in de stad gratis concerten en voorstellingen gegeven, meestal overdag. Het San Francisco Symphony verzorgt in de late zomer zondagsconcerten in Stern Grove, ten zuiden van het Sunset District. Hier worden ook balletvoorstellingen gegeven.
Gedurende vier weken in augustus/september vindt in de Cobbs Comedy Club, Fisherman's Wharf, de San Francisco International Comedy Competition plaats, waaraan 400 entertainers meedoen.
In het kader van de Brown Bags Operasreeks geven zangers van de San Francisco Opera openluchtvoorstellingen in het Financial District. Ook zijn ze te horen in de Opera in the Parkvoorstellingen in het Golden Gate Park.
In de zomer is het park verder het toneel voor Shakespeare in the Park, Comedy Celebration Day en San Francisco Mime Troupe.
Music in the Park vindt plaats op zomerse vrijdagmiddagen achter de Transamerica Pyramid *(blz. 111* In de Old St. Mary's Church *(blz. 98)* zijn op dinsdag om 12.30 uur lunchconcerten.

VOORZIENINGEN VOOR GEHANDICAPTEN

Californië loopt voorop op het gebied van voorzieningen voor gehandicapten.
De meeste theaters en concertzalen in San Francisco zijn gemakkelijk toegankelijk en hebben speciale gedeelten waar mensen met een rolstoel terecht kunnen. In kleinere zalen zult u soms een aparte ingang moeten gebruiken, of met de lift naar boven moeten, maar in het algemeen zijn er weinig obstakels. De meeste bioscopen beschikken over versterkende koptelefoons. Neem contact op met de zaal als u vragen hebt en lees bladzijde 280 voor meer informatie.

Presidio Cinema *(blz. 262*

ADRESSEN

TELEFOONNUMMERS

San Francisco Convention and Visitors Bureau
Suite 900, 201 3rd St., San Francisco, CA 94103 – 9097 ***Tel.*** *974 6900.*
www.sfvisitor.org
Visitor Info Center, Powell St. bij Market St., lower level Hallidie Plaza.
Tel. *391 2000.*

Evenementenlijn (24 uur)
391 2001 (Engels)
391 2003 (Frans)
391 2004 (Duits)
391 2122 (Spaans)

KAARTVERKOOPPUNTEN

Ticketmaster
Telefonisch bestellen. ***Tel.*** *421 8497.*
www.tickets.com

TIX Bay Area
Oostzijde van Union Sq, Powell St. tussen Geary St. en Post St. ***Tel.*** *433 7827.*
www.theatrebayarea.org

AT&T Park, het stadion van de San Francisco Giants *(blz. 272)*

Hoogtepunten: amusement

Met zijn grote variatie aan amusement is San Francisco een van de plezierigste steden ter wereld. De grootste kunstenaars komen hiernaartoe voor een optreden, en velen blijven in de stad wonen en werken, geïnspireerd door een creatieve gemeenschap. Behalve van de beste symfonie-, ballet- en operagezelschappen van de westkust, is de stad ook de thuisbasis van jazz- en rockbands en dans- en theatergroepen. Voor sportfans zijn er zowel evenementen om naar te kijken als om aan deel te nemen. In de parken en recreatiegebieden kunnen bezoekers buitenactiviteiten ondernemen, die vaak niets kosten.

Fillmore Auditorium
Het opgeknapte Auditorium, bekend van bands als Jefferson Airplane, zou weer een belangrijk poppodium kunnen worden (blz. 266).

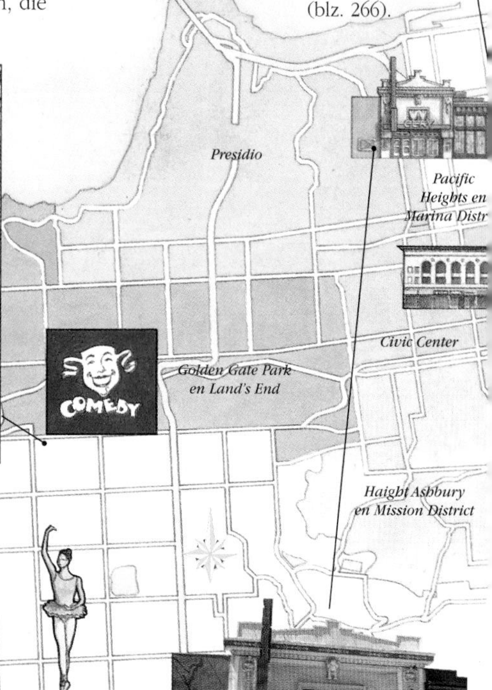

Presidio

Pacific Heights en Marina Distr

Civic Center

Golden Gate Park en Land's End

Haight Ashbury en Mission District

San Francisco Comedy Celebration Day
Dit festival in Golden Gate Park biedt toeschouwers de kans om nieuw talent te zien dat het, zoals Whoopi Goldberg, gaat maken (blz. 259).

0 kilometer 2

Ballet in Stern Grove
Het amfitheater is een goede plek voor balletvoorstellingen (blz. 259).

Clay Theatre
Buitenlandse films draaien in Clay Theatre aan Fillmore Street, gebouwd in 1910 en een van de oudste theaters van de stad (blz. 262).

Straatartiesten op Fisherman's Wharf
Straatmuzikanten, jongleurs en allerlei andere artiesten vermaken het publiek op Fisherman's Wharf (blz. 259).

De Saloon
Elke avond treedt er een plaatselijke bluesband op in dit populaire café in North Beach. Het dateert van 1861 en is een overblijfsel uit de goldrushtijd (blz. 266).

Het Fairmont Hotel
In pianobars van de grote hotels is goede muziek te horen. De Tonga Room in het Fairmont is de plek waar Tony Bennet het lied 'I Left My Heart in San Francisco' beroemd maakte (blz. 266).

Het Geary Theater
Het opvallende gebouw, thuis van het bekende American Conservatory Theater, is na de aardbeving van 1989 helemaal gerenoveerd (blz. 263).

War Memorial Opera House
Voor de San Francisco Opera Association moet u van tevoren kaarten kopen (blz. 264).

Slim's
Slim's is een van de stijlvolste nachtclubs van SoMa en biedt jazz, rock en blues (blz. 266).

Film en theater

Film is bijzonder populair in San Francisco en vaak worden pas uitgebrachte kaskrakers zelfs in buurtbioscopen vertoond. In overeenstemming met zijn reputatie als centrum voor de kunsten, blinkt de stad uit op het gebied van filmfestivals. Naast het San Francisco International en het Mill Valley Film Festival zijn er ook festivals voor de beste indiaanse en Aziatisch-Amerikaanse films en vrouwen- en homofilms.

Op het gebied van theater is het aanbod veel kleiner en ook veel duurder. Vaak kunt u slechts uit een handvol voorstellingen kiezen. De mainstreamtheaters, die zowel Broadwayproducties als producties van plaatselijke groepen aanbieden, vindt u vooral in het Theater District *(blz. 116)*, net ten westen van Union Square aan Geary Street. Het Fort Mason Center *(blz. 74–75)* richt zich meer op avant-gardetheater.

PREMIÈREBIOSCOPEN

De nieuwste multimediabelevenis is het **Sony Metreon**, een multiplex met 15 schermen en een IMAX-zaal. Er zijn ook winkels, restaurants, speciale programma's en andere attracties. De prijzen voor kaartjes liggen hier op hetzelfde niveau als in andere premièrebioscopen. Het **AMC Kabuki** in het Japan Center *(blz. 128)*, het moderne **Embarcadero** en het **Presidio Theater** zijn andere uitstekende bioscopen voor premières. Andere populaire bioscopen zijn het **AMC 1000 Van Ness** en **Loew's Theater**. Het **Century San Francisco Centre** ligt in het Westield Shopping Centre en heeft luxe stoelen en een snackbar met lekkere hapjes.

Voorstellingen beginnen meestal rond 12.00 uur en gaan door tot 22.00 uur. In het weekeinde zijn er soms nachtvoorstellingen. De eerste voorstelling kost meestal maar de helft, hoewel dit van zaal tot zaal kan verschillen. In de Kabuki krijgt u tussen 16.00 en 18.00 uur de meeste korting.

FILMKEURING

Films zijn in de VS als volgt geclassificeerd:
G (General Audiences): alle leeftijden.
PG (Parental Guidance): begeleiding door volwassene gewenst.
PG-13: waarschuwing voor ouders, sommige beelden ongeschikt voor kinderen jonger dan 13.
R (Restricted): kinderen jonger dan 17 moeten door een volwassene worden begeleid.
NC-17 (No Children): geen toegang onder de 17.

BUITENLANDSE FILMS EN KUNSTFILMS

Op het gebied van recente buitenlandse films zijn de **Clay** in Pacific Heights en **Lumiere** en **Opera Plaza** (vier schermen) in het Civic Center de belangrijkste bioscopen. Ze zijn allemaal eigendom van de Landmarkketen, die een voordelige kortingskaart verkoopt waarmee u op vijf films 30 procent bespaart.

De **Castro** *(blz. 136)*, de mooiste oude bioscoop van San Francisco, vertoont Hollywoodklassiekers en andere oude films, naast opvallende nieuwe films, en heeft elke dag een nieuw programma. De chique **Roxie**, een onafhankelijke repertoirebioscoop in het Mission District, en de kleine **Red Vic** in Haight Ashbury, bieden eveneens klassiekers.

Obscuur, maar intrigerend werk ziet u in **Cinematheque**, die op zondagavonden een programma verzorgt in het San Francisco Art Institute en op donderdagavonden in het **Yerba Buena Center for the Arts**.

FILMFESTIVALS

Op het **San Francisco International Film Festival**, dat twee weken lang in het Kabukicomplex wordt gehouden, zijn vaak wel een paar hits te zien. In principe worden er echter onafhankelijke en buitenlandse producties vertoond, die anders misschien helemaal niet te zien zouden zijn. Bestel drie à vier dagen van tevoren kaarten. Ook het **Mill Valley Film Festival** in begin oktober is een steunpilaar van het circuit, evenals het steeds bekendere **Lesbian & Gay Film Festival**, dat in juni wordt gehouden in de **Castro**, **Roxie** en het **Yerba Buena Center for the Arts**.

MAINSTREAMTHEATER

Veel inwoners van San Francisco steken hun min-

OP LOCATIE

Veel plekken in en om San Francisco hebben een grote rol gespeeld in films:

Alcatraz is de gevangenis in *Bird man of Alcatraz* en *Escape from Alcatraz*.
Alta Plaza Park is de plek waar Barbra Streisand in *What's up, Doc?* een auto een trap af reed.
Bodega Bay, ten noorden van San Francisco aan de kust, is het plaatsje in *The birds* van Hitchcock.
Chinatown zoals toeristen het meestal niet zien, is het decor van *Chan is missing*, *The dead pool*, *Dim sum* en *Hammett*.
De laatste week van het **Fillmore Auditorium,** met beelden van de Grateful Dead, is het thema van *Fillmore*.
Het **Mission District** is te zien in de gewelddadige *Laughing policeman*.
Presidio is het toneel van een brute moord in *The presidio*.
Op **Union Square** speelt de belangrijkste scène van *The conversation* zich af.

achting voor de internationale commerciële successen niet onder stoelen of banken, wat verklaart waarom het theater hier minder aanzien geniet dan in andere grote steden. In het Theater District lopen meestal echter wel een paar grote voorstellingen; drie van de grootste zalen zijn het **Golden Gate Theater**, het **Curran Theater** en het **Orpheum Theater**, die alle deelnemen aan de serie Best of Broadway. Andere zijn het **New Conservatory Theatre Center** en het **Marines Memorial Theater**. Het **Stage Door Theater** staat bekend om zijn serieuze stukken, terwijl het **The Marsh** musicals en blijspelen vertoont.

Het meest vooraanstaande gezelschap is het **American Conservatory Theater (ACT),** met van oudsher als thuisbasis het Geary Theater, dat heropend is na renovatie door de gevolgen van de aardbeving van 1989 *(blz. 18–19)*. De voorstellingen vinden zolang plaats in andere theaters.

ALTERNATIEF THEATER

Met zijn tientallen kleine theaters in de stad en in de Bay Area is het alternatieve circuit van San Francisco springlevend, zij het ook moeilijk te vinden. **Fort Mason** is het bekendste centrum, basis van het in heel Amerika bekende **Magic Theater** en verschillende andere groepen en tevens toneel van het Playwrights Festival in oktober *(blz. 49)*.

In de wijk North Beach vindt u het **Actors Theater of San Francisco**, en in het Mission District het satirische **Theater Rhinoceros** en het onverschrokken **Theater Artaud**. De populairste productie van de stad, de unieke revue *Beach blanket Babylon,* ziet u in **Club Fugazi** in North Beach. Andere gezelschappen die het bekijken waard zijn, zijn **Intersection for the Arts**, het op multimediavoorstellingen georiënteerde **Exit Theater** en het gewaardeerde **Berkeley Repertory Theater** in de East Bay.

ADRESSEN

PREMIERE-BIOSCOPEN, BUITENLANDSE FILMS EN KUNSTFILMS

AMC 1000 Van Ness
Kaart 4 F4.
Tel. *922 4262.*

AMC Kabuki
Kaart 4 E4.
Tel. *346 3243.*

Bridge
Kaart 3 B5.
Tel. *267 4893.*

Castro
Kaart 10 D2.
Tel. *621 6120.*

Century San Francisco Centre
Kaart 5 C5.
Tel. *538 3456.*

Cinematheque
Kaart 11 B3.
Tel. *552 1990.*

Clay
Kaart 4 D3.
Tel. *267 4893.*

Embarcadero
Kaart 6 C3.
Tel. *267 4893.*

Loew's Theater
Kaart 5 C5.
Tel. *369 6200.*

Lumiere
Kaart 4 F3.
Tel. *267 4893.*

Opera Plaza
Kaart 4 F5.
Tel. *267 4893.*

Presidio Theater
Kaart 3 C2.
Tel. *776 2388.*

Red Vic
Kaart 9 B1.
Tel. *668 3994.*

Roxie
Kaart 10 F2.
Tel. *863 1087.*

Sony Metreon
Kaart 5 C5.
Tel. *369 6000.*

Yerba Buena Center
Kaart 5 C5.
Tel. *978 2787.*

FILMFESTIVALS

International Film Festival
Kaart 4 D5.
www.sffs.org
Tel. *561 5000.*

Lesbian & Gay Film Festival
Kaart 11 A2.
Tel. *703 8650.*
www.frameline.org

Mill Valley Film Festival
38 Miller Ave, Mill Valley.
Tel. *383 5256.*

MAINSTREAM THEATERS

American Conservatory Theater (ACT)
Kaart 5 B5.
Tel. *749 2ACT.*

Curran Theater
Kaart 5 B5.
Tel. *551 2000.*

Golden Gate Theater
Kaart 5 B5.
Tel. *551 2000.*

Marines Memorial Theater
Kaart 5 B4.
Tel. *771 6900.*

New Conservatory Theatre Center
Kaart 10 F1.
Tel. *861 8972.*

Orpheum Theater
Kaart 11 A1.
Tel. *551 2000.*

Stage Door Theater
Kaart 5 B5.
Tel. *749 2228.*

The Marsh
Kaart 10 F3.
Tel. *826 5750.*

ALTERNATIEF THEATER

Actors Theater of San Francisco
Kaart 5 B4.
Tel. *296 9179.*

Berkeley Repertory Theater
2025 Addison St, Berkeley.
Tel. *510-845 4700.*

Club Fugazi
Kaart 5 B3.
Tel. *421 4222.*

Exit Theater
156 Eddy St
Kaart 5 B5.
Tel. *673 3847.*

Fort Mason Center
Kaart 4 E1.
Tel. *441 3687.*

Intersection for the Arts
Kaart 10 F2.
Tel. *626 2787.*

Magic Theater
Kaart 4 E1.
Tel. *441 8001.*

Theater Artaud
Kaart 11 A3.
Tel. *626 4370.*

Theater Rhinoceros
Kaart 10 F2.
Tel *861 5079.*

Opera, klassieke muziek en dans

Sinds de dagen van de goldrush in 1849 kan San Francisco bogen op een grote hoeveelheid culturele instellingen en het vermogen om kunstenaars van wereldklasse naar zich toe te trekken. De bewoners dragen de kunst een warm hart toe, van de grote geldschieters tot de meer ongebonden fans, en kunnen kiezen uit een groot en gevarieerd aanbod. De belangrijkste podia, waaronder het War Memorial Opera House en de Louise M. Davies Symphony Hall, zijn gevestigd in het kunstcomplex in het Civic Center *(blz. 126–127)*. Het hoogtepunt van het opera-, muziek- en balletseizoen valt in de winter en lente, wanneer het soms moeilijk is kaarten te bemachtigen.

OPERA

De stad was al verrukt van opera ver voordat er in 1932 het eerste operagebouw van het land werd neergezet dat eigendom was van de gemeente. De laatste jaren is de opera van San Francisco een van de beste ter wereld geworden, waar topartiesten als Placido Domingo en Kiri Te Kanawa hebben opgetreden en kunstenaars als David Hockney aan de decors hebben gewerkt. Boven het toneel worden alle teksten in het Engels vertaald weergegeven.

Het operaseizoen loopt van september tot en met december, en de eerste avond is een van de belangrijkste sociale gebeurtenissen aan de westkust. Soms is er in juni en juli ook een zomerseizoen: kaarten zijn dan gemakkelijker te krijgen.

Prijzen lopen uiteen van $10 (voor een staanplaats, verkocht op de dag zelf) tot ruim $100. Neem voor meer informatie contact op met de **San Francisco Opera Association**. De kassa van het **War Memorial Opera House** weet welke kaarten er nog verkrijgbaar zijn.

Aan de overkant van de baai treedt de kleine, maar indrukwekkende **Berkeley Opera** in april en mei op in de North Congregational Church, en in de zomer in de rustieke Hillside Club.

KLASSIEKE MUZIEK

De meest recente aanwinst in het kunstcomplex van het Civic Center, de **Louise M. Davies Symphony Hall**, werd op 16 september 1980 ingewijd. Het is nu het belangrijkste podium voor klassieke muziek in San Francisco en thuisbasis van het gerenommeerde **San Francisco Symphony Orchestra.**

Tussen september en juni geeft het orkest tot vijf concerten per week. Gastdirigenten en -solisten en orkesten op tournee verzorgen daarnaast speciale concerten, en in juli en begin augustus speelt een kleiner orkest het Symphony Pops-seizoen in de Louise M. Davies Symphony Hall. Naast het Opera House biedt het **Herbst Theatre** recitals door prominente artiesten.

Naast deze grote evenementen worden er in de Bay Area tal van minder formele recitals en concerten gegeven. Het **Philharmonia Baroque Orchestra**, een barokensemble, speelt in verschillende zalen in de stad. In de historische **First Presbyterian Church** zijn het hele jaar door op vrijdagavond en zondagmiddag kamermuziek en recitals te horen.

Het **Florence Gould Theater** in het Legion of Honor wordt vaak gebruikt voor optredens van kleine orkesten, waaronder kwartetten, en voor demonstraties van klassieke en preklassieke muziekinstrumenten, zoals het clavichord.

Aan de overkant van de baai trekt **Hertz Hall** op de campus van de universiteit in Berkeley *(blz. 176–177)* veelbelovende artiesten aan voor het winter- en voorjaarsseizoen, en speelt het vernieuwende **Oakland East Bay Symphony** in het art-decotheater Paramount.

HEDENDAAGSE MUZIEK

De voltooiing van het **Yerba Buena Center for the Arts** is een belangrijke stimulans geweest voor de hedendaagse muziek in San Francisco. Componisten en orkesten uit de Bay Area, onder wie John Adams en het internationaal bekende **Kronos Quartet,** geven samen met artiesten uit alle delen van de wereld concerten in het theater van het Center en in het veel kleinere Forum.

Hedendaagse componisten geven af en toe ook concerten in de Louise M. Davies Symphony Hall.

Het andere grote podium voor nieuwe muziek in de Bay Area is **Zellerbach Hall** op de campus in Berkeley. Het **Cowell Theater** in Fort Mason verzorgt ongeveer twee keer per maand een concert.

Het ongebruikelijkste muzikale avontuur dat er in de stad te beleven valt heet **Audium.** Dit is niet echt muziek, maar meer een muzikale ervaring – een dynamische 'sculptuur van geluid', waarbij het publiek de voorstelling in volstrekte duisternis ondergaat, omringd door honderden speakers.

BALLET EN DANS

Het **San Francisco Ballet**, opgericht in 1933, is het oudste professionele balletgezelschap van de VS. Onder leiding van Helgi Tomasson heeft het zich bewezen als een van de beste ter wereld. Het seizoen loopt van februari tot mei en begint elk jaar met een uitvoering van *De notenkraker* van Tsjaikovski.

Voorstellingen op kleinere schaal van plaatselijk talent zijn te zien in het **Theater Artaud** en de **ODC Performance Gallery**, beide in het Mission District. Het **Yerba Buena Center for the Arts** is de thuisbasis van het **LINES**

Contemporary Ballet. **Zellerbach Hall** aan de overkant van de baai weet de beste reizende gezelschappen binnen te halen en wordt elk jaar bezocht door Pilobolus, het Dance Theater of Harlem en Merce Cunningham.

RONDLEIDINGEN

Er worden rondleidingen georganiseerd in de **Louise M. Davies Symphony Hall** en in het **War Memorial Opera House**. In beide gebouwen kunt u op maandag tussen 10.00 en 14.00 uur een blik achter de schermen werpen. In de Davies Symphony Hall worden op afspraak ook op woensdag en zaterdag rondleidingen verzorgd, maar dat moet u wel een week van tevoren regelen.

GRATIS EVENEMENTEN

Naast de talloze evenementen waarvoor u een toegangsprijs moet betalen, worden er in de stad ook allerlei gratis concerten en voorstellingen georganiseerd. De meeste vinden overdag plaats, en 's zomers in de openlucht. Het **San Francisco Symphony Orchestra** verzorgt 's zomers een reeks zondagsconcerten in een natuurlijk amfitheater in Stern Grove *(blz. 259)*. Leden van de **San Francisco Opera Company** zingen rond lunchtijd in het kader van de Brown Bag Operareeks een aantal aria's in Bush Street, Financial District, en op Sharon Meadow in het Golden Gate Park *(blz. 143–155)* tijdens Opera in the Park. Ook gratis zijn de lunchconcerten die op dinsdag om 12.30 uur in de **Old St. Mary's Church** *(blz. 98)* worden gegeven.
Music in the Park vindt plaats op vrijdagmiddagen in de zomer in het sequoiabos achter de Transamerica Pyramid *(blz. 111)*.
Grace Cathedral vormt het toepasselijke decor voor uitvoeringen van koormuziek door het jongens- en mannenkoor van de kerk, dat in 1913 werd opgericht. Het koor zingt tijdens de avonddienst op donderdag om 17.15 uur en tijdens de mis op zondag om 11.00 uur.
Voor meer informatie over evenementen kunt u contact opnemen met het San Francisco Convention and Visitors Bureau *(blz. 278)*, of op de 'Datebook'-pagina van de zondageditie van de *San Francisco Chronicle/Examiner* kijken.

ADRESSEN

OPERA

Berkeley Opera Box Office
2138 Cedar St. Berkeley.
Tel. *510-841 1903.*

San Francisco Opera Association
301 Van Ness Ave.
Kaart 4 F5.
Tel. *861 4008.*

War Memorial Opera House Box Office
199 Grove St (day),
Kaart 4 E5;
301 Van Ness Ave (eve),
Kaart 4 F5.
Tel. *864 3330.*
www.sfopera.com

KLASSIEKE MUZIEK

Old First Presbyterian Church
1751 Sacramento St.
Kaart 4 F3.
Tel. *474 1608.*

Florence Gould Theater
Legion of Honor,
Lincoln Park.
Kaart 1 C5.
Tel. *863 3330.*

Herbst Theatre
401 Van Ness Ave.
Kaart 4 F5.
Tel. *621 6600.*

Hertz Hall
UC Berkeley.
Tel *510-642 9988.*

Louise M. Davies Symphony Hall Box Office
201 Van Ness Ave.
Kaart 4 F5.
Tel. *864 6000.*

Oakland East Bay Symphony Box Office
2025 Broadway,
Oakland.
Tel *510-444 0801.*

Philharmonia Baroque Orchestra Box Office
180 Redwood St,
Suite 100.
Kaart 4 F5.
Tel. *392 4400.*

San Francisco Symphony Association Box Office
201 Van Ness Ave.
Kaart 4 F5.
Tel. *864 6000.*

HEDENDAAGSE MUZIEK

Audium
1616 Bush St.
Kaart 4 F4.
Tel. *771 1616.*

Cowell Theater
Fort Mason Center
Pier 2.
Kaart 4 E1.
Tel. *441 3687.*

Kronos Quartet
Tel. 731 3533.

Yerba Buena Center
701 Mission St.
Kaart 5 C5.
Tel. *978 2787.*
www.ybca.org

Zellerbach Hall
UC Berkeley.
Tel *510-642 9988.*

BALLET EN DANS

LINES Contemporary Ballet
Yerba Buena Center for the Arts
700 Howard St.
Kaart 5 C5.
Tel. *978 2787.*

ODC Performance Gallery
3153 17th St.
Kaart 10 E3.
Tel. *863 9834.*

San Francisco Ballet
455 Franklin St.
Kaart 4 F4.
Tel. *861 5600.*
www.sfballet.org

San Francisco Ballet Box Office
455 Franklin St.
Kaart 4 F4.
Tel. *865 2000.*

Theater Artaud
450 Florida St.
Kaart 11 A5.
Tel. *626 4370.*

RONDLEIDINGEN

War Memorial Performing Arts Center
199 Grove St.
Kaart 4 E5.
Tel. *552 8338.*

GRATIS EVENEMENTEN

Grace Cathedral
1051 Taylor St. **Kaart** 5 B4. ***Tel.*** *749 6300.*
www.gracecathedral.org

Rock, jazz, blues en country

Elk genre van de populaire muziek wordt wel ergens in San Francisco live gespeeld, of het nu dixieland, country and western, Deltablues, rap, psychedelische rock of de nieuwste muziek uit West-Afrika of Oost-Europa is. In doodgewone buurtcafés zijn soms goede bands te horen en er bestaat een aantal uitstekende kleine zalen waar de toegangsprijs heel laag is.
Het muziekwereldje van de stad kent een lange en bewogen geschiedenis. Het is voortdurend in beweging en er valt niet te voorspellen wat u zult aantreffen, maar wat het ook is, goed is het zeker.

GROTE ARENA'S

Bekende internationale artiesten treden op in de grote zalen van de Bay Area. In San Francisco zelf is het kleine **Masonic Auditorium** op Nob Hill het belangrijkste podium. Twee grotere locaties, het **Cow Palace** en het **Shoreline Amphitheater**, liggen ten zuiden van de stad, terwijl de echt massale concerten aan de overkant van de baai worden gehouden.
Het **Greek Theater** in Berkeley verzorgt in de zomer een reeks concerten van grote bands en artiesten. In het grote **Chronicle Pavilion** in het Concord staan grote namen als Bonnie Raitt, Dave Matthews en Santana.
De beste middelgrote zaal in de stad is het **Warfield** in Market Street, waar u tijdens de vele rockconcerten beneden kunt dansen en boven, op het balkon, kunt zitten. Verspreid over de stad vindt u kleinere clubs. South of Market (SoMa), rond 11th en Folsom Street, heeft de hoogste concentratie, met een aantal rock- en jazzclubs op loopafstand van elkaar.
De couvertkosten in deze clubs variëren van $5 tot $20, waarbij in het weekeinde de hoogste prijzen worden berekend. In sommige moet u ten minste één of twee consumpties gebruiken.
Kaarten voor concerten kosten tussen $15 en $25 en zijn verkrijgbaar aan de kassa of bij BASS of Ticketmaster, die reserveringskosten rekenen *(blz. 259).*
Kijk voor meer informatie in de *SF Weekly, Bay Guardian* of andere regionale bladen *(blz. 281),* of in de gratis *Bay Area Music (BAM),* die verkrijgbaar is bij platenzaken en clubs.

ROCK

Van Metallica en En Vogue tot algemenere hedendaagse bands als de Counting Crows en Chris Isaak, San Francisco kent een boeiende traditie op het gebied van rockmuziek. Veel plaatselijke bands weten weerstand te bieden aan de verleidingen van de roem, en de meeste clubs zijn klein en informeel. Bands en artiesten uit het hele land geven luisterrijke concerten tijdens de Gavin Convention van het radiobedrijf in februari, maar de rest van het jaar zijn de optredens eerder bescheiden en ongedwongen.
Twee van de beste rockclubs voor livemuziek zijn **Slim's** en **Bimbo's 365 Club**.
Bimbo brengt rock, jazz, country en R&B, en trekt daarmee een navenant gevarieerd publiek. Slim's is wat chiquer en haalt reeds bekende artiesten naar zijn comfortabele zaal, die plaats biedt aan 436 mensen.
Ook populair is het pas heropende **Fillmore Auditorium**, de legendarische bakermat van de psychedelische rock *(blz. 129).*
Kleinere zalen zijn het aardse **Bottom of the Hill** aan de zuidelijke waterkant, **Hotel Utah** onder snelweg I-80 ten zuiden van Market Street, en het **Starry Plough** in Shattuck Street. De punkrockscene van de Bay Area is geconcentreerd in de **24 Gilman Street** in Berkeley, toegankelijk voor alle leeftijden.

JAZZ

Eind jaren vijftig, op het hoogtepunt van de beatbeweging *(blz. 32),* had San Francisco de levendigste jazzscene van het land. Nachtclubs als het legendarische Blackhawk dongen met de populairste gelegenheden van de VS naar de gunsten van Miles Davis en John Coltrane. Zo is het nu niet meer, maar er zijn nog clubs genoeg waar u livejazz kunt horen. Voor traditionele (en gratis) dixieland in een informele omgeving moet u in de charmante **Gold Dust Lounge** zijn, nabij Union Square.
Als u meer van modern houdt, kunt u kiezen uit bijvoorbeeld **Jazz at Pearl's**, in North Beach, of **Yoshi's** op Jack London Square. Veel belangrijke jazz- en bluesartiesten, zoals B.B. King en Pat Metheny, treden hier op. Probeer ook de pianobars in de restaurants en hotels van het centrum, waarvan de prachtige **Carnelian Room** in het gebouw van de Bank of America de beste is.
Voor de grote namen moet u naar de East Bay gaan, waar **Kimball's East** bekendstaat als de beste jazzclub van de Bay Area. De **SF Brewing Company** heeft bijna elke avond jazz. De gasten van **Moose's** kunnen genieten van eersteklas jazzpianisten tijdens de lunch of het diner.
Veel jazzfans laten hun bezoek aan de stad samenvallen met het wereldberoemde **Monterey Jazz Festival**, dat in september in Monterey *(blz. 186–187)* wordt gehouden.

BLUES

San Francisco heeft waarschijnlijk meer bluesclubs dan welke stad ook, behalve Chicago. Elke avond wordt er wel ergens in de stad blues gespeeld, van de cafés in North Beach, zoals **The Saloon**, tot **The Boom Boom**

Room, de club van de in 2001 overleden bluesartiest John Lee Hooker. **Lou's Pier 47**, Fisherman's Wharf, heeft bijna elke dag één of twee bluesbands op het programma, met in het weekeinde 's middags speciale optredens. De prijswinaar **Biscuits and Blues** brengt lokale blues en in de weekeinden speciale shows.
Het hoogtepunt van het jaar is het **San Francisco Blues Festival** in september, wanneer tientallen bluesbands uit het hele land naar de Great Meadow in Fort Mason *(blz. 74–75)* komen.

FOLK, COUNTRY EN WERELDMUZIEK

Hoewel de aantrekkingskracht van folk niet meer zo groot is als in de jaren zestig, toen mensen als Joan Baez en Pete Seeger regelmatig optraden, kunnen de fans nog steeds terecht in vele clubs en koffiehuizen rond de baai. Het **Freight & Salvage Coffeehouse** in Berkeley biedt naast folkzangers ook country- en bluegrassbands, maar is wel de belangrijkste folkclub in de Bay Area.
In de **Great American Music Hall**, in de buurt van het Civic Center, treden meer bekende artiesten op, van de Indigo Girls tot John Martyn. **Cafe Du Nord** verzorgt akoestische optredens, terwijl het **Sweetwater** in Marin County een bonte stoet bekende folkzangers aantrekt.
Terwijl echte countryfans goed moeten zoeken om iets van hun gading te vinden, blinkt de Bay Area uit op het gebied van wereldmuziek, wat alles omvat van reggae tot taikodrummen. In het gezellige en rookvrije **Ashkenaz Music & Dance Café** treden allerlei verschillende artiesten op.

ADRESSEN

ZALEN

Chronicle Pavilion
2000 Kirker Pass Road, Concord
Tel. *925-363 5701.*

Cow Palace
Geneva Ave and Santos St.
Tel. *404 4111.*

Greek Theater
UC Berkeley.
Tel. *510-642 9988.*

Masonic Auditorium
1111 California St.
Kaart 4 F3.
Tel. *776 4702.*
www.sfmasonic center.com

Shoreline Amphitheater
1 Amphitheater Parkway, Mountain View.
Tel. *650-967 4040.*

Warfield
982 Market St.
Kaart 5 C5.
Tel. *775 7722.*

ROCK

Bimbo's 365 Club
1025 Columbus Ave.
Kaart 5 A2.
Tel. 474 0365.
www.bimbo365clubs.com

Bottom of the Hill
1233 17th St. **Kaart** 11 C3. ***Tel.*** *621 4455.*

Fillmore Auditorium
1805 Geary Blvd.
Kaart 4 D4.
Tel. *346 6000.*
www.thefillmore.com

Great American Music Hall
859 O'Farrell St.
Kaart 5 A5
Tel. *885 0750.*

Hotel Utah
500 4th St.
Kaart 5 C5.
Tel. *546 6300.*

924 Gilman Street
924 Gilman St, Berkeley.
Tel. 510-525 9926.

Slim's
333 11th St.
Kaart 10 F1.
Tel. *255 0333.*
www.slims-sf.com

JAZZ

Carnelian Room
555 California St, 52nd Fl.
Kaart 5 C4.
Tel. *433 7500.*

Gold Dust Lounge
247 Powell St.
Kaart 5 B5.
Tel. *397 1695.*

Jazz at Pearl's
256 Columbus Ave.
Kaart 5 C3.
Tel. *291 8255.*

Kimball's East
5800 Shellmound St, Emeryville.
Tel. *510-658 2555.*

Moose's
1652 Stockton St.
Kaart 5 B2.
Tel. *989 7800.*

SF Brewing Company
155 Columbus Ave.
Kaart 5 C3.
Tel. *434 3344.*

Yoshi's Nightspot
510 Embarcadero West. Jack London Sq, Oakland
Tel. *510-238 9200.*

BLUES

Biscuits and Blues
401 Mason St.
Kaart 5 B5.
Tel. *292 2583.*

The Boom Boom Room
1601 Fillmore St.
Kaart 10 F2.
Tel. *673 8000.*

Lou's Pier 47
300 Jefferson St.
Kaart 5 B1.
Tel. *771 5687.*

The Saloon
1232 Grant Ave.
Kaart 5 C3.
Tel. *989 7666.*

FOLK, COUNTRY, EN WERELDMUZIEK

Ashkenaz Music & Dance Café
1317 San Pablo Ave, Berkeley.
Tel. *510-525 5054.*

Cafe Du Nord
2170 Market St.
Kaart 10 E2.
Tel. *861 5016.*
www.cafedunord.com

Freight & Salvage Coffeehouse
1111 Addison St, Berkeley.
Tel. *510-548 1761.*

Starry Plough
3101 Shattuck Ave. Berkeley.
Tel. *510-841 2082.*

Sweetwater
153 Throckmorton Ave, Mill Valley. ***Tel.*** *388 2820.*

MUZIEKFESTIVALS

Monterey Jazz Festival
2000 Fairgrounds Rd bij Casa Verde, Monterey.
Tel. *831-373 3366.*
www.montereyjazz festival.org

San Francisco Blues Festival
Fort Mason. **Kaart** 4 E1.
Tel. *826 6837.*
www.sanfranciscoblues festival.com

Nachtclubs

Zoals bijna alles in San Francisco, is het nachtleven van de stad vrij ontspannen, vriendelijk en ongedwongen. Het heeft weinig van de trendgevoeligheid van Londen, New York of Parijs, en opzichtige discotheken zijn er niet veel. Veel clubs zijn maar één of twee avonden per week geopend, maar de prijzen zijn in het algemeen laag. Wie naar een club of café wil, moet ouder zijn dan 21 jaar en jonge mensen moeten dus een identificatiebewijs met pasfoto bij zich hebben.
Als u iets wilt meemaken wat typisch is voor San Francisco, kunt u een van de comedyclubs proberen. Hoewel een aantal eens populaire clubs de laatste jaren zijn deuren heeft gesloten, wordt het genre nog steeds met een zekere excentrieke flair beoefend. In San Francisco vindt u verder een groot aantal comfortabele pianobars in luxueuze restaurants en hotels.

WAAR EN WANNEER

Namen, openingstijden en adressen van nachtclubs veranderen voortdurend en zelfs de populairste gelegenheid houdt het vaak niet langer dan een jaar vol. Het beste kunt u maar gewoon op weg gaan naar een bepaalde club en onderweg uw oren en ogen goed open houden. In kranten als de *SF Weekly, Bay Times* en *Bay Guardian* *(blz. 281)* staan advertenties en recensies. De meeste grotere clubs staan in South of Market (SoMa) en zijn van 21.00 tot 2.00 uur geopend. Sommige zijn de hele nacht open, vooral in het weekeinde, maar nergens wordt na 2.00 uur nog alcohol geschonken.

DISCOTHEKEN

De grootste en populairste discotheek van San Francisco is **Ruby Skye** in Mason Street, met zijn opvallende decor, uitstekende geluidsinstallatie en modieuze publiek.
Rhythm and blues, hiphop en jazz hoort u in **Nickie's BBQ** in Haight Ashbury, terwijl de **Factory 525** en **City Nights** alternatieve rock en moderne dansmuziek biedt; neem in deze gribus 's nachts een taxi naar huis. **Bambuddha Lounge** heeft heerlijk eten en uitstekende dj's. **The Mexican Bus** is een echte bus die je meeneemt naar drie verschillende salsa-dansclubs in een avond. Ga naar de **Suede** als u echt wilt swingen, met elke avond andere Indiemuziek. **Ten 15** is ook een gelegenheid waar allerlei muziek gespeeld wordt en de sfeer opgetogen is. In SoMa vindt u tevens de **Cat Club**, waar u tot het ochtendgloren kunt genieten van acid jazz en alternatieve industrial geluiden. Bezoek ook **33 Ritch Street**, waar u kunt genieten van house, goth, Britpop, mod, indie, R&B en hiphop.
Liefhebbers van salsa moeten rechtstreeks naar **Cafe Cocomo**, waar van 8.00 tot 2.00 uur de heftigste salsa en danslessen plaatsvinden.

HOMOCLUBS

Sommige van de populairste clubs van de stad zijn vooral, hoewel zelden exclusief, gericht op homo's. In het geliefde **Endup** kan van vrijdagavond tot maandagochtend onafgebroken worden gedanst. Andere homoclubs zijn **El Rio** in het Mission District en **Rawhide**, waar u elke avond aan de *square dance* mee kunt doen. Ook in en rond 18th Street in het Castro District is een aantal dancings gevestigd, zoals de **Midnight Sun** en **Detour**. De **White Horse Inn** in de East Bay is al sinds begin jaren zestig een populaire homogelegenheid.
Homoclubs veranderen nog sneller van naam of van plaats dan hun heterotegenhangers, dus let op de advertenties in de *Bay Times* en *Bay Area Reporter*. Mannen mogen vooral ook *Betty and Pansy's Severe Queer Review* niet missen.

PIANOBARS

De term 'pianobar' doet de grote verscheidenheid aan bars en nachtclubs onder dit kopje eigenlijk geen recht. Een gemeenschappelijk kenmerk zijn de avonden met livemuziek, meestal jazz, die u voor de prijs van een drankje kunt beluisteren. Veel van de beste clubs in de stad zijn gevestigd in viersterrenhotels. Enige blokken verwijderd van het Theater District kunt u bij **The Lush Lounge** stevige martini's drinken in een swingende setting. Het **Top of the Mark**, in art-decostijl, vindt u hoog boven Nob Hill boven in het Mark Hopkins Hotel *(blz. 199)*. Andere goede pianobars zijn **Grand View** op de bovenste verdieping van het Grand Hyatt Hotel aan Union Square en de **Carnelian Room** in het gebouw van de Bank of America, met heerlijk eten, goede muziek en panoramisch uitzicht. In de betere restaurants kunt u voor, tijdens of na het diner van muziek genieten. In North Beach biedt de **Washington Square Bar & Grill** nachtelijk amusement. Er komen veel mensen uit de reclame- en mediawereld, net als in **Moose's**, de aartsconcurrent die aan de overkant modernere muziek laat horen. Beide gelegenheden hebben eten en drinken van bovengemiddelde kwaliteit. Bezoek **Lefty O'Doul's** voor goede barpianomuziek met een Iers accent en goede biersoorten. Ook het Theater District, ten westen van Union Square, kent veel levendige bars. **Julie's Supper Club** draait goede jazz en rythm and blues bij het cajuneten en goede cocktails. **Harry Denton's Starlight Room** heeft 's nachts livemuziek op de 20ste verdieping van het Sir Francis Drake Hotel. Net naast Market Street serveert

Martuni's stevige martini's en klassieke meezingers voor een gevarieerd publiek. De **Tonga Room** is gevestigd in het Fairmont Hotel *(blz. 213)*. In de extravagante bar in Polynesische stijl kunt u dansen of gewoon naar de jazz luisteren – elk half uur onderbroken door een gesimuleerde tropische stortbui.

COMEDYCLUBS

De eens bijzonder bloeiende comedyscene van de stad heeft de wereld Robin Williams en vele andere talenten geschonken. Met de sluiting van de beroemde Holy City Zoo en andere clubs is het de laatste jaren wat rustiger geworden, maar toch valt er elke avond in een of ander café wel wat te beleven. In de regionale bladen *(blz. 281)* leest u wie er optreden.

Enkele van de beste optredens vinden plaats in **Tommy T's Comedy House**, met artiesten als Bobby Slayton, Will Durst en Richard Stockton. Andere clubs die regelmatig standup comedians en improvisaties hebben zijn **Marsh's Mock Cafe-Theater** en **Cobb's Comedy Club** in het Cannerywinkelcentrum *(blz. 83)* aan Fisherman's Wharf en **The Punchline** en **The Green Room Comedy Club**. **Kimo's** is al tientallen jaren een naam in Polk Street met wekelijks travestie, cabaret en comedy.

De voorstellingen beginnen meestal om 21.00, in het weekeinde ook om 23.00 uur. De toegang bedraagt ongeveer $8 en vaak moet u minimaal één of twee drankjes bestellen.

ADRESSEN

DISCOTHEKEN

330 Ritch St
330 Ritch St.
Kaart 11 C1.
Tel. *541 9574.*

Bambuddha Lounge
Phoenix Hotel,
601 Eddy St. **Kaart** 5 A5.
Tel. *885 5088.*

Cafe Cocomo
650 Indiana (bij Mariposa) Kaart 11 C3.
Tel. *824 6910.*
www.cafecocomo.com

Cat Club
1190 Folsom St.
Kaart 11 A2.
Tel. *431 3332.*
www.catclubsf.com

City Nights
715 Harrison St,
Kaart 5 D5
Tel. *339 8686*
(SF Club hotline).

Factory 525
525 Harrison St.
Kaart 5 D5.
Tel. *339 8686*
(SF Club hotline).

The Mexican Bus
bel voor bus pick-up
Tel. *546 3747.*
www.mexicanbus.com

Nickie's BBQ
460 Haight St.
Kaart 10 E1.
Tel. *621 6508.*

Ruby Skye
420 Mason St.
Kaart 5 B5.
Tel. *693 0777.*

Suede
383 Bay St.
Kaart 5 B2.
Tel. *399 9555.*

Ten 15
1015 Folsom St.
Kaart 11 B1.
Tel. *431 1200.*

HOMOCLUBS

Detour
2348 Market St.
Kaart 10 D2.
Tel. *861 6053.*

El Rio
3158 Mission St.
Kaart 10 F4.
Tel. 282 3325.
www.elriosf.com

Endup
401 6th St.**Kaart** 11 B1.
Tel. *357 0827.*

Midnight Sun
4067 18th St.
Kaart 10 D3.
Tel. *861 4186.*

Rawhide
280 7th St. **Kaart** 11 A1.
Tel. *621 1197.*

White Horse Inn
6551 Telegraph Ave., Oakland.
Tel. *510-652 3820.*

PIANOBARS

Carnelian Room
555 California St, 52nd fl.
Kaart 5 C4.
Tel. *433 7500.*

Grand View
Grand Hyatt Hotel
24th floor
345 Stockton St.
Kaart 5 C4.
Tel. *398 1234.*

Harry Denton's Starlight Room
450 Powell St.
Kaart 5 B5.
Tel. *395 8595.*

Julie's Supper Club
1123 Folsom St.
Kaart 11 A1.
Tel. *861 0707.*

Lefty O'Doul's
333 Geary St.
Kaart 5 B5.
Tel. *982 8900.*

Lush Lounge
1092 Post St. **Kaart** 5 A5.
Tel. *771 2022.*
www.lushlounge.com

Martuni's
4 Valencia St.
Kaart 10 F1.
Tel. *241 0205.*

Moose's
1652 Stockton St.
Kaart 5 B2.
Tel. *989 7800.*

Tonga Room
950 Mason St.
Kaart 5 B4.
Tel. *772 5278.*

Top of the Mark
Mark Hopkins Inter-Continental Hotel
1 Nob Hill.
Kaart 5 B4.
Tel. *616 6916.*

Washington Square Bar & Grill
1707 Powell St.
Kaart 5 B2.
Tel. *982 8123.*

COMEDY

Cobb's Comedy Club
915 Columbus Ave.
Kaart 5 B2.
Tel. *928 4320.*

The Green Room Comedy Club
2801 Leavenworth St.
Kaart 5 A1.
Tel. *674 3540.*

Kimo's
1351 Polk St. **Kaart** 4 F4.
Tel. *885 4535.*

Marsh's Mock Cafe-Theater
1074 Valencia.
Kaart 10 F3.
Tel. *826 5750.*

The Punchline
444 Battery St.
Kaart 6 D3.
Tel. *397 7573.* **www**.punchlinecomedyclub.com

Tommy T's Comedy House
1655 Willow Pass Rd.
Concord.
Tel. *925-686 6809.*
www.tommyts.com

Bars in San Francisco

San Francisco is al sinds de wilde dagen van de goudkoorts *(blz. 24–25)* een stad voor dranklustigen, toen er op iedere 50 inwoners een saloon was. De bordelen van halverwege de 19de eeuw bestaan echter niet meer. Tegenwoordig krijgt u uw drankje met uitzicht, of probeer een plaatselijk biertje, nip aan een cocktail in een chique lounge, proef een landwijn uit een van de wijnmakerijen, juich met de bevolking mee in een sportcafé, bekijk de Europese wedstrijden op televisie of laat u verleiden tot een spontaan lied in een Ierse pub. U kunt ook meemaken hoe een aanzienlijk deel van de bevolking van San Francisco zich vermaakt in een homobar.

BARS OP GROTE HOOGTE

Mensen zonder hoogtevrees en een verlangen naar de top, kunnen naar een bar op het dak van een wolkenkrabber. Grand Hyatts **Grand View Lounge**, de **View Lounge** van het Marriott Hotel en **Top of the Mark** van de Mark Hopkins *(blz. 102)*, bieden een prachtig uitzicht en spelen 's avonds jazz- en dansmuziek. De hoogste is de chique **Carnelian Room** (stropdas en reserveren verplicht) op de 52ste etage. Daarna komt **Cityscape**, op de 45ste verdieping van het Hilton Hotel, waar geen pilaar het uitzicht bederft.

BIERBARS

Als u liever met twee benen op de grond staat, kunt u naar een van de vele bierbars in de stad, waar men na het werk of in het weekend graag samenkomt. De betere zijn de bars die gespecialiseerd zijn in bieren van de westkust, zoals het lekkere Anchor Steam en Liberty Ale.
Een ervan is de Engelse **Mad Dog in the Fog**, in Haight Street. De **Magnolia Pub & Brewery**, genoemd naar exdanseres Magnolia Thunderpussy, is gevestigd in een victoriaans huis uit 1903 met een originele houten bar. **The Thirsty Bear**, bekend om zijn tapas, de **SF Brewing Company** met het voordelige happy hour, en het chique **Gordon Biersch Brewery** maken allemaal hun eigen, heerlijke bier. Het **Beach Chalet** heeft ook nog eens een fraai uitzicht over de zee.

COCKTAILBARS

Traditionele cocktailbars zijn erg leuk, met een praatgrage bartender in de weer voor dikke rijen glanzende flessen, en u hebt ze maar voor het uitkiezen.
Alleenstaanden gaan vaak naar **Harry Denton's Starlight Room**, en degenen die graag gezien willen worden, vindt u in de **Redwood Room** van het Clift Hotel, met een zachtverlichte bar en torenhoge prijzen. Een levendige groep uitgaanders is te vinden op Columbus Avenue bij **Specs'**, **Tosca** en **Vesuvio**, ooit een plek voor beatniks en waar een populair drankje de Jack Kerouac is, met rum, tequila, sinaasappel/cranberrysap en limoen. Muurbanken, cocktailtafels en Rat Pack-memorabilia trekken een relaxt publiek bij **Tony Niks**.
Elixir is gevestigd in een victoriaans gebouw in het Mission District, waar ooit een schoenpoetser zijn werk deed. Nu is het een buurtbar met een dartbord. In het **Buena Vista Café** werd in 1952 de eerste Irish Coffee geschonken en nu gaan er 2000 glazen per dag over de toonbank. De **Red Room Bar** komt het dichtst bij een ouderwetse cocktaillounge. De Zuidoost-Aziatische **Bambuddha Lounge** is een leuke themabar en de Thaise **Lingba Lounge** op Potrero Hill biedt exotische drankjes en muziek. In andere bars, zoals het **Café du Nord,** in een vroegere clandestiene bar, en het bekroonde **Biscuits and Blues**, wordt live jazz gespeeld.

WIJNBARS

Met de wijnstreek van Noord-Californië in de buurt is de **Ferry Plaza Wine Merchant Bar**, omgeven door ambachtelijke kaasmakers en bakkerijen, een heerlijke plek om wijn te proeven.
Champagne en kaarslicht bepalen de sfeer in de **Bubble Lounge**. Doordeweeks schenkt de **London Wine Bar** aan de zakenmensen uit het Financial District, en creëert er met Californische wijnen een Engelse ambiance. De eigen wijnen van de **Diablo Grande Wine Gallery** vindt u rond de musea in SoMa. Bij **Vino Venue** kunt u door een klein slokje uit een automatische wijnbar te nemen wel 100 wijnen proeven, voor u tot aankoop overgaat. Vlak bij het AT&T Park in SoMa schenkt **Bacar** zo'n 1400 wijnen per avond.

THEMABARS

Een van de plekken waar u de passie van de plaatselijke bevolking ziet, is de **Knuckles Sports Bar**, met ruim 24 televisieschermen. In de **Greens Sports Bar** schenkt men alleen drank dus neem uw eigen eten mee. **Pat O'Shea's Mad Hatter** combineert zijn sportcafé met een andere traditie: de Ierse pub. In **The Irish Bank** en **The Chieftain** geniet men met volle teugen van de Ierse sfeer en de Guinness.

HOMOBARS

De bars die populair zijn bij homoseksuelen, transseksuelen en biseksuelen variëren van gelegenheden die gericht zijn op leer, motorclubs, latex en fetisj tot bars die men leuk vindt omdat er maar één soort publiek komt. Het Castro, SoMa en het Mission District zijn trekpleisters. Bij **Daddy's**, in het Castro, komen mensen in Levi's en leer. **The Stud** en **EndUp** zijn dansparadijzen. In een stad waar maar weinig lesbobars overleven, zorgt de **Cherry Bar** voor een muzikale avond. **Divas** is een bekende plek voor transseksuelen.

ADRESSEN

BARS OP GROTE HOOGTE

Carnelian Room
52ste verdieping,
555 California St.
Kaart 5 C4.
Tel. *433 7500.*

Cityscape
45ste verdieping,
Hilton Hotel,
333 O'Farrell St.
Kaart 5 B5.
Tel. *923 5002.*

Grand View Lounge
36ste verdieping,
Grand Hyatt Hotel,
345 Stockton St.
Kaart 5 C4.
Tel. *398 1234.*

Top of the Mark
19de verdieping,
Mark Hopkins
InterContinental Hotel,
999 California St.
Kaart 5 B4.
Tel. *616 6916.*

View Lounge
39ste verdieping,
Marriott Hotel 55
4th St.
Kaart 5 C5.
Tel. *896 1600.*

BIERBARS

Beach Chalet
1000 Great Hwy.
Kaart 7 A2.
Tel. *386 8439.*

Gordon Biersch Brewery
2 Harrison St.
Kaart 6 E4.
Tel. *243 8246.*

Mad Dog in the Fog
530 Haight St.
Kaart 10 E1.
Tel. *626 7279.*

Magnolia Pub & Brewery
1398 Haight St.
Kaart 9 C1.
Tel. *864 7468.*

S F Brewing Company
155 Columbus Ave.
Kaart 5 C3.
Tel. *434 3344.*

The Thirsty Bear
661 Howard St.
Kaart 6 D5.
Tel. 974 0905.

COCKTAILBARS

Bambuddha Lounge
661 Eddy St.
Kaart 5 A5.
Tel. *885 5088.*

Biscuits and Blues
401 Mason St.
Kaart 5 B5.
Tel. *292 2583.*

Buena Vista Café
2765 Hyde St.
Kaart 4 F1.
Tel. *747 5044.*

Café du Nord
2170 Market St.
Kaart 10 D2.
Tel. *861 5016.*

Elixir
3200 16th St.
bij Valencia St.
Kaart 10 F2.
Tel. *552 1633.*

Harry Denton's Starlight Room
450 Powell St.
Kaart 5 B4.
Tel. *395 8595.*

Lingba Lounge
1469 18th St.
Kaart 11 C3.
Tel. *355 0001.*

Red Room Bar
827 Sutter St.
Kaart 5 B4.
Tel. *346 7666.*

Redwood Room
495 Geary St.
Kaart 5 B5.
Tel. *775 4700.*

Specs'
12 Adler Place
(aan de overkant van
Columbus Ave bij Vesuvio).
Kaart 5 C3.
Tel. *421 4112.*

Tony Niks
1534 Stockton St.
Kaart 5 B2.
Tel. *693 0990.*

Tosca
242 Columbus Ave.
Kaart 5 C3.
Tel. *391 1244.*

Vesuvio
255 Columbus Ave.
Kaart 5 C3.
Tel. *362 3370.*

WIJNBARS

Bacar
448 Brannan St.
Kaart 11 C1.
Tel. *904 4100.*

Bubble Lounge
714 Montgomery St.
Kaart 5 C3.
Tel. *434 4204.*

Diablo Grande Wine Gallery
669 Mission St.
Kaart 5 C5.
Tel. *543 4343.*

Ferry Plaza Wine Merchant Bar
One Ferry Building,
Winkel 23.
Kaart 6 E3.
Tel. *391 9400.*

London Wine Bar
415 Sansome St.
Kaart 5 C3.
Tel. *788 4811.*

Vino Venue
686 Mission St.
Kaart 5 C5.
Tel. *341 1930.*

THEMABARS

Knuckles Sports Bar
555 North Point St.
Kaart 5 A1.
Tel. *563 1234.*

Greens Sports Bar
2339 Polk St.
Kaart 5 A3.
Tel. *775 4287.*

Pat O'Shea's Mad Hatter
3848 Geary Blvd.
Kaart 3 A5.
Tel. *752 3148.*

The Chieftain
195 5th St.
Kaart 11 B1.
Tel. *615 0916.*

The Irish Bank
10 Mark La
(bij Bush St).
Kaart 5 B4.
Tel. *788 7152.*

HOMOBARS

Cherry Bar
917 Folsom St.
Kaart 11 B1.
Tel. *974 1585.*

Daddy's
440 Castro St.
Kaart 10 D3.
Tel. *621 8732.*

Divas
1081 Post St.
Kaart 4 F4.
Tel. *434 4204.*

Endup
401 6th St.
Kaart 11 B2.
Tel. *646 0999.*

The Stud
399 9th St.
Kaart 11 A2.
Tel. *252 7883.*

Sport en ontspanning

De inwoners van San Francisco zijn dol op sport. U kunt kiezen uit een hele reeks openbare en particuliere fitnessclubs, zwembaden, tennis- en golfbanen. Er zijn twee professionele honkbalteams, een *football*-, een basketbal- en een ijshockeyteam. Verder kunt u gaan kijken naar talloze *college*wedstrijden. Wie zelf actief wil zijn, gaat fietsen of skiën, een boottochtje maken of met een kajak de zee op. *Whale watching* is ook vaak de moeite waard. Kaartjes kunt u kopen via **Ticketmaster** *(blz. 258)* of kaartverkooppunten *(blz. 273)*.

AMERICAN FOOTBAL

Monster Park is het stadion van de meervoudig kampioen de **San Francisco 49ers**. De Oakland Raiders spelen in het **Network Associates Coliseum**. Andere *football*-teams zijn die van de **University of California** in Berkeley en de **Stanford University** in Palo Alto.

'WHALE WATCHING'

Als u San Francisco in de winter bezoekt, mag u de kans om getuige te zijn van de trek van de grijze walvis niet voorbij laten gaan. De enorme zoogdieren zijn soms te zien vanaf landtongen zoals Point Reyes *(blz. 160)*, maar u maakt de beste kans op een boottocht, waarvoor u bij **Tickets.com** of Ticketmaster *(blz. 259)* kaarten kunt krijgen.
De beste en meest informatieve tochten worden verzorgd door **Oceanic Society Expeditions**: ze varen naar de Farallon Islands, waar u naast grijze walvissen soms ook zeldzame vogels en blauwe vinvissen ziet. Veel tochten vertrekken vanaf Half Moon Bay *(blz. 186–187)*, 32 km ten zuiden van San Francisco.

Tickets.com
Tel. *510-7622277*

Oceanic Society Expeditions
Fort Mason. **Kaart** 4 E1.
Tel. *441 1106.*

HONKBAL

In de Bay Area spelen twee professionele honkbalteams. De **San Francisco Giants** (National League) spelen hun thuiswedstrijden in het nieuwe **AT&T Park**, de **Oakland Athletics** (American League) in het Network Associates Coliseum, aan de overkant van de baai in Oakland.

BASKETBAL

De **Golden State Warriors** zijn het enige NBA-team van de Bay Area. Ze spelen aan de overkant van de baai in de Oakland Coliseum Arena. De Golden Bears van de **UC Berkeley** spelen daar ook, hoewel de meeste van hun thuiswedstrijden op de campus plaatsvinden. Het team van **Stanford University** speelt altijd op de campus.

IJSHOCKEY

Thuiswedstrijden van de **San Jose Sharks**, het enige professionele ijshockeyteam van de Bay Area, worden gespeeld in de nieuwe San Jose Arena in het centrum van San Jose.

FITNESSCLUBS

Grote zakenhotels hebben meestal een eigen fitnessclub. De hotels die hier niet over beschikken, regelen vaak wel een tijdelijk lidmaatschap bij een particuliere club. Alternatieven zijn de chique **Bay Club**, in de buurt van het Financial District, de **Crunch Fitness** of het **24-Hour Nautilus Fitness Center**.

VAREN

Tenzij u het geluk hebt dat iemand u op zijn jacht uitnodigt, moet u bij **Cass' Marina** in Sausalito een boot huren als u een tocht over de baai wilt maken. Bij het **Sea Trek Kayak Center** kunt u een kajak huren. Wie van een meer ontspannen tochtje houdt, huurt een motorboot, roeiboot of waterfiets bij het **Stowlake Boathouse** in Golden Gate Park.

GOLFBANEN

Golfers kunnen kiezen uit een groot aantal banen, waaronder gemeentelijke faciliteiten in het **Lincoln Park** en **Golden Gate Park** en de schitterende **Presidio Golf Club.** In Carmel *(blz. 186–187)* ligt aan de Grote Oceaan een aantal van de beroemdste banen ter wereld. Voor ongeveer $295 kunt u daar terecht op de gerenommeerde **Pebble Beach Golf Links**.

SKIËN

Skiërs gaan naar de bergen van Lake Tahoe *(blz. 196–199)*, ten oosten van San Francisco, waar skioorden als **Heavenly** en **Alpine Meadows** hellingen bieden voor zowel beginners als gevorderden. In **Squaw Valley**, het grootste skioord, werden in 1960 de Olympische Winterspelen gehouden. Ook binnen bereik van de Bay Area liggen **Badger Pass**, in Yosemite National Park *(blz. 200–201)*, en het **Kirkwood Ski Resort**, dat meer op langlaufen is gericht.

ZWEMMEN

De meeste openbare zwembaden liggen in de voorsteden. Neem voor openingstijden en toegangsprijzen contact op met het **City of San Francisco Recreation and Parks Department**. Als u in de koude zee wilt zwemmen, moet u naar China Beach gaan, het enige veilige strand van de stad. U kunt ook lid worden van de Polar Bear Club en in de baai zwemmen, of contact opnemen met een van de twee zwemclubs in Aquatic Park *(blz. 172–173)*: de **Dolphin Club** en de **South End Rowing Club**. Als u met Nieuwjaar in de stad bent, wilt u misschien gaan kijken naar de nieuwjaarsduik die deze twee clubs voor hun leden organiseren *(blz. 51)*.

FIETSEN

Door alle steile heuvels lijkt fietsen in San Francisco geen goed idee, maar als u uw route met enig overleg uitstippelt, is de fiets een van de aangenaamste vervoermiddelen in de stad. In het weekeinde, als er vrij weinig verkeer is, kunt u aan de Embarcadero en de Golden Gate Promenade genieten van het uitzicht op de baai. Ook in Presidio en Golden Gate Park is het heerlijk fietsen; hier zijn de meeste verhuurders gevestigd, waaronder **Stow Lake Bike Rentals**. In North Beach kunt u bij **Blazing Saddles** fietsen huren. In de Wine Country *(blz. 190–193)* kunt u een tocht boeken bij **Backroads Bicycle Tours**. Deze duren vaak verschillende dagen, waarbij u stopt bij *bed-and-breakfast*gelegenheden, wijnmakerijen en restaurants.

TENNISSEN

In bijna alle openbare parken van San Francisco vindt u goede tennisbanen, vooral in Golden Gate Park. Alle stadsbanen zijn opgeknapt en vele hebben verlichting om ook 's avond te spelen. Alle banen worden beheerd door het **City of San Francisco Recreation and Parks Depertement**. Bel voor inlichtingen hun tennisbaan-informatienummer. Gasten die in de fameuze **Claremont Resort, Spa and Tennis Club** *(blz. 163)* verblijven, kunnen lessen nemen, banen reserveren en zo veel spelen als ze maar willen.

ADRESSEN

KAARTEN

Golden State Warriors
Oakland Coliseum Arena.
Tel. *1-888-479 4667.*

Oakland Athletics
Tel. *510-638 0500.*

Oakland Raiders
Tel. *1-800-949 2626.*

San Francisco 49ers
Monster Park.
Tel. *656 4900.*

San Francisco Giants
AT&T Park.
Tel. *972 2000.*
www.sfgiants.com

San Jose Sharks
San Jose Arena.
Tel. *408-287 7070.*

Stanford University Athletics
Stanford University.
Tel. *1-800-7826 3673.*

Tickets.com
Tel. 510-762 2277.

UC Berkeley Intercollegiate Athletics
UC Berkeley.
Tel. *1-800-462 3277.*

FITNESSCLUBS

Bay Club
150 Greenwich St.
Kaart 5 C2.
Tel. *433 2550.*

Crunch Fitness
1000 Van Ness Ave.
Kaart 5 A5.
Tel. *931 1100.*
www.crunch.com

24-Hour Nautilus Fitness Center
1200 Van Ness St.
Kaart 4 F4. **Tel.** *776 2200.*
www.24hourfitness.com
Meerdere filialen.

VAREN

Cass' Marina
1702 Bridgeway, Sausalito.
Tel. *332 6789.*

Sea Trek Ocean Kayak Center
Schoonmaker Point Marina, Sausalito.
Tel. *488 1000.*

Stow Lake Boathouse
Golden Gate Park.
Kaart 8 E2.
Tel. *752 0347.*

GOLFBANEN

Golden Gate Park
(Municipal 9 hole).
Kaart 7 B2.
Tel. *751 8987.*

Lincoln Park
(Municipal 18 hole).
Kaart 1 C5.
Tel. *221 9911.*

Pebble Beach Golf Links
Pebble Beach.
Tel. *831-624 3811.*
www.pebblebeach.com

Presidio Golf Club
300 Finley Rd.
Kaart 3 A3.
Tel. *561 4653.*

SKIËN

Alpine Meadows
Tahoe City.
Tel. *530-583 4232.*

Badger Pass
Yosemite National Park.
Tel. *209-372 1001.*

Heavenly Ski Resort
Stateline, Nevada.
Tel. *775-586 7000.*

Kirkwood Ski Resort
Kirkwood.
Tel. *209-258 6000.*

Squaw Valley USA
Squaw Valley.
Tel. *530-583 6985.*

ZWEMMEN

Dolphin Club
502 Jefferson St.
Kaart 4 F1.
Tel. *441 9329.*
www.dolphinclub.com

City of San Francisco Recreation and Parks Department
Informatie over zwemmen.
Tel. *831 2747.*
Tennisinformatie
Tel. 831 6302.
www.parks.sf.gov.org

South End Rowing Club
500 Jefferson St.
Kaart 4 F1.
Tel. *776 7372.*
www.southend.org

FIETSEN

Backroads Bicycle Tours
1516 Fifth St, Berkeley.
Tel. *510-527 1555.*
www.backroads.com

Blazing Saddles
1095 Columbus Ave.
Kaart 5 A2.
Tel. *202 8888.* Een van twee vestigingen.
www.blazingsaddles.com

Stow Lake Bike Rentals
Golden Gate Park.
Kaart 8 E2.
Tel. *752 0347.*

TENNISSEN

Claremont Resort, Spa & Tennis Club
41 Tunnel Rd, Oakland.
Tel. *510-843 3000.*
www.claremontresort.com

SAN FRANCISCO VOOR KINDEREN

San Francisco is rijk aan attracties die inspelen op de nieuwsgierigheid van kinderen en hun hang naar avontuur en plezier. Veel musea zijn zo ingericht dat ze de fantasie prikkelen en kleine handjes iets te doen geven. Van de lente tot de herfst worden er kleurrijke kermissen gehouden. Op historische plekken komen de dagen van de goldrush, het Wilde Westen en Alcatraz tot leven. Ook Golden Gate Park biedt veel verschillende attracties. Dit is een stad voor gezinnen en op veel plaatsen hoeven kinderen geen of weinig toegang te betalen.

PRAKTISCHE INFORMATIE

Voor gezinnen wordt goed gezorgd in San Francisco. In de meeste hotels mogen kinderen gratis in de kamer van hun ouders overnachten en zijn wiegen en bedjes beschikbaar. Vaak kunnen hotels ook voor een oppas zorgen, of anders kunt u terecht bij bureaus als het **American Child Care Services, Inc**.
Parkeren in de stad is duur, maar het openbaar vervoer is uitstekend. Plan uw uitstapjes van tevoren met behulp van de kaart aan de binnenkant van de achterflap en maak gebruik van zowel bus, metro als kabeltram. Kinderen jonger dan 5 jaar worden gratis vervoerd. Kinderen tussen 5 en 17 jaar krijgen korting, en Munikaarten voor één, drie of zeven dagen zijn beschikbaar voor alle leeftijden *(blz. 294)*.
Gebruik de nieuwe openbare toiletten *(blz. 280)* of de *restrooms* in grote hotels en warenhuizen: ze zijn meestal schoon en in sommige vindt u een aankleedtafel. Luiers en medicijnen zijn dag en nacht verkrijgbaar bij Walgreen's *(blz. 283)*.
Activiteiten die geschikt zijn voor gezinnen staan vermeld in het kwartaalblad *San Francisco Book* en in *Arts Monthly* *(blz. 281)*.

DIEREN

Dierenvrienden kunnen hun hart ophalen in de Bay Area. In **Six Flags Marine World** in Vallejo kunnen kinderen een ritje maken op een olifant en dolfijnen ontmoeten. In het Marine Mammal Center in de Marin Headlands *(blz. 174–175)* zijn zeeleeuwen te zien. De San Francisco Zoo *(blz. 160)* is goed voor een uitstapje van een halve of hele dag. Hier ziet u een zeldzame witte Siberische tijger, kunt u in Gorilla World de capriolen van een gorillafamilie gadeslaan, of de jonge pinguïns voeren in de succesvolste broedkolonie ter wereld. Het **Josephine D. Randall Junior Museum** biedt een kinderboerderij en wandelingen in de natuur. Oceanic Society Expeditions *(blz. 299)* verzorgt het hele jaar door tochten naar het Farallones National Marine Sanctuary, waar u van december tot mei grijze walvissen kunt zien.

Ontmoeting met een schaap in de San Francisco Children's Zoo

MUSEA

Veel musea zijn erg leuk voor kinderen. In de California Academy of Sciences *(blz. 150–151)* wordt een aardbeving gesimuleerd in het Earthquake!-theater. De Academy huisvest ook het Morrison Planetarium en het grote Steinhart Aquarium met 8000 vissoorten. **Zeum** bij de Rooftop in de Yerba Buena Gardens is de nieuwste attractie waar kinderen dingen kunnen doen en ontdekken. In de Rooftop zijn onder andere een ijsbaan en een draaimolen uit 1906.
Het **Bay Area Discovery Museum** is er voor kinderen van 2 tot 12 jaar en biedt activiteiten die de fantasie prikkelen. Het **Exploratorium** *(blz. 60–61)* staat bekend om zijn ruim 700 tentoonstellingsstukken waarmee kinderen zelf kunnen experimenteren.
Beleef de dagen van de goldrush en het Wilde Westen in de Wells Fargo History Museum *(blz. 110)*, waar uw kinderen in een postkoets kunnen klimmen, een telegram zenden en goud ontdekken. De toegang is gratis, evenals in het

Een vriendelijk gezicht voor kinderen

Maritime Historical Park *(blz. 83)* met scheepsmodellen en nautische voorwerpen. Aan de Hyde Street Pier kunnen drie historische schepen worden verkend. De musea van Fisherman's Wharf zijn bedoeld om kinderen te vermaken, te verbazen, te boeien en te doen rillen van schrik. Geniet van Ripley's Believe it or not! *(blz. 82)* en het Wax Museum *(blz. 82)*. Iedereen kan plezier beleven aan de duinen en het strand op Crissy Field in het Presidio.

BUITEN SPELEN

De leukste manier om kinderen de stad te laten zien is door middel van een ritje in de kabeltram *(blz. 296–297)*. Het laatste deel van de Powell-Hydelijn naar Aquatic Park *(blz. 172–173)* vormt een spectaculaire afdaling naar de San Francisco Bay. Neem daarna de veerboot naar Alcatraz *(blz. 84–87)*, waar een boeiende rondleiding door de cellen wordt verzorgd. In het Golden Gate Park *(blz. 142–147)* vindt u paardenstallen, fietspaden, meren om op te varen, een draaimolen en zelfs een kudde bizons. Bij **Make*A*Circus** in Fort Mason kunnen jonge toeschouwers na elke voorstelling zelf clown, jongleur of koorddanser worden. **Paramout's Great America** is een themapark met 40 ha ruimte voor ritjes en voorstellingen.

WINKELEN

De overvloed aan speelgoed bij **Toys R Us** zal elk kind in vervoering kunnen brengen. **Basic Brown Bear** nodigt klanten uit de fabriek te bekijken en daarna een beer

Kinderen op het strand bij Crissy Field *(blz. 58–59)*

te kopen die ze zelf kunnen vullen. **Gamescape** verkoopt allerlei niet-elektrisch speelgoed. In de Ghirardelli Chocolate Manufactory *(blz. 83)* kunt u zien hoe chocolade wordt gemaakt en het ook kopen.

BINNENSPELEN

Kinderen raken hun overtollige energie kwijt in **Mission Cliffs**, een enorme overdekte bergbeklimzaal. Probeer voor wat creatief vermaak het Exploratorium voor boeiende tentoonstellingen waarbij je dingen mag aanraken. Zeum, Habitot en Sony Metreon zijn een bezoek waard voor kinderen van alle leeftijden.

UIT ETEN

Fast food is overal verkrijgbaar, van *dim sum* in Chinatown tot hamburgers aan Union Square. De meeste restaurants hebben kinderstoelen en verzorgen speciale kindermenu's. **California Pizza Kitchen** en **The Night Kitchen** in het Metreon serveren smakelijke pizza's en overheerlijke desserts en salades. Omringd door geanimeerde dieren en met special effects is eten in het **Rainforest Café** een belevenis.

De paardenstallen in Golden Gate Park

ADRESSEN

KINDEROPPAS

American Child Care Services, Inc.
Tel. *285 2300.*

DIEREN

Josephine D Randall Junior Museum
199 Museum Way. **Kaart** 10 D2.
Tel. *554 9600.*

Six Flags Marine World
Marine World Parkway, Vallejo.
707-643 6722.

MUSEA

Bay Area Discovery Museum
557 East Fort Baker, Sausalito.
Tel. *339 3900.*
www.badm.org

Zeum
221 4th St. **Kaart** 5 C5.
Tel. *777 2800*

BUITENSPELEN

Great America
Tel. *408-988 1776.*

Make*A*Circus
Fort Mason. **Kaart** 4 E1.
Tel. *242 1414.*

WINKELEN

Basic Brown Bear
2801 Leavenworth St.
Kaart 5 A1 ***Tel.*** *409 2806.*
www.basicbrownbear.com

Gamescapes
333 Divisadero St. **Kaart** 10 D1.
Tel. *621 4263.*

Toys R Us
2675 Geary Blvd.
Kaart 3 C5. ***Tel.*** *931 8896.*
www.toysrus.com

BINNENSPELEN

Mission Cliffs
2295 Harrison St.
Kaart 11 A4. ***Tel.*** *550 0515.*

UIT ETEN

California Pizza Kitchen
53 3rd Street. **Kaart** 5 C5.
Tel. *278 0443.*

Rainforest Café
145 Jefferson St.
Kaart 5 A1. *440 5610.*
www.rainforestcafe.com

POWELL & HYDE Sts.
6
eggs
SAN FRANCISCO NUNICIPAL RAILWAY

WEGWIJS IN SAN FRANCISCO

PRAKTISCHE INFORMATIE

San Francisco noemt zichzelf graag 'Everybody's Favorite City', wat nog wordt aangemoedigd door de vele reisbladen die prijzen hebben toegekend aan de faciliteiten van de stad. Voor bezoekers wordt goed gezorgd. Iedereen vindt er wel hotels *(blz. 206–221)*, restaurants *(blz. 222–243)*, winkels *(blz. 244–257)*, uitgaansgelegenheden *(blz. 258–273)* en georganiseerde tochten *(blz. 279)* die bij zijn budget passen. U kunt zich in de stad gemakkelijk en veilig verplaatsen, mits u onze richtlijnen volgt *(blz. 282–283)*. Op deze bladzijden vindt u praktische informatie over onder andere banken *(blz. 284–285)*, medische faciliteiten *(blz. 282–283)* en internationaal telefoneren *(blz. 286–287)*.

Bordje op overheidsgebouw

Verkeer in Chinatown

BEZIENSWAARDIGHEDEN

Als u lange rijen wilt mijden, kunt u de grote attracties (Alcatraz, Pier 39, Fisherman's Wharf en ritten met de kabeltram) het beste 's morgens bezoeken en de minder gestructureerde uitstapjes (boottochten, Golden Gate Bridge, Golden Gate Park, musea en winkels) voor na de lunch bewaren. Bezoek bezienswaardigheden die bij elkaar in de buurt liggen op dezelfde dag, zodat u tijd en geld spaart – zie de *Stratenkaart* voor de aanbevolen route in een buurt. De spitsuren zijn van maandag tot en met vrijdag van 7.00 tot 9.00 uur en van 16.00 tot 18.30 uur, wanneer het openbaar vervoer en de straten overvol zijn.

ETIQUETTE EN FOOIEN

Het is verboden te roken in kantoren, warenhuizen, restaurants en de zitgedeelten van 3Com Park. In cafés en de bars van sommige restaurants is roken toegestaan. Hotels zijn verplicht 35 procent van hun kamers en 75 procent van de lobby te reserveren voor niet-rokers. In restaurants is een fooi van 15 tot 20 procent van de rekening gebruikelijk. Taxichauffeurs, cafépersoneel en kappers krijgen gemiddeld 15 procent fooi. Bagagedragers in hotels en op luchthavens verwachten $1 tot $1,50 per koffer. Laat per dag van uw verblijf $1 tot $2 achter voor het kamermeisje.

OPENINGSTIJDEN

De meeste zaken zijn op werkdagen van 9.00 tot 17.00 uur geopend. De banken zijn van maandag tot en met vrijdag in ieder geval tussen 10.00 en 15.00 uur open. Sommige banken gaan om 7.30 uur open, sluiten om 18.00 uur of zijn zaterdagmorgen geopend. De meeste hebben geldautomaten waar u dag en nacht terecht kunt. Musea zijn veelal gesloten op maandag en/of dinsdag en nationale feestdagen, sommige blijven 's avonds open (bel voor informatie).

TOERISTENINFORMATIE

Plattegronden, gidsen, agenda's en kortingskaarten voor openbaar vervoer en bezienswaardigheden zijn verkrijgbaar bij het Convention and Visitors Bureau *(blz. 117)*. Van tevoren is voor $3 een bezoekerspakket verkrijgbaar.

Nuttige informatie
San Francisco Convention and Visitors Bureau, Laagste niveau van Hallidie Plaza, Powell St. in Market St.
Kaart 5 B5.
Tel. *391 2000.*
Postadres: PO Box 4299097, San Francisco, CA 94142-9097.
ma–vr 9.00–17.00, za 9.00–15.00 uur.
www.sfvisitor.org

Visitor Information Center, Hallidie Plaza

◁ **Kabeltram die een gebouw in tudorstijl passeert**

TOEGANGSPRIJZEN VAN MUSEA

De musea van San Francisco zijn door verhuizingen naar nieuwe locaties gerevitaliseerd. Grote musea rekenen een toegangsprijs die varieert van $5 tot $9, ouderen, kinderen en studenten krijgen korting. Kleinere musea zijn gratis of vragen een donatie. Bij de meeste grote instellingen is de toegang één dag per week gratis en er zijn gratis rondleidingen, demonstraties en lezingen. In Fort Mason *(blz. 74–75)*, Yerba Buena Gardens *(blz. 114–115)* en Golden Gate Park *(blz. 143–155)* vindt u verschillende musea bij elkaar. Met de Culture Pass van het Golden Gate Park krijgt de houder 30 procent korting op de toegangsprijs van drie musea en twee bezienswaardigheden. De CityPass is verkrijgbaar bij het Visitor Information Center *(blz. 278)* en deze geeft dezelfde korting op de toegang tot alle musea van de stad.

UITGAANSAGENDA

Bij het Visitor Information Center *(blz. 278)* zijn twee gratis gidsen verkrijgbaar. *The San Francisco Book* geeft informatie over bezienswaardigheden en uitgaansgelegenheden; *Arts Monthly* publiceert een agenda van film, theater, muziek en dans. *Key This Week in San Francisco* en *Where Magazine* liggen gratis in hotels en winkels. Op de 'Datebook'-pagina van de zondageditie van de *San Francisco Chronicle/Examiner* staat een weekagenda. Ook de 'Weekend'-pagina van de vrijdagse *San Francisco Examiner* en de uitgaansagenda van de *Bay Guardian* geven goede informatie.

Uitgaansagenda's

GEORGANISEERDE TOCHTEN

Bustochten voeren u in een informatief half dagje langs de bezienswaardigheden. Wandeltochten zijn persoonlijker en kleurrijker. 'Flightseeing' is een avontuur, en gemotoriseerde kabeltrams rijden u in een uur tijd door de stad. Per rijtuig komt u waar u maar wilt. Met een rondleiding op cassette kunt u uw eigen tempo bepalen.

Boottochten

Zie blz. 299.

Bustochten

Agentours, Inc
126 West Portal Ave.
***Tel.** 661 5200.*
www.agentours.com

California Parlor Car Tours
1253 Post St., 1011.
Kaart 4 F4.
***Tel.** 474 7500 of 1-800-227 4250. Minibus tours.*
www.calpartours.com

Gray Line of San Francisco
Pier 43½.
Kaart 5 B1.
Ook bij: Transbay Terminal. Kaart 6 D4. Tel. 558-9400.
Dubbeldekker en luxebussen. **www**.graylinesanfrancisco.com

Lucky Tours
1111 Mission St., **Kaart** 11 A1. ***Tel.** 864 3855.*
www.luckytours.com

The Mexican Bus
3rd St. en Howard St.
Kaart 6 D5.
***Tel** 546 3747.*
Muurschilderingen, Mission District
www.mexicanbus.com

Sightseeing vanuit de lucht

San Francisco Helicopter Tours
***Tel.** 1-800-400 2404.*
www.sfhelicoptertours.com

Red and White Fleet Helicopter Tours Pier 43½
***Tel.** 673 2900.*
www.redandwhite.com

Gemotoriseerde kabeltram met gids rijdt door de stad

Gemotoriseerde kabeltrams

Cable Car Charters
***Tel.** 922 2425.*

Rijtuigritten

Waterfront Horse/Carriage Rides. ***Tel.** 771 8687. Begin en einde bij Pier 41.*

Audiotours

Amninav Inc. Cassettes en cd's beschikbaar.
***Tel.** 1-650-219 8029.*

Wandeltochten

Chinatown Tours with the 'Wok Wiz'
660 California St. **Kaart** 5 C4. ***Tel.** 982 8839.*
Bekroonde tocht en dim sum-lunch **www**.allaboutchinatown.com

City Guides
Friends of the San Francisco Public Library. ***Tel.** 557 4266. Gratis historische, bouwkundige en culturele rondleidingen.*

Cruisin' the Castro from an Historical Perspective
375 Lexington St., 94110.
Kaart 10 F3. ***Tel.** 550 8110. Ontdek de homogemeenschap.*
www.webcastro.com/castrotour

Heritage Walks
2007 Franklin St. **Kaart** 4 E3. ***Tel.** 441 3000.*
www.sfheritage.org
Bouwkundige rondleidingen.

Roger's Highpoints Chartered Tours
2640 Ridgeway Ave., San Bruno, 94066.
***Tel.** 650-742 9611.*

San Francisco Park Trust
McLaren Lodge, Golden Gate Park. **Kaart** 9 B1.
***Tel.** 750 5105 of 263 0991. Gratis rondleidingen door Golden Gate Park op za en zo, van mei tot okt.*

Victorian Home Walk Tour
Kaart 5 B5.
***Tel.** 252 9485.*
www.victorianwalk.com

Walking Tours San Francisco
925 Sutter St., suite 101.
Kaart 5 C4.
***Tel.** 317 8687.* **www**.walkingtourssf.com

GEHANDICAPTEN

In San Francisco zijn het openbaar vervoer en bijna alle gebouwen gemakkelijk toegankelijk. Zoals de wet voorschrijft, zijn richtingbordjes, toiletten en ingangen aangepast aan blinde en gehandicapte mensen. Sommige bioscopen en theaters beschikken over speciale apparatuur voor slechthorenden. TDD en TTD/TTY zijn telefoonsystemen die slechthorende gebruikers in staat stellen via scherm en toetsenbord te communiceren. Voor gehandicapten gereserveerde parkeerplaatsen zijn herkenbaar aan een blauw-wit bord en een blauwe trottoirband. Op het wegdek staat vaak een rolstoel afgebeeld.

Parkeerplaats voor gehandicapten

DE TIJD IN SAN FRANCISCO

San Francisco ligt in de Pacific Time Zone. De zomertijd begint op de eerste zondag van april (om 2.00 uur), wanneer de klok een uur vooruit wordt gezet. De wintertijd gaat in op de laatste zondag in oktober (om 2.00 uur), wanneer de klok een uur terug wordt gezet.

Stad en land	Tijd t.o.v. PT	Stad en land	Tijd t.o.v. PT
Amsterdam (Nederland)	*+ 9*	*New York (VS)*	*+ 3*
Athene (Griekenland)	*+ 10*	*Parijs (Frankrijk)*	*+ 9*
Auckland (Nieuw Zeeland)	*+ 20*	*Peking (China)*	*+ 16*
Berlijn (Duitsland)	*+ 9*	*Perth (Australië)*	*+ 16*
Brussel (België)	*+ 9*	*Praag (Tsjechië)*	*+ 9*
Chicago (VS)	*+ 2*	*Rome (Italië)*	*+ 9*
Istanboel (Turkije)	*+ 10*	*Singapore (Singapore)*	*+ 16*
Kowloon (Hongkong)	*+ 16*	*Sydney (Australië)*	*+ 18*
Londen (GB)	*+ 8*	*Tokio (Japan)*	*+ 17*
Madrid (Spanje)	*+ 9*	*Toronto (Canada)*	*+ 3*
Moskou (Rusland)	*+ 11*	*Washington, DC (VS)*	*+ 3*
Nairobi (Kenya)	*+ 11*	*Wenen (Oostenrijk)*	*+ 9*

DOUANE

Bezoekers uit landen van de Europese Unie die maximaal 90 dagen in de Verenigde Staten willen blijven, hebben voldoende aan een geldig paspoort en een retourticket. Het maakt daarbij niet uit of u voor vakantie, zaken of studie naar het land komt. Voor reizigers uit andere landen zijn de regels niet altijd zo soepel. Als u er niet zeker van bent welke regels op u van toepassing zijn, informeer dan ruim voor vertrek bij reisbureau, ambassade of consulaat. Personen ouder dan 21 jaar mogen de volgende hoeveelheden in de Verenigde Staten invoeren: 200 sigaretten, 50 sigaren (niet uit Cuba) of 1,4 kg tabak; niet meer dan 1 liter alcohol; geschenken ter waarde van maximaal $100. Vlees en vleesproducten (zelfs in blik), kaas, zaden, planten, vers fruit en natuurlijk drugs mogen niet worden ingevoerd. U mag maximaal $10.000, of het equivalent daarvan, in- of uitvoeren. Volg bij aankomst op San Francisco International Airport *(blz. 288–289)* de bordjes met *other than American passports* naar de balie waar uw paspoort wordt gecontroleerd en gestempeld. Nadat u uw bagage hebt opgehaald, loopt u door naar de douane, waar een beambte de douaneverklaring die u in het vliegtuig hebt ingevuld, zal bekijken. Hij verwijst u vervolgens naar de uitgang of naar een collega, die uw bagage doorzoekt. Als zich geen complicaties voordoen, nemen alle formaliteiten 30 minuten tot een uur in beslag.

STUDENTEN

Als studenten een geldige studentenkaart kunnen overleggen, krijgen ze in veel musea en theaters korting. De International Student Identity Card wordt op de meeste plaatsen geaccepteerd. Vraag de kaart van tevoren aan (informeer bij uw universiteit hoe u dat moet doen), want als u eenmaal onderweg bent, kan het moeilijk zijn de benodigde gegevens te bemachtigen. Werkvakanties voor buitenlandse studenten kunnen worden geregeld via de **Student Travel Association**. Deze instelling heeft twee kantoren in de Bay Area, tien in de VS en ruim honderd in de hele wereld.

Internationale studentenkaart

OPENBARE TOILETTEN

In busstations en ondergrondse BART-stations bivakkeren vaak de daklozen en drugsverslaafden van de stad. De nieuwe, automatische en zelfreinigende betaaltoiletten die op straathoeken in toeristische buurten worden geplaatst, zullen echter een veilig en schoon alternatief vormen. U herkent de toiletten aan hun kleur (donkergroen) en hun ovale vorm. Er staat een 'unisex'-symbool op – een gele cirkel om een blauwe driehoek – en het blauwwitte gehandicaptenteken. De *restrooms* in warenhuizen en de lobby's van grote hotels zijn gratis en meestal schoon.

OMREKENTABEL

Britse en Amerikaanse stelsel
1 inch = 2,5 centimeter
1 foot = 30 centimeter
1 mile = 1,6 kilometer
1 ounce = 28 gram
1 pound = 454 gram
1 US pint = 0,5 liter
1 US gallon = 3,8 liter

Metrieke stelsel
1 millimeter = 0,04 inch
1 centimeter = 0,4 inch
1 meter = 3 feet 3 inches
1 kilometer = 0,6 mile
1 gram = 0,04 ounce

KRANTEN, TELEVISIE EN RADIO

Buitenlandse kranten en tijdschriften zijn te koop in verschillende winkels en kiosken, waaronder **Café de la Presse** en **Galleria Newsstand**. Het tv-overzicht vindt u in het weekblad *TV Guide* en het televisiegedeelte van de zondageditie van de *Chronicle*.
In San Francisco kunt u kiezen uit vier televisiestations: NBC op kanaal 4

Een aantal in San Francisco verkrijgbare kranten

(KRON), CBS op kanaal 5 (KPIX), ABC op kanaal 7 (KGO) en FOX op kanaal 2 (KTVU). Het lokale PBS zit op kanaal 9 (KQED) en vertoont educatieve en culturele programma's, en een aantal oude BBC-series.
Op de kabel zijn CCN, ESPN en betaalnetten te ontvangen. Sommige hotels bieden een gratis net met informatie voor toeristen, maar brengen wel kosten in rekening voor kabeltelevisie en filmnetten.
AM-radiozenders zijn: KCBS (740 kHz) met nieuws; KNBR (680 kHz) met sport; KOIT (1050 kHz met softrock.
FM-radiozenders zijn: KLLC Alice (97.3 m) met pop; KBLX (102.9 m) met jazz; KDFC (102.1 m) met klassieke muziek.

ELEKTRISCHE APPARATEN

De netspanning in de Verenigde Staten is 115–120 volt. U hebt een transformator nodig en een adapter met twee platte poten, zodat hij in de Amerikaanse stopcontacten past. Ook als u batterijen gebruikt hebt u een transformator en een adapter nodig voor de oplader. In veel hotels zijn aan de muren van de badkamers haardrogers bevestigd. In de kamers vindt u soms speciale adapters voor scheerapparaten die zowel 110 als 220 volt aankunnen. Sommige hotels hebben een koffiezetapparaat en waterkokers voor thee op de kamers, en strijkijzers zijn veelal verkrijgbaar bij roomservice.

Amerikaanse stekker

ADRESSEN

KERKDIENSTEN

De meeste hotels beschikken over een lijst met tijden en locaties. Onder de godshuizen zijn:

Katholiek
St. Mary's Cathedral
1111 Gough St.
Kaart 4 E4.
Tel. *567 2020.*

Episcopaal
Grace Cathedral
1100 California St. bij Taylor. **Kaart** 5 B4.
Tel. *749 6300.*

Joods
Conservative
Congregation B'Nai Emunah 3595 Taraval.
Tel. *664 7373.*

Orthodox
Adath Israel
1851 Noriega St.
Kaart 8 D4.
Tel. *564 5665.*

Luthers
St. Mark's
1111 O'Farrell St.
Kaart 5 A5.
Tel. *928 7770.*

Methodistisch
Glide Memorial United
330 Ellis St. **Kaart** 5 B5.
Tel. *771 6300.*

Presbyteriaans
Calvary
2515 Fillmore St.
Kaart 4 D3.
Tel. *346 3832.*

GEHANDICAPTE REIZIGERS

Muni Access Guide
Muni Accessible Services Programs
949 Presidio Ave.
Kaart 3 C4.
Tel. *923 6142 op werkdagen of 673 6864.*

San Francisco Convention and Visitors Bureau
Tel. *391 2000.*

AMBASSADES VS

Den Haag
Lange Voorhout 102,
2514 EJ Den Haag.
Tel. *070-310 9209.*
www.usemb.nl

Brussel
Regentlaan 27,
B-1000 Brussel.
Tel. *02-508 -2111*
www.usembassy.be

CONSULATEN

Nederlands consulaat
901 Mariner's Island Blv., Suite 535, San Mateo, CA 94404.
Kaart 5 C2.
Tel. *1-650-403 0073.*
Fax *1-650-403 0075.*

Belgisch consulaat
901 Minnesota St.,
San Francisco, CA 94107.
Kaart 11 C5.
Tel. *1-415-550 3040.*
Fax *1-415-550 3030.*

INFORMATIE VOOR STUDENTEN

STA Travel
36 Geary Street.
Kaart 5 C5.
Tel. *391 8407.*

INTERNATIONALE KRANTEN EN TIJDSCHRIFTEN

Café de la Presse
352 Grant Ave.
Kaart 5 C4.
Tel. *398 2680.*

Galleria Newsstand
50 Post St., Ste 44.
Kaart 5 C4.
Tel. *398 4847*

Veiligheid en gezondheid

Politiepenning

Volgens de gegevens van de FBI is San Francisco een van de veiligste grote steden van de Verenigde Staten. De politie surveilleert veel in de toeristische buurten en maar weinig toeristen worden het slachtoffer van een misdrijf. Groepen burgers in Civic Center, Tenderloin, Western Addition en het Mission District proberen de omstandigheden in en het imago van hun buurt te verbeteren. In de late middag en avond is het echter verstandig om een taxi te nemen van en naar deze buurten. Als u de richtlijnen hieronder volgt, opgesteld door de politie, en afgaat op uw gezond verstand, zult u waarschijnlijk niet in gevaarlijke situaties terechtkomen.

Koban in Powell Street

DE POLITIE

De politie van San Francisco surveilleert dag en nacht te voet, te paard, op de motor en per auto. Agenten houden toezicht op grote feesten en culturele evenementen, vooral 's avonds in het Theater District van Tenderloin. In Japantown, Chinatown, Union Square, het Mission District en Hallidie Plaza vindt u kleine politiekiosken, de *kobans* (openingstijden verschillen). De verkeers- en parkeerpolitie doet te voet de ronde of in kleine voertuigen met drie wielen. Vliegvelden, warenhuizen, hotels en het openbaar vervoer hebben hun eigen personeel dat in uniform of burger over de veiligheid waakt.

Politieagent in San Francisco

RICHTLIJNEN VOOR UW VEILIGHEID

De meeste daklozen in San Francisco zijn niet agressief, maar sommigen zijn wel kleine criminelen, dus blijf op uw hoede. Laat niet te veel merken dat u een toerist bent: plan uw route op uw hotelkamer of kijk onopvallend op kaarten en in gidsen. U vormt een gemakkelijk doelwit als u er uitziet alsof u de weg kwijt bent. Let goed op uw omgeving: als u zich onveilig voelt, ga dan weg. Vraag de weg alleen aan hotel-, winkel- of kantoorpersoneel, of politieagenten, en praat op straat zo min mogelijk met vreemden. Gebruik reischeques en draag zo min mogelijk contant geld en creditcards bij u. Een geldriem onder uw kleren valt minder op dan een tas of een portemonnee. Als u toch een tas wilt meenemen, houd hem dan stevig onder uw arm, en stop uw portemonnee in een binnenzak of in de voorzak van uw broek. Bewaar contant geld en creditcards in een aparte portemonnee. Let op als er veel mensen om u heen zijn, vooral in winkels, bij de bushalte of in het openbaar vervoer. Maak een kopie van al uw reisdocumenten en bewaar die apart.

Let bij het in- en uitchecken in uw hotel op uw bagage en zeg uw naam en kamernummer niet al te luid. Informeer naar het sleutelbeleid, de schoonmaakschema's van de kamers en herkenbaarheid van het personeel. Controleer bij de receptie de identiteit van roomservicepersoneel en reparateurs voordat u ze binnenlaat, vooral als u niemand hebt laten komen. Schrijf op wat u precies bij het hotel in bewaring hebt gegeven.

Bewaar geld en

Motoragent

kostbaarheden niet op uw kamer en doe uw koffers op slot. Sluit uw kamer altijd goed af en kijk eerst door het gaatje in de deur voor u iemand binnenlaat. Meld verdachte zaken bij het personeel en houd uw sleutel bij u tot u het hotel verlaat.

GEVONDEN VOORWERPEN

Hoewel de kans dat u een op straat verloren voorwerp terugvindt klein is, kunt u de **Police Non-Emergency Line** bellen. **Muni** heeft zijn eigen **Lost-and-Found**-bureau. Schrijf de naam van het bedrijf, de kleur en het nummer op van elke taxi die u neemt. Deze gegevens hebt u nodig als u bij het taxibedrijf een verloren voorwerp wilt melden.

REISVERZEKERING

Een reisverzekering is onontbeerlijk: de medische voorzieningen in de VS zijn goed, maar duur. U kunt een verzekering afsluiten voor spoedeisende medische en tandheelkundige hulp, verloren of gestolen bagage en reisdocumenten, betrokkenheid bij ongevallen en annulering van uw reis.

Politiewagen

Brandweerwagen

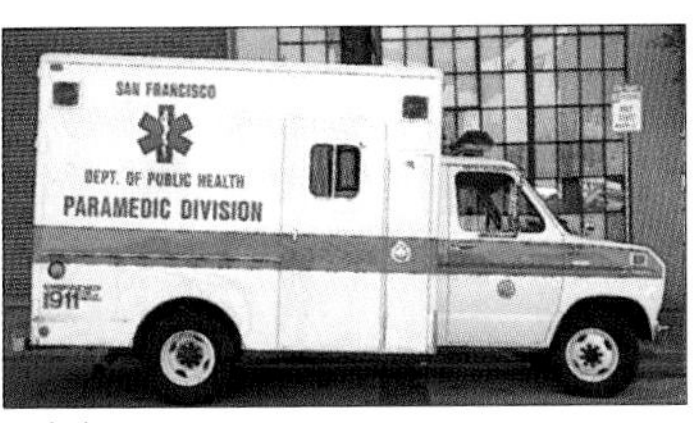

Ambulance

MEDISCHE BEHANDELING

Een bezoek aan een arts, een ziekenhuis of een apotheek kan in de VS een dure aangelegenheid zijn. Ook als u goed verzekerd bent, is het mogelijk dat u eerst zelf moet betalen, waarna uw verzekeringsmaatschappij u later terugbetaalt.

Veel dokters, tandartsen en ziekenhuizen accepteren creditcards, maar toeristen moeten vaak contant afrekenen. Als de arts u medicijnen voorschrijft, vraag dan of het recept kan worden geplaatst bij een apotheek die het u kan bezorgen. Apotheken die bezorgen zijn **Four-Fifty Sutter** en **Saint Francis Medical Center**. Een aantal **Walgreen's Drug Stores** blijf laat open of zelfs dag en nacht. Als u medicijnen gebruikt, is het verstandig om een extra recept mee te nemen.

NOODGEVALLEN

Voor noodgevallen waarbij u ambulance, politie of brandweer nodig hebt, belt u 911. Eerstehulpafdelingen van ziekenhuizen heten *emergency rooms*. Gemeenteziekenhuizen, die u in het blauwe gedeelte van het telefoonboek vindt, zijn soms overvol, maar wel minder duur dan particuliere ziekenhuizen. Particuliere ziekenhuizen staan in het gele gedeelte van het telefoonboek. In het hotel kan men een arts of tandarts naar uw kamer laten komen. De plaatselijke vestiging van **The Salvation Army** kan in vele soorten noodgevallen ook hulp bieden.

ADRESSEN

NOODHULP

Alle noodgevallen
Tel. *911. Politie, brandweer en medische diensten.*

Crime Victims Hot Line
Tel. *1-800-842 8467.*

Apotheken
Four-Fifty Sutter Pharmacy, 450 Sutter St., 6e verdieping **Kaart** 5 B4. **Tel.** *392 4137. (Ook bezorging.)*

Saint Francis Medical Center 901 Hyde St.
Kaart 5 A4.
Tel. *776 4650. (Bezorging.)*

Walgreen's Drug Stores
135 Powell St. **Kaart** 5 B5.
Tel. *391 4433*
498 Castro St.
Kaart 10 D3.
Tel. *861 3136 (24 uur).*
3201 Divisadero St.
Kaart 3 C2.
Tel. *931 6417 (24 uur).*

Rode Kruis
Tel. *427 8000.*

San Francisco Dental Society Referral Service
Tel. *421 1435.*

Salvation Army
Tel. *553 3500.*

Suicide Prevention
Tel. *781 0500.*

Eerstehulpposten
University of California, San Francisco Clinic, 400 Parnassus Ave.
Kaart 9 B2.
Tel. *353 2602.*

Physician Access Center, 26 California St.
Kaart 6 D4.
Tel. *397 2881.*

Wall Medical Group 2001 Union St.
Kaart 4 E3.
Tel. *415-447 6800.*

VERMISTE EIGENDOMMEN

Politie
Tel *553-0123.*

Muni Lost and Found **Tel.** *923 6168.*

Verloren creditcards (gratis)
American Express
Tel. *1-800-528 4800.*
Diners Club
Tel. *1-800-234 6377.*
MasterCard (Access)
Tel. *1-800-627 8372.*
VISA
Tel. *1-800-336 8472.*

Banken en geldzaken

Het Financial District *(blz. 106–121)* is het financiële hart van de Westkust van de Verenigde Staten. In deze buurt zijn de imposante hoofdkantoren te vinden van belangrijke Amerikaanse banken en een aantal toonaangevende financiële instellingen van de wereld. Bewoners en toeristen profiteren van de geldautomaten die op honderden handige punten in de stad zijn geplaatst en waar u dag en nacht geld kunt opnemen.

Een van de plaatselijke banken van San Francisco

BANKEN

In het algemeen zijn de banken van San Francisco geopend tussen 10.00 en 15.00 uur. Er zijn er die al om 7.30 uur opengaan, pas om 18.00 uur sluiten of op zaterdagochtend geopend zijn. Informeer altijd naar de eventuele kosten voordat u de bank een opdracht geeft. Bij de meeste banken kunt u traveller's cheques in dollars verzilveren, mits u een identiteitsbewijs met foto hebt (paspoort, rijbewijs, internationale studentenkaart). Bij de hoofdkantoren van grote banken kunt u buitenlands geld wisselen. Sommige hebben daarvoor een speciaal loket, zodat u niet in de rij hoeft te wachten. Credit Unions (kredietverenigingen) zijn er alleen voor leden, dus zoek een bank die zijn diensten aan iedereen aanbiedt. De Bank of America en de Wells Fargo Bank hebben hun hoofdkantoor in de stad. Er zijn filialen in het Financial District en in een aantal winkelgebieden.

Geldautomaat buiten in de muur van een bank

GELDAUTOMATEN

Geldautomaten vindt u in de lobby van de meeste banken of in een muur in de buurt van de ingang. In een paar seconden hebt u Amerikaans geld, meestal in biljetten van $20, van uw bank- of creditcardrekening gehaald. Informeer bij uw bank welke automaten u met uw pasje moet gebruiken en hoeveel een geldopname kost. Veel gebruikte systemen zijn Cirrus, Plus en Star. Zij accepteren onder andere MasterCard (Access) en VISA. Bij geldautomaten worden regelmatig mensen beroofd, dus het is verstandig om alleen overdag geld op te nemen of als er veel mensen in de buurt zijn. De wisselkoers is bij automaten vaak gunstiger dan bij andere vormen van geldopname.

CREDITCARDS

Met creditcards op zak hoeft u minder contant geld bij u te hebben en krijgt u soms speciale kortingen en andere voordelen. American Express, Diners Club, JCB, MasterCard (Access) en VISA worden bijna overal geaccepteerd. In de VS kunt u met een creditcard een hotelkamer boeken of een auto huren. De meeste hotels vragen bij het inchecken om een afdruk van uw creditcard. Als u zonder creditcard een auto wilt huren, moet u een bijzonder hoge borg betalen. Creditcards komen vooral goed van pas in noodgevallen, bijvoorbeeld als u ineens naar huis moet vliegen of medische behandeling nodig hebt. Ziekenhuizen accepteren de meeste creditcards.

GELD WISSELEN

Kosten en provisie worden in rekening gebracht. Wisselkantoren zijn meestal op werkdagen geopend van 9.00 tot 17.00 uur. Een van de bekendste bedrijven is **Thomas Cook Currency Services**.
De **Bank of America** heeft een wisselkantoor op San Francisco International Airport, dat dagelijks van 7.00 tot 23.00 uur geopend is. Ook bij het hoofdkantoor van de grote banken kunt u geld wisselen. Meer adressen vindt u in het gele gedeelte van het telefoonboek.

Bord boven het wisselloket

TRAVELLERCHEQUES

Travellercheques die door American Express en Thomas Cook in Amerikaanse dollars worden uitgegeven, worden in de meeste winkels, restaurants en hotels zonder kosten geaccepteerd. Travellercheques in andere valuta kunt u verzilveren bij banken en bij de kassier van grote hotels.
De wisselkoersen staan dagelijks in de krant en worden op speciale borden aangegeven in bankfilialen waar u geld kunt wisselen. Kantoren van American Express verzilveren kosteloos hun eigen cheques. Cheques van buitenlandse banken worden zelden geaccepteerd.

Munten

Amerikaanse munten (afbeelding op ware grootte) zijn er van 1, 5, 10, 25 en 50 dollarcent en $1. De nieuwe goudkleurige munten van $1, die nu in circulatie zijn, hebben een historisch tafereel op een kant, net zoals State quarters. *Een munt van 1 cent heet* penny, *een van 5 cent* nickel, *een van 10 cent* dime *en een van 25 cent* quarter.

25 cent
(quarter)

10 cent
(dime)

5 cent
(nickel)

1 cent
(penny)

Bankbiljetten

De Amerikaanse munteenheid is de dollar. Een dollar is 100 cent. Bankbiljetten zijn er van $1, $5, $10, $20, $50 en $100 en ze hebben alle dezelfde kleur. De nieuwe biljetten van $20 en $50 met extra veiligheidskenmerken zijn nu in circulatie. In 1862 kwamen de eerste bankbiljetten, omdat er een tekort aan munten was en de Burgeroorlog gefinancierd moest worden.

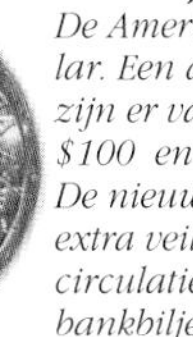

1 dollar
(a buck)

1 dollar

5 dollar

10 dollar

20 dollar

50 dollar

100 dollar

ADRESSEN

BUITENLANDS GELD WISSELEN

American Express Card Services

Tel. *536 2600; 800-528 4800 informatie over card; 800-221 7282 informatie over travellerchecks.*

Bank of America
2835 Geary St.
Kaart 3 C4.
Tel. *650-615 4700.*
ma–vr 9.00–18.00 uur; za 9.00–14.00 uur.

345 Montgomery St.
Kaart 5 C4
Tel. *650-615 4700.*
ma–vr 9.00–18.00 uur.

Thomas Cook Currency Services
75 Geary St.
Kaart 5 C5
Tel. *362 3452.*

San Francisco International Airport, Level 3.
Tel. *362 3452.*

Telefoneren

Openbare munttelefoons werken meestal goed. U vindt ze op veel hoeken van straten, in restaurants, cafés, theaters, warenhuizen, hotels en kantoren. Bij sommige telefoons kunt u in plaats van kleingeld uw creditcard gebruiken. Hotels bepalen zelf hun prijzen, zodat gesprekken vanaf uw kamer vaak duurder zijn dan gesprekken vanuit de telefooncel in de lobby.

OPENBARE TELEFOONS

Moderne openbare telefoons hebben een hoorn en twaalf druktoetsen. Pacific Bell (PacBell) beheert de meeste openbare telefoons in de stad. U herkent ze aan het blauw-witte logo met een hoorn en het woord *phone* of aan een klok met een cirkel eromheen. De telefoons zijn aan muren en palen of in cellen bevestigd.
Ook onafhankelijke bedrijven beheren telefoons, maar zij zijn niet altijd even betrouwbaar en soms ook duurder. Bij de telefoon moet een lijst met tarieven en gratis nummers hangen, instructies over interlokaal telefoneren en de exacte plaats van het toestel. De telefoonboeken die u aantreft zijn vaak incompleet. Telefoonkaarten zijn op veel plekken verkrijgbaar en zijn een goedkope mogelijkheid voor het voeren van internationale telefoongesprekken. Voor klachten: kies (0) voor de telefoniste.

TARIEVEN

Binnen de stad kunt u voor 50 cent drie minuten bellen. Als u langer dan drie minuten in gesprek bent, zal de telefoniste u vragen meer geld in te werpen. Het enige kengetal (area code) voor de stad is **415**. De kengetallen **650** en **408** zijn voor de zuidelijke voorsteden, **510** is voor Oakland, Berkeley en de East Bay. Als u vanuit de stad andere dan deze nummers draait, belt u interlokaal. Als u een nummer buiten de stad draait dat nog wel hetzelfde kengetal heeft, krijgt u van een bandje te horen hoeveel u moet bijbetalen. Interlokale gesprekken zijn goedkoper als u niet de hulp van de telefoniste inroept. Tenzij u de kosten voor het gesprek op rekening van degene die u belt wilt laten registreren, hebt u de telefoniste eigenlijk niet nodig. Veel internationale nummers kunt u direct bellen. Interlokale gesprekken zijn 's avonds en in het weekeinde goedkoper. In de *Customer Guide* van het telefoonboek vindt u tarieven en informatie. De tijden waarop u korting krijgt op internationale gesprekken verschillen per land: de telefoniste kan u vertellen wanneer u het beste naar welk land kunt bellen.

Telefooncel in Chinatown

HET GEBRUIK VAN EEN MUNTTELEFOON

1 Neem de hoorn van de haak en wacht op de kiestoon.

2 Werp een munt in. De munt valt onmiddellijk.

3 Draai of toets het nummer.

4 Als u geen verbinding krijgt, of als u zich voor er wordt opgenomen bedenkt, druk dan op de geld-terugknop.

5 Als er is opgenomen en u langer dan drie minuten in gesprek bent, zegt de telefoniste u dat u meer geld moet inwerpen. U krijgt geen wisselgeld.

Munten

Zorg ervoor dat u genoeg van deze munten hebt.

5 cent

10 cent

25 cent

Faxapparaat op het vliegveld

FAXDIENSTEN

Internationale faxdiensten vindt u overal in de stad. San Francisco International Airport heeft faxapparaten in het zakencentrum *(blz. 289)*. Bij veel post- en kopieerdiensten in het centrum is de prijs van een fax afhankelijk van het tijdstip, de bestemming en het aantal bladzijden. Deze diensten ontvangen ook aan u gerichte faxen, waarvoor u alleen per bladzijde betaalt. Kijk in het telefoonboek onder *Facsimile Transmission Services* voor meer informatie. Voor telegrammen, telex- en faxberichten kunt u ook contact opnemen met **Western Union**.

HET JUISTE NUMMER

- Voor een interlokaal gesprek buiten uw regio, maar binnen de VS en Canada, draait u **1**.
- Voor een internationaal gesprek draait u **011**, gevolgd door het landnummer (Nederland 31, België 32), het netnummer (zonder 0) en het abonneenummer.
- Inlichtingen nummers buitenland: **00**.
- Telefoniste internationale gesprekken: **01**.
- Telefoniste lokale gesprekken: **0**.
- **800-**, **888-** en **887**-nummers zijn gratis. Draai voor de 800 een **1**.
- Inlichtingen telefoonnummers regio: **411**. Voor dit nummer moet u soms betalen.
- **Noodgevallen: 911.**

NUTTIGE NUMMERS

California Public Utilities Commission
Tel. 1-800-649 7570.

Inlichtingen telefoonnummers binnenland
Tel. 411.

Weer
Tel 831-656 1725. Bandje met voorspelling voor de Bay Area.

Tijd
Tel. 767 8900.

Western Union
Tel. 1-800-325 6000.

Een brief versturen

Logo van de posterijen

Postzegels zijn te koop bij het postkantoor, de hotelbalie en automaten. Bij andere verkooppunten betaalt u meestal meer dan nodig is. Op het postkantoor kan men u vertellen welke tarieven er op het moment gelden. Brieven kunt u ook posten op het vliegveld en in brievenbussen op straat. In het weekeinde wordt er niet of nauwelijks gelicht.

DE POSTERIJEN

Het postkantoor verzendt ook postwissels en verkoopt verpakkingsmateriaal en postzegels voor verzamelaars. Op de kaarten van de *Stratengids (blz. 302–311)* staan de grote postkantoren aangegeven.
Binnen het land wordt de post binnen één tot vijf dagen bezorgd, maar brieven zonder postcode doen er langer over. Internationale luchtpost naar Europa doet er vijf tot tien werkdagen over. Zeepost komt meestal pas na vier tot zes weken aan. De Amerikaanse posterijen bieden twee speciale diensten. Met **Priority Mail** komt uw post binnen twee dagen aan, met het duurdere **Express Mail** binnen een dag (binnen de VS) of binnen 72 uur (buiten de VS). De adressen van particuliere koeriersdiensten vindt u in het gele gedeelte van het telefoonboek. De twee grootste internationale bedrijven zijn **DHL** en **Fed Ex**.

Standaard brievenbus

Brievenbussen
De lichtingstijden staan aan de binnenkant van de klep. De bussen van Express Mail en Priority Mail hebben dezelfde vorm, maar zijn wel gemakkelijk te herkennen.

Kleurrijke Amerikaanse postzegels

POSTE RESTANTE

Brieven en pakjes worden 30 dagen bewaard op het General Post Office. Adresseer de post als volgt: naam, General Delivery, Civic Center, 101 Hyde Street, San Francisco, CA 94142. Als u post bij de General Delivery afhaalt, moet u zich kunnen legitimeren.

POSTERIJEN

Telefonische inlichtingen (24 uur)
Tel. 1-800-275 8777.

General Mail Facility
1300 Evans Ave.
Tel. 550 5134.
ma–vr 7.00–20.30, za 8.00–14.00 uur. www.usps.com

Express en Priority Mail
Tel. 1-800-222 1811.

DHL
Tel. 1-800-225 5345.

Fed Ex
Tel. 1-800-463 3339.

DE REIS NAAR SAN FRANCISCO

Verschillende internationale maatschappijen vliegen direct op San Francisco. Ook veel chartermaatschappijen en binnenlandse maatschappijen doen de stad aan. Door de grote concurrentie zijn de prijzen sterk gedaald en is het vliegtuig een aantrekkelijk alternatief geworden voor bus of trein. Amtraktreinen rijden van alle delen van de VS naar Oakland, en shuttlebussen pendelen tussen het station en San Francisco. Luxueuze tourbussen vormen een goedkope en ontspannen manier van reizen. Cruiseschepen doen op hun weg tussen Alaska en Mexico Pier 35 aan. Vraag uw reisbureau naar de voordeligste mogelijkheden. Bezoekers die per auto of bus aankomen, krijgen vanaf de Golden Gate Bridge of de Bay Bridge een prachtige eerste indruk van de stad.

Passagiersvliegtuig

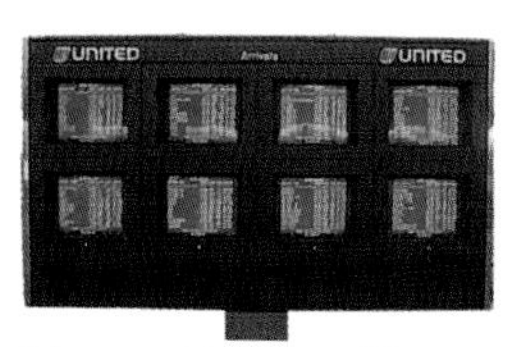

Schermen met aankomsttijden

AANKOMST PER VLIEGTUIG

San Francisco International Airport (SFO) is een van de drukste luchthavens ter wereld. Het uitbreidingsprogramma zal van SFO niet alleen het grootste binnenlandse vliegveld maken, maar ook het gebruikersvriendelijkste. De volgende luchtvaartmaatschappijen vliegen op SFO: **Air Canada, American Airlines, British Airways, Delta Airlines, Northwest/KLM Airlines, Quantas Airways, United Airlines, USAirways** en **Virgin Atlantic.**

SAN FRANCISCO INTERNATIONAL AIRPORT

De landingsbanen van SFO liggen aan de San Francisco Bay, 23 km ten zuiden van de stad. SFO bedient Greater San Francisco, de Bay Area en Silicon Valley op het gebied van internationale verbindingen met de gebieden rond de Grote Oceaan, Europa en Latijns-Amerika. De aankomst- en vertrekhallen liggen rond de drie terminals (North, South, International). Promenades verbinden de drie terminals met elkaar, die een kortparkeerplaats omringen.

Nieuwe langparkeergelegenheid, een vernieuwd Global Communications Center en een verbeterd autoverhuurcentrum staan bij de volgende uitbreiding van SFO op de planning. Alle internationale luchtvaartmaatschappijen zijn gehuisvest in de nieuwe International Terminal. Vluchten van en naar Canada echter komen en gaan vanuit andere terminals, dus stel u tijdig op de hoogte van de juiste terminal.
Vestigingen van de Bank of America en geldwisselfaciliteiten zijn te vinden in de terminals North en International, en er zijn overal geldautomaten van Wells Fargo te vinden.
Wie tijd over heeft: breng een bezoek aan het nieuwe 'History of Aviation' Museum in de International Terminal. Met de inrichting van de oude wachtkamer voor passagiers uit 1937 als decor, biedt het museum een bibliotheek, een archief en een tentoonstelling over de opkomst van de commerciële luchtvaart. De South Terminal heeft een aquarium met de Underwater Planetten-toonstelling; Kids' Spot II in de North Terminal heeft interactieve opstellingen afkomstig uit het Exploratorium. Op andere plekken op de luchthaven zijn wisseltentoonstellingen te bezichtigen, van Japanse parasols tot inheems-Amerikaanse kunst, muziek en nijverheid.

Pendelbus van autoverhuurbedrijf

Minibus

FACILITEITEN OP SAN FRANCISCO AIRPORT

Op de benedenverdieping van San Francisco International Airport vindt u de douane, de bagageband, informatiebalies, autoverhuurbedrijven en vervoersdiensten naar de stad. Op de bovenverdieping bevinden zich diensten voor reizigers die San Francisco verlaten, zoals ticket- en verzekeringsbalies, restaurants, cafés, winkels en controleposten. Alle pendeldiensten van autoverhuurbedrijven en parkeerplaatsen, gewone bussen en hotelpendelbussen zetten hier hun passagiers af en pikken ze ook weer op.

Een van de belastingvrije winkels in de International Terminal

De pendeldienst van het vliegveld, die dag en nacht heen en weer rijdt naar parkeerplaatsen, haalt elke vijf tot vijftien minuten mensen op bij het eiland in het midden, vlak bij de ticketbalies. Het wisselkantoor van de Bank of America in de internationale vertrekhal is elke dag van 7.00 tot 23.00 uur open. Het **Global Communications Center** heeft telefoons en teleconferentieapparatuur, een vergaderkamer en faxmachines. Elke terminal heeft snackbars, restaurants en cocktailbars; banken en geldautomaten, krantenkiosks en andere winkels.

Overige faciliteiten zijn babykamers, schoenpoetsautomaten, brievenbussen, postzegelautomaten, televisies, douches, scheerruimten en een medisch centrum. Er zijn rolstoelen, TDD-beeldschermen voor slechthorenden *(blz. 280)* en een pendeldienst voor gehandicapten beschikbaar. Met de witte telefoons kunt u gratis alle diensten van het vliegveld bellen.

VERVOER NAAR DE STAD

Informatiestands op de benedenverdieping verstrekken inlichtingen over vertrektijden, tarieven en haltes. Volg de borden met 'Ground Transportation' erop. De luxe bussen van **SFO Airporter** vertrekken van 5.00 tot 23.00 uur elke 20 minuten naar de grote hotels in het centrum van de stad. Minibussen en limousines die u met anderen deelt, zetten u op het door u opgegeven adres af. De passagiers betalen samen de kosten van de reis ($10 tot $25).

Een taxi van het vliegveld naar San Francisco kost gemiddeld $35. De rit naar het centrum duurt in principe 25 minuten, maar tijdens het spits-uur (7.00 tot 9.00 en 16.00 tot 19.00 uur) kan dit tot 40 minuten of langer oplopen.

Reizigers met weinig geld, slechts weinig bagage en tijd genoeg kunnen de **SamTrans** bus naar de Transbay Terminal *(blz. 291)* nemen. Er is een *lightrail*-verbinding aangelegd tussen SFO en de stad, met een eigen BART-station. Deze verbinding geeft aansluiting op **CalTrain**-treinen *(blz. 290)* en SamTransbussen.

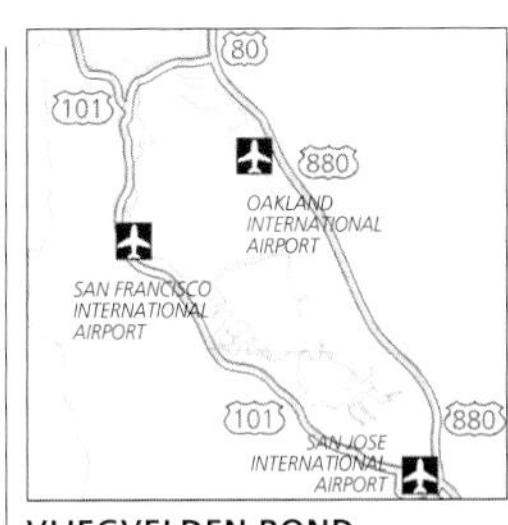

VLIEGVELDEN ROND SAN FRANCISCO EN DE BAY AREA

Nieuwe roltrappen in de nieuwe International Terminal

ANDERE LUCHTHAVENS

De meeste vluchten komen aan op SFO, zodat **Oakland International** en **San Jose International** veel minder chaotisch zijn. Vanaf beide kunt u per minibus en limousine gemakkelijk in San Francisco komen. Met **BART** *(blz. 298)* kunt u vanuit Oakland naar de stad reizen, met SamTrans/CalTrain vanuit San Jose.

De gevel van blinkend glas en staal van het nieuwe San Francisco International Airport

AANKOMST PER TREIN

De nationale spoorwegen van de VS, **Amtrak,** verbinden de meeste grote steden met elkaar. De maatschappij biedt aansluitingen op bus-, veer- en vliegroutes en werkt samen met Rail Canada. De comfortabele en luxe langeafstandstreinen hebben slaapaccommodatie en uitgebreide sanitaire faciliteiten. Vaak is er ook een speciaal, verhoogd panoramarijtuig.
Voor veel trajecten moet u van tevoren een plaats reserveren; in drukke perioden is reserveren altijd verstandig. Amtrak kent talloze speciale aanbiedingen en arrangementen, zoals de kaarten waarmee u binnen een bepaald gebied 15 of 30 dagen ongelimiteerd mag reizen. Informeer hiernaar bij uw reisbureau. Als u per trein naar San Francisco reist, komt u aan op het eindpunt in 16th Street, Oakland. Het station ligt in het industriegebied van de stad, zodat de meeste reizigers zo snel mogelijk verdergaan. Er is een taxidienst naar San Francisco en er rijdt een gratis bus naar het stadscentrum. De busrit door Oakland en over de Bay Bridge duurt 45 minuten en eindigt bij het Ferry Building *(blz. 112).* Hier kunt u de veerboot, bus, sneltram **(BART)** of metro **(Muni)** nemen. Treinreizigers die op San Jose Station aankomen, kunnen met **CalTrain** naar San Francisco reizen. Voor deze rit hebt u een apart kaartje nodig, dat u in de trein kunt kopen.
De meeste pendelbussen vanuit Oakland stoppen bij het CalTrainstation van San Francisco, op de hoek van Fourth en Townsend Street.

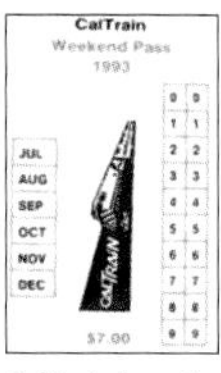

CalTrain-kaartje

Market Street, met daarachter de baai

Vanuit Oakland rijden Amtraktreinen naar andere delen van de VS

AANKOMST PER AUTO

Als u via de Golden Gate Bridge of de Bay Bridge de stad bereikt, maakt u op spectaculaire wijze kennis met San Francisco. Op beide bruggen wordt tol geheven, maar alleen in één richting. Als u vanuit het noorden over de US 101 komt, moet u voor de Golden Gate Bridge bij de ingang van de stad tol betalen. Op de terugweg naar Marin County hoeft u niet te betalen. Vanaf de Golden Gate Bridge bereikt u het stadscentrum via de borden Lombard Street en Van Ness Avenue.
Ook voor de Bay Bridge, die u vanuit het oosten via de I 80 bereikt, moet u in de richting van de stad tol beta-len. Deze brug bestaat uit twee ge-deelten *(blz. 164–165)*, met daartussen Treasure Island, en de weg loopt in de stad tussen de wolkenkrabbers van het Financial District door. De eerste twee afslagen nadat u de Bay Bridge hebt verlaten, leiden naar het centrum.
Als u vanuit het zuiden komt, kunt u kiezen tussen US 101, US 280 en Highway 1. Via alledrie bereikt u gemakkelijk de stad en er hoeft nergens tol te worden betaald.
Automobilisten zijn verplicht te stoppen voor stoplichten en -borden. Op bladzijde 300 vindt u nuttige tips over het gebruikelijke gedrag bij autorijden in San Francisco.

AANKOMST PER BUS

De **Greyhound Bus Line** verzorgt regelmatige diensten naar bijna alle delen van de VS. De bussen zijn modern en schoon. Informeer bij het Greyhoundloket naar kortingen en speciale aanbiedingen. Als u van plan bent uw reis een aantal keer te onderbreken, of als u het land per bus wilt verkennen, heeft de Greyhound speciale aanbiedingen die wellicht op uw wensen aansluiten.
Het **Adventure Travel Network (ATN)** is een zeer flexibele dienst die langs de kust naar Los Angeles gaat en door naar Las Vegas. Reizigers kunnen overal langs de route de bus aanhouden en opstappen, en ze kunnen zolang hun kaartje geldig is zo vaak als ze willen van de dienst gebruikmaken.
Green Tortoise biedt een goedkope, onconventionele en soms avontuurlijke manier van reizen, die echter niet voor iedereen geschikt is. Er zijn maar weinig faciliteiten, de stopplaatsen zijn beperkt en de passagiers moeten zelf eten klaarmaken en hun maal-

tijden met andere reizigers delen. Op sommige routes kunnen de reizigers zich in een natuurlijke bron even opfrissen. De reis duurt lang, dus als uw tijd beperkt is kunt u beter een Greyhound of de trein nemen. Green Tortoise-bussen onderhouden onder andere verbindingen tussen San Francisco en Los Angeles, Yosemite National Park en Seattle.
Het busstation van San Francisco voor langeafstandsbussen en ook veel andere bussen is de Transbay Terminal in First en Mission Street. Het trekt nogal wat criminaliteit aan, dus let goed op uw eigendommen.

Greyhoundbus

AANKOMST PER BOOT

Het moment waarop u onder de Golden Gate Bridge door de San Francisco Bay binnen vaart, vormt het hoogtepunt van uw aankomst in de stad. Luxueuze cruiseschepen meren af aan Pier 35, in de buurt van Fisherman's Wharf. De stad ligt op de route tussen Alaska en Mexico.
In de haven kunt u taxi, bus, sneltram *(blz. 298)* en metro *(blz. 294–295)* nemen: in slechts een paar minuten rijdt u naar het centrum van de stad.

ADRESSEN

INFORMATIE SAN FRANCISCO AIRPORT (SFO)

Informatie luchthaven
Tel. 650-876 2377.
Luister naar de instructies en kies de dienst die u zoekt.

Omroepen personen
Tel. 650-876 2377.

Luchthavenpolitie
Tel. 650-876 2424.

Wisselkantoor
Tel. 650-876 2377.

Global Communications Center
Tel. 650-876 2377.

Parkeergarage
Tel. 650-821 7900.

Traveler's Aid
Tel. 650-821 2730.

LUCHTVAART-MAATSCHAPPIJEN

Air Canada
Tel. 1-888-247 2262
American Airlines
Tel. 1-800-433-7300
British Airways
Tel. 1-800-247 9297.
Delta Airlines
Tel. 1-800-221 1212.
Northwest KLM Airlines
Tel. 1-800-225 2525.
Qantas Airways
Tel. 1-800-227 4500.
United Airlines
Tel. 1-800-241 6522.
USAirways
Tel. 1-800-428 4322.
Virgin Atlantic Airways
Tel. 1-800-862 8621.

BUSDIENST

SFO Airporter
Tel. 650-624 0500.

HOTELS OP SFO AIRPORT

Best Western El Rancho Inn
1100 El Camino Real Millbrae.
Tel. 650-588 8500.

La Quinta Inn
20 Airport Blvd.
South San Francisco.
Tel. 650-583 2223.

Travel Lodge Airport West
1330 El Camino Real
South San Francisco.
Tel. 650-589 8875.

OAKLAND INTERNATIONAL AIRPORT

Informatie luchthaven
Tel. 510-577 4000.

Hotels
Clarion
500 Hegenberger Rd., Oakland.
Tel. 510-562 5311.

La Quinta Inn
8465 Enterprise Way, Oakland.
Tel. 510-632 8900.

SAN JOSE INTERNATIONAL AIRPORT

Informatie luchthaven
Tel. 408-277 4759.

Hotels
Executive Inn Airport
1310 N 1st St., San Jose.
Tel. 408-453 1100.
Hyatt Hotel
1740 N 1st St., San Jose.
Tel. 408-993 1234.

SHUTTLEDIENSTEN (24 UUR)

American Airporter Shuttle
Tel. 202 0733.
Reserveren aanbevolen.

Bayporter Express
Tel. 467 1800.
Diensten tussen SFO Airport en Oakland International Airport.

SuperShuttle
Tel. 558 8500.
www.supershuttle.com

INFORMATIE SPOORWEGEN

Amtrak
Tel. 1-800-872 7245.
www.amtrak.com

BART
Tel. 650-992 2278.

CalTrain
Tel. 1-800-660 4287.

SamTrans
Tel. 1-800-660 4287.

INTERLOKALE BUSONDER-NEMINGEN

Adventure Travel Network (ATN)
Tel. 247 1800.

Green Tortoise
Tel. 956 7500.

Greyhound Bus Line
Tel. 1-800-231 2222.

VERVOER IN SAN FRANCISCO

San Francisco is een compacte stad, de droom van elke toerist. Veel van de belangrijke bezienswaardigheden liggen maar een klein stukje lopen van elkaar vandaan. Natuurlijk kunt u ook gebruikmaken van het openbaar vervoer, dat overzichtelijk en efficiënt is. Weinig bezoekers slaan een rit met de kabeltram over. Bussen rijden dwars door de stad en komen langs allerlei bezienswaardigheden. Muni- en BART-lijnen bedienen de voorsteden en de buurten buiten het centrum. Taxi's zijn betaalbaar maar schaars. Na het donker, en in sommige delen van de stad, kunt u beter een taxi nemen. Veerboten steken regelmatig in noordelijke en oostelijke richting de baai over.

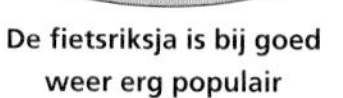

De fietsriksja is bij goed weer erg populair

Te voet in San Francisco

EEN UITSTAPJE VOORBEREIDEN

In de spitsuren, van maandag tot en met vrijdag van 7.00 tot 9.00 en van 16.00 tot 19.00 uur, draaien het openbaar vervoer en de taxibedrijven op volle capaciteit. Op deze tijden is het gemakkelijker om het hoofd te bieden aan de mensenmassa op straat dan om in een bus, trein of kabeltram vol forensen te stappen, of vast te zitten in een verkeersopstopping. Aan het eind van de dag staan de straten ten zuiden van Market Street vol met automobilisten die richting zuiden de stad willen verlaten en de Bay Bridge op moeten. Optochten en evenementen verstoppen vaak een bepaalde buurt. Informeer in het hotel naar evenementen *(blz. 48–51)*, zodat u niet onverwacht in een menigte terechtkomt. Voor City Hall wordt regelmatig geprotesteerd en de politie begeleidt deze geplande, vreedzame demonstraties naar het centrum. In de krant, bij het San Francisco Convention and Visitors Bureau *(blz. 278)* en in uw hotel vindt u informatie over wat er in de stad gebeurt.

STRATENPLAN EN HUISNUMMERS

De straten van San Francisco zijn aangelegd volgens een roostervormig patroon. Market Street loopt van zuidwest naar noordoost door de stad en verdeelt de stad in noord en zuid. Bijna elk blok bestaat uit 100 huisnummers, waarbij aan het begin van de straat bij 0 wordt begonnen. Het eerste blok van Market Street heeft dus nummers tot en met 99, het tweede van 100 tot en met 199 enzovoort.
Straten die van oost naar west lopen hebben richting westen oplopende huisnummers. Straten die van noord naar zuid lopen hebben vanaf Market Street zowel richting noorden als richting zuiden oplopende nummers. Als u naar een adres vraagt, moet u zorgen dat u ook de naam van de buurt en van de dichtstbijzijnde zijstraat te weten komt.
De genummerde *avenues* in het Richmond District worden 'The Avenues' genoemd. De genummerde *streets* beginnen aan de zuidkant van Market Street, in het centrum, en eindigen in het Mission District. Gedetailleerde kaarten vindt u in de *Stratengids* op bladzijde 302–311.

800 →
GRANT
都板街
Oplopende nummers
MARKET STREET
Oplopende nummers
Oplopende nummers
Oplopende nummers

Ten noorden en zuiden van Market Street en ten westen van de baai lopen de huisnummers op

LOPEN IN SAN FRANCISCO

De beste manier om San Francisco te verkennen is te voet. De belangrijkste toeristische buurten liggen steeds op niet meer dan 15 tot 20 minuten lopen van elkaar vandaan, als u in een normaal tempo wandelt. De heuvels, vooral Nob Hill *(blz. 101–103)* en Telegraph Hill *(blz. 90–93)*, vormen een hele uitdaging, maar het uitzicht vanaf de top over de stad en de baai maakt de klim de moeite waard.

Voetgangersoversteekplaats

Bij de meeste kruispunten staat een groen-wit bord met daarop de naam van de zijstraat. Aan Market Street kan dit verwarrend zijn, omdat de straatnamen daar aan weerszijden verschillen. Op hoeken staan de straatnamen vaak op het wegdek geschilderd.

De verkeerslichten voor voertuigen zijn rood (stop), groen (rijden) en geel (waarschuwing). Voetgangers zien een wit verlicht figuurtje en het woord *Walk*. Als de kleur van het woord in het oranje gaat knipperen, moeten voetgangers snel oversteken voordat het *Don't Walk* verschijnt.

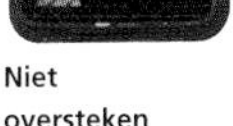
Niet oversteken

Oversteken

In de VS rijdt men rechts, behalve in de vele straten met eenrichtingsverkeer. Kijk voor u oversteekt altijd naar beide kanten. Voertuigen mogen bij rood licht naar rechts afslaan als de weg vrij is, dus let goed op als u bij een verkeerslicht oversteekt. Vertrouw nooit uitsluitend op het verkeerslicht bij het oversteken, ook in San Francisco wordt wel eens door rood gereden. *Jaywalking* gebeurt veel, maar is tegen de wet: naast de voetgangersoversteekplaats oversteken of oversteken bij *Don't Walk* kan een boete van ten minste $50 opleveren.

MOTOREN EN BROMMERS

Vergeleken bij auto's rijden er weinig motoren en brommers door de straten van San Francisco. Avontuurlijke bezoekers kunnen terecht bij een paar bedrijven die zowel motoren als brommers verhuren. Deze bedrijven vindt u veelal in de buurt van het strand en universiteitscampussen. Een helm, een geldig Amerikaans of internationaal motorrijbewijs, rijervaring en een borgsom zijn verplicht.

FIETSEN

Fietsen is bijzonder populair in San Francisco. Het is niet moeilijk om de heuvels te vermijden, vooral als u langs de waterkant fietst. Fietsen zijn te huur voor ongeveer $25 per dag of $125 per week. Er zijn af en toe fietspaden, en op enkele bussen kunt u de fiets meenemen. Er zijn twee gemarkeerde fietsroutes: de een loopt van het Golden Gate Park *(blz. 142–157)* richting zuiden naar Lake Merced, de ander van het zuidelijke uiteinde van Golden Gate Bridge *(blz. 64–67)* naar Marin County. Bij **Bay City Bike** en **Blazing Saddles** zijn fietsen en fietsbenodigdheden te koop en te huur, worden reparaties uitgevoerd en is informatie over routes te krijgen.

Fietsen in Golden Gate Park

ANDERE VERVOERMIDDELEN

Fietsriksja's vindt u aan de Embarcadero, vooral bij Fisherman's Wharf *(blz. 80–81)*. Een hele vloot gemotoriseerde kabeltrams jakkert door de stad: u kunt overal in- en uitstappen en krijgt commentaar van een gids. Met luxe bussen kunt u een excursie maken van een halve of een hele dag *(blz. 279)*. Wilt u in stijl reizen, dan huurt u een limousine met chauffeur en gids. Er bestaan plannen voor een watertaxi.

ADRESSEN

BROMMER- EN MOTORVERHUUR

Eagle Rider Motorcycle Sales & Rentals
1060 Bryant St. **Kaart** 11 B2.
Tel. *503 1900.*
www.eaglerider.com

FIETSENVERHUUR

Bay City Bike
2661 Taylor Street, bij Fisherman's Wharf. **Kaart** 5 A1.
Tel. *346 2453.*
www.baycitybike.com

Blazing Saddles
1095 Columbus Ave.
Kaart 5 A2.
Tel. *202 8888.*
Pier 41. **Kaart** 5 B1.
Tel. *202 8888.*
www.blazingsaddles.com

Bel de **CityBike Hotline** voor routes, kaarten en informatie over fietsen meenemen op Muni/Bart.
Tel. *585 2453.*

Reizen per bus en metro

San Francisco Municipal Railway, of Muni zoals het algemeen wordt genoemd, is de organisatie die het openbaar vervoer van de stad beheert. U kunt één algemeen geldige pas – het Muni Passport – gebruiken voor de bus, de metro en de drie kabeltramlijnen. De bus en de metro komen bij de meeste toeristische attracties en in alle buurten. Gewapend met de bus- en metrokaart aan de binnenkant van de achterflap, en met een Muni Passport, kunt u de hele dag door gebruikmaken van het openbaar vervoer tegen een fractie van de kosten van privévervoer en parkeergeld.

TARIEVEN EN KAARTJES

De bus en de tram kosten beide $1,25 per rit. Als u uw kaartje koopt, kunt u een gratis overstapkaartje vragen dat u in staat stelt over te stappen op een andere bus of tram zonder extra kosten. De overstap is 90 minuten geldig. Er zijn kortingstarieven voor ouderen boven de 65 jaar en voor kinderen (5–17 jaar). Er is geen hoger tarief voor express- en sneldiensten.
Als u van plan bent verschillende ritten te maken met Muni dan kunt u een Muni Passport kopen, dat u voor één, drie of zeven dagen in staat stelt onbeperkt te reizen met bussen, trams en kabeltrams voor de gespecificeerde duur. Muni Passports kunt u kopen aan de informatiebalies bij de bagageruimtes op San Francisco International Airport. U kunt ze ook aanschaffen bij de informatiekiosk in het **Visitor Information Center** buiten het Powell Street Bart/metrostation en bij de kaartjesloketten in Powell en Market Street en Hyde en Beach Street.
U kunt ook fiches *(tokens)* kopen die u 20 procent korting geven op het standaardtarief.

De pasjes van Muni

DE BUS

De bus stopt alleen bij officiële haltes, elke twee of drie blokken. Doe het precieze aantal munten of fiches in het kastje of toon uw Muni Passport aan de chauffeur als u bent ingestapt. Vraag de chauffeur u te waarschuwen als u op uw bestemming bent. De voorste stoelen zijn gereserveerd voor oudere en gehandicapte passagiers, dus sta uw plaats af als u daar zit. Roken, drinken, eten en muziek maken zijn verboden in bussen. Blindegeleidehonden kunnen altijd gratis mee, andere dieren mogen met de Muni mee in sommige perioden van de dag, als de chauffeur u toestemming geeft. Als u bij de volgende halte wilt uitstappen, trekt u aan het touw dat langs de ramen loopt. Het 'Stop Requested'-teken boven de voorruit zal dan gaan branden. Aanwijzingen voor het openen van de deur staan bij de uitgang.
Kijk bij het uitstappen goed uit: sommige haltes bevinden zich op een eiland midden in de straat, dus wees zeker extra voorzichtig bij deze haltes.
De nummer van de lijn en de bestemming staan op de voor- en zijkant van de bus, bij de voordeur. Lijnnummers die gevolgd worden door een letter (L, X, AX, BX enz.) duiden op express- en sneldiensten. Als u niet zeker bent waar de bus stopt, vraag het dan aan de chauffeur. Verschillende lijnen hebben een 'Night Owl Service' van middernacht tot 6.00 uur, maar taxi's zijn de veiligste manier om u na zonsondergang te verplaatsen.

Het nummer van de bus staat op de voor- en zijkant van de bus

Een Munibushokje met glazen wanden en betaaltelefoons

BUSHALTEN

Bushalten herkent u aan borden met het Munilogo of aan gele strepen op palen. Bushalten zijn meestal aan drie kanten gesloten met glas. Onder het bord en op de buitenkant van het bushokje staan de nummers van de bussen die er stoppen. In de meeste bushokjes hangen een routekaart en een dienstregeling. Veel hokjes zijn voorzien van een betaaltelefoon.

ADRESSEN

MUNI INFORMATION

Tel. 673 6864, TTY: 923 6373.
www.sfmuni.com

MUNI PASSPORTS

Visitor Information Center
Lower level, Hallidie Plaza, Market and Powell Sts.
Kaart 5 C5. ***Tel.*** *391 2000.*
www.transitinfo.org

Powell Street Kiosk
Hallidie Plaza, Market and Powell Sts. **Kaart** 5 C5.

METRO EN TRAM

In het centrum rijden de metro- en tramstellen zowel boven als onder de grond, in de buitenwijken rijden ze alleen boven de grond.
De metrolijnen J (Church), K (Ingleside), L (Taraval), M (Ocean View), N (Judah) en T (Third) rijden alle over het spoor onder Market Street. Dus als u de metro wilt nemen op een station in Market Street, dan moet u letten op de letter en de naam van de lijn die u wilt nemen om te voorkomen dat u op de verkeerde lijn stapt.
In Market Street stoppen in vier van de zeven ondergrondse stations zowel lijnen van Muni Metro als van Bart *(blz. 298)*. Oranje, gele en witte borden geven de ingang aan. Kijk in het station zelf naar de aparte 'Muni'-ingang. Betaal voor de rit of toon een Muni Passport en ga dan naar beneden naar het perron. Wilt u westwaarts, kies dan 'Outbound', wilt u oostwaarts, kies dan 'Downtown'. Elektronische borden melden welke metro er aankomt. De deuren gaan automatisch open. Als ze op een halte op straatniveau of ondergronds niet opengaan, druk dan op de lage hendel naast de deur. Bovengrondse halten herkent u aan een oranje met bruine metalen vlag of aan een paal met gele banden, met daarop 'Muni' of Car Stop'.
Op de lijnen J, K, L M, N en T rijden de nieuwe Bredatrams, met wagons in zilver en rood. Trams worden ook wel Light Rail Vehicles (LRV's) genoemd.

De Muni Metrotram is te herkennen aan het rood en zilver van de wagons

SIGHTSEEING PER BUS/TRAM

Populaire lijnen zijn 30, 38, 39, 45, 47 en de historische lijnen Market en Wharves. Lijn 38 gaat naar de heuvels boven Ocean Beach, en Golden Gate Park ligt op de route van lijn 21. Meer informatie is verkrijgbaar bij Muni en bij het Visitor Information Center. Meer lijnen vindt u op de kaart achter in dit boek.

Oude tram bij Fisherman's Wharf

SYMBOLEN

- Lijn 10
- Lijn 15
- Lijn 21
- Lijn 30
- Lijn 38
- Lijn 39
- Lijn 45
- Lijn 47
- Lijn 76
- F-lijn
- N-lijn
- BART-station
- Caltrain-station
- Veerbootpier

Draaischijf Powell-Hydelijn
Fisherman's Wharf piers
Palace of Fine Arts
Fort Mason
Coit Tower
Cow Hollow
Presidio
North Beach
Ferry Building
Transamerica Pyramid
Chinatown
Financial District
Japan Center
Transbay Terminal
Ocean Beach
Holy Virgin Cathedral
Union Square
Yerba Buena Gardens
Pacific Bell Park
Golden Gate Park museums
Civic Center
Caltrain-station
Castro Street station
Naar San Francisco-zuid

Reizen per kabeltram

De kabeltrams van San Francisco zijn wereldberoemd *(blz. 104–105)*. Ze rijden dagelijks van 6.30 tot 00.30 uur. Er geldt een vast tarief van $5 per rit met korting voor ouderen en gehandicapten tussen 21.00 en 7.00 uur. Hoewel de kabeltram een mooi vervoermiddel is om bezienswaardigheden te zien, zijn bussen *(blz. 294–295)* praktischer.

IN DE KABELTRAM

De kabeltram rijdt op drie trajecten, waarvan de Powell-Hydelijn de populairste is. De tram vertrekt bij de draaischijf van Powell en Market Street *(blz. 117)*, rijdt langs Union Square en beklimt dan Nob Hill, waarbij u een goed uitzicht hebt op Chinatown. De tram rijdt vervolgens langs de Cable Car Barn *(blz. 103)*, steekt Lombard Street *(blz. 88)* over en rijdt door Hyde Street naar de draaischijf nabij Aquatic Park *(blz. 172)*. De Powell-Masonlijn begint eveneens bij Powell en Market Street en volgt dezelfde route naar de Cable Car Barn. Vandaar rijdt de tram langs North Beach naar Bay Street. Ga in de Powelltrams met uw gezicht naar het oosten zitten, dan hebt u onderweg het mooiste uitzicht. De Californialijn loopt van het begin van Market Street door California Street. De tram rijdt door een deel van het Financial District en Chinatown. Bij Nob Hill kruisen de Powelllijnen de Californialijn. De Californiatram rijdt verder over Nob Hill naar het eindpunt aan Van Ness Avenue. Alle drie de lijnen volgen dezelfde route terug.

Omdat ook forensen gebruikmaken van de kabeltram kunt u de tram in de spitsuren *(blz. 278)* indien mogelijk beter mijden.

Als u een zitplaats wilt, kunt u altijd het beste bij het eindpunt van de lijn van uw keuze instappen.

Seinhuisje voor de kabeltram

KAARTJES

Als u geen Muni Passport hebt *(blz. 294)*, kunt u bij de conducteur een kaartje of een dagpas kopen. De kaartjes worden ingenomen als u instapt. Munipassen, souvenirkaartjes en kaarten zijn verkrijgbaar bij de kiosken in Powell en Market Street, in Hyde en Beach Street en bij het Visitor Information Center *(blz. 294)*.

HALTES

Sluit aan in de rij bij een van de uiteinden van een lijn of wacht op de tram bij een van de haltes onderweg. Sta op de stoep en steek uw hand op om de gripman te waarschuwen. Stap pas in als de kabeltram helemaal stilstaat en wees erop voorbereid snel aan boord te springen. Haltes zijn te herkennen aan een kastanjebruin bord met daarop een witte tram, of aan een gele lijn die in een rechte hoek met de rails op het wegdek is geschilderd.

DE JUISTE KABELTRAM

Op het moment rijden er 40 kabeltrams op de drie lijnen van de stad. Een tram biedt zitplaats aan 29 tot 34 passagiers en, afhankelijk van het soort wagen, 20 tot 40 staanplaatsen.

Op de voor-, achter- en zijkanten staat de naam van de lijn aangegeven: Powell-Hyde, Powell-Mason of California Street. Ook het nummer van de tram is te zien. De trams van de Californialijn zijn gemakkelijk te herkennen, omdat ze aan beide zijden een bestuurderscabine hebben. Trams van de Powelllijnen hebben maar één cabine.

De conducteur en gripman zijn meestal vriendelijk en behulpzaam, dus richt u tot hen wanneer u niet zeker weet welke lijn u moet nemen.

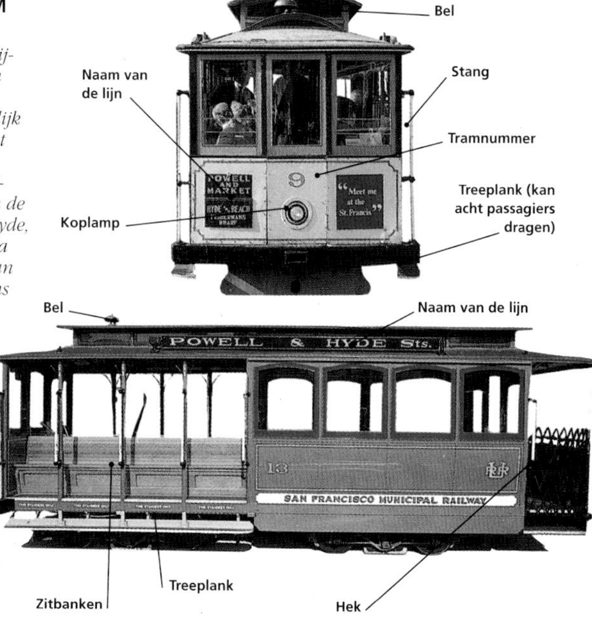

SIGHTSEEING PER KABELTRAM

De heuvels van de stad vormen geen probleem voor kabeltrams. Ze nemen elke helling met gemak en doorkruisen veel populaire buurten. De spannendste afdaling is het laatste stukje van de Powell-Hydelijn.

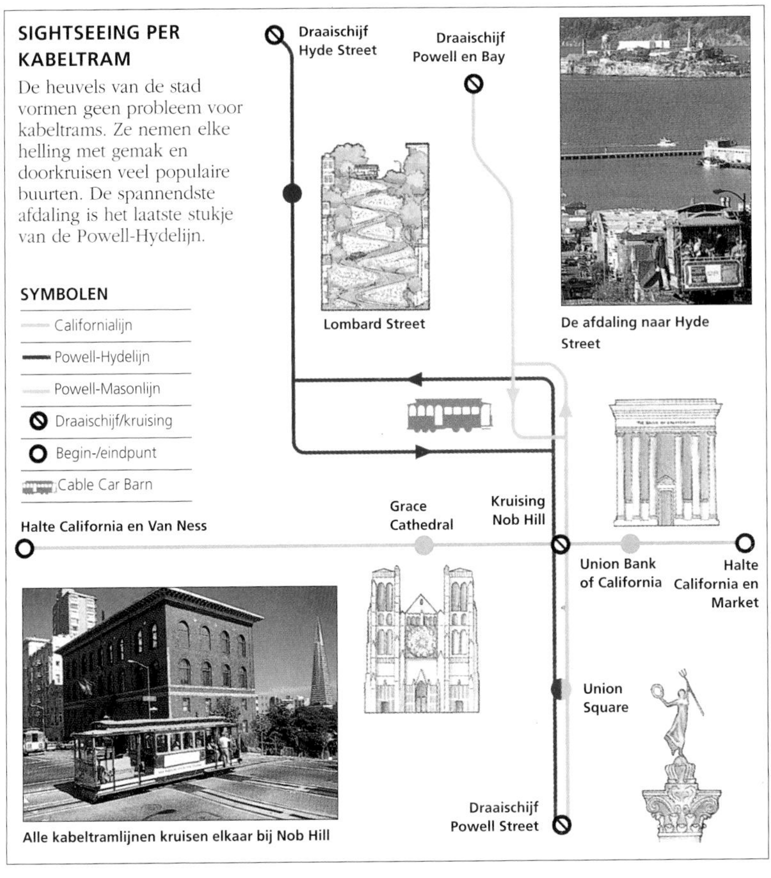

De afdaling naar Hyde Street

Alle kabeltramlijnen kruisen elkaar bij Nob Hill

VEILIG REIZEN MET DE KABELTRAM

Als het niet te druk is, kunt u kiezen of u binnen wilt zitten of staan, buiten op een bankje wilt zitten of aan een van de uiteinden wilt staan. Avontuurlijke passagiers staan misschien liever op een treeplank, terwijl ze zich aan een stang vasthouden.

Probeer uit de buurt van de *gripman* te blijven: hij heeft voor de bediening van de handgreep veel ruimte nodig. Gele lijnen op de vloer geven aan hoeveel afstand u moet houden.

Het is leuk als twee kabeltrams elkaar passeren, maar leun niet te ver naar buiten, want de ruimte die overblijft is maar klein. Kijk vooral goed uit als u in- of uitstapt. Kabeltrams stoppen vaak op kruisingen, waar u tussen de tram en het overige verkeer komt te staan. Aan het eind van de rit moet iedereen uitstappen. Wilt u mee terug, dan moet u met instappen wachten tot de tram rond de draaischijf gekeerd is of op het juiste spoor gerangeerd is.

NUTTIGE NUMMERS

Cable Car Barn
1201 Mason St. **Kaart** 5 B3.
Museum ***Tel.*** *415-474 1887.*

Inlichtingen Muni
Tel. *673 6864. Informatie kabeltrams, tarieven, Muni Passports.*

Passagiers rijden mee op de treeplank van de kabeltram

Reizen per sneltram

San Francisco en de East Bay zijn met elkaar verbonden door de BART (Bay Area Rapid Transit). Op het 165 km lange traject rijden sneltrams, alle toegankelijk voor mensen in een rolstoel. In 2003 is een nieuw station geopend op San Francisco International Airport.

Het logo van BART

EEN RIT MET DE SNELTRAM

1 De BART-sneltrams rijden dagelijks tot middernacht. De tram stopt op vijf stations onder Market Street – Van Ness, Civic Center, Powell, Montgomery en Embarcadero – en elders bovengronds. Alle trams uit Daly City doen het centrum aan voor ze via een tunnel van 6 km onder de East Bay door rijden. In de East Bay zijn slechts twee overstapstations: MacArthur en Oakland City.

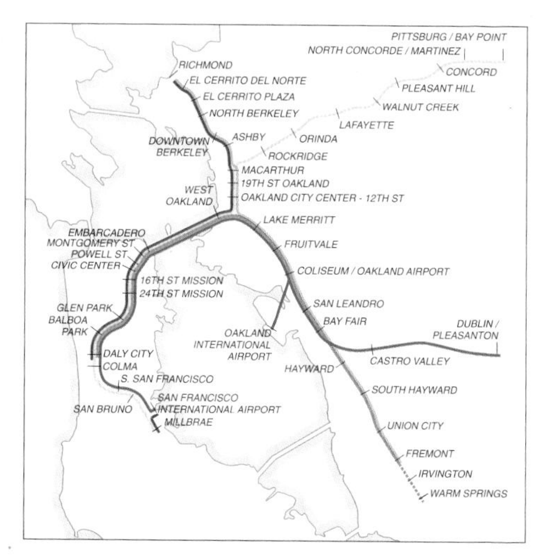

SYMBOLEN

- Richmond-Daly Citylijn
- Milbrae-Bay Pointlijn
- Fremont-Daly Citylijn
- Fremont-Richmondlijn
- Pleasanton-SF Airportlijn
- Millbrae-SF Airportlijn

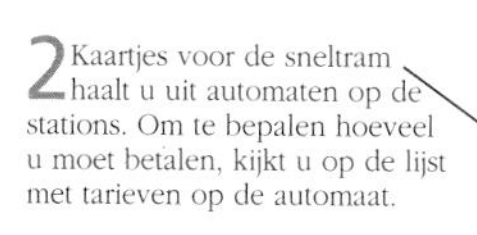

2 Kaartjes voor de sneltram haalt u uit automaten op de stations. Om te bepalen hoeveel u moet betalen, kijkt u op de lijst met tarieven op de automaat.

3 Breng hier kleingeld of bankbiljetten in. De automaat accepteert munten en biljetten, sommige ook creditcards.

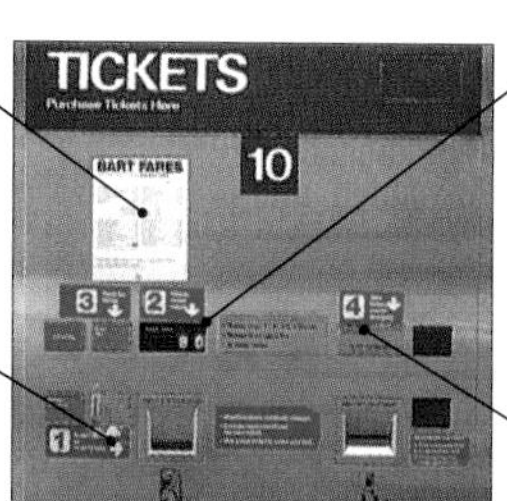

4 Hier wordt het ingeworpen bedrag aangegeven. Voer twee keer het bedrag van een enkele reis in voor een retourkaartje.

5 Kaartjes krijgen een code met de waarde die vervolgens op het kaartje wordt gedrukt.

6 Hier wordt het kaartje afgegeven. Iedereen moet een eigen kaartje hebben.

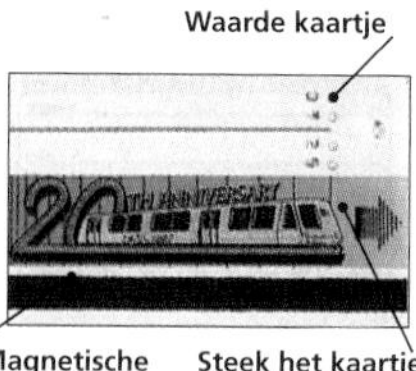

Waarde kaartje

Magnetische strip

Steek het kaartje op deze wijze in

7 Voor u het perron kunt betreden, moet u uw kaartje in een tourniquet steken. Het tarief voor uw reis wordt automatisch afgetrokken van de waarde van het kaartje. Voor u het station verlaat, moet u het kaartje opnieuw invoeren. Als er nog een bedrag op uw kaartje staat, krijgt u het kaartje terug terwijl het draaihek opengaat.

8 Op de tram staat de eindbestemming aangegeven: in westelijke richting is dat bijvoorbeeld San Francisco/Daly City, in oostelijke richting Oakland, Richmond, Bay Point of Fremont. U herkent uw perron aan de naam van de eindbestemming van de lijn die u moet hebben.

9 Op alle BART-stations is personeel aanwezig dat uw vragen kan beantwoorden en u kan helpen met de automaten. Als u geen bepaald reisdoel hebt, maar alleen het BART-systeem wilt verkennen, vraag dan naar een excursiekaartje. Bel voor meer informatie 788-BART (788–2278).

Veerdiensten en rondvaarten

Kaarten voor rondvaarten verkrijgbaar

Voor de Golden Gate Bridge en de Oakland Bridge de baai overspanden, voeren er honderden veerboten van oever naar oever, met aan boord forenzen en goederen uit de noordelijke *counties* en de East Bay. Hoewel ze niet langer onmisbaar zijn, nemen mensen graag een boot of veer om de kustlijn van de stad te verkennen. Aan de oever van de San Francisco Bay liggen zowel San Francisco en Oakland *(blz. 164–167)* als de kleinere steden Tiburon en Sausalito *(blz. 161)*.

VEERDIENSTEN

Inwoners van de Bay Area zijn dol op hun veerboten. Forenzen nemen op werkdagen de boot om het spitsuur op de bruggen niet te hoeven meemaken, in het weekeinde gebruiken gezinnen ze om een uitstapje naar de stad te maken. Op veerboten krijgt u niet uitgelegd wat u om u heen ziet, maar ze zijn wel minder duur dan rondvaartboten. Aan boord is eten en drinken verkrijgbaar. Veerboten nemen alleen voetgangers en fietsers mee. Het Ferry Building, aan de Embarcadero *(blz. 112)*, is het aankomst- en vertrekpunt van **Golden Gate Ferries**. De **Blue & Gold Fleet** legt aan Fisherman's Wharf *(blz. 80–81)* aan. Vraag de bedrijven om hun tarieven en dienstregelingen.

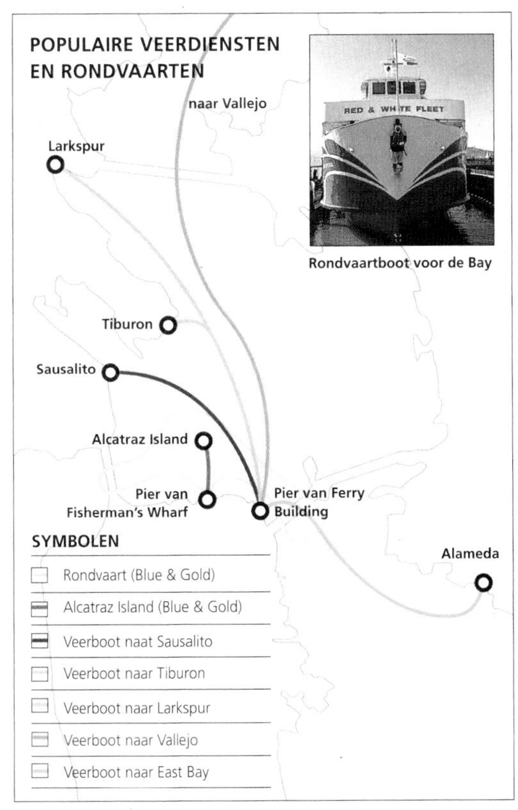

Rondvaartboot voor de Bay

RONDVAARTEN

Rondvaarten door de baai worden verzorgd door de **Blue & Gold Fleet** en de **Red & White Fleet**. De tochten gaan onder andere naar Angel Island, Alcatraz *(blz. 84–87)* en plaatsen aan de noordelijke oever van de baai *(blz. 160–161)*. Op een gecombineerde boot- en bustocht kunt u een bezoek brengen aan Six Flags Marine World *(blz. 274)* en Muir Woods *(blz. 160)*.
Hornblower Dining Yachts verzorgen op vrijdag een lunch, in het weekeinde een brunch en op charterboten dagelijks een diner. De maaltijden worden geserveerd aan tafels met een spectaculair uitzicht op de oever.
De **Oceanic Society** biedt tochten onder leiding van een natuurkenner naar de Farallon Islands, 40 km uit de kust. Vanaf de westkust van San Francisco vertrekken tochten voor walvisspeurders *(blz. 272)*. Meer informatie krijgt u bij de verschillende organisatoren.

ADRESSEN

VEERBOTEN

Blue & Gold Fleet
Pier 39, 41. **Kaart** *5 B1.*
Tel. *773 1188.*
Rondvaart van 75 minuten.
www.blueandgoldfleet.com

Golden Gate Ferries
Tel. *923 2000.*

RONDVAARTEN

Hornblower Dining Yachts
Pier 33. **Kaart** *5 C1.*
Tel. *394 8900, toestel 7.*
Rondvaart met diner dansant.

Oceanic Society Expeditions
Tel. *441 1104.*
www.oceanicsociety.org

Red & White Fleet
Pier 43½. **Kaart** *5 B1.*
Tel. *447 0597.*
www.redandwhite.com

Autorijden in San Francisco

Vanwege de verkeersopstoppingen, het tekort aan parkeerplaatsen en de streng gecontroleerde parkeerregels rijden de meeste toeristen liever niet zelf in San Francisco. Autogordels zijn bij wet verplicht. De maximumsnelheid varieert, maar is nooit hoger dan 56 km/u. Er zijn veel straten met eenrichtingsverkeer.

EEN AUTO HUREN

Als u een auto wilt huren, moet u ten minste 21 jaar oud zijn en een geldig rijbewijs hebben. Alle verhuurbedrijven vragen om een erkende creditcard of een hoge waarborgsom. Breng de auto terug met een volle tank, want autoverhuurbedrijven hanteren extra hoge benzineprijzen. Het is het voordeligst om op het vliegveld een auto te huren: in de stad betaalt u per dag $2 meer belasting.

VERKEERSBORDEN

Kleurrijke tekens en symbolen wijzen u de weg naar belangrijke toeristische buurten als Chinatown (een lantaarn), Fisherman's Wharf (een krab) en North Beach (afbeelding van Italië). Stopborden en borden met verboden in te rijden zijn rood met wit. Waarschuwings- en voorrangsborden zijn geel

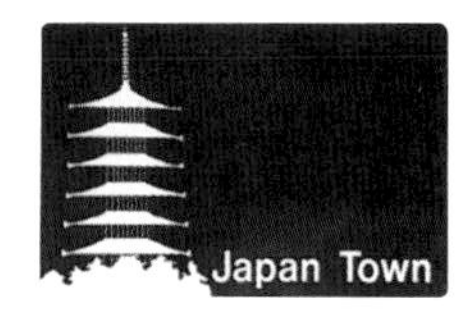

Richtingbord

met zwart. Borden die eenrichtingsverkeer aangeven zijn zwart met wit. Als er geen tegemoetkomend verkeer is, mogen automobilisten bij rood licht rechtsaf slaan.

BOETES

Als u uw auto parkeert bij een meter die niet werkt, is de kans groot dat u een bekeuring krijgt. Voor meer informatie over het verkeersreglement kunt u contact opnemen met het **Parking and Traffic Department**. Als u een bekeuring hebt gekregen, moet u de boete betalen of de zaak voor laten komen. Na vijf bekeuringen kunt u een wielklem verwachten, zodat u niet weg kunt rijden. De klem wordt pas verwijderd als alle boetes betaald zijn. Als uw auto is weggesleept, kunt u de **Police Department Towed Vehicle Information**lijn bellen. Haal bij het politiebureau een afgiftebriefje en ga naar **City Tow**.
U moet een fors bedrag aan wegsleep- en parkeerkosten betalen.

ADRESSEN

AUTOVERHUURBEDRIJVEN

Avis *Tel. 1-800-831 2847.*

Hertz *Tel. 1-800-654 3131.*

NUTTIGE NUMMERS

City Tow
850 Bryant St. **Kaart** 11 B2.
Tel. 621 8605.

Parking and Traffic Department
Tel. 554 7275.

Police Department Towed Vehicle Information
Tel. 553 1235.

PARKEREN

Parkeermeters zijn van maandag tot en met zaterdag van 8.00 tot 18.00 uur ingeschakeld en soms ook op zondag. Parkeergarages in het centrum kosten $8 tot $20 per dag en kunt u vaak alleen contant betalen. Stoepranden hebben een kleurcode: bij rood is stoppen verboden; bij geel is alleen laden en lossen toegestaan; bij groen mag u tien minuten parkeren en bij wit mag u tijdens kantooruren vijf minuten parkeren. Aan blauwe stoepranden zijn de parkeerplaatsen gereserveerd voor gehandicapten.
Als u op steile heuvels parkeert, moet u de wielen naar de straat draaien als u heuvelop, en naar de stoep als u heuvelaf geparkeerd staat.

Op steile hellingen blokkeert de stoeprand de wielen

Instructies voor het parkeren op hellingen, om te voorkomen dat auto's wegrollen

Taxi's in San Francisco

In San Francisco rijden de taxi's 24 uur per dag. Ze zijn schaars, vooral in de buitengebieden, maar de meeste chauffeurs zijn vriendelijk en behulpzaam. Het zijn vaak oudgedienden die hun kennis van de stad graag met passagiers delen. Taxichauffeurs hebben een vergunning nodig, dus u mag altijd beleefdheid, goede service en een vaste prijs verwachten. De onderstaande adviezen zijn om eventuele mis(ver)standen te voorkomen.

Druk verkeer in Chinatown

EEN TAXI NEMEN

Taxi's hebben op het dak een bordje dat verlicht is als ze vrij zijn. De kleuren van de verschillende bedrijven zijn: rood, wit en blauw; geel; geel en oranje; groen. Op alle taxi's staan de naam van het bedrijf, het telefoonnummer en het nummer van de taxi. Als u een taxi nodig hebt, kunt u bij een taxistandplaats wachten, telefonisch bestellen, of proberen er een aan te houden. Vermeld uw naam en het precieze adres, als u een taxi bestelt. De bedoeling is dat u al buiten staat wanneer de taxi komt. Is hij er na een kwartier nog niet, bel dan opnieuw. Oproepen voor ritten naar het vliegveld worden meestal snel beantwoord. De meter bevindt zich op het dashboard. Noteer de naam van het bedrijf en het nummer van de taxi, of de naam van de taxichauffeur.

Vermeld naast uw bestemming zo mogelijk ook de dichtstbijzijnde dwarsstraat. De chauffeur moet u er zo snel mogelijk heen brengen. Taxichauffeurs hebben nooit veel contant geld bij zich. Betaal met een biljet van \$20 of minder. Tel bij het tarief 10 tot 15 procent fooi op en geef het geld aan de chauffeur voor u uitstapt. Als u wilt, krijgt u een bonnetje.

Controleer of u al uw spullen uit de taxi hebt gehaald. Hebt u toch iets laten liggen, bel dan het taxibedrijf en geef het nummer van de taxi of de naam van de chauffeur op.

TARIEVEN

De tarieven staan in de taxi vermeld. Er geldt een vast tarief van ongeveer \$3,25 voor de eerste 1,6 km (1 mijl). Daarna komt er voor elke 1,6 km \$2,00 bij, of 40 cent per minuut stilstaan bij een adres of in een file. Bij normale verkeersdrukte kost de rit van het vliegveld naar het centrum van de stad gemiddeld \$35. Van het Ferry Building naar de stranden aan de westkant van de stad betaalt u \$20 tot \$24. Bij deze bedragen moet u de fooi nog optellen.

Taximeter

VOORSCHRIFTEN

Taxichauffeurs moeten een identiteitsbewijs met foto bij zich hebben, en een vergunning voor het besturen van een taxi. De chauffeur bepaalt of er in zijn auto mag worden gerookt. Als u klachten hebt over een chauffeur, kunt u de **Police Department Taxicab Complaint Line** bellen.

ADRESSEN

TAXIBEDRIJVEN

City Cab
Tel. *920 0700*

De Soto Cab
Tel. *970 1300.*

Luxor Cab
Tel. *282 4141.*

Veteran's Cab
Tel. *552 1300.*

Yellow Cab
Tel. *626 2345.*

INFORMATIE

Police Department Taxicab Complaint Line
Tel. *553 1447.*

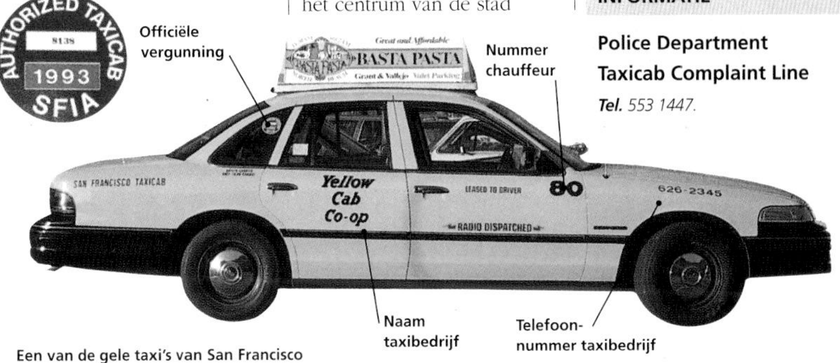

Een van de gele taxi's van San Francisco

STRATENGIDS

Bij de beschrijvingen van bezienswaardigheden, restaurants, hotels, winkels en uitgaansgelegenheden vindt u verwijzingen naar de kaarten in dit gedeelte. Op bladzijde 313–320 vindt u een compleet register van straatnamen en belangrijke plaatsen die op de kaarten staan aangegeven. Op de kaart hieronder ziet u welke delen van San Francisco u in de *Stratengids* terugvindt: de toeristische buurten (met kleurcode) en het centrum (kaart 5 en 6, met grote schaal vanwege het grote aantal bezienswaardigheden) met alle belangrijke attracties en hotel- en uitgaansbuurten.

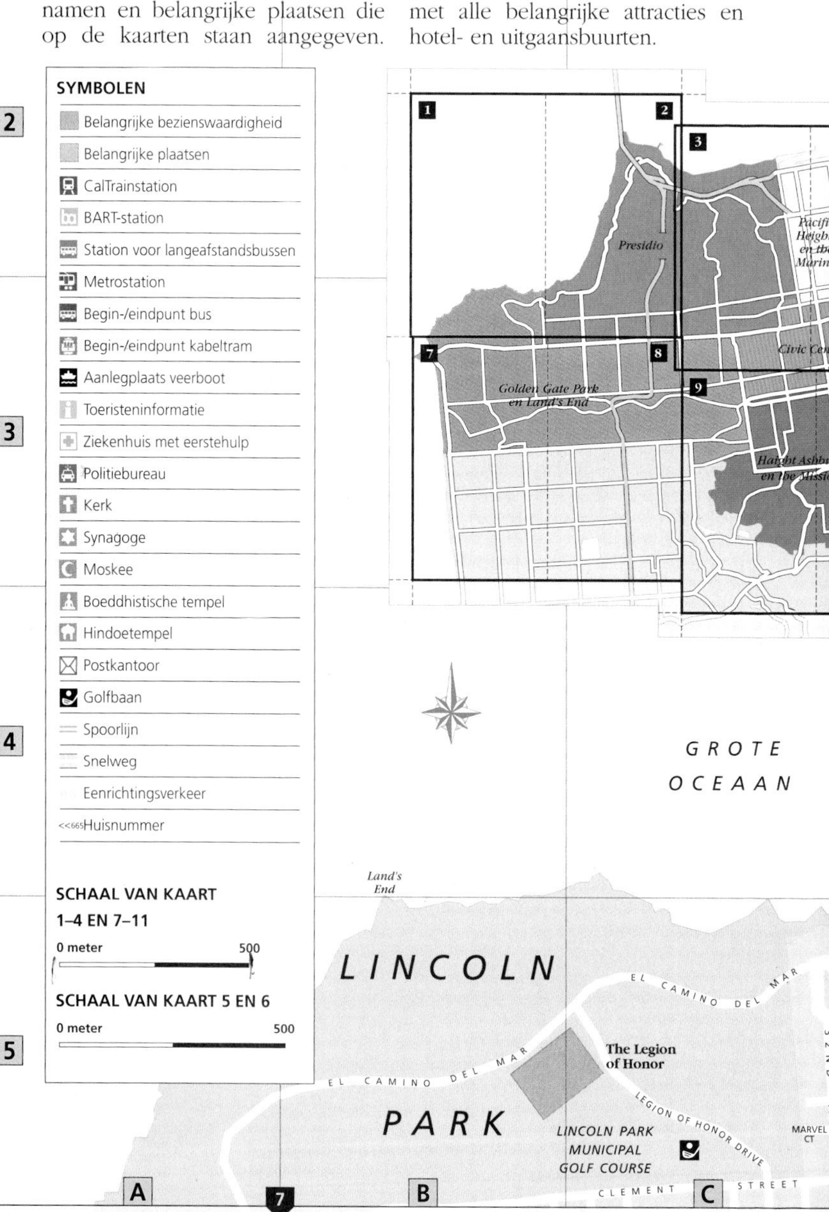

D
E
F
2
Golden Gate Bridge
San Francisco Bay
1
Fort Point
Alcatraz Island
Inzet op kaart 6
3
MARINE DRIVE
GOLDEN GATE BRIDGE FREEWAY
BATTERY EAST ROAD
LONG AVENUE
BOULEVARD
HOFFMAN ST
2
4
5
6
Fisherman's Wharf en North Beach
Chinatown en Nob Hill
Financial District en Union Square
11
10
CRISSY FIELD
STOREY AVENUE
LINCOLN
HIGHWAY 1
3
PRESIDIO
4
PRESIDIO ARMY GOLF COURSE
MOUNTAIN LAKE
MOUNTAIN LAKE PARK
Baker Beach
LINCOLN BOULEVARD
WASHINGTON BOULEVARD
PERSHING DRIVE
5
RICHMOND
CALIFORNIA
CLEMENT
LAKE STREET
PARK PRESIDIO BLVD
ROCHAMBEAU PLGD
RICHMOND PLGD
DUPONT PLGD
8

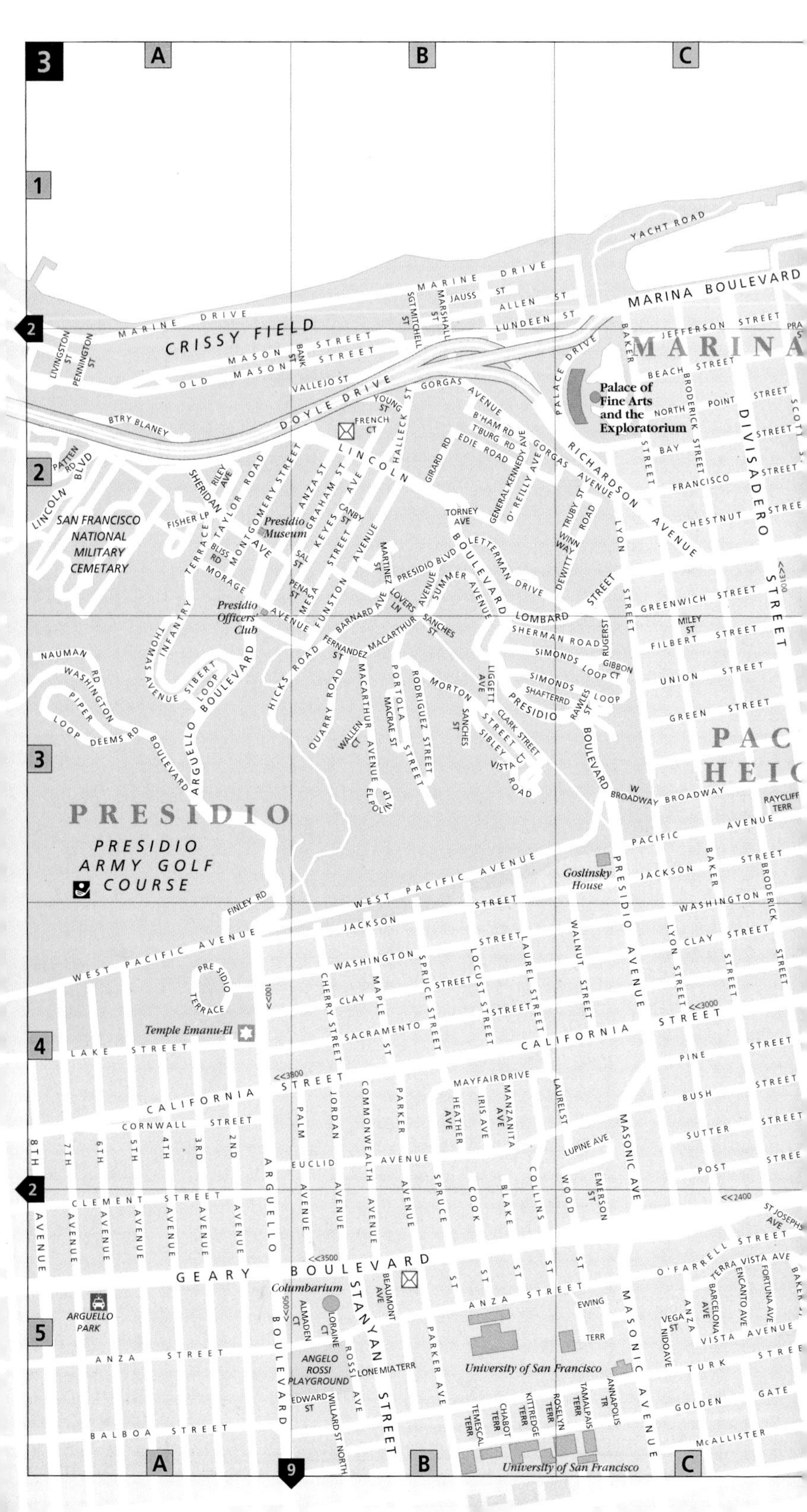
3
A
B
C
1
2
3
4
5
9
YACHT ROAD
MARINA BOULEVARD
MARINE DRIVE
CRISSY FIELD
MARINA
JEFFERSON STREET
Palace of Fine Arts and the Exploratorium
PALACE DRIVE
RICHARDSON AVENUE
DOYLE DRIVE
LINCOLN BLVD
SAN FRANCISCO NATIONAL MILITARY CEMETARY
Presidio Museum
Presidio Officers' Club
DIVISADERO
LOMBARD
PRESIDIO BOULEVARD
PRESIDIO
PRESIDIO ARMY GOLF COURSE
PAC HEI
W BROADWAY
BROADWAY
PACIFIC AVENUE
WEST PACIFIC AVENUE
Goslinsky House
PRESIDIO AVENUE
Temple Emanu-El
LAKE STREET
CALIFORNIA STREET
ARGUELLO BOULEVARD
GEARY BOULEVARD
Columbarium
ANGELO ROSSI PLAYGROUND
ARGUELLO PARK
STANYAN STREET
MASONIC AVENUE
University of San Francisco
ANZA STREET
BALBOA STREET
GOLDEN GATE
McALLISTER
TURK STREET
CLEMENT STREET
EUCLID AVENUE
MAYFAIR DRIVE
LUPINE AVE
O'FARRELL STREET

D
E
F
4
MUNICIPAL PIER
HYDE STREET PIER
USS Pampanito
PIER 47
PIER 45
Wave Organ
Herbst Pavilion
Ripley's Believe It Or Not Museum
1
Museo ItaloAmericano
Magic Theater
FORT MASON (GOLDEN GATE NATIONAL RECREATION AREA)
San Francisco National Maritime Museum
JEFFERSON ST
The Cannery
Museum of Craft and Folk Art
African-American Historical and Cultural Society
Ghirardelli Square
FISHERMAN'S WHARF
MARINA GREEN DRIVE
MARINA GREEN
MARINA BLVD
McARTHUR AVENUE
BAY STREET
5
RUSSIAN HILL PARK
San Francisco Art Institute
GEORGE R MOSCONE RECREATION CENTER
LOMBARD STREET
CHESTNUT STREET
GREENWICH STREET
FILBERT STREET
UNION STREET
GREEN STREET
VALLEJO STREET
BROADWAY
2
COW HOLLOW
Octagon House
ALLYNE PARK
RUSSIAN HILL
BROADWAY TUNNEL
VAN NESS AVENUE
Church of St Mary the Virgin
Vedanta Temple
Convent of the Sacred Heart
PACIFIC AVENUE
JACKSON STREET
WASHINGTON STREET
Haas-Lilienthal House
Spreckels Mansion
3
ALTA PLAZA
LAFAYETTE PARK
CLAY STREET
SACRAMENTO STREET
CALIFORNIA STREET
PINE STREET
BUSH STREET
SUTTER STREET
POST STREET
Trinity Episcopal Church
4
DIVISADERO
Japan Center
St Mary's Cathedral
GEARY BOULEVARD
GEARY STREET
SGT JOHN McAULEY PARK
Great American Music Hall
WESTERN ADDITION
ELLIS STREET
EDDY STREET
TURK STREET
GOLDEN GATE AVENUE
McALLISTER STREET
FULTON STREET
JEFFERSON SQ
HAYWARD PLGD
Asian Arts Museum
Veteran's Building
City Hall
SF New Main Library
5
War Memorial Opera House
CIVIC CENTER
Louise M Davies Symphony Hall
SF Arts Commission Gallery
Bill Graham Civic Auditorium
HAYES VALLEY
HAYES STREET
ALAMO SQUARE
10

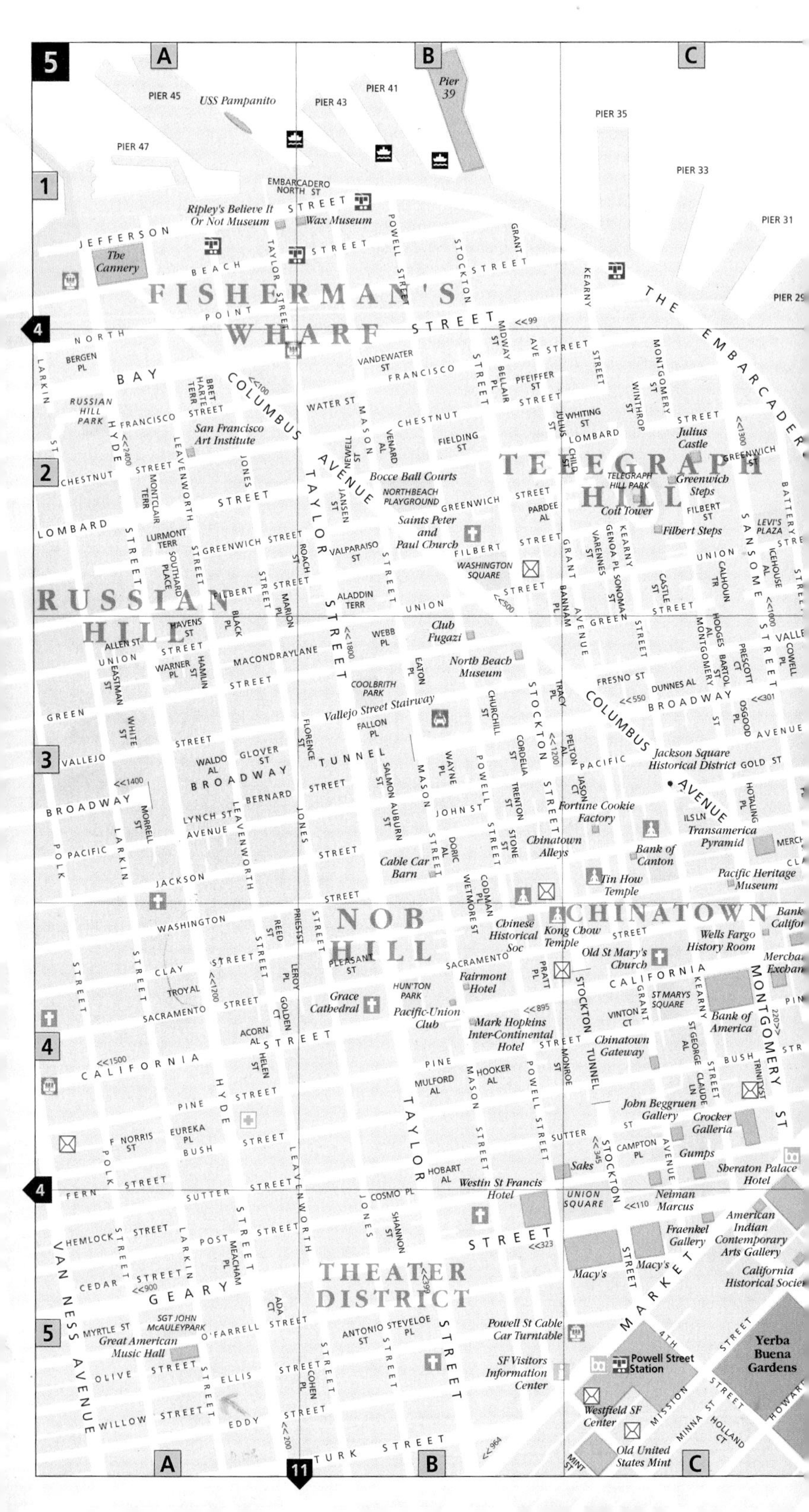

5
A
B
C
1
2
3
4
5
4
11
PIER 45
USS Pampanito
PIER 43
PIER 41
Pier 39
PIER 47
PIER 35
PIER 33
PIER 31
PIER 29
EMBARCADERO NORTH ST
Ripley's Believe It Or Not Museum
Wax Museum
JEFFERSON STREET
The Cannery
BEACH STREET
FISHERMAN'S WHARF
POINT
NORTH POINT STREET
BERGEN PL
BAY STREET
LARKIN
RUSSIAN HILL PARK
HYDE ST
FRANCISCO STREET
BRET HARTE TERR
COLUMBUS AVENUE
San Francisco Art Institute
VANDEWATER ST
WATER ST
CHESTNUT STREET
MASON ST
NEWELL ST
VENARD AL
FIELDING ST
POWELL STREET
STOCKTON STREET
GRANT AVE
KEARNY
MIDWAY ST
BELLAIR PL
PFEIFFER ST
WHITING ST
JULIUS ST
LOMBARD
WINTHROP ST
MONTGOMERY ST
THE EMBARCADERO
Julius Castle
GREENWICH ST
TELEGRAPH HILL
TELEGRAPH HILL PARK
Greenwich Steps
Coit Tower
FILBERT ST
Filbert Steps
Bocce Ball Courts
NORTHBEACH PLAYGROUND
Saints Peter and Paul Church
WASHINGTON SQUARE
MONTCLAIR TERR
LEAVENWORTH
JONES
TAYLOR STREET
JANSEN ST
LOMBARD STREET
LURMONT TERR
SOUTHARD PLACE
GREENWICH STREET
ROACH ST
VALPARAISO ST
CHILD ST
PARDEE AL
VARENNES ST
GENOA PL
SONOMA ST
KEARNY
SANSOME
LEVI'S PLAZA
BATTERY
ICEHOUSE AL
CALHOUN TR
UNION
CASTLE ST
RUSSIAN HILL
FILBERT STREET
MARION PL
ALADDIN TERR
HAVENS ST
BLACK PL
ALLEN ST
EASTMAN ST
WARNER PL
HAMLIN ST
MACONDRAY LANE
WEBB PL
Club Fugazi
North Beach Museum
EATON PL
BANNAM PL
GREEN
HODGES AL
MONTGOMERY
BARTOL ST
PRESCOTT CT
VALLEJO
COWELL PL
FRESNO ST
DUNNES AL
BROADWAY
COOLBRITH PARK
Vallejo Street Stairway
CHURCHILL ST
TRACY PL
FALLON PL
FLORENCE ST
WHITE ST
GREEN
VALLEJO
WALDO AL
GLOVER ST
BROADWAY
TUNNEL
MASON
SALMON
WAYNE PL
CORDELIA ST
PELTON AL
PACIFIC
Jackson Square Historical District
GOLD ST
OSGOOD PL
HOTALING PL
MORRELL ST
BERNARD
LYNCH ST
AVENUE
JOHN ST
TRENTON ST
JASON CT
Fortune Cookie Factory
ILS LN
Transamerica Pyramid
POLK
PACIFIC
AUBURN ST
DORIC AL
STONE ST
Chinatown Alleys
Bank of Canton
Cable Car Barn
Tin How Temple
Pacific Heritage Museum
JACKSON
WASHINGTON
CODMAN PL
WETMORE ST
NOB HILL
REED ST
PRIEST ST
Chinese Historical Soc
Kong Chow Temple
CHINATOWN
Old St Mary's Church
Wells Fargo History Room
CLAY
TROYAL
LEROY PL
PLEASANT ST
SACRAMENTO
PRATT PL
STOCKTON TUNNEL
CALIFORNIA
Fairmont Hotel
HUN'TON PARK
Grace Cathedral
Pacific-Union Club
GOLDEN CT
Mark Hopkins Inter-Continental Hotel
VINTON CT
ST MARYS SQUARE
Bank of America
ACORN AL
HELEN ST
Chinatown Gateway
ST GEORGE AL
CLAUDE LN
BUSH
TRINITY ST
PINE
MULFORD AL
HOOKER AL
MONROE ST
John Beggruen Gallery
Crocker Galleria
NORRIS ST
EUREKA PL
BUSH
SUTTER
CAMPTON PL
Gumps
HOBART AL
Saks
Sheraton Palace Hotel
Westin St Francis Hotel
FERN
SUTTER
COSMO PL
UNION SQUARE
Neiman Marcus
HEMLOCK
POST
MEACHAM PL
SHANNON ST
Fraenkel Gallery
American Indian Contemporary Arts Gallery
VAN NESS AVENUE
CEDAR
GEARY
THEATER DISTRICT
Macy's
California Historical Society
MARKET
MYRTLE ST
SGT JOHN McAULEY PARK
Great American Music Hall
O'FARRELL STREET
ADA CT
ANTONIO ST
STEVELOE PL
Powell St Cable Car Turntable
4TH STREET
Yerba Buena Gardens
OLIVE
ELLIS
COHEN PL
SF Visitors Information Center
Powell Street Station
WILLOW
EDDY
Westfield SF Center
MISSION
MINNA ST
HOLLAND CT
HOWARD
TURK STREET
Old United States Mint
MINT ST

D
E
F
6
1
2
3
4
5
11
Alcatraz Island
San Francisco Bay
PIER 27
PIER 23
PIER 19
PIER 17
PIER 15
PIER 9
Pier 7
PIER 5
PIER 3
PIER 1
PIER 2
World Trade Center
Ferry Building
THE EMBARCADERO
STEUART STREET
Rincon Center
Embarcadero Center
MARITIME PLAZA
EMBARCADERO PLAZA PARK
JUSTIN HERMAN PLAZA
Hyatt Regency Hotel
Embarcadero Station
Amtrak Terminal Ticket Office
Greyhound Bus Depot
Transbay Terminal
Folsom Station
Pacific Telephone Building
Museum of Modern Art
Brannan Station
SAN FRANCISCO OAKLAND BAY BRIDGE
PIER 24
PIER 26
PIER 28
PIER 30
PIER 32
PIER 34
PIER 36
PIER 38
JACKSON STREET
WASHINGTON STREET
DRUMM STREET
DAVIS STREET
FRONT STREET
SACRAMENTO
SPEAR STREET
MAIN STREET
BEALE STREET
FREMONT STREET
MISSION STREET
HOWARD STREET
FOLSOM STREET
HARRISON STREET
BRYANT STREET
BRANNAN STREET
1ST STREET
2ND STREET
MINNA
TEHAMA STREET
CLEMENTINA ST
MALDEN AL
GROTE PL
GUY PL
LANSING ST
ESSEX ST
HAWTHORNE STREET
DOW PL
HAMPTON PL
VERONICA PL
STILLMAN ST
DE BOOM ST
RINCON ST
ZENO PL
ELKHART ST
STEVENSON ST

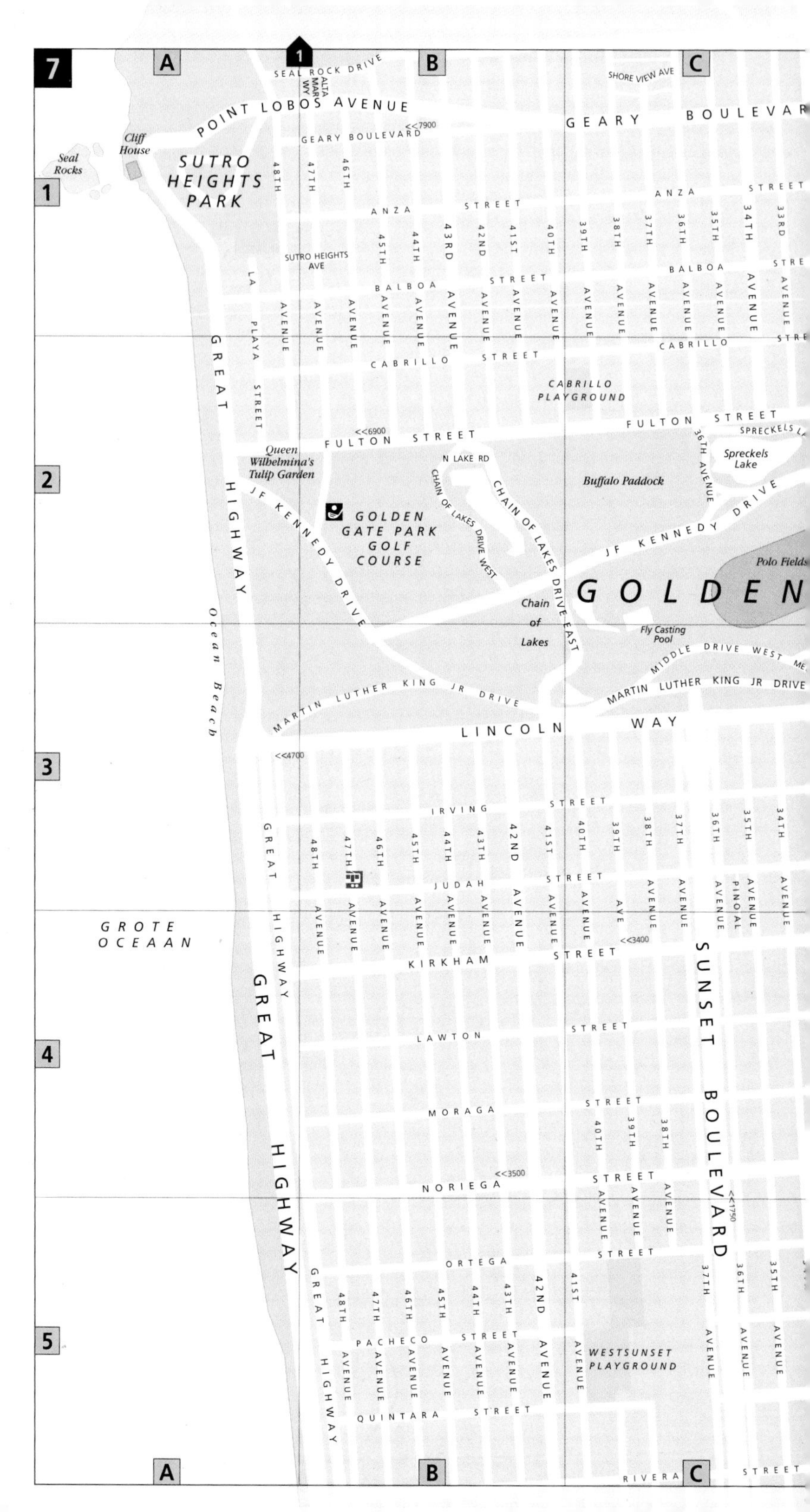
7
A
B
C
1
2
3
4
5
SEAL ROCK DRIVE
ALTA MAR WY
SHORE VIEW AVE
POINT LOBOS AVENUE
GEARY BOULEVARD
<<7900
Cliff House
Seal Rocks
SUTRO HEIGHTS PARK
48TH
47TH
46TH
45TH
44TH
43RD
42ND
41ST
40TH
39TH
38TH
37TH
36TH
35TH
34TH
33RD
ANZA STREET
SUTRO HEIGHTS AVE
BALBOA STREET
AVENUE
LA PLAYA STREET
CABRILLO STREET
CABRILLO PLAYGROUND
FULTON STREET
<<6900
SPRECKELS LAKE
Spreckels Lake
Queen Wilhelmina's Tulip Garden
N LAKE RD
CHAIN OF LAKES DRIVE WEST
CHAIN OF LAKES DRIVE EAST
Buffalo Paddock
36TH AVENUE
JF KENNEDY DRIVE
GOLDEN GATE PARK GOLF COURSE
Polo Fields
GOLDEN
Chain of Lakes
Fly Casting Pool
MIDDLE DRIVE WEST
MARTIN LUTHER KING JR DRIVE
GREAT HIGHWAY
Ocean Beach
LINCOLN WAY
<<4700
IRVING STREET
JUDAH STREET
PINOAL AVE
GROTE OCEAAN
KIRKHAM STREET
<<3400
SUNSET BOULEVARD
LAWTON STREET
MORAGA STREET
NORIEGA STREET
<<3500
<<1750
ORTEGA STREET
PACHECO STREET
WESTSUNSET PLAYGROUND
QUINTARA STREET
RIVERA STREET

D
E
F
8
2
Holy Virgin Cathedral
GEARY BOULEVARD
ARGONNE PLAYGROUND
RICHMOND
ANZA STREET
BALBOA STREET
CABRILLO STREET
PARK PRESIDIO BOULEVARD
25TH AVENUE
19TH AVENUE
FUNSTON AVENUE
FULTON PLAYGROUND
FULTON STREET
PARK PRESIDIO BY PASS
de Young Museum
Asian Art Museum
Japanese Tea Garden
TEA GARDEN DRIVE
California Academy of Sciences
CROSS OVER DRIVE
MARX MEADOW DR
Lloyd Lake
JF KENNEDY DRIVE
Stow Lake
STOW LAKE DRIVE
STRAWBERRY HILL
OVERLOOK DRIVE
TRANSVERSE DRIVE
MIDDLE DRIVE WEST
MARTIN LUTHER KING JR DRIVE
CONCOURSE DRIVE
Shakespeare Garden
GATE PARK
Strybing Arboretum
Elk Glen Lake
Metson Lake
Mallard Lakes
LINCOLN WAY
IRVING STREET
JUDAH STREET
KIRKHAM STREET
LAWTON STREET
LURLINE ST
LOMITA AVENUE
ALOHA AVE
SUNSET PLAYGROUND
MORAGA STREET
GRAND VIEW PARK
NORIEGA STREET
NORIEGA ST
SHELDON ST
MOUNT LANE
CASCADE WALK
SELMA WY
PACHECO STREET
ORTEGA STREET
AERIAL WAY
ORTEGA STREET
ANGLO AL
Sunset Reservoir
RADIO TERR
ROCKRIDGE DR
SUNSET HEIGHTS PARK
CRAGMONT AVE
FANNING WAY
QUINTARA STREET
QUINTARA ST
RIVERA STREET
CECILIA AVE
FOREST HILL
CASTENDA AVE
1
3
4
5
9

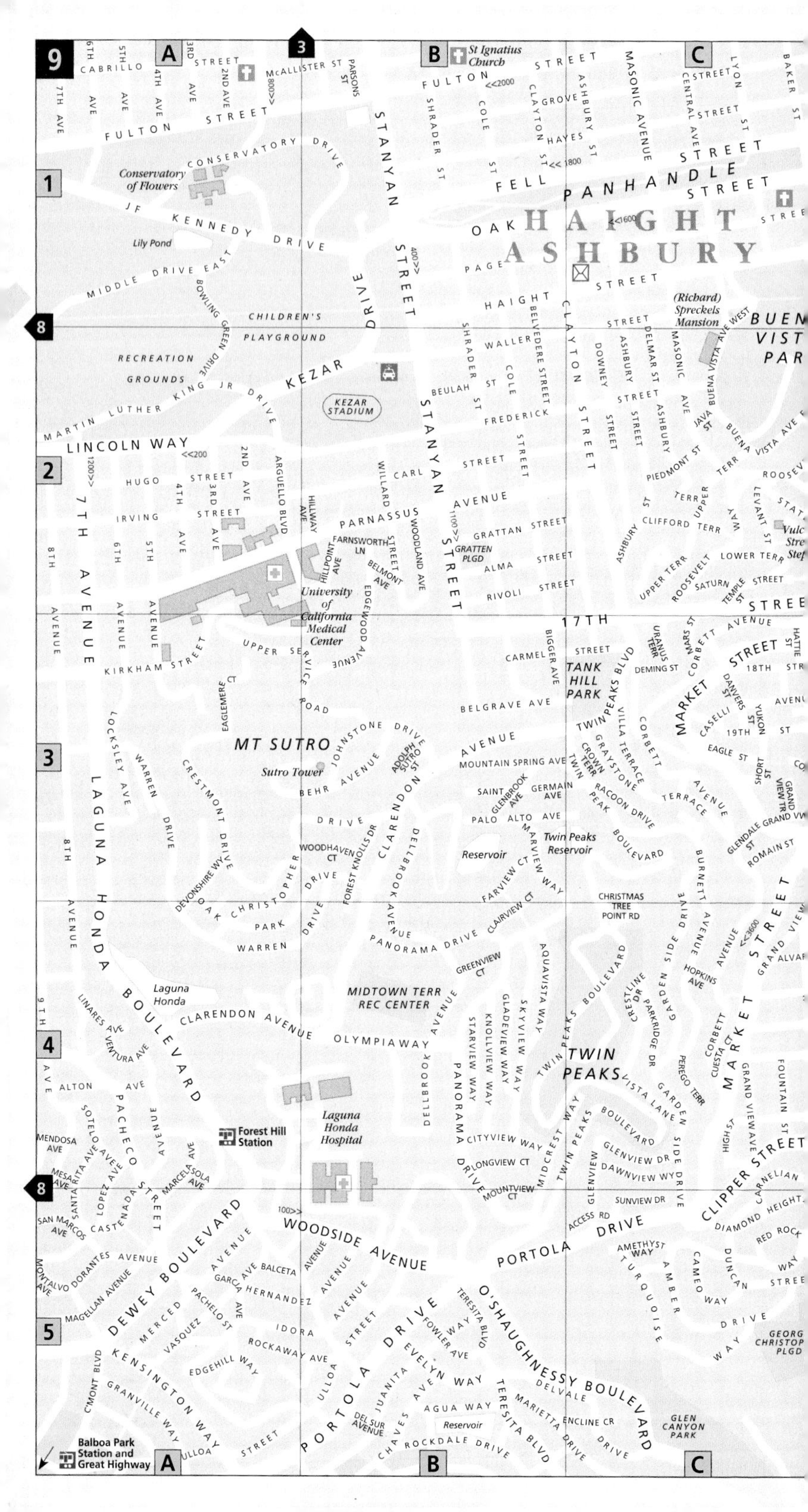
9
A
B
C
1
2
3
4
5
8
3
HAIGHT ASHBURY
St Ignatius Church
Conservatory of Flowers
Lily Pond
CHILDREN'S PLAYGROUND
RECREATION GROUNDS
KEZAR STADIUM
(Richard) Spreckels Mansion
BUENA VISTA PARK
University of California Medical Center
GRATTEN PLGD
TANK HILL PARK
MT SUTRO
Sutro Tower
Reservoir
Twin Peaks Reservoir
TWIN PEAKS
CHRISTMAS TREE POINT RD
MIDTOWN TERR REC CENTER
Laguna Honda
Laguna Honda Hospital
Forest Hill Station
GLEN CANYON PARK
GEORGE CHRISTOPHER PLGD
Balboa Park Station and Great Highway
FULTON STREET
CABRILLO STREET
McALLISTER ST
PARSONS ST
GROVE STREET
HAYES ST
FELL STREET
OAK STREET
PAGE STREET
HAIGHT STREET
WALLER STREET
BEULAH ST
FREDERICK STREET
CARL STREET
PARNASSUS AVENUE
GRATTAN STREET
ALMA STREET
RIVOLI STREET
17TH STREET
PANHANDLE
MASONIC AVENUE
CENTRAL AVE
LYON ST
BAKER ST
SHRADER ST
COLE ST
CLAYTON ST
ASHBURY ST
STANYAN STREET
BELVEDERE STREET
DOWNEY STREET
DELMAR ST
BUENA VISTA AVE WEST
BUENA VISTA AVE E
JAVA ST
PIEDMONT ST
UPPER TERR
CLIFFORD TERR
LOWER TERR
ROOSEVELT
SATURN ST
TEMPLE ST
LEVANT ST
Vulcan Street Steps
CONSERVATORY DRIVE
JF KENNEDY DRIVE
MIDDLE DRIVE EAST
BOWLING GREEN DRIVE
MARTIN LUTHER KING JR DRIVE
KEZAR DRIVE
LINCOLN WAY
HUGO STREET
IRVING STREET
KIRKHAM STREET
7TH AVENUE
8TH AVENUE
6TH AVE
5TH AVE
4TH AVE
3RD AVE
2ND AVE
ARGUELLO BLVD
HILLWAY AVE
WILLARD ST
FARNSWORTH LN
HILLPOINT AVE
BELMONT AVE
WOODLAND AVE
EDGEWOOD AVENUE
UPPER SERVICE ROAD
EAGLEMERE CT
LOCKSLEY AVE
WARREN DRIVE
CRESTMONT DRIVE
JOHNSTONE DRIVE
ADOLPH SUTRO ST
BEHR AVENUE
CLARENDON AVENUE
DELLBROOK AVENUE
FOREST KNOLLS DR
WOODHAVEN CT
CHRISTOPHER DRIVE
DEVONSHIRE WY
OAK PARK DRIVE
PANORAMA DRIVE
CARMEL
BIGGER AVE
BELGRAVE AVE
MOUNTAIN SPRING AVE
SAINT GERMAIN AVE
GLENBROOK AVE
PALO ALTO AVE
MARVIEW WAY
FARVIEW CT
CLAIRVIEW CT
TWIN PEAKS BLVD
VILLA TERRACE
GRAYSTONE TERRACE
CROWN TERR
RACOON DRIVE
CORBETT AVENUE
URANUS TERR
DEMING ST
MARS ST
MARKET STREET
18TH ST
19TH ST
CASELLI AVENUE
DANVERS ST
YUKON ST
EAGLE ST
SHORT ST
GRAND VIEW TR
GRAND VIEW AVE
GLENDALE ST
ROMAIN ST
BURNETT AVENUE
HOPKINS AVE
GARDENSIDE DRIVE
CRESTLINE DR
PARKRIDGE DR
PEREGO TERR
CORBETT CT
CUESTA CT
HIGH ST
FOUNTAIN ST
AQUAVISTA WAY
GREENVIEW CT
GLADEVIEW WAY
SKYVIEW WAY
KNOLLVIEW WAY
STARVIEW WAY
VISTA LANE
CITYVIEW WAY
LONGVIEW CT
MOUNTVIEW CT
MIDCREST WAY
GLENVIEW DR
DAWNVIEW WY
SUNVIEW DR
ACCESS RD
CLIPPER STREET
DIAMOND HEIGHTS
CARNELIAN
RED ROCK WAY
PORTOLA DRIVE
AMETHYST WAY
TURQUOISE
AMBER
CAMEO WAY
DUNCAN STREET
OLYMPIA WAY
LAGUNA HONDA BOULEVARD
LINARES AVE
VENTURA AVE
ALTON AVE
PACHECO STREET
9TH AVE
MENDOSA AVE
SOTELO AVE
SANTA RITA AVE
MESA AVE
LOPEZ AVE
CASTENADA AVE
MARCELA AVE
SOLA AVE
SAN MARCOS AVE
DORANTES AVENUE
MONTALVO AVE
MAGELLAN AVENUE
DEWEY BOULEVARD
GARCIA AVE
BALCETA AVE
HERNANDEZ AVE
PACHELO ST
MERCED
VASQUEZ
IDORA AVENUE
ROCKAWAY AVE
EDGEHILL WAY
KENSINGTON WAY
GRANVILLE WAY
C'MONT BLVD
ULLOA STREET
WOODSIDE AVENUE
O'SHAUGHNESSY BOULEVARD
TERESITA BLVD
FOWLER AVE
EVELYN WAY
JUANITA WAY
CHAVES AVE
AGUA WAY
DEL SUR AVENUE
ROCKDALE DRIVE
MARIETTA DRIVE
DELVALE DRIVE
INCLINE CR
<<2000
<<1800
<<1600
<<200
400>>
800>>
1100>>
1200>>
100>>
<<3600

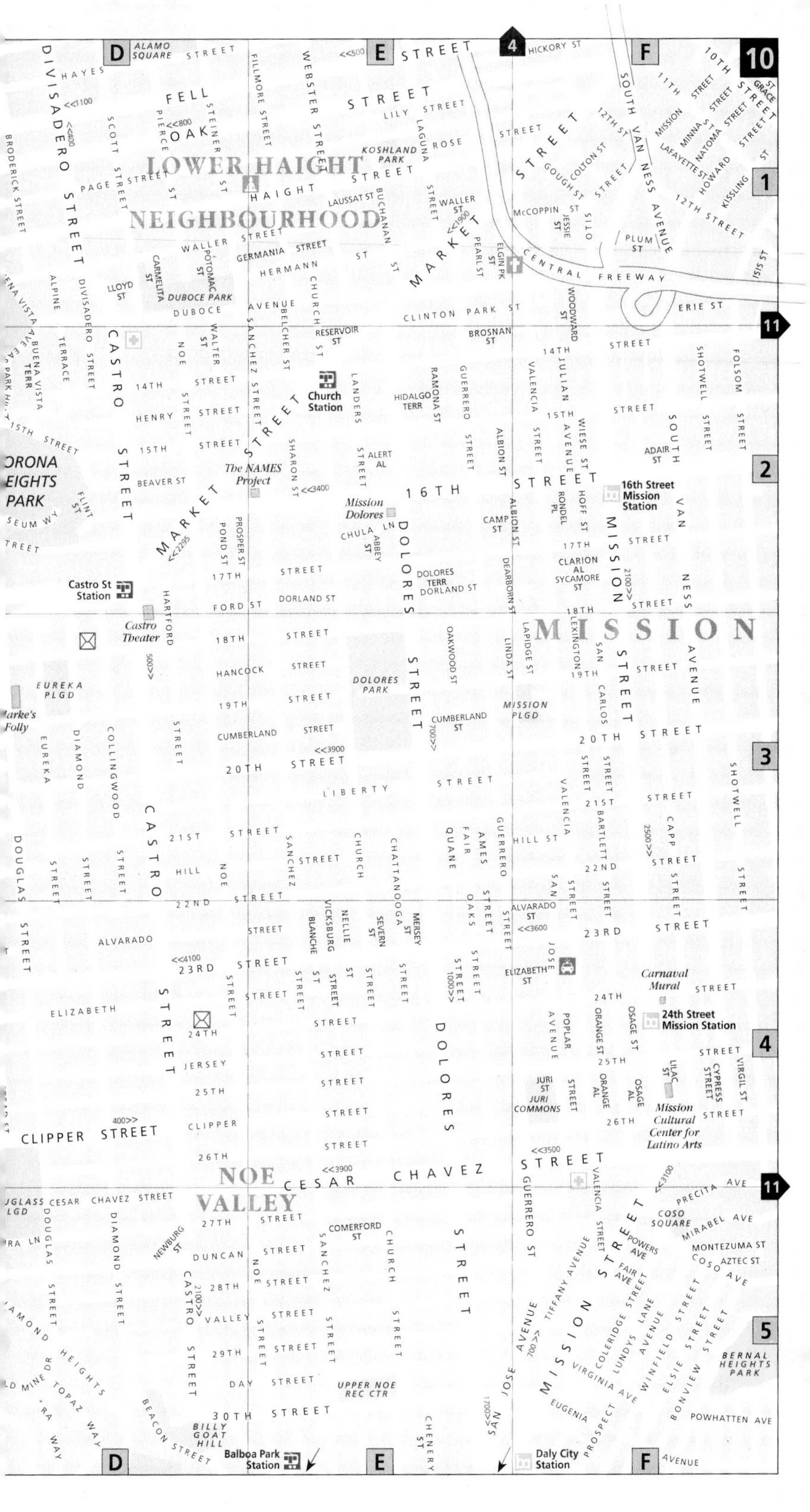
10
D
E
F
4
11
1
2
3
4
5
LOWER HAIGHT NEIGHBOURHOOD
MISSION
NOE VALLEY
ALAMO SQUARE
HAYES STREET
FELL STREET
OAK
LILY STREET
KOSHLAND PARK
ROSE
PAGE STREET
HAIGHT STREET
LAUSSAT ST
WALLER ST
WALLER STREET
GERMANIA STREET
HERMANN ST
MARKET
DUBOCE PARK
DUBOCE AVENUE
HICKORY ST
CENTRAL FREEWAY
McCOPPIN ST
PLUM ST
ERIE ST
10TH STREET
11TH STREET
12TH ST
12TH STREET
SOUTH VAN NESS AVENUE
MISSION STREET
MINNA ST
NATOMA STREET
LAFAYETTE ST
HOWARD
KISSLING ST
ISIS ST
GRACE ST
COLTON ST
GOUGH ST
JESSIE ST
OTIS
ELGIN PK
PEARL ST
CLINTON PARK ST
BROSNAN ST
RESERVOIR ST
DIVISADERO STREET
BRODERICK STREET
SCOTT STREET
PIERCE ST
STEINER ST
FILLMORE STREET
WEBSTER STREET
LAGUNA
BUCHANAN ST
CHURCH ST
LLOYD ST
CARMELITA ST
POTOMAC ST
ALPINE
BUENA VISTA TERR
BUENA VISTA AVE EAST
CASTRO STREET
14TH STREET
HENRY STREET
15TH STREET
BEAVER ST
CORONA HEIGHTS PARK
FLINT ST
MUSEUM WY
WALTER ST
NOE ST
SANCHEZ STREET
BELCHER ST
Church Station
LANDERS
HIDALGO TERR
RAMONA ST
GUERRERO STREET
ALBION ST
VALENCIA STREET
JULIAN AVENUE
WIESE ST
WOODWARD ST
SHOTWELL STREET
FOLSOM STREET
ADAIR ST
16th Street Mission Station
The NAMES Project
SHARON ST
ALERT AL
16TH STREET
Mission Dolores
CHULA LN
ABBEY ST
DOLORES STREET
CAMP ST
RONDEL PL
HOFF ST
17TH
CLARION AL
SYCAMORE ST
MARKET STREET
POND ST
PROSPER ST
17TH STREET
DOLORES TERR
DORLAND ST
DEARBORN ST
Castro St Station
FORD ST
HARTFORD
Castro Theater
18TH STREET
LEXINGTON
LAPIDGE ST
LINDA ST
OAKWOOD ST
EUREKA PLGD
Clarke's Folly
HANCOCK STREET
19TH STREET
DOLORES PARK
MISSION PLGD
SAN CARLOS
CUMBERLAND STREET
CUMBERLAND ST
20TH STREET
EUREKA
DIAMOND
COLLINGWOOD
LIBERTY
21ST STREET
BARTLETT STREET
CAPP STREET
HILL ST
HILL
QUANE
FAIR OAKS
AMES
CHATTANOOGA
22ND STREET
DOUGLASS STREET
ALVARADO ST
ALVARADO
VICKSBURG ST
BLANCHE ST
NELLIE ST
SEVERN ST
MERSEY ST
23RD STREET
ELIZABETH ST
ELIZABETH
SAN JOSE AVENUE
Carnaval Mural
24TH STREET
24th Street Mission Station
POPLAR
ORANGE ST
OSAGE ST
25TH STREET
JERSEY
JURI ST
JURI COMMONS
ORANGE AL
OSAGE AL
LILAC ST
CYPRESS STREET
VIRGIL ST
Mission Cultural Center for Latino Arts
26TH STREET
CLIPPER STREET
CESAR CHAVEZ STREET
PRECITA AVE
DOUGLASS PLGD
27TH STREET
NEWBURG ST
COMERFORD ST
COSO SQUARE
MIRABEL AVE
POWERS AVE
FAIR AVE
MONTEZUMA ST
AZTEC ST
COSO AVE
DUNCAN STREET
28TH STREET
VALLEY STREET
TIFFANY AVENUE
COLERIDGE STREET
LUNDYS LANE
WINFIELD STREET
ELSIE STREET
BONVIEW STREET
BERNAL HEIGHTS PARK
29TH STREET
DIAMOND HEIGHTS
GOLD MINE DR
TOPAZ WAY
DAY STREET
UPPER NOE REC CTR
VIRGINIA AVE
EUGENIA
PROSPECT
30TH STREET
BEACON STREET
BILLY GOAT HILL
CHENERY ST
Balboa Park Station
Daly City Station
POWHATTEN AVE
AVENUE

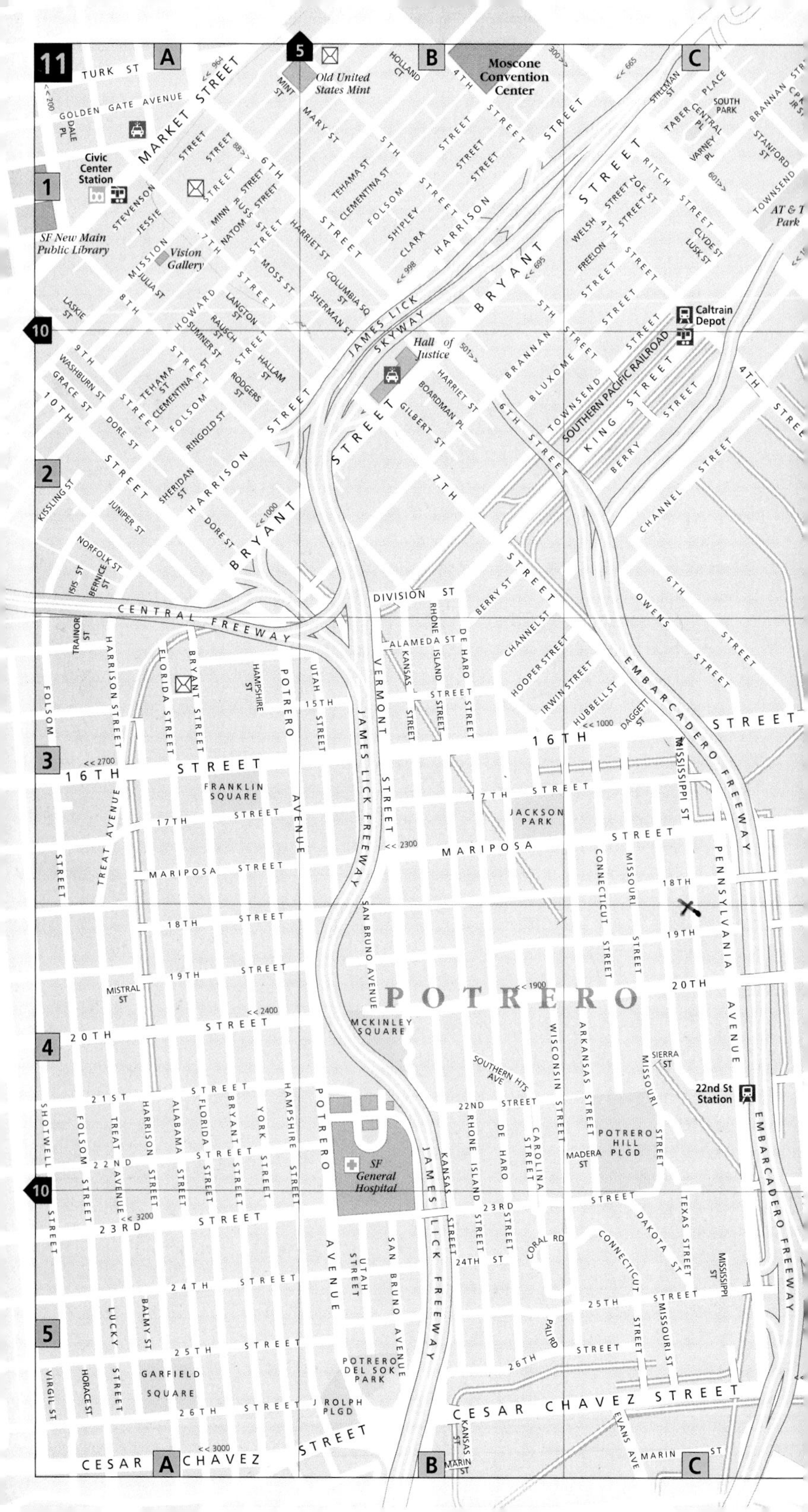

11
A
B
C
5
1
2
3
4
5
10
Moscone Convention Center
Old United States Mint
Civic Center Station
SF New Main Public Library
Vision Gallery
Hall of Justice
Caltrain Depot
AT & T Park
SOUTH PARK
22nd St Station
SF General Hospital
FRANKLIN SQUARE
JACKSON PARK
MCKINLEY SQUARE
POTRERO HILL PLGD
POTRERO DEL SOK PARK
J ROLPH PLGD
GARFIELD SQUARE
POTRERO
TURK ST
GOLDEN GATE AVENUE
MARKET STREET
MISSION STREET
HOWARD STREET
FOLSOM STREET
HARRISON STREET
BRYANT STREET
BRANNAN STREET
TOWNSEND STREET
KING STREET
BERRY
CHANNEL STREET
JAMES LICK SKYWAY
JAMES LICK FREEWAY
CENTRAL FREEWAY
EMBARCADERO FREEWAY
SOUTHERN PACIFIC RAILROAD
DIVISION ST
16TH STREET
17TH STREET
MARIPOSA STREET
18TH STREET
19TH STREET
20TH STREET
21ST STREET
22ND STREET
23RD STREET
24TH STREET
25TH STREET
26TH STREET
CESAR CHAVEZ STREET
POTRERO AVENUE
VERMONT STREET
SAN BRUNO AVENUE
PENNSYLVANIA AVENUE
MISSISSIPPI ST
MISSOURI STREET
CONNECTICUT STREET
ARKANSAS STREET
WISCONSIN STREET
CAROLINA STREET
DE HARO STREET
RHONE ISLAND STREET
KANSAS STREET
TEXAS STREET
DAKOTA ST
EVANS AVE
MARIN ST
TREAT AVENUE
SHOTWELL STREET
HAMPSHIRE STREET
YORK STREET
FLORIDA STREET
ALABAMA STREET
UTAH STREET
OWENS STREET

Stratengids

D

E

I

J

K

L

M

Y

Z

Register

A

B

D

E

H

N

O

T

X

Y

Z

Dankbetuiging

De uitgever bedankt alle mensen die hebben bijgedragen aan de totstandkoming van dit boek.

Auteurs

Jamie Jensen groeide op in Los Angeles en kwam naar San Francisco om architectuur te studeren aan de University of California te Berkeley, waar hij nog steeds woont. Onder zijn overige werken zijn *Built to Last*, een geautoriseerde biografie van de Grateful Dead, en talloze reisgidsen, zoals de *Rough Guide to California*. Zijn laatste boek heet *Road Trip: USA* en is een praktische gids over de 'oude wegen' van Amerika.

Barry Parr is geboren en getogen in de San Francisco Bay Area en studeerde Engelse letterkunde aan de University of California te Berkeley, en aan Cambridge University in Groot-Brittannië. Hij schreef en redigeerde verschillende reisgidsen en verleende zijn medewerking aan talloze tijdschriften.

Aanvullende fotografie

John Heseltine, Trevor Hill, Andrew McKinney, Ian O'Leary, Robert Vente.

Aanvullende illustraties

James A. Allington, Annabelle Brend, Craig Draper, Steve Gyapay, Kevin Jones Associates, Simon Roulston, Sue Sharples, Paul Williams, Ann Winterbotham.

Vormgeving en redactieassistentie

Pardoe Blacker Publishing Limited
Alan Ross, Simon Blacker, Cindy Edler
Dorling Kindersley Limited
Douglas Amrine, Carolyn Ryden, Stephen Knowlden, Mary Ann Lynch, Simon Farbrother, David Pugh, Hilary Stephens
KAARTEN Lovell Johns Ltd., Oxford UK
Stratengidskaarten gebaseerd op digitale gegevens, aangepast met toestemming van de oorspronkelijke landmeting door ETAK INC 1984–1994.

Michael Blacker, Dawn Brend, Laaren Brown, Maxine Cass, Aaron Chamberlin, Kelly Chamberlin, Peter Cieply, Sherry Collins, Melissa Corrigan, Jo Gardner, Emily Green, Fay Franklin, Sally Hibbard, Paul Hines, Katie Hogg, Rose Hudson, Heather Jones, Esther Labi, Joanne Miller, Karen Misuraca, Adam Moore, Mary Ormandy, Mani Ramaswamy, Steve Rowling, Mary Sutherland, Ros Walford.

Cartografie

Jennifer Skelley, Jane Hugill, Phil Rose, Rachel Hawtin.

Register

Indexing Specialists, 202 Church Road, Hove, East Sussex, UK.

Bijzondere medewerking

Marcia Eymann en Abby Wasserman van het Oakland Museum of California, Stacia Fink van de Foundation for San Francisco's Architectural Heritage, Richard Fishman, Debbie Freedon van het Legion of Honor, Michael Lampen van Grace Cathedral, Dan Mohn, hoofdingenieur van de Golden Gate Bridge, Dr. John R. Nudds van het Manchester University Museum, Richard Ogar van de Bancroft Library, Peppers, Riggio Café, Royal Thai Restaurant, Scott Sack van de Golden Gate National Recreation Area, Sandra Farish Sloan en Jennifer Small van het San Francisco Museum of Modern Art, Stella Pastry and Cafe, Stephen Marcos Landscapes, Dawn Stranne van het San Francisco Convention and Visitors Bureau, The Little Cafe, Carl Wilmington.

Onderzoekassistentie

Christine Bartholomew, Jennifer Bermon, Cathy Elliott, Kirsten Whatley, Jon Williams, Michael Wrenn.

Toestemming voor fotografie

De uitgever bedankt de volgende instellingen voor de toestemming om bij hen te fotograferen:
Asian Art Museum, Cable Car Barn Museum, California Academy of Sciences, Cha Cha Cha, Chinese Historical Society, City Hall, Coit Tower, Columbarium, Crocker Galleria, Ernie's, The Exploratorium, Fort Mason Center, Fortune Cookie Factory, Foundation for San Francisco's Architectural Heritage (Haas-Lilienthal House), Golden Gate National Recreation Area (Alcatraz), Gump's, Hyatt Regency Hotel, Kong Chow Temple, Kuleto's, MH de Young Memorial Museum, Mission Dolores, Nordstrom, The Oakland Museum of California, Presidio Museum, Rincon Annexe, Saints Peter and Paul Church, San Francisco History Room, San Francisco Main Library, San Francisco National Historical Park, Sheraton Palace Hotel, Sherman House, St. Mary's Cathedral, Temple Emanu-El, Tosca, USS *Pampanito*, Veteran's Building, Wells Fargo History Room.

Fotoverantwoording

b = boven; bm = boven midden; br = boven rechts; mlb = midden links boven; mb = midden boven; mrb = midden rechts boven; ml = midden links; m = midden; mr = midden rechts; mlo = midden links onder; mo = midden onder; mro = midden rechts onder; ol = onder links; om = onder midden; or = onder rechts.

Kunstwerken zijn weergegeven met toestemming van de volgende rechthebbenden: © ADAGP, Parijs en DACS, Londen 2006: 108bl, 118 bl; © ARS, NY en DACS, Londen 2006: 38 om; met toestemming van DARA BIRNBAUM: 118ol; DACS, Londen/VAGA, 2006: 188mlo; *New York Five Sacred Colors of Corn* © SUSAN KELK CERVANTES 1996. Alle rechten voorbehouden: 140bl; *Creativity*

Explored © CREATIVITY EXPLORED 1993. Alle rechten voorbehouden: 141b; © SUCCESSION PICASSO/DACS, Londen 2006: 120b; © MAN RAY TRUST/ADAGP, Parijs en DACS, Londen 2006: 119mrb; © KATE ROTHKO PRIZEL & CHRISTOPHER ROTHKO ARS, NY en DACS Londen 2006 118m; *Carnival* © DAVID GALVEZ 1983. Alle rechten voorbehouden: 138o; met toestemming van JEFF KOONS: 121b; met toestemming van het ESTATE OF PHILIP GUSTON: 37mro; *8 Immortals (Bok-Sen) & 3 Wisdoms* © JOSIE GRANT 1979.
Alle rechten voorbehouden: 141or; met toestemming van CHARLES O. PERRY (Montana), beeldhouwer: 104 (*Eclipse*, 1973, geanodiseerd aluminium); *Untitled* © MICHAEL RIOS 1978. Alle rechten voorbehouden: 140br; met toestemming van WENDY ROSS, Ross Studio: 173o.

De uitgever bedankt de volgende musea, bedrijven en afbeeldingsarchieven voor de toestemming om gebruik te maken van hun foto's:

ALAMY IMAGES: Douglas Peebles Photography, 207m; Robert Harding Picture Library Ltd. 207bl; Roberto Soncin Gerometta 206mlb; ALLSPORT: Otto Greule, 50ml; Tony Duffy, 33or; APPLE COMPUTER, INC: 33om; ARCHIVE PHOTOS: 32mo, 102ol; ARMSTRONG REDWOODS STATE RESERVE: 182m; J. ALLAN CASH LIMITED: 178/179; ROGER ALLEN LEE: 186m; THE ARTS AND CRAFTS MUSEUM, FORT MASON: 38b; BANCROFT LIBRARY, UNIVERSITY OF CALIFORNIA, BERKELEY: 22or, 22mlb, 22/23m, 23or, 23mlb, 24or, 24mlo, 27mro, 60ol, 146m; MORTON BEEBE: 11or, 179br; BERKELEY CONVENTION AND VISITORS BUREAU: 162b; BRIDGEMAN ART LIBRARY: *De denker (Le Penseur)*, van Auguste Rodin (1840–1917), Musée Rodin, Parijs/Bridgeman Art Library, Londen, 156br; MARILYN BLAISDELL COLLECTION: 27mr.

CALIFORNIA ACADEMY OF SCIENCES: 150om, 151ol, 151mrb, 151bm; Caroline Kopp 145m; Dong Lin 36or, 150br; Susan Middleton 35bl; CALIFORNIA HISTORICAL SOCIETY, SAN FRANCISCO: 27o, 28mlb, 29mro, 46m, 146o; CAMERA PRESS: Gary Freedman 33bl; CAROLYN CASSADY: 33bl, 88o; CENTER FOR THE ARTS GALLERIES: 37or; Ken Friedman, 114b; CENTER OF THE ARTS THEATER/MARGARET JENKINS DANCE COMPANY: 115bl; CEPHAS PICTURE LIBRARY: Mick Rock, 191ol, 193or; COLORIFIC!: Black Star/Alan Copeland, 32br; Chuck Nacke, 49o; CORBIS: Morton Beebe 42or, 148–149, 179o; Bettman 42ol, 43o, 198br; Jan Butchofsky-Houser 127o, 178b; Richard Cummins 10mlb, 178o; Kevin Fleming 10o; Gerald French 199b; Lowell Georgia 10b, 125mr; Robert Holmes 38o, 89bm, 192o, 193b, 244or, 261mrb; Catherine Karnow 181b; Craig Lovell 45or; Charles O'Rear 192ml, 193ml; Reuters Newmedia Inc 259o; Tony Roberts 154–155; Royalty Free 180b; San Francisco Chronicle/Deanne Fitzmaurice 43b; Phil Schermeister 11b; Michael T Sedam 75or; CULVER PICTURES, INC: 31bl.

DE YOUNG MUSEUM: Mark Darley 143b; BERNARD DIAMOND: 60or; EMBARCADERO CENTER: 108br; DONNA EWALD/PETER CLUTE/ VIC REYNA/ED ROGERS: 72or; EXPLORATORIUM: 36br, 61o, 61mr, 61bl; FAIRMONT HOTEL: 207b; FORT ROSS STATE HISTORIC PARK: Daniel F. Murley, 188b; THE FINE ARTS MUSEUMS OF SAN FRANCISCO: *Zeilboten op de Seine*, ca. 1874, door Claude Monet, schenking van Bruno en Sadie Adrian, 36mlb; *De preek van Johannes de Doper*, door Matti Preti, 38ml; ladenkast, schenking van dhr. en mevr. Robert A. Magowan, 144br; *St.-Wenceslaus*, naar een voorbeeld van Johann Gottlieb Kirchner (geb. 1706), hard porselein, aangekocht met geld uit het Roscoe and Margaret Oakes Income Fund, 156o; *Waterlelies*, ca. 1914–1917, door Claude Monet, olie op canvas, Mildred Anna Williams Collection, 156m; *Camille Claudel*, ca. 1880–1890, door Auguste Rodin, gips, 154bl; *Oude vrouw*, ca. 1618, door Georges de la Tour, Roscoe and Margaret Oakes Collection, 157mlb; *De impresario (Pierre Ducarre)*, ca. 1877, door Edgar Degas, olieverf op karton, 157mlo; THE FLIGHT COLLECTION: 288b.

STEVEN GERLICK: 105ol; GETTY IMAGES: News/Justin Sullivan 42mr; Stone 2/3, 48o, Roy Giles 78m; Taxi 11or; GOLDEN GATE BRIDGE HIGHWAY AND TRANSPORTATION DISTRICT: 64 alle foto's, 65 alle foto's, 66ol, 66bl, 66/67bm, 67br; GOLDEN GATE NATIONAL RECREATION AREA: Don Denevi Collection: 86mlo, 86bl, 87ol, 87or, 87mro, 87br; Fischetti Collection, 84ol; STEPHEN D. GROSS, G-WIZ G&P: 188o. © THE HENRY MOORE FOUNDATION: 123b; ROBERT HOLMES PHOTOGRAPHY: Markham Johnson 37ol, 49mr; INE TOURS: 247mr; MARK HOPKINS INTER-CONTINENTAL HOTEL 102b; THE IMAGE WORKS: Lisa Law, 129m; KELLEY/ MOONEY PHOTOGRAPHY: 209ol; COURTESY OF LANDMARK THEATRES: 260or; LAWRENCE HALL OF SCIENCE, UNIVERSITY OF CALIFORNIA: Peg Skorpinskin, 162o; COURTESY LEVI STRAUSS & CO., SAN FRANCISCO: 135m, 135b; NEIL LUKAS: 200or, 200ml.

ANDREW MCKINNEY PHOTOGRAPHY: 72ol, 109m; ALAIN MCLAUGHLAN 289m, 289o; MAGNES MUSEUM PERMANENT COLLECTIONS: 19de-eeuws gewaad van blauw fluweel en goudbrokaat, 163b; MAGNUM PHOTOS: Michael K. Nichols, 33mro; MARK HOPKINS INTER-CONTINENTAL HOTEL: 206ol; MUSEO ITALOAMERICANO: *Muto*, 1985, door Mimmo Paladino, aquatint, schenking van Pasquale

Iannetti, Museo ItaloAmericano, 39bl; *Meta III*, 1985, door Italo Scanga, olieverf en lak op hout, Museo ItaloAmericano, schenking van Alan Shepp, 75ol; Museum of the City of San Francisco: Richard Hansen, 19or, 21b, 28mlo, 28/29m, 29mlo, 29b; Names Project *AIDS Memorial Quilt*: Mark Theissen, 136o; Napa Valley Visitors Bureau: 190o, 190bl; Peter Newark's American Pictures: 6b, 9 (inzet), 23ol, 25ol, 25or, 25mrb, 25mro, 25bl, 26o, 26bl, 86ol, 105mro, 205 (inzet), 277 (inzet); N.H.P.A.: David Middleton 194ol; John Shaw 203mr; Bob von Normann: 189b.

Oakland Convention Bureau: 165b. Courtesy The Oakland Museum History Department: 19ol, 22bl, 23mrb, 24mlo, 25mrb, 26mlb, 27br, 29mrb, 30m, 31mr, 32bm, 166ol, 166bl, 166br, 167bl; Oakland Museum of California: Phyllis Diebenkorn, Trustee, Ocean Park nr. 107, 1978, Richard Diebenkorn 166ml; Pacific Union Railroad Company: 27bl; Pictorial Press Limited: J. Cummings/SF, 32mrb, 129o, 134m, 260br; www.photographersdirect.com: Justin Bailie 198bl, 199or; Ann Purcell Travel Journalism, 198o; Nancy Warner 180o, 181o; Picture-point: 87bl; Presidio of San Francisco: NPS-personeel 59bl.

Rex Features: B. Ward, 33br; San Francisco Arts Commission Gallery: 126b; San Francisco Blues Festival: 259b; San Francisco Cable Car Museum: 26or, 105bl; San Francisco Convention and Visitors Bureau: 40o, 48ol, 48m, 49m, 50mr, 51m, 104m, 161o, 258b; San Francisco Examiner: 48or; San Francisco Museum of Modern Art: *Back View*, 1977, door Philip Guston, olieverf op canvas, schenking van de kunstenaar, 37mro; *Orange Sweater*, 1955, door Elmer Bischoff, olieverf op canvas, schenking van dhr. en mevr. Mark Schorer, 115m; *Les Valeurs Personnelles*, 1952, door Rene Magritte, aangekocht met een schenking van Phyllis Wattis 118br; *No 14*, 1960, door Mark Rothko, 118m; *Zip-Light*, 1990, door Sigmar Willnauer, leer, polyester, rits, San Francisco Museum of Modern Art, 118bl; *The Nest*, 1944, door Louise Bourgeois, staal, 118ol; *Country Dog Gentlemen*, 1972, door Roy De Forest, polymeer op doek, schenking van de Hamilton-Wells Collection, 119or; *Koret Visitor Education Center*, foto © Richard Barnes 119mro; *Lesende (Lezende)* (1994) © Gerhard Richter 119mr; door R for Richter; *Melodious Double Stops*, 1980, door Richard Shaw, porselein met decalcomanie, aangekocht met geld van het National Endowment for the Arts en Frank O. Hamilton, Byron Meyer en mevr. Peter Schlesinger, 119bl; *'92 Chaise*, 1985–1992, door Holt, Hinshaw, Pfau, Jones Architecture, staal, plastic, rubber en ponyhuid, Accessions Committee Fund, 120o; *Les Femmes D'Alger (Vrouwen van Algiers)*, 1955, door Pablo Picasso, olieverf op doek, Albert M. Bender Collection, schenking van Albert M. Bender ter nagedachtenis aan Caroline Walter, 120b; *Cave, Tsankawee, New Mexico*, 1988, door Linda Connor, afdruk op gelatinepapier, gedeeltelijk geschonken door Thomas en Shirley Ross Davis, 121o; *Graphite To Taste*, 1989, door Gail Fredell, staal, schenking van Shirley Ross Davis, 121m; *Michael Jackson and Bubbles*, 1988, door Jeff Koons, porselein, aangekocht met geld uit het Marian and Bernard Messenger Fund, 121b; San Francisco Opera: 124mlo; San Francisco Public Library, San Francisco History Center: 22mlo, 28ol, 28or, 28bl, 31ol, 31ml, 32ol, 32mrb, 42ml, 84m, 87mlo, 102or, 146bl, 146br, 299ol; San Francisco Zoo: 160b; San Jose Convention and Visitors Bureau: 168m, 168b, 169b; Santa Cruz Seaside Company: 186b; Science Photo Library: Peter Menzel, 18b; David Parker, 18m, 19m, 19b; Mark Snyder Photography: 246bl; Sonoma Valley Visitors Bureau: Bob Nixon, 226br, 195mr; Spectrum Color Library: 187o, 282or.

Tahoe North Visitors And Convention Bureau: 196bl, 196br; Deacon Chapin, 197br; University of California, Berkeley: *Within*, 1969, door Alexander Lieberman, schenking van de kunstenaar, University Art Museum, 177o; Vision Bank: Michael Freeman, 191m; Wells Fargo Bank History Room: 21o, 24/25m, 25br, 110o; Paul Williams: Chinese schotel, omslag voor; Val Wilmer: 30or; Yosemite Collections, National Park Service: 200bl; Zeum: 114mlo.

Omslag
Voor – DK Images: ol; Getty Images: Photographer's Choice/Mitchell Funk hoofdfoto.
Achter – DK Images: John Heseltine bl; Neil Lukas mlb, ol; Andrew McKinney mlo.
Rug – DK Images: Neil Lukas o; Getty Images: Photographer's Choice/Mitchell Funk b.

DE GIDS DIE LAAT ZIEN WAAR ANDERE ALLEEN OVER SCHRIJVEN

NEDERLANDSE BESTEMMINGEN

AMSTERDAM • FRIESLAND • GELDERLAND • MAASTRICHT & ZUID-LIMBURG
DE MOOISTE VAARROUTES IN NEDERLAND • DE MOOISTE WANDELINGEN IN NEDERLAND
NEDERLAND • NOORD-BRABANT • NOORD- & MIDDEN-LIMBURG • UTRECHT
WANDELINGEN DOOR PARK, STAD & LAND • ZEELAND

LANDEN-, REGIO- & STEDENGIDSEN

AUSTRALIË • BALI & LOMBOK • BARCELONA & CATALONIË • BEIJING & SHANGHAI • BERLIJN
BOEDAPEST • BRAZILIË • BRETAGNE • BRUSSEL, ANTWERPEN, GENT & BRUGGE • CALIFORNIË
CANADA • CANARISCHE EILANDEN • CHINA • CORSICA • COSTA RICA • CUBA • CYPRUS
DELHI, AGRA & JAIPUR • DENEMARKEN • DORDOGNE, BORDEAUX & DE ZUIDWESTKUST
DUBLIN • DUITSLAND • EGYPTE • FLORENCE & TOSCANE • FLORIDA • FRANKRIJK
GRIEKENLAND, ATHENE & HET VASTE LAND • GRIEKSE EILANDEN • GROOT-BRITTANNIË
HONGARIJE • IERLAND • INDIA • ISTANBUL • ITALIË • JAPAN • KROATIË • LISSABON
LOIREDAL • LONDEN • MADRID • MALLORCA, MENORCA EN IBIZA • MAROKKO • MEXICO
MILAAN & DE MEREN • MOSKOU • NAPELS MET POMPEJI & DE AMALFI-KUST
NEDERLANDSE ANTILLEN & ARUBA • NEW ENGLAND • NEW YORK • NIEUW-ZEELAND
NOORD-SPANJE • NOORWEGEN • OOSTENRIJK • PARIJS • POLEN • PORTUGAL MET MADEIRA
EN DE AZOREN • PRAAG • PROVENCE & CÔTE D'AZUR • ROME • SAN FRANCISCO • SARDINIË
SCHOTLAND • SEVILLA & ANDALUSIË • SICILIË • SINGAPORE • SPANJE • STOCKHOLM
ST.-PETERSBURG • THAILAND • TSJECHIË EN SLOWAKIJE • TUNESIË • TURIJN • TURKIJE • UMBRIË
USA • USA-ZUIDWEST & LAS VEGAS • VENETIË & VENETO • VIETNAM & ANGKOR WAT
WASHINGTON, DC • WENEN • ZUID-AFRIKA • ZWEDEN • ZWITSERLAND

CAPITOOL COMPACT

ALGARVE • AMSTERDAM • ANDALUSIË & COSTA DEL SOL • BARCELONA • BERLIJN
DOMINICAANSE REPUBLIEK • HONG KONG • KRETA • LISSABON • LONDEN • MADRID
NAPELS & AMALFI-KUST • NEW YORK • NORMANDIË • PARIJS • PRAAG
PROVENCE & CÔTE D'AZUR • ROME • SICILIË
TOSCANE • VENETIË • WENEN

MINI CAPITOOL

BARCELONA • BERLIJN • ISTANBUL • LONDEN
NEW YORK • PARIJS • PRAAG • ROME
VENETIË • WENEN

NATUUR- & VELDGIDSEN

BOMEN • PADDESTOELEN • VOGELS
VOGELS VAN EUROPA • WILDE BLOEMEN

TAALGIDSEN

DEENS • DUITS • ENGELS
FRANS • GRIEKS • ITALIAANS
NOORS • PORTUGEES
SPAANS • TSJECHISCH
TURKS • ZWEEDS

CAPITOOL COMPACT HONGKONG

CAPITOOL WANDELGIDSEN WANDELINGEN DOOR PARK, STAD & LAND

CAPITOOL TAALGIDSEN ITALIAANS

ALTIJD ACTUEEL

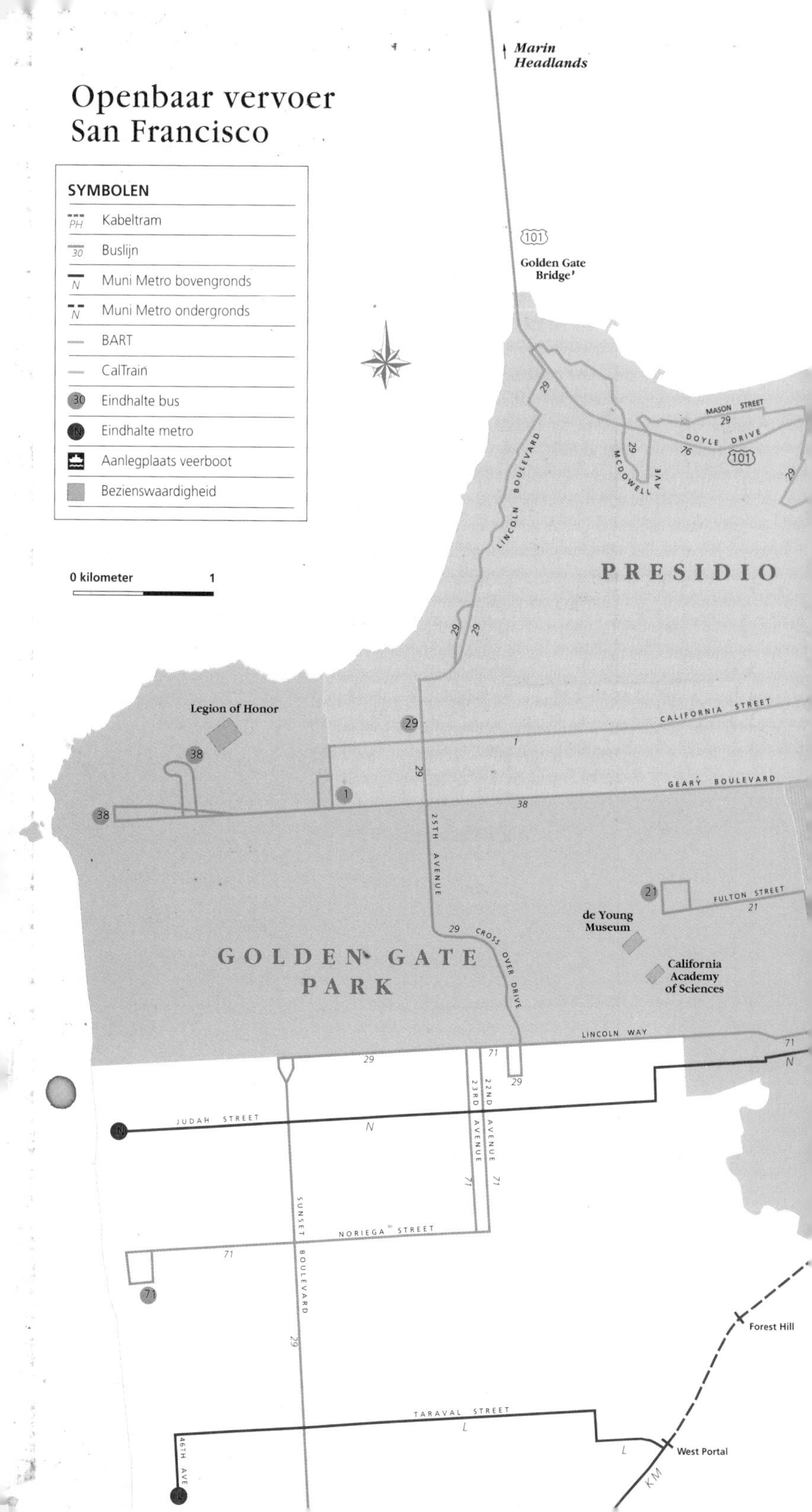
Openbaar vervoer
San Francisco
SYMBOLEN
Kabeltram
Buslijn
Muni Metro bovengronds
Muni Metro ondergronds
BART
CalTrain
Eindhalte bus
Eindhalte metro
Aanlegplaats veerboot
Bezienswaardigheid
0 kilometer 1
Marin Headlands
Golden Gate Bridge
MASON STREET
DOYLE DRIVE
MCDOWELL AVE
LINCOLN BOULEVARD
PRESIDIO
Legion of Honor
CALIFORNIA STREET
GEARY BOULEVARD
25TH AVENUE
FULTON STREET
de Young Museum
California Academy of Sciences
CROSS OVER DRIVE
GOLDEN GATE PARK
LINCOLN WAY
JUDAH STREET
23RD AVENUE
22ND AVENUE
SUNSET BOULEVARD
NORIEGA STREET
TARAVAL STREET
46TH AVE
Forest Hill
West Portal